전쟁의 발견

강경표, 김영택, 남궁승필 공저

도서출판 **진 영 사**

전쟁의 발견

강경표, 김영택, 남궁승필 공저

2013년 12월 01일 초판인쇄

2013년 12월 03일 초판발행

2015년 07월 20일 초판2쇄 발행

발행인 박 진 영

발행처 도서출판 진영사

인천광역시 부평구 갈산동 35-3번지

전화 : 032)505-4207

팩스 : 032)505-4206

E-mail : 0183734207@hanmail.net

등록 : 122-91-77317

ISBN 978-89-6541-141-3 93390

값 25,000원

책을 쓰면서

오늘날의 인류는 과학기술의 발전과 더불어 지구촌 한 가족의 글로벌 시대에서 생활하고 있습니다. 하지만 곳곳에서는 아직도 전장의 포화가 가시지 않고 있을 뿐만 아니라 전쟁은 더욱 추악하고 파괴적으로 전개되고 있습니다.

하지만 인류의 장구한 역사에서 전쟁을 바라보았을 때, 전쟁은 맹목적인 살육전이나 힘의 대결만을 넘어 문화의 촉진과 문명의 융합을 가져다주는 순기능도 담당해 왔습니다. 이렇듯 전쟁은 인류역사와 떼려야 뗄 수 없는 사회현상으로 자리잡고 있습니다. 또한 전쟁은 문명과 지혜의 발달에 따라 시대별로 독특한 양상으로 전개되고 있다는데 역사적, 사회학적 묘미가 있습니다.

따라서 이러한 전쟁을 터부시하거나 방치하면은 오히려 전쟁은 인류를 지배하려 들것 입니다. 미래 지향적으로 전쟁을 고민하고 연구하여 전쟁을 관리할 수 있는 역량을 갖추는 것이 더 적절하다고 할 수 있습니다. 우리의 민족문화도 이러한 인류역사와 축을 같이 하면서 발전하였습니다. 더욱이 우리나라는 현대사의 여명기에 6·25 전쟁이라는 동족상잔을 겪었고 아직도 그 상흔이 여러 곳에 남아있습니다.

근래 들어 교육기관과 젊은이들 사이에 '국가 안보' 및 '전쟁'에 대한 관심이 높아지고, 안보의식이 새롭게 형성됨은 "진정 평화를 원하거든 전쟁을 준비하라." 했던 로마의 전략가 베제티우스(Vegetius)의 말처럼 고무적인 현상이 아닐 수 없습니다. 독자 여러분! 20세기 역사학자 아놀드 토인비(Toynbee)는 그의 저서 『역사의 연구 A Study of History』 에서 인류 문명을 '도전과 응전'이라 정의했습니다. 개인뿐만이 아니라 국가나 문명도 생존하기위해서는 '닥쳐오는 위기에 효과적으로 대처해야하며 그렇지 못한다면 존립 자체가 어렵다'는 것을 강조하는 것이지요. 지금 우리는 바로 이 도전의 시기에 직면해 있습니다. 이런 의미에서 전쟁사를 연구하고 미래를 대비하는 여러분은 바로 미래의 '횃불'이 될 것임을 믿어 의심치 않습니다.

책의 내용은 역사 이래 전쟁의 전개를 시대적 흐름 속에서 발견하도록 기술하되, 병행하여 당시에 활용된 무기와 전술을 파악하도록 기술하였습니다. 또한 전쟁사 연구의 자료부족 문제를 해소하기 위해서 전 내용을 그림으로 구성(PPT)하여 엮었습니다. 아무쪼록 이 책이 독자 여러분의 전쟁사 연구에 큰 힘이 되기를 기원합니다.

저자 대표

목 차

제1장

전쟁의 이해

제1절 전쟁이란 무엇인가?
제2절 용병술체계
제3절 지상작전 원칙
제4절 전쟁사 연구

카데쉬 전투(좌상)
나폴레옹 전쟁(좌하)

트로이의 목마(우상)
걸프 전쟁(우하)

제1절 전쟁이란 무엇인가?

1. 전쟁의 본질
2. 시대별 전쟁 양상
3. 전쟁의 유형

1. 전쟁의 본질

전쟁은 인류의 역사를 통해 지속적으로 존재해 왔다. 현대에 이르러 전쟁의 폐해를 인식하고 다양한 예방책과 방지노력을 경주함에도 불구하고, 전쟁은 도처에서 수시로 발생하고 있다. "전쟁은 인간의 삶 속에 조건 지워진 불변의 요인이다. 인간은 결코 전쟁을 영원히 제거할 수도 없고, 또 전쟁으로 인해 온 인류가 제거될 수도 없게 되어 있다."[1] 따라서 인류는 전쟁에 대한 이해를 바탕으로 전쟁을 효과적으로 예방해야하고, 최종적으로는 관리할 수 있는 능력을 구비하는 것이 옳은 판단이다.

인류사의 불편한 진실이기도 한 전쟁은 역사의 흐름 속에서 인류의 생존양식을 지배하게 되었고, 현대에 와서는 사회학의 한 분야로까지 연구되고 있다. 그렇다면 인류 문명사의 한 축으로 자리 잡은 이 전쟁이라는 거부할 수 없는 사회현상은 과연 무엇을 본질로 하고 있을까?

지금까지 국제정치학자나 사회학자를 중심으로 다양한 분야에서 전쟁을 언급해 왔다. 그 중 군사적인 견지에서는 클라우제비츠(Carl von Clausewitz, 1780-1831)와 손무(孫武)[2]의 전쟁에 대한 언급이 가장 많이 회자(膾炙)되고 있다. 클라우제비츠는 『전쟁론』에서 "전쟁은 상대를 굴복시켜 자기 의지를 실현하기 위하여 사용되는 폭력행위이며, 다른 수단을 가지고 하는 정치의 연장이다."라고 그 본질을 설파하였다. 이는 결국 전쟁은 정치의 수단으로서 역할을 수행하는 것이며, 폭력을 수반한다는 것을 의미한다.

또한 동양의 손무(孫武)는 『손자병법』을 통하여 "兵者國之大事 死生之地 存亡

1) 손주영 편저, 〈강좌 전략론 III: 전쟁론〉, 해군사관학교, 1996, p.159
2) 프로이센의 군인이다. 프랑스에 패전 후 러시아에 투항하여 나폴레옹으로부터 조국 해방 전쟁에 진력했다. 그의 사후에 간행된 저서 『전쟁론 Vom Kriege』은 당시의 전쟁경험에 기초를 둔 고전적인 전쟁 철학으로 동양의 병법서인 『손자병법』(손무저)과 함께 불후(不朽)의 가치를 지니고 있다.

之道 不可不察, 不戰而屈人之兵 善之善者也"라 했다. 이는 '전쟁은 국가의 생멸을 가름하는 중대사이며, 국가를 유지하고 피해를 방지하기 위해서는 싸우지 않고 승리함이 최선'이라 하여 '싸우지 않고 이길 수 있는 전쟁' 즉 '최소한의 피해'만을 강조했다. 이는 전쟁이 개인의 생멸과 재산의 파괴 그리고 국가의 파멸까지도 담보로 하고 있음을 대변하는 내용으로, 전쟁에 관한 최고의 금언(金言)이 되었다.

일반적으로 모든 사회현상에는 원인과 결과가 존재하며 목적이 자리 잡고 있다. 그렇다면 과연 전쟁의 목적은 무엇일까? 클라우제비츠에 의하면 "자기 의지의 관철"이며, 리델하트(B. H. Liddell Hart)에 따르면 "적에게 자기의 의지를 강요함으로써 평화를 유지"하는 것이다. 따라서 전쟁의 목적은 '자기 의지의 강요로 원하는 바를 실현하는 것'이라 볼 수 있다. 전쟁의 목적 또한 분명하고 합리적이어야 하다. 그러나 1928년의 케로그-부란드 조약(Kellogg-Briand Pact)은 '국가 정책의 도구로서의 전쟁'은 인정 하지 않고 있다. 즉 정의의 전쟁도 없는 것이다.

〈클라우제비츠(1780~1831)〉

전쟁을 연구함에 있어 전쟁의 주체와 수단을 명확히 규명해 볼 필요가 있다. 미국의 사회학자인 퀸시 라이트(Quincy Wright, 1890~1970)는 "전쟁은 조직적인 집단 간의 관계에서 법률상의 동등성, 고도의 적대성 및 폭력을 내포하는 법적인 투쟁형태"라고 하였으며, 마오쩌둥(毛澤東)은 전쟁을 "집단 간의 모순을 해결하기 위해 수행하는 최고의 투쟁형태"로 인식하고, "전쟁은 유혈정치이고, 정치는 무혈전쟁"이라 하여 전쟁을 정치목적을 달성하는 최고의 수단으로 인식했다. 이를 종합해 볼 때 전쟁의 주체는 국가나 이에 준하는 정치집단 또는 국제법으로 인정된 교전단체[3]로 볼 수 있으며, 전쟁의 수단은 무력을 포함한 정치, 외교, 경제, 문화 등의 다양한 분야가 포함될 수 있다. 만약 무력을 사용하지 않는다면 전쟁이 성립될 수 없고, 무력을 동원 하더라도 사용하지 않으면 전쟁이 아닌 무력시위에 해당된다.

〈손무(기원전 6세기)〉

결론적으로 전쟁은 군대 또는 무력이 조직적으로 동원되어 상호 충돌하여 자기의 의지를 관철시키는 현상으로 협의의 정의로는 피아 국가 간의 군사적 무력충돌로 정의할 수 있으며, 광의의 정의로는 국가나 교전단체의 군사적 수단뿐만이 아니라 비군사적 수단까지를 포함한다고 할 수 있다.

3) 이러한 단체는 팔레스타인 해방 기구, 베트남 전쟁의 베트콩, 아프가니스탄 전쟁간 북부 동맹의 반정부 세력 등을 예로 할 수 있다.

전쟁의 시작은 1907년의 헤이그 협약에 따라 일반적으로 선전포고로 시작해서 휴전(ceasefire agreement)이나 강화(講和, peace treaty)[4] 또는 일방의 소멸로 종료된다. 그러나 현실의 전쟁은 기습달성의 원칙이 존재함으로 선전포고의 신사도가 잘 지켜지지 않고 있으며, 종종 개전 후에 선전포고한다.

그러면 인류사에 전쟁이 왜 끊임없이 발생하고 있는지 그 원인을 제 학문적 입장[5]을 통해서 알아보자. 만약 우리가 전쟁의 원인을 명확하게 규명할 수 있다면 전쟁예방 및 관리에 대한 능력도 그만큼 높아질 것이다.

우선 철학적 입장에서 전쟁은 사회정의 유지와 인류의 부패타락을 방지하기 위하여 부득불 필요하다는 견해를 제시하고 있다(헤라클레스, 헤겔). 정치학에서는 민족주의나 제국주의 등의 정치적 갈등에서 전쟁의 원인을 찾고 있다(클라우제비츠, 공산주의자). 생물학적 입장에서는 전쟁을 유기체의 필연적인 생존경쟁의 현상으로 파악하고 있다(다아윈). 따라서 생물체인 인류가 생존해야 하는 한 적자생존(適者生存)의 전쟁은 계속되는 것이다. 프로이드(Sigmund Freud) 등의 일단의 심리학자들은 '인간의 공격본능'에서 전쟁의 원인을 찾고 있다. 인간의 본성은 충족될 수 없는 욕망으로 구성되어지며 인간의 본능은 생의 본능(life instincts)과 죽음의 본능(death instincts)을 가지고 있는데 죽음의 본능 발현이 공격성으로 표출되며, 이 공격성이 전쟁의 원인이라 설명하고 있다. 인류학이나 사회학에서는 인간 문명의 발전(사회구조나 조건)을 전쟁의 원인으로 보고 문명이 발전하면서 인접 집단이나 국가 간 분쟁의 싹이 트는 것으로 보았다(랏센 호퍼). 경제학적 입장에서는 전쟁은 "잉여가치, 생산과 소유의 불균형, 사적 소유에서 가진 자와 가지지 못한 자 간의 투쟁"으로 보고 있으며 그 해결책으로 프롤레타리아(proletariat) 혁명과 함께 생산수단과 잉여가치의 개인소유를 금하고 있다(마르크스, 레닌). 이외에도 전쟁은 특정원인(이데올로기, 지도자의 개인적 성향과 오판, 국가이익 등)이 있는 것으로 연구되고 있다.

이와 같이 전쟁은 인간의 본성, 국가의 목적, 국제체제의 한계로부터 발생한다고 볼 수 있는데, 요더(Amos Yoder)와 같은 학자는 전쟁의 원인을 어떠한 단일적 문제나 현상보다는 일반적 요인과 특정 요인이 통합되어 전쟁이 발생하고 있음을 『1914년 이후 전쟁의 원인과 세계정치』(1986년)에서 밝히고 있다. 따라서 전쟁은 여러 가지의 발생요인이 겹쳐 발생되나, 이들 가운데 어떤 요인이 좀 더 지배적인 영향력을 발휘한다고 볼 수 있다. 따라서 이들 요소를 효과적으로 통제하면 전쟁예방도 더욱 효율적으로 수행할 수 있다고 하겠다.

4) 전쟁을 종료시키고 평화를 회복하기 위한 교전국 간의 합의
5) 최용성, 『젊은이를 위한 전쟁의 이해』, 양서각, 2005, pp.83~119

2. 시대별 전쟁 양상

전쟁을 시대적으로 구분지어 개념을 정립하기는 상당히 난해한 작업으로, 정확성을 담보하기 무척 어려운 것이 사실이다. 전쟁에 대한 부족한 시대별 사료로부터 시작하여 지역별로 시대의 흐름이 다르고, 같은 지역 동일한 시대에서도 전쟁은 다른 양상으로 전개되는 경우가 왕왕 있기 때문이다.

문자로 확인할 수 있는 인류 최고(最古)의 전쟁(이자 최초의 강화조약)은 기원전 3천년경 메소포타미아 남부의 수메르 도시국가들 간의 전쟁을 기록한 쐐기문자의 점토판, 이집트의 투르모세(Thutmosis) 3세가 소아시아를 원정했다는 기록(기원전 1,500), 람세스 2세(Ramses II)의 이집트군과 무와탈리스(Muwatallis)의 히타이트(Hittite)군 간에 지중해 연안의 무역 중심지 카데쉬(Kadesh)를 두고 벌였던 카데쉬 전투(기원전 1299) 등이다. 이후 인류는 문명의 발전과 함께 수많은 전쟁을 치러 왔으며, 시기에 따라 상황과 환경에 적합한 군사사상과 군사조직, 무기체계 및 운용술을 꾸준히 발전시켜왔다.

가. 전쟁의 구분

학자들은 이러한 전쟁의 흐름에 대하여 다양한 구분을 시도하고 있다. 프레스톤(R. A. Preston)과 같은 학자는 전쟁을 "고대전쟁, 봉건전쟁, 제한전쟁, 총력전, 냉전" 등으로 분류하여 전쟁양상과 군사발전을 연계하여 구분하였다. 또한 예루살렘 헤브류대학 전쟁사 교수인 마틴 반 클레벨트(Martin Levi van Creveld)는 『과학기술과 전쟁 Technology and war』 에서 전쟁을 "도구의 시대, 화약의 시대, 시스템의 시대, 최첨단 시대의 전쟁"으로 무기체계의 사용과 발전추세에 따른 시대구분을 시도 하였다. 또한 미국의 군사 평론가 윌리암 린드(William S. Lind)는 전쟁을 사용된 수단을 기준으로 하여 인력에 의한 제1세대 전쟁(고대로부터 나폴레옹 전쟁기), 화력에 의한 제2세대 전쟁(제1차 세계대전), 기동에 의한 제3세대 전쟁(제2차 세계대전), 21세기의 새로운 테러와 비정규전 형태(비대칭, 비정형)의 전쟁을 제4세대 전쟁으로 분류하기도 했다.

이러한 전쟁분류법들은 인류의 역사시대를 준용하면서 전쟁을 유형별로 분류한 것으로 나름의 의미를 가지고 있다. 하지만 고대부터 시작된 전쟁이 오늘날과 같이 전쟁의 영역과 규모가 현저하게 확대되고 전력화된 것은 18세기 나폴레옹이 등장하여 작전술[6]의 영역을 개척한 이후부터이다.[7] 이러한 의미에서 전쟁을 근대

---

6) 소련의 스베친 장군은 "작전술이란 전략의 목표를 달성하기 위하여 작전을 조합하는 활동이며,

전쟁(나폴레옹의 전쟁)을 축으로 하여 이전의 고대·중세·근세의 전쟁과 이후의 전면전쟁(총력전)의 시대인 제1·2차 세계대전 그리고 과학기술의 급속한 발전이 이루어지는 최근 전쟁으로 구분 해 볼 수 있다.

이 구분법은 일반적인 역사학의 시대구분법과 일치하고 작전술의 등장 여부에 따라 전쟁을 구분한 것이다. 이는 전쟁 양상이 정치, 사회, 경제 등 사회현상의 영향을 받으며 역사발전과 함께 진행되고 있음을 함축하고 있다.

나. 전쟁양상의 변천

전쟁은 고대로부터 현대의 전쟁에 이르기까지 무기체계와 전력운용 방법에 따라 그 양상이 변화되어 왔다. 전쟁은 기술력의 발전에 따른 부대 기동속도의 증가, 조직력의 확대, 무기의 충격력과 파괴력의 증대로 그 동원능력도 증가하였다.

① **고대·중세·근세시대의 전쟁** 고대~근세전쟁은 동·서양을 막론하고 시기와 지역마다 독특한 전쟁양상을 보이고 있다. 그러나 공통적으로 제한된 특정지역에 주력군을 대치시켜 결전을 수행하고 있으며, 인간의 근력을 이용하여 비교적 단시간·단일 전투로 승패를 결정짓는 특성을 지니고 있다.

② **고대전쟁** 고대의 전쟁은 영토 확장과 노예의 획득 등 집단 전체의 생존과 번영을 위해 수행되었으며 창, 칼, 활, 방패 등의 무기가 사용되었다. 고대전쟁은 주로 밀집보병들이 전투대형을 갖추고 넓은 공간에 회전(會戰)하며 인간의 완력(muscle power)에 의존한 백병전으로 수행되었다. 고대 문명이 발달한 오리엔트에서는 청동무기와 전차, 철제무기가 개발되었으며, 보병이 전장을 지배했다. 전형적인 전투대형은 그리스 방진(方陣)인 팔랑스(Phalanx)와 로마의 군단(軍團)인 레기온(Legion)이다. 양 대형은 충격력에 대한 지구력의 싸움이었다. 전투는 상대의 대형에 정면으로 충격을 가하여 패주하면 종료되었다.

③ **중세시대**(5세기~15세기) 강력한 중앙국가가 출현하지 않아 지역적으로 농장을 소유한 영주(lord)가 기사에게 봉토(封土)를 수여했고, 대신 고용된 기사(knight)는 군역을 제공했다. 중세는 이 기사단이 주 전투원으로 기사의 개인적 결투가 주로 진행되었으며, 구축된 성을 중심으로 공성 및 수성전의 형태도 진행되었

전쟁준비를 통합하는 술로써 군대는 바로 작전을 지배하는 작전술에 의해 전쟁에서 힘을 발휘하게 된다."라고 했다.

7) 교육참고, 『작전술』, 육군본부, 부록#1 작전술의 배경

다. 성을 중심으로 싸우는 공성전은 필연적으로 성을 파괴하는 투척기와 투창기 등의 공성무기가 발전했다. 기사단은 1415년 아쟁쿠루 전투[8]에서 장궁병에 패배하며 몰락하였다. 중세 후기 화약병기가 등장하면서 군대의 규모가 확장되었고, 용병대가 등장했으나 제한전 성격은 지속되었다.

④ **근세시대의 전쟁** 이 시기의 전쟁은 르네상스(Renaissance)와 종교개혁을 거쳐 중앙집권적 국가가(영국, 프랑스, 스페인, 포르투갈 등) 등장하면서 시작되었다. 이때의 전쟁은 '군주의 전쟁'으로 국민들과는 유리된 전쟁이었다. 15세기 중반부터 고용된 용병(傭兵)중심의 국가상비군(國家常備軍)이 전투의 중심군으로 떠올랐다. 용병운용과 더불어 주권존중 및 중상주의 사상이 등장하여 군주들은 자신의 군사자원을 파괴하는 섬멸전을 회피했다. 따라서 전쟁은 제한적 성격[9]을 띠었고 군주는 외교적 교섭을 우선 강구하려했다.

무기체계는 활과 창에서 소화기(화승총)로 대치되었다. 전투대형은 용병 운용에 용이한 선형(線形)개념으로 발전하기 시작했다. 다시 중심군으로 자리 잡은 보병의 전투대형은 30년 전쟁(1618~48)에서 스웨덴의 구스타브스 아돌프스(Adolphus Gustavus Ⅱ)가 고안한 '3병(三兵) 전술'과 7년 전쟁(1754~63)에 사용된 프러시아 프레드릭 대왕(Friedrich Ⅱ)의 '횡대전술'이었다.

⑤ **근대시대의 전쟁** 프랑스 혁명(1789. 7)과 함께 시작된 근대전쟁은 '나폴레옹 전쟁'으로 대변된다. 징병제가 시행되어 총력전이 시작되는 계기가 되었고, 전술적으로 포위기동, 추격전을 가능하게 하는 원동력이 되었다. 전장이 광역화, 대규모화되고 연속적 전투가 가능해지자 전장에서는 전역수행을 위한 '작전적 수준'의 새로운 영역이 인식되고 전술적 개념과 수단들을 상호 연계시키기 시작했다. 나폴레옹은 이러한 전장 환경에서 제병협동작전을 수행할 수 있는 사단(1796, 이탈리아 전역)과 군단(1805, 울름 전역)을 편성하여 전투를 연속적이고도 동시적으로 수행하도록 조직했다. 이때 창고제도[10]의 보급을 폐지하고 실시한 현지조달 방법은 대규모 부대의 작전지속능력을 보장했다.

또한 산업혁명[11]으로 군사 분야도 대량생산 및 조달이 가능해져 연속적인 전

---

8) 제3장 백년 전쟁 참조

9) 전쟁의 한 형태인 제한전쟁(Limited War)과는 다른 용어이며, 16세기부터 근대 전쟁(나폴레옹 전쟁)이전 시기의 전쟁을 말한다. 역사시기로는 절대주의 시대(1550~1770)이다.

10) 전쟁을 위해서는 우선 전투를 진행할 수 있는 적절한 지점에 창고를 짓고 이 창고의 보급 능력에 따라 전투에 참가하는 부대의 규모를 결정하는 방식이었다.

11) 1760~1830년의 약 1세기 동안 기계의 등장으로 인하여 종래의 수공업적 소규모 생산으로부터 대량생산의 공장제 기계공업으로 전환된 산업상의 일대 변혁.

투수행을 위한 대규모 상비군을 무장시킬 수 있었고, 무기체계를 지원할 수 있었다. 과학기술의 발달로 후미장전식 소총과 화포가 등장했다. 전략 철도(보·오 전쟁)[12]가 건설되었고, 전신과 전보는 전장의 통합과 속도를 배가 시켰다.

⑥ **세계대전** 제1차 세계대전은 여러 측면에서 현대전쟁의 시발점이 되었다. 전쟁은 많은 국가들이 참여했고, 기간도 비교적 길었다. 전쟁 양상은 총력전을 수행하면서 대량 소모전으로 전개되었다. 전방의 군인들뿐만이 아니라 후방의 국민들도 전쟁에 다양한 방법으로 참여하게 되었으며 그 피해도 참혹했다.

무기는 위력이 증대되고 대량생산 되었다. 제1차 세계대전에서는 기관총, 항공기, 전차가 운용되었고, 제2차 세계대전에서는 원자탄과 함공모함 등의 새로운 무기체계들이 등장하여 전쟁의 차원을 변모시켰다. 전술적으로는 제1차 세계대전에서 후티어(Hutier)의 공격전술과 이에 대응하기 위한 꾸로(Gouraud)의 종심방어전술[13]이 등장했다. 제2차 세계대전에서는 적의 중추신경을 타격하여 심리적 물리적으로 마비시키는 마비전이 전개되었다. 이때 독일군운 전격전(Blitzkrieg)[14]을 시도해 전쟁사에 신 개념을 제시했다.

제2차 대전에서는 육·해·공군의 군종이 명확하게 편성되어 3차원으로 확장된 입체기동전을 수행했으며, 합동 및 연합 작전이 실시되었다. 용병술은 현대의 3분법적으로 발전하였는데 전략을 수립하고 지도하는 전략기구, 전술적 수단과 작전을 연계하여 전역과 주요 작전을 수행하는 작전술 제대. 그리고 전투와 교전을 수행하는 전술 제대로 구분되어 운용되었다.

⑦ **최근의 전쟁** 제2차 세계대전 이후 핵무기를 소지한 국가 간에는 공멸을 방지하기위한 냉전(cold war)이 등장했고, 이들을 대신하여 약소국이 국지전이나 대리전을 치뤘다. 현대전은 연합작전과 더불어 한 국가 내에서도 여러 유관기관의 연대하여 전쟁을 수행한다. 전쟁의 영역도 기존의 3차원 영역에다 사이버 및 우주 공간을 포함하여 5차원적 영역으로 확대되었다. 정보화가 급속하게 진행됨에 따라 걸프전 이래 효과중심작전(EBO)과 네트워크중심전(NCW) 등의 하이테크 전쟁으로 변모하였다.[15] 특히 9·11 테러 이후에는 비대칭과 비정형의 새로운 전쟁 흐름이 진행되고 있다.

---

12) 프러시아의 참모총장 몰트게는 주변 국가와의 전쟁에 대비하기위해 1860년 3,500마일의 5개 전략 철도망을 건설하여 오스트리아군을 7주 만에 제압했다.
13) 제4장 세계 제1·2차 세계대전 참조
14) 제4장 세계 제1·2차 세계대전 참조
15) 제7장 다가오는 전쟁 참조

3. 전쟁의 유형[16)]

전쟁의 유형은 학자에 따라 다양한 방법으로 구분하고 있다. 대략 전쟁수행 방식, 전쟁의 규모, 전쟁의 동원 수단/참여 정도, 전쟁의 대상/방법, 전쟁(작전) 수행기간, 무기체계의 성격, 전쟁의 목적 등으로 구분 할 수 있다.

① **전쟁수행 방식: 정규전(Regular War)과 비정규전(Irregular War)**

전쟁 당시 상식으로 정상적으로 간주되는 방법에 의해 전쟁이 진행되면 정규전이고, 비정상적인 방법으로 전쟁이 진행되면 비정규전이 된다. 정규전은 통상적으로 국제법이 인정하는 군복을 입은 군인들이 수행하는 전쟁이다. 비정규전은 적지역이나 적 점령지역에서 현지 주민이나 침투한 정규군 요원이 수행하는 군사 및 비군사활동으로 주로 약자가 강자에 대응하여 시행한다. 따라서 정규전과 비정규전은 시대와 경우에 따라 변화될 수 있는 성질의 것이다. 다만 정규전쟁은 대부분 전선의 전·후방이 명확히 구분되나 비정규전은 전후방의 구분이 불명하다.

② **전쟁 규모(수준, 광협): 전면전(General War)과 국지전(Local War)**

주로 전쟁에 투입되는 지역의 광협을 기준으로 전면전과 국지전으로 구분한다. 전면전쟁은 글자 그대로 전·후방 할 것 없이 전 국토의 모든 범위가 전장이다. 이때의 전쟁의 승패는 곧 국가의 존망과 직결되는 총력전과 같은 의미로 사용된다. 반면 국지전쟁은 일정한 영토나 지역 안에서 비교적 소규모의 분쟁 형태로 진행된다. 하지만 국지전쟁은 전쟁의 확대와 개입으로 인해 전면 전쟁으로 비화될 개연성이 높다. 한 국가나 지역에서 발생한 국지전쟁은 강대국의 입장에서는 국지전이나 약소국의 입장에서는 전면전이 될 수 있는 개연성이 높다.

③ **전쟁 동원수단 / 참여정도: 총력전(Total War)과 제한전(Limited War)**

총력전은 국가의 모든 역량(전장, 무기체계, 자원)이 총 동원되어 수행되는 전쟁이다. 이에 따라 국가는 제 분야의 모든 자원을 투입하게 되어 무제한적인 전쟁 성격을 띤다. 제한전은 전쟁의 목적과 목표, 수단과 방법, 지역이나 범위 등을 의도적으로 축소한 전쟁을 말한다. 제한전쟁의 개념은 현실적인 이류로 해서 역사이래로 존재해 왔다. 전쟁은 군사력의 부족, 국제적 압력, 인도적 고려 등 현실적 제약 요건으로 인하여 최초부터 제한된다고 볼 수 있다. 하지만 현대적인 제한전쟁의 개념은 핵시대 이후 한국 전쟁에서부터 진행되었다. 한국 전쟁

16) 박휘락, 〈전쟁, 전략, 군사입문〉, 집문당, p.26~28

은 전쟁을 진행하면서 당사국의 필요에 따라 의도적으로 제한된 전쟁이었다. 최근의 전쟁은 전쟁을 더욱 효과적으로 수행하기 위하여 제한전을 수행하는 경향이 짙다. 이는 전쟁의 확산을 방지하면서 정치적 해결과 병행할 수 있고 기타의 우발사태에도 대비할 수 있다. 이러한 제한전쟁이 실질적인 전략개념으로서의 제한전쟁에 해당한다고 할 수 있다.

④ **공격대상 : 섬멸전(Annihilation War)과 마비전(decapitation War)**

섬멸전과 마비전은 공격 형태에 의한 분류이다. 섬멸전은 적의 군사력을 철저하게 파괴함으로써 전투의지를 박탈하고 공자의 의지를 강요하는 형태이고, 마비전은 적의 지도부나 지휘부를 파괴하여 전투력 발휘 자체가 불가능하도록 하여 공자의 의지를 수용하도록 강요한다.

섬멸전과 마비전은 명확한 개념에도 불구하고 실제 전투에 있어 이를 구분하기는 상당히 어렵다. 이들의 특성은 전투 간 혼합되고 상황에 따라 다르게 분류될 수 있기 때문이다. 명확한 것은 섬멸전은 군사력의 물리적 파괴에 중점을 두고 쌍방의 결전을 시도하며, 마비전은 적의 심리적 와해를 위해 속도와 기습으로 적의 후방으로 접근한다.

⑤ **파괴대상 : 소모전과 소모전(War of Attrition)과 기동전(Maneuver Warfare)**

소모전과 기동전은 공히 적의 전투력을 철저히 파괴한다는 데는 공통점을 가지고 있다. 하지만 소모전은 적의 군사력뿐만이 아니라 적의 자원자체에 피해를 더해가는 개념이다. 기동전은 전투력을 동적으로 활용하여 고정된 전선에서 벗어나 공자가 원하는 시간과 장소에서 공자의 의지에 따라 전장을 형성하는 것으로 전장의 주도권을 확보할 수 있는 장점이 있다. 자원이 빈약할수록 기동전에 집착하는 경향을 보인다.

⑥ **전쟁의 치열도 : 고강도 전쟁, 중강도 전쟁, 저강도 전쟁**

고강도 전쟁(High Indensity War)은 핵전력을 포함한 대규모의 전면전쟁으로 세계전쟁을 예로 들 수 있다. 중강도 전쟁(Middle Idensity War)은 핵과 화학, 생물학전을 제외한 국가 간의 재래식 무기로 치루는 일반적인 전쟁의 형태이다. 저강도 전쟁(Low Indensity War)은 저강도 분쟁(Low Indensity Conflict)으로 불리기도 한다. 내란, 반란, 폭동, 국제테러 등의 직접적 또는 간접적 원인에 의해 발생하는 군사 분쟁이다.

⑦ **전쟁의 목적에 의한 분류:** 이념전쟁, 종교전쟁, 제국주의 전쟁, 독립전쟁, 침략전쟁, 통일전쟁, 내전, 전쟁 예방전쟁 등으로 구분한다.

제2절 용병술체계

용병술체계(用兵術體系 , Military Art System)를 『군사용어사전』(일월서각, 2012)에서는 "국가목표를 달성하기 위하여 국가 통수기구로부터 전투부대에 이르기까지 군사력을 운용하는 군사전략, 작전술, 전술의 계층적 연관체계"라고 정의하고 있다. 이는 '국가의 전략개념 하에서 전쟁을 준비하고 수행하는 활동으로써, 국사목표를 달성하기 위해 군사전략, 작전술, 전술을 사용하는 이론과 실재의 모든 것을 포함하는 것으로, 군사를 운용하는 과학이자 기술'이라 설명할 수 있을 것이다.

용병술체계는 그 수준인 군사전략, 작전술, 전술을 상호 비교하여 범위를 파악한다. 이 3요소는 용병술체계 내에서 공히 국가목표를 달성하기위해 시간 및 공간적으로 밀접한 관계를 유지하지만 수행 제대, 목적과 목표, 수단과 성격 등이 상이하게 적용된다.

용병술체계의 차이점에 대해 앙드레 보프는 "전략이란 정책에 의해 설정된 목표를 달성하는 방향으로 가정 효과적인 공헌을 하도록 군사력을 운용하는 기술이고, 작전전략(작전술)은 개념과 시행이 만나는 수준이다. 작전전략의 목적은 전략에 의해 설정된 목표를 사용하고 있는 전술 및 전기의 능력과 조화시킬 뿐만이 아니라 미래의 전략적 요구를 최대한 충족시킬 수 있도록 전술과 전기의 발전을 보장하는 데 있다."라고 했다. 특히 작전술이 먼저 적용된 소련에서 요세트 보단스키는 "전술은 전투에서 이기기 위한 계획이고, 작전술은 전역에서 이기기 위한 계획이다."라고 했다. 클라우제비츠는 전략을 "전쟁을 이기기 위한 계획이다."라고 파악하였다.

이러한 군사이론가들의 주장을 요약하여 보면 전략은 용병술의 최상위 수준으로 국가의 정책목표를 달성하기위해 군사력을 조직하고 건설하며, 군사력의 사용조건과 자산을 할당하면서 전쟁을 지도하는 차원이다. 반면 작전술은 전략과 전술의 중간 수준으로써 군사전략이 설정한 목표를 달성하기 위해 '어떻게 싸워야 할 것인가?'에 중점을 두고 전술을 지원하고 통제한다. 다시 말하면 작전술은 전역을 구상하고 전역의 전투와 전투를 연결하여 전역에서 승리하도록 하는 역할을 담당한다.

전술은 클라우제비츠가 "전투에서 부대를 운용하는 기술"이라 했듯이 상위 수준인 작전술의 목표에 기여하기위해 수행되어지는 것으로, 전투에서 승리하기 위해 부대를 배치 운용하는 전투의 실행방법 또는 수단이라 할 수 있다. 전술(Tactics)이란 용어는 그리스의 '규정되다'라는 뜻의 'TAKTIKOS'라는 용어에서 유래되었으며, 미군의 『작전요무령(FM100-4)』 은 "전술이란 전투(battle) 및 교전(engagement)에서 승리하기 위해 강요한 수단을 운용하는 술과 과학"이라고 규정하고 있다. 여기서의 교전은 통상 피·아 기동부대들의 소규모 분쟁 또는 소규모 부대들의 접전(skirmishes)을 의미하고, 전투란 일련의 연속된 교전들로 구성되어 교전보다 장기간 지속되고 대규모 부대들이 포함된 전역의 진행에 영향을 미치는 상황을 의미한다.

이러한 용병술체계는 상위수준의 용병술이 하위 수준의 용병술을 지도하고 자원을 할당하는 역할을 수행한다. 반면 하위수준의 용병술은 상위수준의 용병술의 목표 달성에 기여해야만 한다. 또한 하위수준 용병술의 실패나 과오는 자원과 역량이 충분한 상급수준의 용병술이 부분적으로 회복하고 만회할 수 있으나, 상급수준의 용병술에서 발생하는 과오나 실패는 하급 용병술체계에서 만회할 수 없으며, 하위수준의 용병술에 직접적 피해를 준다. 이와 같은 군사전략, 작전술, 전술의 수준을 도표로 나타내면 다음과 같다.

구분	군 사 전 략	작 전 술	전 술
목적	국가정책 및 목표 기여 (전쟁 승리)	군사전략 목표기여 (전역 승리)	작전술 목표 기여 (전투 승리)
목표	전쟁억제 전시 전쟁수행	적 전투의지 마비 (전술적 승리 조건형성)	적 전투력 격멸 (전투 의존)
수단	군사력 건설 및 유지로 전투력 창출 / 전쟁지도	전투력 기동 / 배비	전투력 발휘 (사격과 기동)
성격	전쟁	연합 및 합동작전	전투
지역	전쟁 지역(war)	전역(campaign)	전장(battlefield)
제대	국방부, 합참, 연합사	연합사 / 야전군	군단이하

※ 국가전략 : 국가수반 / 행정부, 국가정책 수립 및 전쟁여부 결정

제3절 지상작전 원칙

지상작전 원칙(地上戰爭原則)은 전쟁수행을 지배하는 기본적인 원리로써 보편성과 타당성을 바탕으로 하여 경험요소에서 산출된 '전쟁승리의 제반 원칙'이다. 지상작전 원칙은 동서고금의 수많은 전쟁과 명장들의 일화를 통해 공약수로 얻어진 전리(戰理)를 체계화하여 발전시킨 것으로써, "안개 속을 헤매는 것과 같은 전장"에서 승리를 달성하기 위한 나침반과 같은 역할을 한다.[17] 마치 오늘날의 빅 데이터(big data) 활용기술과 같은 것이다.

지상작전 원칙은 객관적인 측면에서 상황을 분석하는 과학(science)일뿐만 아니라 적용자의 경험과 직관을 통해 얻은 술(術, art)적인 영감이 동시에 포함되어 있다.[18] 따라서 지상작전 원칙은 적용하는 국가나 지역, 시기 심지어는 사람에 따라서도 다른 결과를 초래할 수 있는 가변의 속성을 내포하고 있다.

지상작전의 원칙은 조미니(1799~1869, Antoine Henri Jomini)가 전쟁도 인간의 활동의 한 형태인 만큼 반듯이 '수긍할만한 점'이 있으리라는 확신을 가지고 프리드리히대왕과 나폴레옹의 전역을 통해 분석하면서부터 알려지게 되었다. 이후 군사작전 원칙은 영국의 풀러(J.F.C Fuller)에 의해 정리되었고, 영국군이 제1차 세계대전 후 8가지를 명문화했다. 한국군은 1963년부터 미 육군의 전쟁원칙을 받아들여 9가지 전쟁원칙을 적용하기 시작했다. 이후 육군은 2002년 지상작전 수행교리의 '전쟁원칙'을 '군사작전원칙'으로 변경했다. 2011년에는 야전교범 『지상군 기본교리』를 발간하면서 군사작전 원칙과 합동작전을 참조하여 '지상작전 원칙' 9가지를 선정했다.

이 지상작전 원칙은 지상불변의 도그마(dogma)가 아니라 전장 상황에서 상호 유기적인 보강관계를 형성하기도 하며 때로는 상충(相衝性) 되기도 한다. 따라서 상황에 따라 어디에 가중치를 둘 것인가 하는 것은 지휘관의 몫으로 볼 수 있으며, 각 요소들은 당시의 상황과 여건에 따라 적시 적절하게 활용해야 한다. 여러 지상작전 원칙 중에서도 집중과 기동 및 기습 등의 원칙은 특히 각국의 지상원칙에 공통적으로 포함된 지배적 요소로 확인되고 있다.

---

17) 손자병법에서는 기습을 강조하고, 나폴레옹의 전역에서는 집중과 기동, 조미니는 작전선과 결정적 지점을 강조하고 실행하였다.(〈전쟁, 전략, 군사입문〉, 박휘락, 집문당, p. 45~46)

18) 이에 비하여 프랑스의 삭제(Arshall Maurice de Saxe)는 "전쟁은 암흑으로 덮인 과학이다"라고 하며 "그 속에서는 아무도 자신 있는 발자국을 옮겨놓지 못한다." 하여 모든 과학은 원칙을 가지고 있으나 전쟁의 경우에만은 없다."라고 부정했다.

가. 목표(Objective)

일반적으로 목표라고 하는 것은 “어떤 목적을 이루려고 하는 실제적 대상이나, 도달해야 할 곳”을 의미한다. 따라서 추상적인 개념의 목적과는 구별되는 실제적이고도 구체적인 개념에 해당된다. 이러한 목표는 군사 활동의 제반 요소를 지배하게 되며, 부여된 임무나 과업의 최종상태(end state)가 된다.

육군 교육참고 101-20-1『군사용어사전 1999. 8. 30,』(이하 동일)에서는 목표를 “임무를 완수하기위하여 전 역량을 집중하여 지향하게 되는 최종 결승점”이라고 기술하였다. 따라서 상급부대는 부대의 임무완수에 궁극적이면서도 결정적으로 기여할 수 있는 목표를 선정하여야하며 예하부대가 달성 가능한 목표를 부여해야 한다. 그래야 예하 부대의 불필요한 노력의 방지를 예방하고, 전투력 집중에 전력할 수 있다. 부대 목표는 용병술 제대나 작전의 성격에 따라 다르게 선정될 수 있으며, 임무, 적, 작전지역, 가용부대 및 수단 등을 선정한다.

나. 정보(Intelligence)

정보는 타 전쟁원칙의 적용과 모든 군사 활동의 기초가 된다. 육군의 야전교범에서도 “정보는 모든 작전에 필수적인 요소이며 작전을 계획하고 실시하는데 결정적으로 기여 한다.”라고 언급하고 있다.

광의의 정보로는 “적과 작전지역에 대한 관한 지식으로 다양한 형태에 내포된 일반적인 사실이나 자료”, 협의의 정보로는 “외국이나 작전지역의 하나 혹은 그 이상의 부분에 관한 가용한 모든 첩보의 수집평가 및 처리, 해석한 결과로부터 획득된 자료”로 정의된다. 정보는 적 부대의 구성 및 배치, 편성과 장비 등의 제반 요소를 탐지하여 적의 능력과 기도를 파악하는데 목적을 둔다. 이는 적의 약점을 간파하여 아군의 결정적 전투력을 집중하기 위함이다. 이것이 손자의 知彼知己 白戰不殆의 정보 활용술이다. 특히 정보는 과학문명이 발달하면서 정보를 획득하는 것도 중요하지만 상대적인 정보우위를 달성하는 것이 더욱 중요해 지고 있다.

현대전은 다양한 정보획득 수단의 발달로 인하여 기존에 비해 상대적으로 많은 정보를 얻을 수 있다. 따라서 지휘관은 효과적인 정보를 산출하고 활용하여 시기적절한 결심을 내릴 수 있어야 한다. 또한 과학기술이 발전함에 따라 군의 직접통제에 있는 정보관련 요소와 함께 민·관의 다양한 정보환경을 효율적으로 이용해야 한다.

다. 공세(Offensive)

『교육참고』에서는 공세를 "전장의 주도권을 장악하여 전세를 유리하게 이끌고, 승리를 달성하기 위해 아군의 의지를 적에게 강요하는 능동적이고 적극적인 공격행동 또는 부대가 공격하고 있는 상태"라고 기술하고 있다. 공세활동은 전장에서 아군의 행동의 자유를 보장하고, 적의 균형을 와해하고 과오를 확대하며, 아군의 취약점을 보완하여 결정적인 성과를 달성하고, 궁극적으로 승리하기 위해서 반듯이 실행되어야만 한다.

전장에서는 적극적인 행동으로 전장의 주도권을 확보해야 승리를 확보할 수 있다. 손자는 "凡先處戰地 而待敵者佚"이라 하여 '전장에서는 먼저 움직이는 부대는 승산이 높고 수동적인 부대는 피로하다'고 했다.

전장의 주도권이라 하는 것은 전장을 지배하는 기세나 기선으로 통상 공격작전으로 구현되나 방어작전 시도 공세적 상황을 조성할 수 있다. 공격작전 시 주도권을 확보하는 방법으로는 가용한 전투력을 과감하고도 공세적으로 운용하는 것과 기습의 달성, 적의 과오나 약점의 최대 활용 등을 들 수 있다. 방어작전 시 주도권 확보방법에는 역습과 각 종 화력에 의한 살상지대 운용, 방자가 원하는 시간과 장소에서 전투 하도록 강요하는 방법 등이 있다.

라. 집중(Mass)

집중이란 한곳을 중심으로 모임을 의미한다. 나폴레옹이 "유럽에 많은 장군들은 너무 많은 것을 생각한다. 하지만 나는 오직 하나만 생각한다. 그것은 바로 집중이다."라고 말했듯이 전승의 필수 조건은 바로 집중하는 것이다.

『교육참고』에서는 집중을 "결정적인 목적을 위해서 중요한 장소와 시간에 전투력의 상대적 우세를 유지하는 것"으로 정의하고 있다. 여기서 결정적인 목적이란 '결정적인 전투'를 의미하는 것으로, 부대는 결정적 전투를 통하여 승리를 달성할 수 있다. 중요한 장소 및 시간은 '결정적 전투를 하기위한 장소와 시간'으로 아군에게는 유리 하지만 적에게는 그들이 바라지 않는 최악의 시간과 장소를 의미한다. 또한 상대적 우세라 하는 것은 '전투력의 근원인 인원과 장비가 비록 절대적으로는 동등하거나 부족하더라도 정작 결정적 시간이나 장소 또는 필요한 시기나 지역에서는 적보다 우세'함을 뜻하는 것이다.

집중은 더 나아가 집결된 전투력의 제 인원과 장비가 기능과 성능에 따라 유기적으로 통합되어 전투력을 극대화 시너지(synergy) 효과를 달성해야 한다. 이러한 전투력의 집중방법은 결정적 지역을 제외한 지역에서의 전투력 절약을 통해 달성해야 하며, 방어나 지연전의 수행, 기습으로도 달성 가능하다. 또한 결정적인 목표를 부여하거나 협소한 전투정면의 부여, 우세한 전투력의 할당, 전술기만 등도 한 방법이다. 이러한 집중의 중요성을 손자는 역설적으로 "無所不備則 無所不寡"라 했다. 즉 모든 곳을 지키면 모든 곳이 약해진다는 역설의 논리로 설명하고 있다. 현대전의 집중 개념은 병력보다는 화력을 중심으로, 공간적 집중보다는 시간적 집중으로 동시성과 통합성을 위주로 하여 추구하고 있다. 집중의 원칙은 가장 근본적인 원칙으로 기습과 기동에 의하여 가장 효과적으로 지원받는다.

마. 기동(Maneuver)

전장의 승리를 달성하기 위해서는 우세한 전투력을 결정적인 시간과 장소에 집중시켜야 하며, 전투력 집중은 기동이라는 수단에 의존한다. 이러한 기동을 손자는 "兵之情主速"이라 하여 '전쟁은 속도를 생명으로 한다.'고 했다. 나폴레옹의 "적이 회의할 때 나는 기동한다."라고 한 것도 기동의 중요성을 강조한 것이다. 기동의 역할은 전투력을 이동시켜 아군에게 전장의 주도권을 유지할 뿐만 아니라 작전의 성공을 확대하며 행동의 자유를 보장한다. 또한 아군의 취약점을 감소시키면서 기동의 속도는 충격력을 극대화 할 수 있고 적을 심리적으로 마비시키는 효과를 달성할 수 있다.

기동은 전투의 가장 필수적인 요소로서, 전투력을 적 방향으로 이동시켜 주도권을 확보하거나 집중에 직접적으로 기여한다. 기동의 생명은 속도에 있다. 이러한 속도를 이용하여 적보다 상대적으로 유리한 위치에 전투력을 전환, 배치 및 전개시켜 상대적 전력우세를 달성하거나 적 중심의 취약부분에 충격을 가하여야 한다. 고대로부터 기동력은 전쟁의 승패를 가르는 요소였다. 특히 현대전에서는 빠른 기동력이 더욱 절실히 요구되고 있다. 과학기술의 발전과 더불어 급변하는 상황과 예기치 못한 사태에 신속히 대응하기 위해서는 융통성이 요구되고 이 융통성을 보장하는 열쇠가 바로 기동이다.

바. 지휘 통일(Unity of command)

『교육참고』에서 지휘를 "지휘관이 부여된 임무를 수행하기 위하여 계급 또는 직책을 통해서 예하부대에 합법적으로 행하는 일체의 권한행사를 말한다."라고 정의하고 있다. 통일에 대해서는 "군사력을 운용함에 있어 모든 전투력이 공동의 목적을 추구함으로써 노력이 분산되지 않도록 하는 것으로, 이러한 방법에는 지휘의 통일과 노력의 통일이 있다."라고 정의하고 있다.

여기서 지휘의 통일은 단일 지휘관에 의한 일사불란한 지휘체제하에서 부대의 모든 노력이 통합되어 공동목표로 지향되도록 하는 것을 말하며, 노력의 통일이라 하는 것은 상이한 계통하의 부대들 간에도 협조와 협력으로 공동목표 달성에 노력이 지향되도록 하는 것을 의미한다. 지휘의 통일이 이루어진 부대는 조직력을 바탕으로 전투력을 최대로 발휘할 수 있는 장점이 있다. 또한 합동작전과 연합작전 등 지휘체계가 대규모이고 여러 성격의 부대가 혼재한 상황에서는 노력의 통일 노력이 더욱 요구된다. 하지만 예하부대에 대한 간섭과 획일적 통제는 구성원의 창의성과 사기를 저해하고 융통성을 말살할 수 있다. 따라서 지휘통일을 이루면서 임무형 지휘로 예하 부대의 창의성을 최대한 발휘할 수 있는 여건을 마련해야한다.

사. 기습(Surprise)

기습은 일반적으로 적이 생각지 않았던 때에 갑자기 들이쳐 공격하는 것을 말한다. 『교육참고』에서는 "적이 예상하지 못한 시간, 장소, 수단, 방법으로 타격하는 것을 뜻하며, 적이 비록 알았다 하더라도 계획한 시간 내에 효과적으로 대응하지 못하도록 더욱 빠르게 적을 타격하는 것"이라고 정의하고 있다. 클라우제비츠는 "기습은 결정적 지점에 상대적 우세를 부여하기 위한 수단이다."라고 했다.

기습의 역할은 전황을 아군에게 단시간 내에 유리하게 전환시키며, 최소의 희생으로 최대의 효과를 얻을 수 있는 경제성을 제공한다. 기습은 시간, 장소, 수단 등을 사용하여 달성할 수 있으며, 민첩성과 대담성, 그리고 창의성 등이 그 성공을 뒷받침한다. 기습은 적부대의 타격이나 장비 자체의 파괴보다도 적이 조직적인 전투수행을 하지 못하도록 심리적으로 마비시키고 공황을 유발하도록 한다. 특히 기습은 "적이 모르게 하는 것보다도 적이 알았다 하더라도 효과적으로 대처하기에는 너무 늦도록 하는 것이 더 중요하다."고 강조된다.

기습의 원칙은 집중의 원칙에 결정적으로 기여할 수 있고 성공 시에는 파급효과가 커서 다른 지상작전 원칙들이 자연스럽게 달성될 수 있도록 하는는 원칙이다. 기습에 기여하는 요소로는 민첩성, 예상치 않은 전투력의 사용, 각종 기만, 효과적인 정보·작전보안 그리고 전술과 전법의 변화 등이 있다.

아. 사기(Morale)

사기는 『교육참고』 에서 "전투력의 무형적 요소이며 부대 임무수행에 관한 각 개인이나 집단의 정신적, 심리적 상태로서 의욕, 동기유발, 자신 감 등의 결합에 의해 형성 된다."고 기술하였다. 따라서 이 사기는 부대원의 열성과 필승의 자세 그리고 어떠한 고난과 난관 속에서도 끝까지 목표를 달성하고자 하는 부대원의 의지와 인내심이라 할 수 있다.

전투력은 일반적으로 유형전력과 무형전력으로 구분할 수 있으며, 무형전력이 바로 사기에 해당한다 할 수 있다. 예로부터 지휘관들은 사기가 전승의 핵심임을 인식하고 군사의 사기진작을 위하여 노력해왔다. 클라우제비츠는 "물질력이 칼집이라면 정신력은 칼의 날"이라 하였으며, 에르빈 롬멜(Erwin Rommel)은 "만대의 전차가 있더라도 군사의 사기가 떨어지면 그것은 패배다."라고 했다. 손자는 사기에 대하여 단결을 강조하며 "上下同慾者勝"이라 했다.

지휘관은 항상 왕성한 사기가 유지 될 수 있도록 모든 노력을 경주해야한다. 부대원의 사기를 향상시키기 위해서는 평소에 강인한 교육훈련을 실시 언제, 어디서, 어떠한 적과 싸워도 반드시 이길 수 있다는 필승의 신념을 심어주어야 하며, 동기를 유발과 효과적인 지휘통솔로 전투의지를 고양시켜야 한다.

자. 방호(Protection)

방호를 『교육참고』 에서는 "이동 중이거나 정지한 부대의 전방, 측방, 후방에서 적의 지상관측, 직접사격, 기습공격으로부터 본대를 방호하기 위해 조기 경고하고 작전반응시간과 기동 공간 확보를 목적으로 하는 경계방법"이라 했으며, "결정적인 시관과 장소에 부대의 전투력을 운용하기 위하여 각종 위협으로부터 이를 보호하는 것"이라 기술하고 있다.

전투력 보존을 위한 방호대책은 제 작전요소가 통합되어 수행되어야만 효과적인 방어태세를 유지할 수 있다. 이를 위해 원거리인 적지종심지역에서부터 적의 위협을 제거하고 제대별 조기경보체제를 유지하고, 작전보안 활동을 강화하여야 한다. 후방지역에서는 민・관・군이 통합된 방호체제가 유지되어야한다. 특히 대량 살상무기로 인한 공격으로부터 피해를 최소화 할 수 있도록 방어태세를 유지해야하며 기습을 방지해야 한다.

제4절 전쟁사 연구

1. 전쟁사의 범위
2. 전쟁사 연구목적
3. 전쟁사 연구방법

1. 전쟁사의 범위

전쟁사의 범주가 어느 분야에 해당되는 것인지를 파악하기 위해서는 먼저 역사에 대한 인식이 필요하다. 전쟁사는 역사의 범주에서 파생된 학문이기 때문이다. 역사는 E. H. Carr가 그의 저서 『역사란 무엇인가』 에서 말했듯이 "과거와 현재와의 대화"이다. 즉 과거의 현상을 연구하여 현재에 적용하여 미래를 예측해 내려는 학문으로 볼 수 있다. 그러므로 과거의 사실은 오늘날 우리에게 재해석되어, 미래에 대한 영감(靈感, inspiration)을 주어야 진실 된 역사가 된다.

역사는 인류가 경험한 전쟁의 원인과 과정 그리고 결과를 고스란히 담고 있다. 따라서 전쟁사는 역사학의 도움을 받아 과거의 전쟁을 밝혀내고 재구성한다. 또한 전쟁은 전쟁 그 자체로만으로 성립할 수 없다. 전쟁이 발생하게 된 원인은 당시 사회의 정치와 사회, 경제와 문화 등 제반 문제가 상호 기민하게 연계되어 발생한 사회현상이기 때문이다.

따라서 전쟁사는 당시 사회의 제반 문제와 병행하여 연구되어져야 비로소 의문을 가지는 문제에 대한 명쾌한 답을 얻을 수 있다. 또한 전쟁사는 눈앞에 보이는 전투와 교전만의 역사라기보다는 전쟁과 교전 등의 제반 군사문제와 더불어 당시 사회 요인과의 상호작용을 대상으로 연구해야만 진정한 답을 얻을 수 있다.

또한 전쟁사는 역사와 사회학의 파생 학문임과 동시에 군사사(軍事史)의 하위 범주에 속하는 학문이기도 하다. 전쟁사는 군의 제도 및 기술사(군대의 편제, 교리, 제도, 훈련, 장비 개발 등), 국방사(전쟁준비의 국가 전략 및 민군 관계 등) 등과 함께 군사사의 하위체계를 형성한다. '군사학은 전쟁사 연구로부터' 라는 말이 있다. 그만큼 전쟁사가 군사학에서 차지하는 비중도 크다.

2. 전쟁사 연구목적

많은 관련자들이 필요에 따라 전쟁사를 연구한다. 예를 들어 역사학자는 전쟁연구를 통해 당시의 정치와 사회 그리고 문화의 교류 등에 대한 이해의 폭을 확장시킨다. 이와 같이 다양한 분야에서 전쟁에 대해 연구하지만 전쟁사 연구 문제가 어느 계층보다도 현실적인 문제로 다가오는 것은 바로 군인들이다. '정치의 연속'이라 하는 전쟁에서 군인에게는 사실 '누가 먼저 총을 쏘았는가?' 하는 문제 보다 '어떻게 총알을 피하고 반격할 것인가?' 하는 문제가 더 현실적인 문제이다.

군인에게 있어 전쟁사 연구의 본질은 전쟁을 대비하고 이를 막기 위해 어떻게 준비해야 하며, 실전에서 어떻게 해야 승리 하는가? 하는 실존의 문제이다. 따라서 전쟁을 관리하기 위한 양병과 용병에 더 많은 관심을 갖게 되며, 여러 전쟁으로부터 전략과 전리(戰理)를 도출한다. 또한 전쟁원칙의 적용법이나 리더십 등을 확인해 보기도 한다. 곧 전쟁사 연구가 곧 '훈련이며 전투'인 것이다.

로마의 키케로(Cicero)가 "역사를 인생의 교사"로 파악 했듯이, 독일의 몰트게는 전쟁사를 "평화 시 군인에게 전쟁을 가르치는 가장 효과적인 수단"으로 파악했다. 나폴레옹은 치열한 전장에서도 책을 손에서 놓지 않았다고 한다. 나폴레옹은 부하들이 훌륭한 장군이 되는 비결을 묻자, "위대한 장군들의 전쟁사를 읽고 또 읽어서 그것을 너의 모델로 하라."고 지도했다. 이러한 전쟁사의 연구 목적을 대략 다음과 같이 정리할 수 있다.

① 전쟁에 대한 깊은 통찰력과 지략, 위기관리 능력을 배양한다.

② 군사 문제에 대한 광범위한 지식과 혜안을 얻을 수 있다.

③ 군인의 자질(전기전술, 상황조치 능력, 지휘통솔)을 향상시킨다.

④ 전쟁을 이해 미래전을 예측하고, 상황변화에 따른 신 교리를 발전시킨다.

이러한 전쟁사 연구를 통해서 전쟁예방, 전투승리, 전후처리를 위한 능력을 구비하고 미래전에 대한 교훈을 도출하는 것이다. 따라서 전쟁사를 심도 있게 연구한 사람이라면 체득한 전리와 경험을 당 시대에 맞게-새로운 전략과 전술, 장비, 지형 등-적용할 수 있어야 한다. 맥아더는 인천상륙작전은 '장군 자신이 직접 경험한 11회의 상륙작전과 생도시절 배웠던 영·프군의 퀘백(Quebec)전투[19](1759, 캐나다)에서 얻은 영감 때문'에 가능했다고 했다. 이것이 바로 전쟁사 연구의 궁극적이고도 숭고한 모습이다.

19) 영국군은 프랑스군이 방어하던 퀘백시를 로렌스강을 거슬러 기습공격 했다.

3. 전쟁사 연구방법

전쟁사 연구방법은 개괄적 방법과 집중적 방법이 있다.[20] 개괄적 방법은 여러 전쟁과 전역 및 전투를 광범위하게 선택하여 개략적으로 연구하는 방법으로 여러 전투를 동시에 취급하여 많은 경험적 지식을 얻을 수 있는 장점이 있으나 전쟁 상황을 지나치게 단순화하는 면이 있다. 집중적 방법은 몇 개의 전역이나 전투에 대한 심도 있는 연구를 진행하는 것으로 전장 실상을 상세하게 파악할 수 있으나 전쟁사 연구에 대한 지식의 폭이 제한적인 단점이 있다.

전쟁사를 연구하기 위해서는 우선 자신의 연구 목적에 따라 기초 자료와 관련 책자를 찾아야 한다. 연구 자료는 1차 사료(역사서적, 현대전의 전투상보/상황일지 /명령서, 기타 전투 자료)와 2차 사료(1차 사료를 가공한 자료로 타인의 의견이 반영된 서적이나 자료)로 구분된다. 또한 사료는 공식적으로 국가에서 발행한 공간서(公刊書)와 기관에서 발행한 자료, 개인이 작성한 자료로 나눌 수 있다.

연구자는 1차와 2차 사료에서 필요한 자료들을 취사선택(取捨選擇)한 다음 자신의 연구 목적에 맞도록 육하원칙에 의한 자문자답(自問自答)의 질문표를 작성하여 본격적인 연구를 시작한다.[21] 연구기록을 유지하는 방법은 독서카드를 분야별로 기록하는 것으로 연구한 내용과 저자, 서적 명, 출판사, 발행처, 발행인, 저자 등을 함께 기록하고, 연구가 어느 정도 진행되면 자료를 종합하고 분석하여 결론을 도출하거나 결심한다.

더 중요한 것은 연구자 스스로 형식에 억매이지 않고 연대기 순으로 개괄하여 전체의 흐름을 파악 후 연구 목적에 따라 주제별로 심도 있는 연구를 진행하는 것이다. 계속적으로 의문점에 질문을 던져보는 것은 물론 전투 현장을 방문하여 당시의 상황을 직접 확인하는 것도 연구의 중요한 절차이다.

전쟁사 연구에도 제약 사항은 있다. 전쟁사 연구는 그 정확성을 생명으로 해야 하나 부족한 사료로부터 시작하여 그 정확성이 담보되어 있지 않기 때문에 오류를 포함할 수 있다는 점을 염두 해 두어야 한다. 또한 고대로 올라가면 갈수록 동양보다는 서양의 전쟁기록이 비교적 많이 남아있다. 따라서 전쟁사에 관한 분석이나 함축된 내용이 서양 전쟁사 위주로 치우쳐 진행되고 있음도 관과 할 수 없는 사실이다.

---

20) 정토웅, 〈군사 연구방법론〉, 국방부 전사편찬위원회, 1991, pp.32~36
21) 주시후, 〈전쟁사〉, ksi한국학술정보(주), 2007, p.18

제2장

고대 · 중세 · 근세시대 전쟁

제1절 고대시대 전쟁
제2절 중세시대 전쟁
제3절 근세시대 전쟁

알렉산더(좌상)
한니발(좌하)

다리우스 3세(우상)
을지문덕(우하)

제1절 고대시대 전쟁

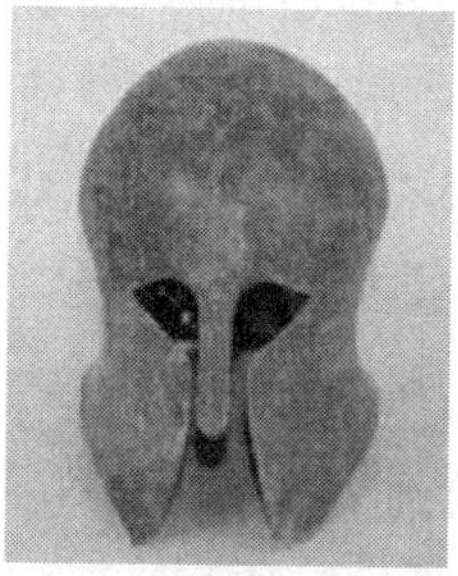

1. 전쟁의 특징

고대의 전쟁은 어느 정도 인류의 지혜가 축척되고 고대국가의 형태가 갖추어지면서 시작되었다. 고대전쟁의 목적은 공동체 수호를 위한 자존에 기초하여 국가발전에 필요한 영토와 자원 및 생산수단인 인적자원(노예) 등을 획득하거나 지키기 위함이었다. 전쟁양상은 원시적 총력 전쟁체제를 유지하면서 백병전에 의한 근접전의 형태가 주를 이루었다.

인류 초기 전쟁은 문명이 먼저 발달한 오리엔트(Orient)[1]에서 찾아 볼 수 있다. 고대 오리엔트에는 어느 지역보다도 먼저 전쟁이 발생하였다. 또한 이 지역은 금속으로 제작된 창, 도끼, 칼 등의 최초로 사용되었다. 금속무기는 최초 청동무기에서 곧이어 철제무기로 대치되었다. 전장은 보병이 주류를 이루었으며, 말을 동력으로 하는 전차(war chariot)가 운용되었다. 전차 또한 최초로 사용되었으며, 기마가 전장의 주력으로 자리 잡기까지 핵심 전력으로 운용되었다.

고대의 전술은 주로 밀집대형이었다. 양측의 부대가 비교적 넓은 공간에 회전하여 방진의 충격력을 이용한 전투를 시도했다. 전쟁기간은 장기간이 소요될 수도 있었으나 전투 자체는 비교적 단기간이나 단일의 회전으로 승패가 결정되었다. 이러한 고대전투의 전형은 그리스의 팔랑스(Phalanx), 마케도니아의 방진(方陣), 로마

1) 이란 · 메소포타미아 · 시리아 · 팔레스타인 · 아르메니아 · 소아시아 및 아라비아와 이집트를 포함한 지방을 가리킨다. 그러나 유럽과 미국에서는 지중해의 동쪽에 있는 여러 나라의 의미로 특히 동부 아시아(동양)를 가리키는 경우가 많다.
어원은 라틴어의 오리엔스(Oriens)로 '해돋이' '해가 뜨는 방향' '동방(東方)'을 뜻하며 로마인은 이탈리아를 중심으로 지중해의 동쪽을 가리켜서 오리엔트라고 불렀다. 따라서 유명한 라틴의 속담 '빛은 동방으로부터'의 동방은 그리스 지방을 가리킨다. 이에 대하여 해가 지는 서방(西方)은 옥시덴트(Occident:라틴어로 '해 지는 곳'이라는 occidence에서 유래)라고 하였다.(두산백과)

군단(Roman Legion) 등에서 확인된다. 전투는 인간의 완력을 이용하여 상호 충격을 가해 상대편의 대열이 무너지거나 퇴각하면 승리하였다. 즉 전투대형을 갖춘 밀집보병의 전체 중량과 지구력(충격력)에 의해서 전쟁의 승패가 결정되었다. 고대 전쟁의 무기체계는 공격용으로는 칼, 창, 활, 투창, 돌팔매, 공성장비, 말과 전차가 활용되었고, 방어용 무기체계로는 갑주, 방패, 성(成) 등이 있었다.

〈고대의 목가리개〉

고대 오리엔트는 아카드, 힉소스, 아시리아, 페르시아 제국 등이 성장하면서 활발하게 진행되었고, 지중해 세계에서는 페르시아 전쟁(그리스 도시국가 연맹체와 오리엔트의 페르시아 간)과 펠로폰네소스 전쟁(그리스 도시국가 간)이 발발했다. 범 대륙적인 전쟁으로는 마케도니아 알렉산더의 동방침략과 로마의 정복전쟁(포에니 전쟁, 게르만족과의 전쟁) 등이 진행되었다. 또한 동양에서도 황하(黃河)와 인더스문명을 중심으로 고대 국가가 완성되어 나가는 과정에서 무수한 전쟁이 격렬하고도 치열하게 전개되었다.

고대의 기병은 오리엔트(아시리아, 페르시아)에서 먼저 운용되었으며 이후 서방(그리스)에 전수되었다. 동아시아의 황하지역 일대도 정주민보다는 스텝의 유목민족들이 기마술을 먼저 적용하고 농경민에게 전파하였다. 고대의 보병위주의 전투양상은 아드리아노플(Adrianople) 전투(378년)에서 서고트족이 등자를 갖춘 기동력이 우수한 기병으로 보병위주의 로마군단을 격파하면서 변화하기 시작했다.

2. 오리엔트의 전쟁

가. 오리엔트의 세계와 문화

오리엔트는 지리적으로 지중해의 동쪽으로부터 인더스강의 서쪽과 이집트 지역까지를 포함하는 광대한 지역으로 인류 문명이 최초로 발생한 지역 중의 하나이다. 오리엔트 지역에서는 유프라테스와 티그리스강 유역에서 발생한 '양 강 사이의 땅'이란 뜻의 메소포타미아문명과 그리스의 헤로도토스(Herodoto)가 '나일강의 선물'이라고 한 이집트문명이 발생했다.

메소포타미아 지역은 수메르(Sumer)인들이 기원전 5천경 전부터 농사를 짓기 시작했고, 기원전 3천 년경에는 인류 최고(最高)의 문명이 창조되었다. 수메르 인들은 문자를 점토판에 각인(설형문자)하였는데 현재 많은 자료들이 속속 판독되고 있으며 판독되는 것마다 인류 최초의 기록이란 수식어가 붙고 있다. 또한 수메르 인들은 법제에 많은 관심을 보였는데 이는 후대에 '눈에는 눈, 이에는 이'라는 바빌로니아 함무라비 법전으로 전승되어 전해진다.

〈수메르의 점토판〉

메소포타미아는 개방된 지역으로 북부의 산악 민족과 남부의 사막 유목민족이 접근하기 용이한 문명의 교차로로 많은 민족이 흥망성쇠를 거듭한 지역이다. 메소포타미아 지역의 최초 도시국가였던 수메르는 기원전 2,500년경부터 이 지역을 최초로 통일한 아카드인(Akkad)이 지배하였고, 기원전 1,800년경에는 바빌로니아, 기원전 1,300년경에는 기병과 강력한 고대 전차를 갖춘 아시리아, 기원전 550년경부터는 마케도니아(알렉산더)와 전쟁을 치른 페르시아가 통치했다.

지중해의 남단에서 발생한 이집트문명은 나일강의 범람과 관련이 깊다. 나일강 상류의 비옥한 퇴적물이 운반되면서 나일강 하구는 풍요의 땅이 되어 문명을 창조할 여건이 만들어졌다. 이집트는 바다와 사막으로 둘러싸여 비교적 외적의 침입이 어려워 폐쇄적인 정치 · 사회 · 경제 체제를 유지할 수 있었다. 람세스 2세(Ramses II)는 소아시아 일대의 히타이트군과 지중해 연안의 무역 중심지 카데쉬를 두고 전쟁을 하기도 했다. 이집트는 정치적으로 전제군주제도가 유지되었으며 피라미드, 파피루스의 문서 및 로제타석 등 문화를 확인할 수 있는 자료와 유적들이 많이 남아 있다.

〈이집트의 피라미드〉

나. 전술과 무기

군사사상은 큰 범위에서 무기체계와 전술을 지배한다. 반면 무기체계와 전술이 군사사상을 선도해 나가기도 한다. 군사사상 안에서 무기체계와 전술은 매우 밀접한 관계로 '닭과 계란과의 관계'로 회자된다. 무기체계의 발전이 전술을 발전시키기도 하고, 전술개념을 구현하기위해 새로운 무기체계를 개발하기도 한다. 전술과 무기체계는 이렇게 상호 유기체처럼 연관성을 가지고 있다. 한 시대를 앞서가는 혁신적인 군사사상과 전투개념(전술) 그리고 무기체계는 전장을 지배했고, 이는 종종 국가의 생멸을 결정해 왔다.

① **청동기 군사혁명** 인류의 지혜가 확대되면서 목기나 석기를 가공한 무기류가 등장했다. 이러한 무기류의 발전과 함께 인류의 전쟁도 시작되었다. 문명은 통상 농산물의 대량생산, 도시의 건설, 문자의 발명, 청동기문화의 발전 등을 수반하면서 발전했다. 이때 인류 역사상 최초의 금속 무기류(청동)가 등장하기 시작했다. 이는 이전의 석기를 대치하는 것으로 청동기 군사혁명[2)]이라 한다. 청동무기는 제련기술이 뒷받침 되어야 얻을 수 있는 것이기 때문에 문명의 발달 없이는 불가능 했다. 전쟁은 국가차원으로 변모하면서 동원과 더불어 전력의 장거리투사 능력이 요구되었다. 이러한 고대의 전쟁모습은 부조나 벽화, 점토판, 기록물 등을 통해서 확인해 볼 수 있다.

인류가 제작한 가장 고전적인 무기들은 단도, 도끼, 창, 활, 돌팔매 등이었다. 인류 초기의 무기들은 충격무기(sgock weapon, 신체적 지근거리에서 적을 때리고 찌르고 베는 데 사용하는 무기)와 투사무기(missile weapon, 적을 향하여 쏘거나 던지는 무기)의 양 형태로 발전해 나갔다. 활은 후기구석기시대부터 사용된 것으로 알려져 있다. 활은 크기에 따라 단궁(short bow, 크기 1m 이하, 무게 0.5~0.8kg)과 장궁(long bow)으로, 제작방법에 따라서는 단궁(self bow)과 복합궁(composite bow)으로 구분된다. 단궁(short bow)의 사거리는 45~90m이며 최소 10m 이내에서 발사해야 겉옷과

〈아카드의 복합궁〉

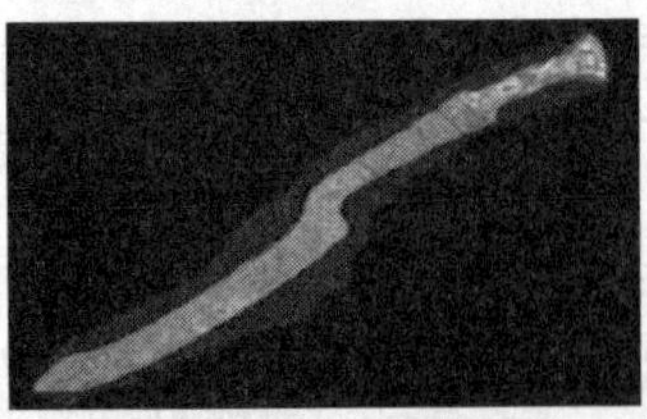

〈수메르의 만곡도〉

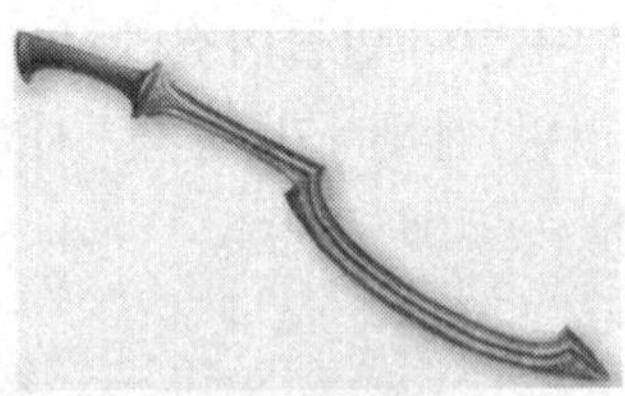

〈이집트의 코페시〉

2) 인류가 석기문화의 단계에서 벗어나 혁명적 발전을 하기 시작한 단계이다. 청동은 구리·주석 등의 합금으로 된 금속이다. 청동으로 만든 전투장비로는 판금갑옷, 투구, 만곡도(sickle sword), 투구, 도끼(penetrating axe). 전차 등이 있다.

가죽 방패를 뚫을 수 있었다. 장궁은 궁간(弓幹)이 길다. 메소포타미아 지역과 인도 지역 그리고 중세 영국 등에서 널리 사용되었다.

단궁(self bow)은 한 종류의 재료로만 만들어졌다. 반면 복합궁은 목재와 동물의 힘줄, 천연 접착제, 동물의 뼈 등 여러 재료를 조합하여 탄성을 강화 사거리를 획기적으로 향상시킨 것이다. 복합궁은 180m 에서 270m사거리에 가죽 방패나 청동갑옷 같은 금속 방호구도 관통할 수 있는 위력을 지니고 있다. 이 복합궁은 아카드의 나람신(NaramSin)왕이 최초로 단궁을 개조하여 만들었다. 또한 나람신왕은 아카드의 이륜전차에 복합궁을 결합하여 기동력과 공격력을 동시에 확보하기도 했다.

인류 최초의 금속검(칼)은 수메르 인들인 만든 청동의 만곡도(Sickle sword)였다. 이 만곡도는 청동기시대 메소포타미아의 전장을 지배했다. 이집트는 18왕조의 투르모스 Ⅲ세에 이르러서는 힉소스의 전차를 모방한 전차와 코페시(Khopesh)라고 하는 칼을 생산했다. 기원전 1000년경에는 칼이 두 가지 유형으로 변화되기 시작한다. 하나는 끝이 없이 길게 만들어진 것으로 후에 골족(Gauls)이나 켈트족(Celts)이 사용했고, 또 하나는 단도에 가까운 형태로 그리스 장갑보병이 사용했다(로마 단검의 원형).

② **전차의 등장** 수메르 인들은 동물을 사육하면서 동물의 힘을 이용하는 지혜를 터득했다. 처음은 소 다음은 말을 이용하여 바퀴(wheel)를 움직이기 시작했다. 비록 무거운 목재바퀴의 소달구지였지만 이는 십분 전쟁을 위한 도구로 활용되었을 것이다. 이어 말을 사육하면서 전차를 개발(기원전 3,000년경)했다.

전차(chariot)는 인류 전쟁사에서 말과 함께 가히 혁명적인 무기의 출현이라 할 수 있다. 당시의 말은 사람이 올라타 전투를 할 수 있는 정도가 아니었고, 아직 안장이 개발되기 전이어서 말을 타는 기술이 보편화 되는 것은 어려웠다. 그래서 말이 우선 전차로 활용된 것으로 보인다. 이후 발전을 거듭한 전차는 기병이 등장하기 전까지 고대의 전장의 강력한 무기체계로 자리매김 했다.

〈인류 최초의 4륜 전차〉

〈아카드의 2륜 전차〉

〈이집트의 2륜 전차〉

수메르에서 탄생한 최초의 전차는 나귀 4마리가 끄는 4륜 전차였다. 운용인원은 전투원 2명을 포함하여 4명이었다(1명 마부, 2명 전투원, 1명 방패병). 4륜 전차는 나무 바퀴로 속도와 안정감이 열악하고 내구성이 미약한 관계로 지휘용이나 의전용 등으로 활용되었을 가능성도 높다.

아카드의 사르곤 대왕은 2마리의 말이 끄는 2륜 전차를 운용하여 기동성과 충격력, 원거리 원정 공격능력을 확보했다. 이 전차는 수메르의 전차를 발전시킨 것으로 전차에는 3명이 탑승(궁사, 창병, 마부)하여 전투를 수행했다. 이 전차는 복합궁과 결합되어 아카드가 메소포타미아를 최초로 통일 시키는데 일등 공신이 되었을 뿐만 아니라 고대 여러 나라 전차의 원형이 되었다.

기원전 1,450년경에는 힉소스(Hyksos)의 전차가 이집트의 중왕국(Middle Kingdom)을 정복하는데 큰 공헌을 하게 된다. 힉소스의 전차는 2인승으로 활과 투창, 사각형 방패, 화살통으로 무장된 대전차용이었다. 전차는 보조 화살통을 달고 전차의 탑승대를 넓혀 전투 행동이 자유스럽도록 했고, 바퀴살을 6~8개로 증가시켜 기동력과 안정감을 높였다.

이집트의 전차는 여러 대의 전차를 묶어 적진으로 돌진하는 충격전술을 사용하면서 주로 투창(Javelin)으로 공격했다. 또한 전차를 별도의 부대로 운용하지 아니하고 보병과 협동으로 운용함으로써 전차와 보병이 통합된 시너지 효과를 얻을 수 있도록 새로운 전술을 창안했다. 이 전차의 개발로 인하여 이집트는 힉소스를 몰아내고 신왕국을 건설(기원전 1560) 할 수 있었다.

페르시아 전차는 철제로 만들어졌을 뿐만 아리라 차체에 낫을 장착했다. 전차가 돌진하여 낫으로 풀을 베듯이 적을 베어 넘기면 투창과 검으로 무장한 보병대가 돌진하여 적을 격멸하는 전술을 사용하였다.

③ **철제 무기의 등장** 전차와 복합궁으로 대표되는 청동기 군대는 기원전 12세기경 중동에서 철기로 무장한 군대가 등장하면서 종말을 고하게 된다. 철기문화는 소아시아의 히타인트(Hatti) 인들에 의해 기원전 2,000년경부터 시작되었다. 히타이트 인들은 이전부터 소아시아 아나톨리아(Anatolia) 지역의 풍부한 철을 이용하여 도구를 만들어 사용하고 있었다. 이 지역에서 철의 채굴은 오히려 청동기(주석이나 구리) 채굴보다 용이했다.

기원전 12세기경에는 쇠를 두드리고 물에 넣으면서 주조하는 담금질법이 개발되었다. 철기로 만들어진 무기는 청동기보다 강하고 예리하여 신속히 기존의 무기체계들과 교체되었다. 철로 만들어진 칼이나 창, 그리고 전차 등은 국가 1

급 재산이 되었으며, 이 기술을 소유한 나라가 최강자로 부상하였다. 고대에서도 신무기체계는 전쟁의 양상을 바꾸어 놓았다.

히타이트 인들은 오리엔트에서 처음으로 철기를 사용하여 세력을 확장하기 시작했고, 철기를 이용한 무기와 2륜 전차 등을 활용해 전장을 주도해 나갔다. 하지만 히타이트는 기원전 12세기 내분이 발생하여 이민족에 붕괴되었다.

철기를 제대로 활용한 것은 아시리아(Assyria)였다. 아시리아 인들은 뛰어난 제련술을 보유하고 철제무기와 전차, 방패 등으로 무장하고 강도 있는 훈련을 함으로써 기술적인 우위를 지켜나갔다. 아시리아는 기원전 13세기경부터 기마술을 발전시켜 군사대국으로 성장했다. 아시리아의 부조나 그림을 보면 군사적인 소재가 대부분을 차지하는 나라로 상무정신이 넘치는 군사제국이었다.

④ **보병** 수메르의 도시국가 우르(Ur)의 루갈왕 묘에서는 투창과 도끼로 무장한 방패가 없는 경보병과 투구를 착용하고 장창을 든 중보병이 묘사되어 있다. 또한 기원전 2,450년경의 수메르 비문에는 보병들이 조밀한 밀집대형을 형성한 모습이 조각되어 있다. 이러한 사실은 그리스나 로마에서 싸우던 방식에 앞서 오리엔트 보병이 전투대형을 유지하고 전투를 진행했음을 보여준다.

오리엔트 보병의 특징 또한 아시리아 보병에서 확인해 볼 수 있다. 아시리아 보병의 병종은 창병, 궁수, 돌팔매병(Sling)으로 구성되었다. 창병은 쇠미늘(Chain mail) 갑옷과 투구를 착용하고 방패를 들었으며 적진에 돌격을 감행했다. 또한 공성공격 시에 중요한 역할을 담당했다. 궁수들은 아시리아 보병의 주력으로 복합궁으로 장비되었고 별도로 운반 요원이 필요한 커다란 방패를 사용했다. 돌팔매병은 2명 1개조로 편성되었으며 궁수 뒤편에 배치되어 운용되었다. 각 병종의 군사들은 고유임무에 따른 병기 이외에 칼을 왼쪽 허리에 차고 다녔다. 기마병과 보병 간에는 상호 기민한 협조가 이루어 전투를 진행한 것으로 보인다. 당시 아시리아의 왕들은 동양적 특성의 전제군주이자 야전 사령관으로서의 임무를 수행하였다.아시리아 멸망(서기전 612) 후 오리엔트에는 고대 오리엔트 최후의 제국인 페르시아가 건국되었다. 페르시아군의 특색은 낫을 장착한 전차의 운용에 있었다. 또한 제1파의 공격이 종료되면 예기치 않은 방향으로 제2파가 말을 타고 돌진잔적을 격파했다. 페르시아군에는 '불사신(Immortal)'이라 불리는 정예 친위부대가 있었다. 그들은 만명 정원의 부대로 단창과 활로 무장했다.

〈불사신 부대〉

전투 시 한명이 전사하면 또 다른 한 명이 투입되어 항상 만명을 유지했다. 이 부대는 페르시아 전쟁 기 마라톤과 테르모빌레 전투에서 모습을 드러냈다.

페르시아는 기원전 525년까지 오리엔트를 통일하고 발칸반도 원정을 개시하여 다리우스 1세(Darius Ⅰ: 서기전. 521~486 재위)는 유럽 대륙의 다뉴브강을 거슬러 올라갔다. 이때 동양의 페르시아와 서양의 그리스 간에는 마라톤과 테르모빌레 전투가 포함된 최초의 동·서양의 격돌인 페르시아 전쟁이 발생했다.

⑤ **기병** 아시리아 인들은 초원의 유목민인 스키타이(Scythian)로부터 말과 기마술을 도입하여 교배를 통한 우수한 종마를 사육하고 안장을 발명하여 마상 전투를 가능하게 하였다. 이들은 기원전 10세기경부터 달리면서 활을 쏘는 최초의 기마부대를 운용했다.

아시리아군의 기병대는 창을 주로 쓰는 창기병(槍騎兵)과 활을 쏘는 궁기병(弓騎兵)으로 2원화 편성되었다. 궁기병은 2인 1조로 말 한 마리에 2명이 타서 한 사람은 말고삐를 잡고 방패로 보호하며, 또 한 사람은 활을 발사했다. 궁기병은 기동력을 이용하여 적진의 배후나 측면을 타격하거나 견제하는 임무를 수행했으며, 창기병은 창을 던지거나 휘둘러 적의 전열을 흔들거나 돌파하는 역할을 담당하였다. 말을 보호하기 위한 가죽으로 만든 마갑(馬甲)도 사용했다. 그러나 기병이 등장했음에도 전장에서의 핵심은 전차였고, 기병은 보조부대의 역할(견제, 별도 부대, 정찰 및 연락)을 수행했다. 더욱이 천여 년 이상동안 기병전술은 진전이 없었다.

〈아시리아 궁기병〉

〈아시리아 창기병〉

이러한 상황은 378년 터키 북서쪽 아드리아노플(Adrianople)에서 등자(鐙子, Stirrups)를 활용한 서고트(Visigoth)군이 로마 기병을 격퇴할 때 까지 계속되었다. 그러나 기병은 고대 그리스 세계의 마케도니아 필립과 알렉산더의 그리스지역 통일과 대제국 건설 간 결정적인 역할을 담당하였다.

3. 그리스의 전쟁

가. 그리스의 세계와 문화

고대 그리스는 오리엔트문명을 받아들인 에게문명의 영향을 받았으나 오리엔트 및 에게와는 또 다른 문화를 창달하였다. 그리스는 기원전 8세기경부터 발전, '폴리스(polics, 시민공동체)'[3)]를 형성하고 독창적인 문화를 완성해 나갔다. 로마와 함께 유럽문화의 양대 원류가 되어 유럽문명의 어머니로도 불린다.[4)]

그리스는 지형적으로 바다로 둘러싸인 산악지역으로 인해 지역적인 도시국가가 발전하였다. 또한 한정된 농토로 인해 일찍이 바다를 통해 소아시아로 진출하여 식민시(植民市)를 건설하면서 지중해 일대를 고대세계의 중심지로 부각시켰다. 당시 그리스에서 출현한 시민정치 및 참정권 보장 등은 인류역사의 신기원으로 현대 민주정치의 기원이 되었다.

〈파르테논 신전〉

그리스 도시국가들이 민주정치의 기반을 이루면서 발전하고 있을 때 오리엔트를 통일한 페르시아가 서방으로 진출했다. 그리하여 페르시아와 그리스 간에 3차에 걸친 페르시아 전쟁(기원전 492-479)이 발발했으며, 그리스는 이 전쟁에서 승리하고 유럽 문명을 지켜내며, 그리스 문명의 황금기(黃金期)를 구가하였다. 세계문화유산 제1호인 파르테논 신전이 이 시기를 즈음하여 축조되었다.

하지만 그리스는 내부적으로 대조적 성격의 스파르타(펠로폰네소스 동맹)와 아테네(델로스 동맹) 도시국가 간의 펠로폰네소스 전쟁(기원전 431-404)을 치르면서 스파르타가 일시적인 지배권을 확립하게 되었다. 그러나 곧이어 스파르타도 테베와의 전쟁에서 패하고 오랜 전란에 시달린 그리스 문명은 전체적으로 쇠퇴의 길을 걷는다. 이후 그리스인들이 후진적이라 생각했던 북방의 마케도니아가 문화를 발전시키고 세력을 확장하여 그리스 세계를 최초로 통일했다.

---

3) 그리스 본토와 소아시아지역까지 합하면 약 1,000여 개의 폴리스가 형성되어 있었다. 그리스 인들은 자신들을 스스로 헬레네스(Hellenes)라 부르고 이민족을 바르바로이(Barbaroi)라 구별하였다.

4) 여기에 크리스트교의 헤브라이즘 요소가 결합하여 현대 유럽문명의 원류가 되었다.

나. 전술과 무기

아테네와 스파르타로 대변되는 그리스는 산악지형의 농업사회였다. 경제는 토지를 균등히 소유한 자작농체제로 산맥과 강을 지리적 경계로 하여 소규모 도시국가로 형성되어 있었다. 이 도시국가들은 각자의 군대를 보유하고 있었으며, 더 큰 도시국가로 성장해 나가면서 영토분쟁이 끊이지 않고 발생했다. 그리스의 군대는 종마법의 전파도 늦었거니와 산악이 많은 관계로 평탄한 지형에서 집단대형을 갖춘 보병위주로 전술이 발전하였다.

① **중장보병** 그리스(아테네, 스파르타, 테베)는 민주적 시민군대로 편성되어 있었으며, 시민들은 필요시 기꺼이 참전하였으며(名望軍) 이로 인해 시민으로서의 특권인 참정권을 유지할 수 있었다. 이때 전투에 참가하는 구성원들은 스스로의 무장을 담당해야 해야 했기 때문에 전투는 부호들만이 참여할 수 있었다. 중장보병(호플라이트, hoplits)은 청동 투구, 길이 2~2.5m 철창과 단검, 청동과 가죽으로 만든 흉갑과 정강이 덮개, 왼팔에 묶은 1미터 원형의 고대 방패(hoplon, 호프론)로 무장하고 있었다.

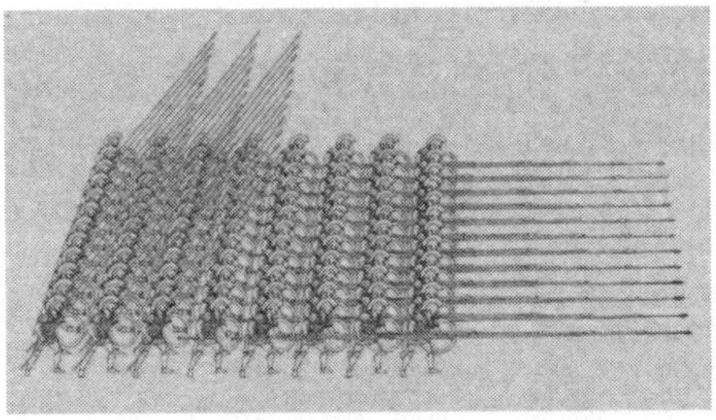

〈그리스 방진〉

〈그리스 병사들의 전투장면〉

② **팔랑스** 그리스는 기원전 7세기부터 중장보병이 중심이 된 중장밀집대형(Phalanx)이 전투를 수행했다. 팔랑스는 역사상 최초의 전투대형으로 열과 오로 편성된 사각형의 방진(方陣) 대형이었다. 팔랑스는 8열을 기본으로 하여 4열(마라톤 전투), 12열 등을 유지하는 가변적인 대형이었다. 방진의 앞쪽에서 3열까지는 창을 앞으로 내밀고 왼손에 방패를 휴대하고 있었다. 따라서 중장보병의 팔랑스는 방진을 이용한 격돌이 유일한 전술이었으며 창의성이 발휘되기가 어려웠다. 지휘관의 주요 과업은 지형과 상황에 맞게 팔랑스의 전투편성을 결정지어야 해고, 전열정비와 독전 이후에는 전투원으로 싸웠다.

전투는 주로 농사가 끝나고 평지에서 진행되었다. 중장보병은 일반적으로 병사 1인당 정면 폭이 약 90cm로 '어깨와 어깨가 닿을' 정도의 밀집대형을 형성했으며 앞뒤 간격도 동일했다. 무장한 방진은 플루트 연주에 따라 적 궁수의 사정권인 100보에서 150보 되는 순간 공격을 개시하여, 방패로 밀고 창으로 찌르면서 전투를 진행했다. 대형은 왼팔의 호프론으로 자신과 옆 전우를 보호하고 오른손의 창으로는 적을 공격하는 시스템이었기 때문에 오른쪽에 제일 용감한 병사가 위치했다. 전투를 진행하면서 대열은 오른쪽이 먼저 진격했고 방진은 오른쪽으로 회전해 나갔다.

후미는 앞 열에 공백이 생기면 그 틈을 메우고 부상자를 처리했다. 전투의 승패는 대열의 견고한 지속성과 전투원의 수에 따라 결정되기 때문에 강한 규율과 투지가 요구되었다. 하지만 전투는 단시간 내 결판났다. 이유는 기선을 제압해야 했기 때문에 초전에 전력을 모두 투입하여 예비대가 없었기 때문이다. 전투 종료 후에는 적을 추격하지는 않았다. 패자 측에서는 즉시 사자를 보내어 패배를 인정했고 전사자의 시체를 수습하는 것이 허용 되었다.

이러한 그리스의 중장밀집보병은 동방의 페르시아를 상대로 한 페르시아 전쟁의 마라톤 전투와 플라타이아 전투 등에서 큰 위력을 발휘하여 승리를 달성할 수 있었다. 그러나 그리스는 페르시아 전쟁을 통해 동방의 군사제도와 기술(기병, 경보병, 척후병, 활, 공성무기 등)을 도입하여 적용하였다. 이후 펠로폰네소스 전쟁(기원전 431~404)은 페르시아 전쟁보다 기간과 규모가 커졌고, 보병의 전술도 다양하게 변화하였다.

〈호프론(방패)〉

〈호플라이트(중장보병)〉

〈공성장비 오나거〉

③ **펠타스트** 그리스의 중장보병은 펠로폰네소스 전쟁(B.C. 431-404)을 거치면서 펠타스트(Peltast)라는 경무장보병으로 전환되어 갔다. 펠타스트는 기원전 395년에 벌어진 코린토스 전쟁에서 활약한 트라키아 전사('펠타'라는 초승달 모양 의 방패 휴대)를 부르는 용어에서 유래하여, 이후 경무장하고 유격전 임무를 수행하는 형태를 펠타스트라 불렀다.

〈아나톨리아의 펠타스트〉

펠타스트는 1.1~1.6m 정도의 길이에 1.2~1.8kg 정도의 무게를 가진 투창을 사용하였고, 가죽조끼를 착용하고 칼과 작은 방패를 휴대했다. 펠타스트는 중장보병과의 직접대결은 불리했지만 경량화된 기동력을 이용한 유격전술에서는 우위를 점할 수 있었다. 경장보병은 무엇보다도 비용이 적게 들어 경제적 이어서 빈곤한 계층의 용병들로 보충되었다. 이외에도 펠로폰네소스 전쟁이후 중장보병에서 궁수와 투창병, 투척수 등의 경보병을 양성해 나가기 시작했다. 펠로폰네소스 전쟁 기간 중 그리스인들도 기병을 운용하였다. 기원전 394년 스파르타의 아게실라우스(Agesilaus)는 기병을 운용하여 테사리아(Thessala)를 격멸하였다. 그러나 기병 양성에는 한계가 있었다. 말굽과 등자[5]가 아직 없었고, 말은 충분한 중량을 지탱하기에는 아직 왜소했다.

그리스인들은 기간 중 포위공격전술을 여러 차례 시도하였다. 그리스의 시라쿠라(Syracuse) 도시국가의 디오니시오우스(Dionysious) 1세는 파성추와 투석기를 겸한 포위공격용 탑을 이용하여 무티아섬을 점령하였고, 카르타고인들의 공격에 대비하여 오르티기니아섬을 난공불락의 요새로 만들었다. 그리스인들이 포위공격용 탑과 페니키아인이 발명한 투석기를 실전에 사용한 것은 혁신적인 발전이었다. 투석기는 카타펠테스(Potrobolos, 4kg, 230m이상 투척)와 오나거(Onager, 25kg. 400m 이상 투척)가 운용되었다.[6]

※ 그리스의 주요 전쟁과 전투

□ 페르시아 전쟁(B.C. 492-479) : 그리스 대 페르시아
  제1차 : 페르시아군 아토스만에서 풍랑을 맞나 교전 미실시
  제2차 : 마라톤 전투(B.C. 490년 9월)
  제3차 : 테르모필레 전투(B.C. 480년 8월), 사랄미스 해전(B.C. 480년 9월)
  플라타이아 전투(B.C. 479년 8월)
□ 펠로폰네소스 전쟁(B.C. 431-404) : 아테네 대 스파르타
□ 루크트라 전투 : 테베와 스파르타의 전투

5) 말굽은 기원전 4세기 켈트족이 발명했고, 등자는 말을 탔을 때 두 발로 밟게 되어 있는데 대개 안장에 달아서 양쪽 옆구리로 늘어뜨렸다.
6) 최용성, 신편 세계전쟁사, ⊊sid, 2009, p59

다. 주요 전투

① 마라톤(Marathon) 전투

○ 시 기 : B.C. 490년
○ 장 소 : 그리스 마라톤 평원
○ 교전국(지휘관) : 아테네(밀티아데스) / 페르시아(다리우스왕)
○ 병 력 : 아테네 약 1만명 / 페르시아 약 2만명
○ 결 과 : 아테네 승리
○ 전사(戰史)적 의미
- 양익포위의 선례
- 다수의 병력을 전술로 격파한 최고(最古)의 선례
- 그리스 중장보병 대 페르시아 경장보병 → 그리스 중장보병 승리

배 경 기원전 5세기 말 오리엔트는 인더스강으로부터 소아시아와 이집트의 나일강까지 페르시아(Persia)의 다리우스 1세(Darius I)가 지배하고 있었다. 이때 소아시아의 여러 도시가 반 페르시아 활동을 전개했는데 아테네가 이를 지원하여 페르시아 전쟁이 발발하였다. 이 당시 그리스는 소아시아 식민시의 모국으로 자처하고 있었고, 페르시아는 다뉴브강 너머로는 히타이트와 동남으로는 인도와 전쟁을 치르고 있는 상황이었다. 페르시아는 3차의 원정을 실시했다.

1차 원정(기원전 492)은 다리우스대왕의 페르시아군이 아토스(Athos)만에서 폭풍을 만나 실패했다. 2번째 원정에서는(기원전 490) 마라톤 전투에서 패배했고, 3차 원정(기원전 480)에서도 페르시아 크세르크세스(Xerexe)왕이 그리스 전역을 정복했으나 최후의 전투인 살라미스(Salamis)해전에서 패배하고 말았다.

2차 원정인 마라톤 전투 시 페르시아군은 궁병 및 경·중보병과 기병으로 편제되어 있었으며 다민족으로 혼합 편성된 용병을 운용했다. 반면 아테네군은 밀티아데스(Miltiades)가 지휘하는 중장보병으로 애국심이 강한 시민군 이었다.

경 과 페르시아군은 해로를 이용하여 아테네 동북으로 약 42km 떨어진 마라톤만에 상륙했다. 이유는 마라톤만 지역이 평야 지역이어서 페르시아 기병의 기동에 유리하고 소택지로 인하여 측방에 대한 기습방지가 가능하다고 판단했기 때문이었다.

그리스의 밀티아데스는 이오니아로부터 페르시아군이 마라톤만에 상륙할 것이라는 정보를 사전에 획득하고, 여러 사람의 반대에도 불구하고 페르시아군의 기병을 해변에서 제압할 계획으로 이동했다. 밀티아데스는 이미 소아시아의 이오니아에서 페르시아군으로 전투에 참여한 경험이 있어 전통적으로 페르시아군의 정면

이 강함을 인지하고 있어서 약한 양 측면을 공격하기로 했다.

밀티아데스는 아테네로 향하는 브라나 계곡에 지형을 이용하여 병력을 배치했다. 페르시아 기병으로부터 측방을 보호받기위해 나무를 이용 측방을 보강했다. 또한 방진의 중앙을 약화(4열)시키고, 양 측방을 집중(8열) 배치하여 페르시아군보다 측방에서 상대적 전투력 우세를 달성하도록 대열을 편성했다.

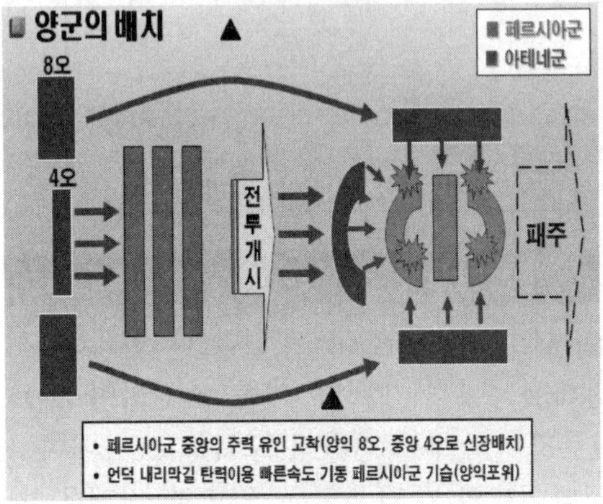

〈마라톤 전투의 기동〉

이에 비해 페르시아군은 지형 및 그리스군의 배치 여건상 3열 전열로 배치하고 정면공격을 시도하였다. 결전이 시도되자 페르시아군은 궁병, 경장보병, 그리고 불사신의 중장보병 순으로 공격해 왔다. 그리스의 밀티아데스는 중장보병의 공격이 시작되자 중앙군을 뒤로 물러나게 하며 페르시아군의 주력을 유인 후 내리막 경사면을 이용하여 집중 배치된 양익을 기동시켜 페르시아군을 양익을 포위하고 공격하여 승리를 달성했다.

결과 / 영향 이 전투에서 페르시아군 6,400명이 전사하고 그리스군 200명이 전사하며 그리스군이 승리하였다. 이 전투의 승리는 그리스의 중장보병과 방진의 승리였다. 마라톤 전투는 전사상 최초의 양익포위전술을 구사한 전투로 상대보다 적은 수의 병력으로도 효율적인 전술을 적용하면 승리할 수 있다는 것을 증명한 전투였다. 특히 밀티아데스장군의 탁월한 지휘력(창의, 정보, 공세, 기동, 집중)이 돋보였다. 이 전투는 문화사적인 입장에서 동·서양간의 전쟁으로 동양의 전제군주제에 대한 서양의 민주주의의 승리로 평가되기도 하며, 그리스 문명권을 오리엔트 문명권으로부터 지켜낸 전투였다. 또한 올림픽에서 마라톤 경기가 출현하게 되는 배경이 된 전투이기도 했다.

② 테르모필레(Thermopylae) 전투

○ 시 기 : B.C. 480년
○ 장 소 : 그리스 중부 테르모필레
○ 교전국(지휘관) : 도시국가 연맹(레오니다스) / 페르시아(크세르크세스 1세)
○ 병 력 : 그리스 도시국가 연맹 7,000명 / 페르시아 30~50만명
○ 결 과 : 페르시아 승리
○ 전사(戰史)적 의미
- 옥쇄(玉碎)의 최고(最古)의 선례
- 소수의 병력으로 지형을 활용 대규모 군 지연 가능성 제시

배경 / 경과 1, 2차 페르시아 전쟁을 일으킨 다리우스 1세가 죽고 그의 아들 크세르크세스가 왕위에 올라 그리스에 대한 3차 침공을 단행했다. 당시 그리스의 주축 아테네는 테미스토클레스(Themistocles)가 실권을 장악하고 200여척의 함선과 4만명의 수병을 양성 해전 위주의 방어전략을 구상하고 있었다.
크세르크세스는 함대의 지원을 받으면서 해안선을 따라 육로로 이동했다. 페르시아군은 에게해에서 그리스의 본토로 이어지는 테르모빌레(그리스어로 '뜨거운 관문'의 뜻)의 좁은 계곡에서 연맹체로 출전한 스파르타 레오니다스왕이 지휘하는 5,200명의 중장보병연합군(스파르타 친위대 300명 포함)의 저항을 받았다.

레오니다스군은 페르시아군과의 현격한 전력 차이에도 불구하고 한 걸음도 물러나지 않았다(페르시아군의 화살이 태양을 가렸다고 한다). 레오니다스군(Leonidas)의 중장보병방진은 경무장한 페르시아군보다 우수한 무장을 하고 있었고 지형자체도 험지라서 페르시아군의 기병도 무용지물이었다. 공방전이 진행되면서 스파르타군은 불사신(Immortal) 부대까지 투입했으나 허사였다.

7일째 되던 날 페르시아군은 지역의 양치기 에피알테스(Ephialtes)가 알려준 우회로를 이용 스파르타군의 배후를 공격했다. 스파르타군은 병력이 분산 배치되어 결국 테스피안 결사대 700여명만 남았다. 레오니다스왕을 포함한 결사대는 그리스 관문을 사수하기위해 결사항전하다 결국 전원 옥쇄했다.[7)]

결 과 테르모빌레전투는 아르테미지움(Artermisium) 해전에서 대패한 해군을 비롯하여 그리스군이 전투를 준비할 수 있는 6일의 시간을 확보했다. 결국 그리스 해군은 살라미스해전에서 페르시아군을 대파하고 전쟁에서 승리했다.

---

7) 이 전투는 영화 300백에 잘 그려져 있다.

③ 루크트라(Luctra) 전투

○ 시 기 : B.C. 371년
○ 장 소 : 보에오티아(Boeotie)
○ 교전 도시(지휘관) : 테베(에파미논다스) / 스파르타(미확인)
○ 병 력 : 테베 6.000명 / 페르시아 11,000명
○ 결 과 : 테베 승리
○ 전사(戰史)적 의미
- 전사상 최고(最古)의 사선진대형(斜線陳隊形 ; obligue order)
- 조공부대 역할(견제) 인식

배 경 아테네와 스파르타 동맹 간에 펠로폰네소스 전쟁(기원전 431-404)을 통해 스파르타가 아테네를 누르고 그리스의 맹주로 자리 잡았다. 스파르타는 각 도시국가에 수비대와 감독관을 파견하여 영향력을 행사 했으며, 전쟁 간 스파르타를 지원한 페르시아는 소아시아의 그리스 식민지 대부분을 차지하였다.

이 기간에 국력을 신장한 테베(Thebe)는 그리스의 주도권을 확보하기위해 도시국가들을 규합하여 루크트라에서 스파르타와 일전을 겨루었다. 당시 스파르타는 중장보병의 방진에 의한 직업적 정예부대와 용병 펠타스트가 편성되어 있었다.

경 과 기원전 371년 루크트라에서 에파미논다스가 지휘하는 그리스의 도시국가 테베군 6,000여명과 동일한 도시국가인 스파르타의 약 11,000명이 대치했다. 스파르타군은 그간 테베와의 소규모 접전에서 계속 승리하고 체계적 훈련으로 단련되어있어서 자신감을 가지고 있었으며, 병력과 장비 면에서도 우세를 보이고 있었다.

당시 팔랑스(방진)의 통상적인 전투방법은 회전이 이루어지면 오른쪽으로 서서히 돌면서 접적상태에 들어가는 것이었다. 이는 왼손에는 방패, 오른손에는 창을 든 역학적 상황이 반영된 것이었다. 따라서 스파르타군은 일반적인 방진형태(종심 8~12명 종대)로 우익에는 정병을 배치하고 소수의 기병과 경장보병은 좌익에서 현재의 조공과 같은 임무를 수행하도록 편성하고 있었다. 하지만 테베의 에파미논다스는 역발상으로 좌익에 기존의 병력보다 4배(50명 종대)나 많은 병력을 배치하고 좌익을 엄호하도록 최정예 보병인 신성대(神聖隊) 기병 수백명을 배치했다.

테베군은 이렇게 할 경우 우익이 약화되는 것을 방지하기 위해서 수평으로 진을 친 것이 아니라 좌익이 앞으로 돌출되고 우익은 뒤로 처지는 사선진 대형이 형성되도록 대형을 조정했다. 테베군은 강화된 좌익을 활용하여 스파르타의 우익

을 향하여 추진시키고 상대적으로 열세한 우측면의 사선부대는 서서히 전진시켜 스파르타군의 공격을 견제·고착하는 임무를 부여하였다.

전투는 에파미논다스의 계획대로 테베군의 주력 좌익이 상대적으로 약하게 편성되어있는 스파르타군의 우익을 집중 공격하면서 시작되었다. 테베군의 강화된 좌익부대는 전투력을 집중하여 스파르타군의 우익을 돌파하고 대열을 붕괴시켰다. 스파르타군은 우익이 붕괴되면서(2,000여명 전사) 왕을 비롯한 많은 전사들이 도주하자 동요하기 시작하였다. 그렇다고 스파르타군은 접전중인 좌익에서 우익으로 병력을 전환할 수도 없었다. 스파르타군의 우측면을 붕괴시킨 테베군은 이제 스파르타군의 배후를 공격하기 시작했다. 사선형으로 견제하던 테베의 중앙 및 우측의 대열도 전방에서 스파르타 군을 공격하기 시작하면서 스파르타군은 포위형국이 되어 일시에 붕괴되면서 패주했다.

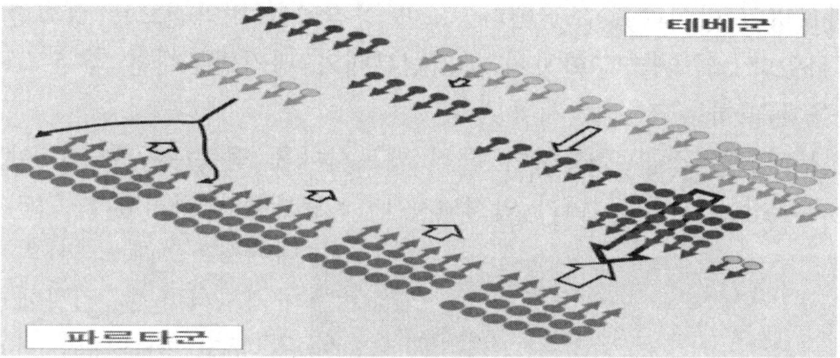

〈테베군의 사선진 대형〉

결과 / 영향　테베군은 루크트라 전투에서 병력이 열세함에도 불구하고 승리했다. 이는 지휘관 에파미논다스의 탁월한 판단과 지휘능력과(정보, 집중, 공세 원칙 준용) 더불어 스파르타군의 방진을 역이용하여 승리할 수 있었다. 이러한 과정을 거치면서 그리스의 방진은 차츰 경장보병(펠타스트)의 유격전술에 압도당했다. 이때 사용된 사선진 대형은 견제라는 개념을 전사에 도입시킨 최초의 사례가 되었다. 기병도 보병을 돕는 역할이었지만 하나의 독립된 전력으로 인식되기 시작했다. 이 전투는 근세에 들어 알렉산더와 프레드릭 대왕에게 깊은 영감을 주었다.

4. 알렉산더의 전쟁

가. 알렉산더(Alexandros the Great)와 헬레니즘(Hellenism) 문화

마케도니아인은 인종적으로 그리스계 또는 혼혈 계통이었다. 그들은 그리스인들이 남하할 때 남하하지 않고, 그리스 북방에 남아서 부족사회 형태를 유지하면서 후진적 사회체제를 유지하고 있었다. 그리스 도시국가들이 펠로폰네소스 전쟁과 그 여파에 휘말려 폴리스의 힘을 소진하고 있을 때, 마케도니아는 해안지대의 그리스 식민시를 통해 선진 문화를 흡수하면서 발전하고 있었다. 기원전 4세기 중엽(기원전 359)에는 필립(Philip) 2세가 마케도니아의 왕위에 올라 정치·군사적인 일대 개혁을 시도하였다.

필립은 통일왕국을 만들고 강력한 상비군을 확보했다. 군제개혁은 기병을 중시하고, 중장보병의 방어력을 보강했다. 또한 공격력을 비약적으로 강화한 밀집종대제를 채택하였다. 기병을 강화하여 중기병부대와 경기병부대를 갖추고 적을 포위하여 측면을 돌파하는 전술을 사용했다.

볼모시절부터 그리스를 통합하여 숙적 페르시아를 정복해야겠다는 야망을 불태우고 있던 필립왕은 마케도니아가 안정되자 먼저 군대를 남하시켰다. 그러자 그리스 내에서는 페르시아의 위협보다 마케도니아의 위협에 우선순위를 두고 아테네와 테베가 연합전선을 구축하여 마케도니아에 대항하였다. 하지만 그리스 연합군은 케로네아(Charonea)에서 마케도니아군에게 크게 패배(기원전 338)하고 말았다. 필립은 곧 스파르타를 제외한 그리스의 도시국가들을 규합하여(코린트 동맹, 헤레네스 동맹) 페르시아원정을 시도하였지만 암살되고 말았다(기원전 334).

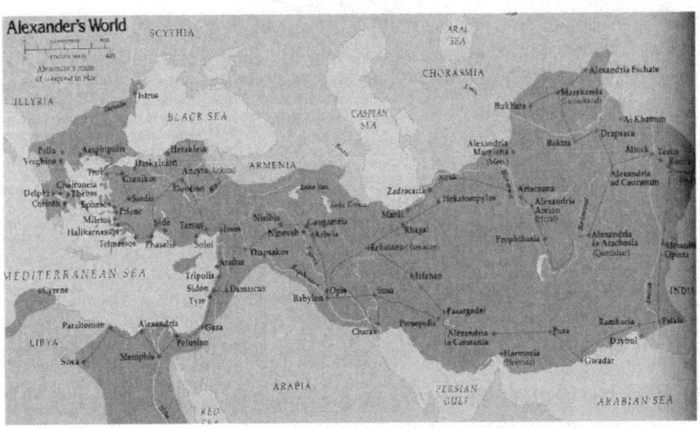

〈알렉산더의 전역, 자료 : 알렉산더의 세계〉

알렉산더는 아버지 필립의 뒤를 이어 20세에 마케도니아의 왕(재위, 기원전 336~323, 알렉산더 대왕 또는 알렉산드로스 3세)이 되었다. 알렉산더는 대학자인 아리스토텔레스(Aristoteles)로부터 윤리학, 철학, 정치학 등을 수학하였으며, 부왕으로부터 전쟁실무를 익혔다. 22세의 약관 알렉산더는 기원전 334년 마케도니아와 코린트 연맹군을 이끌고 페르시아 정복에 나서 소아시아 일대를 경략했다. 알렉산더는 페르시아의 다리우스 3세(Dareios Ⅲ)를 대파하고 시리아, 페니키아를 정복한 후 무혈로 이집트를 정복했다. 기원전 330년에는 가우가메라(Gaugamela)에서 페르시아군과 싸워 크게 이겼고, 정복지마다 알렉산드리아라는 동일한 이름의 도시 70여개를 건설하였다. 이후 검증된 지원자만을 이끌고 동쪽으로 진출하여 이란고원을 넘어 인더스강에 도달했다. 그러나 기원전 324년 열병으로 33세의 젊은 나이로 사망했다(기원전 323년). 그가 죽은 후 대제국은 마케도니아와 시리아, 이집트로 3분되었다가 로마에 흡수되었다.

알렉산더의 업적은 아버지 필립왕의 군사적 유산을 이어받아 자신은 실전에서 전술적 창조성을 더하여 페르시아와 이집트 그리고 시리아 등을 정복하고 유럽, 아프리카, 아시아에 걸친 대제국을 건설한데 있었다. 문화사적으로는 대제국 건설을 통해서 그리스 문화와 오리엔트문화가 새롭게 융합된 새로운 문명인 헬레니즘 문화를 창조하였다. 이 헬레니즘 문화는 로마와 유럽 문화의 토대가 되었다. 당시 문화는 간다라(Gandhara)와 당(唐)을 거쳐 한반도에까지 영향을 미쳤다. 또한 알렉산더가 개척한 대제국의 연결로는 이후 동양과 서양 문명의 교역로인 비단길[8]의 시초가 되었다.

나. 마케도니아군의 방진과 전술

그리스인들은 마케도니아 인들을 야만인으로 천시했지만 오히려 마케도니아는 군제를 개편하여 그리스 지역을 최초로 통일했다. 필립왕은 즉위 이후 동양의 기병과 서양의 보병을 통합하여 보·기 통합군으로 운용했다. 당시 전력의 중심은 여전히 보병으로 주력은 중장보병이었다. 군대는 시민, 용병, 천민, 노예출신들을 받아들였고, 용병은 주로 궁수나 공병, 수송선원 등이었다.

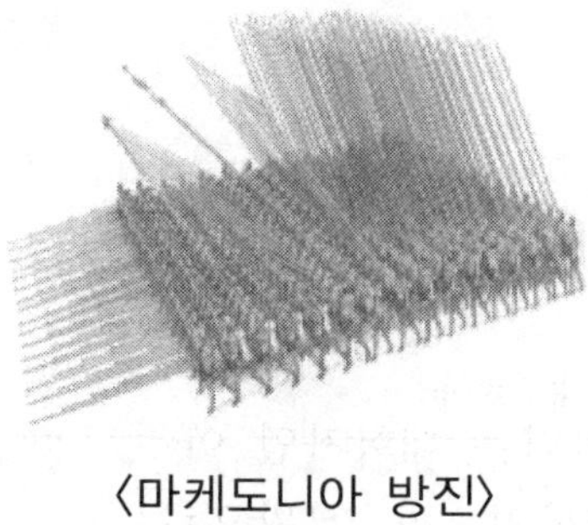

〈마케도니아 방진〉

방진은 중장보병과 경보병 그리고 기병이 혼합되어 제병과의 통합전투가 가능하도록 편성되었다. 방진은 4개 연대로 편성되었고, 1 개 연대는 전술의 기본단위인 대대 4개로 편성되었다. 또한 각 대대는 16열 X 16오 256명으로 구성된 2개 중대로 편성되었다. 방진은 그리스에 비하여 장창을 사용하기 위해 개인의 간격도 비교적 넓어졌으며, 상황에 따라 종심을 증감할 수도 있었다. 알렉산더 시대에 이르러서는 포위전이나 산악전도 수

8) 비단길을 통해 문물과 중세의 페스트, 화약과 총, 인쇄와 종이의 기술이 오갔다.

행할 수 있을 만큼 신축성 있게 변모하였다. 중장보병대는 밀집대형을 형성, 장창을 앞으로 내밀어 충돌하는 방식이었다.

적을 섬멸하는 핵심적인 부대는 귀족으로 구성된 기병 컴패니온(Companion)이었다. 기병대는 1개 대대 200명, 15개 대대 총 3,000명으로 창(Pike)으로 무장하고 충격행동에 이용했다. 경장기병(정찰 및 척후병 운용)과 경장보병은 방진의 측후방에 위치하여 투창을 던지거나 험지에서 중장보병을 공격했으며, 전 방향에서 적을 공격할 수 있었다.

마케도니아의 중장보병은 사리사(Sarissa)라는 장창(4.2m, 4kg)으로 무장했다. 이는 팔랑스의 충격력을 배가하기위해 창안한 전술이었다. 장창은 종래의 창보다 1.8m가 길어서 전투에서 아주 유리하였다. 전투 간 전열부터 제5열까지는 창을 앞으로 하고 제5열의 병사의 창끝이 제1열의 전방까지 나오게 함으로써 방진의 살상력과 충격력을 최대한 증대시킨 것이었다.

마케도니아군의 공격 기본전술은 필립에서부터 시작된 이른바 망치와 모루의 개념[9]이었다. 이 전법은 에파미논다스의 사선진으로부터 주공과 조공의 개념을 도입하여 기병을 주공부대로 중장보병을 조공부대로 운용한 데서 시작되었다. 기병은 망치 역할(타격부대)을 하면서 적을 포위하여 공격하고, 보병은 모루(저지부대) 역할을 하면서 적을 고착시켰다. 이후 모든 전장에서 주공과 조공을 구분하는 망치와 모루 전법은 전술의 상식이 되었다.

※ 마케도니아의 주요 전쟁

□ 그리스 통일 전쟁

카이로네아 전투(B.C. 338)

□ 알렉산더 전쟁

이수스 전투(B.C. 333)

가우가멜라 전투(B.C. 331)

히다스페스 전투(B.C. 326)

□ 마케도니아 전쟁(B.C. 215 - B.C. 148) : 마케도니아 대 로마

---

9) 모루에 해당하는 보병의 전면 부대는 적을 고착견제하고 망치에 해당하는 기병은 기동력을 활용하여 적의 측후방으로 기동, 적을 타격하는 전술로 모든 전술가들에 의해 활용되고 있다.

다. 주요 전투

① 이수스(Issue) 전투

○ 시 기 : B.C. 333년
○ 장 소 : 소아시아 동안 이수스
○ 교전국(지휘관) : 마케도니아(알렉산더 대왕) / 페르시아(다리우스 3세)
○ 병 력 : 마케도니아 기병 5천명, 용병 2만 6천명 /
페르시아 기병 2만명, 보병 4만명, 기타 용병 등 4만명
○ 결 과 : 마케도니아 승리
○ 전사(戰史)적 의미
- 지휘관의 전술조치로 수적 열세 극복
- 사전진 대형 전개
- 철저한 추격으로 적 부대 격멸

배 경 기원전 334년 알렉산더는 다르다넬스(Dardanelles)해협을 건너 소아시아로 진출하여 1년간 페르시아 속주들의 군대를 제압하고, 대부부분의 소아시아 지역을 정복했다. 이에 페르시아 제국의 황제 다리우스 3세는 반격을 준비했다. 이 소식을 들은 알렉산더는 파르메니온을 먼저 보내 이수스를 지키도록 했다. 이수스는 군사적 요충지로 만약 페르시아가 이수스 일대를 차지한다면 다리우스는 함대와 보급항을 동시에 얻고, 소아시아에 위치한 알렉산더의 배후를 위협하게 되기 때문이었다.

하지만 다리우스는 파르메니온이 진출하고 있는 것을 알고, 대군을 이끌고 시리아에서 우회하여 북쪽에서 이수스 평원으로 진격하여 저항 없이 먼저 이수스를 차지하고 남진하여 내려왔다. 다리우스는 피나루스(Pinarus)강에 위치하여 알렉산더군의 보급로를 차단했다. 위기를 느낀 알렉산더는 흩어져 있는 군사를 모아 피나루스강 남쪽에서 공격을 준비했다.

경 과 페르시아군은 파니루스강 대안에 중앙에는 3만명의 그리스 용병인 중장보병과 페르시아군으로 배치하고 양익에는 경순병인 칼다세스(Cardaces)를 배치했다. 반면 마케도니아군은 전열에 경장보병, 후열에는 마케도니아 방진, 우익에는 중장기병을 배치하였다.

다리우스 3세는 좌익이 산악으로 통로가 좁아 기병의 기동에 제한을 받을 것으

로 판단 우익으로 공격할 계획이었다. 따라서 좌익에 배치된 경기병 및 견제부대를 철수하여 우익을 강화했다. 다리우스 3세의 전술을 간파한 알렉산더는 중장보병을 전방으로 전개시키면서 우익을 강화하고 결정적 전투를 우익에서 치를 계획이었다. 알렉산더는 상대적으로 약하게 편성된 좌측은 접전을 지연시키면서 우측의 강화된 중기병으로 페르시아의 좌익으로 공격하려 했다.

전투는 페르시아의 경기병이 마케도니아의 좌측(파르메니온 지휘)으로 공격해 오면서 시작되었다. 이에 마케도니아군도 페르메니온 지휘아래 방진을 전진시켰고 알렉산더가 지휘하는 컴페니언 기병은 오른쪽으로 전진하였다. 페르시아의 경기병이 공격해 오는 파르메니온의 좌측은 비스듬히 사선을 형성하여 시간을 벌면서 공자에게 마케도니아 대열의 배후를 내주지 않도록 했다.

이때 우측에서 전진하던 방진은 페르시아군의 대열을 와해하고 있었다. 알렉산더는 와해된 대열 사이로 기병을 이끌고 돌진하였다. 알렉산더는 바로이어 페르시아군의 배후로 들어가 대열의 왼쪽을 공격하기 시작했다. 다리우스 3세는 예상외의 공격에 허를 찔렸고 곧바로 지휘체계가 마비되었다.

결과 / 영향 페르시아군의 전열은 급속히 무너지고 다리우스 3세는 급히 후방으로 퇴각했다. 다리우스 3세가 후방으로 빠지는 것을 본 페르시아 군대는 앞 다투어 도망치기 바빴다. 마케도니아군은 패주하는 페르시아군을 뒤쫓아 격멸했다.

이 전투로 페르시아군은 심각한 타격을 받았고 다리우스가 직접 지휘하는 군대로는 처음으로 알렉산더군에게 완패했다. 이 전투에서 알렉산더는 다리우스 3세의 어머니와 아내 그리고 두 딸을 사로잡았고 다리우스의 간청에도 돌려주지 않았다. 이는 2년 후 가우가멜라 전투의 또 다른 불씨가 되었다.

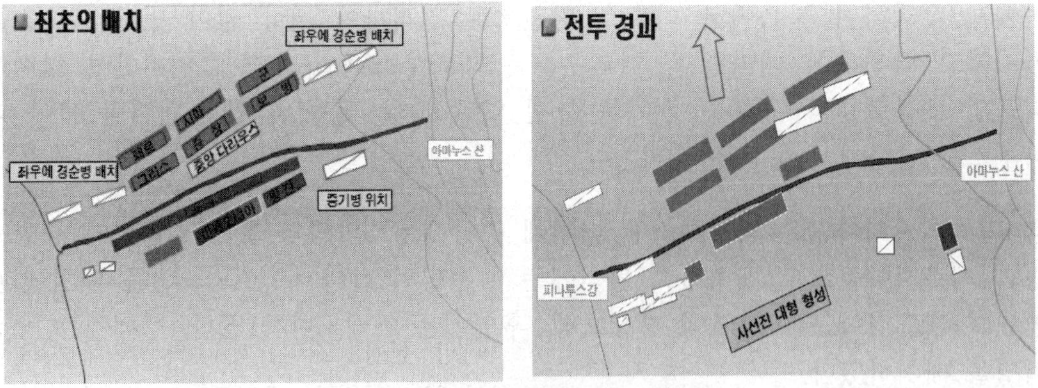

〈이수스 전투의 알렉산더 기동〉

② 가우가멜라(Gaugamela, 아르벨라 전투) 전투

○ 시 기 : B.C. 331년
○ 장 소 : 가우가멜라(아르벨라로부터 100km 이격)
○ 교전국(지휘관) : 마케도니아(알렉산더) / 페르시아(다리우스 3세)
○ 병 력 : 마케도니아 기병 7천명, 보병 4만명 /
　　　　페르시아 기병 2만명, 보병 25만명, 코끼리 15 마리
○ 결 과 : 마케도니아 승리
○ 전사(戰史)적 의미
- 예비대 활용의 최고(最古)의 선례
- 전기의 포착과 기동

배 경 이수스 전투에서 알렉산더를 뿌리치고 탈주에 성공한 다리우스 3세는 다시 병력을 집결시켰다. 이소스 전투 후 알렉산더 또한 시리아와 팔레스타인, 이집트, 지중해 연안을 완전 석권하고 페르시아의 메소포타미아 지역으로 정복을 확대해 나가고 있었다.

이때 다리우스 3세는 포로가 된 가족을 돌려줄 것을 요구했으나 알렉산더는 거부했다. 그러자 다리우스 3세는 티그리스강 중류 가우가멜라에서 알렉산더를 막아섰다. 알렉산더는 전략기지인 가자(Gaza)에서 동진(B. C. 331), 유프라테스강과 티그리스강을 도하 페르시아군 진영 11km 직전까지 진출해 나갔다.

경 과 마케도니아군은 사선진으로 대형을 편성했다. 이는 페르시아군을 유인하기 위한 대형이었다. 알렉산더는 우익을 기병으로 강화하면서 중앙은 마케도니아 방진(팔랑스), 좌익은 테사리아 중장기병과 트라시안기병, 그리스 용병을 배치 파르메니온이 지휘하도록 하여 자신의 결정적인 전투동안 페르시아군을 견제토록 했다. 그리고 양익과 후방에 경기병과 보병종대의 예비대를 위치시켜 어느 방면으로든지 대처가 가능하도록 배비했다. 알렉산더는 페르시아 군을 평지로 끌어내어 대열의 간격을 조성하여 강화된 우익으로 돌파할 계획이었다. 이는 알렉산더가 즐겨 사용하는 전술로 자신도 우익에 위치했다.

이에 비해 페르시아군은 전열을 3.6km 이상 신장시켰다. 다리우스 3세는 알렉산더군을 포위할 계획이었다. 전열과 좌우익에는 기병을 배치했고, 제2선으로 보병을 배치했다. 다리우스 자신은 중앙에 그리스 방진과 함께 위치했다.

전투는 양군은 대치하면서 3~4일간 탐색전을 가졌다. 이때 알렉산더의 야간공격을 두려워한 다리우스 3세는 기간 동안 페르시아군을 무장한 채로 경계태세를 유지하게 했다. 따라서 전투가 시작될 시점에 있어서는 페르시아군의 체력적으로 매우 약화되어 있었다. 다리우스는 먼저 전차를 마케도니아 대열에 돌진시켰다. 하지만 마케도니아군은 대열 사이로 전차를 흘러가게 하여 무력화 시켰다. 알렉산더는 자신의 군대에게 좌익과 중앙은 천천히 진격하도록 하고 강화된 우익부로 공격을 가하기 시작했다. 이에 페르시아군의 좌익(베소스군)이 알렉산더군의 우익을 저지하기위해 좌익으로 쏠리면서 다리우스 3세와 멀어지면서 중앙 좌측에 돌파구가 형성되었다. 알렉산더는 즉시 친위기병으로 하여금 돌파구를 확장하고, 돌파구 안으로 마케도니아 방진을 돌진시켰다.

이에 따라 마케도니아군을 포위하려 했던 페르시아군은 간격이 확대되면서 대열이 양분되었다. 알렉산더는 다리우스 3세를 추격했다. 하지만 파르메니온 부대가 포위되자 자신의 부대를 좌익으로 방향을 전환했다. 이틈을 이용하여 페르시아 양측방의 기병대가 마케도니아군을 포위하기 위해 돌진해 왔다. 이를 알렉산더군의 예비대인 경보병과 기병부대가 저지했다. 결국 페르시아군은 패배하였다.

결과 / 영향 과도한 야간 경계로 피로한 페르시아군은 패배하고 섬멸되었다. 이 전투에도 집중 등 다양한 지상작전 원칙이 적용 되었다. 가우가멜라 전투가 종료되고 1년이 넘도록 알렉산더는 다리우스 3세를 추격했다. 결국 기원전 330년 알렉산더는 박트리아에서 다리우스를 포획하게 되는데 여기서 다리우스 3세는 부하의 배신에 의해 살해되었다. 이로써 인더스강 유역까지 대제국을 점령하고 있던 오리엔트의 마지막 제국 페르시아제국은 멸망하였고, 알렉산더는 이집트의 파라호에 이어 오리엔트의 제왕도 겸하게 되었다.

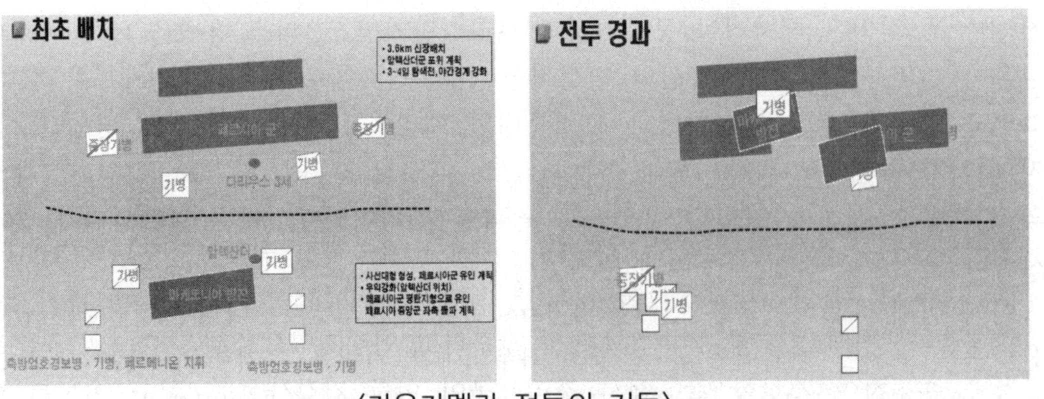

〈가우가멜라 전투의 기동〉

③ 히다스페스(Hydaspes) 전투

○ 시 기 : B.C. 326년 ○ 장 소 : 인더스강의 지류 히다스페스강 ○ 교전국(지휘관) : 마케도니아(알렉산더대왕) / 인도(포러스) ○ 병 력 : 마케도니아 기병 5천명, 보병 1만 2천명 / 인도 기병 6천명, 보병 3만명, 코끼리 200마리 ○ 결 과 : 마케도니아 승리 ○ 전사(戰史)적 의미 • 양동작전의 선례 • 하천선 전투의 선례

배 경 알렉산더는 중앙아시아에서 여러 차례의 전투를 통해 지역을 평정하고 동진을 계속한 끝에 기원전 326년 인도의 서북부에 다다르게 되었다. 하지만 알렉산더가 인도로 진출하기 위해서는 인도 서북부의 큰 강을 극복해야만 했다. 크게는 인더스강이었고 다른 또 하나는 지류인 히다스페스강이었다.

〈인도 히다스페스강〉

당시 인도는 지중해 세계에는 거의 알려지지 않은 미지의 세계였으며, 아리안족이 남하 이래 여러 개의 왕조로 나뉘어져 정복전쟁이 한창 진행되고 있었던 시기였다. 알렉산더는 전쟁 2년 전부터 시리아의 기술자에게 배를 만들도록 하여 인더스강을 도하 탁실라를 정복하고 배들을 조각내어 히다스페스강으로 이동시켰다. 알렉산더는 히다스페스강에서 파우라바족의 포러스(Porus)왕과 대결하게 되었다. 포러스는 키가 240cm의 거인으로 탁월한 전술가였다.

경 과 히다스페스강은 강폭이 평균 800m였고, 포러스군이 대안에 집결하고 있어 직접 도강은 제한되었다. 또한 도강한다 하더라도 말이 처음 보는 코끼리를 극복하는 것도 문제였다. 따라서 알렉산더는 이를 극복하기 위한 다양한 방법을 강구했다. 우선 기만작전으로 강물이 마를 때까지 도하하지 않는 다는 유언비어를 유포하였다. 병력들의 장기 수용대책을 강구하고 인접지역으로부터 다량의 군수보급품을 수집하여 저장함으로 해서 포러스군이 이를 기정사실로 받아들이도록 했다. 또한 강의 상·하류 지역에서 양동작전을 준비하였다. 즉 상류와 하류에서 대규모 승하선 연습을 증가시키고 있었다. 그리고 야간에까지 훈련을 진행하면서 횃불을 키고 나팔을 불고 불을 피워 해산하기를 반복하여 포러스군을 기만했다. 상황이 이렇게 반복되자 처음에는 경계를 강화하던 포러스군도 누적되는 피로와 함께 점차 경계심이 이완되기 시작했다. 이는 알렉산더가 학수고대하던 것이기도 했다.

알렉산더는 폭풍우가 불어 닥치는 야음을 이용한 도하를 결정했다. 본진은 크라테로스가 지휘하도록 하여 병사 5천명과 일부 기병으로 알렉산더가 공격한 후 도하 하도록 했다. 이 부대는 예비대로 운용하여 포러스군의 측면을 공격할 계획이었다. 알렉산더는 기병 5천명, 보병 6천명을 인솔하고 25km 이격된 상류 아도마나섬의 사전 정찰한 지역에서 도섭했다. 하지만 정찰 간 대안으로 알았던 곳이 섬이었으며 이로 인해 다음날 아침에야 전 부대가 가까스로 대안에 도달했다. 이때까지도 포러스군은 이 양동작전을 간파하지 못했다.

정찰을 통해 알렉산더군의 도하 사실을 확인한 포러스군은 양면공격을 피하기 위해 즉각 기병 2천명과 1백 20량의 전차를 기동시켜 알렉산더군을 격파하도록 했다. 이 부대의 지휘관은 포러스의 아들이었다. 도하를 완료한 알렉산더는 신속히 전투대형을 갖추고 인도군이 채 전투태세에 들어가기도 전에 돌격을 명했다. 아들 포러스는 분투했지만 기동력이 떨어지는 전차는 알렉산더 기병대의 적수가 되지 못했다. 알렉산더는 중장기병의 돌격으로 격파했다.

이에 포러스는 상군(象軍, 코끼리 부대) 일부를 대안 알렉산더군의 도하에 대비하도록 잔류시키면서 불순한 일기에도 불구하고 주력을 알렉산더군이 있는 지역으로 기동시켰다. 이동을 완료한 포러스군은 신속히 전투대형을 유지하였다. 보병 3만명을 배치하고 그 앞에 상군, 양익에는 낫이 달린 180량 가량의 장겸전차(裝鎌戰車)와 기병을 배치했다.

알렉산더군은 병력을 집중하여 전통의 사선진 대형으로 우익을 강화 포러스 군의 좌익을 강타할 계획이었다. 대형은 중장보병이 팔랑스를 형성하고, 기병은 5개 대대(4개는 중장기병, 1개는 경장기병)로 구분하여 측면에 배치했다. 하지만 알렉산더군은 포러스의 상군 때문에 정면승부가 불가했다. 따라서 알렉산더는 코에누스의 기병대를 본진의 후방으로 돌아들어서 포러스군의 배후를 공격하도록 하고 경기병은 인도군 정면으로 돌진시켰다. 인도군은 즉시 측면의 전차를 출격시켰다. 하지만 전차는 진흙에 빠져 움직임이 둔해졌고, 알렉산더 경기병의 화살 사례를 받았다. 포러스는 계속 기병을 내보냈다. 이때 뒤로 돌아간 마케도니아 기병대는 아군을 구하려고 나간 포러스군 기병의 측면과 배후를 강타했다. 이때 알렉산더도 중기병을 이끌고 측면의 포러스 보병을 공격했다. 이제 대열에는 보병만 남아있었다. 하지만 포러스에게는 아직 상군이 있었다. 포러스는 코에누스의 기병을 격퇴하기 위해 상군을 진출시켰다. 그러나 코에누스 경장기병이 상군을 공격하면서 아수라장이 되었다. 이때 포러스도 경장기병을 출격시켰다. 하지만 이는 마케도니아 중장기병에 적수가 되지 못했다. 뒤로 몰리던 포러스 기병은 상군 뒤로 밀려들어갔고, 상군은 오히려 포러스 기병과 보병을 짓밟았다. 전투가 한창 진행되고 있을 때 차안의 마케도니아군이 도하를 완료하고 전투 현장에 도착했다. 양측의 마케도니아군은 상호 협격하여 포러스군을 최종적으로 붕괴시켰다.

결과 / 영향 마케도니아군은 양측방과 배후, 그리고 전면의 우측에서 일격을 가하여 포러스군을 무너트렸다(2만 3천명 전사, 마케도니아 군은 1천명 전사). 이 전투의 승인은 알렉산더의 계속되는 기만작전과 양동작전 그리고 전투력 집중과 과감한 공세행동이었다. 또한 경계와 예비대의 운용, 창의의 중요성이 부각되는 전투였다.

참고적으로 고대의 상군은 현대전의 전차와 같은 위상을 차지하고 있었다. 따라서 코끼리가 서식하는 지역은 코끼리를 훈련시켜 전투에 투입했다. 코끼리는 전투에 투입하기까지는 약 10년이 소요되나 이름을 부르면 반응하고 휘파람에 따라 움직였다. 전장에서 코끼리의 충격력은 매우 컸다. 전투 간 포러스는 알렉산더의 포로가 되었으나, 전투 후 두 영웅은 친구가 되었다고 한다.

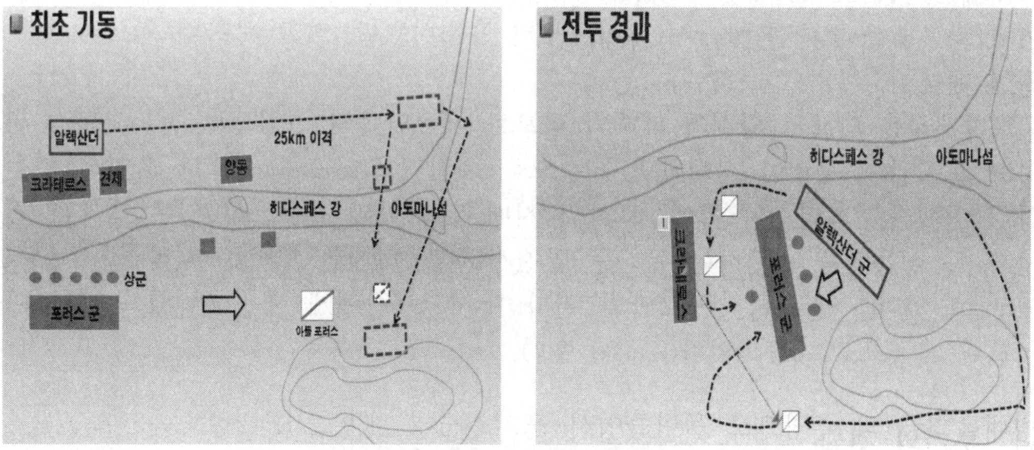

〈히다스페스 전투의 기동〉

5. 로마의 전쟁

가. 로마의 세계와 문화

〈로마의 원형경기장〉

기원전 6세기 이탈리아반도 티베르(Tevere)강 기슭의 조그마한 도시국가에서 출발한 로마는, 기원 전 493년 라틴 도시들과 동맹을 맺고 팽창하기 시작했다. 기원전 3세기경에는 이탈리아반도를 통일했고, 포에니 전쟁(기원전 264~146)을 통해 카르타고를 제압하면서 지중해의 해상권을 장악 대제국으로 발전할 수 있는 터전을 닦았다. 기원전 27년, 아구스티누스가 제국을 수립하였다.

로마는 정복전쟁 과정에서 자영농민이 몰락하여 공화정에 위기가 닥치기도 했지만 옥타비아누스가 통치하면서 제정이 성립(기원전 27)되고, 로마 지배하의 평화(Pax Romana)가 200년 이상 동안 지속되었다. 이때 로마는 유럽, 아시아, 아프리카 세 대륙에 걸친 대제국을 건설했다. 또한 그리스시대로부터 내려오는 지중해 문화를 종합하고 여기에다가 라틴(Latin)적 요소를 가미 유럽 고전문화를 완성하였다. 현대 유럽 정신사의 기저가 되는 헤브라이즘(Hebraism) 또한 로마제국 안에서 잉태되었다. 이렇게 로마 제국은 오늘날의 유럽 문화를 창조하는 용광로와 같은 역할을 수행해 내었다. 이를 두고 독일의 역사가 랑케(Leopold van Ranke)는 “모든 고대사는 이를 테면 많은 개울이 호수로 흘러들어 가듯이 로마의 역사로 흘러들어 가고, 모든 현대사는 다시 로마로부터 흘러나왔다.”라고 로마의 역사적 역할을 표현 했다.

로마제국은 안으로 황제의 폐해와 밖으로 게르만족의 침입으로 농촌사회가 피폐하고 도시와 상공업이 쇠퇴하면서 수도를 비잔티움(Byzantium)으로 옮기고 기독교를 공인했다. ‘그리스의 학예, 로마의 지배’라는 말과 같이 로마인은 법률과 건축 군사 등 실용성을 중시하는 문화를 발전시켰다. 하지만 로마는 결국 동·서로 분열(395)되었다. 서로마는 게르만의 일파인 서고트족에게 멸망(476)했고, 동로마는 비잔틴 제국으로 계승되었다(1,453년 멸망).

나. 무기와 전술

조그마한 로마가 거대 제국으로 성장할 수 있는 원동력은 막강한 군사력이었다. 로마 시민들은 군 복무자에게 참정권이 부여되었기 때문에 전쟁에 참여하는 것을 하나의 시민특권으로 여기고 있었다. 로마군의 중추는 보병이었으며 그 중에서도 핵심은 중장보병이었다 로마는 17~46세까지의 시민 남자는 의무적으로 군에 복무하도록 했다. 47세 이후부터 60세까지는 예비군으로 복무할 수 있었다. 우선 재력이 있는 귀족은 기병으로 편성되었다. 청동투구와 갑옷, 방패와 흉갑, 창과 칼로 무장할 수 있는 부유층은 중장보병, 평시민은 특별한 장비가 소요되지 않는 기동타격대에 편성되었다.

로마는 원형방어지대를 설정하고, 기동방어전략을 채택했다. 따라서 로마는 진주하는 곳마다 전략도로 건설했고 이를 통해 기민하게 전투력을 투사했다. 로마는 기원전 391년 골족에게 패배한 이후 시민들을 징집하면서 급료를 지급하여 직업군의 효시를 이루기도 했다. 로마는 후기로 가면서 누미디아, 에스파냐, 갈리아, 그리스 등지의 이민족 용병들을 활용하여 국방을 담당하게 된다.

① **무기** 중장보병은 서기전 3세기부터 글라디우스(Gladius)라는 칼과 피룸(Pilum, 길이 1.8m)이라는 투창 그리고 스큐툼(Scutum, 길이 1m 정도)이라는 방패로 무장했다. 글라디우스는 비교적 짧은 60cm의 길이로 끝이 뾰쪽하고 양날로 상대를 쉽게 벨 수 있어 근접전에서 위협적이었다. 필룸은 1.25~1.9cm의 두께로 창날의 길이가 전체 창의 1/3까지 되어 상대의 방패에 박히면 뽑아낼 수가 없고, 한번 던진 창은 재사용이 불가한 1회용 창이었다. 스큐툼은 타원형과 4각형의 양종이 있었다. 제작 방법은 아교로 붙인 두 겹의 목재에 아마포와 가죽을 씌웠다. 이 방패는 방어용 도구 일뿐만 아니라 공격용으로도 사용되었다.

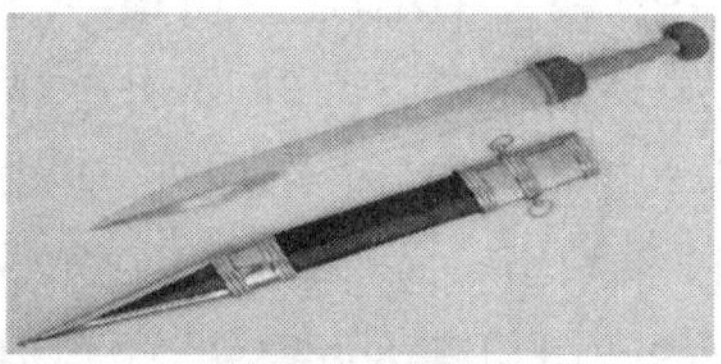
〈글라디우스〉

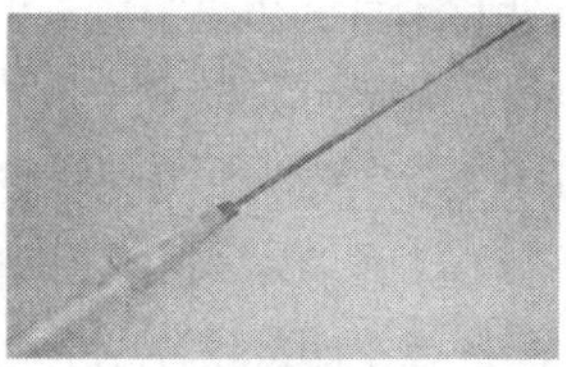
〈필룸〉

〈스큐툼〉

② **레기온** 로마는 마케도니아의 방진으로부터 전술대형인 군단 즉 '레기온(Legion)'을 창안했다. 레기온(군단)은 중장보병위주로 경장보병과 기병이 포함되어 편성되었다. 레기온 전열의 제일 앞에 추진되는 경장보병(Velites, 벨리테스, 17~25세, 정면 12명/종심 10명, 돌팔매, 칼, 두 개의 창, 원형방패 무장)은 빈민층 위주로 편성되었다. 3개의 전열로 편성되는 중장보병(글라디우스와 스큐툼 무장, 하스타티와 프린스페스는 청동투구와 흉갑, 사각방패로 보호)은 나이에 따라 성되었다. 제1 전열은 하스타티(Hastati, 정면 12명/종심 10명, 26~30세), 제2 전열은 프린시페스(Principes,

〈로마 군단의 대형〉

정면 12명/종심 10명, 31~40세), 제3 전열은 트리아리(Triarii, 정면 6명/종심 10명, 41~45세, 찌르는 창으로 무장)라 불렀다. 중장보병의 각 대열은 120명으로 구성된 마니풀루스(Manipulus, 현재의 중대)라 불린 10개의 중대로 편성되었다. 기병(Turma, 정면 3명/종심 10명, 가죽방 패와 검, 가벼운 창)은 귀족으로 편성되었으며 정찰과 추격임무를 담당했다.

로마군 대형은 글라디우스를 운용할 수 있도록 대열내 개인 간의 거리 및 간격은 그리스의 방진보다 2배로 확장하였다(개인거리 1.37m, 간격 1.5m). 이로 인해 융통성이 증대되어 공격과 수비에서 그리스의 방진보다 유연성을 확보할 수 있었다.

로마는 '발로 유럽을 정복했다'는 말이 있을 만큼 보병위주의 전투를 전개했다. 전투의 중심은 중장보병이었다. 군단의 전투는 경장보병인 벨리테스가 선두에서 위치하여 투척무기로 상대를 교란하면서 시작되었다. 이어 제1전열의 하스타티가 진격하고 상대가 사정거리에 들어오면 투창을 던진 후 칼로 전투했다. 각 전열은 상호 교체가 원활하게 이루어졌으며, 기병은 정찰 등의 임무 외에는 말에서 내려 싸웠다.

포에니 전쟁 후 전쟁의 여파로 인해 시민병의 근간인 자영농민층이 붕괴되자 군사에 대한 개혁이 단행(기원전 104년 이후)되었다. 가이우스 마리우스(Gaius Marius)는 1개 로마군단을 중장보병 6,000명으로 하고 이민족의 기마부대와 경장보병을 혼합하여 제병협동조직을 구성하였다. 또한 이전의 연령에 의해 편성된 3개 전열제도를 폐지하고, 직업군인으로만 구성된 30개의 마니펠(200명)을 편성하였다. 이때 코호르트(Cohort, 대대)가 3개의 마니펠(600명)로 구성되었다. 이 코호르트는 상황과 임무 또는 적정에 따라 전술적으로 쉽게 재배치할 수 있어 로마군은 융통성이 크게 향상되었다.

※ 로마의 주요 전쟁

□ 포에니 전쟁(B.C. 264 -146) : 로마 대 카르타고
제1차(B.C. 264-241) : 시칠리아 쟁탈전
제2차(B.C. 218-201) : 트레비아 전투(B.C. 218. 12)
트레시메네호 전투(B.C. 217. 6), 칸네 전투(B.C. 216. 8)
제3차(B.C. 149-146) : 자마 전투(B.C. 204)
□ 로마 내전(악티움 해전)과 이민족과의 전투

다. 주요 전투

① 트레비아(Trebbia) 전투

○ 시 기 : B.C. 218년 12월 18일 ○ 장 소 : 트레비아강(이탈리아 북부) ○ 교전국(지휘관) : 로마(대스키피오, 셈프로니우스) / 카르타고(한니발) ○ 병 력 : 로마 45,000명 / 카르타고 26,000천명 ○ 결 과 : 카르타고 승리 ○ 전사(戰史)적 의미 • 양익 포위 • 심리전 및 매복전의 진수

배 경 시칠리아섬의 영유권을 놓고 벌인 제1차 포에니 전쟁(B.C.264 -146) 후 로마는 카르타고에 협정한 것보다 과도한 배상금을 요구하면서 카르타고를 압박했다. 이에 카르타고에서는 한니발 가문이 이베리아 반도에 있는 스페인을 평정하고 전쟁준비를 시작했다. 이어서 카르타고가 이베리아반도의 사군툼(Saguntum, 지중해 연안의 도시국가)을 점령(서기전 219)하자 로마는 카르타고에 선전포고를 단행하고 지중해 지역을 통제하기 시작했다.

로마를 공격하기 위해 출발한 약관(29세)의 한니발(Hanniba)은 서기전 218년 4만 병력과 코끼리 37마리를 이끌고 지중해변을 따라 육로로 이동한 후 내륙으로 우회하여 알프스를 넘었다. 이로써 한니발의 전쟁 즉 제2차 포에니 전쟁(서기전 218-201)이 시작되었다. 출발 당시부터 한니발의 전략은 로마를 정복하는 것이 아니라 로마와 협상하여 카르타고의 이익을 찾아오는 것이었다. 육로를 택한 한니발군은 동계의 알프스의 산악을 극복하면서 입은 피해와 지역 부족의 기습으로 인하여 이탈리아에 당도했을 때는 보병 2만명, 기병 6천명 수준으로 감소되어 있었다. 당시 카르타고군은 용병으로 아프리카, 스페인, 골족 등으로 구성된 경장보병과 기병이 있었다.

카르타고군은 이탈리아 반도 북부 포우(PO)강의 지류인 티치누스(Ticinus)강에서 집정관(콘술) 대(大)스키피오(Publius Cornelius Scipio)가 지휘하는 로마군 기병을 격파하고 서전을 승리로 장식하였다. 카르타고군은 이어 포우강을 도하 이탈리아 북부에 도달했다.

로마군은 티치누스에서 패배한 후 시칠리아에 주둔하던 셈프리니우스(Sempronius)를 집정관으로 임명하고 병력을 증강하였다. 로마군단은 셈프리니우스가 지휘하는 2개 군단과 합류하여 트레비아(Trebbia)강 유역에 방어진을 구축하였다. 당시 로마군의 규정에 따라 집정관이 하루씩 교대로 지휘해야 하나 대스키피오가 이전 전투에서 부상 중이어서 셈프리니우스가 단독으로 로마군을 지휘하고 있었다.

셈프리니우스는 대스키피오가 회복하여 다시 지휘하기 전에 한니발을 제압하기 위해 결전을 서두르고 있었다. 특히 다음 해의 집정관 선거가 있었기에 전공에 눈이 가려 대스키피오의 "한니발의 기병을 조심하라"는 충고도 귀에 들어오지 않았다. 반면 한니발은 셈프리니우스의 성급하고 충동적 기질을 잘 간파하고 있었다.

경 과 쌍방의 전술과 지원은 극명한 대조를 이루었다. 카르타고군은 자신들이 상대적 우위를 점하고 있는 기병을 이용하여 양익에서 포위하려는 계획을 수립하였다. 따라서 중앙에는 갈리아(골족) 보병 등을 배치하고 좌우익에는 기병을 배치하였다. 당시 카르타고군은 약 2만명의 병력 중 기병이 6천여 명이었다. 전열은 제1열에 경보병 1,000명을 배치하고 제2열에 용병으로 구성된 보병을 배치했다. 그리고 양 측면에는 기병 1,000기와 코끼리 15마리씩을 포진시켰다. 경장보병은 창과 검, 방패로 무장했고, 기병들은 창을 휴대했다. 이에 비해 로마군은 전형적인 레기온을 적용하여 전면에 경보병인 베리테스를 선두에 위치시키면서 3선으로 배치하고, 측면에 기병을 배치했다. 이때 로마군은 약 4만명의 병력 중 4,000여명이 기병이었다.

전투 전날, 한니발은 지형을 정찰하고 동생 마고(Mago)에게 기병 1,000명과 경보병 1,000명을 주면서 강변의 숲속에 매복하도록 했다. 그리고 전투원에게 충분한 식량과 휴식을 주었다. 다음 날 한니발이 먼저 기병으로 강을 건너 로마군을 유인했다. 이때 공명심에 사로잡힌 셈프리니우스는 로마군 4만명의 전 병력을 이용하여 카르타고군을 공격하도록 했다. 이때 한니발은 계획대로 로마군을 유인하면서 후퇴하기 시작했다. 로마군은 한니발의 유인술을 파악하지 못한 채 식량도 휴대하지 않고 후퇴하는 카르타고의 기마병을 추격했다. 더욱이 12월의 한겨울 추운 날씨에도 불구하고 병력을 도강시켰다. 병사들은 눈이 오는 날씨에 강을 건너 카르타고 군을 추격하면서 추위에 몸이 얼어붙었고 식사도 못하고 굶주렸다.

그러나 로마군은 굴하지 않고 용감하게 싸웠다. 경장보병은 장애물을 개척했으나 후속제대의 진출이 여의치 않자 철수했고, 중장보병들이 계속 진격하여 카르타고의 보병을 공격했다. 이때 카르타고의 기병과 코끼리는 로마군의 기병을 공격하기 시작했다. 로마군 기병은 코끼리에 기겁하여 중앙의 보병을 보호하지 못하고 퇴각하고 말았다. 기병이 퇴각해 버린 로마군 보병은 측면이 노출되었고, 이를 카르타고 기병과 코끼리가 공격하여 무너트렸다.

이때 매복하고 있던 마고(Mago)의 부대가 기동하여 전방의 전투에 집중하고 있는 로마군의 배후를 공격하기 시작했다. 로마군은 카르타고군의 공격에 살상되고 코끼리에 압사하고, 강을 건너다 익사하는 등 전·후방에서 동시에 공격을 받고 무너지고 말았다. 공명심에 눈이 먼 지휘관의 그릇된 조치에 대한 혹독한 대가였다.

결과 / 영향 이 전투에서 로마군은 약 1만 5천명만이 다시 강을 넘었고 나머지 2만명 이상은 살상되었다. 반면 카르타고군은 건재했고, 중앙의 갈리아 보병들만이 피해를 입었다. 하지만 코끼리는 대부분 죽거나 도망치고 말았다.

“로마의 등에 비수를 꽂았다”는 한니발은 자신을 명장의 반열로 올려놓는 이탈리아 전역의 세 번의 승리 중 첫 번째 승리를 달성하였다. 이 트레비아 전투의 영향으로 많은 갈리아 인들이 한니발에게 동조하기 시작했다. 한니발은 약 500년간 로마와 싸우고 있던 갈리아 인들을 카르타고로 끌어들여 병력이 4만명 이상으로 증가되었다.

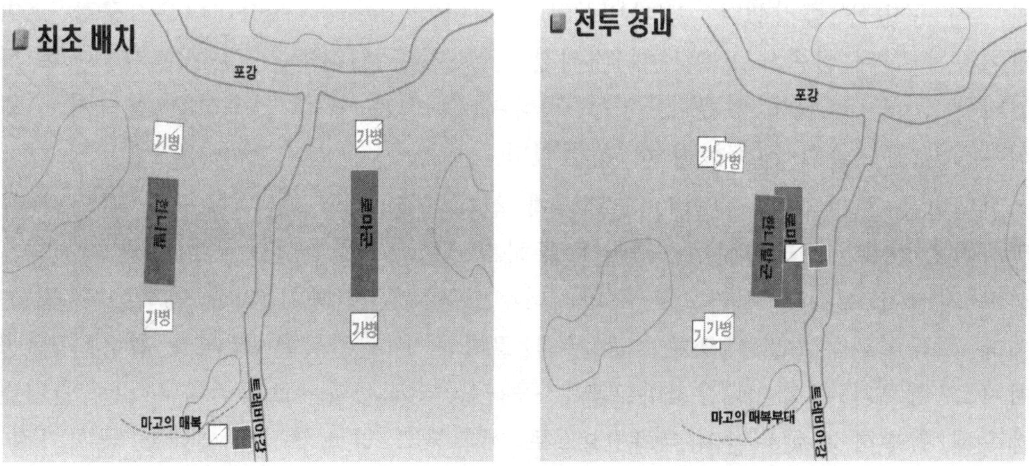

〈트레비아 전투의 기동〉

② 트라시메네(Trasimene)호(湖) 전투

○ 시 기 : B.C. 217년 6월 24일 ○ 장 소 : 트라시메네호(이탈리아 중북부) ○ 교전국(지휘관) : 카르타고(한니발) / 로마(프라미니우스) ○ 병 력 : 로마 보병 40,000명 / 카르타고 보병 20,000명, 기병 6,000명 ○ 결 과 : 카르타고 승리 ○ 전사(戰史)적 의미 • 지휘관의 탁월한 전술적 식견 • 기습과 지형의 최대 이용, 경계의 중요성 인식 • 전사 상 최대 규모의 매복전

배 경 한니발은 트레비아 전투에서 로마군에 압승을 거두면서 로마에 그의 이름을 알렸다. 로마는 패배에 놀라면서 이탈리아 남부로 진격하는 한니발의 공격을 로마 북부에서 저지하기 위해 세르빌리우스(Gaius Julius Caeser, 스키피오를 대신하여 군 지휘권 부여)와 프라미니우스(Gaius Flaminius, 셈프로니우스의 잔여 부대 지휘권 부여) 두 집정관을 선출하고(기원전 217) 이탈리아 반도로 남하하는 한니발을 저지토록 하면서 4개 군단을 증강했다. 티치누스와 트레비아전투 후 프라미니우스군은 로마를 방어하기 위해 남쪽으로 이동해 내려갔다. 하지만 한니발은 신속한 기동으로 프라미니우스군을 추월해 버렸다. 이에 프라미니우스는 더욱 신속히 이동하여 세르빌리우스의 부대들과 접촉하려 하고 있었다.

한니발은 로마의 양 군단이 연결되기 전에 먼저 프라미니우스군을 유인하여 격멸하기로 하고, 프라미니우스군이 주둔하고 있는 진지주변으로 이동해 나갔다. 그리고 자신이 선정한 지역으로 프라미니우스군을 유인하기 위한 계획을 수립했다. 이때 프라미니우스를 제외한 대부분의 로마군 지휘관들은 부대가 합류하면 공격하자고 했으나 프라미니우스는 단독 공격을 고집했다. 프라미니우스는 한니발이 계속해 철수하자 한니발이 매복 장소로 계획하고 있는 트레시메네호 근처까지 추격해 왔고, 한니발은 로마의 주력군과 대결하게 되었다.

경 과 트레시메네호에 근처에 도달한 프라미니우스는 호수 북쪽 지역에 주군(駐軍)하고 휴식을 취하면서 공격준비를 하고 있었다. 반면 여기까지 성공적으로 로마군을 유인한 한니발은 트레시메네호의 협로를 이용하여 로마군을 섬멸할 계획을 구상했다.

당시 지형은 한쪽 면은 트라시메네호가 위치하고 있었으며 그 반대편은 험준한 산악이 위치하고 이었으며 그 사이로 좁은 협로가 발달되어 있었다. 정찰을 완료한 로마군은 프라미니우스에게 이 지역은 비좁아서 매복할 수 없는 지형이라 보고했다. 더욱이 당일 트라시메네호 주변에는 안개가 피어올라 시계를 차단하고 있었다. 안개는 매복한 한니발의 3만명을 은폐시키면서 매복에 유리한 조건을 만들어냈다. 또한 로마군이 기동할 때 한니발은 저 멀리 산등성이에 불을 피우도록 하여 자신들이 멀리 있는 것처럼 위장하도록 했다.

한니발은 부대를 호수 대안의 높고 험한 지형에 매복시키고 있었다. 로마군은 전위 경계병도 운용하지 않고 약 6km가 되는 트라시메네호의 험로로 들어섰다. 한니발은 중장보병으로는 로마군의 선두를 봉쇄하도록 했고, 경장기병으로 하여금 로마군의 후방을 봉쇄하도록 했다. 이렇게 하여 일자의 로마군은 전·후가 차단되었고, 도로의 한쪽 면은 호수 또 한쪽 면은 카르타고군이 배치된 험한 지형 안에 가로막히게 되었다. 이 사이에서 로마 4만 병력은 대형도 갖추어 보지 못하고 측방을 강타당해 궤멸당하고 말았다.

결과 / 영향 이로써 로마군은 호수의 협로에서 완패하고 말았다. 카르타고군의 승리의 원인은 먼저 지형의 적절한 이용이었다. 이어 지휘관의 탁월한 전술적 식견을 바탕으로 한 과감한 기습과 공격이었다. 로마군의 패인은 접적전진 중인 부대가 경계의 중요성을 망각한 결과라 할 수 있다. 이 전투로 인하여 카르타고군은 계속하여 이탈리아반도 남부로 진출할 수 있게 되었다. 전사에서는 트레시메네호 전투를 매복전투의 원형으로 기록하고 있다.

또 한 가지 기억할 것은 한니발의 리더십이다. 한니발은 15년간의 이탈리아 전역에서 단 한 명의 탈영병도 없었다고 한다. 그는 부하들과 같은 침소에서 자고 식사했으며 전장에서는 일개 병사로 싸웠다고 한다.

〈트레시메네호 전경〉

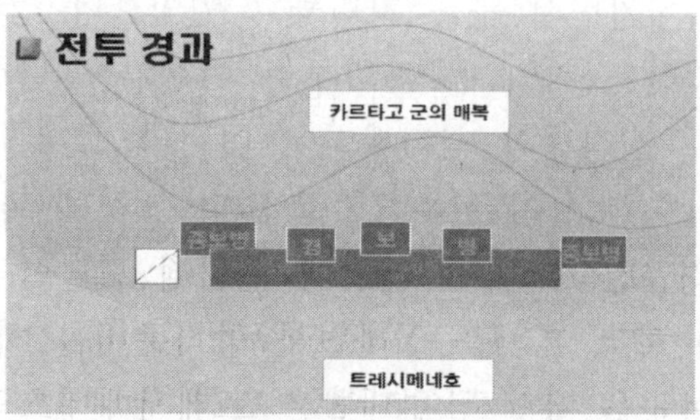

〈트라시메네호 전투의 기동〉

③ 칸네(Cannae) 전투

○ 시 기 : B.C. 216년 8월 2일
○ 장 소 : 칸네(이탈리아 남동부)
○ 교전국(지휘관) : 로마(파울루스, 테렌티우스 바루) / 카르타고(한니발)
○ 병 력 : 로마 보병 7만명, 기병 8천명 / 카르타고 보병 5만명, 기병 1만명
○ 결 과 : 카르타고 승리
○ 전사(戰史)적 의미
- 섬멸전의 표본(섬멸전 용어 등장 계기)
- 전사 상 이중포위의 선례(수적으로 열세인 부대가)
- 배수진을 이용한 정신무장, 심리전
- 한니발의 지휘 통솔력
- 절약을 통한 집중의 달성

배 경 트레시메네호 전투에서 한니발은 로마군을 상대로 승리하고 아드리아 해 해안 일대에서 정비를 하고 있었다. 이때 로마는 파비우스 막시무스(Fabius Maximus)를 새로운 집정관으로 임명하여 로마군을 일신하려 하였다. 하지만 파비우스가 지연전술과 소모전술로 한니발의 원정군에 대항하는 전략으로 일관하자 공격 성향의 로마 시민들은 그를 실각시켰다.

하지만 파비우스는 전장에서 한니발과 결전할 수 없음을 잘 알고, 지연전술과 소규모 전술로 일관하면서 원정군에 대한 병참선을 차단하면서 공세를 가할 시간을 획득하는 전략이었다. 이러한 파비우스의 전략은 지연전술과 교란전술의 유래가 되었고 그의 이름을 따 '파비우스 전술'이라 부른다.

이어 아밀리우스 파울루스(Amilius Paulus)와 테렌티우스 바루(Terentius Varro)가 새로운 집정관으로 임명되어 로마군을 지휘하게 되었다. 두 사람은 규정대로 하루씩 돌아가면서 군을 지휘하고 있었으나 성격은 너무도 대조적이었다. 파울루스는 신중한 성격인 반면 바루는 야심가에 급한 성격의 소유자였다. 한니발은 전투이전 두 집정관의 성격뿐만이 아니라 로마 시민의 파비우스 불신임 사실과 로마군의 반수 이상이 전투경험이 없다는 것을 파악하고 있었다. 따라서 한니발은 적극적인 유인전략으로 로마군의 보급 창고를 습격하고, 로마 남부 지역의 곡창지대를 점령하였다. 양 군은 아우피두스(Aufidus)강 인근의 칸네평원에서 대치하게 되었고 바루는 칸네가 평야지대인 만큼 한니발이 매복 등의 술수를 부리지 못할 것으로 판단했다.

경 과 한니발은 공격전날인 8월 1일 파울루스에게 싸울 것을 제의했으나 거절당했다. 그러자 한니발은 로마군의 급수시설을 공격하도록 했다. 또한 한니발은 계획적으로 바로가 지휘하는 날(8월 2일)을 택하여 로마군을 공격하는 것처럼 위장하여 병력을 인솔하고 아우피투스강을 건넜다.

바로는 새벽의 짙은 안개 속에 즉각 카르타고 군을 추격하기 시작했다. 로마군은 포위가 실패로 돌아가자(한니발이 아우피두스 강 만곡부를 이용 포위 방지) 수적 우세를 이용하여 정면 돌파를 시도했다. 전투 대형은 중앙에 중장보병 그 옆에는 경장보병, 좌익에는 동맹국 기병, 우익에는 로마군 기병을 배치한 전형적인 로마군 전투대형이었다. 바로는 파울루스의 조언에도 불구하고 전진을 재촉했다. 더욱이 전열을 강화하기위해 제2전열의 각 소대를 제1전열의 간격사이로 밀어 넣음으로써 병사들은 익숙하지 않은 대형에다 행동공간의 축소로 밀집되어 병사들이 칼을 들수도 없는 상황이 되었다.

한니발은 로마군의 전투력이 약함을 알고 배수진으로 임했다. 그리고 로마군 기동을 간파하고 중앙에는 갈리아 보병, 뒤에는 중장보병을 배치하였다. 또한 우측에는 누미디아 기병, 좌측에는 스페인-갈리아 기병을 배치했다. 이때 안쪽의 보병은 활처럼 휘게 배치하여 중앙부는 볼록하되 종심은 깊어지는 대형으로 배치했다. 이는 초승달모양의 전투대형으로 로마군이 공격해온다면 V자 같은 주머니형태로 변하여 로마군이 그 안으로 흘러들어오게 한 대형이었다. 이때 기병은 로마군의 배후로 기동하여 포위할 계획이었다. 또한 양익의 기병도 좌익에는 중장기병 8천명으로 강화 배치하여 로마의 기병을 격파하고 로마 군단의 배후를 공격하도록 했고, 우익은 기병은 2천명으로 로마의 약 5천명의 기병을 견제 및 지연하도록 했다. 이러한 우익절약 배치계획은 한니발이 칸네 전투에서 좌익의 기병에 모험을 거는 순간이었다.

로마군이 공격하여 카르타고의 보병들이 겨우 버텨내고 있을 때 카르타고의 기병들은 로마 기병과 접전하고 있었다. 로마군 우익에서는 스페인-갈리아 기병들이 상대적 우위를 달성하여 로마 기병을 패주시켰고, 로마군 좌익에서는 누미디아 기병이 로마군과 호각세를 유지하며 접전을 벌이고 있었다. 로마 보병에 의하여 카르타고 보병이 거의 돌파될 무렵 한니발은 정예 카르타고 보병을 투입하여 로마군을 포위하면서 저지하기 시작했고, 스페인-갈리아 기병은 누미디아 기병과 로마 기병을 협공하기 시작하여 멀리 퇴각 시켜 버렸다.

이때 카르타고 기병은 퇴각하는 기병을 쫓지 않고 로마 보병의 후방으로 돌아 공격을 개시했다. 이제 V자 모양의 진형에 가치게 된 로마군은 점점 밀집대형으로 모이게 되었고 밀집대형의 내부에서는 아비규환이 발생하고 외부에서는 살육전이 전개되었다. 6시간 동안 진행된 칸네의 대 포위전에서 한니발의 카르타고군은 칸네 평원에 7만여 구의 로마군 주검을 남기면서 문자 그대로의 완전한 '섬멸전'을 전개하였다.

결과 / 영향 한니발의 칸네 전투는 포위 섬멸전의 교과서적인 전례로 자리메김하면서 전사의 중요한 위치를 차지하고 있다. 하지만 한니발은 로마전역에서 최종 목표는 군사적 승리보다 로마의 지중해에 대한 지배권을 약화시켜 카르타고와 로마가 공존하기를 바라는 것이었다. 따라서 그는 로마를 상대로 정치적 승리를 달성하는 전략을 추구했다. 하지만 한니발의 이러한 전략은 계속되는 전술적 승리에도 불구하고 전략적인 실패를 초래하고 말았다. 한니발의 계속되는 승리가 로마의 단결력을 강화하는 요인으로 작용했기 때문이며 원정군으로서의 한계를 드러냈기 때문이다.

한니발은 이후 카르타고 부근의 자마(Zamma)전투(서기전 202)에서 로마의 스키피오(Scipio Africanus)에게 패하면서 항복했고, 제2차 포에니 전쟁도 로마군의 승리로 종결되었다.

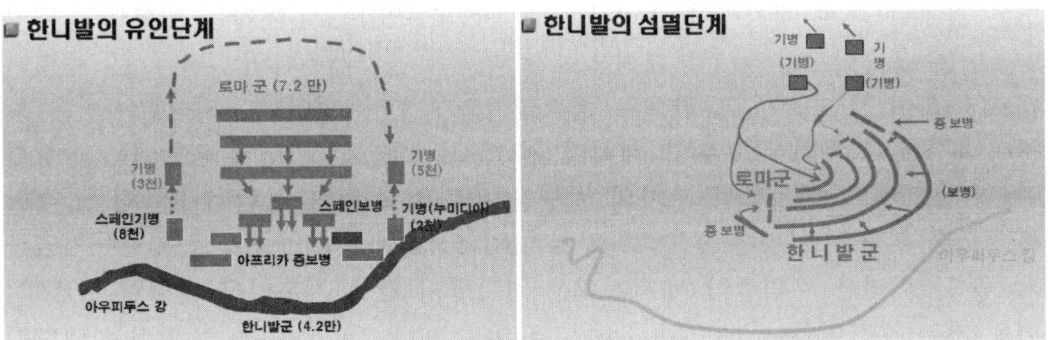

〈칸네 전투의 섬멸전〉

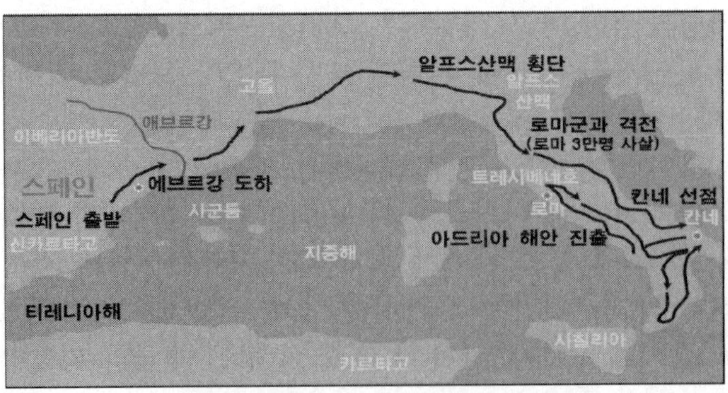

〈한니발의 로마 진출로〉

④ 파르살루스(Pharsalus) 전투

○ 시 기 : B.C. 48년 8월 9일
○ 장 소 : 파르살루스(그리스 북부 테살리아 지방)
○ 지휘관 : 케사르(=시이저) / 폼페이우스
○ 병 력 : 케사르군 2만 3천명, 동맹군 10,000명, 기병 1,400명 /
폼페이우스군 50,000명, 동맹군 4,200명, 기병 7,000명
○ 결 과 : 케사르군 승리
○ 전사(戰史)적 의미
- 기동타격대 확보
- 적절한 예비대 사용

배 경 로마가 지중해의 대제국으로 성장하게 되면서 내부적으로는 권력쟁탈전도 진행되고 있었다. 이 중심에는 갈리아 전역과 브리튼섬에서 군사적 성공을 거둔 케사르(Gaius Julius Caesar, 시이저)가 있었으며, 당시 케사르와 크랏수스(Crassus), 폼페이우스(Gnaeus Pompeius Magnus)는 제1기 삼두정치(三頭政治)를 하고 있었다. 그러나 기원전 53년 크랏수스가 메소포타미아 카르하에서 전사함으로써 삼두정치는 붕괴되고 나머지 두 사람은 정권투쟁을 격화하고 있었다.

로마 원로원들은 정치적 안정을 기하기 위해 안정된 폼페이우스를 단독 집정관으로 선택했고(기원전 52), 케사르에게는 군대를 해산하고 로마로 들어오라고 명령했다. 이에 케사르는 자신의 갈리아 군대를 이끌고 이탈리아 국경의 루비콘(Rubicon) 강을 건너면서 "주사위는 이미 던져졌다(The die is cast)." 며 로마로 진군했다(기원전 49). 이에 따라 폼페이우스는 바다건너 마케도니아로 피신했다. 이를 추격하던 케사르는 3개월에 걸친 다리하치움(기원전 48, 지금의 알바니아) 전투에서 오히려 폼페이우스군에게 패배하고 만다. 하지만 폼페이우스를 계속 추격한 케사르는 그리스 파르살루스에서 폼에이우스군과 재격돌한다.

경 과 폼페이우스군은 케사르군보다 7배나 많은 기병으로 케사르군의 우익을 공격할 계획이었다. 이는 케사르군이 방패를 왼손으로 파지하고 있었기 때문에 방패가 없는 우측에서 공격하는 것이 유리하다고 판단했기 때문이다.

이에 비하여 케사르는 기존의 전투대형대로 3개의 전열로 편성하였다. 그리고 제3열에게는 전투가 개시되면 서서히 진격하되 필요시 예비대의 임무를 수행하라는 임무를 부여하였다. 여기에 더하여 제3열 후방에 지금의 기동타격대와 같은 별도의 부대(6개 대대)를 고안하여 집결 배치시켰다.

전투가 개시되어 캐사르군은 공격을 개시했으나 폼페이우스군의 대열은 움직이지 않았고 오히려 기병대가 맹렬이 돌격하기 시작했다. 이를 케사르의 기동타격대가 격퇴했다. 기동타격대는 이어서 폼페이우스군의 좌측면을 강타하기 시작했고 기병들은 오히려 폼페이우스군의 배후로 공격을 개시했다.

반면 전진하던 폼페이우스의 기병은 2,000여명의 중장보병에 막혀 폼페이우스의 포위섬멸 계획은 무산되고 말았다. 결정적 전기를 포착한 케사르는 전열의 보병과 더불어 예비로 힘을 비축하고 있던 예비대까지 충격을 더하자 폼페이우스군의 주력은 서서히 궤멸되고 말았다.

결과 / 영향 전투에서 패배한 폼페이우스는 변장을 하고 달랑 기병 30여명과 함께 이집트로 도주했다. 이 파르살루스 전투에서 케사르군은 230여명이 전사한 반면 폼페이우스군은 1만 5천명의 전사자와 현장에 있던 2만 4천명이 포로가 되었다. 쫓기는 폼페이우스는 이집트의 알렉산드리아에 도달하기 전 이집트인에게 암살당하고 말았다.

케사르는 이집트 체류 시 왕위계승 문제로 알렉산드리아 전쟁에 개입했다. 케사르는 전쟁에서 승리하여 클레오파트라(Cleopatra) 7세를 왕위에 등극시키고, 6개월 동안 그녀와 세기의 로맨스를 즐기면서 아들을 낳았다. 정치사적으로 로마 원로원의 오랜 지배와 내전을 종식시키고(기원전 49년) 케사르 자신의 독재권을 확립했다. 기원전 47년에는 소아시아 전투에서 승리하고 "왔노라, 보았노라, 이겼노라(Veni, vidi, vici)"의 보고를 로마 원로원에 보냈다. 기원전 43년에 왕위를 탐내는 것으로 의심받아 공화주의자인 자신의 양아들 부르투스(Marcus Junius Brutus)에게 살해당하면서 "블루투스 너마저!"라는 말을 남겼다.

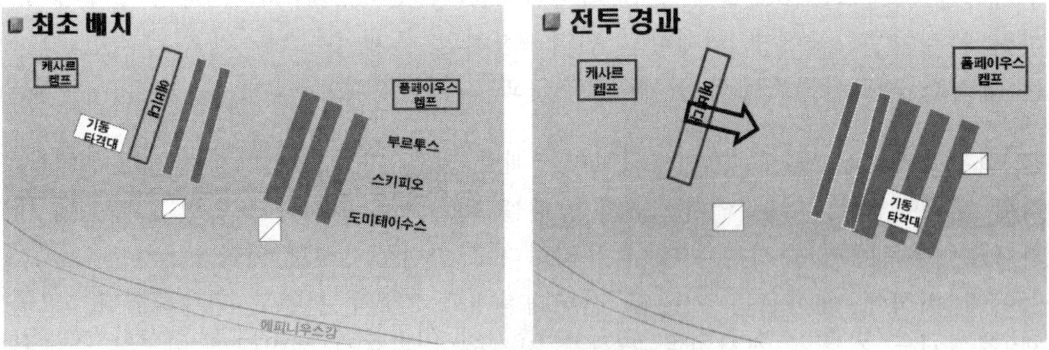

〈파르살루스 전투의 기동〉

⑤ 아드리아노플(Adrianople) 전투

○ 시 기 : 378. 8. 9 ○ 장 소 : 아드리아노플(터키 에드리네 일대) ○ 교전국(지휘관) : 동로마 제국(발렌스) / 고트족(프리티게른) ○ 병 력 : 동 로마군 중장보병 4만명, 기병 2만명 / 고트족 경장 보병 5만명, 기병 5만명 ○ 결 과 : 고트족 승리 ○ 전사(戰史)적 의미 • 보병에 대한 기병의 우위 입증(등자의 등장) ※ 밀집 중장보병보다 개인적 돌격을 감행하는 기사가 전장의 주력 역할 • 기동력 있는 적을 상대할 때 필수적으로 예비대 보유 필요성 확인 • 로마 영토 내에서 게르만 족의 첫 승리

배 경 아드리아노플 전투는 고트 전쟁의(333~382) 한 전투로 387년 동로마 제국 발렌스(Valens) 황제군과 서고트족을 주축으로 하는 게르만족(동고트족, 비게르만인 알렌스 등 포함) 간 전투이나 세계사적 의미를 지지고 있는 전투이다. 이 전투로 인해서 결국 서로마[10] 제국이 476년 붕괴되었기 때문이다.

376년 훈족의 공격으로 거주지를 잃은 고트족은 로마제국의 영토 내에 정착을 허락해 줄 것을 요청하여 동로마 황제 발렌스는 이들을 다뉴브강 주변지역에 정착하도록 했다. 하지만 서고트족은 로마의 대우에 불만을 품게 되었고, 발렌스 황제는 서로마제국 그라티안(Gratian) 황제와 연합하여 이들을 섬멸하려 했다. 2년의 전쟁에서 결판이 나지 않자 발렌스 황제는 자신이 직접 군대를 이끌고 아드리아노플로 향했다. 그리고 서로마에게도 부대를 요청했다.

387년 8월 6일 발렌스 황제의 정찰대는 당시 교통의 요충지인 아드리아노플 남서부 약 20km 떨어진 곳에서 고트족이 진군해 오는 것을 발견했다. 이들의 목적은 아드리아노플 해안 쪽으로 기동하여 후방으로 신장된 로마군을 포위하고자 하는 것이었다. 이때 서로마에서 파견한 병력이 도착한다는 전령이 도착했다. 신하들은 양 군이 통합하여 전투를 진행하자고 건의 했으나 발렌스 황제는 공명심에 사로잡혀 단독공격을 결심했다. 만약 발렌스 황제가 서로마군의 진출까지 기다렸다면 서고트군은 양 로마군 사이에 위치하여 로마군의 좋은 공격목표가 되었을 것이다. 더욱이 발렌스 황제는 정찰을 통해서 서고트군의 병력을 단지 1만명 이내

10) 로마는 서로마와 동로마로 나뉘어 있었고 형식상 콘스탄티노플의 동로마 황제가 전로마의 황제였으나 군사 및 행정상으로 독립적 국가였다.

일 것이라고 낙관적으로 판단했다. 더욱이 서고트군의 기병대가 본진을 이탈하여 타지에 위치하고 있는 것을 확인하지 못했다.

경 과 8월 9일 발렌스 황제는 아드리아노플을 떠나 뜨거운 여름날 7시간 동안 행군하여 서고트족의 진지 전방까지 도달하였다. 서고트족군은 언덕에 마차로 원형진지(large)[11]를 형성하고 그 전면에 위치하고 있었다. 서고트족 프리티게른의 전략은 본진을 떠난 기병이 돌아올 때까지 시간을 버는 것이었다. 그는 협상(자신들이 기독교로 개종하겠다는 내용)으로 시간을 지연시켰고, 최후에는 마른 전장에 불을 질러 로마군 진영으로 옮겨 붙게 하였다.

발렌스 황제는 불타는 전장의 구릉 아래로부터 고트족을 압박해 들어갔다. 로마군은 고트족의 원형대형을 공격하기위해 전통적인 대형으로 중앙에 보병을 위치시키고 좌우익에 기병을 배치하여 포위형태로 기동했다. 이때 서고트족은 경장보병 5만명, 로마군은 중장보병 4만명, 기병 2만명이었다. 서고트족은 기병이 없었고, 로마군 입장에서는 원형 진지를 공격하다보니 로마 기병은 배후가 노출되었고 보병 양익에는 공백이 발생하는 문제가 발생하고 있었다.

로마군은 공격 간 좌익의 기병이 일부 고트족의 진지를 돌파할 수 있었으나 보병과 협조가 되지 않아 실패했다. 로마군이 고트족 진지를 거의 돌파하려했을 때 발렌스 황제가 정찰했을 때는 본진을 이탈해 있었던 고트족 5만명의 기병이 전령의 연락을 받고 로마군 배후로 들이닥쳤다. 서고트족 기병은 중장기병을 중심으로 궁기병과 경장기병으로 편성되어 있었다.

서고트족 기병들은 로마군 우측의 기병들을 배후에서 공격하기 시작했다. 그러나 발렌스 황제는 상황파악이 되지 않아 중앙의 보병을 계속 전진시키고 있었다. 불의에 기습을 받은 로마군 기병은 무너져 퇴각하기 시작했다. 로마군 좌우익의 기병이 모두 철수하자 보병 또한 측면이 노출되어 많은 피해를 입었다. 이때 원형진지내의 서고트족 경장보병들도 내응하여 그간의 수세대형인 라거 대형에서 공격대형인 포위대형으로 전환하고 로마군을 정상으로부터 압박해 내려왔다. 로마군 보병은 양익이 서고트족의 기병에게 노출되어 피해를 입고 포위되어 버렸다. 이제 로마군은 생존하기위해 전투해야만 했다. 하지만 이 전투에서 로마군은 1/3 만이 퇴각하는데 성공했고, 발렌스 황제를 비롯한 나머지 인원은 전사하거나 포로가 되었다.

---

11) 라거는 차리오트라고도 불리며 둥그렇게 진형을 갖추어 그 안에 가족을 위치시키고 보호하는 대형으로 가족과 함께 이동했던 게르만족의 전통 방어진형이다.

결과 / 영향 이 전투는 역사적으로 고대로부터 전장을 지배해오던 보병에 대한 기병의 우위를 보여준 전투로 평가되고 있다. 특히 서고트 기병은 전투 당시 기마술에서는 혁신적이 기술이라고 할 수 있는 등자(鐙子/stirrup)[12]를 이용하여 로마 기병에 비하여 월등한 전력을 선보였다. 전술적인 측면에서도 로마군의 배후를 기병으로 기습하여 대승을 거두었다. 여기서 기동력이 우세한 상대와 대결할 때는 아군의 측면을 보호하기 위해 예비대를 보유하는 것이 필수적이라는 교훈을 얻을 수 있다. 이 전투는 로마에게는 자신의 영통 내에서 게르만족에게 처음으로 패한 전투이자, 칸네 전투이후 가장 큰 손실을 입은 전투가 되었다. 칸네 전투는 이내 자마 전투로 회복되었지만 아드리아노플 전투는 결코 회복되지 않았다. 이 전투로 인해 게르만족들은 로마 국경내로 이주하게 되었으며 약 백년 후 서로마 제국은 용병대장에게 멸망(476)하게 된다.

게르만족은 이 전투이후 로마의 군단과 싸우기 위해 최고의 전사들을 중장기병으로 양성했다. 또한 발렌스 황제를 이은 동로마의 테오도시우스 황제도 중장기병이 전장에서 막강한 위력을 발휘할 수 있다는 점을 인식하고 중장기병을 양성에 전력함으로써 중세 기사사회 탄생의 발판을 마련했다.

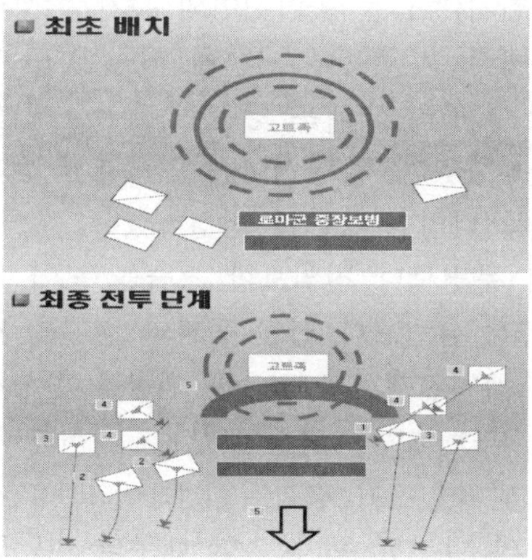

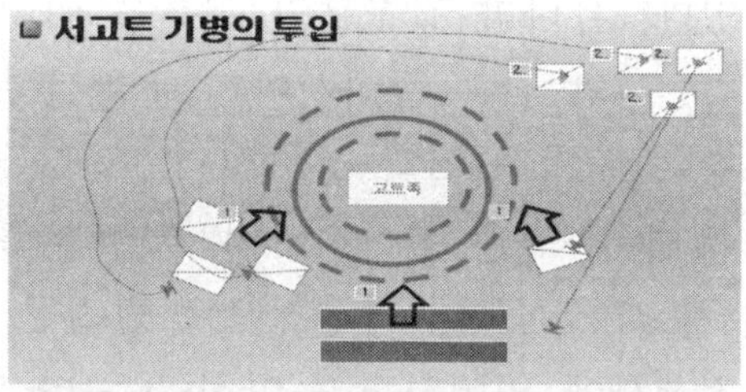

〈아드리아노플에서 동고트족의 기동〉

〈등자를 사용한 동고트족 기병〉

12) 등자는 말을 타는 기수의 발걸이다. 아시아의 초원지대에서 유래되었다. 등자를 사용함으로써 기수는 두 손을 사용할 수 있었으며, 안정된 자세를 유지할 수 있었다. 이전에는 말 위에서 상대를 찌르는 순간 창에서 손을 놓아야만 했는데 이제는 표적과 충돌해도 몸을 지탱할 수 있어 자유스러운 전투행동이 가능해졌다. 인도에서도 기원전 500년 경 원시적인 형태의 등자를 사용하였다.

6. 동아시아의 전쟁

가. 동아시아의 문화

동아시아에서는 기원전 2,000년을 이전부터 요하 상류에서는 홍산문명, 황하 일대에서는 황하문명이 태동하였다. 현재의 내몽고 적봉시 일대가 중심지인 홍산 문명은 만주 및 한반도 일대 문화, 황하문명은 중국문명의 원형이 되었다.

황하문명은 3황 5제와 하(夏)대의 전설의 시대를 지나 상(은)- 주 - 춘추・전국 시대 - 진 - 한 - 위진 남・북조 - 수 - 당 - 5대 10국 - 송 - 원 - 명 - 청 - 중국으로 이어지는 장대한 역사를 이루어냈다. 황하문명을 이루어낸 주체는 중국민족(한족 또는 화족)으로 유목민족과 더불어 한반도를 비롯한 주변 제 민족과의 끊임없는 교류와 투쟁 속에서 성장했다. 특히 중원의 농경민족과 초원의 유목민 간의 끊임없는 상호 투쟁은 동아시아 역사의 한 특색으로 역동성 있는 문화 창조의 원동력이 되었다.

중국은 춘추・전국시대의 분열기를 거쳐 진시황 때 최초로 중원을 통일하였다. 한(漢)조 때 완성된 유교사상인 인(人)과 충(忠)의 사상은 동아시아 정신의 근간이 되었다. 은나라 갑골문의 전통을 이어받은 한자(漢子)는 동아시아의 문자로 정립되었다. 이와 같은 동아시아의 문화전통은 한에서 그 발전의 단초를 제공했다. 이후 북방 초원의 돌궐과 동아시의 또 다른 패자 고구려를 꺽은 당은 대제국을 건설하면서 수준 높은 동아시아의 고대 문화를 완성하였다. 동아시아는 인도에서 받아들인 불교와 더불어 자생적으로 발전한 도교 등 다양한 종교가 번성하였다.

전쟁사에 있어서도 동아시아는 타 지역의 문명보다 진일보한 모습을 보이고 있다. 문명이 발생하면서 청동기를 사용 하였고, 유럽보다 먼저 등자와 철기를 사용하였다. 동아시아는 일찍이 손자와 오자서 같은 전쟁사의 걸출한 인물을 탄생시켰을 뿐만 아니라 전장 자체도 어느 지역보다 역동적으로 진행되었다. 이러한 동아시아 문명은 서구에 의하여 새로운 문물을 받아들이기 전까지(아편전쟁, 1840) 근 2천여 년의 기간 동안 지속되었다. 동아시아의 발전된 문화는 한 대부터 비단길(실크로드)을 통해 서역에 전해졌고, 이는 다시 유럽에 전파됨으로써 근세 유럽 문화의 발전에 공헌 했다.

나. 무기와 전술[13)]

동아시아 문명은 주로 농경민족의 정주민에 의해 완성되었지만 군사에 있어서는 북방의 기마a민족과 남방 농경민족의 끊임없는 경쟁과 대립으로 점철되었다. 만리장성 이남의 농경민족이 정주생활을 한 데 비해 북방의 기마민족은 유목생활을 하는 약탈경제체제로 농경지역에 대한 침탈을 지속적으로 시도했다. 그래서 천고마비(天高馬肥)의 계절이 정착민에게 반가운 계절만은 아니었다.

역사상 등장하는 유목민들은 시대에 따라 다양하게 불리어진다. 춘추・전국 시대까지는 월씨족(月氏)과 흉노족(匈奴)으로 불리었으며, 한 말기부터는 선비(鮮卑) 나 유연(柔然)족으로 불리었다. 당에 접어들면서 부터는 돌궐(突厥) 이후에는 거란・몽고(蒙固)・만주(滿洲)・여진(고대에는 숙신, 물길, 말갈)족 등으로 칭하여졌다. 농경민족은 문자가 있어 역사를 기술한 반면 유목민들은 역사를 기록으로 남기지 못했다. 하지만 군사 분야에 있어서만큼은 유목민들이 월등한 전력을 보였고, 기마의 운용 등은 정주민에 비해 선진적 입장에서 발전했다.

중국의 황화문명은 여타 문명과 같이 청동기 문화를 근간으로 하여 발전하였다. 중국 최초의 국가인 상(商)과 뒤를 이은 주(周)는 청동무기를 제작하고 전차를 운용하여 주변을 병합하면서 고대국가로 성장해 나갔다. 동아시아에서도 춘추전국시대[14)]까지의 전장은 청동무기와 전차가 지배하고 있었다. 특히 청동무기는 사(士)[15)]라는 특수한 사회적 집단이 점유하여 운용하였다. 손무(기원전 541~482)는 그의 『손자병법』 작전편에서 전차를 언급하고 있다.[16)]

전국시대는 전국 7웅[17)]이라는 맹주들이 등장하면서 전쟁의 규모와 폭, 기간 등이 확대되기 시작했다. 특히 철제무기가 등장하고 생산물이 잉여 되면서 전쟁 양상이 급격하게 대규모로 변모해 나갔다. 국민에 대한 국가의 지배가 강화되어 국민들이 대단위로 전쟁에 동원되었다. 정주민으로 전장에 동원된 백성들은 보병으

13) 육군본부, 중국 고대 전쟁사, 2010, pp.3~22
민족전란사 8, 고구려 대수・대당전쟁사, 국방부전사편찬위원회, 1991

14) 주왕조가 낙양으로 천도한 시점(B.C. 770)을 기준으로 이전을 서주, 이후를 동주시대라 하며 동주 시대는 춘추시대와 전국시대로 구분된다. 춘추시대(기원전 770~기원전 403)는 공자의 노나라 역사서인 『춘추』에서 비롯되었으며, 전국시대(기원전 403~기원전 221)는 유향의 『전국책』에서 연유되었다.

15) 춘추전국시대에 士는 제후와 경대부의 아래 계급으로 식자층이면서 군역에 관계된 업무를 담당하였다. 이들은 6예(禮, 射 ; 전차에 타서 활을 쏘는 것을 사라 했다, 御 ; 전차에 타서 말을 보는 것을 어라 했다. 樂, 書, 數)로 교양을 쌓았다. 현재의 사관학교나 사관(Officer)이 바로 이 士와 관련이 있다.

16) 用兵之法 馳車千駟 革車千乘 帶甲十萬

17) 전국 7웅 : 진, 위, 한, 제, 초, 연, 조

로 투입되어 보병이 전장의 주력이 되었다.

이때 북방 초원민족의 영향을 받은 기병도 본격적으로 운용되기 시작했다. 전국시대 말기 전국 7웅 중의 하나인 진(秦)이 춘추전국시대의 500년의 분열을 종식하고 중원에서 최초로 통일국가를 이룩하였다. 진나라는 7웅 중 가장 서쪽에 위치하여 문화적으로 후진지역에 속했으나 상앙(商鞅)의 변법(능력주의 신분제, 재산과 토지의 재분배) 등 부국강병책을 시행하면서 국력이 날로 강성하여 갔다. 특히 군사전술에 있어서는 기마병을 운용하였다. 보병과 전차위주의 여타 군대는 속도감 있는 기마술의 출현에 속수무책이었다. 시황제(始皇帝)는 기마병을 이용하여 전국의 패자들을 제압하고 시황(始皇)이 될 수 있었다. 하지만 진은 통치 16년 만인 서기전 206년에 진승·오광의 난으로 멸망하고 말았다. 진시황이 재위 중 초원의 흉노족을 막기 위해 만리장성을 중축했는데 명조에서 보수하여 현재까지 남아 인류문화유산으로 전하고 있다.

진을 이어 한(漢)이 또 한 번 통일제국을 건설했다. 한 고조 유방이 건국 초기(서기전 200)에 실크로드의 교역로를 개척하기 위해 강성한 제국으로 발전한 흉노에 대대적인 반격을 시도했지만 기마병으로 구성된 묵특선우(單于)[18]의 흉노에 패배하고 말았다. 기마병이 부족한 한은 흉노의 선우에게 막대한 배상을 약속하고 국가체제를 유지해야만 했다. 그러나 한사군을 설치한 것으로 알려진 무제가 등장하면서 한도 기병을 양성하기 시작했다. 한 무제는 계속 약탈을 일삼는 흉노에 대하여 정벌을 결심했고, 곽거정 등이 경장기병을 이끌고 정복에 나서 흉노족을 북방 초원으로 몰아내고 연운 16주(베이징 북부 지역)를 획득하는데 성공했다.

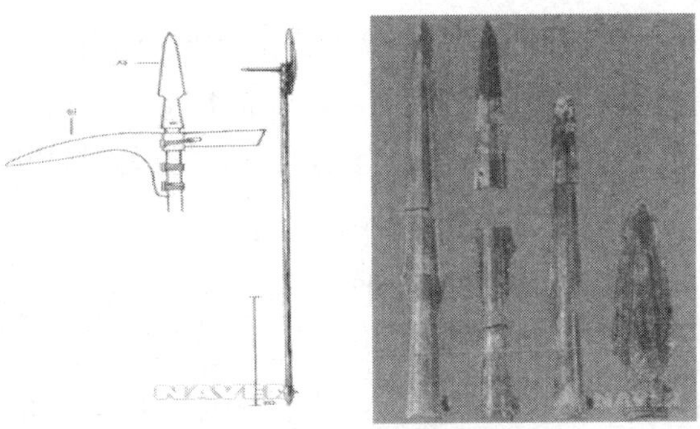

〈극(좌)과 모(우) 자료 네이버〉

이 당시 기병과 보병의 무기는 활과 극(戟)[19]이었으며 기병은 경장기병으로서 기수나 말은 마갑 등의 무장을 하지 않았다. 극도 진(晋)에 이르러 창의 등장으로 전장에서 자취를 감추게 된다. 동아시아는 삼국시대(위, 촉, 오)에 들어 본격적인 철제 무기의 도래와 더불어 등자가 사용 되었다. 위(조조)는

18) 넓고 크다는 뜻으로, 흉노가 자기네 군주나 추장을 높이어 부르던 칭호로 왕이다.

19) 극은 긴 창으로 여러 개의 갈고리가 달려 있어 적병을 말에서 떨어트릴 수 있도록 고안된 무기이다. 과와 모 양쪽의 장점만을 취한 병기로 상나라 때 출현하여 주나라에 이르러 많이 이용되었으며, 전국 시대, 진, 한, 삼국 시대에 폭넓게 사용된 가장 표준적인 무기이다. 모는 창의 기원이 되는 무기이다.

북방의 기마병을 고용하여 삼국 중 가장 막강한 전력을 유지할 수 있었다.

동아시아에서 중장기병을 최초로 운용한 것은 바로 선비, 오한, 예맥족 등 중국 동북의 북방민족이었다. 5호 16국 시대[20]에는 다양한 왕조가 성립되었으나 그 중에서도 유목 민족의 선비족 일파인 위가 중장기병의 군사조직을 이용하여 북중국을 통일하였다(北魏 ; 386년~534). 이때 중장기병은 기사와 말이 철갑으로 무장하였으며 활로 무장하거나 장창을 들고 전투에 임했다.

당시 중장기병을 양성하여 선비족과 자웅을 겨루었던 고구려군의 전투방법은 다음과 같았다. 우선 기병대의 돌격전에 우선 맥궁(고구려의 복합궁)으로 무장한 궁수대가 화살을 발사하여 적의 대열을 와해시켰다. 이어 중장기병이 밀집대형을 유지하고 적진에 돌진하여 충격력으로 돌파했다. 기병의 뒤를 이어서는 보병부대가 돌진하여 도끼 등을 이용하여 잔적을 처리했다. 뒤이어 경장기병은 기동력을 활용해 적을 추격하거나 처음부터 유격전술을 구사했다.

중장기병과 경장기병의 활용으로 고구려도 만주와 한반도 북부 일대를 석권하고 동북아시아의 패자로 등극할 수 있었다. 이때 동아시아 무기체계는 당시 어느 지역과 견주어도 뒤지지 않았다. 특히 고구려는 방어용 성을 지형을 이용 구축하고 수·당 제국과의 전쟁에서 승리를 달성할 수 있었다.

〈고구려 중장기병〉

〈고구려 경장기병〉

이러한 중장기병의 등장에 따라 새로운 대응전술도 개발되었다. 중장기병을 공격할 수 있도록 노(弩)의 성능을 향상시켰고[21], 대형을 유지하여 기병에 대항할 수 있도록 보병의 진법이 개발되기도 했다. 하지만 북위가 중국을 통제하는 과정에서 한화(漢化)정책을 실시하여 기마족 특유의 중장기병이 사라지고 농업국가 특성에 맞는 부병제[22]에 따른 새로운 군사제도

---

20) 304~439년 중국 북부에서 진(晉)나라 말엽부터 남북조시대까지 흥망 했던 5호 및 한족(漢族)이 세운 왕조의 총칭 또는 그 시대이다. 5호란 흉노(匈奴)·갈(羯)·선비(鮮卑)·저(氐)·강(羌)의 5개 변방민족을 가리킨다. 역사상 이 시기에 5호가 세운 13국과 한족이 세운 3국을 '5호16국'이라 한다.

21) 노의 성능은 신라와 당의 매초성 전투에서 유감없이 발휘된다. 당의 20만 기갑병을 신라군이 격파하는데 노가 결정적인 영향을 미쳤다는 연구가 있다.

22) 부병제 / 균전제 : 병농일치제로 균전을 지급받는 농민이 자비로 장비와 식량을 마련 군역을 담당하는 제도 / 자작농에게 토지를 균등하게 분배하는 제도

가 등장하게 된다. 부병제는 균전제와 함께 유목의 특성을 없애고 농경민족 위주의 정책으로 전환한 것이다. 이로써 다시 보병 위주로 군제가 편성되었다. 이러한 병농일치제도는 수・당에까지 지속되었고 한반도에도 영향을 미쳤다.

당은 수가 무리한 고구려 원정으로 패배하고 북방의 또 다른 중장기병의 군대인 돌궐과 전쟁을 전개하면서 새로운 전술을 개발하기 시작했다. 이는 황제이자 탁월한 병법가 중의 하나인 당 태종과 이정(李鼎)에 의해 주도되었다. 당군은 중무장 기마병을 상대하기위해 농경민으로서 부담이 많은 중장기병을 경장기병으로 대치하면서 경장기병의 숫자를 늘렸다. 이는 농업을 주로하고 인구수가 많은 특색을 잘 반영한 것이었다. 또한 기존의 중장기병이 사용하던 충격전술을 보병을 이용하여 대신하였다.

중장보병은 육중한 무장을 했다. 방패와 장창을 휴대하여 삼각형의 방진을 형성하고 적군에 정면충돌을 시도했다. 이렇게 중장보병이 기병을 대신하여 충격력을 가하고, 경장기병은 기동성을 바탕으로 우회타격과 후방교란 또는 기습, 보급로 차단, 추격 등의 전술을 구사하여 또 다른 보병과 기병의 협격전술을 창안해 냈다. 여기에다 당군은 궁노수의 비율을 증가하여(전체 보병의 10%에서 1/3까지 증대) 적 중장기병의 진출을 저지하는 역할을 수행하고 화망을 통과하여 전진해 오는 적은 칼이나 창으로 제압했다(궁수는 후방으로 이동 재정비).

이러한 당군의 기병과 보병의 협격전술은 돌궐의 제압과 고구려와의 전쟁 시 그 진가를 발휘하기 시작했다. 비록 2차에 걸친 고구려 원정은 실패했지만 당 태종 사후 실시된 제 3차의 원정에서는 수성전과 중장기병으로 맞선 고구려군에 승리할 수 있었다. 이러한 군사 전술에 힘입어 당은 동아시아와 북방을 평정하고 고대 동아시의 문화를 완성할 수 있었다. 하지만 당은 이후 서역에서 치러진 탈라스(Talas) 전투[23]에서 패배하여 더 이상의 서진은 좌절되었다. 이후 당의 군사제도는 신라와 고려에도 영향을 미쳤다.

동아시아는 몽골 제국이후 또 다시 초원 기마전술의 영향을 받으며 기병이 전장의 주역으로 등장하였다. 몽고와 거란은 경장기병, 여진은 중장기병 위주의 편제였다. 그렇다고 해서 모두 기병 일색은 아니었고 기타 병종들이 조화를 이루면서 합동전술을 구사하여 당대의 군사적 강자로 군림할 수 있었다. 이러한 기병의 영향은 한반도에서는 임진왜란 이후까지 계속되었다.

---

23) 고구려 출신 고선지(高仙芝)가 이끄는 보병으로 구성된 당군이 중앙아시아의 실크로드를 점령 하면서 751년 키르기스스탄에 있는 탈라스강에서 아랍-투르크의 아바스 왕조의 기병과 벌인 전투이다. 당군이 완패하여 4만의 군대가 당으 로 진격하여 당이 위험에 처했으며, 포로로 잡힌 당의 포로들에 의해 종이 제작법이 아랍에 전해졌다(이후 제지법이 13세기에는 유럽에 전파된다).

다. 주요 전쟁[24)]

① 고구려와 수의 전쟁

○ 시 기 : 598년 ~ 614년
○ 장 소 : 요동 및 한반도(평양, 청천강 등 한반도 북부 일대)
○ 교전국(지휘관) : 수(문제, 양제, 우문술 / 고구려(을지문덕, 고건무)
○ 병 력 : 수 최대 117만명 이상(2차 전쟁), 고구려 30만명
○ 결 과 : 고구려 승리
○ 전사(戰史)적 의미
- 청야입보 전략과 수성전(성곽)
- 유격전술과 지연전
- 병참선 유지, 심리전

배 경 고구려의 대 수·당 전쟁은 6세기 말부터 7세기 중엽까지 약 50여 년 동안 고구려가 수의 네 차례의 침입과 당의 세 차례에 걸친 침공에 맞선 동아시아 역사상 최대 규모의 국제 전쟁이었다. 중국은 한나라 이후 위·진 남북조 시대로 나뉘어 있다가 양견(수 문제)이 분열된 중국을 통일(589)하고 수를 건국하였다. 고구려와 수는 요하를 경계로 하여 요서 지역은 수, 요동 지역은 고구려가 차지 대치하고 있었다. 이 대치국면에서 수가 요동으로의 진출을 도모하면서 동북아의 패권을 차지하기 위한 漢족과 韓족의 전쟁이 시작되었다.

수는 초기의 대외정책인 북수남공정책(北守南攻政策)을 완료하자 북방으로 관심을 돌려 패권주의를 들어내기 시작했다. 수에 위협을 느낀 주변의 제국들은 서로 연합하면서 위협에 대처하기 시작했다. 고구려는 중국 북쪽의 돌궐과 한반도 백제 그리고 바다 건너 왜와 연결하는 남북세력을 형성했고, 수는 신라와 진평왕 때부터 외교관계를 수립하고 동서세력을 형성하였다.

경 과 고구려는 국제 정세가 변화하자 평원왕 말년부터 이미 군비를 증강하고 요하의 지류인 훈하와 태자하 등에 성을 구축했다. 또한 평양을 연하는 접근로(오골성, 박자성)를 따라 거점중심의 종심방어전략을 수립하고 전쟁을 준비했다. 영양왕 9년(598)에는 수가 군사적 위협을 보이자 요하를 넘어 수의 요서 지방인 영주(조양)를 말갈군 1만명으로 선제공격 했다. 이러한 선제공격은 수의 군사력을 약화

24) 민족전란사 8, 고구려 대수·대당전쟁사, 1991, 국방부전사편찬위원회

시키면서 주도권을 확보하고, 세력권의 동요(송화강 말갈 세력)를 차단하기 위함이었다. 선제공격을 실시한 고구려군은 요하의 소택지를 극복하고 공격했지만 수군의 저항으로 많은 피해를 입고 철수했다. 이 공격은 수에게 빌미를 제공한 골이 되었으며, 수 문제는 이를 명분으로 고구려를 침공하기 시작했다.

1·2차 전쟁 수 문제는 598년 30만 대군(양량과 왕세적 : 행군원수)을 육군(주력)과 수로군(6천명, 지원부대)으로 편성하여 고구려를 침공했다. 하지만 수의 육군은 요하 일대 소택지에서 홍수로 인한 굶주림과 전염병으로 철수해야만 했다. 철수하던 수로군 역시 도중에 풍랑을 만나 많은 손실을 입어 수의 1차 침공은 전투다운 전투도 한 번 제대로 해보지 못하고 실패로 끝나고 말았다.

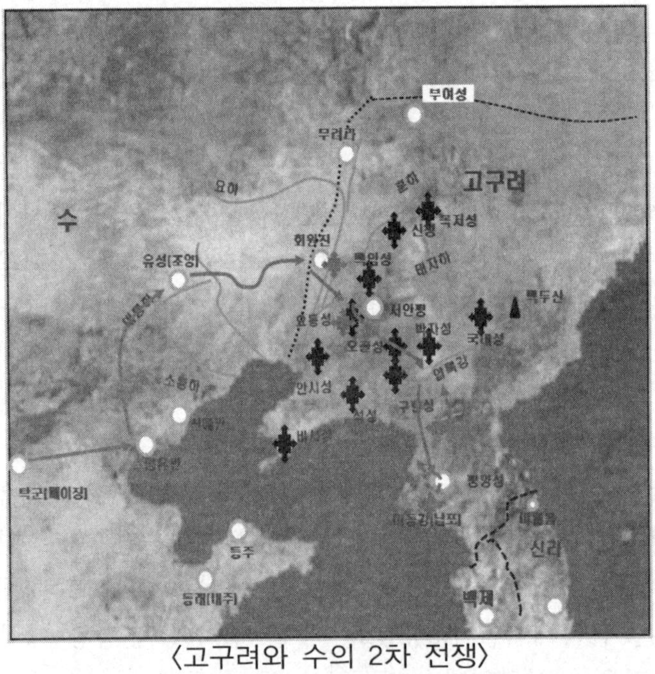

〈고구려와 수의 2차 전쟁〉

수 문제의 뒤를 이은 수 양제도 고구려 사신의 돌궐 방문 문제로 친정을 계속 수·륙 양면 공격을 감행했다(612년).[25] 수의 침공군은 정월 초순부터 각 군(좌군 12군, 우군 12군 도합 24군, 이중 13개 군은 육로군, 11개 군은 수로군)의 간격을 40리 정도로 유지하면서 하루에 1개 군씩 출발하였는데 그 후미 부 대는 출정을 개시한 지 40여 일만에 출발할 수 있었다. 통로는 제 1차와 동일한 임유관-유성-회원진 통로를 이용하여 3월 중순경부터 고구려군과 대치하였다.

고구려 군이 먼저 요하 동안에 진주하자 수군은 요하 하류로 이동하여 부교 3곳을 만들고 도하를 시도했다. 하지만 부교가 짧아서 도하가 어려워 도하는 실패하고 고구려군의 공격으로 심대한 타격만 입었다. 이리하여 서전은 고구려 군이 승리했다. 이로써 수군은 20일 동안 관망상태에 들어갔으며 이후 병력이 보충되자 다시 공격을 준비했다. 하지만 고구려는 이 기간을 이용 전열을 보강할 수 있었다.

25) 이 밖에도 지원군은 전투 병력의 2배에 다다랐고, 고구려 영토로 진입한 병력만도 64만명 이상으로 추정된다. 이때 고구려는 30만명의 병력으로 평가된다.

수군은 부교를 다시 제작하여 압도적인 병력으로 도하를 성공시켰다. 수군은 바로 요동성으로 밀고 들어가 4월 하순부터 요동성에 대한 포위를 시작했다. 요동성은 서남쪽의 안시성과 동북의 신성 사이에서 평양을 지향하는 전략적 요충지였다. 이 성은 평지성으로 내성과 외성으로 구분되어 있었고, 요동지역 최대의 성으로 50만석의 군량과 다량의 무기가 보관되어 있어 주민과 함께 농성전을 수행할 수 있는 성이었다. 고구려군은 요동성에서 수성전략으로 맞섰다. 수군은 4월 하순부터 6월 초순 까지 서역의 기술자들을 동원하여 제작한 운제, 충차, 화차, 발석차 등 신형 공성장비를 총 동원하여 공격했으나 전황은 타개되지 않았다. 반면 고구려군의 맥궁에 의한 화살 세례와 기병의 유격전술에 의한 타격은 매서웠다. 또한 고구려군은 성이 함락될 시기에 항복의 뜻을 전하여 예기를 누그러트리고 다시 전투준비를 했다. 당시 현장의 지휘관들은 수양제의 독단을 금하라는 지시로 인하여 수 양제의 결정을 기다려야만 했다. 이 기간을 이용하여 요동성 민군은 다시 전투태세를 갖출 수 있었다.

수양제는 곧 우기철이 다가오자 전쟁을 조기에 종결시키기로 결심하고 아직 전투에 참여하지 않은 요하와 대릉하 일대의 병력 중에서 정병으로 30만 5천명의 별동부대를 선발하여 우문술이 지휘하게 하고, 군사에게 각각 1백일 분의 식량과 보급품을 지급하였다. 이는 산술적으로 병사 개인당 3석(石) 이나 되는 과중한 하중이었다. 그러나 지친 별동대원들은 우문술의 "보급품을 유기 시는 목을 벤다." 는 엄명이 있었음에도 불구하고 감독이 소홀할 때마다 보급품을 유기해 버렸다. 따라서 수군은 출발당시부터 식량난이 문제가 되었다.

한편 수로군 중 4개 부대는 육로로 이동하고 나머지 7개 부대는 동래에 집결하였다. 이들 중 2개 부대는 주력부대로 하고 나머지 5개 부대는 지원군으로 편성하여 1차 침공과는 다르게 수로군에게도 수륙양면에서 협동작전을 수행하는 임무를 부여했다. 내호아가 지휘하는 수로군은 이미 제작된 300여척의 배에 분승하고 묘도열도와 압록강에 다다른 다음 방향을 바꾸어 대동강 하구 남포에 상륙했다(고대 동아시아의 바닷길로 안전한 항로를 선택). 하지만 수로군은 육로군의 상황을 알지 못하고 협동작전에 유리한 지형으로 이동하였다. 내호아는 평양을 지척에 두고 자만심에 빠져 당초의 협동작전 계획을 무시하고 독단적으로 4만명의 병력으로 평양을 공격하기 시작했다.

한편 평양을 지키고 있던 왕제(王弟) 고건무는 고무된 수군을 유인 기습공격으로 격멸하기로 하고 패하는 척하여 수군을 평양 외성 안으로 유인했다. 승리감에 도취된 수군은 분산하여 약탈을 자행하기 시작했다. 이때 고건무는 경계가 소홀한 틈을 이용 반격을 개시 수군을 몰살시켰다. 결국 고구려의 유인전에 수로군은 섬멸적 타격을 입고 다시 배가 있는 남포로 회군하고 말았다.

한편 을지문덕은 남하하는 수군을 지치도록 최대한 괴롭혔다. 항복을 가장 수군의 진영을 방문하기도 했다. 이때 심리전으로 적장 우중문에게 보낸 수려한 한시가 지금도 전하고 있다.[26] 급속한 기동으로 평양 30리 지점의 신점에 도착한 별동대는 수로군의 전멸로 병참을 해결할 수 없어 왔던 길을 되돌려 신속히 철군해야만 했다. 고구려의 을지문덕은 이를 노리고 있었다. 그리고 최종 공격지점을 살수(지금의 청천강)로 선정하였다. 을지문덕은 청천강에서 수군이 반쯤 도강하여 전투력이 분산되자 수군의 후위부터 공격을 가하기 시작했다. 지칠 대로 지치고 굶주린 후위의 수군은 고구려 중장기병의 돌격을 당해낼 수 없었다. 후위가 무너지면서 수군은 대열이 와해되고 지리멸렬한 상태로 도주하기 시작했다. 수군은 살수부터 요동에 이르기까지 철저한 추격전을 전개한 고구려 군에 의해 괴멸되었다. 이 전투에서 생존하여 본국으로 귀환한 병력은 겨우 2천 7백에 불과했다.

3·4차 전쟁 3차 고·수 전쟁은 613년 4월에 개시되었다. 수는 또다시 30만 정예군으로 고구려를 침략했고, 제2차 침입 시와 동일하게 만주 지역의 관문인 요동을 점령하기 위해 각 종 공성장비를 동원하여 공격했지만 20일이 지나도록 점령하지 못했다. 이때 한 군영 내에서 반란이 발생하여 군심이 동요하여 병무시랑이 고구려에 투항하자 스스로 철수 하였다. 수 양제는 계속되는 실패에도 불구하고 614년 제4차 침공을 개시하였다. 하지만 전화에 시달린 농민반란이 발생 수는 고구려의 타협안을 받아들이고 요하에서 회군하였다.

결과 / 영향 이와 같이 고구려와 수 사이에는 15여 년에 걸쳐 4차례의 전쟁이 발발했으며 그 중 제2차와 3차는 대규모였다. 하지만 고구려는 농성(籠城) 전술을 이용하여 수군의 진로를 차단하거나 내륙 깊숙이 끌어들여 결정적인 전투로 승리를 달성하는 지연전술을 유감없이 발휘했다. 이와 같은 고구려의 대승은 급기야 수 제국의 통치 질서가 마비되고 멸망(통치기간 38년)하는 원인이 되었다. 이는 고구려의 중장기병과 활 등의 전투장비와 성체의 우수성 등이 뒷받침 된 승리였다. 고구려는 수와의 전쟁에서 승리함으로써 동북아의 패자로 군림하게 되었고 대내외적인 입지가 강화되었다.

---

26) 을지문덕이 우중문에게 보낸 시(與隋將于仲文詩)

神策究天文	신책구천문	귀신같은 꾀는 천문을 구명하고
妙算窮地理	묘산궁지리	신묘한 셈은 지리에 통달했네
戰勝功旣高	전승공기고	전쟁에 이긴 공은 이미 높으니
知足願云止	지족원운지	만족함을 알았으면 그치기를 바라오

② 고구려와 당의 전쟁

○ 시 기 : 645년 ~ 649년
○ 장 소 : 요동 및 한반도
○ 교전국(지휘관) : 당(이세민, 이세적) / 고구려(양만춘)
○ 병 력 : 수 30만명 이상 / 고구려 50만명 이상
○ 결 과 : 당 승리
○ 전사(戰史)적 의미
- 중장보병대 수성전
- 경장기병의 기동력과 유연성
- 고구려의 양면전쟁(당, 신라)

배 경 수와 고구려의 전쟁으로 수가 극도의 혼란에 휩싸이자 수의 북방을 담당하고 있던 태원 유수 이연(당 고조)이 관중(좁게는 섬서성 장안일대이며, 넓게는 중국 본토)을 점령하고 당 왕조를 세웠다(618). 이어 차남인 이세민이 형과 동생을 제거하고 제위에 올랐다. 당은 이어 동돌궐(630), 고창국 · 서돌궐(640)을 공격하고 서역까지 영향력을 확대해 나갔다.

신흥국가인 당 제국은 국내 정세가 안정될 때까지 고구려와 외교적 마찰을 피하면서 만신창이가 된 내정을 살피면서 평화적 관계를 유지하고자 했다. 고구려 또한 그간 수와의 4차례의 전쟁으로 인적손실과 국가의 재정이 고갈된 가운데 유화정책을 추진하였다. 하지만 고구려는 당의 침략을 예상하고 631년 2월부터 동쪽의 부여성(농안)으로부터 요동반도 남단 비사성(대련)까지의 천리장성을 16년의 공사 끝에 구축했다.

당은 640년 이후 서역지방의 공략이 끝나면서 고구려를 침입할 수 있는 여력을 확보하게 되자 전쟁의 시기만을 저울질했다. 당 태종의 전쟁명분은 국왕을 시해한 연개소문을 응징한다는 것이었지만 주된 원인은 우선 당의 제국건설 야망이었다. 다음으로 같은 한족의 왕조인 수의 멸망에 대한 보복이었고, 마지막으로는 신라의 대당 원조 요청이었다(나 · 당 연합).

당의 군사력[27] 고구려를 침략할 시 당은 이미 세계적인 제국으로 성장해 있었다. 특히 이정이 중국적 특색에 맞는 신 전술 체계를 정립하여 군사적인 측면에서도 괄목할 만한 성장을 하고 있었다. 당 군의 전체적인 전술 개념은 농경민족의

27) 정명복, 〈쉽고 재미있는 생생 무기와 전쟁이야기〉, 집문당, 2012. pp.72~75

군대가 기마민족의 군대를 상대로 어떻게 싸워야 할 것인가를 두고 발전시킨 전술이었다.

병종 면에 있어서도 당 군은 우선 중장기병을 완전히 퇴각시키고 경장기병으로 대체하였다. 이는 농경민족이 손쉽게 경장기병을 양성할 수 있을 뿐만이 아니라 숙련도가 높지 않아도 되는 것이기 때문에 당시 실시중인 부병제인 병농일치제에 적합했기 때문이다. 또한 경장기병을 활용함으로써 기동력을 활용하여 우회타격, 기습, 후방교란 추격 등의 역동적인 전술을 구사할 수 있었다.

다음으로 당군은 중장기병이 담당하던 충격전술을 중장보병이 수행하도록 했다. 당 군의 중장보병은 육중한 장갑에다가 방패와 칼로 무장했으며, 주로 삼각형의 쇄기골 대형으로 포진하여 적군과 정면으로 충돌하였다. 이러한 보병전술에 경기병이 우회 협격하는 것이 당군 공격의 기본전술이었다. 마지막으로 당군은 보병 중에서도 궁노의 비율을 증가 시켰다. 최초에는 궁수와 궁노 수의 비중이 보병 전체 병력의 10%였으나 때로는 1/3까지 증가했다. 궁노는 활보다 관통력이 강해 중장기병을 제압하는 데 효과적이었다. 이는 지금의 포병을 강화시킨 것과 같은 것이었다.

경 과 중국을 통일한 당은 당시 부병제를 유지하면서 효율적으로 군사력을 유지하고 있었다. 하지만 고구려 역시 수 제국을 무너뜨린 실전 경험에다 천리장성을 위시한 새로운 방어시설이 증강되었던 만큼 당에 대해서도 자신감을 가지고 있었다. 고구려는 대성을 위주로 10만 여명의 기병과 20만에서 30만 명의 상비군을 확보하고 있었다. 당군이 성을 공격해 오면 민군이 성안에 농성하여 방어하면서, 인접한성의 지원을 받아 당군의 측면을 공격하도록 준비했다. 수도인 평양을 중심으로도 5만에서 10만명의 예비대가 있었다.

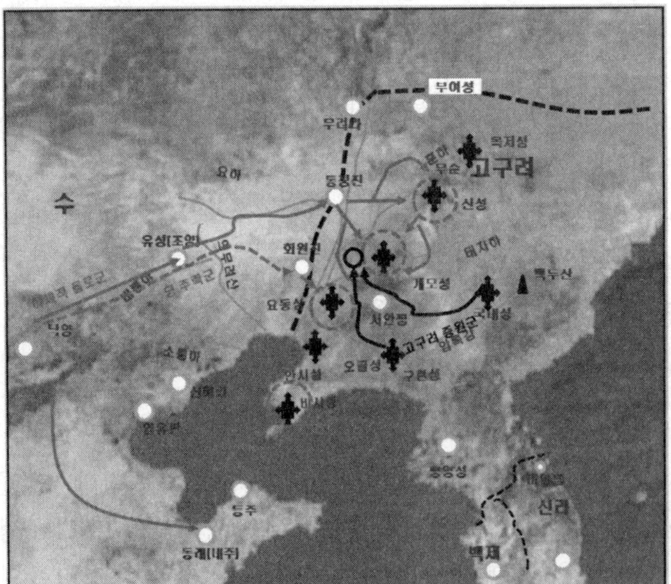

〈고구려와 당의 전쟁〉

1차 침입 제1차 고・당 전쟁은 645년 당군 10만명이 동원되어 시작되었다. 이세적이 지휘하는 당군 주력은 4월 요하 북쪽의 통정진으로 우회 기동하여 고구려군을 기만하면서 개모성과 전략적 요새인 요동성, 백암성을 차례로 점령하면서 남진하였다. 당시 개모성은 10여 일간의 항전 끝에 패전하여 주민 2만명이 포로가 되고, 10여 만석의 곡식을 탈취 당했다. 당군이 안시성으로 향하자 국내성과 오골성으로부터 고구려 증원군이 고연수와 고혜진이 지휘하에 4만이 증원되었지만 당군의 유인전술에 궤멸되고 말았다. 한편 5월 초 요동반도의 비사성도 4만 3천명의 당 수로군에게 공격받아 피탈되고 말았다.

고구려의 기마 증원군을 격파한 당군은 8월 10일부터 본격적으로 안시성을 공격하였다. 당군은 무차별적으로 안시성을 공격하였지만 고구려군은 성공적으로 방어해 내었다. 이에 당 태종은 60여 일 동안 연인원 50만명을 동원하여 성 밖에 토산을 쌓았다. 토산이 완성되자 당 군은 성벽을 넘어 공격하려하였으나 토산이 무너져 내렸다. 고구려군은 3일 동안의 격전을 통하여 토산을 확보했다. 결국 당 태종은 계절적으로 동계가 다가오고 군량이 소진되자 9월 18일 전군에 철군을 명하였다(645). 이렇게 당의 고구려 1차 침입은 전쟁에 관해서 혜안을 가진 역사적 인물로 알려진 당 태종까지 직접 나섰지마는 소기의 목적을 달성하지 못하고 무산되었다.

2차 침입 당군은 647년(보장왕 6년)부터 제2차 침입을 준비했다. 이때는 대규모 부대의 운용에 따르는 실패를 교훈삼아 다양한 공격 루트를 개발 소규모 부대를 우선 투입하여 전선의 불안을 조성한 다음 대군을 동원하여 수륙양면(이세적의 육군, 우진달의 수군)에서 공격하려는 계획이었다.

647년 5월 당군 30만명이 동원된 고・당의 제2차 전쟁은 먼저 당 이세적의 육로군이 북방의 변경지역인 남소성으로 진출하여 주변의 여러 성을 함락하고 초토화시킨 후 중국으로 복귀하였다. 5월에는 수로군이 해상으로 이동하여 요동반도의 석성에 대한 공격을 개시하였다. 이 지역에서 고구려군을 격파한 당군은 자신들의 변방 교란 작전이 성공한 것으로 판단하고 귀국하였다. 648년에는 변경 요란작전의 2단계로 해상을 통해 압록강구로 진출하였다. 지역의 요새인 박자성을 두고 공방전이 전개되었다. 하지만 싸워 한 번도 패배한 적이 없다는 당 태종은 고구려와의 전쟁에서 얻은 이름 모를 병으로 '고구려의 침공을 중지하라'는 유언을 남기고 사망(649) 함으로써, 고・당 전쟁은 일단 종료되었다.

당군은 요동의 고구려 성 10여 개를 얻는 수준에서 전쟁을 마무리 지을 수밖에 없었다. 당은 전쟁의 여파로 전쟁을 주도했던 귀족들이 몰락하는 계기가 되었다. 고구려는 요동지역 성을 피탈당하고 동북지방의 영토가 축소되었다.

나·당 연합군의 고구려 공격 당태종을 이은 당 고종은 신라와 연합을 강화했다. 나·당연합군은 고구려를 멸망시키기 전 우선 국력이 약세 일로에 있는 백제를 공격했다(660). 신라군은 김유신이 5만 병력으로 진천 – 보은 – 옥천 – 탄현(대전 동쪽)으로 진출한 이후 황산(黃山) 전투에서 계백이 이끄는 백제의 5,000 결사대를 궤멸시켰다. 바다로는 당군 소정방이 10만명을 이끌고 덕물도(지금의 덕적도)에 도착한 후 백강(금강)에 상륙하여 사비성을 함락시켰다(660).

백제를 멸망시킨 당은 이어 고구려의 요동과 압록강 그리고 평양 일대를 간헐적으로 공격했다. 당의 소정방이 661년 제1차로 평양성에 대한 공격을 단행하였으나 신라는 보급상의 문제로 인해 당과 연합공격에 실패하고 말았다. 고구려는 연개소문을 중심으로 굴하지 않고 계속 항전했다. 하지만 고구려는 연개소문 사후(666)에 내분에 휩싸이기 시작했다. 지배층은 권력 쟁탈에 혈안이 되었고 국론은 분열되었고 거란과 말갈은 당의 세력으로 복속되었다.

호기를 잡은 당군은 본격적인 고구려 침략을 시작하였다. 당군은 요동의 신성을 함락한 이후 남소성, 목저성, 창암성 등을 깨트리고 평양 200 리 밖까지 도달했다. 신라도 한강에서 출발하여 평양성을 향하여 올라가던 중 당군이 계절을 고려 철수하자 신라군도 함께 철수하였다. 다음 해인 668년, 당과 신라는 최후의 공격을 준비했다. 당군이 먼저 농안의 부여성을 함락했고, 수군과 합세하여 평양으로 진출했다. 김유신의 신라군도 북으로 진출, 이세적의 당군과 연합하여 고구려를 협격했다. 분열된 고구려는 결국 멸망하고 말았다(668).

결과 / 영향 전쟁결과 동아시의 패자 고구려는 역사 속으로 사라지고, 한 동한 한(韓)민족의 영토였던 요동 지역이 중국 영토로 편입되었다. 여기다가 당나라는 영토에 야심을 들어내 한반도를 통째로 잠식하려 하였다. 이에 따라 신라는 고구려 멸망시의 연합국인 당과의 전쟁을 통해 대동강 이남을 확보하고(668), 이후 한민족의 문화 터전을 확보했다.

고구려와의 전쟁 후 구 귀족을 추출한 당나라는 중앙집권화를 달성하고 대제국을 건설 고대 동아시아 문화를 완성하여 세계 제국으로 성장하였다. 고구려 멸망 후 고구려의 옛 영토에는 고구려의 후신인 발해가 건국되어 한동안 통일신라와 한민족의 남북국 시대를 이루기도 하였다. 한민족은 잃어버린 고구려의 영토를 회복하기위해 통일신라와 고려 그리고 조선의 기간 동안 계속 북진 정책을 시도했다. 현재 한반도와 중국과의 국경선은 조선 세종 때 4군6진을 개척하면서 압록강과 두만강을 연해 형성되었다.

고구려가 수와 당에 연이어 승리할 수 있었던 데에는 여러 가지 요인이 있었다. 우선 고구려 전쟁 지도부의 우수한 전쟁 지도능력을 들 수 있다. 고구려 지도부는 이미 전쟁을 예견하고 수에 선제공격을 하는 가하면, 충분한 전쟁물자 준비와 더불어 천리장성을 구축하고 방어시설을 보강하여 전쟁에 대비했다. 전략적 측면에 있어서도 정면대결을 회피하고 장기농성을 통한 수성전을 추진하면서 인접 지역성의 기마군을 이용하여 전투력을 집중하였다(제2차 및 제3차 수와의 전쟁, 제1차 당과의 전쟁). 전술적으로는 경직된 적군의 군령체제를 이용하여 시간을 끌고, 위장항복의 반복으로 적의 공격 템포를 빼앗았다(수와의 4차 전쟁). 특히 을지문덕의 별동대 유인작전은 전쟁사에 큰 이정표를 세웠다. 하지만 고구려 승리의 가장 큰 요인은 막강한 군사력이었다. 고구려의 중장기병과 활은 당시 세계 최강의 정예부대로 경장보병위주의 농민군을 격파하기에 충분했다. 여기에다 성곽을 중심으로 군과 민이 혼연일체가 되어 적군을 대적함으로 해서 부족한 전력을 상쇄하였다.

하지만 고구려는 외교적으로는 남북외교의 축인 돌궐과 백제가 이미 당과 신라에 의해 패망해 버려 국제적 고립을 면할 수가 없었다. 전략적으로는 북방과 남방의 신라와의 양면전쟁을 치르게 되어 전력 약화를 초래하였다. 전술적으로는 부병제로 보강된 당의 중장보병과 경기병의 충격전술과 유격전술 등의 신 전술과 노의 확대에 따른 새로운 무기편성에서 밀렸다. 특히 고구려는 근 50년 간 계속된 전쟁으로 자원을 거의 소진하고 말았다. 전쟁의 조정자였던 막리지 연개소문 사후에는 권력다툼에 의한 내분마저 발생하여 고구려는 스스로 무너진 측면도 있다.

제2절 중세시대 전쟁

1. 전쟁의 특징
2. 십자군 전쟁
3. 몽고 전쟁

1. 전쟁의 특징

가. 중세의 문화

〈중세의 성〉

중세 유럽은 게르만족의 이동에 따른 서로마제국의 멸망(476)부터 시작되어 동로마 제국(비잔틴 제국, 1453)이 멸망하는 기간과 대략 일치한다. 중세 유럽 문화는 고대의 그리스·로마 문화의 전승과 더불어 게르만적 요소와 그리스도교적 요소가 융합되어 완성되었다.

유럽에서 봉건제도가 완성되어가는 시기에는 이슬람의 사라센(Saracen)이 팽창하여 유럽은 지중해 지역을 상실하고, 상공업 도시들이 피폐해가며 토지가 유일한 생산수단이 되어 있었다. 따라서 토지를 매개로한 주종관계가 발전하면서 봉건제도가 완성 되었다.

봉건제도는 토지 소유자와 비소유자간의 사적 주종관계로 피라미드적인 계층제를 형성했다. 주종관계의 지배계층(영주)은 토지 소유자로 전사(기사)로부터 군역의 봉사를 받았다. 토지는 장원을 형성하여 중세 사회경제의 핵심기반이 되었으며, 봉건제도는 봉토에 수여되는 불입권(不入權)으로 행정 · 사법권에서 광범위한 자치권을 위임받아 지방분권화가 촉진하였다.

11세기에 들어 유럽은 힘을 축척하고 외부적으로는 이슬람세력에 대한 반격을 시작하였고, 내부로는 봉건적인 농촌경제와 도시경제가 발전하여 12, 13세기에는 중세문화가 꽃을 피우게 되었다. 중세의 유럽은 인간과 학문보다는 신이 우선시되던 시기였다. 하지만 교회와 성직자들은 점차 세속화 되어갔다.

중세의 전쟁사에서 가장 큰 사건은 이슬람교와 기독교간의 십자군전쟁으로 1096년부터 크게 8회에 걸쳐 진행되었다. 십자군전쟁은 성지탈환이 목적이었으나 차츰 세속화되어갔고 결국 실패하였다.

유럽은 13세기부터 기근, 흑사병, 장기간의 전쟁과 반란으로 장원제도가 해체되면서 14~15세기에는 봉건제도도 붕괴되었다. 정치질서 면에서는 봉토를 매개로 한 주종관계가 깨지면서 왕권을 중심으로 한 중앙집권적 통일국가가 형성되어 나갔다. 13세기 절정에 이르던 교황권도 십자군 원정의 실패로 내리막을 걷게 되었다. 사회 전반적으로 우수한 사라센 문화와 기술이 전파됨에 따라 상공업이 발전하면서 르네상스(renaissance)의 기운이 태동하였다.

나. 중세의 전장

중세시대(5~15세기) 전쟁은 주로 영지를 소유한 제후들의 영토 확장과 권력투쟁에서 비롯되었다. 중세의 전장은 중기병[28]의 중량과 충격력의 싸움이었다. 고대의 전장에서 보이던 장거리 섬멸전이나 추격전 같은 격렬한 전투양상이 사라지고 근거리 수비위주 전투(일정한 거리에 여러 성을 지어 각 성이 인접한 성으로 구원군을 보낼 수 있는 체제 형성)와 협상에 의한 제한전 경향이 농후해졌다.

전투는 특정 지역(성곽)을 중심으로 진행되었으며, 중기병(기사: 영주로부터 봉토를 하사받은 귀족)에 의한 개인전투가 종종 진행되었다. 말이라는 기동무기를 이용한 충격력이 전장에서 사용되었고 적의 취약점에 이를 집중시켰다. 하지만 중세의 전쟁은 준비된 자원보다는 전장지의 철저한 약탈을 통해서 이루어졌다. 이러한 전쟁양상이 발생하게 된 원인은 자금력이 충분하지 못한 군주가 통제하는 봉건제의 한계 때문이었다.

중세시대에는 많은 성이 지어졌다. 성은 주로 전략적 요충지(도로, 강, 항구 등)에 건설되었다. 성은 그 지역 일대를 지배하면서 보급기지 역할을 담당하였다. 따라서 공성전이 수행되었다. 공성전은 소극적으로 성을 포위하고 적의 자원이 소진되기를 기다릴 수도 있었고, 적극적으로 공격해서 성벽의 일부를 무너뜨려 성안으로 돌진할 수도 있었다. 성에서의 전투는 공격하는 진영이나 방어하는 진영 모두 공성무기를 운용했다. 공격 진영에서는 충차와 사다리차 등을 이용하여 성을 깨트리고 전격하여 시가전을 전개했다. 방어 진영에서는 끓인 쇳물이나 화살 등으로 진입을 방해하고 그 외에도 성벽 앞에 해자(moat, 垓子)를 파서 공격을 방해했다.

28) 중기병(重騎兵)이란 말과 기사가 갑옷, 창, 방패 등으로 중무장한 병종으로서 경기병(輕騎兵)과 대응하는 병종이다. 기사는 자비로 말과 전투 장비를 구비하였다.

공성전을 하기 전에 야지에서 격돌이 발생하기도 했는데 양측의 부대는 전투가 가능한 지역에서 대열을 정비했다. 대열의 전위에는 경장보병이 위치하고 그 뒤로 중장보병이 위치했으며, 양익에는 중장기병이 자리 잡는 것이 일반적 전투 대형이었다. 전투는 선두의 경장보병으로 이루어진 궁수(석궁이나 장궁)들이 활을 발사하면서 시작되었다. 활로 진형을 무너트리고 나면 궁수들은 대열 뒤로 빠지고 이어서 후위의 중장보병과 측면의 중장기병이 진격을 개시했다. 또한 취약한 측면으로 예비대를 투입하기도 했다. 전투 간 대형이 무너지면 퇴각했다. 이때 기병은 도주하는 적을 추격하여 포로를 획득 보상금을 받았으며, 항복한 적은 살려주는 기사도의 전통이 있었다.

유럽 봉건시대의 전장에는 알렉산더나 한니발과 같은 군사적 천재는 등장하지 아니했고, 독창적이고 창조력 넘치는 전략과 전술은 발전하지 못했다. 중세 서양의 전장은 탄력성을 잃고 오히려 종교적인 가치판단과 기준에 의해 제약 받았다. 따라서 서양의 중세는 문화의 암흑기일 뿐만이 아니라 군사적으로도 암흑기로 평가할 수 있다. 용병술과 전술에 있어 정체된 시기였다. 중세시대 주요 전쟁으로는 유럽과 아시아 그리고 아프리카의 3대륙을 아우른 전쟁인 십자군 전쟁과 동양에서는 유라시아를 통일한 몽골의 전쟁을 대표적 전쟁으로 들 수 있다.

① 중장기병(기사)[29]

로마시대 전장의 주역이었던 중장보병은 아드리아노플(Adrianople, 378)[30] 전투에서 로마군단이 서고트 기병에게 패배하면서 전장에서 사라졌다.

〈중세 중장기병, 기사〉

반면 동로마제국(비잔틴 제국)에서는 서고트의 군제를 받아들이는 군사 선구자들에 의해 중장기병이 주목받기 시작하여 4~5세기 중세 전장의 주축으로 성장하였다. 동로마제국(비잔틴 제국)의 플라비우스 베리사리우스(Flavius Belisarius)장군[31]은 기존 로마의 군제에서 신속히 탈피하여 '카타프락토스(Cataphract)'라는 중장기병을 양성해 나갔다.

카타프락토스는 오로지 기마병으로만 구성되어 있었고, 공격부대와 지원부대로

29) 정명복, 〈쉽고 재미있는 생생 무기와 전쟁이야기〉, 2012, pp.47~64
30) 현재의 유럽 터키에 있는 에디르네에서 로마군과 고트족 사이에 벌어진 전투이다. 전쟁결과 중장보병과 자영농과 시민으로 구성된 군대가 사라지면서 전투원들은 농노로 전환되었다. 또한 비용이 많이 소요되는 대규모 기병 대신 소수 엘리트 기사가 등장했다.
31) 유스니아누스 1세(재위 527~565) 때 군인으로 반달왕국을 멸망시킨 사령관이다.

나뉘어져 있었으며 일부분 예비대도 보유하고 있었다. 이들은 활, 창, 장검, 베르툼(현대 다트의 원형으로 길이 30~40cm의 짧은 창으로 개인별 5발정도 휴대)으로 무장했으며, 장교들은 물론이고 모든 병사들은 4~5명마다 하급병사가 배치되어 기병은 전투에만 집중할 수 있었다. 특히 카타프락토스의 중장기병은 넓은 안장과 등자(鐙子)를 사용했고, 갑옷과 마갑을 갖추었다.

동로마제국의 군대는 메로스(Meros)라고 불리는 편제로 1개 군단이 6천명 내지 8천명이었다. 또한 서로마제국의 군사지휘권 위임에서 얻은 교훈으로 백부장 이상 지휘관은 국가에서 임명하여 차후 배반 등의 문제의 소지가 없도록 했다. 이러한 중장기병은 중세의 근 1,000년간 유럽 전장의 중심이 되었다.

보조군으로 운용되었던 보병은 중장보병(창과 칼, 도끼로 무장)과 경장보병(활이나 투창으로 무장, 궁수나 창병)으로 구성되었다. 이들은 주로 요새나 험지의 방어 임무를 수행했고 변경지대에서 징집되었다.

전투는 주로 중장기병 위주로 진행되었지만 슬라브족이나 프랑크족 등의 보병과 싸울 때는 보병이 중앙에 위치하고 기병이 좌우에 위치하여 보병과 기병이 협조된 전투를 진행했다. 이들은 예비대의 중요성을 인식하고 항상 예비대를 남겨두었으며 결정적인 순간에는 예비대를 투입했다. 영주들이 토지를 보호하기 위해 토지주변에 성을 쌓아 방어했기 때문에 공성 및 수성전이 발생했다. 이때 공성무기가 발전되었고, 기사와 병마의 안전에 많은 관심을 유지하여 중무장화(개인 하중 약 70kg) 되었다.

〈프란시스카〉

중세 초기 기존의 서로마지역에서는 아직 중장기병이 발전되지 않아 보병이 운용되었다. 특히 메로빙거 왕조의 프랑크 왕국은 경장보병 위주로 부대를 편성하여 운용하고 있었다. 이들은 프란시스카(Francisca, 던지면 15m 내외를 회전하면서 날아가 명중)라는 투척용 도끼를 던진 후 백병전을 수행하였다. 프랑크 왕국은 이베리아반도를 거쳐 피레네산맥을 넘어 유럽 내륙으로 진출해오는 이슬람세력(옴미아드 왕조)을 프랑스 중부 투르-푸아티에(732, tours-Poitiers) 전투에서 저지하고 더 이상의 대륙진출을 봉쇄하기도 했다.

프랑크 왕국은 샤를마뉴(742~814, Charlemagne)[32]대제 때 군 편제를 보병에서

32) 라티어로는 카롤루스, 프랑스어로는 사를 마뉴, 독일어로는 카를이라 부른다. 지금의 독일, 프랑스, 이탈리아 북부, 룩셈부르크 지방을 통치하며 크리스트교를 전파하여 현대 서유럽을 형성

중장기병으로 전환하였다. 샤를마뉴 대제는 중장기병 양성을 비용과 경비문제로 엄두를 내지 못하고 있다가 봉건제도를 이용하여 귀족들에게 영토를 분봉하여 해결하였다. 이로써 프랑크 왕국의 중장기병은 동로마 제국의 카타프락토스와 함께 중세 중장기병의 양대 축으로 성장할 수 있게 되었다.

당시의 중장기병은 쇠미늘 갑옷과 투구, 창과 방패로 무장하고 있었다. 샤를마뉴의 중장기병은 유럽 최고의 부대로 여러 민족들을 제압하고 서유럽 사회를 통합할 수 있었다. 비록 샤를마뉴대제 이후 프랑크 왕국은 프랑스, 독일. 이탈리아로 해체되었으나 중장기병은 중세 유럽에서 기사제도의 원형으로 자리 잡을 수 있었다. 봉건사회가 발전함에 따라 기사(knight)라는 새로운 신분[33]이 발생하였다. 기사들은 군사 분야에서 핵심으로 자리 잡았으며 사회, 경제 분야에서도 봉건사회의 중추로 자리 잡아 갔다.

중장기병의 우위는 1066년의 헤이스팅스(Hastings) 전투[34]에서 윌리암공의 중장기병이 해럴드왕의 보병을 압도하면서 그 위력이 증명되었다. 초기 십자군 전쟁에서 유럽의 중장기병이 성공할 수 있었던 것은 중장기병과 더불어 창병, 석궁병이 적절히 조합되어 최고조의 전력을 발휘할 수 있었기 때문이었다. 당시 이슬람군은 경무장한 궁기병으로 파괴력 있는 석궁과 창에 무력화되었고, 근접한 경무장 기병은 중무장한 기사의 칼날아래 쓰러졌었다. 카타프락토스에 대한 이슬람의 기록에는 "카타프락토스는 패한 전쟁에서는 마지막 1명까지, 승리한 전쟁에서는 항상 선두에서 싸웠다."라고 기록되어 있다.

하지만 유스티니아누스 황제(483~565) 이래 최강이던 동로마군의 중무장 기병도 동방에서 성장해 오는 이슬람 세력에 밀리기 시작했다. 최초에는 이슬람의 사라센(Saracen)[35]군이 열세였으나 점차 동로마군을 압도하기 시작했다. 결국 만지케르트(Manzidert, 1071) 전투[36]에서 투르크족에게 패한 동로마는 결국 아시아에서 물러났다.

하였다. 이 당시의 유럽은 공동체를 뜻하는 말로 사용되었고, '카롤링거 소문자'는 아파벳 소문자의 기원이 되었다.

33) 기사로 성장하기 위해서는 7세가 되면 부친 봉주의 성으로 가 성주의 부인으로부터 예의와 음악, 예술 등의 교양을 익히고, 14세가 되면 기사의 종자(從者)로 무기 사용법과 승마, 사냥 등을 훈련받고, 19세가 되면 종교 의식을 거쳐 기사의 서임을 받고 스스로 전투 장비를 마련했다.

34) 노르망디의 윌리암이 잉글랜드 왕 해럴드의 후스칼(huscarls) 보병과 헤이스팅스에서 벌인 전투로 윌리암이 승리하고, 잉글랜드의 노르만 왕조가 시작되었다.

35) 사라센은 중세 때 이슬람교도인 아랍·투르크와 그 밖의 나라 사람들을 일컫는 용어이다.

36) 셀주크투르크 제국이 비잔틴과의 완충지대를 공략하여 1071년 8월 투르크의 반호(湖) 부근의 만지케르트에서 발생하였다. 셀주크 왕조 제2대 알프 아르슬란(재위 1063~72)이 인솔한 투르크군이 비잔틴 황제 로마누스 4세의 6만의 군대를 격파하고, 셀주크의 소아시아 진출이 시작되었다.

십자군 전쟁 기간 더운 사막의 기후에서 경무장한 이슬람 부대의 기동력과 지구력은 중무장한 십자군을 압도하기 시작했다. 십자군은 하틴(Hattin) 전투[37)]에서 이슬람군에게 패배하면서 중장기병 위주의 전술은 점차 쇠퇴해갔다. 이렇게 십자군 전쟁기간 중장기병 위주의 전술이 더 이상 최강이 아니라는 것이 증명되었지만 중장기병에 대한 유럽인의 애착은 한동안 지속되었다.

14세기에 들어 창으로 무장한 플랑드르 보병이 프랑스 기사를 제압(쿠르트레 전투, 1302)하고, 스위스의 농부들이 영주가 이끄는 기사를 물리치는 사건이 발생했다(라우펜 전투, 1399). 장창으로 무장한 보병들이 밀집으로 대형을 형성하여 중장기병의 돌격에 맞서 승리하면서 기사시대의 몰락이 촉진된 것이다.

이후 백년 전쟁의 크레시 전투(Crecy, 1346), 푸아티에 전투(1356년), 아쟁쿠르 전투(Agincourt, 1415) 등에서 프랑스의 봉건 기사(중장기병)단이 영국의 보병인 장궁병에 연거푸 패배하면서 중장기병은 자취를 감추기 시작했다. 더욱이 중세말기 화약 무기의 등장은 기사의 몰락에 종지부를 찍었다.

② **석궁과 장궁**　중세 시대에도 물론 기병만이 있었던 것이 아니고 군대의 대부분은 보병으로 편성되어 중요한 역할을 수행했다. 보병의 핵심은 석궁(Cross bow)[38)]으로 무장한 궁수였다.

석궁은 유럽에서 정복왕 윌리암(William I)이 11세기 초 사용하기 시작한 것으로 나무와 철제로 만들고 명중률을 높이기 위한 홈과 화살을 만들었다. 석궁은 조작이 간편하고 파괴력이 커서 널리 활용되었다. 석궁은 미리 발사 준비를 해놓을 수 있었고, 60m~300m의 사거리로 목표물에 정확히 명중할 수 있었다. 더욱이 사정거리 내에서 모든 갑옷을 관통할 수 있어서 중세 기사들에게는 매우 위협적인 무기로 이교도에게만 사용이 허락될 정도였다.

석궁은 반면 중량이 크고 연사속도가 느리며 사정거리가 짧았다(성능이 좋은 석궁은 약 140m 이내의 사정거리). 장전 시는 두 발로 활을 고정시키고 두 손을 이용하여 장전하는 등 많은 힘이 필요했고 일기가 불순해 비가 오면 발사가 제한되었다. 제노바의 석궁병은 용병으로서 유럽 여러 나라에서 중용되었다.

영국군은 장궁(Long bow)을 사용하였다. 보병전술은 왕이 군인들에게 급료를

37) 하틴 전투는 1187년 7월 예루살렘 왕국의 기독교 십자군 병력과 살라흐 앗 딘이 이끄는 이슬람 아이유브 왕조 군대가 현재의 이스라엘 갈릴리의 사막지역에서 버린 전투로 이슬람 군이 대승을 거두고 예루살렘 왕국을 이슬람이 차지하였다.

38) 석궁은 서기전 200년경 중국에서 사용되다가 11초 유럽에서 다시 등장했다. 석궁은 16세기에 다시 유럽에서 강력한 무기로 재등장했다.

주면서 고용한 영국군이 질적으로 완성도가 높았다. 영국의 장궁은 백년 전쟁 내내 제노바 석궁병을 고용하며 지휘체계가 서지 않았던 프랑스군을 압도해 나갔다.

장궁은 인도와 페르시아 등에서 사용되다가 13세기부터 영국에서부터 사용된 것으로 주목(朱木)을 이용하여 만들었으며, 활의 길이가 150~180cm나 되었다(화살의 길이는 75~100cm 가량, 무게는 0.5~0.7kg 미만이었고 화살촉은 강철). 장궁은 석궁에 비하여 사정거리가 2배나 길고 연사 속도는 3배나 빨랐다.

〈석궁〉

〈장궁〉

장궁은 화살이 포물선으로 떨어지는 것으로 위력이 강력하였으며 적의 밀집부대나 돌격하는 기병부대에 발사하여 큰 성과를 거둘 수 있었다. 또한 조준사격도 가능했는데 크레시 전투와 아쟁쿠르 전투에서 프랑스 기병은 장궁병의 조준사격으로 패배했다. 장궁은 반면 숙련기간이 필요하였다. 장미전쟁[39](1455~85, Wars of the Roses)에서 숙련된 장궁병이 많이 손실되어 영국의 장궁부대는 급격히 쇠락하게 된다.

③ **기타 무기** 모슬렘군은 야금술의 발전에 따라 시미타(Scimitar, "사자의 꼬리") 또는 신월도(新月刀)라 불린 가볍고 커브 있는 칼을 사용했다. 서부유럽에서는 보병의 무기인 미늘창(helberd, 끝에 도끼머리를 달아 찌르고 자르는데 사용)을 사용하였다. 13세기에는 쇠사슬 벙어리 장갑(mail mittens)과 쇠사를 장갑을 만들었으며, 14세기에 쇠사슬 갑옷 대신 완전한 판금갑옷을 제조했다.

39) 잉글랜드 왕권을 놓고 랭커스터가(家)와 요크가(家)가 싸운 전쟁으로 이름은 랭커스터가가 붉은 장미, 요크가가 흰 장미를 각각 문장(紋章)으로 삼은 것에서 유래하였다.

2. 십자군(Crusades) 전쟁

가. 전쟁의 원인과 배경

십자군 전쟁 발발이전인 10세기 경 유럽사회는 농업생산량의 증대와 인구증가에 따라 전반적인 안정을 보이며 힘과 활력이 넘치고 있었다. 이미 11세기 말경에는 이슬람으로부터 이베리아반도 절반 정도를 회복하고 있었다.

하지만 11세기 중엽 이베리아 반도 반대편에 위치한 동로마 제국은 이슬람의 위협에 휩싸이고 있었다. 이슬람 국가인 셀주크 트루크가 중앙아시아 일대로부터 이동하여 예루살렘을 비롯한 소아시아 일대를 점령하고 동로마 제국을 위협했기 때문이다. 위협을 느낀 동로마는 즉시 셀주크 트루크를 공격했으나 황제(알렉시우스 1세)가 포로가 되면서 대패하고 말았다(1071, 만지케르트 전투).

동로마제국은 교황 우르반 2세에게 셀주크 투르크족에게 대항하기 위한 군대의 지원을 요청했다. 이는 동·서교회가 분리(1054)된 이후 로마 교황청에 접근 서유럽의 적극적인 지원을 얻고자 하는 것이었다. 한편 동로마 제국의 알렉시우스(Alexius) 1세는 1095년 서로마의 피아첸차(Piacenza)에서 개최된 교회 회의에 사절을 보내 동방의 이슬람화를 과대선전하면서 교회와 성지 순례자들의 피해를 막아줄 것을 호소하였다.

〈클레르몽 공의회〉

이에 교황 우르반(Urban) 2세는 동방과 서방의 교회를 다시 통합할 수 있는 절호의 기회로 여기고, 동방에 기독교 국가를 창설 서유럽의 주민들을 이주시킬 목적으로 대규모 구원군 파견 계획을 구상하고 클레르몽(Clermont) 공의회에서 십자군을 제창하였다. 교황은 유럽의 귀족들 간의 싸움을 중지시키고 이슬람과의 '성전(聖戰)'을 유도하면서 천국행 티켓을 발행했다. 상인들 또한 지중해의 무역권에 관심을 가지고 있었다. 이와 같이 초기의 십자군 운동은 팽배하던 사회적 활력과 더불어 신앙심이 결합되어 발생했다. 그러나 십자군 운동은 동방의 부유함과 부에 대한 열망이 결합하면서 방향성이 상실되었다. 전쟁은 11세기 말부터 13세기 까지 총 8차에 걸쳐 진행되었고, 십자군 전쟁 시기는 기병이 전장을 지배하던 때로 십자군의 전투는 주로 기사로 알려진 중장기병과 경장기병이 수행했다.

나. 전쟁 경과

십자군은 유럽의 여러 지역에서 신앙심을 기초로 모집된 연합군 성격의 부대로 중장기병 중심으로 중무장한 채 말을 타고 전투에 임하였다. 반면 초기 정치적 혼란으로 분열되어 있었던 셀주크 투르크는 가벼운 경기병으로 활을 주무기로 사용하였다. 이들은 열사의 사막에서 특별한 대형 없이 기병의 히트 앤드 런(hit and run) 전술을 구사하였다. 특히 십자군의 기병과 보병을 분리하여 각개 격파하는 전술을 사용하였다.

① **제1차 십자군 전쟁**(1096~1099) 십자군 전쟁이 시작될 무렵의 유럽은 안정되고 활력이 넘치는 반면 이슬람은 지도자의 부재로 혼란이 가중되고 있었다. 교황 우르반 2세가 주창한 정식 십자군이 구성되기도 전에 먼저 농민십자군이 출발했다. 이들은 무일푼의 기사와 농민들로 아무 준비 없이 성지로 출발(1096년 봄)하여 약탈을 자행하다가 소아시아에서 투르크군에게 제압당했다.

이후 우르반 2세 주창에 따른 6만명의 독일, 이탈리아, 프랑스군으로 구성된 4개 군단의 정식 십자군이 1097년 가을 출정했다. 이들은 소아시아의 도릴라리움 전투(지역 미확인)에서 최초로 투르크군을 격퇴(1097)한 후 티그리스강 유역의 기독교 도시 아뎃사와 지중해 동안의 안디옥을 점령하고 예루살렘으로 진군하였다. 3년의 역경과 전투로 인하여 실 병력 만여명(기사 3,000명, 보병 만명)으로 줄어든 십자군부대는 1099년 7월 예루살렘을 400백년 만에 다시 기독교 품으로 돌려놓았다. 이 전투가 중세 유럽의 전성기로 중장기병인 기사와 창병 및 궁수가 잘 조합되어 경장기병인 사라센군을 격파하였다.

십자군은 1차 전쟁을 통해 시리아로부터 지중해를 연해 예루살렘에 이르는 예루살렘 왕국(에뎃사백령, 안티오키아후령, 트리폴리백령 포함)을 창건하고 봉건 국가체제를 이식했다. 제1차 십자군 원정은 유일하게 성지를 회복한 십자군이었으나 예루살렘 전투 간 피비린내 나는 살육전과 학살이 자행되었고, 이주를 위해 이동했던 기독교인 20만명이 셀주크 투르크에 의해 학살당하기도 했다.

② **제2차**(1147~1149년) **및 제3차**(1189년~1192) **십자군 전쟁** 그간 분열되었던 이슬람이 다시 흥기하면서 모술(Mosul)이 북부 시리아를 점령하고 에뎃사 백령을 재정복하였다(1144). 이에 제2회 십자군 전쟁이 조직되어 프랑스왕 루이(Louis) 7세와 독일의 콘트라(Conrad) 3세가 지휘하는 원정대, 성 요한과 템플기사수도회와 예루살렘 왕국 제후군 등이 참가하였다. 하지만 주력부대는 소아시아에서 큰

〈십자군의 이스라엘 공격〉

손실을 입고 다마스커스(Damascus)를 공격하였으나 패배하였다.

12세기 후반에 들어 이슬람은 셀주크 터키의 술탄(Sultan, 왕) 살라딘(Saladin)이 등극하며 이집트와 시리아의 지배자가 되어 아이유부 왕조를 창건했다. 지하드(聖戰)를 시작한 살라딘은 이집트, 시리아와 연합하여 핫틴(Hattin) 전투[40]에서 예루살렘왕국 군을 대파하고 약 90년 만에 예루살렘을 함락시켰다(1187).

이에 큰 충격을 받은 영국왕 리처드 1세(Richard I, The Lionhearted), 프랑스왕 필립 존엄왕(Philippe Auguste), 독일황제 프리드리히 1세(Friedrich I, Barbarossa) 등의 국왕이 참가한 제3차 십자군이 조직되었다. 하지만 영국과 프랑스 왕의 대립으로 출발이 지연되자 독일 황제는 단독으로 출발하다 익사했고, 뒤늦게 출병한 양 국은 계속 불화가 지속되어 원정은 실패로 끝나고 말았다. 사자왕으로 알려진 리처드왕은 1191년 아크레를 탈환(아르서프 전투)한 뒤 살라딘과 협상하여 순례자들의 예루살렘 출입을 보장받고 철수했다. 리처드는 십자군 지휘관 중에서 가장 전쟁의 원칙을 이해하고 실행한 지휘관이었다. 리처드는 아르서프(Ars　f) 전투에서 엄격하게 훈련된 병력을 결정적 지점에 집중하여 투입하여 돌파를 달성하고 승리를 쟁취할 수 있었다.

---

40) 제1차 십자군 전쟁 때인 1099년 예루살렘이 기사와 중장기병의 중심이 된 그리스트교에 의하여 점령되었다. 그러나 세력을 회복한 이슬람은 살라딘 대에 이르러 성전을 선포하고 공세를 강화하고 있었다. 특히 살라딘의 이집트 함대는 지중해의 제해권을 장악하여 예루살렘에 대한 십자군의 지원이 불가능해졌다.
이 상황에서 십자군은 정전협정을 어기고 무슬림 상단을 공격하자 살사딘이 1187년 7월 갈리리 호수 지역의 티베리아스를 공격했다. 이에 지중해 연안의 아크레로부터 테베리아를 구하기 위해 기사 천 2백명, 경기병 2천명, 보병 만명이 사막을 횡단하기 시작했다. 사막을 횡단하면서 사막의 열기와 태양열에 갑옷은 녹아 붙었고 갈증은 인간의 한계를 넘었다. 거기다가 이슬람 경기병의 화살은 쉴 사이 없이 날아들었다. 화살은 십자군 갑옷을 뚫지는 못했지만 석궁을 발사 하기위해 행군을 멈춰야 했고 경계를 위해 행군 속도를 줄여야만 했다.
많은 병력들이 열사병이나 탈수로 인하여 목숨을 잃었고, 갑옷으로 인하여 질식해 죽기도 했다. 십자군은 야간에 하틴 마을에 야영을 했는데 이슬람 전사들은 마을을 불 질러 더위를 부채질 했다. 결국 십자군은 통제력을 상실했고 살라딘에게 항복했다.
기사 중심의 십자군은 스스로 무너졌고, 경기병의 살라딘은 피 흘리지 않고 승리를 얻었다. 이 사건은 중세기사가 중심이 된 중장기병의 단점을 적나라하게 보여준 예로, 기동력과 지구력이 부족한 중장기병의 한계를 극명하게 보여주고 있다. 이때부터 퇴조하기 시작한 중세 기사는 백년전쟁 말기 완전히 몰락했다.

③ **제4차 십자군 전쟁**(1202~1204) 제4차 십자군 전쟁은 교황권이 절정에 오른 이노센트 3세(Innocntius Ⅲ)에 의하여 추진되었으나 가장 추악한 전쟁으로 '방향전환 십자군'이라는 비난을 듣는 전쟁이 되었다. 제4차 십자군은 이동로가 해로로 선택됨에 따라 선박 운송비가 부족한 상황이었다. 따라서 십자군의 수송을 하청 받은 베네치아 상인의 요구를 받아들여 같은 그리스도교인 헝가리 왕국의 짜라(Zara)시를 공격하고 약탈하였다.

베네치아는 이후 비잔틴제국의 제위 다툼을 이용한 교역권 장악을 위해 비잔틴 제국의 수도인 콘스탄티노플을 정복하고 라틴제국을 건국하였다. 이 신제국은 트라키아, 마케도니아, 그리스 등지를 로마교회 통제 하에 두고 라틴문화를 보급하였다. 그러나 소아시아에 망명중인 비잔틴 황제의 반격으로 1261년 멸망했다.

④ **제5차 십자군 전쟁**(1217~1221) 제5차 십자군 전쟁은 예루살렘이 아닌 이슬람교의 본거지인 이집트 공략을 목표로 삼았다. 이 십자군은 교황이 선포한 공식 십자군이었으나 소규모 군대로 편성되었다. 예루살렘 군과 연합하여 이집트의 다미에타(Damietta)를 점령했지만(1219), 이슬람의 반격과 나일강의 홍수로 패퇴하였다.

⑤ **제6차 십자군 전쟁**(1228~1229) 교황 그레고리 9세(Gregory Ⅸ)는 신성로마 제국 황제 프리디리히 2세(Fredrick Ⅱ)가 주동한 십자군이 지연되자 그를 파문했다. 파문당한 황제는 시칠리아 출신으로 카이로의 술탄과 친교가 있어 외교적으로 1229년 2월에 협상을 통하여 예루살렘을 회복하였다(1229). 하지만 이집트는 다시 예루살렘을 정복했고, 이후 예루살렘은 20세기 초까지 이슬람의 세력에 놓이게 되었다.

⑥ **제7차**(1248~1254년) **및 제8차**(1270) **십자군 전쟁** 프랑스 왕 루이 9세는 제7차와 8차의 십자군 전쟁의 목표를 이집트로 선정하고 주관했으나, 그 자신이 포로로 잡히는 등 두 번 다 패퇴했다. 당시 이집트 정권을 장악하고 있던 노예친위대는 루이 9세가 제8차 십자군 전쟁을 위해 튀니스에 상륙한 후 병사하자, 트리폴리(1289)와 아크레(1291) 등의 십자군 본거지를 소탕했다.

⑦ **이후의 십자군 전쟁** 십자군은 예루살렘에 이어 새로운 전지로 선택한 이집트에서까지 퇴출당했지만 이때의 대이슬람 정략관은 근세의 유럽까지 지속되었다.

〈십자군의 패배〉

이후 유럽에서는 1344년에는 키프로스 십자군, 1396년에는 니코폴리스 등의 십자군 전쟁이 발생하기도 했다. 십자군전쟁은 15세기 헝거리 십자군 운동(1440년)을 끝으로 오스만 제국이 서방으로 진출하고, 1453년에는 비잔틴 제국이 멸망하면서 16세기에는 동지중해의 제해권을 상실하며 소멸되었다.

다. 전쟁의 패인과 영향

① 십자군의 패인 십자군의 실패 요인은 여러 측면에서 고려될 수가 있다. 먼저 십자군은 유럽 여러 지역의 다민족으로 구성된 연합군이었다. 따라서 단일지휘체제를 구축하지 못하였다. 십자군 지도자 간의 반목과 불화, 공명심은 십자군의 통합된 작전을 불가능하게 했고, 지휘체제와 전투력을 약화시키는 원인이 되었다. 둘째, 중세 유럽의 일반적 방어위주 전술의 채택과 중량감은 중장기병 전술의 기동을 방해하는 요소로 작용하였다. 뜨거운 사막에서 중장기병은 사라센 경장기병의 기동력을 당해낼 수 없었다. 셋째, 십자군 전쟁은 원거리 원정 전투로서의 한계를 극복하지 못했다. 우선 병참의 한계는 전쟁의 지속성을 보장하지 못했고, 통신체계의 빈약함은 승리한 전투도 중도에 포기하게 하는 결과를 초래했다. 십자군 전쟁을 통하여 대규모 원거리 군사작전에 있어서 지휘의 통일과 리더십, 작전지속지원의 중요성, 기동의 중요성 등과 아울러 민사작전의 중요성 등이 다시 한 번 부각되었다.

② 전쟁의 영향 십자군은 성지회복이라는 본래의 목적을 달성하지는 못했지만 외부 세계에 중세 유럽의 역량을 과시하는 계기가 되었다. 또한 기술문명이 앞선 이슬람이라는 새로운 세계와의 접촉을 통한 빈번한 교류는 중세유럽의 변화를 촉진하는 계기가 되었다.

십자군 전쟁은 중세 유럽인들의 종교적 열망과 새로운 경제적 이익창출을 위한 도전이었다. 따라서 성지를 회복하여 예루살렘왕국을 건설할 때 로마 교황의 권위도 높아져 13세기 초 이노센트 3세(Innocentius III) 때 절정에 다다랐다. 하지만 다시 이슬람에 밀려 성지를 상실하자 종교적 열망 또한 위축되었으며,

당시 신앙의 중심에 있던 교황의 권위도 동반 추락하고 종교개혁의 촉매제가 되었다.

십자군 전쟁에 주도적으로 참여하였던 많은 봉건귀족이 전사하거나 혹은 농지 경영이 소홀해짐에 따라 이전과 같은 사회적 리더십을 발휘할 수 없게 되었다. 따라서 중앙집권적인 왕권이 신장되는 결과를 초래하여 절대왕조가 탄생하는 계기가 되었다.

십자군 전쟁의 실패는 중세기 전장에서 주도적 역할을 담당했던 기사계급의 몰락도 동반했다. 기사들이 전쟁에 참여하여 많은 손실이 유발되었다. 전술적 변화도 중세 중장기병의 몰락을 부채질 했다. 장궁병의 등장은 전장에서 다시 보병의 우위를 입증시켰다. 기사계급은 이제 보병으로 대치되어갔다.

십자군 전쟁은 폐쇄적 성격의 중세 유럽의 봉건제도와 크리스트교에게는 부정적이었지만 문명의 교류 차원에서는 매우 긍정적인 역할을 수행했다. 문화에 뒤떨어졌던 서유럽 인들은 당시 선진지역인 이슬람이나 비잔틴제국과의 빈번한 접촉을 통해서 견문을 넓힐 수 있었다. 또한 원거리 이동을 통한 원정은 무역과 교통 더불어 상공업의 발달을 촉진시키는 계기가 되었다. 근대가 시작되는 시발점이 되었다.

〈십자군의 주요 경로, 자료 네이버 백과사전〉

3. 몽고 전쟁[41)]

가. 징기스칸과 몽고제국

〈징기스칸〉

몽골제국은 역사상 그 유례를 찾아볼 수 없는 대제국을 건설 했다. 이는 테무진(鐵木鎭 ; 징기스칸)으로부터 시작되는 몽고제국의 통일 전쟁에서 비롯되었다. 테무진은 어렵고 척박한 환경에서 자라났으나 이를 극복하고 자신의 부족이 초원에서 행하던 사냥식 기동전을 전장에 적용하여 20년 만에 유라시아를 정복했다. 그는 정복자로 알렉산더나 한니발 그리고 나폴레옹 등에 결코 뒤지지 않는 군사천재였다.

징기스칸은 몽고 동부지방의 오논 강변에서 태어났다(1162). 서부의 강력한 나이만 부족을 시라 케에르(1204) 전투에서 격파하고 초원을 통일(1206)하여 칸(汗, 왕)의 지위에 올랐다. 몽고는 유목민 특유의 약탈경제로 생활자체가 전투준비이면서 공동분배와 극형주의 등으로 강력한 군사력을 유지하고 있었다. 몽고군은 이전의 어느 부대보다 잘 훈련되고 기율이 잡힌 정예군이었다. 몽고는 전통적으로 약탈물의 분배전통이 있어 세력이 확장되거나 새로운 칸이 등극하면 새로운 정복활동이 필요했다. 이러한 몽고의 제도는 대제국 건설의 기반이 되었다. 전쟁은 자원을 획득하기 위한 대규모 살상과 파괴를 수반하는 섬멸전으로 진행되었다.

몽고제국 건설의 저변에는 몽고민족의 문화와 군대가 있었다. 징기스칸은 서하(西夏, 탕쿠트, 1227년 멸망)와 호라즘(크레와즘, Khwarezm, 1231년 멸망)왕조 등을 차례로 정복한 후 유럽으로 원정을 실시하고(모스크바 1238, 헝거리 1241), 동아시아의 금(金, 여진족, 1234)과 남송(南宋 한족, 1279) 등을 차례로 정복했다. 이로 인해 몽고제국은 남으로 인더스강에 이르고, 서남쪽으로 티그리스강 하류, 그리고 동유럽과 러시아의 동부 및 남부를 정복하는 대제국을 건설하였다.

몽고제국은 알렉산더에 이어 동서 문화의 교류가 확대되는 계기가 되었다. 또한 군사 목적에서 유래한 교역로의 개척과 역참(驛站)제도는 동서 문화교류 촉진에 크게 기여하였다. 특히 역참제는 오늘날의 디지털 방식으로 상황과 여건에 따라 최대한 빠른 시간 내에 정보를 전달하는 기능을 갖춘 국가 통신 및 정보 연락체계였다.

41) 올호노드 하인잔 샥달, 〈칭기스칸 전쟁술〉, 육군본부, 2009

나. 몽고군

몽고는 유럽이 중세의 암흑기에서 정체하고 있는 12세기 후반에서 13세기 초 초원의 기병술로 상상을 초월하는 전격전(電擊戰)을 감행했다. 이러한 몽고군의 근간은 천호제(千戶制)와 친위대였다. 천호제는 여러 부족들을 천호, 백호, 십호 등의 십진법 체계로 편성한 것으로 평소의 생활체제이면서 전시에는 군조직이었다. 친위대(Keshig, 1만명)는 천호제 제장들의 아들로 구성되었다. 이들은 일종의 인질성격이기도 했으나 적절한 대우를 통해 충성도를 향상시켜 중앙집권화를 달성하는데 크게 기여하였다. 몽고군의 기본 전술단위는 각각 기병 1만명으로 편성된 토우만(touman)이었다. 토우만 예하에는 천명 단위의 10개 연대, 각 연대 밑에는 100명 단위의 10개 대대가 편성되었으며, 각 대대는 10명 단위의 중대가 최하위 편제였다. 3개의 토우만이 편조되면 몽고 군단이었다. 지휘관들은 오직 개인의 군사적 능력과 성실도에 따라 제대장으로 임명되었다. 몽고는 국민개병제를 실시하여 15세 이상부터 70세까지의 남성 대부분이 전투원이었다. 특히 가족들도 전투에 동참하여 후방 병참을 담당하는 독특한 체제를 유지했다.

〈몽골기병의 배사법〉

몽고의 병사들은 사냥꾼이라는 말이 곧 전투원을 의미하는 자연환경에서 자라난 최고 전사들이었다. 아이들은 세 살부터 말 등에 결박되어 승마기술을 습득했다. 지휘관은 전장에서 잔뼈가 굵은 역전의 용장이었다. 신분의 서열이 아닌 오직 전장의 전공에 따라 임명되어 강력한 리더십을 발휘할 수 있었다.

몽고군은 갑옷을 입지 않고 활과 칼 및 도끼를 휴대했다. 주로 활로 공격하고, 돌격 시는 칼과 도끼를 사용했다. 몽고의 활은 장력이 매우 강하였으며(영국 장궁보다 40% 이상의 충격력 보유), 칼은 만도(蠻刀, 環刀)로 칼의 면이 얇고 비교적 짧아서 한 손으로 사용하는 칼이었다. 정주민과의 공성전에는 금이나 요, 서하 등으로부터 들여온 투석기나 화약 등을 운용했다

① **전술 : 동양의 전격전** 몽고군은 기마병으로만 편성되어 있어 기동전이 자연스럽게 수행될 수 있었다. 몽고군은 기동속도를 높이기 위해 각개 전투원당 3~5마리의 말을 이끌고 전투에 참가했다. 돌격 시에는 새로운 말로 갈아타고 돌진했다. 몽골은 양마(養馬)에 많은 공을 들였다. 말의 거세는 물론이고 년차별로 훈련시켜 쉬지 않고도 수백 km를 달릴 수 있었다. 말들은 눈 속에서도 스스로

풀을 찾아 먹이를 해결했고, 10주야의 매복을 견뎌냈다. 또한 무리가 모여도 울지 않고 스스로 순서를 지켜가며 물을 마셨다. 몽고군은 육포로 식량을 대신했으며 편리한 안장과 넓은 등자를 고안하고 군장을 약 40kg으로 경량화 했다.

몽고군은 중기병(40%)과 경기병(60%)의 집단으로 구성되어 있었다. 경기병은 투구 외에 갑옷을 입지 않았으며, 창과 활로 무장하고 적의 대열을 와해시키는 임무를 수행했다. 경기병에서 전위의 정찰병이 운용되었는데 이들은 전투 전 사방으로 100km까지 진출하여 정찰과 경계임무는 물론이고 습격과 지형정찰 등을 수행했다. 중기병은 장검과 창을 휴대하고 전투원과 군마가 동일하게 피혁이나 철갑으로 무장한 채 적에게 돌격하여 강한 충격을 가했다.

몽고군은 항상 정보에 기초한 전략과 전술을 수립했고, 부하들에게는 광범위한 권한과 제량(임무형 지휘)을 부여했다. 몽고군은 항상 수개 제대로 분파하여 여러 지역과 배후에서 동시 전투를 강요하여 적에게는 분산을 강요하면서 몽골군은 핵심전투에 집중하여 상대적 우세를 달성함으로써 소수의 병력으로 대병력을 포위하는 전술을 즐겨 사용하였다. 몽고 기병은 상호 협조와 조화된 기동, 정확성과 신속성 등을 갖추고 있어 결정적 지점에 대한 전투력 집중도를 향상시킬 수 있었다.

몽고군의 전투대형은 한 줄로 된 5개의 대열로 이루어졌으며, 대열 간 간격이 넓었다. 앞 두 대열은 중기병 이었고, 뒤 세 개 대열은 경기병이었다. 전투가 개시되면 후위 3열의 경기병이 앞의 두 열 사이로 나아가 적에게 활을 발사하여 적의 대열을 와해시켜 놓는다. 또한 선두 부대가 상대 주위를 말로 질주하면서 공포에 싸이게 하고 저항이 강력하면 한 쪽의 포위를 풀어 패주하는 적을 공격하거나 미리 준비된 매복부대(망구다이)안으로 유인하여 격멸했다.

공성전을 수행할 때는 최초에는 단순히 기병으로 충격을 가하다 피해를 많이 보면 소수의 병력으로 성안의 병력을 유인해 내거나 인근 지역 주민을 성을 공격하기위한 축성에 동원하고 전투 시 최선두에 위치시켜 적군을 진퇴양난에 빠트렸다. 여기에 몽골군은 무자비한 파괴살상 행위(필요시 여자와 어린이는 제외)를 자행하고, "돌 한 개 화살 한 촉이 라도 쓰는 자는 전부를 몰살 한다"는 심리전을 전개했다.

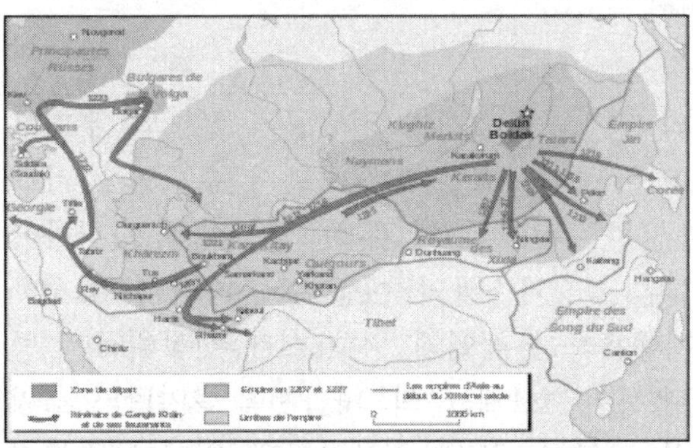

〈몽골 제국의 최대 영토, 자료 : 위키백과〉

다. 호라즘(Khwarezm) 전쟁

○ 시 기 : 1219년
○ 장 소 : 중앙아시아 지역(현재의 이란 및 아프카니스탄 일대)
○ 교전국(지휘관) : 몽골(징기스칸) / 호라즘(술탄 모하메드)
○ 병 력 : 몽골 10만명, 화자자모 40만명 이상
○ 결 과 : 몽골 승리
○ 전사(戰史)적 의미
- 기동전의 진수, 대우회(소수의 병력으로 대부대 포위)
- 주도권 유지
- 기습, 심리전, 섬멸전, 추격

배 경 호라즘은 카스피해의 동쪽지역에 위치한 이슬람 국가로 수도는 사마라칸트(Samarkand)이며 지금의 이란 고원지대와 아프카니스탄 등지를 통치하고 있었다. 당시의 정치는 정권다툼으로 인해 불안정했고, 지방에는 현 모하메드 국왕의 통치력이 미치지 못하고 군제는 용병체제로 충성도가 낮았다.

1218년 징기스칸은 전쟁준비 차원에서 서역으로 대상을 파견했는데 이 대상이 모두 호라즘의 변경도시인 오트라르성(카자흐스탄 남부국경 지역)에서 살해되었다. 이에 징기스칸은 호라즘 정벌을 결정하기에 이르렀다. 하지만 몽골이 호라즘를 공격하기 위해서는 반드시 두 나라 사이의 또 다른 강대국인 서요(西遼, 거란족)를 정복해야만 했다. 이에 징기스칸은 1218년에 대장 제베를 시켜 2만명의 기병으로 서요를 정벌하게 했다. 이는 서방 정벌로 상에 위치한 남측방의 위협을 제거하는 동시에 서방 정벌의 신호탄이 되었다. 이로써 몽골제국의 세 번째 서정(西征)중 첫 번째 서정인 화자자모 정벌이 시작되었다.

경 과 징기스칸은 1219년 약 10만명의 원정군을 2개의 정면공격 부대와 우회부대로 편성했다. 정면공격 부대는 조공으로 중간목표를 달성하면서 수도인 사마르칸트로 집결하도록 했다. 징기스칸 자신은 주력(주공)인 우회 기동군을 지휘하여 사마르칸트의 후방을 향해 진출해 나갔다. 징기스칸의 이동로는 거의 500km나 되는 키질쿰(Kyzylkum)사막을 우회하는 장거리 통로였다. 징기스칸은 절대적인 병력수의 열세에도 불구하고 병력을 전용하여 호라즘군의 병참선을 차단함으로써 심리적 마비를 달성함과 동시에 전후방 동시전투를 강요하기위해 전략적 승부수를 띄운 것이었다.

호라즘군도 몽고군의 침입을 대비하고 있었다. 하지만 모하메드왕은 40만명의 기병을 수도 일대에, 오트라르 성에 2만명, 나머지는 몇 만 명씩 요지에 분산하여 배치했다. 이러한 병력 배비는 소극적인 수비를 하면서 각개 격파당하는 상황으로 전개되면서 점점 수세에 몰리게 되었다. 압박해 들어가는 몽고 공격제대는 각기 다른 방향에서 공성전을 수행하는 도시들을 하나씩 점령해 나가며 전진했다. 이에 따라 모하메드군은 전방으로 전진해 오는 부대에 집중하게 되었고, 아랄해 남쪽에서 강을 건너 쾌속하여 남쪽으로 질주하여 내려오는 징기스칸의 우회기동은 생각지도 못했다.

호라즘은 구도인 우르겐치(현 우즈베키스탄의 도시)와 신도인 사마르칸트가 있었고, 두 수도 사이에는 부카라성이 위치하고 있었다. 징기스칸의 전략은 중앙에 위치한 부카라성을 먼저 점령하고 신구 두 도읍을 분리한 다음 두 도시를 각개격파 하는 것이었다. 모하메드군이 전방의 몽고군에 집착하고 있을 때 갑자기 사마르칸트의 배후 도시인 부라카성이 징기스칸에 의해 공격당하자 양 수도로 분산하여 철수했다. 이때 몽골군은 호라즘군을 각개격파하기 시작했다. 몽골은 분산된 호라즘군을 성안으로 몰아넣고 공격하여 한 달 만에 이들을 굴복시켰다. 이때 도주하는 모하메드왕을 추격하여 잡아들였고, 왕자는 저항하다가 인더스 강을 헤엄쳐 도주했다.

결과 / 영향 모하메드가 죽은 후에도 몽골군의 제1차 서정은 계속했다. 원정군은 더 서쪽 방면으로 진출하여 킵차크 초원을 소탕하고 1223년 5월에 러시아공국군과 역사상 유명한 '칼가 강의 전투'를 치렀다. 이 전투에서 승리한 몽고군은 차후 원정지인 킵차크와 러시아지역을 정찰하고. 1225년 2월 초원으로 귀환하였다. 차후 호라즘 지역은 4한국 중의 하나인 일한국이 건국되었다.

〈호라즘 원정, 자료 : 징기스칸 기동전의 원리와 전례-호라즘전쟁을 중심으로〉

제3절 근세시대 전쟁

1. 근세전쟁의 특징
2. 백년 전쟁
3. 30년 전쟁
4. 7년 전쟁
5. 조 · 일 전쟁

1. 근세전쟁의 특징

가. 근세의 세계

근세(近世)는 유럽을 중심으로 중세이후부터 프랑스 혁명이전까지의 시기로 대략 14세기부터 18세기에 해당한다. 근세는 르네상스(Renaissance)[42]가 시작되어 신으로부터 인간중심의 사고가 시작되었다. 또한 지리상의 발견과 인쇄술의 발달로 견문과 정보가 확장되면서 이성과 합리적 사고가 발현되기 시작했다. 반면 중세기에 권위를 보장받았던 신권(神權)과 교권(敎權)은 추락했고 종교개혁으로 정치는 신권에 대해 우위를 점할 수 있었다.

정치 · 사회제도 면에서는 봉건제도가 붕괴되고 절대군주제(16~18세기)가 등장했다. 군대 및 관료조직도 군주의 사유물로 변모하였다. 유럽 상업판도도 대변화가 초래되었다. 군주의 부가 증가되면서 중상주의[43](重商主義)가 등장하였고, 유럽의 경제적 팽창으로 인해 원료를 획득하고 물자를 소비하기 위한 식민지 쟁탈전이 시작되었다. 이러한 상업정책과 식민지 획득 노력은 20세기 초 유럽 제국주의까지 연결되며 끊임없는 전쟁의 원인을 제공했다. 문화적으로 유럽의 중심이 지중해에서 포르투갈, 스페인, 영국, 네덜란드, 프랑스 등 서유럽으로 전환되었고, 크리스트교 또한 세계 각지에 전파되기 시작했다.

역사에서 근세(대)는 합리주의와 과학의 시대로 통한다. 바로 이 합리주의에서는 이성이 발생했고, 과학에서는 화약(총과 대포)이 출현하여 이후 유럽이 전 세계를 주도하는 계기가 되었다. 유럽은 중앙집권적인 왕령국가가 수립되었지만 1000년

42) 르네상스 : 학문 또는 예술의 재생, 부활의 뜻, 14~16세기의 인본주의 문화운동
43) 중상주의 : 국가의 힘을 무역을 통하여 신장하며, 국가가 통상과 무역을 관장한다.

을 넘게 유럽을 지배해온 중세의 봉건적인 정치제도와 경제체제, 사회적 차별과 관습은 근세의 세계에도 전승되었다.

나. 전쟁의 특징

근세는 국가의 주권이 없이 전제군주에 의해 다스려지는 왕정국가간의 전쟁이 전개되었다. 전쟁은 국가의 존속이나 의무, 명분보다는 전제군주의 권력증대와 영토 확장 그리고 경제적 이익추구를 꾀하는 '군주의 전쟁'이었고 군대의 자원은 용병으로 채워졌다. 따라서 일반 백성들은 전쟁에 무관심했다.

전쟁은 전술상에 있어 용병제의 재정 및 충성도 문제로 인해 결전과 추격은 회피되었다. 전술대형은 밀집횡대대형으로 각개 전투원의 개별적 독립성을 인정하지 않았고, 전술적 기동보다는 외교전이나 적의 병참선을 차단하고 무력시위를 하는 전술이 많이 사용하였다.

영국 장궁보병이 전투력의 열세에도 불구하고 프랑스 기병을 격파하면서 보병이 다시 전장의 주역으로 등장했다. 또한 화약의 출현으로 급격한 전술상의 변화가 이루어졌다. 화약으로 인해 중세시대까지 사용되던 인간의 근력에너지를 대신하는 화학에너지가 등장하여 인류 전쟁사에 있어 새로운 패러다임을 만들어냈다. 화약은 중국 고대의 연단술에서 기원했으며 중국 14세기 송(宋)에서 활용되었다. 이후 화약 기술은 이슬람을 통해 유럽에 전파되었다.

유럽에서 15세기에 치명적인 총(hand gun)과 대포(cannon)라는 화약무기가 출현했다. 새롭게 등장한 총과 대포는 이전의 창과 활을 대체하기 시작했다. 석궁과 장궁은 17세기 말엽 자취를 감춘다. 장비의 발전은 기병위주 전술에서 보병, 포병, 기병을 아우르는 삼병(三兵)전술로의 발전과 함께 밀집대형에서 선형(線型)대형으로 전환되었다. 물론 초기의 소화기는 부정확성과 짧은 사거리, 더딘 발화장치로 인해 장궁과 석궁보다 덜 효율적이었고, 칼과 창은 이후 17세기까지, 기병은 19세기까지도 유지되었다.

군사제도에 있어 백년전쟁이 장기화 되면서 영국왕은 병사들에게 급료를 지급했고, 17세기 이후 정치와 군사가 분리되면서(명예혁명) 국가상비군 체제로 전환되었다. 특히 스웨덴은 군대복무를 민의 업무로 전환시키고 전문 직업군인제도를 도입하여 상비군체제를 완성해 나갔다. 화약무기의 등장과 전술상의 변화는 중세의 성곽과 중무장 기사의 무력화와 함께 귀족지배의 전쟁에 종지부를 찍게 했다. 절대군주에 굴복한 봉건귀족들은 근대군 체제의 고급장교로, 기사들은 하급 장교의 신분으로 군에 투신하여 신분적 지위를 이어갔다.

군의 보급제도는 창고급양제도(倉庫給養制度, Magazine System)였다. 이는 부대의 2~3일 행군 거리 앞에 창고를 지어 물자를 집적하고 급양과 보급을 해결하는 방식이었다. 따라서 대규모의 동원이나 전투, 기동전, 원거리 추격과 같은 전술은 시행될 수 없었다. 자금과 기술력이 부족한 당시의 군대는 현지조달이라는 명목으로 약탈과 각종 범죄행위를 자행했다. 이는 최소의 희생으로 제한된 목표만을 달성하려는 '제한적 성격'의 전쟁양상을 잉태했다.

근세시대의 주요 전쟁으로는 중세에서 근세로 이어지는 시대의 100년 전쟁(1337-1453)으로부터 30년 전쟁(1618-1648), 7년 전쟁(1756-1763), 미국 독립전쟁(1775~1783), 그리고 동양의 국제전이었던 조·일 전쟁(1592~1598)이 발생했다.

다. 무기와 전술[44)]

화약의 출현으로 이전과는 전혀 다른 화학 메커니즘의 무기체계인 소총(Hand gun)과 대포(Cannon)의 발전을 이끌어 냈고, 이에 따른 전술의 발전이 이루어졌다. 따라서 대략 17세기의 유럽 전장은 소총병과 창병 그리고 포병으로 구성되어 운용되었다.

① **소총** 화약이 먼저 발명된 중국에서 총도 먼저 개발되었다. 활을 사용하는 몽고군이 중국을 침략한지 150년 쯤 되었을 때인 14세기 중엽 명(明) 고조 주원장(朱元璋)이 몽고군에 대항하여 화약을 사용한 최초로 총을 사용하였다. 이때의 총은 아직 조약한 형태로 질보다는 양으로 승부했다. 이 활과 총의 대결에서 기병위주의 몽고군은 생경한 무기에 남경과 대도(지금의 베이징) 등에서 패배하며 초원으로 밀려났고, 천민출신 주원장은 명을 건국하였다(1368).

이후 소총은 유럽에서 발전을 거듭하게 된다. 포에 가까운 초기의 무기들은 크랏시(Crecy) 전투에서 사용되었다. 여기서부터 다양한 형태의 소화기들이 등장했으며 15세기에는 화승총이 등장했다. 화승총은 위력을 높이면서 안전한 발화장치와 조준이 가능하도록 고안되었다. 탄약은 긴 막대기로 총구에 쑤셔 넣고 화승(match, 불심지)으로 약실안의 점화화약을 발화시켰다. 화승은 천 조각

〈화승총〉

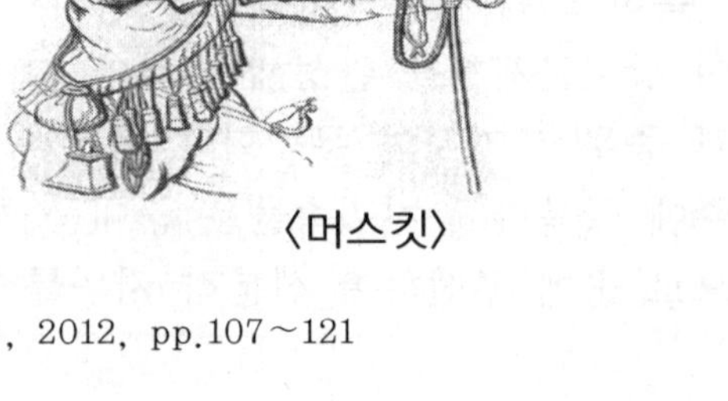

〈머스킷〉

44) 정명복, 〈쉽고 재미있는 생생 무기와 전쟁이야기〉, 2012, pp.107~121

을 꼬아 적셨다가 건조시켜 만든 것으로 방아쇠를 당기면 불심지가 타들어가 약실의 폭발력으로 탄환을 발사하는 원리였다.

16세기에 이르러 아퀴버스(Arquebus, 중량이 5kg를 넘고, 대구경 머스킷은 7~9kg)라는 화승총이 등장하여 사용되기 시작했다. 화승총은 공이치기가 자동으로 화승을 화약에 점화시키도록 하는 화승발사장치(fire lock)가 개발되면서 발사속도를 향상시킬 수 있었다.[45]

그렇지만 16세기까지만 해도 개인화기는 부정확한 조준, 짧은 사정거리(90~180미터), 느린 발사율(3분당 2발), 복잡한 조작법 등으로 인해 장궁이나 석궁보다 비효율적이었다. 오히려 당시 최고의 전력은 스위스의 창병이나 프랑스의 중장기병(포병과 합동으로 운용)이었다. 그리하여 전투 시에 개인화기로 무장한 병사들은 독립부대가 아닌 밀집 투창 부대 속에 편제되어 운용되었다.

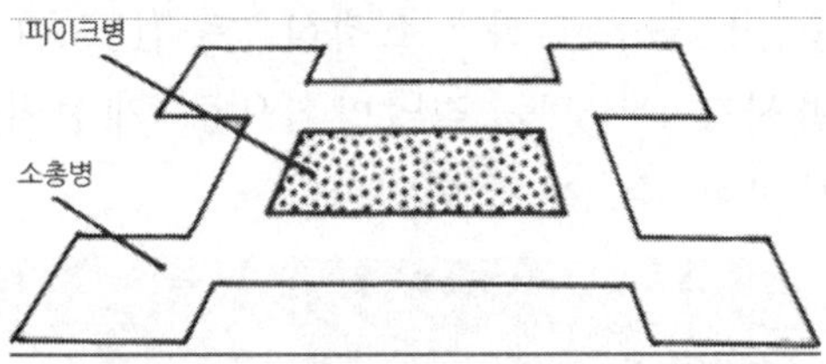

〈테르시오〉

화승발사장치 개발이후 최초의 화승총 부대는 스페인에서 창설되었다. 화승총 부대는 그리스 방진처럼 네모 형태의 진형인 테르시오(Tercio, 스페인 방진)를 만들어 바깥쪽에 창병을 배치했다. 소총 조준의 부정확성과 사격 속도의 단점을 극복하기 위한 방법으로 대량사격을 선택했다. 스페인은 테르시오(3천명의 총병과 창병으로 구성) 진형으로 프랑스군을 대상으로 체리뇰라 전투(1503, 야전축성의 중요성 부각)에서 대파했다.

이후 테르시오 전술은 유럽 최강의 전술로 자리 잡아 16세기에서 17세기 초 각국에서 모방했다. 특히 기병에게도 화승총을 무장시켰고, 이전의 1:4정도이던 기병과 보병의 비율이 1:10까지도 확대 되기 시작했다. 하지만 스페인군은 30년 전쟁의 하나인 브라이텐펠트(Breitenfeld, 1631) 전투에서 선형진 전술을 구사한 구스타프 아돌프스의 포병에 밀집된 대형이 무너졌다.

화승총은 부싯돌격발방식 등장이후 소총 발사속도가 비약적으로 빨라지면서 머스킷(musket)으로 대치되었다. 머스킷은 화승총보다 유효사거리가 길고 정확한 반면 중량으로 인해 받침대(꼬질대 겸용)를 사용해야만 했다. 17세기를 지나면

45) 이어 마찰하여 자동으로 불꽃이 일어날 수 있는 바퀴식 격발방식(Whee lock, 화승 대신 스프링 바퀴 추가, 1500년경)가 등장했으나 비용문제로 보편화 되지는 못했다. 격발장치는 다음으로는 부싯돌 격발방식(Flint Lock)이 등장했다(부싯돌이 불꽃을 일으켜 약실에 뇌관을 점화시켜 탄환이 발사)이후 오랜 세월을 두고 뇌관격발방식과 노리쇠 작동식, 가스 작동식 등으로 발전해 나갔다.

서 머스킷이 짧아지고 받침대도 필요 없게 되자 구스타프 아돌프스(Adolphus Gustavus II)와 크롬웰 같은 지휘관들은 머스킷을 화승총 대신 주력화기로 삼았다. 이때 구스타프 아돌프스가 개발한 탄환통(paper cartridge, 화약·솜뭉치·탄환을 종이로 만든 통에 보관)은 사격속도 향상에 기여했다. 이후 소총병은 창병을 대신 전장의 총아로 등극했다.

총검은 17세기 중엽 총구에 꽂아서 사용하는 플러그식 총검(Socket bayonet)이 사용하였는데 총검 결합 간에는 사격을 할 수 없는 문제가 발생했다. 이후 17세기 말에는 고리식(Ring bayonet)과 소켓식 총검(Socket bayonet)으로 전환되었다. 소총의 격발방식도 부싯돌 격발방식으로 개선되어 화승을 사용하지 않아 일기에 관계없이 사격할 수 있게 되었다.

〈초기 플러그식 총검〉

〈소켓식 총검〉

총검의 사용으로 부대가 횡렬로 길게 늘어서 전투를 수행하는 라인배틀(Line Battle)이 등장했다. 이 라인 배틀은 나폴레옹 등장이전 절대왕정시대부터 정착되었다. 보병들은 머스킷 소총의 사정거리(70m)까지 장교의 명령에 따라 전진하여 일제히 사격해야 했다. 전투 간 개별행동이 가능함에 따라 전장에서는 엄격한 규율과 훈련, 제식과 제복이 등장하고 군법이 강조되었다.

〈라인 베틀〉

또한 7년 전쟁 직전 철로 만든 탄약 꽂을대도 도입되었다.

부대를 횡대로 늘리는 선형전술은 보병의 능력이 점차 향상되면서 감소하기 시작하였다. 17세기 지휘관들은 대게 8~10개 횡대 대열, 18세기에는 4~5개, 18세기 말에는 2개 대열까지 운용하면서 선형대열은 점차 감소하였다.

② **대포** 곡사화기는 소화기와 구별하기 위해 대포라고 불린다. 초기의 포는 기동성이 없었으며, 현대와 와서 곡사포는 견인포와 자주포[46]로 구분된다. 백년전쟁이 마무리 되면서 대포가 등장했다. 크레시 전투(1346)에서 초보단계의 화포

46) 견인곡사포는 포가(마차와 같은 형태를 유지)를 차량이나 말 등을 이용하여 끌도록 되어있는 포이며 자주곡사포는 무한괴도를 장착하여 지형의 제한을 덜 받으면서 스스로 이동할 수 있는 곡사포이다. 포병은 넓은 지역을 사격하기 때문에 탄약의 재보급이 중요하다.

가 처음 사용되었고, 프랑스의 앙리 5세는 푸헨 포위전(1418)에서 포병을 운용했다. 프랑스군은 카스티용 전투(1453)에서 화포를 앞세워 영국의 장궁부대에 승리했고, 경량화된 청동화포를 이용하여 마리그나노 전투(1515, Marignano)에서 당시까지 무적을 자랑하던 스위스의 창병부대를 격파했다.

최초로 등장한 화포는 청동으로 포신은 땅속에 반쯤 매몰된 상태에서 사격하고 돌로 만든 탄환을 사용하였다. 또한 포는 미리 포위작전을 위해 설치해 두었다가 방향만 바꾸는 수준이었다. 이러한 대포의 기원은 고대로부터 성이나 요새를 파괴하기위한 공성무기에 그 기원을 두고 있다.

포탄은 15세기 중엽에 들어서 철제탄환으로 교체되었다. 단순한 철제탄환(멀리 나가지만 터지지 않음)도 산탄(Canister : 깡통 안에 다양한 내용물을 넣어 발사, 근거리 사격), 포도탄(Grape shot ; 포도알 같은 구슬로 제작, 근거리 사격), 연쇄탄(Chain shot) 등으로 발전해 나갔다. 16세기경에는 흑색화약(Fire Power)이 낟알화약(Concerd Power)으로 교체되어 발사속도와 파괴력이 증대되었다. 또한 높은 곳을 공격하기 위한 박격포(mortar)가 고안되기도 했다. 초기의 포는 사거리나 명중률에 있어서 소총과 같이 보잘것이 없었다. 이후 30년 전쟁과 7년 전쟁을 거치면서 급격하게 발전되기 시작했다. 대포에 기동력을 부여하게 되는 계기는 17세기 구스타프 아돌프스에 의해 야포와 공성포의 구분이 진행되면서 시작되었다. 포신도 짧게 하여 기동성을 증대하였다. 또한 차륜식의 이동이 가능한 포가(砲架), 초보적인 강선, 포신의 상하운동을 가능케 하는 포이(砲耳), 청동제의 포신, 철 · 납으로 만든 포탄 등이 등장했다.

〈근대 초기의 대포, 출처 서양 무기의 역사〉

③ **축성술** 15세기 화약을 사용한 대포가 등장하여 이전의 공성무기보다 강력해지긴 했지만 사거리나 중량 등 해결해야할 문제가 많았다. 대포가 점차 대구경화, 장거리화 되면서 성을 공격하게 되자 성안에도 장거리화 된 대구경의 대포를 위치시켜야 했다. 하지만 중세이후 낭떠러지나 급경사에 지어진 성에서는 대구경화 된 대포의 사정거리를 감당할 수 없었다. 이 문제는 17세기 프랑스의 보오반(Vauban)이 성의 축성술을 개량하여 문제를 해결하였다.

고대 이래 성곽 주의는 통상 해자나 자연장애물로 보호되고 있어 이를 투석기를 이용하여 공격하고 성위로 기어올라 왔다. 이러한 중세형의 공성공격 및 방어전술에 더하여 보오반은 우선 성곽의 루(樓)를 개선하여 일종의 능보(陵堡)를 만들어 측면사격에 의한 포탄의 화력을 증대시켰다. 또한 공격 시에는 횡대와 종대의 교통호를 구축하고 이를 연결한 후 성벽으로 접근하여 성을 폭파한 후 성내로 진입하는 개념을 제시하였다. 이러한 성곽의 축성술과 공격전술은 참호를 파고 공격을 대비하는 근대적 전술개념의 발전에 영향을 미쳤다.

④ **기병** 근세의 전장은 화약무기의 등장이라는 특징과 함께 또 한 번의 종교전쟁이 발생했다. 종교전쟁을 통해 화약무기의 단점을 보완할 수 있는 전술들이 속속 발전되었다. 또한 중기병 대신 경기병이 육성되었다. 에스파니아의 게니또(Genitor), 독일의 피스톨(Pistol)로 무장한 라이터(Reiter) 등이 그것이다. 이들은 연속된 열이 적에게 사격하며 다가가서는 옆으로 돌아 물러선 후 재장전하고 다시 공격하는 전술을 사용하였다. 이를 선회동작전술이라 한다. 하지만 이는 말의 기동력을 희생하는 전술이며, 마상 사격으로 정확도는 떨어졌다.

따라서 구스타프 아돌프스는 트롯(Trot, 총총걸음)이라는 새로운 기병전술을 개발했다. 이는 피스톨과 칼로 무장한 흉갑기병이 적군의 약 30m 앞에서 사격하고 칼로 돌격하는 전술이었다. 또 이동시에만 말을 타고 전투 시에는 내려서 싸우는 용기병(龍騎兵)이라는 전술을 창안하기도 했다. 이렇듯 기병은 그 기동력을 특색으로 하여 정찰, 수색, 추격과 같은 작전에 투입되었다. 기병과 보병의 비율도 한때는 1:10까지 확대되었지만 아직도 기병은 전투에서 전술적으로 유용했으며 결정적 시기에는 항상 기병을 투입 적의 대열을 와해시켰다.

화약병기의 등장이후 유럽에서는 석궁병과 중장기병이 사라져 갔다. 창병도 총병의 보호 역할로 축소되었고, 경기병도 화승총으로 무장하여 주로 정찰과 추격임무 등에 한정하여 운용되었다. 17세기의 군대는 대부분 창병(Pike), 소총병(Hand gun), 포병(Artillery), 기병(Cavalry)의 병종으로 조합되어 운용되었다.

※ 근세의 주요전쟁

- □ 백년전쟁(1337-1453) : 푸아티에 전투(1356), 크레시 전투(1346)
아쟁쿠르 전투(1415)
- □ 30년 전쟁(1618-1648) : 브라이텐펠트 전투(1631), 루첸 전투(1632)
- □ 7년 전쟁(1756-1763) : 로이텐 전투(1757), 쪼른도르프 전투(1758)
- □ 조·일 전쟁(1592~1599) : 탄금대/평양성/진주/행주 전투, 한산도 전투

2. 백년 전쟁

가. 시대적 배경 / 원인

영국왕은 14세기까지 역사적 배경(노르망디공의 1066년 노르망 정복 후에도 프랑스 지역 영토 소유)으로 프랑스에 영토를 소유하고 있었다. 하지만 당시 프랑스왕 필립은 오히려 프랑스에서 영국세력을 축출할 계획이었다. 이러한 배경에서 영국과 프랑스는 1337년부터 1453년까지 프랑스를 주전장으로 휴전과 전쟁을 되풀이하면서 116년 동안 일명 100년 전쟁을 치렀다. 전쟁의 명분은 프랑스 왕위계승 문제였다.

프랑스 카페왕조 샤를 4세(Charles Ⅳ)가 죽고 남자 후계자가 없어 그의 4촌인 필립 6세(Philippe Ⅵ)가 왕으로 추대되었다. 이에 영국왕 에드워드 3세(Edward Ⅲ)는 그의 모친이 샤를 4세의 누이라는 명분으로 자신이 프랑스왕 후계자라 주장하여 양국은 첨예하게 대립하게 되었다.

하지만 실제 원인은 경제적 이익과 영토문제였다. 당시 프랑스의 지배아래 있던 네덜란드 플랑드르 지방은 유럽에서 모직물이 번창한 지역이었다. 프랑스는 플랑드르 지방에 대한 종주권을 가지고 있었지만 이익금은 당시의 양모 수출국이었던 영국이 차지하고 있었다. 이에 프랑스는 불만을 가지고 양모에 중과세를 부과했다. 그러자 영국의 에드워드 3세는 플랑드르의 여러 도시들이 프랑스에 반기를 들도록 지원했으며, 플랑드르에 대한 경제적 교란을 목적으로 양모 공급을 중단해 버렸다. 이에 프랑스 왕 필립 6세는 프랑스 내 영국 영토인 기옌 지방을 몰수하는 것으로 대응했다. 이것이 백년전쟁의 실질적 원인이 되었고, 에드워드 3세는 1337년 프랑스에 선전포고 했다.

중세에서 근세로 전환되는 시기에 발생한 백년전쟁은 전쟁사적으로도 화약무기가 등장하고 중세의 기사가 몰락하는 때로 다양한 전술이 새롭게 전장에 등장하고 변화의 폭이 매우 큰 주목할 만한 시기이다.

나. 경 과

백년전쟁은 3기로 구분하여 1340년 시작부터 1360년 브레티니-카레 조약의 체결까지를 제1기, 1415년의 아쟁쿠르 전투 또는 1420년의 트루아 조약 전까지를 제2기, 그 이후 전쟁을 종료하는 1453년까지를 제3기로 나눈다.

① **제1기** 전쟁이 개시된 1340년 6월 영국과 플랑드르 연합함대는 라인강 하구에서 프랑스 해군을 격파하고 제해권을 장악하였다. 이어 1345년 영국의 에드워

드 3세는 장자인 흑태자(黑太子) 에드워드와 함께 노르망디에 상륙했다. 1347년에는 크레시 전투에서 영국의 장궁(長弓)부대가 전력이 우세한 프랑스 기사군을 격파하고 칼레시(市)를 점령했다.

그 뒤 페스트가 양국에서 발생한데다 재정사정도 악화되어 한때 전쟁이 중단되기도 하였으나, 1355년 흑태자는 다시 남프랑스에 상륙했다. 이때 프랑스에서는 필립 6세가 죽고(1350년) 그 뒤를 이어 장(Jean) 2세가 즉위했다. 영국 흑태자는 장 2세가 인솔한 프랑스군을 푸아티에 전투(1356년)에서 또 다시 격파하고 장 2세를 포로로 잡았다. 이처럼 전쟁 초기에 거둔 영국군의 일방적 승리는 독립적 자영농민을 주력으로 한 보병의 장궁부대가 프랑스의 봉건기사에 비해 전술적으로 우수했기 때문이었다.

전장 터인 프랑스는 전쟁의 참화와 영국군의 약탈로 인해 농민의 피폐가 격심해지면서 농민반란인 자크리의 난(1358)이 일어났다. 한편 왕이 포로가 된 상황에서 당황한 프랑스 왕가는 브레타니-칼레 조약(1360)을 맺을 수밖에 없었다. 프랑스는 장 2세의 석방 보상금을 지불하고, 아키텐 지방 전부와 칼레 시 등의 영토를 영국에게 할양했다.

② **제2기** 1364년 프랑스에서는 장 2세가 죽고 샤를 5세가 즉위했다. 그는 프랑스의 재건에 착수하면서 귀족들을 설득하여 영국에 대한 전쟁을 재개하였다. 1369년 영국군이 프랑스로 침입하였으나 패배했다. 따라서 영국에 할양했던 영토 대부분을 환원 받으며 휴전협정을 체결했다(1375).

영국은 1377년 리처드 2세가 왕위에 올랐으며, 프랑스에서도 1380년 샤를 6세가 등극했으나 두 왕은 모두 어린 나이였다. 거기다 영국에서는 와트 타일러의 난(1381)이 일어난 대다가 귀족의 반항으로 전쟁은 오랫동안 중단했다.

③ **제3기** 영국 왕 헨리 5세는 프랑스의 부르고뉴파와 결탁하여 1415년 노르망디로 진출하여 아쟁쿠르 전투(1415)에서 프랑스군을 대파했다. 이후 북프랑스의 여러 도시를 탈취하고 트루아 조약을 체결(1420)했다. 헨리 5세는 샤를 6세의 딸 카트린과 결혼 프랑스 왕위의 계승을 요구하였다. 그러나 샤를 6세의 황태자 샤를 7세와 이를 지지하는 아르마냐크파는 영국 측의 강요를 인정하지 않은 채 중남부 프랑스에 거점을 두고 전쟁을 계속했다.

1422년 영국의 헨리 5세와 프랑스 샤를 6세가 잇달아 사망하자, 어린 헨리 6세가 영국과 프랑스 두 나라의 국왕을 자칭하고 나섰고, 프랑스에서는 황태자 샤를 7세가 왕위에 올랐다. 이에 영국군은 1428년 오를레앙을 포위했다.

프랑스의 불리한 전황을 타계한 것은 천사의 계시를 받았다는 잔 다르크(Jeanne d'Arc)였다. 그녀는 적은 수의 프랑스군으로 오를레앙의 영국군에 승리하고, 계속이어서 영국군을 격파해 나갔다. 그러나 1430년 잔 다르크는 부르고뉴파에게 체포되어 영국으로 인도된 끝에 마녀재판을 받고 화형에 처해졌다. 양국은 휴전(1444)했고, 영국은 프랑스 내 영토를 계속 유지하였다.

다. 결과 / 영향

휴전 1년 후인 1445년 프랑스는 영국을 공격 프랑스 내 칼레를 제외한 전 영국의 영토를 차지했고, 다시 보르도를 점령하면서 1453년 백년 전쟁은 사실상 종료됐다. 프랑스는 백년 전쟁을 통해서 봉건귀족의 세력이 약해지면서 왕권이 강화되었다. 샤를 7세는 상비군을 준비해 가면서 귀족을 누르고 중앙집권화를 이루어 나갔다. 영국은 전쟁종료 후 왕위계승문제를 둘러싸고 프랑스에서 돌아온 귀족들의 구조조정인 장미전쟁이 발생했다. 헨리 7세는 이 장미전쟁을 수습하는 과정에서 중앙집권을 강화해 나갔다.

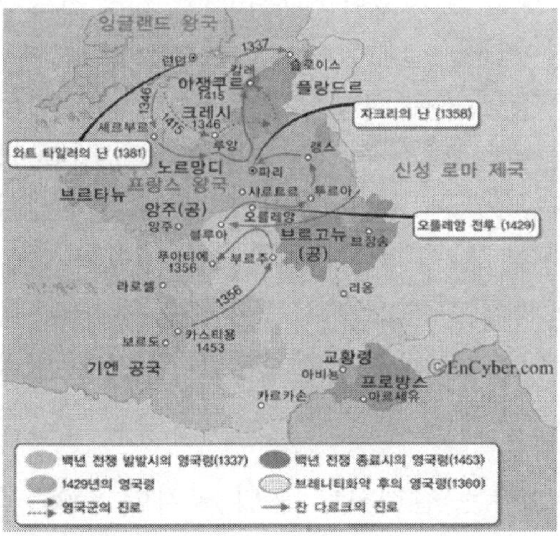

〈백년 전쟁, 자료 두피디아〉

또한 영국은 프랑스내의 영토를 상실함으로써 대륙과 이격되어 독자발전의 길을 모색하게 되었다. 플랑드르 지방의 기술자들이 영국으로 전란을 피하여 이주하여 영국의 모직물 공업이 크게 발전하고 신흥 부르주아 계급이 탄생하는 계기가 되었다. 특히 영국과 프랑스는 백년 전쟁을 계기로 '민족'이라는 감정이 싹트기 시작했다. 백년 전쟁 시기는 사회적으로는 일반 국민과 시민의 봉건귀족에 대한 강한 부정에서 절대왕정이 탄생하게 되었다. 경제적으로는 장원제도가 붕괴되고 자본주의 경제가 탄생하는 조짐을 보이고 있었다. 군사사적인 면에서 봉건기사의 세력이 무너지고 보병이 주도하는 군주의 상비군체제로 발전하였다. 이렇게 백년 전쟁은 중세의 혼돈과 혼란, 저항과 투쟁의 기저에서 새로운 시대를 잉태하고 있었다.

라. 주요 전투

① 크레시(Crecy)전투

○ 시 기 : 백년 전쟁 중(1346. 8. 26) ○ 장 소 : 북부 프랑스 항구도시 칼레 남쪽 크레시 ○ 교전국(지휘관) : 영국(에드워드 3세) / 프랑스(필립 6세) ○ 병 력 : 영국(1만 2천명), 프랑스(3～4만명, 석궁 제노아 용병) ○ 결 과 : 영국 승리 ○ 전사(戰史)적 의미 • 기사(기병)에 대한 장궁병(보병)의 승리 • 초기 화약 병기의 등장

배 경 백년전쟁 초기(1346) 노르망디로 상륙한 영국의 에드워드 3세가 플랑드르를 공격하기 위해 진군했고, 프랑스 왕 필립이 크레시로 진출했다.

경 과 당일 아침 영국군은 크레시 근교에 중앙에 3개 보병대를 배치하고 완만한 경사에 걸쳐 V자형으로 구성된 양익에 장궁병을 배치했다. 그리고 프랑스 기병의 진격속도를 늦추기 위해 구덩이를 비롯한 장애물을 설치했다.

필립 6세가 이끄는 프랑스군은 영국군의 장궁병에 대항하기 위해 제노바 석궁병을 전열, 중기병을 후열에 배치했다. 선공은 프랑스군 석궁병이었다. 15,000명의 석궁병이 일제히 활을 쏘았고 영국의 장궁병 부대들도 응사했다. 이 전투에서 석궁은 1분당 3-5발의 화살을 쏠 수 있는데 반해 영국 장궁병은 10-20발의 화살을 발사할 수 있었다. 석궁병이 물러나고 곧이어 프랑스 기사들이 대형을 형성 돌격했지만 경사와 진흙탕, 영국군의 장애물로 돌격 속도가 감소되었다. 이때 영국 장궁병이 프랑스 기병을 궤멸시켰다.

결과 / 영향 크레시에서 승리한 에드워드 3세는 칼레시를 포위 공격한 끝에 프랑스 북부에 교두보를 확보할 수 있었다. 크레시 전투는 수적으로 열세한 영국군의 보병과 궁병의 적절한 조화가 중무장 기사보다 우수함을 증명한 전투였다. 이 전투는 보병으로 기동력이 무력화된 기병을 화력의 지원으로 격파할 수 있다는 것을 보여준 전투였다. 크레시 전투의 결과는 1,000년 동안 전장을 지배한 기사의 종말의 예고판 이었고, 보병이 다시 전장의 주역으로 떠올랐다. 크레시 전투에서는 적의 수의 조야한 대포가 사용되었다.

② 아쟁쿠르(Agincourt) 전투

○ 시 기 : 백년 전쟁 중(1415. 8. 25)
○ 장 소 : 프랑스 북부 아쟁쿠르
○ 교전국(지휘관) : 영국(헨리 5세) / 프랑스(달블레 배작)
○ 병 력 : 영국(6,000명, 장궁병 위주), 프랑스(3만명, 중장기병 위주)
○ 결 과 : 영국 승리
○ 전사(戰史)적 의미
• 기사(기병)에 대한 장궁병(보병)의 승리 → 보병등장(기사 몰락)

배 경 아쟁쿠르 전투는 백년 전쟁 기간 중(1415) 프랑스 아쟁쿠르와 트랑쿠르 지역 숲 사이에 위치한 좁은 개활지에서 전개되었다. 영국왕 헨리 5세는 1415년 북프랑스에 상륙한 이래 이질과 체력 고갈, 그리고 불순한 날씨로 인해 칼레를 통해 본국으로 귀국하려 하고 있었다. 하지만 프랑스군의 계속적인 공세를 받고 있었다. 결국 우세한 3만명의 프랑스 장궁병은 영국군의 꼬리를 잡았고, 양군은 전투에 돌입했다. 영국군은 전투가 발생하면 배상금을 지불할 능력이 되는 귀족들은 복귀할 수 있었지만 돈이 없는 평민들은 죽거나 스스로 살기위해 싸워야 했다. 반면 프랑스군은 대부분 기사로 승리를 확신하고 있었고, 선대의 크레시와 푸아티에 전투 패배에 대한 복수심에 불타고 있었다.

경 과 영국군은 900명의 중무장 부대와 5,000명의 장궁병을 숲 통로에 배치하되 장궁병을 선두대열에 위치시키고 중기병을 후열에 배치했다. 궁수들은 화살을 발사하고 후열로 이동하도록 했다. 또한 프랑스군 기병의 대열을 와해시키기 위해 목채를 설치했다. 프랑스군은 3열의 전투대형으로 제1열과 2열은 보병이었고, 제3열은 중기병으로 배치했다. 전황을 결정한 것은 지형이었다. 전장은 좁고 비가와 진창이었으며 수풀로 얽혀 있었다. 프랑스군은 통로가 좁아 측면을 공격할 수도 없었다. 따라서 프랑스군은 우세한 병력을 동시에 활용할 수 없었고, 진흙탕에서 군마와 보병은 서로의 기동에 방해가 되었다.

최초의 교전은 영국군의 장궁병들이 채 진열을 갖추진 못한 프랑스군에 화살 세례를 부으면서 시작되었다. 프랑스군은 원거리라 별 피해가 없었지만 일부 프랑스 중장기병은 공격명령이 없는 데도 불구하고 영국군 진영으로 달려 나갔다(다블레도 지형을 고려 공격할 생각이 없었다.). 이는 프랑스군이 봉건영주들의 병력으로 이루어진 군대로 지휘의 통일이 이루어지지 않은 결과였다. 진흙탕을 통과하느라 지체

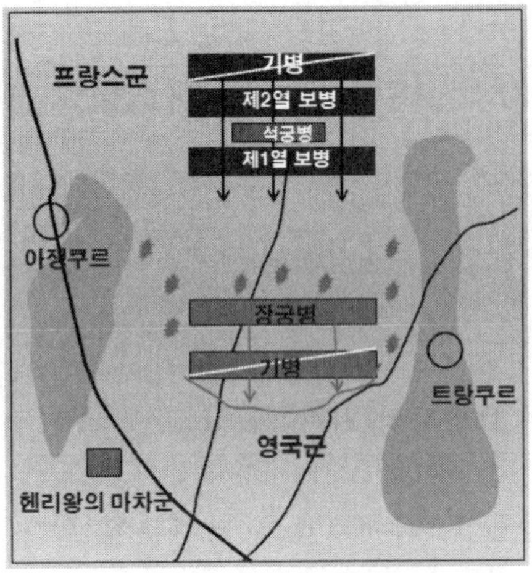

〈전투 상황도〉

되는 프랑스군에게 화살비가 쏟아졌다. 갑옷(플레이트 아머)을 입은 기사들은 큰 피해가 없었으나 기마는 심각한 피해를 입었다.

화살을 피해 진흙탕을 빠져나온 프랑스 중장기병은 장궁병에게 돌진하기 시작했다. 하지만 장궁병들은 미리 설치해 놓은 목채 뒤로 들어갔으며 돌진하던 기사들은 목채 앞에서 저지되었다. 이때 영국 장궁병들은 프랑스 중장기병을 향해 조준사격을 가했다. 전기를 포착한 헨리 5세는 바로 기사들을 돌진시켰다. 전열이 붕괴되고 지휘체계가 마비된 프랑스 중장기병은 붕괴되어갔다. 이어 근접전이 계속되면서 프랑스군 보병이 투입되었으나 지형의 영향으로 효율적으로 움직이지 못했다. 영국 장궁병은 이를 놓치지 않고 화살을 쏟아 부었다. 이어 프랑스 기사단을 제압한 영국 기병대가 보병을 유린하기 시작했다.

이때 프랑스군의 일부는 영국군 후방에 위치하고 있는 헨리 5세의 군수마차를 공격하였다. 그러자 헨리 5세는 이를 방어하기 위해 일부 병력을 후방으로 전용하였고, 이틈을 이용하여 프랑스군 예비부대가 공격하여 전세가 프랑스군에게 유리하게 전개되었다. 또한 영국군 기사들은 포로로 잡은 프랑스 기사들을 보호하기 위해 전열에서 이탈해 있었다. 결국 헨리 5세는 자국의 기사들을 전장에 투입하고 포로들의 재무장을 제거하기위해 포로로 잡은 프랑스 기사들을 학살하도록 명했다. 영국 기사들은 이를 거부했으나 소작농 출신의 궁수들은 수천명에 달하는 기사들을 무참히 학살했다. 이어 기사들은 전장에 다시 투입되었고, 프랑스 군을 향해 돌진하여 전투는 영국군의 승리로 돌아갔다.

결과 / 영향 이 전투에서 프랑스군 4,000~10,000명 정도가 전사하고 영국군 약 1,600명 정도가 전사했다. 전투는 승패를 떠나 전사 상에 중요한 의미를 주고 있다. 중세의 전장을 지배하던 중장기병 중심의 전술이 보병과 장궁병으로 조합된 부대에 대적할 수 없다는 것이 증명되었다. 사회사적으로도 위엄이 넘치던 기사들을 평민들로 구성된 보병들이 깨트렸다. 또한 이들을 살해함으로써 당시 사회의 가치관을 뒤흔들고 새 시대를 준비하는 사건이 되었다.

3. 30년 전쟁47)

가. 시대적 배경 / 원인

30년 전쟁은 1618년 독일에서 시작되었다. 당시 유럽의 대부분의 국가는 절대왕정의 중앙집권체제가 완비되어 가고 있었다. 하지만 독일 지방(오스트리아 포함)인 신성로마 제국은 아직도 지방분권의 봉건질서가 유지되고 있어 로마 황제와 합스부르크 왕가로부터 수취의 대상이 되고 있었다.

이에 따라 독일에서는 종교개혁이 발생했고, 1555년 아우크스부르크 종교협약에서 루터파만이 종교의 자유가 허용되는 협상이 체결되었다. 결국 신교(프로테스탄트)와 구교(카톨릭)와의 대결이 30년 전쟁의 도화선이 되었고, 각국은 전쟁간 자국의 이해관계(영토)를 노골적으로 드러내었다.

나. 경 과

독일의 신교와 구교의 갈등 속에 신성로마제국 황제 페르디난트 Ⅰ세가 가톨릭을 강요하자 보헤미아와 오스트리아 귀족들이 반란을 일으켰다. 이때 오스트리아 합스부르크 왕가와 혼인관계에 있던 에스파니아가 신성로마제국을 지원하며 보헤미아 신교도를 제압하자(1620), 보헤미아 국왕으로 받들어 졌던 프리드리히 5세는 네덜란드로 망명했다. 이때 독일 북부 영토에 관심이 있었던 덴마크는 신교도군의 대리자로 독일을 침공(1625)했으나 패배했다.

이듬해 스웨덴왕 아돌프스 구스타브 2세가 신교를 옹호하고 프랑스 후원을 얻어 독일을 침공했다. 구스타브스군은 황제군을 브라이텐펠트 전투(1631)에서 선형전술로 격파했다. 프랑스도 독일에 출병(1635)하여 스웨덴과 연합전선을 폈다. 전쟁 시 대부분의 군대는 용병으로 전투지역 대한 약탈이 극에 달했다.

다. 결 과

대규모 국제조약인 베스트팔렌조약이 성립(1648)되어 30년간의 종교전쟁에 종지부를 찍었다. 이 사건으로 유럽의 판도는 요동쳤다. 프랑스는 강국으로 부상했고, 스웨덴은 발트해의 제해권을 장악했다. 네덜란드는 독립공화국으로 인정받았고 스페인은 몰락했다. 신성로마 제국이 붕괴되면서 각 연방 제국들은 주권을 확보했다.

---

47) 육군 군사연구소, 〈유럽의 30년 전쟁 1618~1648〉, 2011.

라. 구스타브 아돌프스의 군제개혁과 주요 전투

근세 전장 변화의 주역 중의 한명은 30년 전쟁에서 활약한 스웨덴의 구스타브 아돌프스 2세(1594~1632) 황제였다. 스웨덴은 1523년 덴마크에서 독립한 이래 프로테스탄트정신과 구스타프 아돌프의 능력이 결합하여 강력한 국가를 형성하였다. 구스타브는 스웨덴의 황제이자 군사전문가였고, 전쟁에서는 야전 지휘관(북방의 사자)으로 근대전술에 큰 영향을 미쳐 '근대군의 아버지'로 불린다.

구스타브는 군사제도의 개선 그리고 전술부분에서 큰 성과를 거두었다. 주요 내용으로는 장기복무 국민군(상비군)의 충원제도 개선, 보·포·기병의 3병 전술 개발, 기동력 증대, 참모제도 도입 등이었다. 이러한 구스타브의 군제개혁은 근대 유럽군의 선구가 되었다.

스웨덴의 장기복무 국민군은 18세에서 40세 까지의 남자를 징집하여(국민의 1/10 수준) 전략예비군 개념으로 본국을 방어하도록 하고, 스코트나 독일의 개인자격의 용병을 기동군 개념으로 운용했다. 따라서 30년 전쟁 시 유럽 대부분 국가의 전투원은 대부분 용병이었지만 스웨덴만은 국민군이었다(급료 지급).

보병, 기병, 포병의 협동전술을 발전시켜 먼저 포병이 사격한 후에 기병이 돌진하며 보병은 마지막으로 대열이 와해되어 있는 적을 소탕하도록 하였다.

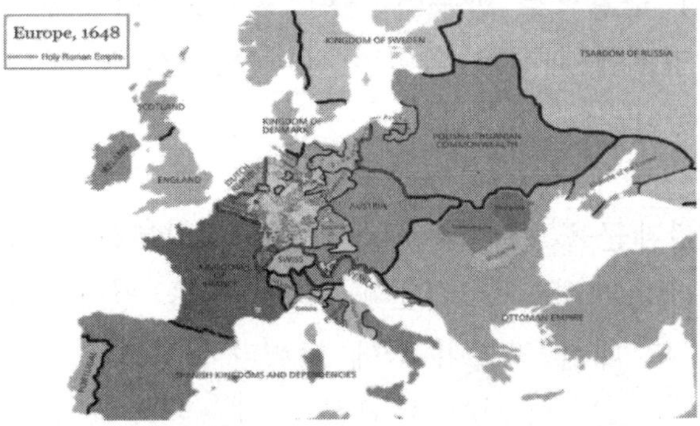

〈베스트팔렌 조약(1648) 후의 유럽〉

전술 대형도 10개 전열에서 3개 전열로 전환하였다. 여기서 2개 전열과 1개 예비전열을 구분하여 활용(전열 무릎 꿇고 사격, 후방 2개열 서서 사격)한 것은 현대전술의 효시였다. 기동성 증대를 위해 화포를 표준화하고 말이 끄는 경야포를 도입하여 진지를 변환하도록 했다. 개인화기(Musket)의 무거운 목재 조준대(rest)를 가벼운 철사(spike)로 개량하고, 각개병사의 무거운 철재 방호구를 제거하고 경량화를 달성했다. 또한 탄약통을 도입하여 발사속도를 증진했다. 포진지 구축 간 야전축성의 중요성이 부각되어 공병단이 조직되었다. 군 조직을 개편하여 연대본부에 병참참모부(3명), 군목/법무(각 1명), 군의관(3명) 및 헌병사령부를 설치하였다. 이는 획기적인 참모제도의 도입으로 군 조직을 효율적으로 운용할 수 있는 계기가 되었다.

① 브라이텐펠트(Breitenfeld) 전투

○ 시 기 : 30년 전쟁 중(1631)
○ 장 소 :
○ 교전국(지휘관) : 신성로마제국(틸리), 카톨릭동맹 / 스웨덴(구스타브), 작센
○ 병 력 : 황제 군 3만 5천명 / 스웨덴(작센 군 1만 8천명 포함) 4만명
○ 결 과 : 스웨덴 승리
○ 전사(戰史)적 의미
- 국민군 동원
- 보병대형(테르치오) 대비 선형전술(삼병전술) 우위
- 포병과 화력의 우위

배 경 30년 전쟁이 한창이던 1630년 스웨덴의 구스타브 아돌프스는 2만 3천명을 이끌고 독일의 신교도(프로테스탄트)와 스웨덴의 국익을 보호하기 위해 북해를 통해 독일에 상륙하였다. 이어 스웨덴군은 신성로마제국에서 용병 2만명을 모집했다. 반면 동맹군을 저지하기위한 신성로마제국의 카톨릭 동맹군(황제 군)은 3만 5천명이었으며, 30년 전쟁 기간 중 수많은 전투로 용맹을 떨친 노장 틸리(Tili)가 지휘하고 있었다. 틸리의 전략은 스웨덴군을 유인하여 격멸하는 것으로 스웨덴군을 내륙 깊숙이 유인하는 데는 성공했다. 하지만 지나친 약탈로 많은 제후들이 구스타브 측에 가담하였다.

두 진영은 브라이텐펠트 외곽의 완만한 구릉에 진을 설치하고 마주섰다. 틸리는 역전의 노장답게 태양과 바람을 등지고 진을 쳤으며, 2만 5천명의 병력을 17개의 테르시오로 진형을 편성하여 배치하고 만명의 기병은 좌우익(좌익 파펜하임 지휘)에 배치하였다. 이에 비하여 구스타프는 병력을 길게 늘이는 선형진으로 맞섰다. 이는 신 전술로 아직 누구도 경험하지 않은 대형이었다. 중앙에는 머스킷과 창으로 무장된 보병을 배치하고, 좌우 측면과 후방에 기병을 배치했다. 화포는 황제군이 테르시오 전면에 36문을 배치했고, 스웨덴군은 중앙 보병대 전면에 100문(중포 50문 포함)을 배치했다. 이때 황제군의 포는 중포로 말 20마리가 끌어야 할 정도로 중량이 무거운(24파운드) 반면 스웨덴군의 포는 말 1마리(인력 3명)가 끌어도 될 정도로 경량화 되어 있었고 사거리도 길었다. 전투는 1631년 9월 17일 틸리 진영에서 포를 발사하면서 시작되었다.

경 과 스웨덴군의 포병도 즉각 반격에 나섰다. 스웨덴군의 진영은 선형으로 병력

이 길게 신장되어 종심이 얇은 관계로 많은 피해를 입지 않았다. 밀집된 황제군은 시간이 가면서 포 사격으로 인한 피해가 가중되자 틸리는 부대의 전진을 명하고 포격을 중지했다. 그러나 스웨덴군은 보병을 전진시키지 않고 계속 사격하였다. 테르시오 진형이 접근해 와 보병간에 전투가 시작될 즈음에는 보병대에 있던 연대포병이 사격을 시작하여 테르시오 진형에 막대한 피해를 주었다. 황제군은 포의 수와 발사속도에서 밀릴 뿐만 아니라 제대별로 경량화된 포의 운용술과 자신들의 밀집대형으로 많은 피해를 입을 수밖에 없었다.

이때 틸리는 좌우익이 기병대를 전진시켰다. 좌익의 파펜하임(Pappenheim)은 선회기동전술(Caracole, 카라콜, 말을 타고 전진 사격하고 철수하여 다음 대열이 또 사격)을 구사하며 7회나 공격하였지만 스웨덴군은 파펜하임의 기병대에 돌격하여 격퇴시켰다. 한편 같이 공격을 받은 스웨덴군 좌익에는 작센군 만 8천명과 스웨덴군 4천명이 배치되어 있었다. 하지만 작센군은 틸리의 공격이 개시되자 달아나 버렸다. 설상가상으로 작섹군은 달아나면서 스웨덴군의 보급품까지 약탈했다(용병의 전형적인 전투모습이다). 스웨덴군은 절대 절명의 위기를 맞았고, 호기를 잡은 틸리는 무방비가 된 스웨덴군의 좌측을 공격하기 위해 테르시오 대형을 스웨덴군의 좌측으로 돌렸다. 여기다가 작센군을 추격했던 기병을 돌려서 스웨덴군의 배후를 공격한다면 승리할 것이라 판단하고 있었다.

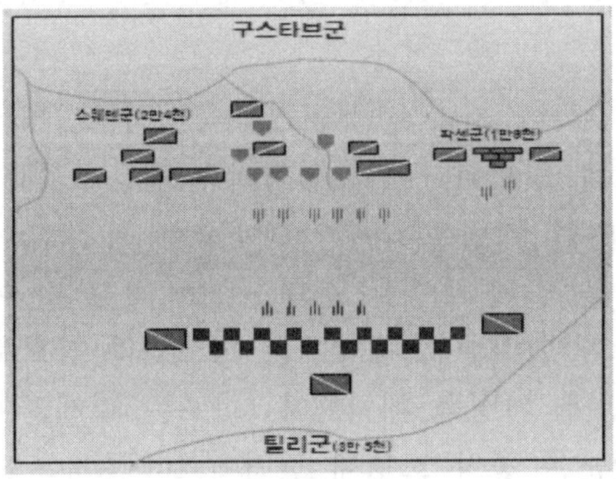

〈최초 배치〉

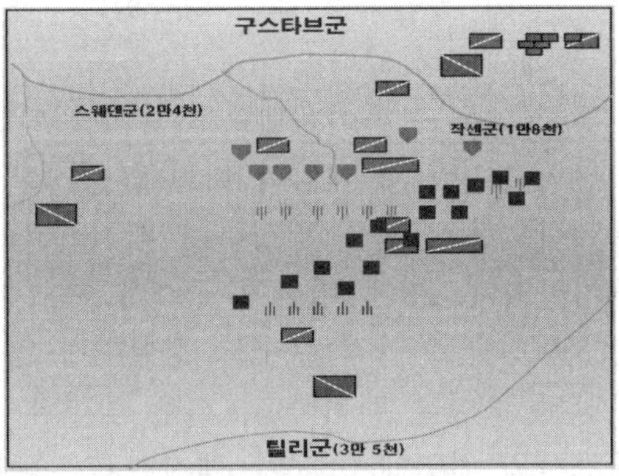

〈결정적 전투 장면〉

하지만 여기서 스웨덴군 선형진의 우수성이 들어난다. 스웨덴군 단일부대는 신호에 따라 좌익이 기동했고, 예비대가 좌익의 대형을 피해 전방으로 기동하여 틸리가 공격하는 방향으로 강력한 선형진을 완성했다. 이것이 선형진의 우수성을 보여주는 유연성 이었다. 틸리군이 도착하기 전에 변형을 완료한 스웨덴군 선형진은 공격해오는 틸리군을 머스킷 총으로 사격하고 화포가 불을 뿜으면서 와해시켜 버렸다. 이어 스웨덴군의 창병이 약해진 황제군의 테르시오 진형을 충격으로 파고들면서 괴멸시켰다. 또한 배후로 향했던 틸리의 기병대는 스웨덴의 예비 기병대가 저지하는데 성공했다.

호기를 포착한 스웨덴군은 여기에 그치지 않고 파펜하임이 철수한 우익에 막 도착한 증원부대와 함께 반격을 개시하였다. 곧이어 구스타브는 처음 전투 당시의 구릉에 도달했고, 소수 소총병만의 저항을 받았다. 하지만 틸리는 모든 전력을 일선에 배치했기 때문에 전략적 상황에 따라 대처할 수 있는 예비대가 확보되어 있지 않았다. 구스타브는 계속하여 틸리군의 측면을 공격했고, 스웨덴 포병대는 틸리군의 중포까지 탈취하여 발포함으로써 테르시오를 급속하게 무너트렸다.

결과 / 영향 전투결과 황제군은 12,600명의 전사자와 9,000명의 포로가 발생했고, 스웨덴군은 2,000여명의 사상자가 발생했다. 이 전투는 신교도 측이 처음 승리한 전투로 구스타브는 라이프찌히(Lejpzig)에 입성했다.

〈브라이텐펠트 전투 후 구스타브〉

스웨덴은 선형전술을 이용하여 이후 계속해서 구스타프가 전사할 때까지 전장을 지배했고 17세기 전반 일약 유럽의 강국 반열에 올랐다. 전사에서 스웨덴의 선형전술은 기존 유럽의 전장에서 사용되던 보병대형 전술보다 우수함이 증명되었다. 따라서 유럽에서 테르시오 대형은 무용화 되었다. 국민군으로 편성된 스웨덴군은 전장에서 조국을 위해 용감하게 선전하여 국민군의 우수성이 확인되었다. 또한 전투 간 강력한 화력을 발휘한 포병은 그 중요성이 더욱 부각되었다.

구스타브가 전사하고 1642년 또 한 차례 브라이텐벨트 전투(2차 브라이텐펠트 전투)가 발행하였고 이때도 스웨덴군이 황제군을 격파했다.

4. 7년 전쟁

가. 시대적 배경(절대주의의 등장)

르네상스, 신항로, 종교개혁을 해쳐 나온 유럽 대륙은 18세기에 이르러 근대 시민사회로 넘어가는 과도기의 정치체제인 절대군주제가 자리 잡아 가고 있었다.[48] 왕권신수설로 국왕의 권력과 지위는 절대적이었고, 유럽의 제후들은 절대군주의 하에서 국왕의 신하가 되었다. '짐(朕)이 곧 국가였던 시대'였다.

절대왕정은 스페인, 포르투갈을 필두로 하여 네덜란드, 프랑스, 영국(입헌군주제의 특색) 뒤늦게 러시아에서 진행되었다. 독일 지역에는 프로이센, 작센, 헤센, 브란덴부르크(후에 프로이센), 바이에른 등과 같은 군주국가가 출현하였다.

나. 전쟁의 원인 및 경과

7년 전쟁(1756-1763)은 왕위계승전쟁에서 프로이센에게 패배해 독일 동부의 슐레지엔 지방을 빼앗긴 오스트리아가 러시아, 프랑스, 작센 등과 연합하여 그 곳을 회복하기 위해 프로이센과 벌인 전쟁이었다. 이 전쟁은 유럽의 거의 모든 열강이 참여하였으며, 더 나아가 유럽의 식민지가 있던 아메리카와 인도까지 확대된 대규모 전쟁이었다.

오스트리아-프랑스-작센-스웨덴-러시아가 동맹을 맺어 프로이센-하노버 -영국의 연합에 맞섰다. 유럽에서의 전쟁은 포메라니안 전쟁으로도 불리며, 북미대륙 전쟁(프랑스 대 영국)은 프렌치-인디언 전쟁이라 불린다.

다. 결 과

전쟁은 1763년 파리조약을 체결하면서 끝났다. 유럽에서는 영국의 지원을 받은 프로이센이 최종적으로 승리를 거두고 슐레지엔의 영유권을 확보하여 독일 근대화의 터전을 마련했다. 식민지 전쟁에서는 영국이 프랑스를 누르고 캐나다와 인도를 확보하여 대영제국의 기초를 닦았다.

---

48) 절대주의의 특징 : 첫째, 국왕의 권력이 절대적으로 상승했다. 둘째, 무기(화약, 소총, 대포의 실용화)와 전쟁방법의 발달로 새로운 직업적 상비군 제도가 발전했다. 셋째, 중앙집권화가 되면서 전문 관료직업집단이 등장하였다. 넷째, 수출을 장려하여 국부를 증진하고자 하는 중상주의 정책이 시행되었다.

라. 프리드리히(Friedrich Wilhelm Ⅱ) 2세와 주요 전투

프리드리히(1712~1786)는 프로이센의 왕이다. 그는 18세기 제도를 개선하고 산업을 부흥시켰다. 7년 전쟁을 승리로 이끌어 19세기 독일 중흥의 초석을 다졌다. 그는 당대의 지성 볼테르(Voltaire)와 교재하면서 『반마키아벨리론』을 저술하기도 했다. 부왕의 사망과 두 형이 어린 나이에 사망하여 맏아들 역할을 하다가 보위에 올랐다(재위기간 : 1740~1786).

재위에 오른 이후에는 군사력을 기반으로 강력한 대외정책을 추진했다. 오스트리아 왕위계승전쟁(1740~48)에 개입하고 슐레지엔을 병합했다(슐레지엔 전쟁 : 1740~1742). 프리드리히는 당대 유럽의 강대국과 싸워 전황이 불리해 지기도 했으나(7년 동안 16번의 대 전투를 치르면서 대부분 패전), 로스밧하, 로이텐, 트르가우 등에서 대승을 거두고 독일 통일의 토대를 마련했다.

프리디리히 대왕은 프로이센의 안녕을 유지하기 위해 상비군을 육성했으며, 또한 초기의 실패를 훈련과 숙련으로 극복해 내었다. 전장에서는 항상 선제공세로 적을 압도했고, 기동과 전투력 집중에 관심을 유지하였다. 프리드리히는 군대를 횡대로 배열하여 맹렬한 총창공격을 시도하는 횡대전술을 처음 사용하여 도처에서 혁혁한 성과를 달성했다. 이는 종대대형보다 효과적이었다. 유럽의 어느 곳에서도 볼 수 없었던 프러시아 기병대를 창안하고(트롯 전술), 여기에 배속된 견마포(牽馬砲 : 말이 끄는 대포)를 만들어 기동을 획기적으로 향상시켰다.

〈프리드리히 2세〉

프리드리히 대왕은 항상 기동으로만은 결정적인 결과를 얻을 수 없다고 판단하여 모험을 건 백병전을 시도하였다. 당시 프로이센군대는 내무규율, 강력한 훈련 등으로 종대와 횡대를 자유자재로 변환할 수 있었으며 다른 나라 부대보다 더 빠르고 효과적으로 사격할 수 있었다(프로이센군 1분간 5발 사격, 다른 나라 부대 1분간 2~3발). 이때의 프러시아군은 기계적인 훈련을 받았으며 장교를 적보다 더 무섭게 알았고, 복종과 소 속 부대의 명예를 최고로 덕목으로 여겼다.

그는 역사상 최초로 고문제도(拷問制度)를 폐지하고 종교 · 언론 · 출판의 자유 등을 허용하였다. 국민들의 보통교육을 장려하는 등 19세기 독일제국 건설의 기틀을 마련하였다. 그는 샤를대제, 나폴레옹과 함께 유럽의 위대한 지도자 중의 한 사람으로 꼽힌다.

① 로이텐(Leuthen) 전투

○ 시 기 : 7년 전쟁(1757. 12. 5)
○ 장 소 : 로이텐(현제의 루티니아)
○ 교전국(지휘관) : 프러시아(프리드리히) / 오스트리아(챨스 왕자)
○ 병 력 : 프러시아 3만 / 오스트리아 8만
○ 결 과 : 프러시아 승리
○ 전사(戰史)적 의미
- 사선대형의 효과적 이용
- 양공작전을 통한 주공의 기만
- 작전기동

배 경 7년 전쟁이 발발했을 때(1756) 프로이센은 인구 500만 명에 군의 규모는 15만명이었다. 이에 반해 연합군의 인구는 1억명으로 군 병력은 작센(Sachsen) 1만 5천명, 프랑스 14만명, 오스트리아 18만명, 러시아 10만명, 스웨덴군 등 45만명 등 이었다.

이 상황에서 프리드리히의 전략은 연합군의 증원군 도착 이전에 작센을 제압 후 오스트리아군을 격파하고, 프랑스·러시아·스웨덴이 통합하기이전에 내선작전의 이점을 이용하여 각국의 부대를 각개격파 하는 것이었다. 그러나 프로이센군의 단기결전 전략은 실패했다. 1757년 말 프라하(Praha) 일대에서 오스트리아군을 격파했음에도 불구하고 사면에서 연합군의 압박을 받고 있었기 때문이었다.

이에 프리드리히는 오스트리아군은 일부 부대로 하여금 견제를 하고, 12일에 걸쳐 270km를 기동한 끝에 로스바흐에서 5만명의 프랑스군과 신성로마 제국의 연합군을 격파했다(프러시아 300명 피해). 하지만 실레지엔 지역은 이미 오스트리아에게 침공 당하였다.

프리드리히는 당장 오스트리아군을 향해 진격하여 견제부대와 합류했다(병력 총합 3만여 명). 오스트리아군은 카를(Prince Charles Alexander of Lorraine) 공(公)지휘 하에 8만명이 로이텐 지역의 능선 8km에 걸쳐 선형으로 배치했고, 좌익에는 예비대를 두었다. 또한 우익은 소택(沼澤 : 연못과 호수 등의 습지)과 삼림에 의해 엄호되고 있었다.

당시는 각국이 총구장전식 소총을 사용하고 있었으며 포병화력을 운용하고, 기병의 경우 근접전투를 하면서 검으로 공격했다. 전투대형은 통상 4열 횡대의 밀집대형으로서 전(前) 2열은 사격을 하고 후(後) 2열은 그사이 탄환을 장전하였다. 그러나 프러시아군은 소화기 개선에 성공하여 3개 전열이 동시 사격하고 있었다. 기병은 양익에 배치하였으며, 경기마포병(經騎馬砲兵)이 운용되고 있었다.

경 과 프리드리히는 안개 낀 날씨로 시계가 명확하지 않은 기상을 이용하여 양동작전으로서 휘하의 기병대에게 보르나(Borna) 마을에 돌격하여 오스트리아군의 우익과 맞서게 하였다 이는 주공 방향을 오른쪽으로 기만하기 위한 것이었다. 기만당한 오스트리아군은 좌익의 예비대를 조기에 우익으로 전용하는 전술적 과오를 범했다. 이를 확인한 프리드리히는 자신의 정예 보병을 이끌고 전선의 후방으로 기동하여, 오스트리아군의 좌측 종대로 돌아들어갔다. 이어 예비대도 없이 측면이 노출된 측면을 공격하기 시작했다. 당시의 전법대로 횡으로 늘어선 오스트리아군은 많은 피해를 입었다. 오스트리아군은 병력 측면에서는 절대적으로 우세했지만 결정적인 장소, 즉 전투가 벌어지는 좌익에서는 상대적으로 열세 했다. 오스트리아군은 프리드리히 대왕의 진두지휘와 집중의 효과 그리고 12파운드의 포병 화력에 붕괴되어 갔다. 늦게나마 진열을 돌렸지만 진열은 잘 형성되지 않았다. 오스트리아 기병은 프로이센군 측면이 노출된 것을 보고 돌격했으나 프로이센 기병대가 제압했다.

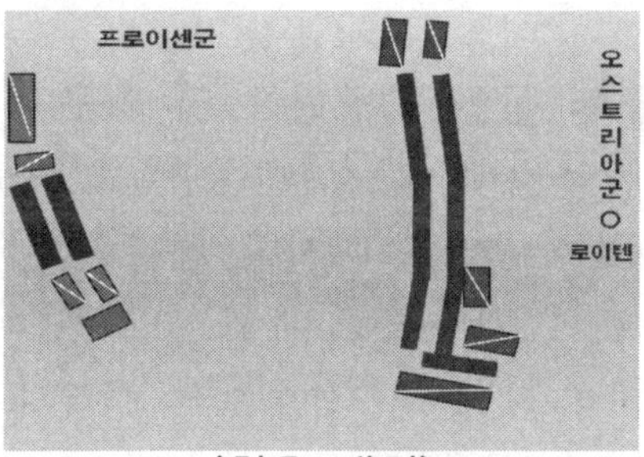

〈최초 배치〉

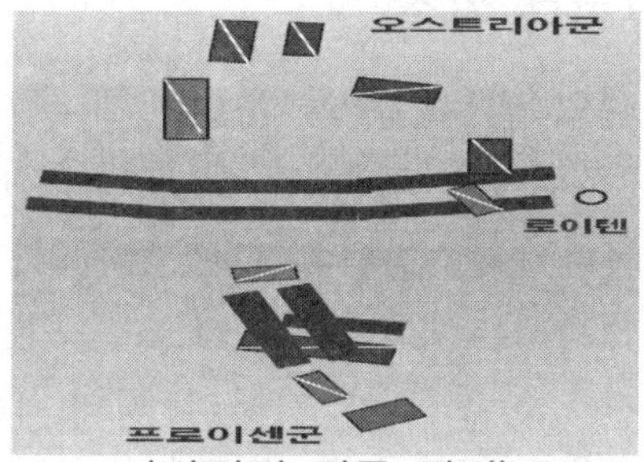

〈결정적 전투 장면〉

결과 / 영향 전투 종료 후 카를공은 "나는 이 패배를 믿을 수 없다"고 말했다. 오스트리아군의 손실은 전사 1,750명, 부상 5천명, 포로 1만 3천명을 포함 약 2만명이었다. 이에 비해 프로이센군의 손실은 전사 1,150명, 부상자 5,100명, 소수의 포로 포함 약 6,400명이었다.

로이텐 전투는 지형과 적의 배치를 고려하여 사선진 대형으로 배치하고, 기동을 통해 주공방향을 기만하여 조기에 적 예비대의 전용을 유도한 전투였다. 특히 사선진으로 병력을 배치하고 우익으로 병력을 집중하여 기동으로 적을 격파한 프리드리히 대왕의 용병술은 천재적이었다. 나폴레옹 1세는 로이텐 전투를 평가하여 "기동과 결단이 낳은 걸작품이다. 프리드리히 대왕에게 불멸의 명예와 명장의 칭호를 부여할 만하다."라고 찬사했다. 후일 등장하는 나폴레옹의 기동도 프리디리히 대왕으로 부터의 귀감이었다.

5. 조 · 일 전쟁(임진왜란)

가. 동아시아의 세계

14세기 이후 유럽이 화약병기의 출현과 함께 다양한 전술이 개발되어 역동적인 전쟁이 진행되고 있을 때 동아시아는 비교적 평화의 시기를 맞이하고 있었다. 이는 동아시아가 원(元) 제국 쇠퇴 이래 중화의 패권질서가 확립되면서 국제질서가 비교적 안정기를 맞이하고 있었기 때문이다.

따라서 등자의 등장 이래 유럽을 앞서 나갔던 동아시아의 전장은 근세(화약)시대에 들어서면서 무기 및 전술적 우위가 유럽에 역전되기 시작했다. 이는 이후 동아시아의 문화가 유럽에 속박되는 처참한 결과를 초래했다. 다만 일본에서는 무로마치 시대[49]의 내전이 치열하게 전개되었고, 1543년 유럽으로부터 화약 병기가 역 전래되어 동아시아도 화약병기가 활용되기 시작했다.

나. 무기와 전술

① **조선의 방위전략과 전술** 개국 이래 200여 년 동안 북방민족 및 왜구와 소규모 전투만을 경험한 조선의 방위체제는 조 · 일 전쟁 당시 제승방략(制勝方略)체제였다. 제승방략체제는 이전의 진관체제[50](鎭管體制)를 대신한 제도였다. 제승방략체제는 유사시에 각 고을의 수령(守領)이 그 지방에 소속된 군사를 이끌고 본진(本鎭)을 떠나 지정된 지역(적의 접근로에 지형을 이용하기 위함)으로 이동해 경장(京將, ; 중앙에서 파견된 장수)의 지휘를 받는 일종의 중점방어체제였다.

이는 이전의 진관체제가 전국 방위망으로 지나치게 광범위해 대규모군 침입 시 무력함을 보이고, 진관체제에서의 지방군인 정병과 수군의 유지가 어려워지자 새로운 방어전략 체제로 정비된 것이었다. 그러나 제승방략체제는 대규모로 집결된 부대가 한번 무너지면 예비대가 없어 후방의 종심을 배비하지 못하는 문제점을 안고 있었다.

조선은 전통적으로 청야전술과 장병술(長兵術 ; 궁시나 화기로 원거리에서부터 적을

---

49) 室町時代(실정시대, 1336~1573)로 아시카가막부[足利幕府]가 오다 노부나가[織田信長]에게 멸망될 때까지 약 240년간이다.

50) 조선 전기의 지방 방위체제이다. 조선 초기의 영진체제(해안·국경의 중요한 곳에만 진을 설치)를 세조 때 진관체제로 전환 하여 행정단위인 읍(邑)을 군사단위인 진(鎭)으로 편성하고 수령이 각 진장을 겸하는 자전자수(自戰自守)의 지역방위체제이다. 진관체제는 소규모 전투에는 유리하지만 대규모의 적이 침입할 경우에는 대응하는데 문제점을 드러냈다. 성종 이후 병역의 의무를 포목으로 대신하는 방군수포(放軍收布)가 자행되어 병력수가 감소하는 폐단으로 폐지되었다.

저지)을 활용하고 있었으며, 단병술(短兵術 : 칼, 창 등의 근접전 무기를 사용하는 전술)의 활용도는 적었다. 조선군에 있어 칼이나 창은 무예시험용이나 지휘용으로 사용되는 것이 고작으로 무기체계는 장·단에서 큰 불균형을 초래하고 있었다. 또한 조선군은 원(元)으로부터 도입한 기마전술을 활용해 초기 북방 여진과의 전투에서 승리함으로써 자신감을 가지고 있었으나 화약병기의 위력을 과소평가하고 있었다. 다행히 조선의 청야전술은 일본군의 현지조달 전략을 저지하는데 큰 효과를 거두었고, 의병의 유격전술은 일본군의 후방을 공격하여 보급로를 차단하고 전투력을 분산시키는 데 공헌하였다.

조선 수군은 해양 국가인 일본군을 무색하리만큼 완벽하게 패퇴시켰다. 조선 수군의 주력선인 판옥선(板屋船)은 일본의 누각선(樓閣船)에 비해 견고한 대형 선박이었다. 판옥선에는 일본군에 없는 대구경의 각종 화포(척당 20문 내외)가 탑재되어 일본 함선을 원거리에서부터 무력화 시키면서 주도권을 잡을 수 있었다. 특히 이순신은 남해의 조류를 적절히 이용했고 탁월한 전술적 식견과 지휘력을 발휘했다. 해전의 승리는 기동력 있는 우수한 함선, 화약 병기의 위력, 뛰어난 항해술과 전술의 승리였다. 결국 이순신은 세계 전쟁사에서 그 누구도 달성하지 못한 23전 23승이라는 경이적인 기록을 수립했다.

② **무기** 동아시아에서도 조·일 전쟁이 발발하면서 베일에 감추어졌던 화약 병기들이 선을 보이기 시작했다. 조·일 전쟁은 동양의 전장에서 최초로 화약병기가 주 무기의 하나로 사용된 전쟁이었다. 조·일 전쟁은 단순히 조총 대활의 전쟁으로 알고 있지만 사실은 화약병기의 초보 수준이기는 하지만 당시 대포를 수만 문이나 보유한 세계 최고의 대포 강국이기도 했다.

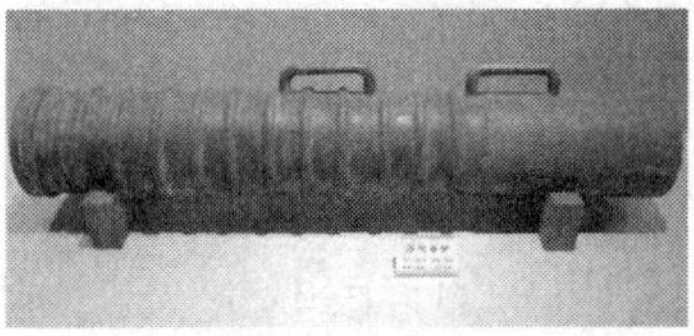
〈천자총통〉

〈불랑기포〉

〈현자총통〉

〈완구〉

화약 병기 조선의 화약 병기는 대포인 총통(銃筒)과 휴대용 개인화기인 승자총통(勝字銃筒)이 있었다. 총통은 크기에 따라 천자, 지자, 현자, 황자총통으로 구별되었다. 총통의 무게는 80~300kg으로 초대형 화살 대장군전과 무쇠철환을 600~4,000m까지 날려 보낼 수 있는 능력을 보유하고 있었다. 총통은 수성용으로 고정 진지에서 사용된 직사포였으나 화약의 부족과 전술 운용의 미숙, 운송 수단과 도로 사정으로 인하여 잘 사용되지는 못했다. 하지만 제1차 진주성 전투에서 사용되었고, 거북선과 함선에 탑재한 총통은 일본 함선을 격파하는 데 큰 역할을 담당했다.

승자총통은 포를 축소 개량한 것으로 화기를 보유하지 못한 북방 야인들과의 전투에서 큰 효력을 발휘한 무기였다. 이 승자총통은 구경 20mm에 전장은 0,5m였다. 지화식 점화법으로 조준구가 없었고, 행주산성 전투와 해전에서 사용되었다. 일본군은 이러한 화기를 가지고 일본으로 돌아가서 화기를 모조하여 크게 유행시키기도 했다.

또한 화약 병기로 완구(碗口)가 사용되었다. 포신부가 약실부에 비하여 확대되어 밥그릇 모양을 하고 있는 화기였다. 오늘날의 박격포와 비슷한 곡사화기로 성벽 내부를 포격할 때 진천뢰나 석탄과 철탄을 발사했으며 사거리는 300~400m였다. 완구는 중국의 금나라에서 개발한 것을 이장손이 선조 때 비격진천뢰로 개량하였다. 비격진천뢰는 뇌관의 심지길이를 조절하여 폭파시간을 조절하는 일종의 시한폭탄이었다. 특히 그 당시에는 유일하게 날아가 떨어지면서 폭발하는 작열탄이었다(타 화기는 충격력). 이 무기도 중량이 무거와 육전에서는 잘 사용되지 못했고 해전에서 육지의 적을 공격할 때 주로 사용되었다.

이 밖에도 화차(火車)가 있었다. 이는 신기전기와 총통기를 장치하여 총통이나 신기전을 단발 또는 연발로 발사할 수 있는 있었는데 이는 마치 오늘날의 다련장로켓트(MLRS) 포와 유사한 것이었다. 이 신기전은 중국, 아랍, 이탈리아에 이어 세계 4번째로 만든 것으로 최무선이 개발하여 주화(走火)라 했다가 세종 대에 신기전으로 이름이 변경되었다.

이상과 같이 조·일전쟁 중 조선군은 승자총통, 대형총통, 완구, 화차 등의 우리나라 고유의 화기를 화약병기로 사용하였다. 당시 조선에서 생산된 포들은 철판포로 주조하여 만든 것으로 유럽제 대포보다 성능이 우수했다. 유럽은 14세기 중반 프랑스에서 대포를 만들었으나 철판을 둥글게 해서 용접한 후 쇠테로 조인 것으로 폭발력을 감당할 수 없어 자주 포열이 파열되곤 했다. 조총도 일본군 포로들을 이용하여 제작하기 시작하여 기존의 조총보다도 성능이 우수한 정철(正鐵)총통을 제작하여 전쟁 다음해부터 실전에 배치하였다.

활 조선군은 이러한 화약병기도 있었지만 전장에서의 주 병기는 전통의 활이었다. 수정전을 주 전략으로 삼았음으로 농성에 편리한 활이 주 무기로 사용되었다. 때문에 칼과 창은 활에 비해 활용도가 크지 않았다. 전쟁 이후에도 조선은 신식부대로 개편되기 전까지 전통적으로 활을 주 무기로 사용했다. 조선의 활은 각궁(소나 양의 뿔로 장식)이었으며 화살은 이 활에 맞는 40cm내외의 편전을 사용하였다. 편전은 일명 애기살이라고도 했는데 여진족과의 전투에서 큰 효과를 발휘했다. 편전은 천보 이상을 날아갔으며 빠르고 작아서 날아가는 것이 보이지도 않았다. 또한 적군은 이를 재사용할 수도 없었다. 편전은 통아라고 하는 보조기구를 사용하여 발사할 수 있었으며 발사도 용이했다. 그래서 일본군은 조·일 전쟁 중 활을 전하제일의 병기라 칭했다(명 장창, 일본 조총).

〈신기전 모습, 출처 영화 신기전〉

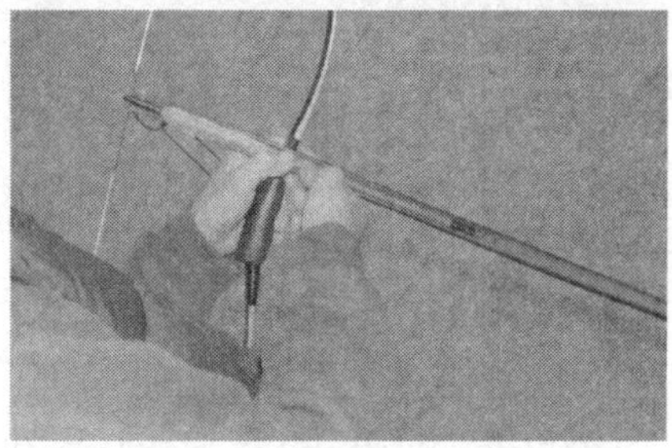

〈편전〉

전선[51] 조선은 전기부터 전투와 조운(漕運)을 동시에 수행하도록 고안된 평선(平船)인 맹선(猛船, 대맹선, 중맹선, 소맹선)이라는 함선을 운용하고 있었다. 하지만 조선은 왜구의 침입이 잦아지면서 명종(1555)때 전선으로서는 부적합한 맹선을 판옥선으로 교체하여 운용하기 시작했다. 판옥선은 배의 네 귀퉁이에 기둥을 세우고 사면을 가려 마룻대를 세워 2층 구조로 설계했다. 바닥은 U자형으로 안정감을 주었다. 상부 주변에 여장(女墻)이라 부르는 난간을 세우고 갑판 중앙에 따로 지휘소인 2층 누각을 설치했다. 하층에는 격군(格軍)이 노늘 젓고 상층에는 전투병이 배치되어 방해 없이 자신의 임무에 충실할 수 있었다. 승선인원은 125명에서 130명이었으며, 조선 후기에는 200명가량 승선했다.

판옥선은 높은 2층 구조로 되어 있어 활을 발사하기가 용이했다. 또한 함포의 포좌를 2층 좌우측에 배치하여 명중률을 높이고 한쪽이 장전할 때 배를 돌려 반대편에서는 계속적인 사격이 가능토록 했다. 기능적으로도 노군의 수가

51) 두산백과

증가하여 기동력을 향상과 방향전환이 용이하고, 나무못을 사용하여 튼튼하게 제작했다.

전쟁이 종료되면서 판옥선이란 명칭도 부여되었다. 판옥선은 임진왜란 중에 개발된 거북선의 모형(母型)이 되었고 조선 후기에도 주력함의 위치를 지켰다. 이렇듯 판옥선이 여러 해전에서 압승을 거두고 그 뒤에도 바다를 지킬 수 있었던 것은 판옥선이 매우 뛰어난 전투 능력을 보유하고 있었기 때문이었다.

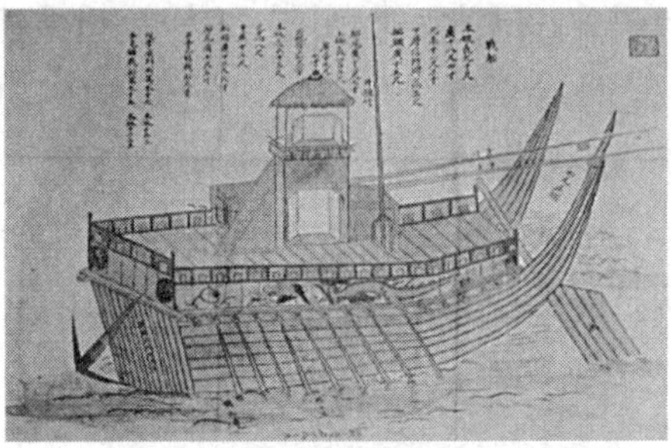

〈판옥선〉

〈1:1크기의 거북선, 해군사관학교〉

거북선(龜船)은 일반적인 배의 형태에 지붕 혹은 덮개 역할을 하는 개판(蓋版)이 갑판의 윗부분을 덮고 있는 특수한 구조로 설계된 전선이었다. 일본군의 단병접전을 봉쇄할 필요에 따라 기본 갑판 위에 갑판을 한 층 더 높인 것이 군함 판옥선이었고, 갑판 위에 아예 덮개를 씌운 것이 거북선이었다. 이러한 개판으로 인해 탑승한 전원을 보호할 수 있었다. 거북선은 또한 개판 위에 뾰족한 철침을 설치하여 적이 뛰어드는 것을 원천봉쇄할 수 있도록 했다.

거북선은 이러한 방호력을 바탕으로 공격의 최선봉에서 돌격선 역할을 수행했다. 거북선이 최초로 출전한 전투로 알려져 있는 사천해전에서 이순신 장군은 "먼저 거북선으로 하여금 적선이 있는 곳으로 돌진케 하여 먼저 천자, 지자, 현자, 황자총통을 쏘게 했다"라고 하여 거북선의 운용을 확인할 수 있다.

임진왜란 개전 초반 이순신 장군이 보유했던 거북선은 3척이었다. 임진왜란 중 추가로 2척을 건조하여 전란 중 총 5척의 거북선이 운용되었다. 하지만 거북선 제작에 관해 최초의 아이디어를 제공한 사람에 대해서는 의견이 분분하다. 『태종실록』 에 "1413년(태종 13년)에 한강에서 귀선(龜船)과 모의 왜선이 해전 시범을 보였다"는 기록이 등장한 이후 200년이 지나 거북선이 운용되었다. 혹자는 이순신 휘하의 군관이었던 나대용의 아이디어라고 하기도 하고, 유성룡 등이 이순신에게 아이디어를 제공했다고 하기도 하나 확실한 것은 없다. 다만 확실한 것은 세계 최초의 철갑선인 거북선은 임진왜란 직전 이순신의 용단으로 만들어졌다는 것이다.

③ **일본군과 명군의 전술** 일본 육군은 분진합격전술(分進合擊戰術)을 사용하였다. 주요거점을 공격할 시에는 각 부대가 연합하여 공격하고 그 밖의 목표는 각 부대가 분산하여 공격하였다. 이동시에는 이격하여 이동하고 조선군과 근접하면은 전투력을 집중하여 공격하는 전술이었다. 이는 병참획득을 용이하게 하고 기동과 숙영 등에서 유리하였다. 전투원은 기병(騎士)과 병졸(兵卒)로 나뉘었다. 병졸은 총조, 궁조, 창조로 나뉘어 전투 시에는 장병인 총조가 먼저 조총으로 사격하고 전진하며 이어서 궁조가 활을 쏘아 그 간격을 매구면서 적을 제압하고 단병인 창조는 그 뒤를 따른다. 이어 전기가 포착되면 기병이 돌진하고 칼, 창, 도검 등으로 백병전을 전개했다.

일본군은 전통적으로 단병술을 사용하였으나 서양으로부터 조총을 도입하면서 변화를 가져오게 된다. 도요토미 히데요시(豊臣秀吉)는 장병전술로 전환하면서 기존의 단병무기와 효과적인 배합으로 120년이나 지속되던 내전을 마무리하고 전국을 통일하였다. 특히 조총의 사격능력을 향상시키기 위한 다양한 전술을 개발하여 실전에 사용하였다. 우선 조총을 연사하기 위해 총병을 3열로 배치하고 앞 열부터 차례로 발사하는 삼첩진(三疊陣)이라는 일제사격 전술을 개발하였고, 조총과 궁수를 적절히 혼합하여 단점을 보완 효과를 증진시켰다.

일본수군의 주력선인 누각선은 원해 항해용으로서 삼나무 송판으로 만든 가벼운 배로 지상에서 운용되는 수입한 포를 탑재할 수 없었다. 배 자체도 밑바닥이 V자형으로 안정성이 없고 빠른 조류로 암초에 걸릴 위험이 높았다. 일본수군의 전술은 조총을 발사한 후에 인접의 배로 뛰어올라 벌이는 백병전 외 별다른 전술이 없었다.

이에 비해 일본의 화약병기는 조총(鳥銃)으로 일본의 주 무기이자 유일한 화학무기였다. 일본은 화약병기로는 개인 휴대용인 조총만이 유일했고 대포는 없었다. 이 조총은 1543년 9월 일본 큐슈의 종자도(種子島)에 표류해 온 포르투갈 상인들이 전파하였다. 조총은 전국시대의 일본에서 선풍적인 인기를 끌며 보급되었다. 일본은 각지에서 칼을 만들던 철제기술을 그대로 조총제조기술로 응용하여 제작했다. 동양에서 조총이 사용된 최초의 전투는 1575년 5월 직전신장이 조총 3,000정으로 당시 정예군으로 여겨졌던 기마대를 격파한 장조 전투에서였다 이 전투로 일본 전술은 코페르니쿠스적 변동을 하게 되었으며 그 전통이 조·일 전쟁에 그대로 반영된 것이다. 이 이후 일본은 조총 중심의 족경(足輕)부대의 전투방법으로 바뀌게 되었다.

일본군 조총의 제원은 길이 1m 전후, 유효사정거리는 100~200m이나 주로 50m이내에서 발사했다. 탄환은 무게에 따라 여러 가지가 있으나 주로 소구경탄이 사용되었다. 우천 시에는 화승이 비에 젖어서 성능을 발휘하지 못하고 불발되는 결함이 있었으나 조총은 분당 최대 4발 발사가 가능하고 3발까지 연속발사 할 수 있었으며 치사율은 20%내외였다. 용도에 있어서도 마상과 함선, 수성 등에 사용할 수 있는 다양한 모델이 있었다. 조·일 전쟁 시 일본군은 보병의 약 10~20%가 조총병으로 편성되었다. 일본군도 재래병기로는 활과 도, 창 등을 사용했다. 당시의 일본 활은 나무와 대나무로 만든 것으로 사거리와 관통력에서 조선의 각궁에 비해 현저하게 저하되어 있었다. 이렇듯 동아시아 전장에서도 화약병기가 등장함에 따라 기병시대가 저물고 보병의 또 다시 전장에서 우위에 서게 되었다.

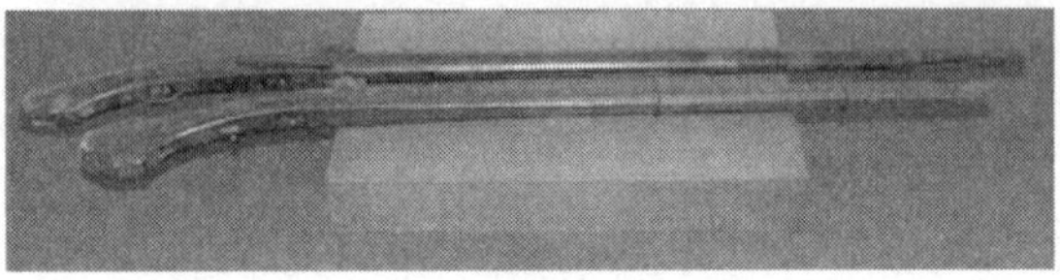

〈조총〉

명군은 북병(北兵)과 남병(南兵)으로 편성된 부대로 편제와 전술이 상이했다. 북병은 북방 유목민의 전술에 대항하기 위한 전술을 사용하였고, 남병은 중국 남부 해안 지방에 출몰하는 왜구에 대항하기 위한 전술을 구사하였다. 따라서 일본군과 같은 무기로 무장한 남군(절강의 척계광이 개발한 전법으로 조총을 소지하고 단병전도 치르는 보병 중심군)이 더 조선전장에서 유용하게 활용되었다. 남군은 불량기포를 비롯한 다양한 화포로 평양성 전투 등에서 활약했다.

명군은 평양 수복 시에 다양한 화포들을 사용하였다. 대표적으로 불랑기포(佛朗機砲)가 사용되었다. 불랑기포는 포르투갈 상인들이 1517년 중국의 광주에 도착했을 때 가져온 화약병기로 중국은 이를 모방하여 대량생산하기에 이르렀다. 불랑기포는 조선의 포와는 다르게 후장식으로 연속 사격이 가능했고, 포의 회전 및 발사각을 조절하면서 조준할 수 있는 성능이 우수한 포였다. 조·일 전쟁 중 중에 조선에 도입되어 전함에도 장착하였다.

다. 전쟁의 시대적 배경 / 원인

조·일 전쟁은 일본이 정명가도(政明假道)를 요구하며 조선을 침공한 전쟁으로 조선 개국 200년째인 1592년부터 1598년까지 무려 7년간이나 진행되었던 근세 동아시아의 국제 전쟁이었다. 당시의 동아시아의 대륙은 원(元)이 멸망한 이후 주원장(朱元璋)이 중원을 통일하고(명) 안정세를 유지하고 있었다. 조선(朝鮮)도 고려를 이어 개창한 이후 안정된 치세를 유지하고 있었다.

일본은 1467년 이후 120여 년간 다이묘(大名)들 간의 대립과 항쟁 시대인 전국시대를 종결짓고 있었다. 오다 노부나가(織田信長)가 통일을 추진하던 중 암살되고(1582), 오다의 부장이었던 도요토미 히데요시(豊信秀吉)가 그 지위를 계승 전국시대를 종료 짓고 통일(1590)을 이루었다

조·일 전쟁은 일본의 도요토미 히데요시가 전국을 통일하는 과정에서 수하 영주들에게 약속한 봉토가 부족하자 이들에게 분봉할 토지를 확보하기 위해서 발생했다. 여기다 도요토미 히데요시의 개인적인 야망과 더불어 전쟁이후 내부의 불만을 외부로 돌리기 위한 술책도 또 하나의 이유로 발생했다. 또한 당시 동아시아는 나폴레옹시대 프랑스의 대영국 봉쇄조치와 같은 상황이 형성되어 있었다. 일본의 삼포왜란(1510)과 을묘왜변(1555) 등으로 조선은 대일 무역을 차단하거나 축소하는 조치를 취했고, 명(明)도 왜구의 잦은 출몰에 따라 해금정책을 추진하여 국교와 무역이 단절되어 있었다. 이러한 상황 하에서 도요토미 히데요시는 전국시대를 거친 잘 조련된 병력들을 이용하여 조선을 침공했다. 특히 조총을 이용하여 전쟁 초반 조선군에 막대한 타격을 주었다.

반면 조선은 1392년 개국 이래 북방의 여진족이나 남방 해변의 왜구와의 변란이 있었지만 대규모 전쟁은 없었다. 따라서 조선은 사대교린(事大交隣)의 외교정책을 기반으로 하여 사대부의 문치주의 국가로 변모하여 있었다. 직접적인 변방지역이 아니면 무관직위도 문관이 차지하거나 겸직하여 전문성이 결여되어 있었고, 무관대비 문관의 우위 전통을 이어가고 있었다. 또한 국가의 방위체제는 제승방략체제로 대규모 전쟁에는 불리한 동원체제를 유지하고 있었다. 오랜 평화의 시대가 지속되면서 병장기는 녹슬고 병사들은 창, 칼을 사용하는 법에 익숙하지 못한 상태였다. 다만 높은 과학수준을 유지하고, 화포와 조선기술에 대한 높은 수준을 유지하고 있었다.

라. 경 과

① **일본군의 상륙과 조선 육군의 패전** 일본군은 도요토미 히데요시(豊臣秀吉)의 명에 따라 조선침공을 개시했다. 편성은 총 9개 번대(番隊) 200,000명으로, 선봉은 제 1번대 고니시 유키나카(小西行長)군 18,700명, 제 2번대 가토 기요마사(加藤清正)군 22,800명, 제 3번대 구로다 나가마사(黑田長政)군 11,000명 등 52,500명 규모였다. 일본군의 특징은 지휘관은 병사들이 살고 있는 고장의 영주로 병사들의 충성심이 강했고, 오랜 전쟁을 통하여 단련된 정예병들이었다. 특히 일본군은 화약병기인 조총을 사용하고 있었다.

일본군은 1592년 4월 13일 저녁 1번대가 700척의 군선을 이용하여 부산 앞바다에 당도했다. 다음 날 아침 일본군은 저항 없이 부산포에 상륙하여 부산성을 함락시키고, 15일에는 동래성을 함락시켰다. 이때 정발(부산진)과 송상현(동래성)이 싸웠으나 패배하고 18일에는 밀양, 20일에는 대구가 함락되었다. 한편 일본군 제2번대와 제3번대는 4월 19일 부산과 낙동강 하구에 상륙하였다.

조선관군은 초전 패배이후 4월 24일 상주에서 다시 한 번 일본군과 격돌했지만 이일이 패전했다. 제승방략 체제에 따라 중앙에서 파견된 조선 육군 총사령관 신립은 문경세재의 험지를 버리고 충주 탄금대 습지에서 기병돌격전술로 일본군과 격돌하여 횡열의 조총부대에 패배(4월 28일)하고 말았다. 동아시아도 화약 무기의 사용으로 인하여 기병이 보병에게 패하는 사태에 이르고 있는 것이었다. 이로써 조선의 관군은 궤멸되었으며, 일본군은 파죽지세로 한양을 향해 북진했다. 조선의 선조가 파천하면서 경복궁은 성난 백성들에 의해 불탔고, 일본군은 부산상륙 14일 만인 5월 2일 한양에 무혈로 입성했다.

② **의병의 활약과 조선 수군의 연승** 조선의 육군이 연전연패 하고 있을 때 수군은 연전연승했다. 수군은 함선 250여 척의 함선에 병력 약 1,5000명을 보유하고 있었다. 함선은 대부분 판옥선(일본은 원양 항해에 유리하도록 가볍게 만든 누각선으로 속도가 있었으나 조선 수군의 함포공격에 취약했다.)이었고, 귀선(龜船)이라 불리는 거북선을 몇 척 보유하고 있었다. 수군 지휘관인 전라좌수사 이순신은 이미 전쟁 준비에 수하여 함선을 건조하고 수군을 조련하며 전쟁에 대비하고 있었다. 특히 함선에는 조선에서 자체 제작한 포들을 함재하여 일본의 경무장한 함선들을 함포사격으로 공격하여 큰 성과를 달성할 수 있었다. 이순신은 해전에 임하여 평소의 군사 조련과 적정 탐지의 정확성, 지형과 조류를 이용한 적절한 전술로 왜군을 격파했다. 이순신은 초기 4회의 출동에서 경이적인 기록을 세웠다.[52)]

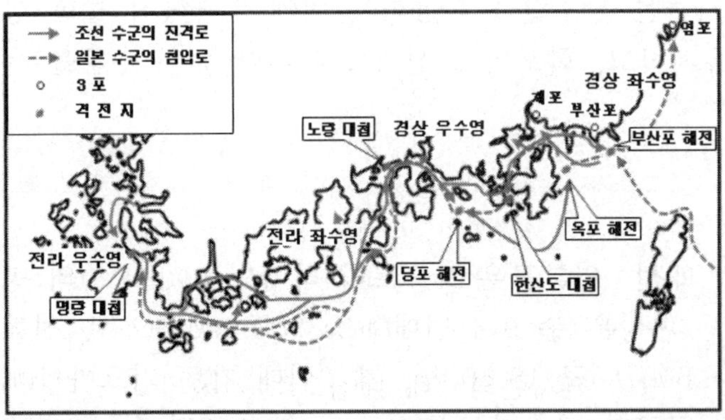

〈이순신의 해전도, 자료: 진영사, 주제가 있는 한국사〉

52) 1차(1592. 5. 4~8) 옥포・합포・적진포, 왜선 37척 격파
2차(동년 5. 29~6. 10) 사천・당포・당항포 왜선 72척 격파, 거북선 사용

이렇게 해전에서 승리를 달성할 수 있었던 것은 이순신의 지휘 통솔력과 조선 수군이 보유한 전선의 우수성 그리고 성능이 우수한 화포 보유와 더불어 사전에 전쟁 대비를 하고 있었기 때문에 가능한 일이었다.

이러한 수군의 승리로 인하여 진군하는 일본군은 병참에 큰 차질을 빚었다. 남해에서 제해권이 상실되자 서해 방면으로 진출이 차단되고 군수지원이 어려워졌다. 또한 각 지역에서는 4월부터 의병이 자생적으로 조직되어 활동하기 시작했다. 의병은 향토지리에 익숙하여 지형을 활용한 유격전술을 사용하여 일본군에 커다란 피해를 입혔고, 후방의 보급선을 위협하여 일본군은 전방에 모든 전투력을 집중할 수 없었다. 일본군은 보급선을 유지하기 위하여 후방에 4~5만 명을 대기시켜야만 했다. 이로써 가득이나 전력이 부족한 일본군은 전방과 후방의 부대로 전력이 분산되었다.

③ **명군의 참전과 강화** 선조는 의주로 파천하여 명에 원군을 요청했다. 명도 이미 일본의 조선 침공을 멀리 류크(오끼나와) 등을 통하여 감지하고 있었다. 하지만 일본의 진출 속도가 예상외로 빠르게 진척되자 조선과 일본의 야합까지 의심하는 상황이었다. 결국 청은 일본군의 다음 목표가 명이라는 사실을 확인하고 일본군의 명 침공을 사전에 차단하기 위해 파병을 결정했다. 명은 국외의 조선에서 일군과 일전을 벌이는 것이 유리하다고 판단한 것이다.

명은 우선 몽골의 반란을 진압한 요동군 3천명을 파견하였다(총 10만명). 일본군은 이미 대동강을 넘어 평양성에 주둔하고 있었다. 요동군은 평양성 탈환 작전을 전개했으나 실패하고 말았다. 1593년 1월에는 이여송을 도독으로 하여 4만명이 파병되었고, 조 · 명(朝 · 明) 연합군은 즉시 반격하여 평양성을 탈환(1593. 1. 9)하였다. 평양성 전투에는 명군의 성능이 우수한 화포가 활용되어 일본군을 격파할 수 있었으며 전쟁의 분수령이 되었다. 하지만 서울로 진격하던 연합군은 벽제에서 왜군의 기습으로 패배(동년 1. 27)했다.

조 · 명 연합군이 일본군과 벽제 일원에서 대기하는 동안 정비가 완료된 조선 관군과 의병들이 활약하기 시작했다. 한양 인접의 고양에서는 순찰사 권율 지휘 하에 행주대첩(1593. 2)을 승리로 장식했다. 이 대첩은 이순신의 한산대첩(1592, 7), 진주대첩(1592. 10)과 함께 임진왜란의 3대 대첩으로 기록되고 있다.

일본군은 행주산성 전투 이후 명군에 가로막히고 조선의 관군과 의병의 반격

3차(동년 7. 6~13 한산도 앞바다에서 거북선을 앞세운 학익진(鶴翼陣)으로 왜선 70여척 포위 전멸(한산대첩), 안골포 해전에서 적선 40여 척 격파
4차(동년 8. 24~9. 2) 절영도, 부산 내항 등에서 적선 100척 격파

이 거세지면서 보급선이 차단되어 더 이상 전투를 수행하기 어렵다고 판단했다. 소서행장(小西行長, 고시니 유키나가)은 강화회담을 제안 하면서 8월 이후 왜군을 남해안으로 철수시켜 수성전술로 전환했다. 이때 명의 입장도 일본과 같았다. 명군은 조선에서 왜군의 진출을 저지시키며 1차적 목적을 달성한 만큼 더 이상의 확전을 원하고 있지 않았다. 명도 일본군의 강화회담을 낙관하고 주력부대를 철수시켰다.

하지만 조선의 입장만은 달랐다. 조선군은 일본군을 완전 섬멸할 계획으로 강화를 반대하고, 일본군에 대한 공격을 계속 진행하였다. 1593년 3월부터 5년여 동안 명의 심유경(沈惟敬)이 명·일 양국을 왕래(1593~1598)하며 강화회담을 추진하였지만 결국 양국의 입장차이(일본은 황제 칭호 사용 및 조선 분할 요구, 명 반대)로 회담은 결렬되고 말았다.

④ **2차 조·일 전쟁과 일본군의 철수** 조선 조정은 1593년 이순신을 삼도수군통제사에 취임시키고, 이듬해에는 훈련도감(訓鍊都監)을 설치하여 전력을 강화하고 있었다. 명과의 강화회담이 결렬되자 일본군이 재침하여 2차 조·일 전쟁이 발생했다. 1597년 1월 14만명의 일본군이 부산에 재상륙했다. 일본군은 이번에는 호남 지역을 집중적으로 공격할 계획이었다. 우선 호남으로 가는 길목이자 1592년에 뼈아프게 패한 진주성을 공격하고 남원으로 진출하였다.

이렇게 사태가 진척되자 명군 5만 5천명이 재 파병되기로 했고, 먼저 선발대 5천명이 도착(1597년 5월)하여 남원 전투에 투입되었다. 그러나 남원 전투에서 명군은 패배하고 남원은 일본군의 만행으로 초토화 되었다(만인의 총). 이후 9월에는 직산에 또 한 번 일본군과 전투가 벌어졌고, 이번에는 일본군이 대패했다. 이 이후 일본군은 더 이상 북상하지 못했다.

1597년 1월 삼도수군통제사 이순신이 하옥되는 사건이 발생했다. 동년 7월에는 칠천량 해전에서 이순신의 후임자 원균, 전라수사 이억기, 충청수사 최호 등이 대패하면서 전사하였다. 이제 조선의 수군은 단지 12척만이 가용했다. 조정은 이순신을 복직시켰고(白衣從軍), 이순신은 명량(울돌목, 진도)으로 일본해군 130여척을 유인 조류를 이용(우리나라에서 조류가 가장 빠르며 세계에서도 5번째로 조류가 빠른 곳으로 알려져 있다.)하여 대파시키면서 일본군의 진출을 허락하지 않았다.

1598년 8월 일본군은 도요토미 히데요시가 죽자 9월부터 퇴각하기 시작했다. 일본군은 협상을 통해 철수하고자 했으나 이순신은 일본군을 가로 막아섰다. 이순신과 명의 진린(陳璘)이 이끄는 연합수군은 동년 11월 18일 전남 순천 일대에서 철수하는 일본군과 노량(경남 남해)에서 맞섰다. 이순신은 2차 조·일 전쟁의 마지막 전투가 된 이 전투를 승리로 이끌면서 전사했다.

라. 결과 / 영향

조 · 일 전쟁은 명과 조선 그리고 일본이 참가하여 치러진 16세기 말 동아시아 국제 전쟁이었다(일본군 20만명, 조선군 17만 2천명, 명군 10만명). 조선은 일본의 침략을 분쇄하면서 정명가도(政明假道)도 막아냈다. 특히 조선과 일본은 국가의 사활을 건 총력전으로 임했다(조선인 200만명 사망, 10~15만명 포로 추정). 조 · 일 전쟁에서 일본이 승리하지 못한 이유는 우선 일본군의 전력이 조선군을 압도할 수 없었으며, 둘째로는 조선 수군의 제해권 장악과 의병의 병참선 차단 및 유격활동, 조선의 우수한 화약무기와 마지막으로 명군의 참전 등이었다.

전쟁의 참화가 휩쓸고 간 조선의 피해는 실로 엄청났다. 호구수가 급감(중종 38년, 1543, 전국의 호수 : 836,669호, 인구 4,162,021명, 인조 17년, 1639, 전국의 호수 : 441,827호, 인구 1,860,484명)했다. 물적 피해도 컸다. 전란으로 토지는 황폐화(임란 전 170만결이 임란 후에는 54만결로 축소)되었다. 토지대장이 소실되어 사회 기반체제 자체가 흔들렸고, 문화재 또한 다량 손실을 입거나 약탈당했다. 사고와 왕릉이 약탈되고 귀중한 서적과 도자기가 반출되었다. 특히 신분제의 붕괴로 인하여 조선 사회는 전기에서 후기로 넘어가는 새로운 전기를 맞게 된다.

한편에서는 감자와 고구마 등의 구황식물과 더불어 담배가 전해지기도 했다. 조선은 외교적으로는 대명 사대가 심화 되었으며, 군사적으로는 신 병법이 도입(기효신서 『紀效新書』, 척계광의 속오법과 삼수병법의 도입으로 훈련도감 신설) 되었다. 새로운 화포가 개발되고, 일군으로부터 조총의 화약병기 기술을 습득했다.

전쟁을 일으킨 일본도 도요토미 막부가 다이묘에 대한 통제력을 상실하면서 도쿠가와 이에야스(德川家康)가 주동이 된 에도막부(江戶幕府)가 성립되게 되었다. 전쟁 종료 후 일본은 비약적인 문화 발전을 이루었다. 조선으로부터 성리학(퇴계집을 비롯한 전적)과 인쇄술이 전래되어 크게 번성하였다. 특히 포로가 된 유학자들은 일본 퇴계학의 발전을 이끌었다. 일본으로 끌려간 도공들에 의해 도자기 기술도 획기적으로 발전했다. 일본은 이 도자기를 서양에 수출하여 근대 일본으로 성장할 수 있는 국부를 쌓았다. 한편 전쟁에 참여했던 명은 누적된 부정부패와 전비로 위축되었고, 만주족의 누르하치에 의해 쇠망의 길로 들어서 청(淸, 1636)이 건국되었다.

제3장

근대시대 전쟁

제1절 전쟁의 특징
제2절 나폴레옹 전쟁
제3절 국민 전쟁
제4절 동아시아 전쟁

나폴레옹 전투(좌상)
보불 전쟁(좌하)

청일 전쟁(우상)
러일 전쟁(우하)

제1절 전쟁의 특징

가. 근대의 세계와 문화

인류사에 있어 근대의 시기는 대략 18세기 후반부터 진행되기 시작했다. 역사적 적 사건으로는 프랑스혁명(1789)을 전후한 시기부터 제1차 세계대전이 발발하기 이전까지의 시기에 해당한다. 근대 이전의 시기는 절대왕정이라 불리는 군주정의 시대로 프랑스의 루이 14세, 프로이센의 프리드리히 대왕, 러시아의 표도르 대제 등이 절대왕정의 절정기를 누리고 있었다. 절대왕정은 절대 권력을 상징하는 것으로 이익을 위해서는 전쟁도 마다하지 않았으며 이를 위해 강력한 군대를 양성 하였다. 프랑스군은 유럽 최강의 군대이기도 했다.

근대사회는 왕정이 붕괴되면서 공화정이 들어서고 시민의 정치 참여가 높아지면서 자유주의와 민족주의의 발전을 촉진하게 되었다. 사회적으로는 권위적이고 폐쇄적인 권위주위가 타파되면 서민권이 신장되고 인간의 평등개념과 존 엄성이 존중되었고, 경제면에서는 자유로운 경제활동을 보장하는 자본주의가 등장하기 시작한다. 시민혁명(17~18세기)기 새롭게 등장한 근대 시민계급(상공업 등 경제기반에 프로테스탄트적 윤리와 지식을 갖춘 부르주아 계층)은 절대왕정을 무너뜨리고 정치의 중심으로 자리 잡았다[영국 : 청교도혁명(1640~60) → 명예혁명(1688), 미국 : 독립혁명(1776), 프랑스혁명(1789~94)]. 특히 프랑스혁명이후 나폴레옹군에 의해 자유주의(Liberalism)와 민족주의(Nationalism) 이념이 유럽 전역으로 확산되었다.

18세기 중엽부터 영국에서 산업혁명이 시작되어 전 유럽으로 확산되었고, 기술의 혁신과 함께 산업이 비약적으로 발전하였다. 장비와 물자가 대량생산되었고, 개인주의와 합리주의에 바탕을 둔 세속적인 인간 중심 문화도 발전하기 시작하여 인류의 생활에 큰 변혁을 불러왔다.

19세기 후반 들어 영국, 프랑스, 독일 등의 제국주의 세력은 발전된 문물을 앞세워 세계의 각 지역으로 침탈을 감행하기 시작했다. 이는 산업의 발전에 따른 시장 개척 문제가 가장 큰 원인(독점자본주의의 탄생 ; 과잉생산으로 인한 경제불황 → 중소기업의 몰락 → 금융 자본을 바탕으로 한 거대 독점 기업의 등장)이었고, 사회적으로는 사회진화론의 등장에 따른 침략적 민족우월주의였으며 군사적 발전은 이를 뒷받침했다.

〈불타는 바스티유 감옥〉

나. 전쟁 양상의 변화

근대 유럽의 전쟁은 중세 이래 왕조나 지역적 성격의 체제로 나뉘어 있던 집단을 '민족국가'로 통합해 나가는 과정이었다. 중세부터 진행되던 종교전쟁, 왕조전쟁 등은 프랑스혁명 이후(18세기 말) 국민전쟁으로 전환되었다. 정치제제가 군주제에서 공화제로 전환됨으로 해서 전쟁은 국가대 국가의 전쟁이 되었고, 국민의 생사를 가늠하는 국민의 전쟁이 되었다. 또한 전쟁은 민족국가의 영토 확장이나 식민지 주도권 확보 및 유지를 위해 전개되었다.

특히 근대전쟁은 단일 역사시대로 설명하기에는 무리가 있을 만큼 인류의 역사에서 기술적 진보와 전쟁의 폭이 급속하면서도 광범위하게 확장되었다. 따라서 근대의 전쟁은 무기의 발전 정도와 전쟁 통제의 방식 변화에 따라 나폴레옹전쟁시대와 19세기의 국민전쟁시대로 나누어 볼 수 있다.

나폴레옹전쟁시대에는 무기의 발전이 더딘 반면 걸출한 전쟁영웅 나폴레옹에 의한 전술이 크게 발전한 시기였다. 나폴레옹전쟁시기에는 공화제가 시행됨에 따라 징병제가 시행되어 병력충원이 국민개병제로 전환되었다. 이에 따라 전장이 광역화되어 작전술의 개념이 잉태되고 '임무형 지휘'가 실현되었다. 또한 제병협동작전이 계획되기 시작했고, 보병의 산병전술이 도입되었으며, 병과가 구분되었고, 포병이 조직적으로 운용되기 시작하였다.

국민전쟁시대에는 산업혁명에 따라 병기뿐만이 아니라 사회의 제반 기술과 시스템이 급속히 발전하였으며 전쟁에 광범위하게 관여되어졌다. 나폴레옹전쟁 이전까지의 전쟁이 인간의 의지에 의한 전쟁이었다면 나폴레옹 후기전역부터의 전장은 인간의 의지를 벗어난 '시스템'에 의한 전쟁으로 변모해 나갔다. 여기서 말하는 시스템이란 전쟁을 지배하고 통제하는 능력을 의미한다. 이는 전쟁에 자원을 효율적으로 동원하고, 병력과 물자의 자원을 적재적소에 배치하고 수송할 수 있는 능력이며, 이를 지속가능하도록 지원할 수 있는 병참능력과 이를 운용할 수 있는 우수한 참모진을 의미하는 것이다. 따라서 전쟁은 일개의 전쟁영웅보다는 국민 전체가 조직에 의해 움직이는 전쟁이 되었다.

국민전쟁이래 무기 성능의 확대로 인해 그 파괴력이 증대되어 전쟁은 참혹하기가 그지없었다. 고대 전장에서부터 수천 년 동안 사용되던 말과 창, 활 등 완력을 이용한 무기는 퇴장했고, 성능이 향상된 화약무기는 전장양상을 완전히 뒤바꾸어 놓았다. 이전의 무기가 전술의 필요에 의하여 개발되었다면 이제는 무기체계에 따라 전술이 바뀌는 시대를 맞이하게 되었다. 인간이 사라진 전장에서 시스템의 조직이 활약하기 시작했다.

제2절 나폴레옹 전쟁

1. 프랑스혁명과 나폴레옹
2. 전쟁의 특징
3. 나폴레옹의 주요 전역

1. 프랑스 혁명과 나폴레옹

가. 프랑스 혁명

프랑스 혁명(1789. 7. 14 ~ 1794. 7. 27)은 인류 역사에서 자유, 평등, 박애라는 천부인권사상(天賦人權思想)을 바탕으로 정치권력을 소수의 왕족이나 귀족으로부터 일반 시민에게 옮기는 전환점이 된 사건이었다. 혁명은 나폴레옹(Napol on Bonaparte) 전쟁을 통해 그 이념이 전 유럽에 전파되면서 민주주의와 민족주의 발전의 토대가 되었다.

프랑스혁명은 절대왕정 시대의 '앙시앙 레즘(Ancien Regime)'이라는 구제도의 모순에서 발단되었다. 첫째는 정치와 경제 권력의 집중에서 오는 사회적 불평등이었고, 둘째로는 프랑스 민중의 사회개혁 의지, 마지막으로 루이 14(Louis XIV)세의 과도한 전쟁(대 프로이센. 북아메리카 독립 지원)과 왕실의 사치로 인한 지출이었으며 연이은 흉작은 혁명의 기폭제가 되었다.

재정압박에 시달리던 루이 16세(Louis X VI)는 명사회(名士會)를 소집해 특권 계층에게도 세금을 부과하는 개혁안을 제시하였다. 그러자 귀족들은 개혁안을 거부하고 삼부회(三部會) 소집을 요구했다. 이 과정에서 평민대표(부르주아, Bourgeois)들은 일부 가톨릭 사제 및 자유주의 귀족과 연합으로 '국민의회(National Assembly)'를 구성하고 '테니스 코드장 서약(왕과 귀족들이 해산 거부, 부르조아 혁명)'을 통해 정치의 주역으로 등장했다.

이에 루이 16세는 베르사이유궁에 군대를 집결시켰고, 삼부회의 평민대표를 선출한 파리의 선거인단은 자치위원회를 구성하여 민병대(후일의 국민방위군)를 조직했다. 파리 시민들은 1789년 7월 14일 식량문제 해결을 위해 계몽사상가들이 투옥되어 있는 바스티유(Bastille) 감옥을 습격하면서 프랑스 혁명이 시작되었다. 절대주의의 상징인 바스티유가 함락되자 혁명의 불길은 확대되었다. 루이 16세는 진압을 요청하기 위해 오스트리아로 탈출하다 체포되었고, 1791년 9월 최초의 헌법이 제정되었다. 1972년에는 프랑스 혁명의 확산을 두려워한 오스트리아와 프로이센이 '필니즈 선언(양 국은 "루이 16세의 제위를 보장하지 않으면 전쟁을 하겠다."고 압박했다.)'을 단행하자 프랑스 혁명정부(지롱드파 왕당파 타도 정권장악, 의용군 봉기)는 1792년 4월 오스트리아에 대해 선전포고를 단행하여 전쟁이 발발했다. 하지만 귀족출신 장교들이 대부분 해외로 도피한 프랑스군은 패배하고 말았다. 곧이어 프로이센군이 국경을 넘어 프랑스 영토로 침입하자 프랑스 각지에서 조직된 의용병들이 파리로 집결했다.

파리 시민과 의용병은 1792년 왕권을 중지시키고 루이 16세를 처형했다. 이때 오스트리아와 영국 등이 제1차 대불동맹(對佛同盟)을 결성했다. 하지만 제1차 대불동맹은 나폴레옹의 군사적 활약으로 무용지물이 되고 말았다. 1794년 7월 27일 테르미도르(Thermidor) 쿠데타가 발생하여 공포정치가 종식되고, 최초의 입헌 공화국이 성립되었다. 인접국들이 제2차 대불동맹을 체결하자 프랑스를 구할 수 있는 인물로 나폴레옹이 지목되었다.

나. 나폴레옹(Napoleon Ⅰ)

나폴레옹은 1769년 코르시카(Corsica)섬에서 출생했고, 1784년 파리 육군사관학교에 입학하여 포병 소위로 임관했다. 나폴레옹은 1789년 프랑스혁명이 발발했을 시는 코르시카에서 국민병으로 활약하고 있었다. 1793년 가을 나폴레옹은 영국과 스페인이 봉쇄한 툴롱(Toulon) 항구를 개방하고, 왕당파 반란군을 토벌하는 과정에서 무훈을 세워 24세에 소장으로 승진했다. 이어 파리에 반란(1795, 10, 5) 폭도들을 제압한 사건으로 인해 바라스의 신임을 얻었다.

27세의 나폴레옹은 1796년 두 아들의 어머니 조세핀(Josephine)과 결혼하고, 원정군 사령관으로 임명되어 이집트로 출정했다(1798). 이후 1799년에는 제1통령, 1804년에는 황제에 취임했다.

① **전략사상** 나폴레옹은 유럽의 장군들이 구시대의 전략과 전술에 집착하고 있을 때 기동성을 갖춘 소수의 부대로는 적의 대부대를 견제토록 하고, 주력부대는 적의 병참선을 차단하여 격파하는 간접접근전략을 사용하였다. 또한 병력을 전선에 이르기까지는 분진시키다가 적의 주력을 발견하게 되면 신속히 집결, 결전 시에는 항상 적보다 우세한 전투력을 유지했다. 패주하는 적에 대해서는 과감한 추격으로 섬멸하였다. 따라서 나폴레옹의 군사전략은 간접접근전략을 이용하여 과감한 기동으로 적을 격파한 뒤 무자비한 추격을 수행하는 '결전위

주 섬멸전략'을 추구했다.

나폴레옹은 포위 및 우회기동이 불가능할 시 또는 적을 압도하는 전투력을 보유하고 있지 않을 시 물러나 순수한 방어형태를 취하기보다는 언제나 내선작전에 의한 공세적 방어를 선택했다. 내선(內線)상 전투란 적보다 상대적으로 중앙에 위치하여 실시하는 전투이다. 어느 1개 부대가 적과 대치하고 있거나 포위되었을 시 상대적으로 약한 적에게 일부를 배치하고 잔여병력의 전부 또는 일부를 연속적으로 적 정면에 투입하여 각개격파 하는 전투이다. 나폴레옹은 최초 공격으로 적을 분할시키거나 또는 최초부터 분할된 상태에서 접근해 오는 적의 접합부 사이로 기동하여 들어가 일부러 적의 내선에 위치한 후 비교적 약한 적부터 격파해 나갔다.

② **전투방법** 나폴레옹은 결전에 앞서 일부 병력을 산개대형으로 전진시켜 적을 교란 및 견제하여 움직이지 못하도록 하고, 선형으로 늘어선 적들을 횡대대형의 보병부대가 사격으로 압박하도록 했다. 특히 포병은 공격준비 사격 시 보병보다 훨씬 전방으로 추진해서 집중 화력을 지원한 후 보병이 이를 초월하여 전진하도록 하였다.

적이 예비대를 투입하면 기동력 있는 기병 등을 위회기동 시켜 적의 병참선과 퇴로를 차단했다. 적이 어쩔 수 없이 전방의 부대를 후방으로 돌릴 때 포병 화력을 적의 대열에 집중시킨다. 적의 대열에 균열이 확대되면 밀집종대의 보병부대를 투입시켜 붕괴시킨다. 이어 붕괴된 대열에 기병을 투입하고 우회한 기병도 합류해 적을 포위하여 격멸시킨다.

③ **위대성** 나폴레옹은 중세의 징기스칸이래 전장의 개념을 획기적으로 발전시킨 불세출의 영웅이자 군사천재였다. 나폴레옹은 18세기 후반부터 발전하고 있던 군대제도, 규율, 특히 포병체제 등을 19세기 초 10년 동안 개혁하고, 전술 및 전략분야에서 혁명적인 변화를 이끌어 냈다. 19세기 초반부터 약 50년 동안 유럽의 전장을 지배했으며, 현대에 이르기까지 영향을 미치고 있다.

전장에서 나폴레옹이 취한 대부분의 조치들은 전술가들에 의하여 지상작전 원칙에 부합하는 것으로 인정되고 있다. 이는 생애 총 8천권의 책을 읽었다는 나폴레옹의 "연구와 사색의 결과"라 할 수 있다. 나폴레옹의 위대성은 여기에다 약관의 나이에 대 선배 벌의 장군들을 지휘하는 통솔력과 오합지졸의 장병을 민족주위를 이용해 단숨에 천하 제1의 강군으로 만드는 용병능력에 있었다. 또한 현실을 직시하고 파악하는 천재적 소질과 혜안을 지니고 있었다.

④ **실패** 나폴레옹은 전장에서 승리를 더해가고 정치적으로는 황제의 위치에 오르면서 독선을 보이기 시작했다. 부하들은 모든 것을 나폴레옹에게 의지하게 되었고, 창조적이고 융통성 있는 사고가 결여되어갔다. 나폴레옹 없이는 이제 프랑스는 승리할 수 없었다. 하지만 나폴레옹 후기의 전장은 이제 어느 한 사람의 통제에 의하여 지배되는 전장이 아니었다. 전장의 광역화와 과학기술의 진보로 인해 전장은 개인보다는 시스템에 의한 통제로 변모해가고 있었다. 나폴레옹은 부하들의 교육과 전술관을 공유하는데 실패했다. 또한 나폴레옹은 지나칠 정도로 정신력을 강조하고 적절한 보급과 지원을 등한시했다.

⑤ **나폴레옹 전쟁의 의미** 나폴레옹 전쟁의 문명사적 의의는 프랑스혁명의 사상과 이후 전쟁에서 발생되는 자주독립정신을 유럽 전역에 전파한데 있다고 할 수 있다. 나폴레옹 전쟁은 군사사상, 군사제도 및 전투수행방법 등 모든 분야에서도 현대전쟁으로의 전환점이 되었다. 프랑스 혁명기의 전쟁을 '나폴레옹 전쟁'이라 칭할 만큼 나폴레옹 개인이 차지하는 비중은 절대적이었다.

군사적 변화상과 함께 현대전쟁으로 전환하게 된 것은 전술의 상위 영역인 작전술의 인식에 있었다. 작전술은 "전술적 수단들을 결합시키고, 연계시키는 활동으로서 전략지침을 토대로 작전적 목표를 설정하고, 연속된 일련의 작전 및 전투를 조직하고 주력 작전을 결정하며, 가용자원을 배분 및 운용"하는 것이라고 정의된다. 그렇지만 이 작전술은 고대로부터 나폴레옹전쟁이전까지는 대부분의 전쟁이 병력 수에 관계없이 단일회전이나 한 두 번의 결정적 전투로 승패가 결정되어 버리곤 했기 때문에 확인될 수 없었다.

그러나 나폴레옹 전쟁은 부대의 새로운 제대편성과 병참의 개선, 기동속도변화와 더불어 전장이 대륙적 차원으로 확대됨으로 해서 이제는 한 번의 전투가 아닌 여러 번의 전투와 전투가 이어지는 전쟁으로 변모되었다. 따라서 한 번의 전투에서 승리했다고 해서 전쟁에서 승리하는 것이 아니었다. 전역(戰役 : Campaign)이라고 하는 공간(주어진 시간과 공간 내에서 전략적 또는 작전적 목표를 달성하기 위해 실시하는 일련의 연관된 군사작전 지역)에서 승리해야 최종적으로 전쟁에서 승리할 수 있게 되었다. 나폴레옹 자신도 유럽의 전역에서 전투를 진행하면서도 이러한 작전술에 대한 명확한 인식을 한 것은 아니었다. 작전술은 나폴레옹 전쟁을 통하여 인식되기 시작하여 구소련에서 확립되었다.

또한 나폴레옹의 전쟁 사상은 그의 사후 클라우제비츠나 죠미니 등의 군사이론가들에 의해 정리되어 유럽 전역의 군사사상을 지배하게 되었고, 그 이후 지금에 이르기까지 군사상의 기저를 형성하고 있다.

2. 전쟁의 특징

18세기말 프랑스 혁명은 국민국가, 주권국민 자각의 혁명적 열기에서 비롯되었으나 오히려 군사제도 전반에도 큰 영향을 미쳤다. 국민들은 전쟁에 대하여 "국가의 안위를 지키고, 민족의 생존을 보장받기 위한 국민의 전쟁"이란 인식을 하게 되었다. 이에 따라 프랑스 혁명정부는 발미(Valmy) 전투(1792)에서 프러시아-오스트리아의 제1차 대불동맹군(大佛同盟軍)을 격파한 뒤 2년 후인 1793년 8월 국민을 총 동원할 수 있는 강제 동원 법령을 선포하였다.

제1차 대불동맹을 체결한 동맹군이 프랑스 국경을 넘을 시, 프랑스 육군대신 카르노의 대국민 호소문[1]이 당시 상황을 잘 설명하고 있다. 프랑스 국민의회는 징병제도를 도입하여(1793. 8. 23) 병력을 20만에서 75만으로 획기적으로 증강시켰고, 국민군은 나폴레옹전쟁시대 군사제도의 가장 큰 특징이 되었다.

이 국민군의 출현은 전제왕권 시대의 사상적, 현실적 기반을 근원적으로 붕괴시키면서 사회 및 군 시스템에 새로운 이념을 제공했다. 병력충원제도는 그간의 용병제를 벗어나 국민군제도를 도입하기 시작하여 의무복무제도인 '국민개병제'가 시행되었다. 또한 국민이 전장에 동원되면서 총력전의 개념이 탄생했다. 비록 국민군은 훈련 면 등에서 용병보다는 미흡했지만 국가에 대한 애국심은 부족한 분야를 대치하고 도 남았다.[2]

① **군사제도** 군 자원의 대량획득과 더불어 국민군이 편성되자 혁명적 변화가 일어나기 시작했다. 우선 국민군이 편성됨에 따라 대규모의 적극적인 작전전개가 가능해졌다. 이제는 충성스런 자원으로 편성되었기 때문에 군기유지나 탈영에 관심을 유지할 필요가 없어졌다.

군대는 더 나아가 공동의 목표를 향하여 개별적으로 활동할 수 있는 사단(Division), 군단(Corp) 등의 편제를 갖추기 시작했다. 사단 편성은 나폴레옹이 기베르가 편성한 대대, 연대의 개념을 발전시킨 것으로 이전의 보병과 기병, 포병이 별도의 병종으로 편조되어 합동 전투를 하던 방식에서 벗어나 보병, 기병, 포병을 사단이라는 제대에 예속하여 혼합 편성하였다. 물론 독립 포병과

---

1) "무기를 들 수 있는 전 장정은 전쟁에 나오고, 노약자와 아녀자는 군수 물자를 생산하고 보급하는 일에 봉사하라"

2) 프랑스군은 국민군으로 충성심이 강하고 병사들은 자기가 할 임무를 스스로 알아서 처리했기 때문에 장교들은 이들을 감시하기보다는 앞서 진두지휘할 여력이 생겼다. 이전의 프리드리히 대왕은 병사들이 적을 무서워하는 만큼 장교를 무서워 해야 한다고 했으나, 국민군은 스스로 싸우기 때문에 사기가 높았다.

기병도 운용되었다. 이러한 3병 전술은 근세의 제병협동전술의 발전을 선도하였다.

나폴레옹은 3개 사단을 묶어 군단이라는 제대를 편성하였다. 군단이 편성되면서 독립작전이 가능해지고 '작전술'이라는 새로운 용병술 영역이 개척되기 시작했다. 작전술의 발전으로 인하여 전쟁은 전군이 동시에 진행하는 단일회전에서 벗어나 광범위한 지역에서 수차례의 회전을 치르는 양상으로 변모해 나갔다. 또한 부대 융통성 증가와 함께 독립작전, 추격 등이 가능해졌다. 독립작전과 함께 지휘관들은 일일이 간섭하는 단계에서 벗어나 임무를 부여하고 확인하는 '임무형 지휘'를 실시하게 되었다. 이러한 임무형 지휘는 지휘관과 부대의 융통성을 보장함에 따라 작전의 효율성을 극대화 할 수 있었다.

장교 또한 개방직으로 우수한 자원을 확보할 수 있는 길을 열어 놓았다. 교육제도의 확대로 병역자원의 수준이 향상되고 전쟁목적에 대한 이해의 폭이 넓어지면서 군내부의 기강도 향상되었다. 따라서 그간의 집단 훈련대신 각 개인의 판단과 독창력을 존중하게 되어 군의 융통성을 증가시켰다.

고대로부터 전쟁의 보급제도는 현지조달이 기본이었다. 용병이 기용되면서 용병들의 분산을 방지하고 현지 주민을 보호하기 위하여 2, 3일 거리에 창고를 운용하면서 보급을 지원해야만 했다. 창고를 피탈당하면 전투력 유지 자체가 불가능 해져 이를 보호해기위한 많은 병력이 소요되었다. 나폴레옹은 적국 내에서도 프랑스 혁명정신을 흠모한 현지주민의 협조로 일부 보급품을 현지에서 획득·조달할 수 있었다. 산개된 전투단위는 현지 조달이 더욱 용이하게 했다. 수송수단의 발전 또한 창고제도를 폐지할 수 있게 했다. 따라서 창고경비와 병참선 확보를 위한 노력을 절약할 수 있었고, 부대 경량화로 인하여 신속한 기동이 가능해졌다. 하지만 대규모 부대의 병참문제는 곧 한계에 부딪혔다. 병참은 스페인에서 대규모 반란을 유발시켰고, 러시아 원정에서 나폴레옹군에게 큰 타격을 주게 된다.

② **전술** 보병의 전투대형이 밀집종(횡)대 대형에서 산병전술로 변환되어 각개 전투원의 역량이 최대한 발휘되었다. 당시 전장은 총이 등장한 이후 횡대대형이 정착되어 있었다. 횡대대형은 전방에 화력집중이 용이하기는 하지만 기동의 문제점과 더불어 화력에 있어 전열 2열만이 사격을 할 수 있다는 단점이 있었다. 이 횡대대형도 기본적으로는 밀집대형[3]이었다. 나폴레옹은 기베르(Guibert)나

3) 1개 대대 300~400명을 3~4열 횡대의 밀집대형으로 배치하고 양익에는 기병을 배치한다. 주력

폴라드(Folard)의 건의를 받아들여 횡대(주력부대)와 종대(예비대) 그리고 소규모 산병(散兵, 견제부대)으로 이루어진 혼합대형을 발전시켰다. 이 대형은 산병이 적의 병력이 집중되는 것을 방지하고, 주력부대가 소총을 발사할 때 후방의 예비대가 종대대형으로 적군의 대형을 돌파하는 전술이었다.

나폴레옹은 자신의 이러한 전술을 충족시키기 위해 기동속도와 행군속도를 향상시키고자 노력하였다. 18세기의 유럽 군대는 병력의 3분의 1 또는 반수 이상의 말을 탄약이나 막사 등 치중물자를 운반하는데 사용하여 병력이 적은 데도 불구하고 기동 속도는 매우 느렸다. 나폴레옹은 기동속도를 당시 유럽의 평균 행군속도인 1분당 70보~90보에서 120보로 속도로 증가시켰다. 이러한 속보는 나폴레옹군이 적보다 유리한 위치를 선점하고 전투력을 집중시키는데 유리하게 작했다. 병조림[4]의 사용과 도로망을 확충해 기동속도를 향상시켰다.

전술상 또 하나의 커다란 변화는 포병의 운용이었다. 포병장교 나폴레옹은 포신이 짧아진 경포를 말이 견인하게 하여 운용하였으며, 포병을 한 곳에 집중 배치하여 운용함으로써 화포의 위력을 극대화 시켰다. 나폴레옹은 병력이 많이 상실되었을 때도 항상 정예 포병을 유지했으며, 보병 진출 앞에 사격하여 적 대열을 와해시켰다. 나폴레옹 당시 기병도 명맥을 유지했다. 경기병(샤쇠르, 후사르)은 기동력이 필요한 정찰과 추격 등에 사용되었으며, 중기병 퀴러시어는 결정적인 순간에 대형을 형성하여 공격에 가담했다.

중세기에 맥이 끊겼던 전략과 전술이 이렇게 전장에서 다시 발현(發現)되기 시작했다. 이때 클라우제비츠와 죠미니와 같은 군사사상가와 나폴레옹, 네슨, 웰링턴과 같은 위대한 장군들이 등장했으며 이들의 식견은 현대 군을 완성하는 방향키가 되었다.

③ **무기**[5] 17세기에 들어서서 전장에는 또 하나의 회기적인 무기가 등장했다. 바로 보병의 총검(bayonet)이었다. 총검병의 아이디어는 프랑스의 루이 14세 때 실현되었으나, 30년 전쟁까지만 해도 총병과 창병은 별도 병종이었다. 하지만 총검이 등장하면서 총병이 창병 역할을 동시에 수행함에 따라 1704년 영국을 선두로 창병은 전장에서 종말을 고하기 시작했다.

의 후방에는 포병을 배치하며 단일 회전에서 결정적 승리를 달성하려는 경향이 지배적이다.

4) 프랑스군(니콜라 아페르 발명, 나폴레옹으로부터 상금 수령)은 병 안에 고기와 채소(양배추, 브로콜리, 당근, 양파)를 넣어 휴대의 편리성과 기동 속도를 향상 시켰다. 특히 불을 피우지 않아도 되기 때문에 속도가 빨랐다. 이후 영국은 병조림을 가하는 통조림을 제조했다.

5) 정명복, 〈쉽고 재미있는 생생 무기와 전쟁이야기〉, 2012. pp.126~148

18세기 말 또 하나의 발전은 대포였다. 일반적으로 포가 결정적으로 사용된 것은 크랏시 전투로 보고 있다. 1740년 경 드릴로 대포에 구멍을 뚫는 방법으로 포신을 강화하고 발사물을 정밀하게 일치시켰다. 또한 중량을 줄이면서도 사정거리를 늘릴 수 있는 방법이 고안되었다. 1765년 이후 프랑스에서는 포신을 단축시키면서(그리보발, Gribeauval) 말로 포를 견인함으로써 포병대의 기동력을 대폭 증가시켰다. 이에 따라 포병도 보병과 같이 행군할 수 있게 되었다.

〈그리보발의 12파운드 포〉

또한 코그스(Coke) 제조법이 발명되어 청동대포 대신 철 대포가 생산되었다. 18세기 초에는 거의 모든 부대가 대포를 편제하게 되었다(통상 400명당 대포 1문 편제). 더욱이 나폴레옹 등장 이후 포병은 근대의 전장에서 주역으로 자리잡으며 전장의 필수불가결한 존재가 되었다. 비록 말이 포를 견인하였지만 나폴레옹은 대포를 활용하여 늘어선 적의 진지를 돌파하는 전술을 효과적으로 구사하였다. 나폴레옹이후 18세기 말에서 19세기 초까지 서유럽의 제국들은 적의 진지에 집중적인 사격을 가해 돌파구를 형성하고 기병으로 확장하는 전술을 활용하고 있었다. 하지만 1815년경의 대포는 150~300mm의 구경에 사거리는 500m 정도의 능력을 보유하고 있었다.

3. 나폴레옹의 주요 전역

가. 개요

나폴레옹은 최초 전역(1797)인 롬바르디(Lombardy) 전역에서 오스트리아군을 격파하고 북상하여 오스트리아의 수도인 비엔나를 점령했다. 나폴레옹은 이때 오스트리아와 캄포 포르미오(Campo Formio)조약을 체결(1797. 10)하고 벨기에와 롬바르디아 평원을 접수했다.

이후 나폴레옹은 영국에 대한 경제적 압박을 가할 목적으로 영국 인도항로를 차단하기 위해 이집트를 원정[6]했다. 사령관인 나폴레옹은 1798년 7월 3만 5천명의 병력을 이끌고 피라미드 전투[7]에서 승리했다. 하지만 그해 7월 영국 함대가 프랑스 해군을 아부키르(Aboukir)만에서 격파했다. 러시아는 지중해로 접근하면서 영국과 제2차 대불동맹(영국을 중심으로 러시아 · 오스트리아 · 터키 · 포루투갈 · 시칠리아)을 체결하고 프랑스를 압박했다. 또한 본국의 혁명정부(총재 정부로 5명의 총재가 통치하던 기간)가 부르주아 부수세력에게 협공을 당하고 있었다.

국내외의 정세를 관망하던 나폴레옹은 군대를 부하들에게 인계하고 귀국하여 쿠데타를 일으켜(1799, 8), 원로원으로부터 10년 임기의 제1통령으로 임명되었다. 이로써 나폴레옹은 30세의 나이에 사실상 프랑스 정권을 손에 넣었다. 나폴레옹은 대불동맹국이 화의를 거절하자 대(對)오스트리아의 결전을 서둘러 1800년 알프스를 넘어 마랭고 전투에서 두 번째 이탈리아 전역을 승리로 장식했다. 이어 영국과 아이맹 화약(1802)을 맺으면서 제2차 대불동맹을 완전히 붕괴시켰다. 나폴레옹은 1804년 12월에는 인민투표로 황제에 즉위하였고, 노트르담에서 대관식을 갖고 이탈리아 황제를 겸하였다

영국은 자국의 경제시장을 보호하기 위해 대륙의 여러 나라와 1805년 제3차 대불동맹(영국 · 오스트리아 · 러시아)을 맺었다. 이에 따라 영국을 최대의 적으로 간주하고 있던 나폴레옹은 곧 영국 상륙작전을 계획했다. 이때 오스트리아군이 먼저 다가오자 울름전역에서 이를 격파했다. 하지만 프랑스 함대가 트라팔가(Trafalgar) 해전에서 넬슨(Horatio Nelson)의 영국 함대에 격파되어 도버해협을 건너지는 못했다.

동년 12월 오스트리아 · 러시아군이 연합 공격했다. 나폴레옹군은 아우스텔리츠 전투에서 승리하면서 유럽을 제패했다(파리에 현재의 개선문 건립). 이때 프랑스 육

6) 나폴레옹군이 거느리고 간 학자들이 로세타(Rosetta Stone)를 발견하여 이집트학의 길을 열었다.
7) 피라미드 전투(프랑스어:Bataille des Pyramides) 또는 엠바베 전투라 한다. 이집트에서 나폴레옹이 이끄는 프랑스군과 이슬람계의 맘루크군 사이에서 벌어진 전투다. 나폴레옹은 이 전투에서 사단을 방진 대형으로 편성하는 전술을 펼쳐 승리했다.

군이 승리할 수 있었던 이유는 당시 다른 나라 군대는 전 근대적 수준에 머물러 있었으나, 나폴레옹군은 근대군으로 성장해 있었기 때문이었다.

나폴레옹은 1806년 7월에 독일 16개의 연방을 라인동맹으로 결성하여 신성로마제국을 해체시켰다. 그러자 유럽 제국은 제4차 대불동맹(영국 · 나폴리 · 스웨덴 · 오스트리아)을 체결하였다. 나폴레옹은 동맹국을 차례로 격파한 후 베를린에 입성했고, 1806년 영국의 산업에 타격을 가하는 전략으로 대륙봉쇄령을 공포했다. 1806년 예나 전역에서 승리하고 프로이센과 틸지트(Tilsit) 조약을 체결했다.

나폴레옹은 포르투갈이 대륙봉쇄령을 준수하지 않자 리스본을 점령하고 스페인의 마드리드를 점령한 후 그의 형 조셉을 왕으로 봉했다(1808년). 그동안 기득권층인 귀족에게 억눌림을 받던 많은 유럽의 부르주아지와 민중은 자기 나라를 침공하는 프랑스군을 혁명군으로 환영하였다. 그러나 날이 갈수록 프랑스군의 횡포로 인하여 피점령국에서는 원성이 잦아지게 되었고, 프랑스에서는 염전사상(厭戰思想)이 만연하기 시작했다.

나폴레옹은 1809년 조세핀과 이혼, 이듬해 오스트리아 황녀 마리 루이즈와 재혼했다. 그러나 1812년 러시아원정에 실패하면서 운세도 기울어졌다. 1813년 나폴레옹의 독재에 대항하기 위하여 제5차 프랑스 대동맹이 결성되었다. 연합군(프로이센·러시아·오스트리아군)은 라이프치히의 전투에서 나폴레옹군을 격파하고 해방전쟁에서 승리하였다. 1814년 3월 연합군은 파리를 점령하였다. 나폴레옹은 폐위되면서 엘바섬으로 유배되었고 루이 18세가 즉위하였다. 나폴레옹은 이듬해 1815년 3월 다시 파리로 들어가 부르주아 농민들에 의해 황제에 즉위했으나, 6월 워터루(Waterloo) 전투에서 다시 패하며 100일 천하의 막을 내렸다.

※ 나폴레옹의 주요 전역

□ 이탈리아 원정(1796～1979)	□ 이집트 원정(1798～1799)
□ 마랭고 전역(1800)	□ 울름 전역(1805)
□ 트라팔가 해전(1805)	□ 아우스텔리츠 전역(1805)
□ 예나 전역(1806)	□ 스페인 원정(1808))
□ 러시아 원정(1812)	□ 라이프찌히 전역(1813)

나. 롬바르디(Lombardy) 전역

○ 시 기 : 1796년 4월
○ 장 소 : 이탈리아 서북부 롬바르디아 평원
○ 교전국(지휘관) : 프랑스(나폴레옹) / 피에드몬트(콜리)·오스트리아(비울로)
○ 병 력 : 프랑스 3만 7천명 / 동맹군 6만명
○ 결 과 : 프랑스 승리
○ 분 석
- 내선작전을 통한 각개격파
- 기만작전
- 병참선 차단

배 경 1793년 제1차 대불동맹을 결성한 동맹군은 프랑스와 협상하고 1796년 오스트리아만이 라인강 상류 지역과 스위스 산악지역에 인접한 이탈리아 지방에서 프랑스군과 대치하고 있었다. 이때 프랑스는 최고사령관 카르노(Carnot)의 작전지도로 공세적 입장을 취하고 있었다.

〈이탈리아 롬바르디아〉

카르노는 국경의 3개 군(라인 강 2개 군, 이탈리아 1개 군)의 공세로 오스트리아군을 포위하여 격파하기로 결심했다. 북방의 주르당(Jourdan)군(약 8만명)은 콜로뉴(Cologne) 북방에서 라인 강을 도하하여 동진하고, 중앙의 모로군(약 8만명)은 스트라스부르크(Strasburg)에서 라인강을 도하하여 비엔나(Vienna)로 진격하는 것이었다.

남쪽의 이탈리아방면군(나폴레옹, 약 4만명)은 주공인 북방과 중앙군이 공격할 시 이탈리아 북부에서 오스트리아군을 견제하는 임무만을 부여하였다. 하지만 결과적으로는 프랑스의 제1, 2군이 카알(Karl) 대공의 작전에 말려들어 차례로 무너지는 상황에서 견제 군인 나폴레옹의 제3군만이 승리하여, 나폴레옹은 일약 프랑스의 영웅으로 떠올랐다.

27세의 나폴레옹은 이탈리아방면군사령관이 되어 병사들의 관리상태가 비참함(수개월 분의 봉급 미지불과 불충분한 보급 및 훈련)을 보고 훈시[8]하며 병사들의 사기 및

8) 장병 여러분! 제관(諸官)들은 헐벗고 급양도 나쁘지만 참고 이겨왔다. 정부는 제관들로부터 힘입은 바 크다. 그러나 이 시점에서 정부는 제관들에게 아무 것도 보답할 수가 없다. 제관들의 인내와 용기는 실로 경탄할 만한 것이었지만 제관들에게는 아무런 희망과 영광도 주지 못하였다. 이제 본관은 제관들을 세계에서 가장 기름진 롬바르디아의 풍요로운 평원으로 인도하려 한다. 제관

충성심을 고취시키고 철저한 전투준비를 독려했다. 알프스를 넘은 나폴레옹군 약 3만 7천명(6개 사단)은 알프스산맥 남쪽 경사지인 제노아 부근에 진지를 점령하고 있었다. 동맹군은 우익과 좌익으로 구분되어 볼미다강을 경계로, 우익은 콜리(Colli)장군이 지휘하는 피에드몬트(Piemont)군 2만 5천명, 좌익은 비울로(Beaulieu)가 지휘하는 오스트리아군 약 3만 5천명 이었다.

나폴레옹의 작전계획은 3단계로, 1단계는 연합작전의 취약점을 이용하여 동맹군의 중앙을 돌파 양 동맹군을 분리하는 것이었다. 2단계로는 강력한 오스트리아군을 소수의 병력으로 견제한 후 주력은 신속한 기동으로 조공 피에드몬트군을 격파하며, 그 다음 오스트리아군을 격파하려는 계획이었다. 이 계획의 가정은 오스트리아군이 포강 일대에서 일정기간 동안 동영(冬營)해야 한다는 것이었다.

하지만 새로 부임한 오스트리아의 비울로가 병력보충과 동시에 볼트리 방면으로 7천명을 지휘하여 전진하고(4. 9), 그의 부장(副將) 아르겐토(Argenteau)는 9천명으로 중앙에서 11일에 몽테노트(Montenotte)에 도달하여 프랑스군을 양측에서 포위하려는 기도로 전진하고 있었다. 이에 따라 나폴레옹은 작전을 변경하여 먼저 오스트리아군을 공격하기로 했다. 이는 전술적 차원에서는 오스트리아의 우측을 공격하여 포위망을 벗어나는 것이었지만 전략적 차원을 고려한다면 양군의 중앙으로 돌진하여 연합전선을 붕괴시키는 전략이었다.

경 과 ① **제1단계**(4. 12~14) **작전** 나폴레옹은 지형의 문제로 동맹군의 상호지원이 어려울 것으로 판단하고 계획대로 제1단계작전을 시행하였다. 나폴레옹은 오스트리아군의 우익을 견제하면서 주력으로 동맹군의 중앙을 돌파를 시도하였다. 이때 나폴레옹은 1개 사단(Augereau 6천명)으로 좌익을 경계하고, 우익 2개 사단(Massena 지휘)으로 오스트리아 전위부대를 격파(4. 14) 후 중앙으로 진출하자 양 동맹군은 자국의 방어를 위해 서로 반대방향으로 후퇴하면서 분리되었다. 오스트리아군은 1만명의 피해를 입고, 오스트리아령 롬바르디아 평원을 방어하기 위해 철수하였다.

② **제2단계**(4. 15~28) **작전** 나폴레옹은 19일 1개 사단(1만명) 병력으로 오스트리아군을 견제하고, 주력으로는 피에드몬트군을 공격하기 시작했다. 피에드몬트군은 나폴레옹의 추격과 포위기동에 걸려들자 28일 강화조약을 체결했다(4. 28). 이로써 나폴레옹은 제2단계 작전을 마무리 하면서 첫 승리를 달성하였다.

들은 그곳에서 수많은 대도시와 비옥한 전원을 보게 될 것이며 행복과 영광과 부(富)를 발견하게 될 것이다. 이탈리아 원정군 병사들이여! 제관들은 진군할 인내와 용기를 아낄 것인가! 영광과 부를 발견하게 될 것이다.

③ **제3단계**(4. 29~5. 30) **작전** 나폴레옹은 밀라노(Milano)로 진격하여 신장된 오스트리아군의 병참선을 차단하여 주력을 섬멸하고 롬바르디를 점령하려 했다. 기만책으로 피에드몬트군과의 휴전 조약문에 프랑스군이 '피아센자에서 포강을 도하한다.'는 구절을 삽입하여 5월 3일 작전지역의 알렉산드리아 시장에게 통보했다. 그리고 사령부를 발렌차와 피아센자 중앙에 위치시켰다. 오스트리아군은 함정에 빠져 병력을 발렌차 인근의 아고그나(Agogna)강 후면으로 이동했다.

나폴레옹군은 5월 6일 2개 사단으로 발렌차 전방에서 양동작전을 진행하여 오스트리아군을 기만하면서, 5월 7일 주력을 오스트리아군과 멀리 떨어진 피아센자에서 기습도하 하여 오스트리아군의 병참선을 차단하기 위해 오스트리아군의 후방으로 진격하기 시작했다. 이에 따라 비올로군은 황급히 만투아(Mantua)로 퇴각했고, 나폴레옹은 5월 15일 밀라노(Milano)에 입성하여 비올로군에 대한 작전을 개시한 17일 만에 롬바르디아 평원을 석권했다.

결과 / 전훈 프랑스의 나폴레옹군은 오스트리아와 피에드몬트군의 양 동맹군의 내선 상에 위치하여 명확한 목표를 선정하고 신속한 기동을 통한 과감한 중앙돌파로 양 군을 분리한 후 각개격파 했다. 특히 오스트리아군의 허를 찌르는 하천선 상의 기동은 기만작전으로 알렉산덕의 히다스페스강 도하와 일치하는 개념이었다. 또한 오스트리아군의 병참선을 차단하는 나폴레옹의 전략이 그대로 반영된 전역이었다. 롬바르디아 전역에서 활용된 지상작전 원칙으로는 정보, 목표, 공세, 기동, 집중, 절약, 기습, 사기의 원칙 등이 두루 적용되었다.

나폴레옹은 롬바르디아 전역에서 처음으로 대단위 전투에서 승리하고 성장해 나갈 수 있는 첫걸음을 띄었다. 나폴레옹은 롬바르디아 전역을 통해 군사 천재로서의 위업을 과시하며 스스로의 운명을 개척하기 시작했다.

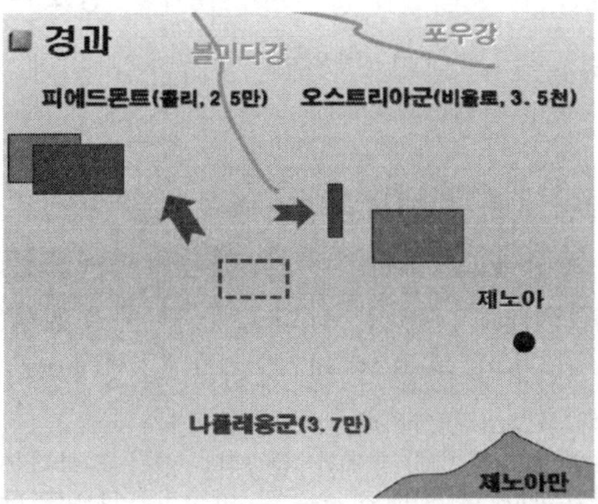

〈오스트리아군 견제 후 피에몬드군 공격〉

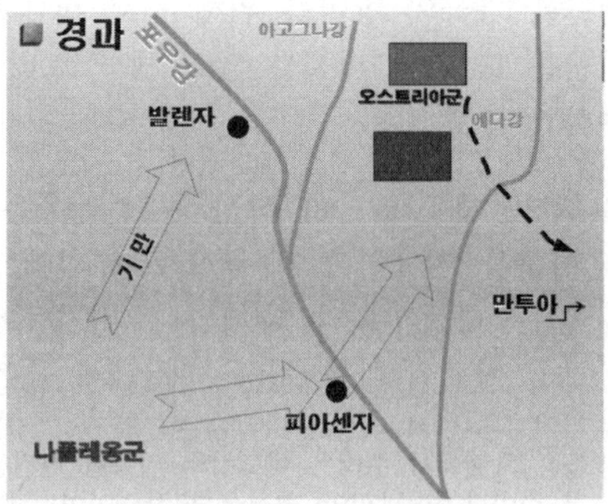

〈나폴레옹군의 기습 도하〉

다. 만투아(Mantua) 전역

○ 시 기 : 1796년 5월
○ 장 소 : 이탈리아 북부 만투아 일대
○ 교전국(지휘관) : 프랑스(나폴레옹) / 오스트리아(뷔름저)
○ 병 력 : 프랑스 5만 4천명 / 오스트리아 3만명
○ 결 과 : 프랑스 승리
○ 분 석
- 결정적 시기 전투력 집중, 각개격파
- 적 배후공격, 퇴로차단. 병참선 차단
- 기만작전과 전투의지

배 경 롬바르디아 전역에서 나폴레옹의 승전보가 날아들자 프랑스 정부는 나폴레옹의 세력 비대를 우려하여 지휘권 분할을 시도했다. 이에 나폴레옹은 정부에 지휘권 통합을 간청[9]했고, 정부가 이를 받아들여 나폴레옹은 계속해 이탈리아 방면군 지휘권을 행사했다. 나폴레옹은 프랑스 집권정부의 요구에 따라 다시 5만 4천명의 병력을 이끌고 롬바르디아에서 만투아 방면으로 퇴각한 비울로군을 추격했다.

퇴각한 비올로군은 만투아 성채에 1만 3천명을 배치하고, 만투아-가르다호(湖)까지 민치오(Mincio)강을 따라 30km에 걸쳐 2만명의 병력을 분산 배치하고 있었다.

경 과 ① **나폴레옹군의 공격** 나폴레옹은 1796년 5. 24일 2만 8천명을 이끌고 오스트리아군에 대한 작전을 개시했다. 나폴레옹은 티롤 지방의 오스트리아군 병참선을 차단하기 위해, 1개 여단 병력으로는 가르다호 북방 살로에 양동작전을 실시하면서 주력은 가르다호 남쪽의 민치오강을 신속히 도하했다(5. 31). 하지만 비올로는 만투아 수비대만 남겨둔 채 야음을 이용하여 철수했다.

② **뷔름저의 반격** 오스트리아군의 새로운 사령관 뷔름저(Würmser : 72세)는 7월 29일 새벽에 나폴레옹군을 공격하기 시작했다. 메짜레스(Mezares) 지역의 5천명이 동쪽에서 양동작전으로 기동했고, 퀘스다노비치(Quosdanovich)군 1만 8천명이

9) 본인은 이탈리아방면군의 지휘는 한사람이 맡아야 한다고 생각한다. 본인은 "지금까지 모든 전투를 혼자서 수행했다. …나의 의견으로는 한 부대가 '2인의 양장(良將)지휘 하에 있는 것보다는 1인의 우장(愚將) 밑에 통솔되는 것이 낫다'고 생각 한다" 캘러만 장군은 우수한 장군임으로 나는 기꺼이 그에게 지휘권을 맡긴다.

조공으로서 가르다호수 서방으로 남진하여 프랑스군의 병참선을 차단하려 했으며, 뷔름저는 주공으로 2만 4천명을 지휘하여 가르다호수 동측으로 남진했다. 이는 외선의 이점을 이용 프랑스군의 중앙을 돌파하고, 만투아 수비대와 연결 후 가르다 호수 남방에서 프랑스군을 포위 섬멸하려는 계획이었다.

7월 30일 나폴레옹은 상황이 위급함을 인식하고 과감히 만투아 포위를 풀고 내선의 이점을 살려 세개 방향의 오스트리아군이 합류하기 전에 각개격파하기로 했다. 나폴레옹은 소수병력을 민치오강 선에 배치하여 오스트리아군의 주력을 견제하고, 자신은 전 병력을 집중하여 퀘스다노비치군을 로나토(Lonato)에서 격파했다(8. 2~3).

다시 부대를 전환시킨 나폴레옹은 카스틸리온(Castillion) 부근에서 뷔름저군마저 격퇴했다(8. 4~5). 이렇게 되자 뷔름저는 총퇴각 명령을 내려 티롤 방면으로 후퇴했다(8. 6). 프랑스군은 9일간의 격전 끝에 오스트리아군 1만 6천명을 살상시키고 만투아를 다시 포위, 작전 전의 상태로 복귀시켰다.

③ **뷔름저의 2차 공격** 이후 나폴레옹은 정부로부터 라인 방면군과 협동작전을 실시하라는 독촉을 받고 티롤 방면으로 진격을 결심하였다. 뷔름저 역시 전열을 정비 차기 작전계획 수립에 몰두하고 있었다. 9월 2일 나폴레옹이 트렌트(Trent) 지방 공격을 개시하자, 뷔름저장군은 다비도비치의(Davidovich) 방어군 2만명을 트렌트에 잔류시키고, 만투아 구출을 위해 나머지 2만 천명을 지휘하여 바싸노(Bassano)를 향해 남진했다.

나폴레옹군은 9월 4일 먼저 다비도비치군을 기습하여 궤멸시킨 후 남하하는 뷔름저군을 추격했다. 9월 8일에 바싸노에서 퀘스다노비치사단(6천명)을 격파하고, 뷔름저군의 잔여부대(2만명)를 추격하자 뷔름저는 만투아 성채로 들어가 버렸다. 기간 중 프랑스군은 1일 평균 25~30km의 속도로 6일 동안 160~200km를 기동하여 실로 "총으로 전투한 것이 아니라 다리로 싸웠다"고 할 수 있었다. 이는 혁명이후 기동력의 혁신적 모습이었고, 전장 광역화의 모습이었다.

④ **알빈치(Alvintzy)의 구출작전** 오스트리아군은 새로이 알빈치장군을 총사령관으로 임명했다. 알빈치는 만투아의 포위된 뷔름저군을 구출하기 위해 잔존한 다비도비치군(1만 6천명)을 베로나로 직진케 하고, 자신은 주력으로 베로나에서 합류하기 위해 브렌타 계곡을 따라 기동했다. 나폴레옹은 이를 탐지하고 강력한 알빈치군을 먼저 격멸시킨 후 북진하여 다비도비치군의 배후를 차단할 계획

을 수립 했다. 하지만 10월 22일 알빈치 군이 총공격을 개시하는 한편 다비도비치군(1만 6천명)도 계속 남하하여 프랑스군 후방을 위협하자 베로나(Verona)로 철수하여 급편방어로 전환했다(11, 8).

이 상황에서도 나폴레옹은 내선작전의 이점을 이용하여 분리된 적 주력인 알빈치군의 배후를 공격하기 위해 전군을 남쪽으로 우회 기동시키는 과감한 작전에 돌입했다. 이는 나폴레옹이 즐겨 사용한 간접접근전략이었다. 11월 14일 야음을 이용하여 약 24km 떨어진 베로나 동남방 론코(Ronco)로 이동하여 익일 아디지강을 도하한 후 3일간의 격전으로 양 군은 극한점에 다다라 있었다. 이때 나폴레옹은 기책(奇策)을 도모했다. 50명의 기병과 나팔수 4~5명을 오스트리아 좌익 후방에 침투시켜 요란전술(擾亂戰術)로 오스트리아군을 질겁하게 하여 퇴각시켰다.

알콜라 전투라고 지칭되는 이 전투에서 프랑스군은 6천명, 오스트리아군은 8천명의 손실을 입었다. 후일 나폴레옹은 "알콜라 전투만한 전투는 경험하지 못했다"라고 술회하였고, 오스트리아의 알빈치는 3일 동안 좌익군 다비도비치군에게 주력 상황을 아무것도 통보치 않았고 좌익 상황도 파악하지 않은 채 용병함으로써 각개 격파되고 말았다.

계속된 만투아 요새 구출작전에 실패한 오스트리아군은 마지막 구출작전을 시도했다. 주공(알빈치, 2만 8천명)은 리블리로 남진하고, 조공(프로베라, 파두아 9천명, 바자리히 6천명)은 병진으로 만투아로 돌입하기 위해 작전을 전개했으나 또다시 나폴레옹군에게 각개 격파되어 참패당했다. 그러자 만투아에서 농성 중이던 뷔름마저도 전 병력을 이끌고 항복했다. 이후 나폴레옹은 소부대를 이끌고 로마로 침공, 이탈리아 정복을 완료하였다.

⑤ **오스트리아군의 총공세** 이후 오스트리아군은 국경방어를 위해 병력을 재편하는 한편 라인 방면에서 용명(勇名)을 떨친 27세의 카알(Karl) 대공을 총사령관으로 임명하여 나폴레옹과 대전시켰다. 하지만 카알 대공마저도 작전개시 28일 만에 격파되었다. 이로써 나폴레옹은 비올로군에 대한 작전개시 1년 만에 피에몽, 롬바르디아, 이탈리아, 오스트리아 정복을 완료하였다.

결과 / 전훈 프랑스와 오스트리아는 1797년 10월 캄포 · 포르미오(Campo · Formio) 조약을 체결하여 프랑스는 오스트리아령 네덜란드와 라인강 좌안을 얻었으며, 나폴레옹이 북부 이탈리아에 세운 차살피나(Cisalpina) 공화국이 수립 되었다. 이로써 제1차 대프랑스 동맹을 완전 와해시켰으나 프랑스 혁명은 결과적으로 주변국의 침략전쟁으로 그 성격이 변질되었다.

만투아 전역은 전략과 전술에 대해서 생각해 보게 하는 전역이다. 초기 이탈리아 전역은 내선작전 대 외선작전의 전투이기도 했다. 오스트리아군은 만투아 전역에서 여러 번 전략적으로 프랑스군을 포위했다. 하지만 오스트리아군은 가르다 호수와 베로나에서 포위 순간 각개격파 되었다. 이러한 오스트리아군의 연속적인 전술적 실패는 곧 전략적 실패로 이어졌고 결국 오스트리아군은 패배하고 말았다.

오스트리아군이 외선작전의 강점을 활용하여 각 제대간의 유기적인 협조 체제를 유지하고 목표를 동시에 공격했더라면 수적으로 우세한 오스트리아군이 승리할 수 있었다. 그러나 오스트리아는 외선작전의 이점을 효율적으로 이용하지 못하고 나폴레옹의 내전작전에 각개 격파되어 패배하고 말았다. 더구나 오스트리아 지휘관들의 결단력이 부족하고 구식 전술을 사용하는 노회한 장군들이었다.

반면 나폴레옹의 승인을 분석해 보면 전역에서 활용된 전쟁원칙으로는 목표, 정보, 공세, 기동, 집중, 절약, 지휘의 통일, 창의와 간명의 원칙 등이 적용되었다. 나폴레옹은 의지력 있는 젊은 장군이었다. 나폴레옹은 부족한 병력은 기동의 우위로 대치해 나갔으며, 정확한 목표로 병력 낭비를 최소화 하고 우회기동으로 적의 의표를 찔렀다. 방어 시에도 항상 공격하여 상대를 피곤하게 함으로써 전장의 주도권을 양보하지 않았으며 전기는 절대 놓치지 않았다. 나폴레옹의 전쟁사에 있어 이때의 롬바르디아 전역과 연이어 벌어진 만투아 전역을 나폴레옹 초기의 이탈리아 전역이라 칭한다.

라. 마렝고(Marengo) 전역

○ 시 기 : 1800년
○ 장 소 : 이탈리아 피에몬테주(州) 마렝고
○ 교전국(지휘관) : 프랑스(나폴레옹) / 오스트리아(멜라스·크레이)
○ 병 력 : 프랑스 16만명 / 동맹군 22만명
○ 결 과 : 프랑스 승리
○ 분 석
- 적절한 견제
- 양동 및 기습작전
- 지휘관의 강력한 전투의지

배 경 나폴레옹은 제1차 이탈리아원정에서 개선(1797. 12. 5)한 이후 해상국가인 영국에 경제적 타격을 주기위해 말타(Malta) 섬과 이집트 정복을 상신하였다. 이에 따라 이집트 원정이 시행되어(1798. 5. 19) 자신이 직접 원정군을 이끌고 카이로를 점령(7. 24)하였으나, 프랑스 해군이 아부킬(Aboukir) 만에서 영국의 넬슨(Lelson)에 의해 봉쇄되면서 해상 병참선이 차단되고 말았다.

여기에다 육군은 라인 방면에서는 오스트리아군에게 연전연패하고 있었고, 프랑스 정치는 정치대로 혼란하였다. 이를 관망하던 나폴레옹은 부하들에게 원정군의 지휘권을 이양하고 단신으로 이집트를 탈출 파리로 귀환(10. 12), 쿠데타를 통하여 제1통령으로 취임 (1799. 11. 19)하였다. 이러한 프랑스 내외의 혼란한 틈을 이용하여

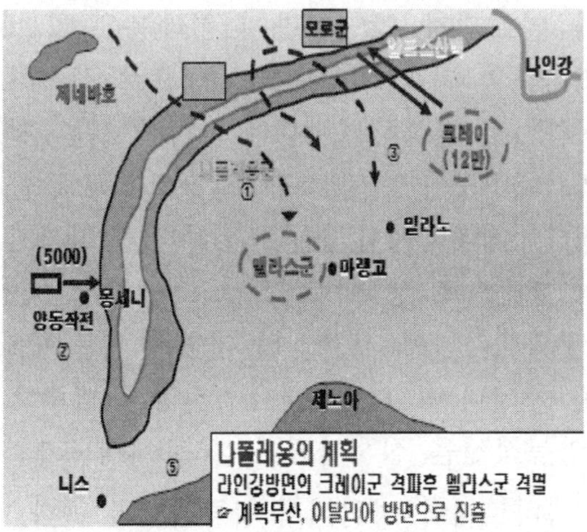

〈마렝고 전역 대치 상황〉

유럽 제국은 오스트리아를 중심으로 제2차 대불동맹을 체결하고(1800. 2. 1) 프랑스를 공격하려 하자, 프랑스는 징병제를 통해 6만명의 예비군을 확보하고 전쟁준비를 서둘렀다.

당시 전선 상황으로 이탈리아방면에서는 프랑스의 맛세나(Massena)가 지휘하는 4만명이 니스-제노아 해안가에, 만명은 알프스 계곡에서 오스트리아의 멜라스군10만명과 대치중이었고, 라인강 일대에서는 모로가 지휘하는 프랑스 라인방면군 12만명이 오스트리아 크레이(Kray)군 12만명과 대치중이었다.

이때 오스트리아는 크레이군이 라인강 방면에서 프랑스군 주력을 견제하고 이탈리아 방면의 멜라스군이 프랑스의 맛세나군을 공격하여 제노아를 포위 및 차단하고, 니스 해안을 지나 프랑스 본토로 진격하여 제1차 대불동맹 이후 롬바르디와 마투아 전역에서의 연이은 패배를 설욕하고자 했다.

프랑스의 제1통령에 오른 나폴레옹은 결정적 장소를 라인강변이라 판단하고 주공을 크레이군 좌측 후방에 두려고 했다. 이는 부대의 재배치 없이 크레이군을 공격할 수 있고, 이를 격파한다면 아무런 저항 없이 바로 오스트리아의 수도 비엔나에 입성할 수 있으며, 필요시 이탈리아의 멜라스군의 병참선까지 차단하여 1석 3조의 효과를 얻을 수 있다는 판단에 따른 것이었다. 그래서 신편하고 있는 예비군과 모로군을 통합(주공)하여 라인강 방면의 크레이군의 좌 후방에 투입하려고 하였다. 하지만 이 계획은 군 선배인 모로와의 개인적 불화로 인하여 실행되지 못했다. 나폴레옹은 차선책으로 자신이 직접 신편된 예비군을 이끌고 오스트리아 방면으로 진출하여 오스트리아군 측 후방을 차단하기로 했다.

경 과 ① 오스트리아군의 선공 오스트리아의 멜라스가 예상외로 선공해왔다(4. 6). 멜라스는 삼면에서 프랑스의 맛세나군을 공격하여 제노아에서 포위하고, 패배하여 탈주하는 병력들을 니스까지 추격하였다.

이에 나폴레옹은 이탈리아 방면에 주력을 투입하여 맛세나군의 궤멸을 막으면서 멜라스군의 병참선을 차단하기로 결심했다. 라인 방면군과 예비군이 미처 전투준비가 완료되지 않았지만 나폴레옹은 오스트리아군의 의표를 찌르른 지역으로 신속히 기동하기로 결심하고, 자신이 직접 3만 7천명의 예비군을 인솔하고 알프스(2,472m)를 넘었다. 제네바에서 5월 15일부터 21일까지 산악 행군으로 생 베르나르(St.Bernard.) 관문을 통과했다. 이 기간 나폴레옹은 피트몬트 서쪽 몽세니(Mt. Cenis)에서 5천명의 병력으로 양동작전을 실시하면서, 모로에게도 1만 5천명의 병력을 파견하도록 지시하고 롬바르디아 평원에서 합류하도록 했다.

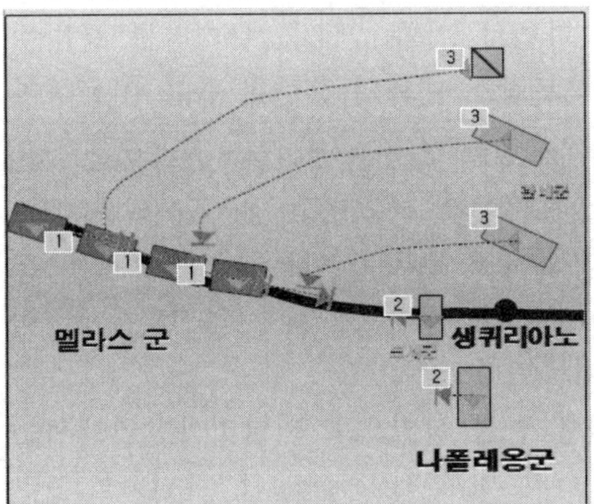

〈양 진영의 대치 상황〉

나폴레옹군은 5월 4일 북부 롬바르디아에 도착하여 밀라노, 브레시아(Brsecia) 등을 점령하여 10일 만에 롬바르디아를 석권하고 니스까지 진출해 있는 멜라스군의 병참선을 완벽히 차단하였다. 하지만 맛세나의 항복(6. 4)으로 인해 멜라스군의 격파에 주력하였다.

② **나폴레옹의 전술적 과오** 나폴레옹은 승리를 확신했다. 전략적으로는 이미 승리를 달성했고, 전술적으로 이를 확인하는 절차만이 남아있었다. 하지만 유리한 상황을 과신한 나폴레옹은 오스트리아군을 경시한 나머지 적진 앞에서 병력을 분산한 채로 전진하는 전술적 과오를 범하게 된다. 특히 볼미다(Bormida)강 상에 교량이 없다는 미확인 정보(주민 제보)에 따라 오스트리아군의 공격에 대한 대비책을 전혀 고려하지 않았다.

③ **멜라스군의 전술적 과오** 멜라스군은 6월 14일 새벽 3개 종대로 볼미다강의 교량을 넘어 선제공격 해왔다(프랑스군 2만 8천명, 포 25문, 오스트리아군 4만명, 포 100문). 아무 대비를 하지 않고 있던 나폴레옹의 전위부대 빅토르(Victor, 1만 9천명)군은 일격을 받고 마랭고에서 패퇴하였다. 이 패배는 전 프랑스군에 영향을 미쳐, 나폴레옹군 전체가 마렝고에서 철수하지 않을 수 없었다.

하지만 마렝고 전역에서 두 번째의 전술적 과오는 멜라스군에서 발생했다. 오스트리아의 연로(70세)한 장수 멜라스는 초기 전투에서 승리를 확신하자 추격전을 감행하지도 않고 부대를 종대로 편성하여 주도로를 따라 진출하도록 했다. 거기다가 정작 본인은 승전 보고를 하기위해 알렉산드리아로 가면서 전투 중인 진영을 이탈하였다.

④ **나폴레옹군의 재반격** 반면 나폴레옹은 패주하는 부하들을 재집결시키고 부하장군 드세(Desair)의 건의에 따라 전투 재개를 결심했다. 드세군은 오스트리아군이 진격하는 주도로를 차단하고 기병과 포병으로 진지를 강화한 다음 기병여단은 측후방으로 기동하여 배후를 공격했고, 란네군은 우회기동하여 오스트리아군의 측방을 공격하여 승리하였다.

결과 / 전훈 마렝고 전투에서 프랑스군은 8천명, 오스트리아군은 1만명의 손실을 입었다. 멜라스도 다음날 나폴레옹에게 항복했고 프랑스는 오스트리아와 루네빌(Luneville) 조약을 체결(1801. 2)하여 제2차 대불동맹을 완전히 붕괴시키면서 북부 이탈리아를 차지하게 되었다. 불리한 상황에서도 전세를 역전시킨 나폴레옹 또한 조국에서 확고한 지위(황제 등극, 5. 18)를 보장받을 수 있었다.

마렝고 전역에서 나폴레옹은 몇 가지 전쟁원칙에 위배되는 전술적 조치들을 취하였다. 전사 연구가들은 모로의 반대로 최초 계획대로 전역이 수행되지 않았고 이로 인해 모로군과 병력이 분산된 채 멜라스군을 공격한 점과 통로가 한정되어 있는 알프스를 횡단한 점 그리고 알프스 횡단 후에는 자신의 병참선을 노출시킴으로 해서 마렝고 전역의 나폴레옹은 대 모험의 연속이었다고 지적한다.

하지만 이를 역발상으로 분석해보면 이는 나폴레옹의 천재성에서 출발했다고 볼 수도 있다. 중요한 것은 승리에 대한 확고한 신념과 실천이었다. 나폴레옹은 그때그때 임기응변의 묘안을 짜내 승리를 달성했다. 그렇다고 나폴레옹이 승리에 대한 맹목적이 환상만을 추구한 것이 아니었다. 나폴레옹은 모로군과의 전투력 집중이 불가해지자 과감히 차선책을 선택했으며, 이후 모로군으로부터 가능한 병력을 롬바르디아에서 집중시킬 수 있었다. 또한 제한된 통로인 알프스를 횡단 시에는 양동작전을 구사하여 오스트리아군을 기만했다. 이는 맥아더장군이 인천에서 상륙작전을 꼭 시행해야만 하는 이유를 "인천은 정상적인 판단으로는 상륙작전을 실행할 수 없는 지역이라는 점이 바로 상륙작전 지역으로 선정될 수 있는 가장 큰 이유가 될 수 있다"라고 말한 점과 일치한다. 명장은 서로 통하고 있다.

마렝고 전역에서 나폴레옹이 승리할 수 있었던 요인은 첫째, 오스트리아군에 대한 적절한 견제가 가능했고 둘째, 오스트리아군에 대한 병참선 차단이 주효했으며 셋째, 양동작전 및 지연작전 등이 효과적으로 진행되었다. 그러나 무엇보다도 중요한 것은 불리한 조건을 극복하고 꼭 승리하겠다는 의지를 가진 천재의 전술에 대한 혜안이었다.

나폴레옹은 후일 자기의 온 정력을 바쳐 싸웠고 자신이 황제로 등극할 수 있는 계기가 되었던 이 마렝고 전역에 대해 특별한 애정을 가지고 생활했다고 한다.

마. 울름(Ulm) 전역

○ 시 기 : 1805년
○ 장 소 : 독일 부름템부르크 울름
○ 교전국(지휘관) : 프랑스(나폴레옹) / 오스트리아(마크)
○ 병 력 : 프랑스 23만 5천명 / 오스트리아 17만 8천명
○ 결 과 : 프랑스 승리
○ 분 석
- 전략적 대우회기동
- 양동작전
- 결정적 시기와 장소에 압도적 전투력 집중

배 경 나폴레옹이 마렝고 전역에서 승리한 후 프랑스는 영국과는 아미앙(Amiens) 강화조약을 체결(1802. 3)했다. 조약에 의거 프랑스는 자국의 산업보호를 위해 네덜란드와 이탈리아서 영국 상품에 대한 중과세를 부과했다. 피해가 커지자 영국은 아미앙 조약을 파기했다. 영국은 프랑스 해군을 습격하여 함선 1,200척을 나포했다(1803, 5). 결국 프랑스와 영국은 다시 교전상태에 돌입하게 되었다.

이 시기(1804) 나폴레옹은 황제로 즉위하였다. 하지만 유럽 제국(영국, 러시아·오스트리아)은 제3차 대불동맹을 체결(1805. 8)하여 영국 원정을 준비하고 있는 프랑스군의 배후를 타격하려 했다. 유럽제국의 동맹으로 나폴레옹은 또 다시 사면초과의 위기를 맞이하게 되었으며, "6시간만 제해권을 장악 할 수 있다면, 세계를 정복할 수 있다."는 나폴레옹의 호언장담은 일단 보류되었다.

나폴레옹은 볼로뉴에 집결된 병력을 오스트리아·러시아군을 격파할 목적으로 프로이센 방면으로 전환하여 이동시켰다. 이렇게 해서 나폴레옹의 최대 전역이라 하는 울름 전역이 시작되었다. 이때 오스트리아군은 촬스와 존대공이 12만 8천명을 인솔하고 이탈리아 북부에서 공세를 취하고 있었고, 이탈리아 북단의 마크(Mack)군 5만명은 프랑스군을 견제하고 있었다. 러시아군(9만 5천명)은 오스트리아군과 합세하기 위해 서진 중이었고, 영국군은 각 2만 5천명의 2개 제대를 해로를 이용하여 하노버와 나폴리에 상륙하려는 계획을 추진 중에 있었다.

이에 비해 나폴레옹군은 독일 방면군과 맛세나군(5만명)을 포함 23만 5천명이었다. 부대배치는 바바리아군(2만명)을 라인강 너머에 위치시키고, 대부분의 주력은 라인강 서안에 배비하였다. 이 당시의 프랑스군의 장군들은 역장이었고, 병사들은 영국 원정을 위해 1년 반 동안 체계적으로 훈련받은 정예병으로 병력 구성은 유럽 최강이었다.

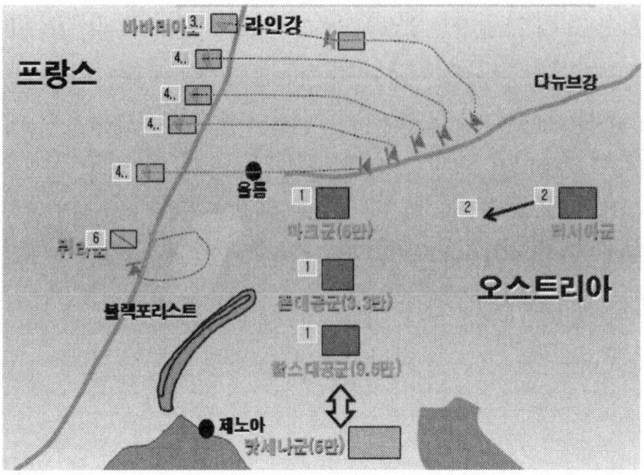

〈프랑스군 위회기동〉

나폴레옹군은 8월 28일부터 프랑스 서단으로부터 하루 약 20km씩 강행군하여(약 600km) 9월 25일에는 라인강 서안에 집결완료 했다. 나폴레옹은 주력을 다뉴브강 유역에 집결시켜, 러시아 · 오스트리아군이 합류하기 전에 오스트리아군 우익으로 대 우회하여 비엔나로 통하는 마크군(5만명)의 병참선을 차단하여 섬멸할 계획이었다. 이를 위해 남부 뮈라(Mürat)군의 기병대는 블랙 포리스트(Black Forest) 전면에서 양동작전으로 촬스와 존대공군을 기만하여 고착시키도록 했다.

경 과 ① 나폴레옹의 대 우회기동 라인강 변에서 대기 중이던 나폴레옹군은 "오스트리아군이 울름으로 진격 중"이라는 정보에 따라 라인강 상의 만하임(Manheim)으로부터 켈(Kehl)에 이르는 넓은 정면(110km)에서 도하하기 시작했다(9. 26). 이 과정에서 나폴레옹은 특히 작전보안에 관심을 가졌다. 행군을 중지하여 자신의 부대에 대한 판단을 교란했다.

이때 뮈라의 기병대는 계획대로 블랙 포리스트에서 양동작전으로 도하작전을 성공적으로 지원했다. 이 양동작전은 많은 수의 오스트리아군을 묶어놓는 성과를 달성했다. 라인강 도하이후 도나우뵈르즈(Donauwörth) 부근에서 다뉴브강 도하(10. 7)를 개시하여 울름시 동북방으로 부대를 전개 마크군의 후방을 차단하는데 성공했다. 다뉴브강을 도하하자 오히려 나폴레옹군이 오스트리아의 마크군보다도 비엔나 쪽에 위치하여 전략적 우위를 점하게 되었다. 이는 사전 치밀한 사전계획과 기병대의 차장(遮障) 및 엄호작전 하에 실시된 나폴레옹의 전형적인 대우회기동으로 얻은 전략적 수확이었다.

이에 오스트리아의 마크는 병참선 차단을 우려하여 병력을 울름에 집결시키고 프랑스군의 도하저지를 위해 10월 9일 울름 동북방으로 진출하였다. 하지만 프랑스군이 예상 밖으로 강력히 편성되어 있었다. 따라서 병참선이 차단되어 포위망이 압축되고 있는 사실을 확인하고 철수할 수밖에 없었다.

② **나폴레옹군의 회군** 나폴레옹은 오스트리아군이 울름으로 집결하는 것과 러시아군이 접근하고 있다는 정보를 입수하고 양군이 합류하기 전에 격파하기로 했다. 네에(Ney)군단으로는 다뉴브강 북방에서 마크군의 탈출을 방지하면서 주력의 병참선을 보호토록 했고, 네에군의 지휘도 뮈라에게 일임하였다. 그리고 자신은 나머지 3개 군단을 직접 지휘하여 전진해 오는 러시아군을 먼저 격파하기 위해 뮌헨(München)방면으로 동진하면서 자신의 병참선 보호를 위해 현위치 고수를 명했다. 그러나 뮈라는 울름의 마크군 총공격을 위해 네에군단을 다뉴브강 남안(南岸)으로 도하시켜 합류시켰다. 그러나 이는 나폴레옹의 지시를 어긴 독단으로 인한 뮈라의 큰 과오였다.

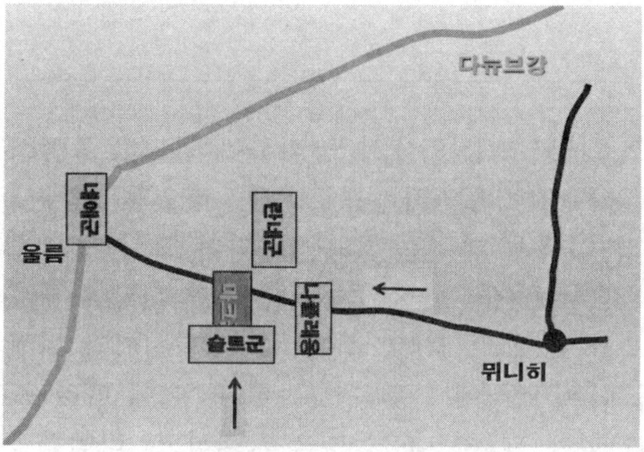

〈나폴레옹의 포위작전〉

마크군은 프랑스군의 주력이 다뉴브강을 도하하여 러시아 군의 진출을 차단 하려는 사실을 파악하고 12일 도하를 시도할 계획이었다. 하지만 마크군은 누적된 피로와 전투력 약화로 인하여 13일로 도하를 연기하여, 프랑스군 병참선 차단 및 반격의 호기를 상실하고 말았다. 네에군이 다뉴브강을 도하하여 공격해 오자 이를 격파했다.

한편 나폴레옹은 러시아군의 기세가 미약한 것을 확인하고 2개 군단 규모의 병력만을 뮌헨에 잔류시키고 나머지는 울름의 마크군 격파를 위해 회군하였다. 울름지역으로 회군한 나폴레옹은 즉시 상황을 파악하고 네에군을 강 북방으로 진출시켜 마크군의 탈출을 저지시킨 후, 뮈라의 전 병력(20만명 이상)을 동원하여 마크군을 공격했다. 마크는 결국 동맹군이 도착하기 전인 20일 항복했다.

결과 / 영향 나폴레옹은 라인강 도하 후 2주 만에 오스트리아군을 격파하고 황제 등극 후 첫 전투를 승리로 장식했다. 이후 계속해서 서진중인 러시아군 공격을 위해 비엔나 방향으로 진출했다. 이 울름 전역은 나폴레옹의 원 작전계획 그대로 수행된 작전으로 대 우회기동전(迂廻機動戰)의 전형적 표본이 되었다. 맛세나군은 남부에서 세배나 되는 오스트리아군에 대해 효과적인 견제를 달성했다. 특히 나폴레옹은 광정면(110km)에서 도하 20만명 이상의 대병력을 하루 평균 20km씩 행군하여 접촉 당시에는 정면을 45km로 축소시켜 마크군(5만명)에게 집중시킴으로 해서 전투력 집중의 극대화를 달성하였다. 하지만 뮈라는 잘못된 독단이 상급부대의 작전과 지휘관의 의도를 그르칠 수 있음을 보여주고 있다.

바. 예나(Jena) 전역

○ 시 기 : 1806년 10월
○ 장 소 : 독일 튀링겐 예나, 아우어쉐테트
○ 교전국(지휘관) : 프랑스(나폴레옹) / 프로이센(브룬스위히 외)
○ 병 력 : 프랑스 18만 2천명 / 프로이센 14만 5천명
○ 결 과 : 프랑스 승리
○ 분 석
- 우회기동으로 병참선 차단
- 신속한 기동
- 지휘의 통일

배 경 1805년 나폴레옹은 울름과 오스테리츠 전역에서 승리하여 제3차 프랑스 동맹을 붕괴시켰다. 이때 신성로마제국은 오스트리아, 프로이센, 라인동맹의 세 지역으로 해체되었고, 프랑스의 영향력 아래에 라인동맹이 결성되어 프랑스의 패권은 독일 중부까지 확장되었다.

나폴레옹은 프레스브르크(Pressburg) 조약 때 프로이센의 적대감을 약화시키기 위해 하노버를 프로이센에 양도했는데, 이를 다시 영국에 환원하기로 했다. 이에 따라 프로이센은 영국, 러시아, 작센, 스웨덴과 함께 제4차 대불동맹을 체결하고, 라인동맹에 지역에 주둔하고 있는 20만명의 프랑스군의 철군을 요구했다. 이는 선전포고였다. 프리디리히 비헬름 3세는 동맹군의 집결을 기다리는 것보다 먼저 분산된 프랑스군을 공격하기로 결심했다. 그러나 동원이 지연되어 9월에야 진격을 개시했다.

프로이센의 전략은 신속히 라인동맹 지역에 분산되어 있는 프랑스군을 격파하는 것이었다. 최초 프로이센군의 병력은 10만명으로 프리드리히 비헬름 3세(실지는 브라운슈바이크)가 지휘하고 있었다. 하지만 더 이상의 동원은 지연되고 있었고, 통신과 전령체계 등이 규정되지 않아 혼란을 야기하고 있었다. 또한 리헬(Ruchel, 우익군 2만 8천명)과 비헤름 3세(브라운슈바이크, 중앙군 6만명) 그리고 호헨로에(Hohelohe, 좌익 4만 2천명), 벨텐베르크(예비 1만 5천명) 등 각각 지휘하는 부대들은 지휘권의 한계가 명확하지 않은 상태여서 연합작전이 제한되었다.

이와는 반대로 나폴레옹군은 프로이센의 전쟁준비가 지연되는 틈을 이용하여 각지에 흩어져 있는 20만명의 병력을 신속히 밤베르크(Bamberg)에 집결시키고 프로이센군을 공격할 태세를 취했다. 프랑스군은 이미 1793년 징병제가 도입되어 병력이 대폭 증강되자 카르노에 의해 사단 조직이 편성되고 이른바 보병, 포병,

기병의 3병전술이 실시되었다. 또한 나폴레옹에 의해 군단 조직이 설치되어 독자적인 병참부대를 편성하고 사령부의 통신능력을 보강하여 독립적인 다양한 작전을 수행할 수 있는 기동성 있는 유연한 부대였다. 여기다가 용병이 아닌 국민군으로 구성되어 애국심이 강한 병사들로 전장 이탈을 걱정하지 않고 산병전술을 구사할 수 있는 여건이 마련되어 있었다(프로이센은 1806년 사단제도 도입).

경 과[10] 나폴레옹의 구체적인 작전계획은 모르티에의 제8군단을 마인츠에 배치하여 진격하는 프로이센군과 대치하며, 나머지 군은 튜링겐 근교에 위치한 프로이센군을 우회기동하여 전략적 포위를 달성하는 것이었다. 이후 나폴레옹은 라인강과 밤베르크를 연하는 선에 병력을 배치했다가 병참선을 차단할 목적으로 프러시아의 좌측방을 우회하여 튜링 기아 삼림지대를 통과 라이프찌히(Leipzig) 방면으로 진격했다. 제5군단(2만 2천명)과 제7군단(1만 7천명)은 예나 방면으로, 제1(2만명)·3군단(2만 7천명)은 나움부르크(naumburg) 방면으로 제4(3만 2천명)·6(2만명)군단은 게라(Gara) 방면으로 진군했다.

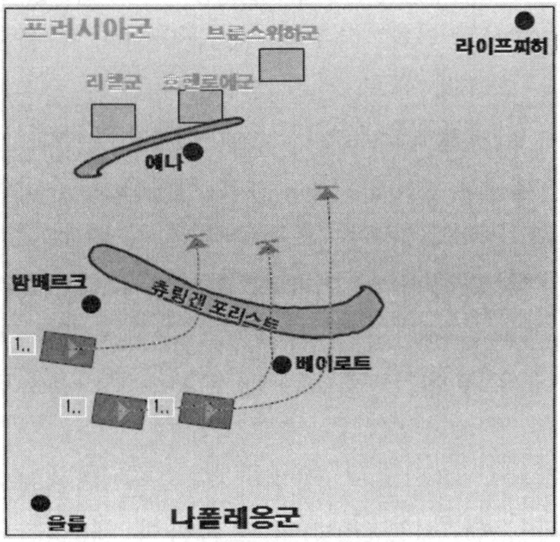

〈양군의 진출〉

10월 9일 프로이센군은 튜링기아(Thuringia) 삼림지대의 북쪽 후사면에 특별한 비책 없이 방어선을 형성하고 있었다. 프로이센군은 주력인 브라운슈파이크군 예하 바이마르군과 호헨로에군(4만 2천명)은 예나, 뤼헬군(2만 8천명)은 에르푸르트(Erfurt), 예비대인 뷜텐베르크군은 마그데부르크에 위치하고 있었다. 브라운슈바이크는 뷜텐베르크에게 주력에 합류하라고 지시했으나 지휘와 통신체계가 미흡하여 프랑스군이 먼저 접근해 왔다. 10월 10일 프랑스 란네의 제5군단이 잘펠트(Saalfeld)에서 프로이센군의 선봉을 격파하여 서전을 승리로 장식했다. 프로이센군은 첫 패배이후 사기가 저하되었고, 러시아군을 기다리는 문제로 철군 회의를 개최했으나 시간만 낭비하고 말았다.

12일에는 프랑스 다부의 제3군단이 나움부르크를 점령했고 이어 제1군단도 도착했다. 13일, 브라운슈바이크는 호헨로에군에게 예나 근교에서 나폴레옹군의 전진을 저지하고 본대의 후퇴를 엄호할 것을 지시했다. 이때 프랑스 란네의 제5군단이

10) 최용성, 신편 세계전쟁의 이해, ≒sid, 2009, pp.224~231

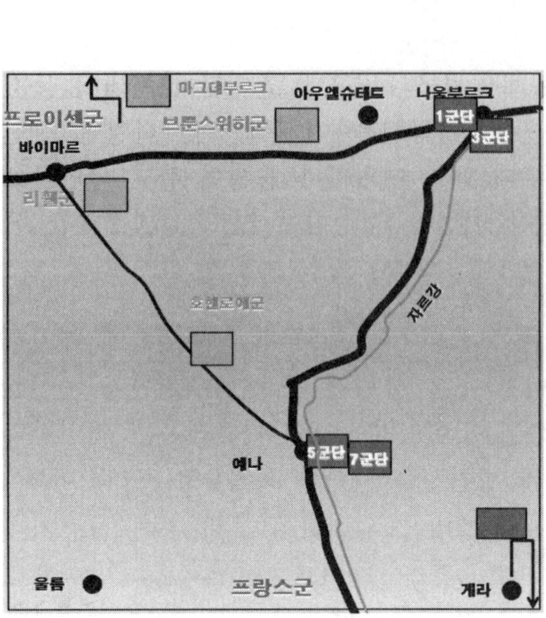

〈양군의 기동〉

예나에 도착하여 호헨로에군을 발견했다. 란네는 자르(Saale)강을 도하했고, 나폴레옹은 이 부대를 프러시아의 주력으로 판단했다. 나폴옹은 제5군단을 지원하기 위해 즉시 제4군단과 제6군단을 본대와 합류하도록 하고 자신도 친위대를 이끌고 예나로 향했다. 또한 나움부르크에 제3군단과 같이 위치하고 있는 제1군단에게는 예나 방면으로 이동하여 프로이센군의 배후를 공격하도록 했다. 이로 인해 다부의 제3군단만이 나움부르크에 홀로 남겨졌다.

나폴레옹군은 14일 새벽 예나 일대에서 안개를 이용하여 기습적인 공격을 가했다. 란네군의 제5군단(2만명)이 선봉으로 중앙에 위치하고 우익에서는 술트의 제4군단(9천명), 좌익에서는 오주로의 제7군단(1만 6천명)이 공격을 가하여 프로이센군의 전선을 붕괴시켰다. 이때 프러시아 브라운슈바이크의 주력군(브룬스위히)은 아움부르크 일대의 다부군을 발견하고 포위공격을 가하고 있었다. 다부군은 고립무원의 상태에서 부대를 일렬로 배치하여 브라운슈바이크군을 격파해 나갔다.

나폴레옹군에게 밀리고 있는 프로이센군은 바이마르 방면에서 오는 뤼헬군의 지원을 기다리고 있었다. 이때 네에의 제6군단 선봉(5천명)이 도착하여 제5군단의 좌익을 지나치며 단독으로 돌격을 개시했으나 프로이센군이 이를 격퇴했다. 11:00경 프러시아군 중앙에 위기가 찾아왔다. 호헨로에는 전군에 철수를 명하고 바이마르로 향하는 도로에 병력을 집결하였다. 13:00경 나폴레옹은 전 부대를 집결하여 총공격 명령을 하달했다. 프로이센군의 전열이 붕괴되어가고 있는 14:00경 뤼헬의 원군 1만 3천명이 전투 현장에 도착했다.

그런데 뤼헬군은 철수하는 프로이센군을 엄호하는 것이 아니라 돌연 나폴레옹군을 공격하기 시작했다. 그러자 나폴레옹의 제5, 6, 7군단이 공격하는 뤼헬군을 역공격하여 격퇴시켰다. 이로써 최후의 예비까지 소진한 프러시아는 완전히 붕괴되었고, 프랑스군은 도주하는 프로이센 패잔병을 추격하여 격멸하였다. 이 전투로 프로이센군은 2만 5천명의 병력을 잃었으며, 포 112문을 상실했다. 반면 프랑스군의 피해는 5천명 정도로 완벽한 승리를 달성했다.

결과 / 영향 예나 전역에서 나폴레옹은 프로이센군의 병참선을 차단하는 데 중점을 두고 작전을 전개했으며, 신편된 군단 편제를 이용하여 신속히 주도권을 확보하면서 승리를 달성했다. 반면 프로이센은 지휘권의 미통일로 인하여 내분을 겪다가 시간을 낭비하고 통신과 전령체계의 미흡으로 패하고 말았다.

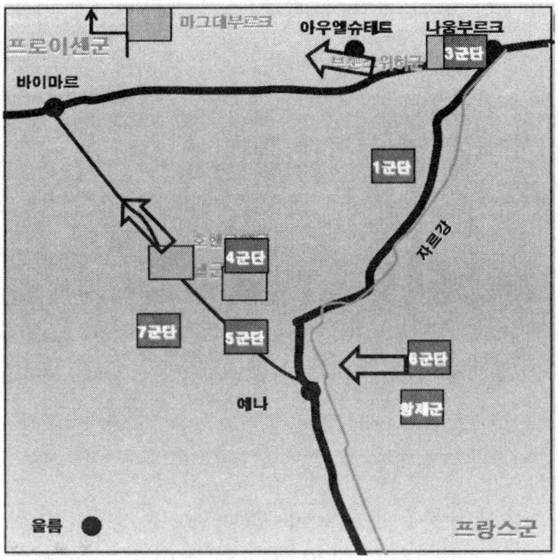

〈결정적 전투 장면〉

이후 나폴레옹은 프로이센군이 마그데부르크에서 엘베(Elbe)강 그리고 베를린을 거쳐 오델강으로 퇴각할 것으로 판단하여 일부 병력으로는 이를 추격하게 하고, 자신은 주력과 함께 베를린으로 향했다. 이때 프로이센군 대부분은 포로로 붙잡혔다. 나폴레옹은 계속 비스툴라강으로 진출하여 프로이센을 지원하기위해 출전한 러시아군을 풀투스크(Pultusk), 아일라우(Eylau) 등에서 격퇴하고, 1807년 6월 19일 니멘강에 인접한 틸지트(Tilsit)에 도착했다.

나폴레옹은 러시아 황제 및 프로이센 왕과 틸지트 조약을 체결하고(7. 9) 프랑스는 유럽대륙에서 지배권을 확립하게 되었다. 프로이센은 엘베강 이서의 영토를 상실했고, 상비군은 4만 2천명 이하로 보유하게 되었다. 또한 배상금을 물고 완납할 때까지 15만명의 프랑스군의 주둔 및 이에 대한 군비를 부담하게 되었다. 러시아는 바르소(Warsow) 대공국을 승인하고 분할된 폴란드 영토 대부분 상실하였으며, 중앙 및 서부 유럽에 대한 프랑스 지배권을 승인하였다. 과거 프리드리히 대왕 시절 유럽에서 최고의 전성기를 누리던 프러시아는 프러시아대왕의 구식군대로 머물면서 나폴레옹에 의해 속국으로 전락했다.

사. 러시아(Russia) 전역[11)]

○ 시 기 : 1812년 6월 24일~12월
○ 장 소 : 러시아
○ 교전국(지휘관) : 프랑스(나폴레옹) / 러시아(바크레이, 쿠투소프)
○ 병 력 : 프랑스 45만명 / 오스트리아 22만명
○ 결 과 : 러시아 승리
○ 분 석
- 나폴레옹의 오판
- 전략적으로 지구전, 초토화 작전의 승리
- 무모한 정면공격으로 실패 자초

배 경 러시아 원정은 1812년 나폴레옹이 러시아를 침공하여 일어난 전쟁을 가리킨다. 러시아 원정은 제6차 대 프랑스동맹의 시발점이 되었고, 이 전쟁의 완패를 계기로 나폴레옹의 몰락이 시작되었다.

예나전역 이후 체결한 틸지트 조약(1807, 프랑스 대 프러시아, 러시아)에 의해 러시아 제국은 프랑스의 동맹국이 되어 대륙봉쇄에 참가했다. 나폴레옹은 러시아 황제인 알렉산더 I 세의 동생에게 정치적 목적으로 결혼을 요구했으나 거절당하고, 오스트리아 황녀 마리아와 결혼(1810. 4)하였다. 당시 나폴레옹의 치세는 절정기로 동쪽 니멘강에서 서로는 이베리아 반도까지, 남쪽으로는 지중해에서 북으로 발트해까지 다다랐다. 유럽에서는 영국과 대륙의 러시아만이 독립국 행세를 할 수 있었다.

당시 유럽 전역은 연이은 흉작으로 농산물이 부족하고 경제위기에 봉착해 있었다. 이때 러시아의 황제는 자국의 경제가 파산직전에 이르자 나폴레옹의 대륙봉쇄정책에 반기를 들기 시작했다. 우선 영국·스웨덴과 동맹을 체결하고 누대로 경쟁관계에 있는 터키와도 화친을 도모하면서 프랑스가 프로이센 및 스페인에서 철군할 것을 요구했다(1812. 4). 프랑스에서도 실업이 만연하고 있었다. 이에 나폴레옹은 자신의 대륙봉쇄안을 유지하면서 이에 반하는 러시아를 꺾기위해 선제공격을 계획했다.

나폴레옹은 45만명으로 혼합군(프랑스·오스트리아·프로이센·이탈리아·폴란드군 등)을 편성하였으며, 경계부대를 좌측은 맥도날드(Macdonald ; 3만 2천명), 우측은 슈바르첸베르크(Schwarzenberg ; 3만명)군으로 편성하고, 주력의 좌익은 나폴레옹(17만명), 중앙은 으제느(Eugene, 조세핀의 아들 ; 8만명), 우익은 제롬(Jerome, 나폴레옹의 동생 ; 7만 9천명)으로 편성했다. 나폴레옹은 주력인 좌익군이 우회하여 니멘강을 도하여

11) 노병천, 〈도해 세계전사〉, 연경 문화사, 2001, pp.124~132

비르나(Virna)를 점령하고, 중앙 및 우익군은 제대대형을 갖추어 사선으로 진출하여 러시아군을 남부에서 고착견제 하겠다는 계획이었다. 대군에 대한 군량 해결을 위해 D-day를 6월로 설정하고, 3주 이내에 러시아에 치명타를 가한다는 계획이었다. 하지만 그간 활약했던 백전노장들은 원정에서 배제시켰다. 더욱이 프랑스군은 혼합군으로 지휘체계에 많은 문제점을 노출시키고 있었다.

러시아는 유럽의 북쪽 끝에 위치한 냉·한대지역의 영토 대국이었다. 하계는 짧은 대신 겨울은 길고 기온 차가 극심(평균 -17° ~ -20°)하여 동장군(冬將軍)이 맹위를 떨치는 지역이다. 나폴레옹군 공격 통로상의 기동로는 모래땅으로 흙먼지가 날리며, 160km에 달하는 프리페트(Pripet) 소택지는 우기에 기동에 제한을 주었다. 특히 니멘강에서 모스크바까지는 인구 1만명이상의 도시가 손에 꼽을 정도여서 나폴레옹군의 현지급양제도에 매우 불리하게 작용되었다. 나폴레옹도 러시아 전사(戰史)와 지형을 연구하면서, 1년여에 걸쳐 보급창고를 비스툴라강과 니멘강 사이의 여러 곳에 설치하였다. 군량미는 24일분을 비축했다(개인휴대 4일 분 포함).

이에 비해 러시아군은 가용 병력 60만명 중 22만명을 동원하여 나폴레옹군을 대비했다. 바클레이(Barclay), 바그라치온(Bagration), 토르마조프(Tormassov)가 각각 지휘하는 서부 제1·2·3군으로 니멘강 우안과 프리페트 소택지 북부 및 남부에 배치하였으나, 서로 연결 없이 개별적 작전으로 임하고 있었다.

경 과 ① **원정군의 출발** 프랑스군 45만명은 1812년 6월 24일 니멘강을 도하했다. 하지만 작전 초기부터 차질이 발생했다. 중앙군 으제느와 우익군 제롬의 무능으로 작전에 차질이 발생하여 러시아군을 국경선에서 포착 섬멸할 기회를 상실하고 말았다. 또한 여름의 더위로 열사병과 전염병으로 인한 비전투손실 사망자가 속출했고, 초지 부족으로 인한 군마의 상실(7월초 10만필 중 3만필 상실)로 기병이 심각한 타격을 입었다. 그러나 나폴레옹군은 별다른 전투 없이 비르나를 지나(6, 27) 비테브스크(Vitebsk)로 진격 했다. 이때 러시아군의 습격과 많은 비전투손실의 발생, 탈영병의 증가, 신장된 병참선 유지를 위한 후방 경계 등으로 인해 8월 초 병력은 23만명으로 감소했다.

② **러시아의 초토전술** 러시아군은 나폴레옹군과의 결전을 회피하면서 계속 철수했다. 러시아 황제는 "전 러시아인의 무장"을 선언(7. 6) 했고, 러시아군은 철수하면서 모든 것을 없애버리는 초토전술(焦土戰術)을 구사했다. 러시아군은 1개월 반 이상 성공적인 습격 및 철수작전을 수행한 끝에 비테브스크에서 바클레이의 서부 제1군과 서부 제2군인 바그라치온군이 합류하여 결전을 기도하기로 했다. 하지만 북상하던 바그라치온군이 7월 23일에 마힐루에서 다부가 이끄는 프랑

스군에게 패하여 비테스크로에 도달하지 못하게 되었다. 그러자 바클레이군도 스몰렌스크(Smolensk)로 철수했다. 전사가들은 만일 비테브스크에서 프랑스군과 러시아군이 회전 했다면, 전력이 우세한 나폴레옹군이 러시아군을 대파하고 러시아 전역을 조기에 종료할 수 있었을 것이라고 평가하고 있다. 하지만 결전의 기회를 날린 나폴레옹군은 중간 중간에서 식량을 획득하면서 계속 모스크바를 향해 러시아군을 추격하였다.

스몰렌스크 8월 4일 러시아군은 스몰렌스크에서 합류(병력 12만명)하였다. 러시아군은 국민의 정서가 깊이 묻어있는 스몰렌스크를 내주고 철수할 수 없다고 결정하여 나폴레옹군에 대한 공격을 결심하고 루드니아(Rudnia)로 기동하였다. 그러자 나폴레옹군이 8월 13, 14일 러시아군보다 먼저 스몰렌스크 남쪽에서 드니페르(Dnieper)강을 도하 대우회기동을 실시하여 17일 아침에는 양 군의 대접전이 이루어졌다. 나폴레옹군은 우세한 보·포 협동작전으로 3차에 걸친 반복 돌격을 실시했고, 러시아군은 교량을 파괴하고 전 시내를 방화한 후 야간에 스몰렌스크에서 퇴각했다. 이에 따라 다음 날 나폴레옹군은 텅 빈 스몰렌스크 시가지에 진입하였다. 이 전투에서 러시아군 3만명, 프랑스군 2만명의 인명 손실을 입었다.

브로디노의 결전(1812. 9. 7) 나폴레옹군은 전술적으로 계속 승리하고 있었으나 전략적으로 큰 수렁에 빠져들고 있었다. 나폴레옹군은 니멘강에서 부터는 동쪽으로 500km를 진군하여 스몰렌스크에 왔고, 모스크바까지는 아직도 400여 km가 더 남아있었다. 나폴레옹군의 병력은 벌써 15만 6천명으로 감소되어 있었다.

러시아 황제는 8월 29일 러시아군 총사령관을 쿠투조프(Kutuzov)장군으로 임명했다. 쿠투조프는 모스크바 서방 약 100km에 위치하고 있는 보로디노(Borodino)에서 나폴레옹과 결전하기로 결심하였다. 정보를 입수한 나폴레옹은 9월 5일 전군을 집결시켰고, 양군 간에 처음으로 결전이 시도되었다. 양군은 치열한 포병전과 진지전을 전개하면서 보르디노를 수차례 뺏고 빼기기를 반복했다. 그러나 8일 아침 쿠투조프는 돌연 병력을 이끌고 모스크바로 철수하여 버렸다. 이 전투에서 프랑스는 또 다시 결전의 기회를 상실한 반면, 러시아군은 회피전술로 퇴각할 기회를 확보했다. 전투에서 러시아군은 4만명, 프랑스군은 3만명의 손실을 입었다.

불타는 모스크바(9. 14) 나폴레옹군이 모스크바에 접근해옴에 따라 이제 러시아도 '모스크바마저 포기해야 하느냐' 아니면 '모스크바를 사수 하느냐' 하는 선택을 해야만 했다. 이에 베닌젠은 "성스러운 모스크바의 포기는 천추의 한이 될 것이다."라고 했고, 쿠투조프는 "모스크바가 문제 아니다. 우리 군과 조국을 어떻게 할 것인가 문제다. 모든 책임은 내게 있다." 하여 전투력 보존을 위해 모스크바에서 철수하는 결심을 했다.

9월 14일 러시아군은 칼루가(Kaluga)로 퇴각했고, 나폴레옹은 그렇게도 학수고대하던 모스크바에 입성했다. 하지만 이날 저녁 모스크바 시내는 러시아군의 초토화작전으로 70%가 전소되었다. 모스크바에 입성한 나폴레옹군은 굶주린 배를 붙잡고 불길을 피해 오히려 교외로 철수해야만 했다. 이때 나폴레옹군은 모스크바에는 9만 5천명이 입성했다. 반면 러시아군은 11만명이 나폴레옹군과 대치하고 있었으며, 시간이 가면 갈수록 의용군이 속출하고 있었다.

③ **필사의 탈출** 나폴레옹은 동계가 다가옴으로 해서 강화를 서둘렀으나 오히려 러시아는 시간을 끌면서 프랑스군을 잡아두는 전략을 취하였다. 나폴레옹은 러시아와의 강화가 성립되지 않자 10월 19일 나라(Nara)강 방면의 러시아군 주력을 공격하여 칼루가 방면으로 구축한 다음 강력한 후위부대로 러시아아군의 추격을 저지하면서 프랑스로 회군을 개시하였다. 쿠투조프는 나폴레옹군에 대한 추격전을 시작하여 코사크 기마대로 프랑스군 배후를 습격하도록 했으며, 본대는 도로 남방을 따라 나폴레옹군과 병진(竝進)하여 추격하였다.

다시 스몰렌스크로(11. 9) 11월 9일 나폴레옹은 남은 병력 5만명과 함께 스몰렌스크에 도착했다. 동영이 불가하자 네에군단으로 하여금 러시아군의 추격을 저지하도록 하고(6천명으로 17일까지 스몰렌스크 고수), 11월 23일에 베레지나(Beresina)강 보리소프(Borisov)에 도착했다(이때 러시아군은 14만 4천명으로 나폴레옹군은 3만 7,600명 포위). 나폴레옹군은 11월 28일 오후 베레지나강 도하를 위해 불요불급한 것들을 모두 소각했다. 유일한 퇴로인 보리소프 다리를 두고 양 군 사이에 치열한 격전이 벌어졌다 나폴레옹은 양동작전으로 강을 건넜으나 이때 무려 3만명의 희생이 뒤따랐다.

④ **궤멸된 나폴레옹군** 러시아 원정에 출정했던 45만명의 대군은 궤멸되었다. 겨우 1만여명 이내만의 병력이 생존하여 강을 건넜다. 나폴레옹은 계속 철수했다. 설상가상으로 프로이센군이 러시아군과 연합하여 공격하자 1월 중순에는 엘베강선까지 철수했다. 나폴레옹은 패잔병 지휘를 뮈라에게 맡기고 초라한 모습으로 12월 18일 파리에 도착했다. 그러나 파리에서는 돌아온 황제를 아무도 알아보지 못했다고 한다.

결과 / 영향 프랑스군은 1812년의 6월부터 12월까지 반개월 동안 무려 2천km를 행군하여 러시아의 모스크바까지 진출했다. 하지만 이는 죽음의 행군이었다. 45만명의 대군 중 불과 만여 명만이 귀환할 수 있었다. 대략 전사, 동사(凍死) 및 아사

(餓死), 전염병, 포로 등의 손실이었다. 러시아 전역에서 나폴레옹의 패인은 오판과 과오로 점철되어 있었다.

우선 광대한 국토를 무기로 종심 깊은 전략을 구사하는 러시아를 나폴레옹은 이해하지 못하고 단지 3주 내로 전역이 종료될 것으로 판단했다. 다음으로는 러시아군의 초토전술로 인하여 현지조달방식인 프랑스군의 보급체계가 무너지고 말았다. 병참과 보급이 무너진 굶주린 장병들은 전마를 식용으로 사용했고, 모스크바에서는 고양이를 잡아야 했다. 세째로 부하 장군들에 대한 잘못된 인선으로 인하여 작전에 차질을 가져왔다. 19세기 중 가장 추웠다는 동장군이 일찍이 내습한 것도 나폴레옹의 원정을 실패로 만들게 하는 이유 중의 하나가 되었다. 또한 나폴레옹의 특기인 우회기동이 이루어지지 못했고, 지나친 정면공격으로 전투력을 소모한 것도 하나의 패인으로 작용되었다.

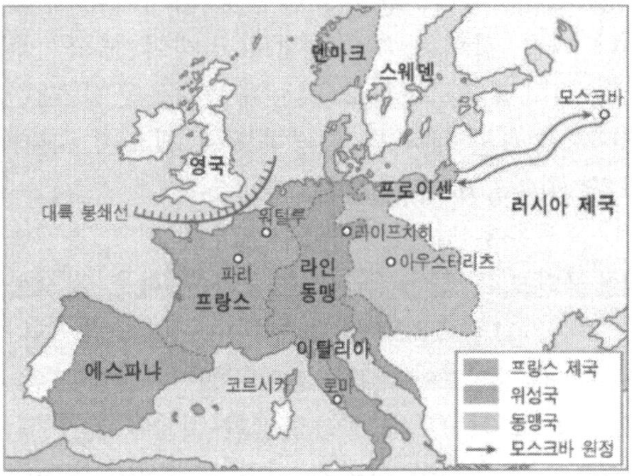

〈러시아 전역 당시 나폴레옹 치세, 자료 : 네이버 지식백과〉

러시아 원정에서 나폴레옹군에게 가장 심대한 타격은 무엇보다도 기병과 포병의 전멸이었다. 러시아군은 프랑스 원정군을 추격해 바르샤바 공국으로 침입하여 바르샤바를 함락시켰다(1813, 2). 프로이센은 대프랑스 동맹에 다시 참가해 징병제를 재도입하고 3월 말에는 프랑스에 선전했다.

한편 파리로 되돌아온 나폴레옹은 신병을 징집하고 엘베강을 방어선으로 결정하여 함부르크에는 수만명의 병력을 주둔시켜 다부가 지휘하게 하고, 4월 말에는 바르샤바 공국, 다음으로 러시아와 프로이센군의 목표가 될 작센 왕국으로 진입해 러시아, 프로이센군에 대항했다. 하지만 나폴레옹군은 러시아 원정 복귀 후 5개월 동안에 프로이센과 러시아군을 이기지 못하고 정전에 동의했다. 나폴레옹은 작센과 인접한 오스트리아까지 전쟁을 걸어오는 것을 막기 위해 일리리아 지방을 반환하는 등 노력을 기울였으나 교섭은 결렬되고 7월부터 오스트리아 역시 프랑스와의 전쟁에 개입했다.

이베리아반도에서는 6월 말 웰링턴 후작이 지휘하는 7만여명의 영국, 스페인, 포르투갈 연합군이 1808년 나폴레옹에 의해 스페인 왕이 되었던 조세프 보나파르트의 군대를 패퇴시켰다. 프랑스의 전력 대부분이 독일로 전용되자 피레네 산맥을 넘어 툴루즈까지 육박해 들어갔다. 이렇게 러시아원정이 참담한 실패로 끝난지 반년 만에 나폴레옹의 패권은 유럽 대륙에서 흔들리고 있었다.

아. 워터루(Warterloo) 전역

○ 시 기 : 1815년 6월
○ 장 소 : 벨기에 워터루
○ 교전국(지휘관) : 프랑스(나폴레옹) / 영국(웰링턴), 프로이센(블뤼헤르)
○ 병 력 : 프랑스 12만 3천명 / 영국·네델란드 9만 5천명, 프로이센 12만명
○ 결 과 : 연합국 승리
○ 분 석
- 전투력 분산
- 지휘계통 확립
- 기동과 추격

배 경 1813년 라이프치히 전투에서 패배한 나폴레옹은 다음해 4월에 폐위되어 엘바섬으로 추방되었다. 그러나 비엔나 회의에서 전후처리 문제로 동맹국 사이의 균열이 발생하자, 나폴레옹은 추방 10개월 후인 1815년 2월 26일, 엘바섬을 탈출하여 3월 1일 남프랑스에 상륙 파리로 향했다.

이때 루이 18세의 반동적인 정책은 계몽사상으로 깨어있는 국민들로부터 심한 염증과 실망을 일으키며 일부 국민들은 나폴레옹의 재집권을 염원하고 있었다. 황제는 나폴레옹이 진군해 오자 그를 체포하라는 명령을 네에에게 내렸다. 하지만 그는 나폴레옹을 황제로 받들었다. 이에 따라 루이 18세는 벨기에로 도주했고, 나폴레옹은 스스로 모여든 군인 7천명을 이끌고 3월 20일 파리에 무혈입성, 황제에 복귀하였다. 나폴레옹황제는 제국의 부활과 평화를 선언하고, 동맹국에게 공존을 주장했다.

나폴레옹 복귀 소식에 유럽의 동맹국들은 다시 위협을 느끼면서 동맹군을 구성하였다. 동맹국의 70만명 병력이 일제히 프랑스를 향해 진격하기 시작했다. 웰링턴(Arthur Wellesley, 중하며 수세형)이 지휘하는 영국군과 블뤼헤르(Blücher, 전술안이 탁월한 공세형)가 지휘하는 프로이센군이 먼저 공격에 가담했고, 이 외에 오스트리아군 21만명과 러시아군 15만명이 연합군을 구성하여 6월 27일부터 7월 1일 사이에 프랑스를 공격할 예정이었다.

42만 5천명을 구성한 나폴레옹은 예전에 했던 것처럼 각국을 각개격파(내선작전 이용) 한다면 승산이 있을 것으로 판단했다. 우선 가까이 있는 국가의 부대부터 격파하기로 했다. 러시아와 오스트리아군은 멀리서 진군해 오고 있었고, 가장 가까운 부대는 덴마크에 있는 영국 웰링턴군(덴마크군 포함) 9만 5천명과 프러시아 블뤼

헤르군 12만명이었다. 하지만 나폴레옹군은 전성기의 군대가 아니었다. 비록 강력한 전투력을 지닌 근위대가 건재하고 있었지만 나폴레옹 자신도 나이가 들어 노쇠해졌을 뿐만 아니라 부대의 기동력은 떨어졌고, 많은 훌륭한 참모와 부장들이 러시아 원정에서 이미 전사하고 없었다. 그러나 군사천재를 지휘관으로 하는 프랑스군의 사기만은 아직도 하늘을 찔렀다.

경 과 ① 까뜨르 · 브라(Quatre-Bras)**로 진군**(6. 11) 프랑스군은 6월 11일 파리를 출발하여 상브르강 남방에 집결했다. 6월 15일에는 샤를르로아(Charleori)지방을 점령한 후 영국군과 프러시아군 방향으로 진군해 나갔다. 연합군 브뤼헤르군은 리니(Ligny) 및 송브레프(Sombreffe) 일대에 웰링턴은 니베르(Nivelles) 일대로 진군해 왔다.

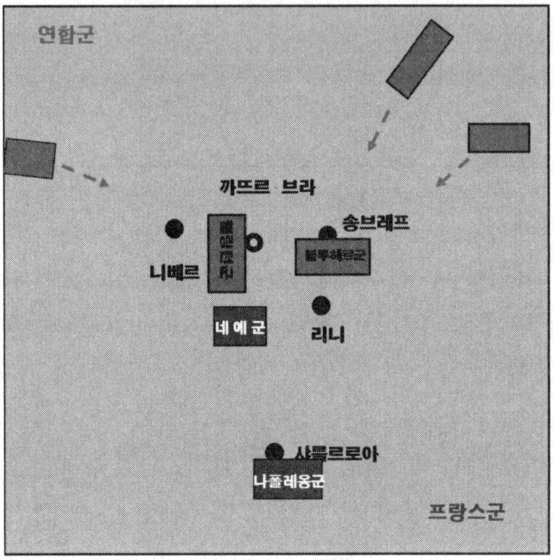

〈까뜨르 · 브라선점〉

나폴레옹은 연합군인 블뤼헤르과 웰링턴군 사이에 간격이 형성되자, 그 중간지역인 까트르 · 브라를 점령하여 양군을 분리할 목적으로 네에에게 까트라 · 브라를 점령하도록 했다. 그러나 웰링턴과 블뤼헤르군의 신속한 기동과는 반대로 네에군의 기동이 지연되어 까트르 · 브라와 송브레프는 웰링턴과 블뤼헤르가 선점해 버렸다.

② **리니와 카트르 · 부라 전투**(6. 16)12) 나폴레옹은 16일 블루훼르군을 격파하기위해 리니에서 대치하고 있었다. 이때 웰링턴군은 까트르 · 브라에서 네에군(2만 4천명)을 향하여 진군해 왔다. 나폴레옹은 당일 15:00경 네이가 까뜨르 · 브라를 이미 점령했을 것으로 판단하고, 네에군을 후속하던 데들롱(D'Erlon)군에게 우로 방향을 전환하여 송브레프 인접의 블르헤르군의 우측면을 공격하도록 했다.

나폴레옹의 명령을 전달한 참모장교가 네에장군보다 먼저 데를롱장군을 만나 나폴레옹의 명령을 하달하면서 즉시 블뤼헤르군의 우익을 공격하라고 전달했고, 데를롱군은 나폴레옹의 명령대로 블뤼헤르군의 우익방향으로 기동하였다.

12) 노병천, 〈도해 세계전사〉, 연경 문화사, 2001. pp.138~141.

한편 웰링턴군과 대치하게 된 네에는 이 사실을 모르고 데를롱장군이 임의로 방향을 전향한데 대하여 즉시 까트르·브라로 회군할 것을 지시하였다. 데들롱군은

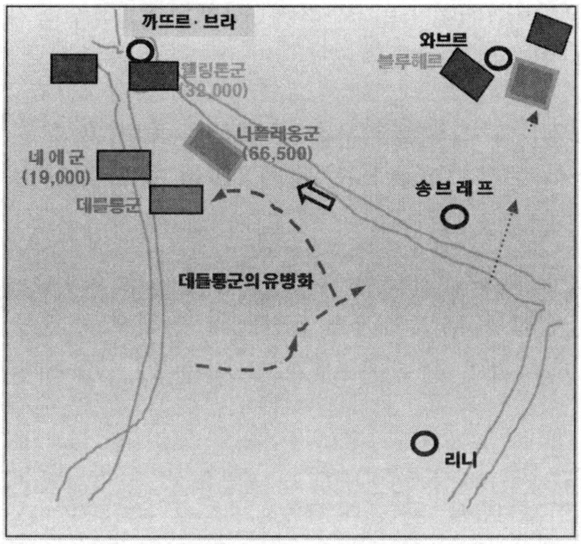

〈데들롱군의 유병화〉

이때 블뤼헤르의 우익을 포착 공세를 펼치려는 순간 네에의 회군명령에 따라 다시 까뜨르·브라 방향으로 회군하였다. 데들롱군이 돌아간 것을 파악하지 못한 나폴레옹은 자신의 계획대로 블뤼헤르군의 중앙을 돌파하고 데를롱군이 우익을 포위하여 섬멸하기 위한 공격을 감행하였다. 나폴레옹은 블뤼헤르군이 수적으로 우세했으나 예비대까지 투입하여 결정적 승기를 잡으려 했다. 나폴레옹은 좌익의 데드롱군이 전개하는 것을 확인했었고, 공격을 개시하여 전선을 돌파하는데 성공했다.

나폴레롱군의 정면 공격만을 받은 블뤼헤르군은 비록 돌파되었으나 퇴로가 확보되어, 다음 날인 17일 오후 와브르에 집결할 수 있었다. 이 전투에서 블루헤르는 1만 6천명의 병력을 상실했고, 자신도 중상을 입어 참모장인 그나이제나우 장군에게 지휘권을 넘겼다(그는 마상에서 20시간 이상 필요한 지휘조치를 취하는 감투정신을 발휘했다). 데들롱군의 포위가 아쉬운 대목이었다.

이 전투 후 노쇠한 나폴레옹은 즉각적인 추격을 미실시하고 휴식을 취하며 있다가 그루쉬에게 지신의 3만 3천명을 인계하면서 프로이센군을 추격시켰다. 쫒기는 블뤼헤르는 병력을 2개 제대로 나누어 주력은 추격에서 벗어나면서 미끼부대를 까트라 부대와는 반대방향인 라인강 방면으로 이동시키며 추격하는 그루쉬군을 유인했다. 추격하던 그루쉬군은 부르헤르군의 후위를 포착하여 그들의 견제부대인 1개 군단을 격멸하는데 그쳤다. 특히 행군도중 화포소리로 워털루 전투가 시작된 것을 알면서도 회군하자는 부하들의 건의에 결단력이 부족해 나폴레옹의 지시에 따라 추격을 계속했다. 이때 조국 프랑스는 패망해 가고 있었다.

한편 까트르·브라에서 웰링턴을 공격하고 있던 네에군은 영국군의 강력한 저항에 처해있었다. 네에는 이미 까트르·브라 선점 건은 불문에 부치고 데들

롱군을 리니(Ligny)에 남겨두라는 황제의 명을 재차 받았으나 데들롱군이 까트르·브라로 회군하도록 고의적으로 묵살하고 말았었다. 회군한 데들롱군(1만 4천명)이 21시경 네이군과 합류했으나 이미 네이군은 공격에 실패하여 철수하기 시작한 때로 데들롱군은 유병화되고 말았다.

③ **워털루 전투(6. 17)** 나폴레옹은 그루쉬가 블뤼헤르군을 추격하자 네이군과 합류하여 웰링턴군을 격파하기 위해 까뜨르·브라로 이동했다. 반면 웰링턴은 블뤼헤르의 철수에 따라 연합작전이 곤란해지자 17일 오전 이미 브뤼셀 방면(몽-셀-장)으로 퇴각했다. 웰링턴군은 블뤼헤르의 지원이 있을 것으로 판단하고 지휘소를 워터루(Waterloo)에 설치하고 워털루 남방에 6만 8천명의 병력으로 전면에 보병 그리고 후방에 기병사단을 배치하여 블뤼헤르군이 도착할 때까지 버틸 수 있는 방어진을 편성하였다.

노쇠한 나폴레옹(7만2천명)은 그루쉬(장블로 Gembloux 위치, 블뤼헤르군이 와브로 동쪽으로 후퇴했다는 보고했으나 블뤼헤르군은 웰링턴의 영국군과 합류하기 위해 워터루로 이동중이었다.)의 블뤼헤르군 철수보고를 받았다. 나폴레옹은 자신은 웰링턴군의 측면을 공격하기로 하고, 네에에게 정면의 견제임무를 부여했다. 나폴레옹은 네에군과 함께 공격을 실시하면서야 웰링턴군이 철수한 사실을 확인했다. 나폴레옹은 기병중대로 추격을 실시했으나 곧 이은 폭우로 추격은 중지되었다.

나폴레옹군은 그루쉬에게 빨리 까뜨라·브라의 전장으로 복귀하라는 전령을 보내는 한편, 보병을 전방, 좌우측에는 기병, 중앙 후방에는 예비대인 근위대를 배치하고 웰링턴군을 공격했다. 나폴레옹은 웰링턴군의 좌익이 블뤼헤르군과 연결 가능성이 있어 블뤼헤르군이 도착하기 전에 공격을 실시한 것이었다. 하지만 전장은 전날의 우천으로 기동에 심한 제한을 받고 있었다.

프랑스군은 포병 사격을 시작하며 전선을 개척하여 보병이 전진하기 시작했다. 영국군은 기다란 능선의 후사면을 이용하여 프랑스군의 포격을 피해냈다. 12:00를 전후하여 블루헤르군의 전위가 전장에 접근하고 있었다. 나폴레옹은 각개격파의 전략에 따라 양 측의 부대 연합이전에 격파하기위해 자신의 예비대를 파견하였다. 급해진 나폴레옹은 웰링턴군에 대해 주력 3개 사단이 정면 200명, 종심 24명으로 구성된 밀집횡대 대형으로 공격하여 우익의 일부를 확보했다. 프랑스군은 계속 공격하여 웰링턴의 제1방위선을 돌파하고 제2방위선까지 진출해 들어갔다. 하지만 여기까지였다. 프랑스군은 보병을 투입하였지만 더 이상의 진출은 없었다.

반면 웰링턴군은 더 이상의 피해를 줄이기 위해 병력을 산등성이 너머로 이동시켰다. 이를 본 네에는 일거에 승리를 달성하기 위해 나폴레옹의 승인 없이 자신의 기병과 근위기병을 통합하여 15:00경 기병만으로 일제히 돌격을 개시하였다(5천명의 프랑스 정예 흉갑기병이 보병과 포병의 지원 없이 돌격을 감행). 하지만 네에군은 측방이 노출되고 진흙으로 기동이 더디어졌다. 감투정신을 발휘한 네에군 기병대는 영국 포병의 산탄에 많은 피해를 입었지만 고지정상의 웰링턴군 포대를 점령하기도 했다.

웰링턴은 마지막 남은 보병들을 전방으로 추진하여 기병의 돌격에 대비했다. 총검으로 형성된 영국군 보병은 프랑스군 기병의 돌격을 효과적으로 막아냈다. 포병과 총 앞에 기병은 이제 더 이상 무적이 아니었다. 보병을 이끌고 오지 않은 네에의 또 한 번의 큰 실수였다. 네에의 공격에 호응한 데들롱군이 웰링턴군의 좌측을 공격하고 있었다. 웰링턴군의 진영은 흔들렸다. 네에는 다시 나폴레옹에게 증원을 요청하였다. 하지만 나폴레옹은 뇌회한 결단력을 보이며 네에의 증원 요청을 거절했다.

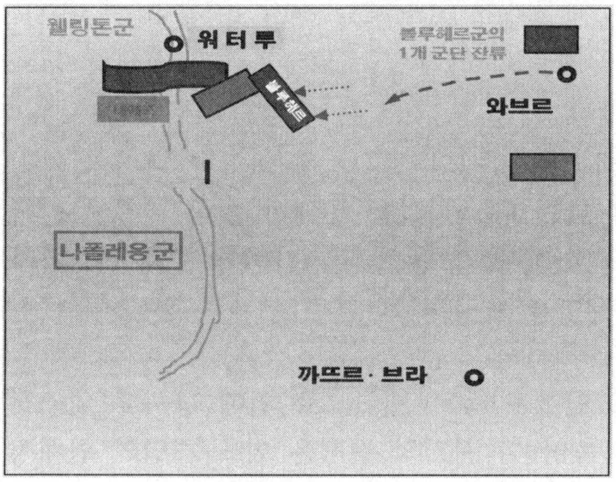

〈워터루 전역〉

전투가 진행 중인 18:00경 블뤼헤르군이 드디어 전장에 도착했다. 블뤼헤르는 먼저 웰링턴군의 무너진 진지를 강화한 다음 본격적인 공세에 돌입했다.

나폴레옹이 기병의 엄호 하에 근위사단을 투입하자 웰링턴의 보병사단은 능선으로 은폐했다. 나폴레옹군은 영국군의 산병과 격전 끝에 능선을 확보했다. 하지만 능선에 있던 영국 보병사단이 일제히 공세로 전환하여, 프랑스군은 패주하기 시작했다. 블뤼헤르군은 포로획득을 거부하고 무자비하게 살상하면서 추격했으며 프랑스군은 궤멸되었다. 이로써 나폴레옹의 귀환도 100일 천하로 종료되고 말았다.

결과 / 영향 나폴레옹은 엘바섬을 탈출한 지 100일 만에 워털루 전역에서 패배하여 파리로 귀환했다(6. 21). 이어 영·프로이센 연합군이 파리에 입성(7. 3)했고, 루이 18세도 파리로 귀환하였다. 패장이자 황제인 나폴레옹은 연합군의 결의에 따라 다시 남대서양의 고도 센인트 헬레나(Saint Helena) 섬으로 유배되었으며, 1821

년 5월 5일 사망하였다.

워털루 전역[13]에서 나폴레옹의 패배원인은 그렇지 않아도 연합군에 비해 소수인 병력을 분산운용 함으로써 발생했다(그루쉬에게 ⅓을 분할). 나폴레옹의 전략은 분리된 적이 통합하기 전에 기동하여 각개격파를 노린다는 것이었다. 그러나 프로이센군 섬멸이란 성과를 거두기 위해 추격군으로 3만명이 넘는 병력을 보내 스스로 분산하고 말았다. 또한 밀집종대대형의 전술 대형을 사용함으로 인해서 포병화력에 많은 피해를 입었다. 그리고 추격의 시기상실과 과감성의 결여는 연합국 부대들의 전투력을 분쇄하지 못했다.

여기에 나폴레옹의 부하들로 한 몫 했다. 네에는 데들롱군의 유병화를 조장하였고, 전장관찰을 하지 않아 공격 기세를 놓쳐버리고 말았으며 무리한 기병돌격만을 반복했다. 또한 노획한 화기에 대한 거부대책을 강구하지 않았다. 또한 그루쉬는 적의 함정에 빠져 본대를 놓쳐버렸고, 추격을 단념하고 전장으로 복귀해야 하는 타임을 놓쳐 버리고 말았다.

이렇듯 나폴레옹 만년의 전쟁은 폴레옹은 자신의 천재성을 과신한 나머지 자신이 모든 업무를 처리함으로 해서 항상 나폴레옹이 없는 곳에서는 대 혼란이 발생하곤 했다. 또한 사기도 전투에 영향을 미쳤다. 프랑스군은 전쟁이 지속됨에 따라 염전사상(厭戰思想) 만연하게 되었으며 장병들은 지휘고하를 막론하고 전장 이탈 현상이 증가하였다.

하지만 정면공격의 반복은 우천으로 인한 기동로 제한으로 인해 당시에는 최선의 방책으로 보는 전술가들도 있다. 더욱이 이 시기의 전쟁은 어느 개인의 천재성에 의해 진행되는 전쟁이 아니었다. 전쟁은 이제 시스템과 조직이 좌우하는 전쟁으로 변모하였으며 이것이 나폴레옹의 천재성을 뒤로하는 시대적 흐름이었다.

나폴레옹은 전성기를 지나 이미 스페인 원정에서부터 예전의 명쾌한 승리를 보여주지 못하고 철수했다. 이어 러시아 원정 과 워털루 전역에서 연이어 고배를 마셨다. 이에 따라 전사가들은 스페인 원정에서 워털루 전역까지를 나폴레옹의 쇠퇴기라 칭하고 있다. 반면 프로이센과 영국군이 승리할 수 있었던 요인은 당시의 전장의 주역이던 웰링턴과 블뤼헤르의 연합작전에 대한 중요성 인식과 실천이었다.

---

13) 워터루는 원래 전투가 벌어진 곳이 아니었다. 실 전장은 라-벨르-알리앙스가 주전장이었다. 독일에서는 독일의 지원으로 이긴 이 전투를 라-벨르-알리앙스전투(독일어 : Schlacht bei Belle-Alliance)라 부른다. 워털루로 불린 것은 영국이 웰링턴의 사령부가 있던 벨기에의 워터루 지명을 갖고 와서 명명했기 때문이다.

제3절 국민 전쟁

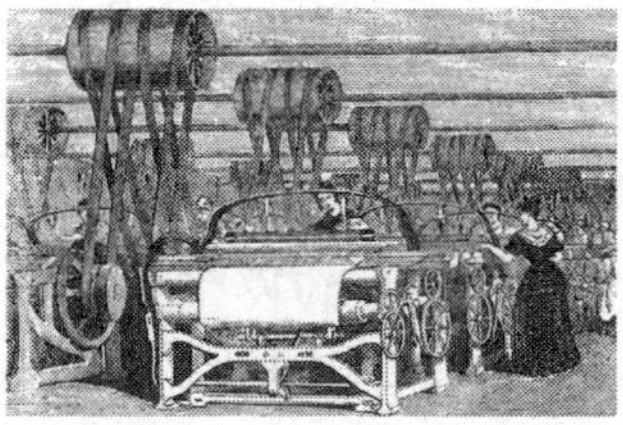

1. 산업혁명
2. 전쟁의 특징
3. 남북 전쟁

1. 산업혁명

18세기 후반부터 유럽의 산업분야에 있어 새로운 패러다임이 등장했다. 공업이 발전하면서 기계가 발명되고, 종래의 매뉴팩처(공장제 수공업)가 대규모적인 공장제 공업으로 대치되어 생산력이 비약적으로 증대되었다. 이러한 시스템은 자본주의적 생산체제의 시작이었다. 이러한 조류는 후에 산업혁명(Industrial Revolution, 産業革命)으로 불리었다. 산업혁명은 영국에서 1760년대부터 1830년대 사이에 전행되었고, 100여년에 걸쳐 유럽 및 미국에 파급되었다.

산업혁명은 영국의 가장 중요한 산업이었던 섬유공업에서 방직기계가 발명되면서부터 시작되었다. 이어 제임스 와트(James Watt)의 증기기관은 석탄, 제철의 부문에도 변혁을 이끌어 냈다. 수송 부문에도 증기기관차나 기선이 이용되면서 국내외의 넓은 시장이 형성 되었다. 산업혁명의 영향은 농업 부문, 공업 분야에 있어 소생산자의 몰락을 촉진시키면서 대량의 공업 노동자를 양산해냈다. 자본가들은 최초에는 거리로 뛰쳐나온 어린이와 부녀자 등의 값싼 노동력을 이용했지만 곧이어 노동자 측에서의 반격에 직면했다. 노동자들은 단합하여 스트라이크를 하거나 정치적으로 보통선거법 요구 등의 목소리를 높여가면서 노동운동도 발전하였다.

특히 군사 분야에 있어서는 국민군으로 징집된 군대의 운용에 필요한 장비와 물자가 대량으로 생산되어 대규모군을 운용할 수 있는 여건을 제공해 주었다. 더욱이 야금술, 화학, 탄도학, 전자공학 등의 기술적으로 진보로 정교하며 광대역을 커버해주는 성능이 향상된 장비들이 등장함에 따라 전쟁 양상도 새로운 모습으로 전개되기 시작했다.

2. 전쟁의 특징

가. 국민 전쟁 시대의 전장

나폴레옹전쟁 시대를 지난 유럽은 산업혁명과 함께 과학기술이 급속도로 발전하기 시작했다. 국민동원제도로 인해 전 국민을 전쟁에 투입하게 하고 대중적 차원의 전쟁이 진행되었다. 과학기술의 발전은 전장의 급격한 변혁을 초래했다. 먼저 생활 여건의 개선으로 인구가 증대됨에 따라 상비군체제와 더불어 동원체제가 정립되면서 전쟁 발발 시 동원 가능한 병력의 규모가 전례를 찾을 수 없을 정도로 확대되었다. 또한 증대된 병력을 지원할 수 있는 장비와 물자를 대량생산할 수 있는 산업체제가 구축되었다. 또한 속도가 향상되었다.

이러한 규모와 기술의 군대에 결정적으로 영향을 미친것이 철도와 전신의 속도였다. 나폴레옹의 시대가 '발로 유럽을 정복'했던 시기라면 국민전쟁 시대는 '철도로 유럽의 전장을 누볐다'고 할 수 있다. 철도는 다른 분야와 달리 먼저 민수용으로 개발되었다. 크림전쟁(Crime War, 1853~1856)에서 프랑스가 철도를 이용하여 군수물자를 지원한 이래 병력까지 수송하면서 철도는 전쟁의 동맥으로 각광받기 시작했다. 하지만 철도를 군사 분야에서 효과적으로 운용한 것은 프로이센이었다. 철도의 발전에 따라 병참능력이 획기적으로 개선되었다. 집중의 개념도 나폴레옹 시대가 '적이 있는 곳으로의 집중'이라면 국민 전쟁 시대의 집중은 '철도망을 이용한 보다 광범위한 포위를 통한 집중'으로 전환되었다.

전신기의 발명 또한 국민 전쟁기의 전장을 혁신적으로 확장시켰다. 전통적으로 지상군의 거리는 5~6km를 유지하였으며, 나폴레옹의 군대는 25~75km까지 전개하였다. 그러나 전선에 전선이 설치되면서 지휘통제의 폭이 전선만 연결된다면 어디든지 확장될 수 있었다. 이제 지휘관들은 병력에서 벗어나 전신기가 위치한 곳에서 지휘할 수 있었다.

국민전쟁시대에는 이러한 철도 및 전신의 발달과 더불어 대규모 군대의 동원과 훈련, 물자와 장비의 보급 문제가 대두되면서 이를 효율적으로 관리하기 위한 조직의 필요성을 느끼게 되었다. 또한 광범위한 지역에 산재한 병력에 대한 지휘와 조직이 필요하게 되었으며 이로 인해 영웅보다는 조직을 관리할 수 있는 시스템이 요구되었다. 이러한 필요에 의해 참모 조직이 등장하게 되었다. 이러한 참모조직의 시스템을 정확히 인식한 것은 프로이센[14]이었다.

---

14) 이 당시 프로이센은 프리드리히 대왕시절의 외국인 모병 제도를 국민군제로 개편하면서 징병제도를 확립했다(20세부터 3년간은 현역, 2년간 예비군, 14년간 향토예비군으로 복무). 또한 모든

프로이센은 1803년 참모본부(Great General Staff)를 창설한 다음 엘리트들을 참모본부에 근무하게 했다. 당시 각 군의 참모들은 각 군단이나 사단 그리고 연대의 지휘관 예하로 파견되어 지휘관을 보좌하는 임무를 수행했다. 이들은 엘리트로서 평상시부터 전쟁계획을 수립하고 불의의 사태에 대비하였으며 지휘관의 지휘 폭을 확장시켜 주었다. 따라서 국민전쟁 이후의 전쟁은 지휘관의 천재성이 아니라 참모조직과 뛰어난 전쟁수행계획과 능력에 의해 결정되었다.

전투 양상도 변화했다. 미국의 남북전쟁은 최초에는 마주보고 싸우는 유럽식 전투를 했지만 1863년 살상력이 강력한 미니에 소총의 전래된 이후로 전쟁의 양상은 크게 변화하기 시작했다. 전장에서는 이제 참호를 파거나 몸을 숨기고 분산함으로써 피해를 최대한 줄이려는 노력들이 등장했고, 보병은 총탄을 피해 낮은 자세를 유지해야 했다.

총력전의 개념은 미국의 남북 전쟁에서 최초로 도입되었다. 전쟁 초기에는 남군이 우세를 보였으나 점차 북군의 산업생산량이 남군을 압도하기 시작했다. 군수물자는 광대한 대륙에서 철도를 이용한 수송과 다양한 수송 방법을 연계함으로써 점차 남군을 무력화 시킬 수 있었다.

한편 전장에서 돌격부대로 명맥을 유지해오고 있던 기병들이 전장에서 완전히 몰락하기 시작했다. 상징적인 사건으로는 크림전쟁에서 영국 경기병(Light Brigade) 여단이 러시아 포병이 3면으로 포진하고 있는 발라클라바 계곡으로 돌진해 들어간 것을 들 수 있다. 이들은 돌격 20분 만에 전멸했다. 이후 러시아와 영국은 군제개혁의 필요성을 느끼게 되었고 최정예를 자랑하던 유럽 전통의 기마병은 쇠퇴하기 시작하여 제1차 세계대전까지 전장에서 사라졌다

나. 무기[15)]

① **무기** 19세기 국민전쟁시기 가장 주목할 만한 무기의 변화는 소총(Rifle)의 발달이었다. 이때 소총의 3대 발명이라 하는 강선, 뇌관(雷管), 후장(後裝)의 기술이 실용화 되었다. 소총은 이전의 머스킷(활강)과 달리 총신에 강선(鋼線)을 만들었다. 이 강선에 따라 소총탄이 발사되면서 회전을 하게 되어 살상력이 크게 증대되었다. 1850년 프랑스의 미니에(Claude-Etienne-Minie)가 강선에 맞는 일명

사람들에게 중등교육까지 엘리트는 고등교육을 시켰으며, 능력에 따라 장교 임명, 사관학교와 전쟁학교를 운용하여 체계적으로 전쟁준비를 하여 이후 민족주의를 내세우며 통일을 달성하고 강국으로 부상한다.

15) 정명복, 쉽고 재미있는 생생 무기와 전쟁이야기, 집문당, pp.199~224.

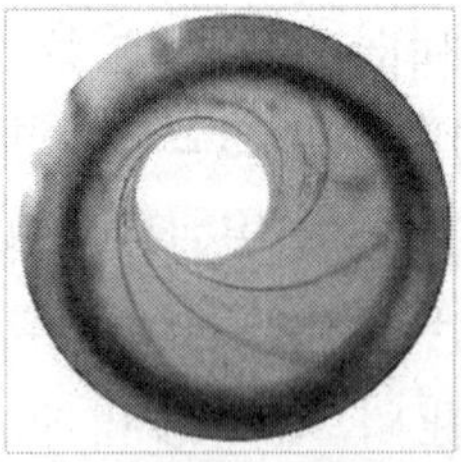

〈소총과 대포의 강선, 자료 : 위키백과〉

'미니에탄'이라는 원추형 소총탄을 개발하여 재장전 문제를 해결하였다. 이 원추형 소총탄은 발사 시 강선의 빈틈을 채워 공기를 밀폐시켰으며 총구에 무리하게 집어넣으면서 장전하지 않아도 되었다.

또한 과거 수세기를 이어오던 부싯돌격발방식은 뇌관격발장치로 대체(뇌산염을 점화약으로 캡에 넣어 보관하고 이를 공이가 격발)되어 되었다. 이렇게 원추형 미니에탄과 뇌관격발장치가 결합되자 비록 총구의 전장 장전이었지만 사거리가 8배나 길어지고 오발율이 25배나 낮아졌다. 더욱이 강선으로 인하여 파괴력이 엄청나게 상승했다. 미니에 소총(Minie Rifle)을 사용한 영국군과 프랑스군은 크림전쟁[16]에서 압도적인 화력차로 러시아군을 격파했다.

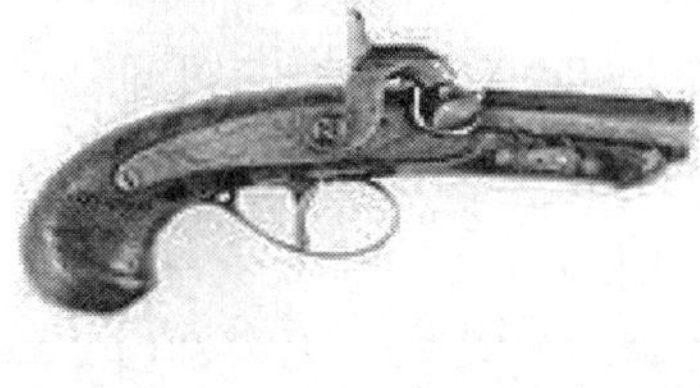

〈뇌관격발장치, 자료 : 위키백과〉

이후 유럽의 전장은 머스킷에서 미니에 소총으로 전환되었다. 이제는 돌격전술은 설 자리가 없게 되었으며 전쟁 양상은 변모해 나갔다.

19세기 후반 보·불전쟁에서 프로이센군은 니들건(Niddle Gun)이라 불린 후장식 소총으로 무장했다. 후장식 소총은 요한 니콜라우스 드라이제(Johan Nikolaus Von Dreyes)가 발명한 것으로 공이치기가 바늘(Niddle)같아서 이름이 바늘총으로 붙여졌다. 후장식 소총은 전장식 소총과 달리 사수가 엎드려 탄약을 장전할 수 있어 사수의 생존성을 획기적으로 높일 수 있었다.

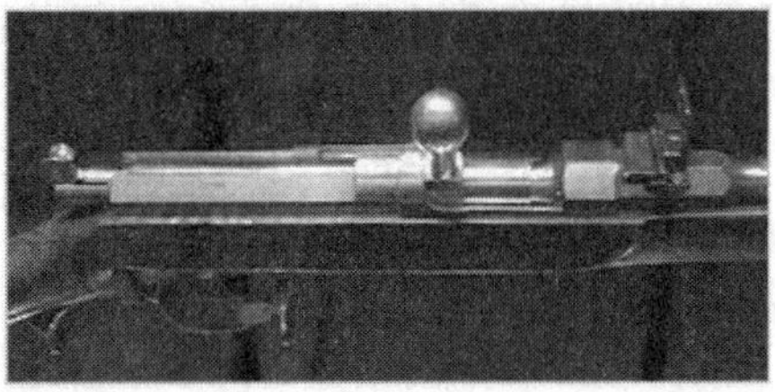

〈드라이제 후장식 소총 일명 바늘총, 자료 : 위키백과〉

발사 속도에 있어서도 프로이센의 후장식 바늘총은 오스트리아의 전장식 로렌츠 소총보다 6배나 빨랐다. 당시 니들건의 사거리는 최대 1.5km 유효 500m에 육박했다. 하지만 당시의 후장식 소총은 가스가 누출되어 파괴력이 약해지는 단점이 있었다. 또한 바늘처럼 생긴 공이가 자주 고장 났기 때문에 여분의

---

16) 크림전쟁은 유럽이 혁명의 진화에 휩싸인 사이, 러시아가 흑해 연안과 다뉴브로 진출하여 투르크와 전쟁을 벌였다. 이때 러시아의 세력 확장을 경계한 프랑스와 영국이 투르크를 지원하면서 러시아와 흑해의 크림반도에서 전쟁(1853~1856)을 벌였다. 이 전쟁에서 러시아군과 연합군은 부실한 행정으로 많은 병력을 잃었다. 이때 나이팅케일(Florence Nightingale)이 활약하여 군의료개혁의 선구가 되었고, 국제적십자사가 창설되고 제네바협약이 체결되는 계기가 되었다.

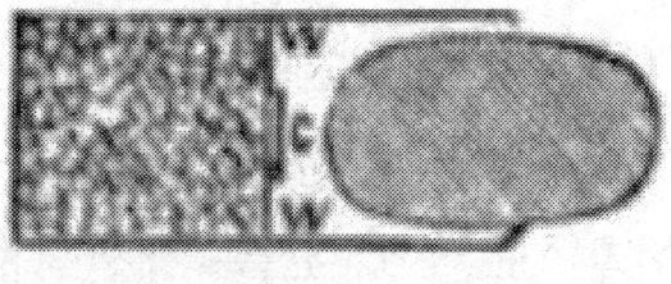

〈니들건의 일체형 탄약, 자료 : 위키백과〉

공이를 휴대하고 다녀야 했다.

바늘총이 도입되기 시작할 때 소총탄에도 혁신적인 변화가 일어났다. 이전에는 탄알과 화약을 별도로 준비해서 총에 넣어야 함으로 해서 불편함과 시간소요가 과다했다. 그러나 이러한 불편함과 시간 소요를 단축할 수 있는 일체형 탄약(탄알과 화약을 하나의 탄약으로 결합하고 종이로 감쌌다)이 출연했다.

일체형 탄약이 출현하면서 기존의 격발방식이었던 뇌관격발방식은 새로 등장한 노리쇠격발방식(Breechblock)으로 전환되었다. 노리쇠격발방식은 노리쇠를 뒤로 당기면 공이치기가 탄약을 뒷부분에 있는 장약을 폭발시켜 탄알이 발사되고, 탄알은 총열의 강선을 따라 목표물을 향해 날아간다.

보・오 전쟁(1866)[17]에서 오스트리아군은 나폴레옹시대의 유물인 총검과 종대대열을 이용한 돌파작전을 쾨니히그래츠(Königgrätz) 전투에서 시도했다. 반면 프로이센군은 새로 도입된 후장식 바늘총을 사용하여 오스트리아군의 돌격을 격퇴했다. 보・프 전쟁(1870)[18]에서 프랑스군은 바늘총보다 진보한 샤스포(Chassepots, 사거리 1~1.2km) 소총으로 무장했지만 프로이센군에게 패배했다. 이때 프랑스군의 소총사격으로 인해 프로이센군은 생프리바 공격에서 20분 만에 8천명이나 되는 사상자를 낼 정도로 소총의 위력이 커졌다.

소총이 발전하면서 연발총도 등장하기 시작했다. 남북전쟁 중인 1832년 미국의 새뮤얼 콜트(Samul Colt)가 연발총인 리볼버(Rivolver)를 개발했다. 리볼버는 공이치기를 뒤로 젖힘으로써 여러 개의 약실이 있는 원통이 회전하면서 총신과 일치하도록 고안된 것이었다. 또한 남북전쟁 기 최초의 기관총인 수동식의 기관총 개트링(Gatiling Machinegun)이 등장했다. 캐트링은 1분에 600발 까지 발사할 수 있었다.

〈게틀링 기관총, 자료 : 위키백과〉

② **대포** 총에 강선을 넣고 후장식으로 제작하여 사거리와 폭발력뿐만이 아니라

17) 7주 전쟁 이라고도 한다. 1866년 일의 통일을 놓고 프로이센과 오스트리아가 벌인 전쟁. 프로이센은 이 전쟁에서 승리하여 독일을 통일하면서 유럽의 강대국의 반열에 올라섰으며 오스트리아의 합스부르크 왕조를 대신하여 독일의 맹주가 되었다.

18) 프로이센의 주도하에 통일 독일을 이룩하려는 비스마르크의 정책과 이를 저지하려는 프랑스 나폴레옹 3세의 정책이 충돌해서 발생한 전쟁(보・프 전쟁).

생존성과 편리성이 획기적으로 증대되자 각국은 대포에도 강선을 갖추고 후장식으로 운용하려는 노력을 경주하였다. 이러한 노력의 결과로 강선은 오스트리아에서, 후장식 장전은 프로이센에서 처음으로 개발되어 사용되었다.

오스트리아는 오・프 전쟁(1859)에서 패배한 이후 모든 대포를 강선 대포(736문)로 교체하였다. 당시 프로이센 구식 활강대포는 사거리가 1,4km인데 반해 오스트리아의의 최신식 강선대포는 3,7~4,5km 였다. 오・보 전쟁(1866) 당시 오스트리아는 소총과 달리 화포 면에서는 유럽 최강 국가였다.

후장식 대포의 개발은 대포의 기동성 저하, 포미 밀폐장치 설치의 어려움, 비용 등의 문제로 개발은 벽에 부딪히고 말았다. 그러나 프로이센은 보・프 전쟁(1870)에서 몰트케가 오스트리아 포병으로부터 감명을 받고 이전의 구식 활강대포에서 내구성 있는 후장식 대포(주철강 제조)로 전환하였다(1866). 프로이센군은 프랑스군의 샤스포 소총의 사정거리 밖에서 대포를 쏘아 프랑스군을 괴멸시켰다. 프랑스도 1897년 이후 주퇴복좌기를 개발하고 가시선 및 가시거리 밖에 위치한 표적을 타격할 수 있는 간접포술을 개발하였다. 이러한 후장식 대포의 등장으로 인해 전장에서 기병이 사라지고 보병과 포병의 병종만이 남게 되었다.

〈스당전투에서 노획된 프랑스 대포, 자료 : 네이버 백과사전〉

③ **철도와 전신** 산업혁명의 진행과 함께 건설되기 시작한 철도는 프랑스군이 병력을 처음 수송한 이래 보・오 전쟁과 보・불 전쟁에서 전략적으로 사용되기 시작했다. 이후 병력과 물자의 이동, 기동전술 등에서 철도가 차지하는 비중은 높아만 갔다.

현대의 전장에서 필수불가결한 장비로 사용되고 있는 전자통신장비는 1830년경에는 상업용으로 사용되고 있었다. 전신기는 크리미아 전쟁[19](Crimean War)에서 최초로 사용되었고, 남북전쟁 때부터 전쟁에서 부터는 본격적으로 사용되기 시작했다. 이후 전화와 라디오가 발명됨으로써 전장의 지휘의 폭을 대폭 확대시키며 군사적 용도에 있어 일대 혁신을 일으키게 된다. 무선전화는 1916년 이후 상용화 되며, 제1차 세계대전 말기 프랑스가 선구로 항공기에도 무선전화를 설치했다.

19) 러시아와 오스만투르크・영국・프랑스・프로이센・사르데냐 연합군이 크림반도와・흑해를 둘러싸고 1853~1856년 사이 벌인 전쟁이다.

3. 남북 전쟁(American Civil War)

가. 시대적 배경

미국의 역사는 제임스 1세의 종교정책에 불만을 가진 청교도들이 메이플라워(Mayflower, 1620. 12. 21)호를 타고 이주하면서 시작되었다. 영국은 아메리카에 최초에는 방임정책을 실시했으나, 7년 전쟁 이후 과세와 간섭을 강화했다. 그러자 아메리카는 영국의 과세정책에 반기를 들고 독립을 선포했다(1776. 7. 4). 당시 아메리카는 흑인 노예의 노동력이 산업의 주요한 동력이었다. 미국 사회는 초대 대통령인 워싱턴 때(1786)부터 노예제도 폐지에 관심을 유지하고, 1808년에는 노예무역을 금지시키기도 했다. 하지만 미국의 남부지방에서는 면화와 사탕수수 농업이 발전해가면서 노예의 중요성이 점차 커져갔다.

당시 미국의 산업은 지역적으로 양분되어 있었다. 북부에서는 철, 석탄 등 풍부한 지하자원을 바탕으로 한 방직, 제지, 금속 공업 등이 발전하여 북미 전체 산업생산량의 90%를 차지하고 있었다. 이에 비해 남부에서는 노예를 이용한 목화와 담배, 사탕수수 등의 대농장(plantation)을 경영하고 있었다. 인구는 북부가 18만명이었고, 남부는 900만명 이었으나 그 중 400만명은 노예였다. 여기에 남부는 면화 재배지로서 영국과 프랑스에 수출을 해야만 하는 해외 의존도가 높은 산업구조로 영국의 자유무역에 동조하고 있었다. 반면에 북부와 동부는 제조업이 발전하여 영국의 공산품 유입을 막기 위한 보호관세를 주장하고 있었다. 또한 북부는 아메리카 철도의 2/3을 점유하고 있어 산업생산량에 있어 북부는 압도적으로 우세한 위치에 있었다.

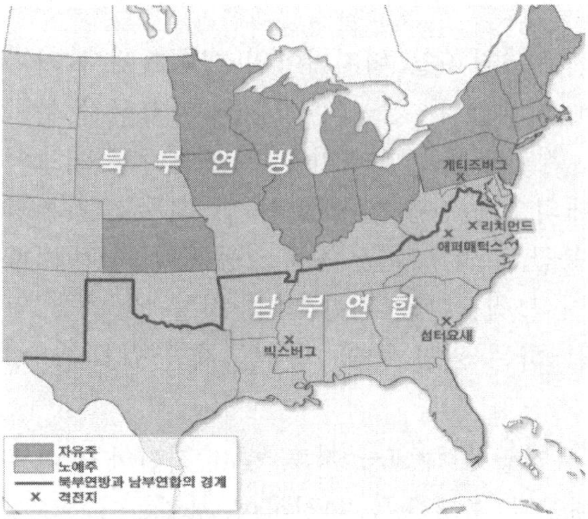

〈남북전쟁, 자료 두산피디아〉

미국 제16대 대통령 선거에서 (Abraham Lincoln)이 북부의 압도적인 지지아래 대통령으로 취임했다(1861.3). 이에 남부 7개주(후에 11개 주)는 반발했고, 분리 독립을 선언했다. 남부주는 수도를 버지니아 리치먼드, 대통령은 제퍼슨(Jefferdon Davis)으로 선출하였고 아메리카 연합(Confederate States of America)을 조직 전쟁에 돌입했다.

전쟁은 1861년 4월에 남부군이 섬처 요새를 공격하면서 시작되었다. 군사력은 해군력을 비롯하여 북부군이 월등히 앞서 있었다. 더욱이 1863년 링컨의 노예해방에 따라 남부의 노예들이 북부로 탈출하여 남부의 산업은 큰 타격을 받고 있었다. 영국도 국제여론을 의식하여 남부를 지원하기위한 전쟁에 참여하지 못하고 있었다. 남북전쟁은 북군의 우위에서 시작된 전쟁이었으나 전쟁 초기 남군은 로버트 리(Robet. E. Lee) 장군의 활약으로 우세를 점하고 있었다. 하지만 북군은 그랜트(Grant)와 윌리엄 셔먼(William Tecumsed Sherman) 등과 같은 걸출한 지휘관이 등장하고 발전한 산업에서 지속적으로 물량이 보급되면서 우위를 점하기 시작했다.

나. 게티즈버그(Gettysburg) 전투

○ 시 기 : 1863년 7월 1일~3일
○ 장 소 : 미국 펜실베이니아주 게티스버그
○ 교전국(지휘관) : 북군(조지 미드) / 남군(로버트 리)
○ 전 력 : 북군(83,239명) / 남군(75,504명)
○ 결 과 : 북군 승리
○ 분 석
- 정보의 중요성
- 지휘관 판단력의 중요성
- 산업능력의 우위가 전쟁 능력의 우위임을 입증

개 요 게티즈버그 전역의 첫 번째 교전은 6월 9일 버지니아의 쿨피퍼에서 가까운 브랜디 기차역에서 양군 기병대 간에 발생했다. 남군의 기동을 파악하지 못한 북군의 후커 장군이 6월 9일 기병으로 정찰활동을 하다가 사열중인 스튜어트의 기병을 발견하고 기습하여 남북전쟁 최대의 기병전이 발생했다. 이 전투로 자존심이 상한 스튜어트는 복수를 하기 위해 북군 후방으로 깊숙이 기동하여 약탈과 파괴행위를 하면서 정작 고유임무인 본대인 보병군단을 위한 적정 정찰 및 엄호 임무를 제대로 수행하지 못하여 남군이 패배하는 원인 중의 하나를 제공했다(7월 2일까지 리 장군의 본대에 합류하지 못함).

이 때문에 리장군은 북군 포토맥군의 움직임에 대해서 전투 개시 직전까지 아무런 정보를 받을 수가 없었다. 반면에 해임된 후커[20]를 대신하여 사령관이 된(6월

20) 이때 북군 조지프 후커(Joseph Hooker) 소장의 포토맥군은 여전히 7개 보병군단, 기병군단과 예비 포병대로 구성되어 대략 9만 명 이상의 병력으로 구성되어 있었다. 그러나 링컨 대통령은 챈슬러즈빌 전투의 패배와 리의 두 번째 포토맥 진격에 주저하는 후커를 조지 미드 장군으로

27일) 북부의 미드(George Gordon Meade) 장군은 남군의 움직임을 상세하게 파악하고 있었다.

6월 중순, 리의 북버지니아군은 포토맥강을 건너 메릴랜드로 진격할 채비를 갖추었고, 제2군단은 버지니아주 윈체스터와 마틴스버그에서 북군 수비대를 격퇴한 후 6월 15일에 강을 건너기 시작했다.

리장군은 6월 29일 첩자를 통해 북군이 포토맥강을 건넜다는 사실을 알았다. 이 소식을 접한 리는 예하 전 부대에게 접전을 피하면서 캐시타운(게티즈버그의 서쪽 13km 지점)으로 집결하라고 명령했다. 리 장군은 블루능선 산맥 동쪽으로 집결 게티즈버그 일대에서 대규모 회전으로 북군을 격파할 계획이었다. 이래서 양군은 6월 30일 펜실베이니아주 게티즈버그에서 조우하게 되었다.

양군 중에 제일 먼저 게티즈버그에 도착한 것은 북군 기병사단장 존 뷰퍼드(John Buford)였다. 지형을 확인한 뷰퍼드는 즉각 기병대를 유리한 지형에 진지를 점령하여 전투 준비를 서둘렀다. 동시에 제1군단장 레이놀즈(John Reynolds) 장군에게 현재 상황을 알리고 구원을 요청했다.

집결하고 있는 남군은 게티즈버그의 이러한 상황을 전혀 파악하지 못하고 있었다. 남군의 히스(Henry Heth) 사단장은 접전을 회피하라는 명에도 불구하고 7월 1일 새벽 전면에 있는 북군의 규모와 전력을 파악한다는 이유로 게티즈버그 방향으로 진격을 개시했고, 1863년 7월 1일부터 전투가 개시되었다.

경과[21] **① 첫날(7. 1) 전투** 북군은 본대 이동에 많은 시간이 걸릴 예정이었다. 따라서 북군의 뷰퍼드 장군은 게티즈버그 서쪽의 3개 능선을 지키면서 남군을 지연하기로 결심했다. 7월 1일 새벽부터 남군의 히스사단 2개 여단이 전면에서 접근해왔다. 히스사단은 오전 5시 30분 마을 서쪽 5km 지점에서 북군 전초 기병대로부터 경미한 저항을 받자 전투대형으로 전개했다. 히스사단은 북군 기병대를 추격하여 게티즈버그 2km 지점까지 압박해 들어왔다. 오전 10시경에 북군 제1군단(존 F. 레이놀즈 소장 지휘)의 선두부대가 도착했다. 군단장 레이놀즈(John Reynolds)는 게티즈버그의 지형을 파악한 뒤 뷰퍼드의 의견을 받아들여 이곳에서 결전을 치르기로 결정하고 자신의 후미 부대와 하워드 소장의 제11군단을 신속히 이동하도록 조치했다.

곧이어 북군의 제1군단이 도착하여 헤스사단과 맥퍼슨 능선에서 조우했고,

교체했다

21) 최용성, 신편 세계전쟁의 이해. ⊆sid, 2009, pp. 242~246

11:30경에는 헤스사단을 퇴각시켰다. 이 전투에서 군단장 레이놀드가 전사하고 하워드가 지휘권을 인수했다. 이때 북군 제1군단은 게티즈버그 중앙, 제11군단 은 우측, 뷰포드 기병대는 좌측을 방호했다. 하워드는 전략은 북군이 집결할 때 까지 남군을 지연시키는 것이었다.

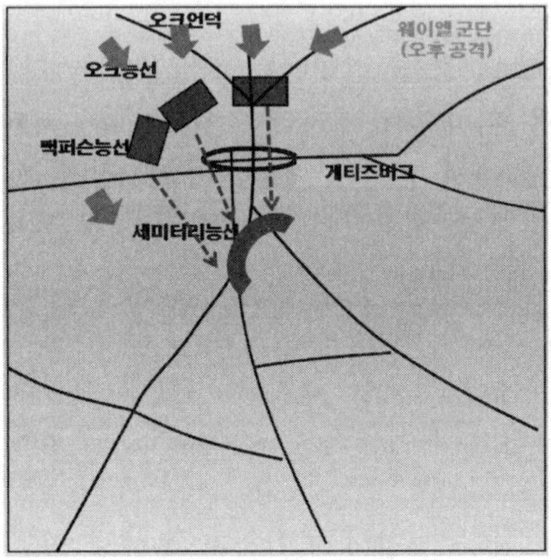

〈첫날 전투 상황도〉

오전의 서전이 끝나고 오후에 들어 남군 사령관 리 장군이 도착했고, 남군들이 속속 전장에 도착하면서 북군을 공격하기 시작했다. 중앙 오크 언덕에서 웨이엘(Ewell) 군단의 로저스(Rogers)사단은 북군 제1군단의 우측, 곧이어 헤스 사단은 14:00경 북군의 제1군단, 15:00에 마을 북쪽에 도착한 웨이웰 군단의 얼리(Early)사단은 북군 제11군단 측면, 16:00에 도착한 펜더사단은 헤스와 합류하여 세미너리(Seminary) 능선의 북군 제1군단을 공격했다. 16:00경 남군의 압력이 심해지자 북군은 게티즈버그에서 후퇴하여 세미터리(Cementry) 언덕에 집결했다. 이 공격으로 북군은 9,000여 명의 인명 손실을 입었고 남군은 6,500여 명의 사상자가 났다. 그러나 북군은 게티즈버그 남쪽의 고지를 확보하고 있었고, 본대가 속속 집결하고 있었다.

이 날 전투에서 남군의 이웰 장군이 승기를 잡고 있을 때(북군이 세미터리 고지로 후퇴 중 일 때) 리장군으로부터 가능하면 고지를 확보하라는 명을 받았으나 성공하지 못했다. 리장군마저도 고지 확보를 독촉하지 않았으며, 마침 도착한 힐 군단의 앤더슨사단을 공세적으로 운용하지 않고 예비대로 무용화 시켰다.

② **둘째 날**(7. 2) **전투** 7월 1일 저녁에서 7월 2일 아침까지 양측의 보병들은 계속 전투 지역으로 집결했다. 북군 방어선은 마을 남동쪽 컬프스 힐(Culp's Hill)에서 시작하여 북서쪽으로 마을에서 남쪽인 세미터리 언덕으로, 다시 묘지 능선을 따라 대략 3km 떨어진 남쪽의 리틀 라운드 탑(Little Round Top)까지 북쪽으로 이어졌다. 북군 방어선의 모양은 "낚시 바늘"같은 모양이었다. 남군은 북군 방어선을 마주보며 대략 1,6km 떨어져 평행선을 유지하며 배치됐다. 이 결과 북군은 내선을 형성했고, 반면에 남군의 외선은 거리로 8km에 달했다.

전날의 작전 성과에 크게 만족한 리는 7월 2일 다시 공격을 결심했다. 정찰

결과 북군은 아직 리틀 라운드 탑에 배치되어 있지 않았다. 따라서 리는 롱스트리트(James LongStreet) 군단을 우회기동 시켜 리틀 라운드 탑을 점령하도록 했다. 리장군은 이때 북군이 롱스트리트 군단을 막기 위해 부대를 이동시키면 웨이웰의 군단이 북쪽의 컬프스 힐과 세미터리 언덕을 공격하려했다. 그러나 롱스트리트는 북군의 방어 진형이 완벽한 이 지역에서 싸우는 것을 원하지 않았다(워싱턴 방향으로 진격하여 북군 공격 유도를 고려). 더욱이 롱스트리트군은 북군의 감시 하에 남쪽으로 이동하기 때문에 14:00에 겨우 배치될 수 있었다. 그 동안 북군은 시클즈(Sickles) 소장의 제3군단을 배치했다.

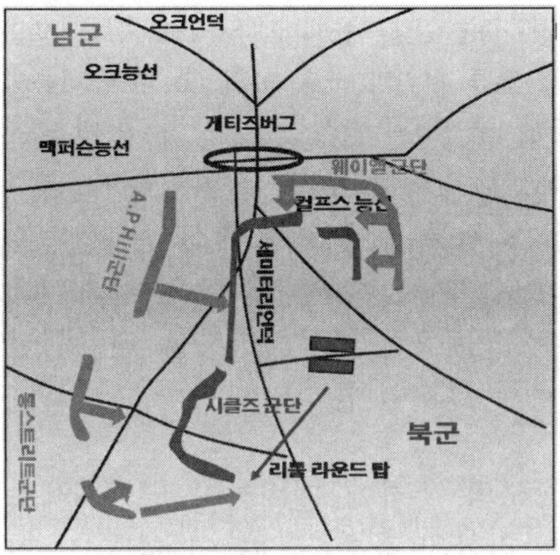

〈둘째 날 전투 상황도〉

맥로우가 지휘하는 롱스트리트의 좌익 사단은 시클스의 북군 3군단과 정면으로 대치하고 있었다. 자신에게 할당된 묘지 능선의 남쪽 끝 부분의 방어위치가 불안했던 시클스는 서쪽으로 800m 가량 이동하여 포격에 유리한 고지로 자신의 병력을 재배치했다. 시클스는 최초배치 지점은 군데군데 늪이 있어서 방어에 불리하다고 생각하여 미드의 허락도 받지 않고 이동한 것이었다. 그러나 서쪽이동은 3군단의 방어선은 북군의 주전선과 연결되지 않고 독자적으로 돌출하여 북군 방어선에 간격 발생을 초래했다. 격노한 미드가 방어선을 원위치로 명했지만 이미 롱스트리트의 공격(3개 사단 중 2개 사단 투입)이 시작된 뒤였다.

③ **최종일(7. 3) 전투** 리 장군은 7월 3일 또다시 공격하고자 했다. 롱스트리트장군은 북군의 좌익을 우회공격 하기를 바랐다. 하지만 리장군은 반대로 북군의 중앙만을 고집했다(피켓 사단을 포함 3개 사단정도만 돌격하면 승리할 것으로 판단). 리장군의 머리속에는 챈슬러빌 전투에서 사용했던 과감한 돌격전술로 우세한 적을 분쇄할 수 있다는 생각이 가득 차 있었다. 리장군은 롱스트리트 장군의 만류에도 불구하고 견고한 화망을 갖춘 북군 앞으로 돌격을 명했다.

오후 1시경, 170문의 남군 대포가 대규모로 포격을 퍼부었다. 북군 포병대는 남군 보병의 공격에 대비 처음에는 반격 사격을 하지 않았다. 15분을 기다린 후 80문의 북군 대포가 반격을 시작했다. 양군의 포격전 끝에 남군은 포탄이 부족해 북군 거점에 충분한 포격을 할 수 없었다. 15시경, 포격이 잠잠해졌고,

12,500명의 남군 병사들이 능선으로부터 나와 1.5km 정도 되는 세미트리 능선을 향해 돌격하기 시작했다. 이것이 리가 지시한 '피켓의 돌격'이었다.

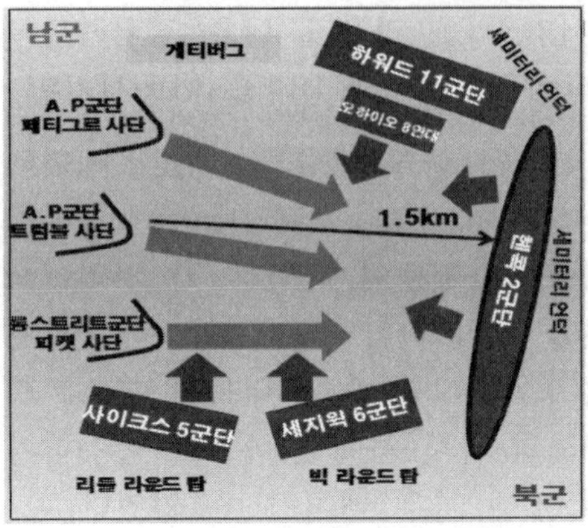

〈피켓의 돌격〉

남군은 양 측면 및 목표 지점의 3 방향(북군 2군단의 소총 집중 사격과 묘지 언덕 및 리틀 라운드 탑)에서 북군 포병의 포격을 받아야 했다. 돌격지는 남군이 엄폐할 만한 지형지물이 없었다. 리장군은 전투 현장에서 자신 부대의 최후를 목격했다. 피켓의 돌격으로 인해 게티즈버그 전투는 2만 8천명의 사상자를 낸 채 남군의 패배로 종료되었다.

결과 / 전훈 리장군은 공격에 실패 후 미드장군의 추격에 대비하여 방어태세로 부대를 재배치했다. 그러나 북군 사령관 미드는 위험을 감수할 생각이 없었고, 리의 잔존 부대를 추격하지 않았다. 양측 군대가 대치하고 있던 7월 4일 남군은 북군에 항복하고 7월 5일에 남군은 게티즈버그를 떠났다. 3일간 진행된 게티즈버그 전투는 남북전쟁에서 가장 참혹한 전투로 남북전쟁의 전환점이 되었다. 게티스버크 전투이후 수세에 몰린 리장군이 1865년 4월 9일 애포매톡스 코트 하우스(Appomattox Court House)에서 북군에 항복했다.

뛰어난 전략가인 남군의 리장군은 앞전의 첸슬러빌에서 돌격전술로 승리를 달성할 수 있었다. 하지만 이 승리는 스토웰 젝슨과 같은 뛰어난 부하들과 함께 만들어 낸 승리였다. 게티즈버그 전투에서는 이러한 부하들이 사라지고 경험이 적은 부하들만이 곁에 있었다. 게티즈버그 전투는 유능한 지휘관도 과거의 영광에 집착하여 동일한 전술을 되풀이 하거나 당 시대의 전쟁을 뚫어보는 혜안이 없었다면 승리할 수 없음을 잘 보여주고 있다(소총과 대포의 발달로 일방적 돌격은 무리). 같은 해 11월 19일 대통령 링컨은 게티즈버그에서 전몰장병의 영혼을 달래는 연설을 했다.[22]

22) 미국 남북전쟁의 격전지인 펜실베이니아주 게티즈버그에서 전사한 장병들을 위로하기 위해 제16대 대통령 링컨이 행한 연설이다. "국민의, 국민에 의한, 국민을 위한 정치를 지상에서 소멸하지 않도록 하야 한다"는 내용이었다.

제4절 동아시아 전쟁

1. 19세기의 동아시아

2. 청 · 일 전쟁

1. 19세기의 동아시아

19세기 중반부터 동아시아 문명은 요동치고 있었다. 외부적으로는 서구문명에 의한 침탈이었고, 내부적으로는 일본의 도약이었다. 이는 2천년의 동아시아 역사에서 일찍이 경험해 본 바 없는 특이한 경우로, '유럽의 침탈'과 함께 '중화패권'이 흔들리고 있었던 것이다.

19세기 동아시아 세계와 유럽제국이 최초로 격돌한 아편전쟁(1840)[23]에서 동아시아(청)는 서구(영국)에 완패했다. 청은 난징조약(南京條約, 동아시아 최초의 불평등조약)을 체결(1842)하고 개항하였으며, 태평천국의 난(太平天國의 亂, 1850~1864)이 15년 이상 동안 발생하여 내우외환에 처하고 있었다. 하지만 청을 비롯한 조선은 아직도 전 근대체제에서 벗어나지 못하고 있었으며 자기중심의 천하관(天下觀)을 유지하고 있었다. 더욱이 청은 이 와중에도 베트남과 조선 반도에 대한 지배권을 고집하고 있었다. 베트남 지배권을 두고 발생한 프랑스와 전쟁(청-프 전쟁, 1883~1885)에서 근대군인 프랑스군에게 패배했고, 일본과는 조선의 지배권을 두고 경쟁했다.

일본은 미국 페리(M.C. Perry) 제독의 함포외교(1853. 7)로 개항을 단행하여 서양 문물을 수용하기로 하고, 메이지유신(1867, 明治維新)을 통해 빠르게 부국강병을 달성해 갔다. 이 시기의 일본 지도자들은 부국강병의 방법으로 군사력을 선택하였다. 일본은 사할린과 쿠릴열도, 만주지역에서 남하하는 러시아를 자국의 안전보장

23) 아편전쟁(Opium War) 청의 도광제(道光帝) 22년(1840~1842 기간 중) 아편 문제를 둘러싸고 영국과 청이 벌인 전쟁이다. 근대화된 영국군이 승리하며 중국 최초의 불평등 조약인 난징조약이 체결되었고, 홍콩이 영국에 할양되는 결과를 가져오는 등 중국 근대사의 시작이 되었다. 영국 측은 제1차 아편전쟁을 중·영 전쟁(First Anglo-Chinese War)으로 칭하고 있다. 이후 상선(商船) Arrow호에서의 충돌을 빌미로 1856~1860 기간 영·프 연합군이 천진과 베이징을 점령하고 중국을 공격한 제 2차 아편전쟁으로 천진조약(天津條約)과 베이징조약(北京條約) 등이 체결되어 중국은 본격적인 열강의 침략을 받게 되었다.

에 큰 위협으로 판단하고 있었으며 조선을 침략하고자 했다(征韓論).

조선은 흥선대원군 이래 청의 개항 사례를 거울삼아 서양 제국과의 교류를 중단하는 정책으로 일관하다가 곧이어 일본과 서양의 개항압력에 굴복했다. 1882년에는 개화에 불만을 품은 임오군란이 발생하여 청군과 일군 사이에는 소규모 무력충돌이 발생했다. 이 사건을 계기로 양국은 조선에 군대를 파견하지 말 것과 파견시에는 상호 통보한다는 텐진조약(天津條約, 1884)을 체결했다.

아시아에서 유럽 열강들의 세력다툼은 유럽의 연장선상에서 진행되었다. 동아시아에서는 영·일 동맹이 성립(1902. 1)되면서 러시아와는 대립관계로 전환되었다. 극동에서의 세력균형은 영·미·일과 러시아·프랑스간의 대립 구도가 형성되었다. 따라서 동아시아에서는 제정(帝政) 러시아의 동아시아 침략과 일본제국의 대륙침략 기도가 충돌을 예고하고 있었다. 이는 제1차 세계대전의 단초가 되는 것이기도 했다.

19세기 조선은 일본과 청의 상업자본이 급속히 도시와 농촌으로 침투하여 외세에 의존적인 산업체제가 형성되어 가는 와중에 농민운동이 폭발했다(동학농민전쟁, 1894). 정권 말기의 조선은 스스로 난을 제압할 힘이 없자 청에 군대 파견을 요청했고, 청은 이를 조선 반도에서 세력 확장을 위한 기회로 여기고 엽지초(葉志超)로 하여금 3,500명을 인솔하여 조선의 아산만에 진주하게 했다. 또한 텐진조약(天津條約)에 따라 일본에도 출병사실을 통보했다.

일본은 이를 갑신정변으로 일시 후퇴했던 세력을 회복함과 아울러 다시 한 번 조선에서의 정치세력을 확장할 기회로 삼았다. 특히 조선반도 내에서 청의 상인에게 잠식당한 무역시장에 대한 회복이 절실히 요구되었다(갑신정변 다음 해의 조선 대외무역 수입액 총량에서 일본이 약 81%, 청이 19% 차지, 하지만 청·일 전쟁 직전에는 양국의 수입액이 비슷한 수준으로 역전되었다). 일본은 즉각 7천명을 인천에 상륙시키면서 한양을 세력권에 두었다.

외국군이 진주하자 동학농민군은 정부와 화약을 맺고(全州和約, 1894. 5) 자진 해산했다. 주둔이 무의미해진 청군은 일본군에 공동 철수를 제안했다. 그러자 일본은 양국이 공동으로 조선의 내정을 개혁하자고 역 제안했다. 청군이 이를 내정간섭이라 하여 거부하자 일본군이 조선의 서해 풍도와 내륙 성환에서 청군을 공격하면서 전쟁이 발발했다. 청·일 전쟁은 이렇듯 청과 일본이 조선에 대한 지배권을 확보하기 위한 전쟁이었다.

2. 청 · 일 전쟁

○ 시 기 : 1894년 7월~1895년 4월
○ 장 소 : 한반도 및 서해, 중국 산동 요동 및 산동 반도 일대
○ 교전국(지휘관) : 일본(이등방문, 야마카다 아리토모) / 청(이홍장, 정여창)
○ 전 력 : 일본 35만명, 함정 : 8만 5천톤/청 12만 3천명, 함정 :약 6만톤
○ 결 과 : 일본 승리(시모노세끼 조약)
○ 분 석
- 사기와 전의의 중요성
- 기동의 신속성
- 서구화된 국민군의 위력 증명

개 요 19세기 청의 군사력은 만주팔기군(滿洲八旗軍)과 서구 제국과 맞서 싸웠던 지방을 중심으로 편성된 녹영(綠營) 등의 전 근대군 이었다. 청은 일부 근대적 소총과 대포로 무장되기는 했으나 근대적으로 훈련된 장교와 병종 없이 일부 장비만 근대화된 통일되지 않은 부대였다. 해군은 남양함대와 북양함대 그리고 광동 및 복건함대 등의 네 개의 함대가 있었으나 만족스런 근대화가 이루어지지 않았다 더욱이 각 함대들은 파벌단위로 유력인사에 의해 움직이는 부대로 지휘권이 달라 청일전쟁 시에 상호 지원이 이루어지지 않았다. 사실 청일전쟁은 이홍장(직예총독)의 북양군(육군)및 북양함대(해군)와 일본 국민군 간의 전쟁이었다.

일본은 메이지유신 이래 군제의 증강에 진력하여 육군은 독일식, 해군은 영국식으로 개편하면서 군사사상의 통일과 더불어 근대화를 달성했다. 일본은 청일전쟁 이전까지 국민군인 7개 야전사단(제1-제6 및 근위)을 창설하고 개전과 동시에 전시편제로 전환하여 야전대, 수비대, 보충대를 편성하였다. 병종은 보병, 기병, 포병이었고 각 종 근대화된 포를 비롯하여 8mm기관총 96정이 도입되어 있었다. 해군은 군함이 31척이었으나(주로 영국과 프랑스 건조) 톤수에 있어서는 청에 뒤지고 있었다. 하지만 해군의 포술과 조종술은 중국보다 뛰어났다.

청 · 일 전쟁이 발발했을 시 청군의 계획은 육군의 주력을 평양부근에 집결시켜 남으로 진격하면서 차츰 일본군을 동남부로 압축하여 한반도에서 축출하려는 계획이었다. 또한 본토에서는 동성군과 하남, 산서의 일부 군으로 한 · 만(韓 · 滿)국경에서 봉천(奉天)을 엄호하고 여순구(旅順口)를 강화하여 여순 및 대련만의 정면 방어를 공고히 하고, 북경은 각 성의 병력으로 방어하는 전략이었다. 해군은 웨이하이웨이(威

海衛, =위해)를 근거지로 하여 발해만 일대에서 육군을 지원하다는 개념이었다.

일본군은 우선 제5사단을 조선반도에 파견하여 청의 육군을 견제하면서 해군의 결전결과에 따라 해전에서 승리하면 청의 산해관(山海關)에 상륙하여 직예평야(直隷平野, 하북성 일대)에서 결전을 시도하고, 패배하면 육군의 주력은 한반도 전역을 점령하여 방비한다는 계획이었으며 이후 여건이 허락하지 않을 때는 일본 본토로 철수하는 계획을 수립하고 있었다.

일본은 청국을 속이기 위해 정부와 의회가 고의로 다투는 모습을 보이고 있었는데 청국의 실력자 이홍장은 이를 사실로 받아들였을 뿐만 아니라 전쟁이 시작되면 유럽 열강 특히 동북지방에 이권을 탐내는 러시아가 간섭을 할 것으로 판단하고 있었다.

경 과[24] **① 성환 전투** 3천명의 병력을 인솔하고 아산만에 상륙한 엽지초(葉志超)는 평양에 있는 청군이 신속히 남으로 내려와 합세하기를 기대하면서 성환에 방어진지를 구축하기 시작했다. 엽지초는 2천명의 병력으로는 성환 방어를 준비하도록 하고 나머지는 자신이 철수개념으로 천안으로 인솔했다.

인천으로 상륙한 일본군(대도혼성여단)은 4천명이었고, 기병 47기와 산포 8문으로 증강되어있었으나 청군이 합류하기 전에 신속히 남하하여 성환의 청군을 격파해야만 했다. 조선반도에 상륙한 일본군은 혼성여단으로 그 편제와 구성이 오합지졸에 가까웠으나 국민군의 자부심을 가지고 있었다. 일본군은 한여름의 더위에도 불구하고 3일간 쉬지 않고 행군하여 7월 29일 성환에 도달하자마자 바로 청군 진지 앞에 공격준비를 완료했다.

일본군의 공격계획은 우익을 조공으로 하여 경부가도 방면으로 진출시키고, 좌익은 주공으로 성환의 측면을 공격하기로 하였다. 전투는 29일 03:00 청군의 좌측에서 시작되었고, 일본군 3개 중대가 납함전법(吶喊戰法)[25]으로 진격로를 개척했다. 우익에서는 성환 동북 300m 지점인 방주산에서 격전이 펼쳐졌다. 아침 07:30 일본군은 수차례 돌격을 감행한 끝에 청군의 모든 진지를 탈취했고, 청군은 300여 구의 시체를 남기고 서울 방향으로 도주했다.

패한 청군은 조선인 복장으로 갈아입고 2주일 후에 평양에 나타났다. 이는 평양에 집결되어있던 청군의 사기에 지대한 영향을 미치게 되었다. 청군은 3일 간의

24) 최용성, 신편 세계전쟁의 이해, ⊊sid, 2009, pp. 247~254
25) 근대초기 전법으로 종대로 진군하여 산개한 다음 사격을 가하고 돌파하는 순서로 진행되며 납함(吶喊)이란 적진을 향해 돌진 할 때 여러 군사들이 일제히 고함을 지르는 것을 말한다.

급속행군에도 불구하고 동수의 청군을 4시간 만에 패주시킬 수 있는 일본군의 돌격전술인 납함전법에 두려움이 앞서기 시작했던 것이다. 성환 전투에서 청군의 패배 원인은 첫째가 성환 전투의 주장인 엽지초가 전 병력의 1/3을 대리고 전투 간 상호지원 거리 밖인 천안에 포진한 것이었다. 여기에다 국민군으로 성장한 일본군은 필사의 기동으로 청군의 합류 이전에 비교적 전투력이 미약한 부대를 격멸함으로써 청군 전체를 붕괴시키는 효과를 얻을 수 있었다.

일본 국민군은 성환 전투를 통해서 자신의 능력을 확인할 수 있었다. 일본은 그간 서방의 군제를 받아들인 이후 근대식 군대가 제대로 자리잡았나하는 의구심이 있었다. 일본군은 이번 청군과의 전투로 이를 말끔히 씻어내고 종래의 만주기병(팔기군)에 대한 불안감도 해소할 수 있었다. 이제는 싸워 이길 수 있다는 자신감을 얻어 확신에 찬 대륙정책을 추진하게 되었다.

② **평양 전투** 일본 대본영은 아직 서해의 제해권 확보 여부가 불분명하여 제5사단의 후속부대를 육로이동으로 결정했다. 일본은 조선으로부터 식량과 부대이동의 협조를 받고 오직 청군만을 구축한다는 내용의 양국 맹약을 맺었다. 일본군은 부산 통로만으로 대군을 이동하는 데는 한계가 있어 제5사단의 후속부대인 제18연대를 기간으로 한 원산지대는 함선을 이용 원산에 상륙시키는 한편, 제1군(사령관 야마카타 山縣)을 편성하여 제3사단을 증원하여 파견했다.

그러나 제5사단장(야진, 野津)은 제3사단이 도착하면은 보급 문제가 더 어려워질 것으로 판단하고 현재의 병력으로 평양의 청군을 공격하기로 결심했다. 제5사단 주력을 대동강을 넘어 서쪽지역에서 동으로, 대도혼성여단을 서울가도 방면, 삭녕지대를 청군의 좌익방면(신계-수안-강등), 원산지대는 의주가도 방면에 배치하였으며 병력은 총 1만 6천명이었다.

청군도 성환 전투 이후 평양에 1만 6천명의 주력을 위치시키고 있었다. 그러나 아직 조선에 파견된 부대를 지휘할 총사령관이 미 임명된 상태였다. 따라서 자체협의 하에 성환 전투의 패장인 엽지초가 총사령관으로 임명되었다. 9월 15일 0시부터 일본군은 공격을 시작했다. 08시 30분 엽지초는 모란대와 현무문 일부가 점거 당하자 이를 빌미로(전투상황이 청에 전혀 불리하지 않음) 성을 열고 항복하자고 했다. 10시경에는 일본군이 결사대를 동원하여 현무문을 완전히 점령하였다. 하지만 공격하는 일본군도 많은 손실(대도여단 698명 중 430명 사상, 서쪽의 주력 진출 제한)을 입고 12시 30분에 퇴각했다.

소강상태 중에 청의 좌보귀가 성문을 열고 일본군에 돌진하던 중 전사하자 엽지초는 16:30에 아예 백기를 성에 내걸었다. 일본군은 이를 청군의 흉계로 생각하고 역습에 대비하고 있었다. 엽지초를 비롯한 청군은 야간에 성문을 개방하고 국경 방향으로 도주하던 중 일본군의 포위공격에 천여 명이 전사하고 6백여 명이 포로로 잡혔다. 이 전투로 평양은 일본군의 수중에 떨어졌고, 일본군은 출병 3개월 만에 청군을 조선반도에서 구축했다. 승기를 잡은 일본 제1군은 10월 3일 평양을 출발하여 10월 24일에는 압록강을 도강했다.

③ **해전** 성환에서 육군이 전투를 준비하고 있을 때 일본 함대와 청의 함대가 서해안의 풍도(豊道 : 안산시 제부도 근해)에서 우연히 조우했다(7월 25일). 일본 함대는 일본의 또 다른 함선을 기다리고 있었고 청군은 아산만으로 병력을 수송 중 있었다. 일본 해군 제1유격대는 사령관 츠보이 코조(坪井航三)소장 휘하의 순양함 요시노(吉野), 아키즈 시마(秋津洲), 나니와(浪速)의 3척이었고, 청 함대는 제원(済遠)과 광을(広乙)의 순양함 2척과 후에 포함된 조강(操江), 그리고 병력 수송용 영국 국적의 상선 까오쓩(高陞, 1200명의 청군과 장비 적재)이었다.

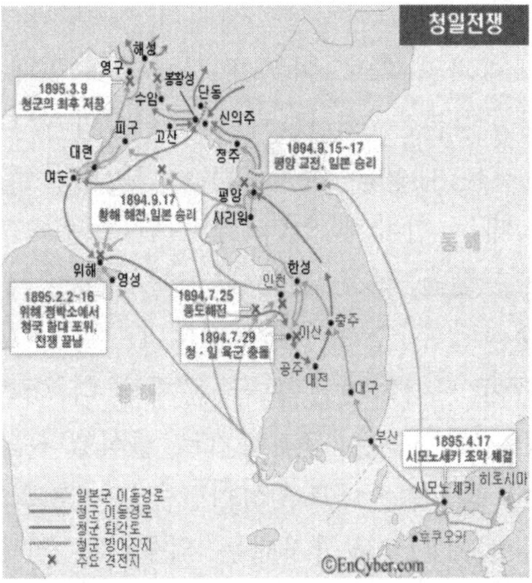

〈청일전쟁도, 자료 EnCyber. com〉

일본군이 먼저 함포사격을 가하기 시작했다. 이 전투에서 일본 측의 사상자와 함정의 손해는 전무하였고 청해군 측은 순양함 제원이 대파 당했다. 순양함 광을과 상선 고승은 격침 되었고, 포함 조강은 나포되었다.

청군은 풍도, 성환, 평양 전투 등에서 육·해군이 연거푸 패배하여 압록강으로 철수했고, 정여창(丁汝昌) 제독이 이끄는 북양함대가 이를 구원하기 위해 출동했다. 북양함대는 13척의 전함과 2척의 어뢰정으로 구성되었다. 일본군 연합함대 사령관 이토 스케유키(伊東祐亨) 제독은 순양함 마츠시마(松島)를 기함으로 총 12척의 함대를 이끌고 출정하고 있었다.

황해 해전은 일해군 연합함대가 9월 17일 압록강 하구에 위치한 청의 북양함대를 발견하면서 시작했다. 먼저 화력이 우세한 북양함대의 철갑함 정원(定遠)이 포를 발사해 연합함대의 전함들에 화재를 일으켰으나 큰 피해를 입히진 못했다. 이어 청의 북양함대가 조금씩 범위를 좁히는 가운데 기동력과 경험이 풍부한 일본의 연합함대가 북양함대에 포화를 집중시키면서 순양함 초용(超勇)과 양위(揚威)를 격침시켰다. 이 공격으로 북양함대는 5척의 순양함 경원・치원・양위・초용・광갑함이 침몰하고 3척의 군함이 파손 되었다. 크게 패한 북양함대는 위해위로 철수했다. 연합함대는 4척이 파손을 입었고, 기함인 마츠시마가 피해를 입어 북양함대를 추격하지는 못했다. 반면 일본군은 서해의 제해권을 잡고 제2군을 편성하여 상륙작전을 준비했다.

④ **여순 지역 전투** 조선반도에서 청군을 구축한 일본군은 만주로 향했다. 일본군은 제1군을 만주 방면으로 공격하도록 하고, 제2군(사령관 : 오 야마, 大山巖)을 신편하여 여순(旅順)공략 임무를 부여하였다. 제2군은 10월 24일 대련 우측의 화원구(花園口)에 상륙했고, 11월 5일에는 금주(金州)와 대련(大連)방향으로 진격하여 11월 9일 금주성을 점령했다. 금주와 대련은 6m가 넘는 성벽이 있어 방어에 유리했지만 청군은 대부분 신병이고 훈련이 되어있지 않아 일본군의 원거리 사격에 모두 퇴각해 버렸다.

다음은 여순 요새를 21일부터 공격하기 시작했다. 요새가 잘 준비된 여순을 방비하는 청군은 보병 1만명, 포 66문, 기관포 19문을 보유하고 있었다. 금주-여순 간 도로 서쪽 지역을 제1사단이 공격했고, 동쪽지역에서는 혼성제2여단이 공격했다. 08시부터 공격이 개시되자 일본군은 청의 포대에 육탄으로 뛰어들었으며, 청군은 하루나절의 공격에 무너지고 말았다. 여순항을 점령한 일본군은 여순시의 거의 모든 주민을 도륙했다(2만명, 여순 대학살). 일본군 제1사단은 12월 10일까지 요동의 건양을 점령하였다.

⑤ **북양해군 궤멸** 일본의 대본영은 요동의 청군을 어느 정도 일소하자 청군의 북양수사에 주목했다. 대본영은 북양수사를 그대로 방치한다면 다음 해에 치르게 될 직예결전에 위협을 줄 것으로 판단하고 이를 무력화시키기로 했다. 이를 위해 청군의 군항에 상륙하여 공격하는 '산둥반도작전'을 시도하였다. 이 작전은 1895년 1월 20일부터 2월 12일 까지 23일간 육군과 해군 합동으로 진행되었다.

먼저 해군육전대가 웨이하이웨이 앞쪽에 있는 영성만에 상륙하여 교두보를 확보하고 이어 대련에서 출발한 육군이 상륙했다. 1월 30일 상륙군은 야마 사령관의 지휘아래 육안의 각 포대를 공격하여 무력화 시켰고, 2월 2일과 3일에는 웨이하이웨이 시가지 북안의 포대들을 무혈점령했다. 청군은 해안의 유공도와 일도의 포대들이 함선의 포와 연계하여 계속 저항하였으나 청의 기함(旗艦)

인 정원함이 항해가 불가능해지고 다른 함선들이 파괴되자 사기가 떨어졌다. 결국 청수군의 군의 정여창(丁汝昌)제독은 2월 12일 항복하고 음독자살하였다. 이로써 일본군은 황해의 제해권을 장악하게 되었고 제2군은 즉시 대련으로 철수하여 직예결전(일본군이 북경으로 진격하기 위해 합동으로 실시하는 최종 전투)을 준비했다. 이 전투에 이어 일본은 3월 29일 타이완을 점령하여 버렸다.

⑥ **해성지구 전투** 일본 제1군은 압록강을 넘어 내륙에서 작전을 진행하고 있었다. 위기에 몰린 청군이 해성(海城), 개평(蓋平) 방면에서 병력을 증강하고 있다는 첩보를 입수한 제1군사령부는 직예결전을 대비, 중심부를 선점하기 위해 요동평야의 전략적 요충지인 해성을 목표로 공격했다. 청군은 일본 제2군이 개평을 경유 해성을 공격할 것으로 판단하고 개평 통로에 병력을 집중했다. 그러나 일본군 제1군 예하 제3사단이 12월 13일 오전 해성의 외곽도시에 도착하여 경미한 전투 후 주력이 행군대형으로 성안으로 진입했다. 이러한 일본군의 해성 점령은 전략적으로는 큰 수확이었으나 전술적으로는 한정된 원정군의 전력으로 청군의 공세를 막아야만 했다.

청군은 보급이 어려운 동계에 일군을 일소할 목적으로 수차례 공세를 감행했다. 일본군은 해성 일대를 확보하면서 청군을 격퇴하기로 결정하고, 제2군의 제1여단으로 해성지구를 응원도록 했다. 청군은 일본군이 금주를 출발 개평으로 향한다는 첩보를 듣고 행군은 8일이 소요될 것으로 판단하고 있었다. 그러나 일본 제1여단이 2틀 만에 개평을 급습하자 1월 5일 무너지고 말았다.

⑦ **요동결전**(제1군과 제2군의 합동작전) 개평 전투에서 패배한 청군은 해성에 대하여 4차에 걸친 지속적인 압박(1985년 1. 17~2. 21)을 가하고 있었다. 이때 지금까지 수세적이던 일본 제1군은 소극적 방책에서 벗어나 적극적인 공세로 전환하여 직예결전 진출로 정면의 청군을 구축하기로 결정했다. 이때 대본영은 요양을 공격하지 말고 공격한계선을 우장(牛莊)-영구(營口)를 연하는 선으로 한정하며 청군 공격 후에는 신속히 전선을 이탈하도록 했다. 요동결전은 일본군 제1군과 2군이 합동작전으로 계획했다.

청군은 일본군이 요양(遼陽)을 공격할 것으로 판단하고 5만명의 대군을 집결시켜 공세에 대비하였다. 청군의 오판으로 인하여 안산참을 무혈점령한 일본군은 제1군의 제3사단과 제5사단(북방으로 위회)이 청군을 우장에서 포위하고 시가지 전투를 하면서 많은 피해를 입었다. 개평일대에 위치하고 있던 제2군의 제1

사단도 제1군과 합동으로 영구를 공격했다. 하지만 청군은 이미 우장의 붕괴소식을 듣고 전장대(田庄臺)로 철수해 버려 영구를 무혈점령할 수 있었다.

목표를 탈취한 일본 제1군은 공격명령의 제약사항에 따라 신속히 전장을 이탈해야 했다. 하지만 제1군 사령관은 전투력을 유지한 청군이 전장대에 위치하고 있는 것은 차후 직예결전에 큰 제한이 될 것으로 판단, 3월 9일 공격을 개시했다. 청군 또한 황제가 송경(宋慶) 사령관에게 현지에서 일본군을 축출하도록 명했기 때문에 전투는 한 치의 물러섬도 없이 불을 뿜었다. 그러나 화력이 우세한 일본군이 승기를 잡았고, 청군은 패주했다. 전투 후 일본군은 신속히 전장을 이탈 해성과 개평 방면으로 철수했다.

일군은 전역 최종결전장으로 이미 직예평야를 지목하고 있었다. 이 작전에는 20만명 이상을 투입할 예정이었다. 일본군은 요동에 파견된 선두부대들이 앞서의 전역을 승리로 장식하면서 교두보를 확보하고 자신감을 견지하고 있었다. 이제 일본 원정군은 직예평야 전투만을 남겨두고 있었다.

결과 / 영향 일본은 만주 일대의 병력과 열도로부터 신 병력을 수송할 계획이었다. 일본 열도는 20만명의 병력 수송준비가 완료되었다. 하지만 일본과 청 사이에 강화조약이 체결되어 작전은 중지되었다. 강화전권대사 이홍장(李鴻章)과 일본의 이토오 히로부미(李騰博文)는 1985년 3월 10일 일본 시모노세키(下關)에서 강화조약(下關條約, 馬關條約)을 체결했다.

이 조약에서 일본은 조선에서 청의 종주권을 파기시켰고, 요동반도와 타이완(臺灣), 팽호도(彭湖島, 타이완 부근)를 할양받고, 배상금 2억냥 지불과 서양 열국과 똑같은 특권을 인정하는 통상조약 체결 등의 이익을 얻어냈다. 그러나 이 시모노세키 조약은 전후 동아시아에서 일본의 세력 강대를 우려하는 러시아, 독일, 프랑스 등이 간섭(3국 간섭, 1895)을 통하여 막아서면서 무효화 되었다.

〈시모노세키조약 체결〉

청일전쟁(甲午戰爭 : 중국)은 역사적으로는 근 2천년 동안 유지되었던 유교문화권이 균열되는 지각변동이었다. 중국은 2천년의 긴 꿈에서 겨우 깨어나기 시작하는 계기가 되었다. 반면 지금까지 동아시아의 변방으로 취급받아 왔던 일본이 서구문명을 흡수하면서 전근대체제에 머물고 있는 동양문명의 발상지를 공격하여 성공했다. 청과 일본이 서구문화를 받아들인 시기는 비슷하였으나 청은 서구열강에 의해 수탈당하면서 효과적인 부국강병을 이루지 못한 반면, 일본은 명치유신 이래 군제부터 역점을 두어 내실 있는 발전을 이루었다.

전근대적 수준의 청군과 근대군으로 변모하여 국민군으로 전투하는 일본군은 전력상 비교가 되지 않았다. 신식 무기와 기동력으로 무장한 일본은 성환 전투이후 이미 전쟁의 향방을 알고 싸웠다. 손자병법의 어구와 같이 '이미 이겨놓고 싸운 것이다'. 특히 전 장병의 싸워 이기겠다는 블타는 의지는 청군을 압도했다. 여기에 전장을 주도하는 지도자들의 러더십과 전쟁 수행의 효율성(근대군의 시스템과 무기)은 부국강병을 달성하고자 하는 일본군의 큰 자산이었다. 이로써 일본은 2천년을 이어오던 동아시아의 세력균형에 파란을 일으키며 동아시아의 강자로 부상하게 된다. 반면 중국은 청이 멸하면서 2천년의 왕조체제가 무너지고 동아시아의 통제권을 상실하면서 신해혁명(1911)이 발발했다.

3. 러 · 일 전쟁

가. 전쟁직전의 상황

청 · 일 전쟁으로 허약한 전력이 만 천하에 드러난 청은 열강의 제국주의적 분할의 대상이 되었다. 일본은 청일 전쟁 후 한반도 종주권과 요동반도와 여순 일대의 이권을 보장받았으나, 러시아를 비롯한 삼국이 간섭(三國干涉, 1895. 4. 23)에 의하여 저지되었다. 이후 러시아는 러 · 청 밀약(露淸密約)을 체결(1896)하여 일본의 중국·한국 · 극동 러시아령(領) 침략에 대비해 하얼빈(哈爾濱)에서 심양을 경유 여순항에 이르는 동청철도(東淸鐵道)를 건설하기 시작했다. 러시아는 중국에 의화단의 난이 발생하자 만주에 군대를 진주시키기 시작했다. 이 시기 독일은 산동반도의 교주만(膠州滿), 영국은 홍콩의 구룡반도(九龍半島)와 산동반오의 웨이하이웨위, 프랑스는 광주만(廣州滿)을 조차했고, 미국도 청에 문호개방을 요구(1899년)했다.

일본은 의화단운동(義和團, 1899)[26]이 발발하자 하문(廈門)에 출병했으나 실패하는 등 중국 본토에 대한 이권 확보가 유럽의 열강에 비해 저조한 상태였다. 이 때 일본에서는 러 · 일 협상론과 영국과 제휴하여 러시아를 견제하는 영 · 일 동맹론이 등장했다. 결국 일본은 영 · 일 동맹(1902. 1)을 선택하게 되었고, 러시아와는 대립관계로 전환되었다. 이에 따라 극동에서의 세력균형은 영 · 미 · 일과 러 · 프 간 대립 구도가 형성되었다.

일본은 러시아에 만한교환론(滿韓交換論 : 한반도에서 일본의 우선권, 만주서 러시아의 우선권을 상호 인정하자는 제의)을 제기했으나 일본군보다 전력이 우세한 러시아는 이를 거부하였다. 러시아는 영일동맹 이후 청과 만주철병조약을 체결(1902. 4. 8)했으나 오히려 압록강 하류인 용암포(龍巖浦)를 점령하여 포대를 구축하고 극동총독부(極東總督府)를 설치하여 만주에 대한 군사적 지배권을 확고히 하고자 했다. 이에 따라 일본에서는 러시아에 대한 주전론(主戰論)이 비등하게 되었다. 이러한 상황은 제정(帝政) 러시아의 동아시아 침략과 일본제국의 대륙침략 기도가 충돌한 것이었다.

---

26) 청조(淸朝) 말기인 1900년 중국 화베이(華北) 일대에서 일어난 배외적(排外的) 농민투쟁운동이다. 북청사변(北淸事變), 단비(團匪)의 난, 권비(拳匪)의 난이라고도 한다. 산둥성(山東省) 부근에는 청나라 중기부터 백련교(白蓮敎)의 한 분파인의 화권(義和拳)이라는 비밀결사가 있어 한국의 태권도와 같은 권술(拳術)을 전수하고, 주문(呪文)을 외면 신통력이 생겨 칼이나 철포에도 상처를 입지 않는다고 믿었다. 1894년의 청 · 일전쟁 후 열강(列强)의 침략은 중국을 분할의 위기에 몰고, 또한 값싼 상품의 유입 등으로 농민의 경제생활은 파괴되었다. 특히 특권을 지닌 그리스도교의 포교는 중국인의 반감을 사 배외적인 기운이 높아갔다. 의화권은 그리스도 교회를 불태우고 그 신도들을 살해하는 반(反)그리스도교 운동이 진행되는 가운데 파산한 많은 농민들과 함께 급속하게 발전하였다.(두산백과)

일본 정부는 러시아 짜르 정부와 협상이 결렬되자 결국 조선에서의 독점권을 확보하기 위해 전쟁을 선택했다.

일본은 러시아의 유럽 정세, 극동 해군 및 육군의 능력 그리고 철도 수송능력 등을 고려했을 시 개전 시기는 빠르면 빠를수록 유리하다는 결론을 내렸다. 결국 일본은 러시아에 최후통첩을 발송하고(1904. 2. 6), 증원부대를 인천에 상륙시키면서 제물포항(인천)과 청의 려순항에 있는 러시아 전함을 공격했다(2. 8). 이때 대한제국은 신속히 중립을 선포(1904. 1. 23)했으나 강제로 일본과 한일의정서(한 · 일간에 공수동맹을 전제로 한 강제 조약)를 체결(2. 23)하게 되었다.

가. 러 · 일 전쟁

○ 시 기 : 1904년 2월 10일~1905년 9월 5일
○ 장 소 : 만주와 한반도 주변 해역
○ 교전국(지휘관) : 일본(도고 헤이하치로) / 러시아(알렉세이 쿠로팟킨)
○ 전 력 : 일본(육군, 연합 함대) / 러시아(방면군, 제1 · 2태평양 함대)
○ 결 과 : 일본 승리(포츠머스 조약)
○ 분 석
- 양면전투 강요
- 주도권 확보, 전투력 집중
- 야간 전투의 중요성 부각

개 요 일본은 청으로부터 받은 거액의 배상금을 대부분을 전력증강에 투입하여 러 · 일 전쟁 직전의 일본군의 야전사단은 13개로 증강되어 있었다. 일본군은 러시아군이 증원되기 전에 요동지역 러시아 야전군을 격멸하기 위해 제1군이 한반도(제물포), 제2군이 여순 지구(염대호), 독립 제10사단이 중간인 대고산(大孤山)으로 상륙하도록 했다. 이어서 병력을 보강하여 북상하면서 러시아군을 공격하고 한반도의 나진 등에서는 견제공격을 하는 계획을 수립하였다.

러시아는 당시 450만명의 대군(일본 80만명)을 보유하고 있었다. 하지만 요동까지는 러시아로부터 5,500마일이나 보급선로가 이격되어 있어 미완성인 철도로 병참을 담당한다는 것이 큰 부담이었다. 당시 러시아군의 요동 전력은 육군 전력은 보병 88개 대대, 기병 35개 중대, 포 120문에 불과했다. 따라서 시간을 지체하거나 상대적으로 유리한 해군력을 이용한다는 전략이었다.

경 과 ① 1904년 일본군이 한반도와 만주에 상륙하기 위해서는 우선 일대의 제해권을 장악해야 했다. 따라서 일본해군은 러시아 해군이 버티고 있는 여순항을 공격하여 러시아 함대를 일소하고자 했다. 하지만 요동반도를 선점(1897년부터 여순항과 대련을 중국으로부터 조차)한 러시아군은 여순항을 이미 요새화 시켜 놓고 있었다.

해전(여순항 · 제물포)**과 상륙** 도고 헤이하치로(東鄕 平八郎) 제독은 1904년 2월 4일 일단의 러시아 태평양 함대가 여순항을 떠났다는 정보를 입수하고, 2월 6일 일본의 사세보에서 러시아 해군이 있는 여순항 공격과 조선의 제물포항에 육군 상륙을 목표로 함대를 발진시켰다. 2월 8일 일본 제2함대가 임시 한국파견대를 제물포로 호송하면서 2월 9일 제물포에서 일본 해군은 러시아 해군의 정예함인 바략함과 카레이츠함을 자침과 자폭시키면서 제물포항에 병력을 상륙시켰다.[27] 일본 해군의 본대는 그날 밤에 여순에서 러시아 전함 2척을 공격하였다. 하지만 러시아 함대는 여순항을 봉쇄하고 소극적으로 대처했다. 일단 황해 일대의 제해권은 일본 해군이 장악했다.

〈바략함과 카레이츠함(제물포항)〉

육상전투(압록강, 남산 전투) 1904년 4월 29일, 일본군은 제2군의 염대호 상륙을 위한 양공작전을 실시하였다. 이테이 쿠로키가 지휘하는 일본 제1군이 압록강을 건너 러시아의 거점을 공략하고, 제2군과 제3사단은 만주 해안에 상륙(5. 5), 대련을 공략하였다. 러시아군도 일본군의 공격을 예상하고 남산을 기점으로 각면보(角面堡)와 포대, 엄개산병호 등을 준비하고 기관총으로 방어하였다.

이때 모래주머니로 총안을 만들고 사격하는 기관총의 위력은 대단히 위력적이었다. 남산 보루만 공격하는 대도군 3,000명이 살상 당했다. 또한 밀집대형과 입사(立射)의 자세는 양 측의 기관총에 많은 피해를 입었다. 남산 점령이후 제2군은 요양을 향해 북진했고, 여순 요새는 신편 된 제3군이 담당하였다(3차의 전투 후 1905년 1. 1 러시아군과 교섭으로 장악). 8월말의 요양(遼陽) 전투 후 러시아군은 봉천(奉天)으로 후퇴 하였다.

---

27) 바략함의 선원들은 전투에서 지게 되자 일본군에게 항복을 하느니 죽음을 택하기로 하고 배를 자침시켰다. 이 때 배에 걸려있던 깃발(선수기)을 일본군이 거뒀고, 이를 인천시립박물관이 보관해 왔다. 이후 러시아에서는 바략함의 선원들이 군인정신의 표본으로 떠받들어지게 되었다. 러시아 정부는 바략함의 깃발이 인천에 보관돼 있는 것을 뒤늦게 알고 2009년 인천시에 요구하여 본토에 전시하기도 했다.

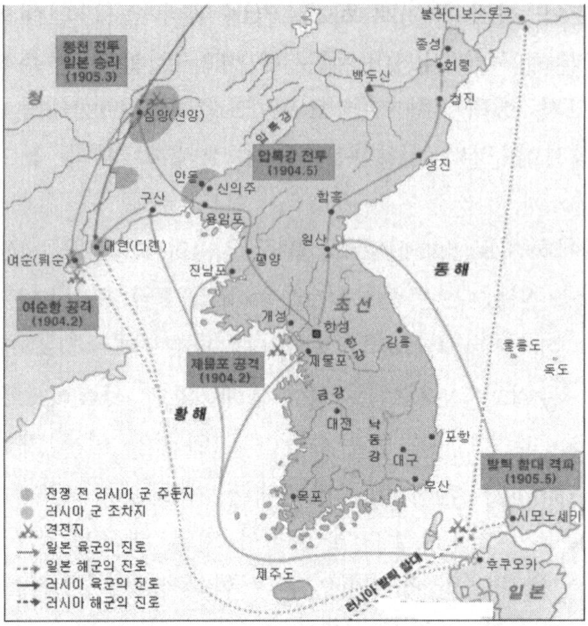

〈러 · 일 전쟁, 자료 http://blog.naver.com/xnqh26095?〉

여순항 봉쇄와 황해 해전 일본은 러시아의 여순항을 봉쇄하려 했고, 러시아 해군은 봉쇄 돌파를 시도했다. 수차례의 격전 끝에 1904년 8월 10일 러시아 함대는 일본 해군의 포위를 돌파하여 블라디보스토크를 목표로 이동 했으나, 공해에 닿기도 전에 도고 제독의 일본 함대와 맞닥트렸다. 황해 해전(Battle of the Yellow Sea)으로 불리는 이 전투로 러시아 해군은 다시 여순항으로 밀려들어갔고, 전함들은 일본 육군의 포격으로 침몰되었다. 여순항은 결국 러시아군이 일본군에 양도함으로 1905년 1월 2일 함락되었다.

② **1905년** 여순항을 점령한 일본 제3군은 러시아가 점령한 봉천으로 진출할 수 있었다. 1904년 사하(沙河)전투 이후 새해를 맞이하면서 러시아군의 반격이 개시되었다.

봉천(심양)전투 러시아군 기병대가 1905년 1월 8일 일본군의 후방지역인 영구(營口)를 공격하고, 오스카 그리펜베르그(Oskar Grippenberg)가 지휘하는 러시아 제2군이 1905년 1월 25일~29일에 흑구대(黑溝臺) 부근의 일본군 왼쪽 측면을 공격하여 돌파하기 시작했다. 그러나 일본군의 재빠른 부대 투입으로 공격은 교착상태에 빠졌다.

일본군은 당시 러시아의 국내 상황을 간파(러시아 혁명)하고 러시아군의 주력과 결전하여 전쟁을 종료 짓기 위해 만주일대 제1, 2, 3, 4군을 봉천에 집결시켰다. 일본군은 19개 사단 약 25만명, 러시아군 약 31만명이었다. 봉천 전투는 1905년 2월 20일에 시작되었으며, 일본군은 3월 1일 총력전으로 전환했다.

일본군이 80km 전선을 따라 봉천을 둘러싼 러시아군의 우측과 좌측면을 습격하기 위해 이동했다. 양측은 참호를 파고 수 백 대의 대포에 의해 포격을 가했다. 몇 칠 간의 격렬한 전투 후 러시아군의 양쪽 끝이 돌파되기 시작했다.

일군은 3월 10일 봉천을 점령했고, 러시아군은 북쪽으로 철수했다.

일본군은 철수하는 러시아군을 완전히 괴멸시키지는 못했다. 일본군도 추격할 여력이 없었던 것이다. 양측은 각각 7만명의 사상자가 발생했다. 봉천 전투에서 비록 러시아군이 패배하였으나, 결정적 전투는 해군에 달려 있었다.

발트함대의 쓰시마 해전 동북 지역에서 전투가 진행되고 있는 동안, 러시아의 발트 함대(제2 태평양함대)가 지노비 로제스트벤스키(Zinovy Rozhestvensky) 제독 지휘 하에 여순항 전투를 지원하기 위해 희망봉을 경유하여 태평양을 향하고 있었다. 러시아의 발트함대는 29,000km를 항해하면서 여순항 함락 소식을 도중에 접하게 되었다. 이제 발틱 함대의 희망은 블라디보스토크에 도착하는 것이었다. 블라디보스토크로 향하는 지름길은 일본을 두고 태평양으로 위회하는 방법과 일본에 가까워 위험하긴 했지만 대한해협을 통과하는 항로였다.

일본의 도고 제독은 러시아 함대의 진로를 예상하고 준비했다. 일본의 연합함대는 처음에는 6척의 전함으로 구성되었으나 당시에는 4척이 남아 있었고 순양함, 구축함, 어뢰정은 그대로였다. 러시아 발틱 함대는 4척의 보르디급 신형 전함을 포함하여 8척의 전함, 순양함, 구축함, 기타 함선까지 총 38척이었다. 5월 말, 발틱 함대는 동북아 해역에 들어섰다. 러시아 함대는 야간 등화관제를 했으나 쓰시마 해협을 통과하면서 병원선(hospital ship)에서 불빛을 노출하여 일본군 순양함에 발견되고 말았다.

양 국의 해군은 5월 27일~28일 교전하였다. 러시아 함대는 8척의 전함과 많은 수의 작은 함정들, 5,000명 이상의 수병을 잃으면서 괴멸하였고, 단 3척의 함정만이 블라디보스토크로 항해할 수 있었다. 반면 일본 해군은 3척의 어뢰정과 116명을 잃었다. 쓰시마해전 후 러시아는 평화회담을 청해야만 했다.

결 과 전쟁에서 일본 측 사망자는 약 5만명, 질병을 포함한 러시아 측 사망자는 약 13만명 정도로 추산하고 있다 전쟁이 종료되고 미국의 주선으로 포츠머스(Portsmouth)에서 강화조약이 체결되었다(1905, 9, 5). 미국 대통령 루스벨트는 이로 인해 노벨 평화상을 수상했다. 패전한 러시아 짜르(tsar, 스라브계 국가의 군주 칭호) 정부는 무능을 드러낸 패전의 영향으로 1905년 러시아 혁명을 겪게 된다.

러·일 전쟁은 유럽의 강력한 대륙국가와 아시아의 도서 국가와의 전쟁이었다. 이 전쟁에서 도서국가인 일본이 승리(제한된 승리)함으로써 아시아 지역에서 확고하게 일본의 위치를 고양시키는 계기가 되었다. 중세시대 이래 유럽으로부터 침략을 받아오던 아시아는 같은 아시아의 일본이 유럽의 러시아군을 패배시키고 신승하자 아시아의 새로운 희망을 발견하기도 했다. 하지만 일본 내에서는 제국주의의 광풍이 더 심하게 몰아치게 되었고, 일본은 군국주의 및 제국주의 국가의 길로 방향을 전환하게 되었다.

전쟁 결과 일본은 대한제국의 보호권을 국제사회에서 인정받았다. 청에서는 여순, 대련의 조차권과 러시아로부터 장춘 이남의 철도 부설권을 이양 받고 러시아로부터는 사할린을 할양받았다. 고립무원의 대한제국은 열강의 묵인 속에서 일본에 을사늑약(1905년) 체결을 강요당했다. 또한 고종(高宗)이 퇴위 당하고, 자주적인 외교권을 박탈당하면서 1910년 일본에 강제로 합병되고 말았다.

러·일 전쟁에서 일본의 승인은 불리한 국제정세를 극복하려는 강렬한 의지로 국방력을 증강한대 있었다. 특히 군사적인 면에 있어서 승리할 수 있었던 원인은 청일 전쟁의 경험을 잘 활용하여 서전(緖戰)에서의 주도권을 확보한 것과 전투력 집중이 원활하게 이루어진 것이라 할 수 있다. 또한 정치와 군사 지도자들의 탁월한 전쟁지도와 더불어 근대적 무기와 장비가 잘 갖추어져 승리할 수 있었다.

전쟁의 특징은 장기적이고 소모전적인 총력전의 모습을 잘 보여주고 있다. 전투양상은 진지전의 형태를 띠고 있으며, 막강한 공성포의 위력이 발휘되었다. 특히 견고한 방어정면에 대한 무모한 공격은 큰 희생이 초래됨을 입증하는 전쟁이 되었다. 급속한 무기의 발전과 보조를 같이 할 수 있는 새로운 보병전술의 개발이 요구 되었다. 공격 시에는 전진속도를 줄이고 지형지물의 이용과 포복의 필요성이 부각되었고, 포격하에서도 전투를 수행할 수 있는 정신력의 중요성이 대두되었다. 또한 지상뿐만이 아니라 바다에서도 야간 전투가 보편화 되었다.

〈포츠머스 조약을 맺는 러·일 대표〉

제4장

세계대전

제1절 전면전쟁 전의 세계
제2절 제1차 세계대전
제3절 제2차 세계대전

초기의 전차(좌상)
영국의 항공기(좌하)

히틀러와 롬멜(우상)
프랑스 마지노선(우하)

제1절 전면전쟁 전의 세계

19세기 전반은 과학의 전성시대였다. 역사상 어느 시대보다도 자연과학의 진보가 빠르게 진행되었다. 생물학, 화학, 생화학, 물리학, 심리학 등의 발전이 눈부셨다. 특히 생물학의 발전은 과학, 철학, 종교 등에 큰 영향을 미쳤으며 인류의 사고를 전환시키는 계기가 되었다. 19세기 후반부터는 사회진화론이 등장하면서 제국주의의 발호에 영향을 미쳤다.

19세기 후반 제2차 산업혁명의 새로운 산업적·기술적 진보가 이어졌고, 인류의 삶은 더욱 변혁을 초래하게 되었다. 이때의 제국주의는 영토보다는 산업의 발전에 기초한 시장개척에 근본적 동기가 있었다. 제국주의는 경제적 배경과 더불어 인종주의, 국수주의 등의 영향을 받았고, 단순히 상품의 교역에만 국한하지 않고 후진 식민지에 투자하여 공장건설, 광산개발, 철도부설, 은행설립 등을 통해서 식민지의 값싼 노동력과 생산수단을 비인도적 방법을 동원해 착취해갔다. 제국주의 내부적으로도 자본가 층과 노동계급간의 충돌이 확대되었다. 제국주의는 19세기 말에서 20세기 초 유럽 자체에서의 전쟁은 비교적 줄어들었으나 제국주의적 세력이 아프리카와 아시아로 급속하게 침투해 가는 시기였다. 이는 인류가 그간 경험해보지 못한 범지구적 전면전쟁으로 접어드는 계기를 만들었다.

프랑스와 전쟁을 수행하고 있던 독일이 1871년 베르사이유 궁전에서 탄생을 선포했다. 연방제 복합국가체제로, 프로이센의 빌헬름 1세(Wilhelm I)가 제1대 황제(Kaiser)로 즉위하고 제헌헌법이 공포되었다. 신생 독일은 영국보다 산업화가 1세기나 늦었지만 무서운 기세로 추격해나갔다. 독일은 빌헬름 1세 사후 빌헬름 2세가 즉위하여 친정체제를 형성했다. 대서양 건너 미국은 남북전쟁(1861~1865) 이후 제국주의적 행태를 보이기 시작했고, 일본은 19세기 말부터 한반도에서 청과 러시아를 밀어내고 대륙으로 진출하고 있었다.

제1차 세계대전을 계기로 전체주의가 대두되었다. 러시아의 공산독제가 나타났고, 이탈리아는 파시즘, 독일은 히틀러가 등장했다. 산업의 발전과 함께 인류의 인권과 지성도 함께 발전하기 시작했다. 19세기 후반에 들어서는 노동운동이 활발하게 진행되었다. 영국에서는 3차에 걸친 선거개혁법이 발효되어 1918년에는 30세 이상 여자에게도 선거권이 부여되었고, 1928년에는 남녀의 차별 없는 동등한 선거가 실시되어 인류 정치사에 큰 획을 그었다. 제1차 세계대전의 베르사이유체제는 독일의 숨통을 막아갔고, 미국에서 시작한 재정위기(1929)는 전 세계를 경제공황으로 몰아넣으며 긴장시켰다.

제2절 제1차 세계대전

1. 시대적 배경과 대전의 원인

가. 대전의 배경

제1차 세계대전은 1914. 7. 28에서 1918. 11. 11까지 4년 3개월 넘게 세계 27개국이 참전한 가운데 진행된 진정한 의미의 세계대전이었다. 독일을 중심으로 한 오스트리아(후에 불가리아, 오스만 제국 참여, 이탈리아 이탈)등의 동맹국과 영국, 프랑스, 러시아(후에 미국 참전, 러시아 이탈) 등의 협상국(연합국)과의 대결이었다.[1] 이러한 범지구적인 전쟁배경에는 당시 부활하던 제국주의와 군국주의[2] 그리고 경제문제와 민족문제가 중층적으로 자리 잡고 있었다.

독일은 보・불 전쟁(1870 ~1871) 이후 통일을 이루면서 유럽의 강자로 올라섰고, 비스마르크(Otto Eduard Leopold von Bismarck)가 유럽의 세력균형 조정자 역할을 수

1) 이탈리아는 3국협상국과의 대립이 격화될 때 지중해에서는 영국에 대항할 군사력이 없고, 오스트리아와는 미수복지 문제로 대립했다. 특히 오스트리아가 이탈리아에 사전에 협의를 하지 않았다는 이류를 들어 이탈리아-터키전쟁, 발칸전군사력이 없고, 오스트리아와는 미수복지 문제로 대립했다. 특히 오스트리아가 이탈리아에 사전에 협의를 하지 않았다는 이류를 들어 이탈리아-터키전쟁, 발칸전쟁 이래 프랑스와 비밀동맹을 체결하고 동맹국에서 이탈하여 중립을 선포하고 후에 연합국으로 참전한다. 러시아는 1917년 공산주의 혁명으로 인해 협상국에서 이탈했다. 일본은 영・일동맹을 이유로 8월 23일 대독선전을 했고, 미국은 독일의 무제한 잠수함작전으로(동맹국 정부에 15억 달러 대출) 1917년 협상국으로 참전했다.

2) 제국주의(帝國主義) : 한 민족이나 국가가 타 민족이나 국가에 대하여 강압적으로 사회, 경제, 문화, 군사 등 제반요소를 억압하고 착취함을 말한다. 1870년부터 20세기초에 걸쳐 나타난 독점자본주의(獨占資本主義: 소수의 독점 기업이 지배적 힘을 발휘)에 대응하는 정치적·경제적 구조를 총칭하는 용어이다.(자료 : 두산백과)
군국주의(軍國主義) : 강한 군사력을 국가의 주된 목표로 삼고, 국민생활의 최상위 행위를 전쟁과 그에 대한 준비 등으로 하려는 주의이다

행하여 근세 이래 지속되던 전쟁이 20세기를 전후하여 잠시 소강상태를 보였다. 반면 루이 14세 이래의 전통적인 강호 프랑스는 다른 나라와 협상을 통해 지지세력을 형성하려하고 있었다. 제3국도 이 두 나라와의 제휴를 통해 저지세력을 형성해 나가려는 전략으로 동맹과 군비를 증강해 나갔다.

가. 대전의 원인

① **정치적 측면** 프로이센은 보・불 전쟁에서 승리한 후 프랑스로부터 알사스-로렌(Alsace-Lorraine) 지방을 할양받았다. 외교적 우위에 선 프로이센은 이후 프랑스를 제어하기 위해 재상 비스마르크에 의해 '프랑스 고립외교'를 국가전략으로 추진하였다. 1873년에는 비스마르크에 의해 독일, 오스트리아, 러시아 3국간 상호방위조약인 삼제동맹을 체결되었다. 조약의 내용은 유럽 평화유지라는 명목으로 '신(新) 독일제국의 안정과 프랑스 고립'을 위해 3국이 다른 나라의 침공을 받을 경우 상호 협조한다는 내용이었으나 이후 발칸반도에서 오스트리아와 러시아의 대립으로 인해 곧 붕괴되었다.

독일은 와해된 삼제동맹을 대체하고자 1879년 독일-오스트리아 간 양국 동맹(Dual Alliance)을 결성했다. 1881년에는 독일, 오스트리아, 러시아간 다시 삼제협상이 체결되어 3년 단위로 갱신하기로 했다. 그런데 이 해 프랑스가 아프리카에 있는 오스만령 튀니즈를 점령하자 진출 야심이 있던 이탈리아가 크게 반발했다. 독일은 이때 이탈리아를 끌어들여 1882년 이탈리아, 독일, 오스트리아와 간 삼국동맹이 체결했다. 독일은 프랑스 고립외교를 지속 추진하여 1887년, 독일-러시아간 비밀조약인 독-러 재보장조약을 체결했다.

독일에서는 1888년 카이저 빌헬름 2세(Wilhelm II)가 즉위하여 범게르만주의를 표방하면서 3B정책을 강력히 추진하였다. 또한 비스마르크를 실각시키면서 러시아를 배척하는 정책을 추진하고 1890년에는 러시아와의 재보장조약 갱신마저도 거부했다.

이렇게 되자 러시아는 국제적 고립을 피하고자 1891년 프랑스와 러-프 동맹을 체결하기에 이르렀다. 1904년에는 독일의 해군력 강화와 3B 정책에 크게 적대감을 느낀 영국과 프랑스가 영-프 협상(Entente)을 체결하였다. 1907년에는 영국과 러시아가 중동에서 양국의 세력 진출에 따른 조절문제로 협상을 가졌다. 이로써 그간 유럽의 안정을 가져왔던 비스마르크 외교체제는 붕괴되었다.

영국과 러시아, 프랑스 간에는 개개의 조약이 체결된 상태로 이 조약들이 연결되어 삼국 협상(1907, 연합국의 효시)이 성립되었다. 특히 러시아가 일본에게 패배한 것은 결과적으로 삼국협상의 체결을 촉진시켰다. 이는 독일·오스트리아·이탈리아의 3국 동맹에 대항하여 독일의 적들인 프랑스, 영국, 러시아가 세력균형을 이루려는 시도였다. 1906년부터 1914년까지 3국동맹 국가군과 3국협상 국가군 간에 사소한 문제로 크고 작은 10여회의 충돌이 이미 발생했다. 1908년과 1911년에는 모로코에서 독일과 프랑스가 충돌하였으나 상호타협과 영국의 지지로 독일이 한발 물러서기도 했다.

② **경제적 측면** 정치적 측면에서 대결의 중심에 독일과 프랑스가 있었다면 경제적 측면에서는 독일과 영국이 있었다. 산업혁명으로 주도권을 잡았던 영국은 급격히 발전하는 독일의 통상에 의해 압도되기 시작했다. 더욱이 카이저 빌헬름이 독일의 무역을 보호하겠다고 해군력 증강을 공언하고 나섰다. 이때 영국은 식민지 건설과 세력 확장을 시도하면서 3C정책 즉 아프리카의 케이프타운(Cape Town)과 중동지역의 카이로(Cairo), 인도의 캘커타(Calcutta)로 이어지는 동진정책[3]을 추진하고 있었다.

독일은 베를린(Berlin), 비잔티움(Byzantium), 바그다드(Baghdad)를 거점으로 하는 3B정책(주변의 철도부설 사업을 통하여 군사적, 경제적으로 이용)으로 남진정책을 추진하고 있었다. 이러한 구도 하에서 식민지 획득을 위한 영국의 동진정책(3C)과 독일의 남진정책(3B)은 중동지역에서 충돌 하였다.

프랑스도 보·불 전쟁에서 알사스-로렌지방을 독일에 빼앗기고 경제가 독일에 뒤처지기 시작했으며, 나폴레옹시대 이후로 싹트기 시작한 민족적 감정이 응어리져 알사스-로렌의 실지를 회복하고 강국으로 부상하기 위해 절치부심하고 있었다. 독일의 3B정책은 지중해 출구인 다르다넬스(Dardanelles)와 보스포루스(Bosphorus) 해협의 지배를 노리는 러시아와도 마찰을 가중시켰다. 독일은 이 지역에 경제적 영향력을 확대할 계획이어서 이 지역을 일찌감치 탐내왔던 러시아와의 충돌은 불가피했다. 독일은 새로운 강대국으로 떠오르면서 영국, 프랑스, 러시아를 포함한 전 유럽에 대해 적대적인 관계를 맺게 되었다.

③ **민족적 측면**(직접적 원인) 경제, 정치 갈등과 세력균형 속에서 전쟁의 도화선이 된 것은 발칸 반도의 민족갈등이었다. 당시 발칸반도에서는 러시아와 오스트리

3) 영국의 아프리카 종단정책은 프랑스의 아프리카 횡단정책과 충돌하여, 1898년 파쇼다 사건(이집트·수단 남부의 나일 계곡)을 야기 시켰다. 또한 카이로에서 인도의 캘커타를 연결하려는 정책은 처음에 러시아의 남하정책과 충돌하였으며, 뒤이어 근동 진출을 꾀한 독일의 3B정책과 충돌하면서 제1차 세계대전의 원인이 되었다.

아가 세력경쟁을 벌이고 있었다. 러시아는 세르비아 부흥운동을 지원하면서 범슬라브주의를 주창하고 있었고, 오스트리아(정치적 원인 : 다민족 국가인 오스트리아-헝거리 2원제국은 러시아가 지원하는 세르비아의 부흥운동 반대)와 독일(경제적 원인 ; 철도 건설목적)은 상호 연계하여 범게르만주의 확산을 반대하고 있었다.

1912년 같은 동맹국인 이탈리아가 오스만(터키) 제국과 발칸에서 전쟁을 하면서 그리스 통제 하에 있는 발칸의 군소 국가들과 동맹을 체결하고 오스만을 발칸에서 축출하고자 했다. 이 제1차 발칸전쟁에서 오스만 제국은 완패했다. 전쟁 후 점령지 분할에 불만을 가진 불가리아가 동맹군을 공격함으로써 제2차 발칸전쟁이 발발했다. 이때 불가리아는 참패했고, 오스트리아는 세르비아의 알바니아 병합을 저지해냈다. 이 당시 영국과 프랑스는 이 발칸지역의 현 상태를 유지하면서 러시아나 오스트리아의 접근을 방지하고자 했다.

1914년 6월 28일 보스니아(Bosnia)의 사라예보(Sarajevo)에서 오스트리아·헝가리 제국의 제위계승자(황태자)인 페르디난트(Archduke F. Ferdinand)와 그의 부인이 관병식(觀兵式)에 참석했다가 세르비아 대학생(가부릴로 프린치프)에 의해 암살되는 사건이 발생했다(사라예보 사건). 이는 양 진영에 속한 보스니아에서 민족문제가 충돌하여 발생한 것으로 오스트리아는 동맹국 독일 황제 빌헬름 2세에게 지원(리벨룽겐 서약)을 약속 받고 48시간 기한으로 선전포고가 포함된 10개조로 된 최후통첩을 세르비아에 발송했다(7월 23일).

〈암살범 체포 현장〉

이에 세르비아는 암살사건 재판장에 오스트리아 대표의 참석을 요구하는 제6항은 주권침해라 하여 오스트리아의 최후통첩을 전면 거부했다. 오스트리아는 1914년 7월 28일 11:00시 세르비아에 선전포고를 단행했다. 러시아는 오스트리아에 요구조건을 연기하도록 요구하였으나 거절당했다. 이에 러시아는 7월 29일 일부 동원령, 7월 30일부 총동원령 발령했다.

오스트리아 동맹국인 독일도 전쟁을 이미 작심하고 있었다. 독일은 러시아와 프랑스에 8월 1일과 8월 3일 각각 선전포고를 단행했다. 그리고 8월 4일에는 프랑스를 침공하기 위해 영세 중립국인 벨기에를 침공했다. 이에 영국도 독일에 선전포고를 단행했다. 다만 이탈리아는 오스트리아의 행위가 정당하지 못하다고 판단하고 3국동맹의 의무를 포기하면서 중립을 견지했고, 1915년 5월 24일에는 오스트리아에 선전포고하면서 연합국에 가담했다.

2. 대전의 특성

국민개병제 이후 전쟁은 민족주의 및 애국심과 연결되고 전 국민이 참여하는 국민의 전쟁으로 전환되었다. 국민감정은 무제한 적인 전쟁을 만들었고, 발달하기 시작한 매스컴의 영향을 받아 더욱 거세게 타올랐다. 이러한 경향은 전쟁을 항구적인 구조적 요소로 파악하는 계기가 되었다.

제1차 세계대전은 산업화에 따른 대량생산체제가 완비됨에 따라 물량전으로 진행되었으며, 발전한 산업생산 능력에 따라 전쟁의 승패가 좌우되게 되었다. 전쟁에는 국가의 가용한 자원이 총 투입되었으며, 군인들만으로 전쟁을 치르기에는 역부족 이었다. 따라서 후방의 국민들도 물자를 생산하고 지원함으로써 전쟁에 참여하는 총력전(Total War) 양상으로 전개되었다.

이는 이전의 흉내만 내던 총력전에서 벗어난 최초의 대규모 총력전이었다. 이러한 총력전에서는 전방의 군사시설뿐만이 아니라 후방의 민간인들과 산업시설도 적의 표적이 되었다. 성능이 대폭 개량된 무기는 후방의 민간인과 산업시설도 무참하게 파괴하게 되었다.

제1차 세계대전은 당시의 전쟁사상은 공격보다는 방어위주 사상으로 대량의 참호전과 진지전 양상으로 진행되었다. 전장에서 적의 기관총이나 소총 사격을 뚫고 공격한다는 것은 막대한 피해를 수반해야만 했다. 철조망 또한 공격자의 진출을 가로 막았고, 2중 3중의 참호는 공격의지를 박탈했다. 따라서 참호를 깊숙이 파고 웅크리고 앉아 노출된 적의 공격을 기다리는 것이 유리했다. 참호는 생명을 담보할 유일한 무기가 되었으며 이를 구축하기 위해 공병장비들이 중요한 장비로 떠올랐다. 이러한 참호전의 양상은 독일의 서부전선에서 보편적으로 진행되었으며, 전장의 메커니즘을 잘못 읽고 있던 지휘관들은 수많은 병사들을 사지로 내몰았다.

〈참호전의 모습〉

제1차 세계대전은 종반으로 치달으면서 현대전의 모습을 갖추기 시작했다. 전장은 전차와 항공기를 비롯한 신무기 체계가 등장하여 위력을 보이기 시작했으며 진지전을 타개하기 위한 새로운 전술이 등장하였다. 1914년에 발생한 제1차 세계대전은 세계의 많은 나라들이 참전하여 새로운 전면전을 예고했다. 전쟁의 결과는 승자나 패자나 엄청난 손실을 입었다.

가. 무기

① **기관총** 기관총은 제1차 대전사에서 매우 중요한 의미를 갖는 무기로, 마른(marne)전투에서 참호전으로 전선이 교착되자 이를 타개하기위해 개발되었다. 초기 기관총은 영국의 히람 맥심(Hiram Maxim)이 1884년 개발했다.

기관총을 처음 개발한 영국은 정작 기관총 채택을 꺼렸고, 정작 보어 전쟁(1899~1902) 시 적국인 보어족이 운용하여 영국군에 큰 타격을 주었다. 기관총은 러·일 전쟁(1904~1905)에서 러시아군이 일본군을 상대로 사용하여 치명적인 피해를 입혔다. 여러 전쟁에서 기관총의 유용성을 인식한 유럽 각국들은 앞 다투어 기관총을 도입하기 시작했다.

〈철조망위의 주검〉

독일은 1914년 이후 약 10만 정의 기관총을 보유했고, 영국은 빅커스 (vickers) 기관총을 생산하여 1915년 기관총 부대를 창설하였다. 1914년 당시 기관총은 분당 400~600발을 발사할 수 있었다. 이러한 기관총 1정의 화력은 소총수 60~100여명의 화력에 해당했다. 또한 기관총은 제1차 세계대전 말기 항공기에 장착할 수 있도록 발전되었다.

제1차 세계대전에서 장벽(철조망)과 통합된 기관총은 큰 위력을 발휘했다. 이러한 높은 화력을 가진 기관총은 당시 진지위주의 방어제일주의 사상에 크게 공헌하였다. 기관총의 배치로 인해 가급적이면 공격은 자제되었다. 또한 소총의 발달과 기관총의 사격으로부터 피해를 입지 않기 위한 위장(유니폼의 색, 철모 등)이 중요하게 대두되었고, 참호의 이용하기 위한 야전삽이 등장했다.

② **전차** 현대전의 총아라 불리는 전차(Tank)는 제1차 세계대전이 참호의 벽에 막혀 돌파구를 찾지 못하고 있을 때 이를 극복하기 위한 방편으로 고안되었다. 전차는 기병이 사라진 전장에서 새로운 기동력과 충격을 제공했고, 강력해진 소총과 대포로부터 생존성을 보장하는 장갑력을 제공했다.

전차는 고대 오리엔트의 전장에서 등장했던 말이 끄는 전차(charriot)에 그 기원을 둘 수 있다. 오늘날의 전차는 내연기관이 발전한 이후 전차는 최초 영국에서 개발되었다.[4] 영국 공병인 스윈톤(E.D Seinton) 중령이 농업용 트랙터를

4) 1769년 프랑스 꾸노(Cugnot)가 증기기관으로 기동하는 웨건(Wagon)을 실험하였으나 벽을 부수면서 실패하였다, 피해를 배상하지 못한 꾸노는 구속되었다.

〈참호를 극복하지 못한 전차〉

개량한 형태의 전차 제작을 건의 했다. 당시 해군성 장관인 윈스턴 처칠(Winston Leonard Spencer Churchill)이 관심을 표명하여 개발되었다. 이때 Little Willie이라 불리는 최초의 시제품이 생산되었고, 대전이 한창 진행중이던 1915년 9월에 육군의 반대에도 불구하고 MK-1(Mark-1)이라는 오늘날과 같은 전차 150대를 최초로 생산했다.[5)]

MK-1은 솜므 전투에 최초에 투입(1916. 9. 15) 되었으나 기계적 결함 등으로 큰 성과는 거두지 못했다(전투에 투입한 49대 중 32대만 공격개시선에 도착했고, 최종 임무수행은 9대만 실시). 하지만 전차에 직면한 독일군 진영은 공황에 사로잡혀 순식간에 붕괴되었다.[6)] 영국은 이후 성능이 향상된 MK-4까지 개발하고, 1,000대를 추가 생산하여 1917년 6월 전차군단(Royal Tank Corps, 참모장 기동전의 창시자 풀러)을 창설하였다. 이 전차군단은 1917년 2월 20일 캉브레(Cambrai) 전투에서 대규모로 투입(378대 공격 참가, 전차 3대와 보병 1개 분대가 협동으로 조를 편성하여 전진) 되어 순식간에 정면 15km, 종심 10km의 돌파구를 형성하면서 효과를 검증받았다. 하지만 전과확대를 실시하지 않아 실기하고 말았다. 이후 마비전 사상의 효시인 풀러(Fuller)는 수천대의 전차를 주력부대로 운용하려는 계획[7)](plan 1919)이 수립되었으나 대전의 종료로 취소되었다.

전차의 성능을 확인한 각국은 자동차 기술의 진보와 함께 전차개발에 가세했다. 하지만 정작 최초로 전차를 개발한 영국은 보수적인 사상에 의해 쇠퇴했고, 혁신을 추구하는 독일과 소련이 전차 개발을 선도해 나갔다.

③ **곡사포**[8)] 제1차 세계대전이 발발할 때쯤에는 유럽 대부분의 군대에서는 후장

---

5) 종류는 2종으로 돌격용 전차와 보병 엄호용 전차로 구분하여 생산되었다. 돌격용 제원은 무게 28.5톤, 출력 105마력, 시속 6/km, 장갑 6~12mm, 항속 거리는 약 20km이며, 공격무기로 57mm 포 2문, 기관총 2정을 장착했고, 승무원 7명이 탑승했다. 엄호용(여성용)은 4정이 기관총을 장착했다.

6) 영국에서 생산한 전차를 대륙으로 수송하면서 독일군에 노출될 염려가 있어 전차를 물탱크처럼 위장하기 위해 물탱크(water tank) 처럼 위장하고 암호명으로 부른 연유로 MK-1이 탱크가 되었다.

7) 이 계획은 중(重)전차 2,600대와 중(中)전차 2,400대로 집단을 형성하여 독일군의 전선을 돌파하고 중(重) 전차는 항공기의 엄호아래 적 후방으로 종심 깊게 돌진하여 독일군의 사령부와 군수기지를 급습하고 중(中)전차와 보병으로는 80km의 정면을 돌파하여 독일군의 방어망을 격파 독일군 주력을 포위하고 독일 영토로 진격하여 승리를 달성한다는 내용

8) 최용성, 〈신편 세계전쟁의 이해〉, ⊆sid, 2009, pp.285~286

식 대포로 무장하고 있었다. 속도와 사정거리가 증가하면서 전장식은 포신이 길어지고 장전이 어려워 졌기 때문이었다. 당시 프랑스는 독일과의 국경을 연하여 요새포를 구비하고 있었다. 하지만 요새의 포들은 독일의 150미리 곡사포보다 발사속도와 위력 면에서 비효율적이었다.

오늘날의 견인포 형태는 제1차 세계대전에 이르러서야 실용화되기 시작했다. 전투가 개시되면서 곡사포들이 위력을 드러내기 시작했다. 직사포는 고지 뒤의 목표물을 명중할 수 없었다. 하지만 곡사포는 포목선상에 엄폐물이 있더라도 정확히 목표를 타격했다.[9] 더욱이 기동성 면에서 독일의 곡사포는 혁신적 이었다. 독일군의 210미리 곡사포(사정거리 9,500m)는 현지에서 획득할 수 있는 민수물자인 트랙터나 말로도 견인할 수 있었다. 심지어 축성파괴용인 독일의 170미리 박격포는 말 2필(인원 20)만 있으면 이동이 가능했다. 우수한 기동력의 독일 210미리 곡사포는 프랑스와 벨기에의 요새지를 파괴하는데 효율적이었다.

〈독일군의 곡사포〉

또한 베르타포라고 불리는 독일의 포는 130km를 날아가 서부전선에서 파리를 파괴할 정도로 사거리가 향상되었다. 대전 초기에 영국은 무게 2톤 정도 되는 12파운드 포를, 프랑스는 75미리의 좀 더 우수한 직사포를 가지고 있었다.

④ **화학 및 생물학 무기** 화학무기란 화학 작용제를 사용하여 생명체를 살상하는 무기이다. 최초의 화학전은 서기전 428년 펠로폰네소스 전쟁에서 스파르타군이 송진, 유황 등을 생나무에 섞어 사용했다는 기록으로 확인되고 있다.

현대전에서는 제1차 세계대전에서 프랑스군이 독일군에게 먼저 최루가스탄을 사용하면서 실전에 사용했다. 공격을 당한 독일은 독가스의 위력을 실감하고 1915년 1월 말부터 동부전선에서 최루가스를 본격적으로 사용했다. 독일군은 1915년 4월 22일에는 벨기에 지역의 제2차 이프르(Ypres)전투에서 연합군 진지에 최초로 독성 작용제인 150톤의 염소가스를 살포하여 1만 5천명을 살상시켰다. 하지만 잔류가스로 인해 독일군은 쉽사리 연합군 진지를 점령할 수 있었다. 독일군 지휘부도 추가적인 공격은 자제했다.

---

9) 더욱이 프랑스군이 사용한 포탄은 유산탄으로 엄폐한 적에게는 비효율적이었다. 반면 독일군은 흑색화약을 사용하여 벨기에군의 무연화약보다 4배의 위력을 보였다.

연합국 중에서는 영국이 최초로 1915년 화학부대를 창설하여 9월 25일 서부 전선의 루스(Loos)에서 가스 분무기를 이용하여 400통의 염소가스를 독일군에 살포했다. 다음 날에도 독일군이 돌격하기 직전에 분무기로 염소 가스를 살포했으나 풍향이 영국군 쪽으로 바뀌면서 영국군이 더 많은 피해를 입었다. 이에 따라 각국은 대포를 이용하여 독가스를 효과적으로 투발하는 방법을 고안해 내기 시작했다. 하지만 전장에서 독가스는 제한적으로 사용되었다.

〈독가스〉

생물학 무기도 고대에서부터 사용되었다. 독일군은 1915년 연합군에 제공할 마소에 질병을 유발하는 박테리아를 유포하면서 실시되었다. 제2차 세계대전에서 독일, 일본, 러시아 등은 실험과 연구를 계속했으며, 일본군은 1942년 중국 11개 도시를 페스트균, 탄저균 등으로 공격하기도 했다.

⑤ **잠수함** 잠수함은 1776년 미국 독립전쟁 중 미국인 부쉬넬(David Bushnell)이 1인용 잠수정(turtle)을 이용 영국 군함을 공격한 것이 최초의 공격으로 알려져 있다. 잠수함의 추진력은 최초에는 인력에 의존하였고 잠항과 부상에는 돌덩이를 매달아 사용했다. 프랑스 해군은 1888년 세계 최초로 디젤기관을 탑재한 해군 잠수함 짐노트(Gymnot)를 취역시켰다. 현대 잠수함의 시초는 1898년에 미국 존 홀랜드 A-1호이다. 혼랜드의 잠수함은 물속에서는 전기식 엔진, 물 위에서는 가솔린 엔진을 사용했고, 1860년대에 개발되어 사용되고 있던 어뢰를 장착하여 가공할 무기로 재탄생하게 되었다. 이후 개량된 홀랜드 8호는 영국, 독일, 일본 등 여러 나라 해군에 채택되어 잠수함의 원형이 되었다.

제1차 세계대전 시 잠수함은 본격적으로 해군의 주력 무기로 등장했다. 독일군의 U보트들은 연합군 측의 함선과 군함에 큰 손실을 주었다(무제한 잠수함 작전). 공격 시 잠수함은 수중에서 어뢰라는 자체 추진의 수중 미사일을 장착했다. 특히 제2차 세계 대전에서 무선통신의 발달에 힘입어 제1차 대전 때의 단독행동에서 통합 공격전술로 발전했다. 잠수함은 그 은밀성으로 인해 지금도 가공할 무기로 대접받고 있고, 원자력 잠수함이 등장하면서 전략무기를 투발할 수 있는 능력을 보유하고 있다.[10)]

10) 미국은 1959년 12월 핵미사일 16기를 탑재한 6,700톤급의 핵잠수함 '조지워싱턴'호를 세계 최초로 개발했다. 소련도 1968년 핵탄도 잠수함을 취역시켰다.

나. 신 전술의 등장

신무기의 등장에 따라 대전 말기 새로운 전술이 속속 개발되었다. 공격은 후티어(Hutier) 돌파전술, 방어는 꾸로(Gouraud)의 종심방어전술(縱深防禦戰術)이었다.

① **후티어 돌파전술** 후티어 전술이 등장하게 된 배경은 1918년의 전선 상황을 타개하고자 하는 고육책에서 비롯되었다. 당시의 전선배치는 적과 대치하는 최전방에 대부분의 병력을 배치하고(제1전선), 후방에 제2전선을 구축하여 주 저항선 개념으로 운용하고 있었다. 공자는 이러한 방어선을 돌파해야 했기 때문에 막대한 피해가 수반되었다.

장기전으로는 승산이 없다고 판단한 독일은 전황을 타개하고자 후티어 전술로 대규모 공세를 시도하였다. 이는 독일 제18군 사령관 후티어가 창안한 전술로 철저한 사전준비와 기도비닉 그리고 보·포병 협동의 돌파전술로 방어전선을 돌파하려는 전술로 1918년 이탈리아 까포레토(Caporotto) 전투[11]에서 처음 적용되었다. 전술개념에는 기습과 기동, 화력을 그 밑바탕에 깔고 있다.

㉮ 기존은 공격준비사격을 최장 10일 까지 실시하고 공격하였으나 짧은 시간이나 야간 또는 공격준비사격 없이 기습을 달성하였다.

㉯ 보·포병 협동공격을 효과적으로 진행하는 것이다. 이전은 보병의 진출속도를 포병이 사전계획을 수립하였으나 이제는 보병의 진출속도에 따라 진출하는 보병 전방에 사격을 연신하여 탄막을 형성했다.

㉰ 보병의 전진속도를 보장했다. 공격부대는 경기관총을 휴대하고 적의 강력한 거점을 우회하여 적의 방어선을 돌파하고 우회한 적의 거점은 후속부대가 소탕하는 방법을 사용했다. 또한 공격부대 자체에서도 박격포를 운용했다. 경포병은 보병을 후속하여 지원하도록 했으며, 항공기에 기관총을 장착하여 전진하는 보병을 공중에서 지원하였다.

㉱ 예하지휘관에게 권한을 대폭 위임하는 것으로 최초 공격단계에서는 집화통제를 하다가 중포병의 사거리를 초과하면 연대나 대대단위로 공격하는 분권화 통제 방법을 적용하였다.

그러나 독일군의 후티어 전술은 기동과 수송 그리고 화력지원의 미비로 전술적 승리에 그치고 말았다. 하지만 이러한 공격전술을 바탕으로 제2차 세계대전에서는 전격전이 탄생하였고, 이는 현대 공격전술의 토대가 되었다.

---

11) 1917년 10월 독일군의 지원을 받은 오스트리아군이 이탈리아군을 대파해 75만명 손실을 입혔다. 이 전투는 해밍웨이의 〈무기여 잘 있거라〉에 묘사되어 있다.

② **꾸로의 종심방어전술** 지금까지의 선방어편성은 공자의 공격에 전초선이 무너지면 이에 대비할 만한 시간이 없었다. 따라서 방어종심을 보강하고 적의 기습적인 돌파를 저지하기 위한 대책이 요구되었다. 또한 공자를 기만하기 위한 방어전술도 필요했다. 이는 독일의 후티어 공격전술에 대한 대응전술이기도 했다. 프랑스의 제4군사령관 꾸로 장군이 이러한 종심방어전술을 개발하여 독일군 제5차 공세를 효과적으로 저지했다. 방어지대 편성방법은 다음과 같다.

㉮ 전선의 최전방에 전초선을 설정한다. 그리고 전초에는 관측임무를 부여하고 적의 공격을 저지할 최소한의 병력만을 배치하도록 했다. 이는 공자로 하여금 전초선을 주진지로 오판하여 병력을 전개하게 하고 공격을 경고하기 위한 것이다.

㉯ 반드시 방어해야할 주진지는 전초선에서 1,8～2.7km 후방에 설치하여 공격준비사격으로부터 피해 최소화와 방어준비시간을 획득하도록 했다.

㉰ 주진지와 전초선의 중간지대에는 요새진지를 구축하여 공자의 진출을 지연시키고 주진지에 도달하기 전에 축차적으로 약화 시키도록 했다.

㉱ 포병은 전초선으로부터 주방어진지를 지원하도록 종심에 배치하였다. 마지막으로 예비대를 주진지 후방에 배치하여 주진지가 돌파될 시 즉각 역습으로 회복할 수 있는 융통성을 확보했다.

이와 같은 편성으로 꾸로의 종심방어전술은 후티어의 공격전술을 무력화 시켰으나 다음 대전에서 전격전으로 무위로 되었다. 하지만 꾸로의 종심방어 전술은 점차 지대방어(地帶防禦) 개념으로 전환되었다. 후티어의 공격전술과 꾸로의 방어전술은 창과 방패의 '모순(矛盾)'과도 같지만 전장에 대한 철저한 과학적 분석이 반영된 것으로 현대 전술 발전의 모태가 되었다.

3. 대전의 경과

가. 각국의 전쟁계획

① **프랑스 제17계획** 각국은 첨예한 대립 속에서 전쟁에 대비한 계획을 수립해 나갔다. 프랑스는 보·불 전쟁에서 패배한 이후 대독 전쟁을 대비하여 전쟁계획을 수립하면서 일련번호를 부여해 나갔다. 제1~7계획은 방어계획이었고, 이후부터는 공격계획이었다. 이중 제16계획은 알사스·로렌 지방에 대한 공격계획이었다.

대전 직전에는 조르프(Joseph J. C. Joffre) 총사령관의 제17계획이 시행되고 있었다. 이 계획은 집결지만 명시되어있는 공세형 계획으로, 메츠와 에삐날 사이에서 공격하여 독일이 점령하고 있는 알싸스·로렌 방향으로 공격하도록 계획되었다. 프랑스군은 독·프 국경선을 따라 남에서 북으로 제1, 2, 3, 5군 순으로 배치했다. 그리고 제4군은 독일군이 벨기에로 우회할 경우에는 제5군의 좌익으로, 스위스 방면으로 침입할 경우에는 그 우측을 대비하기 위해 배치 중심지역인 제3군의 후방에 위치하도록 했다. 하지만 제17계획은 독일군을 과소평가한 공세위주로 계획 이었다. 또한 독일군이 병력을 서부로 진출시키지 않을 것(우회기동)이라고 오판한 계획이었다.

② **오스트리아와 러시아 계획** 오스트리아는 세르비아와 단독전쟁을 위한 B계획과 세르비아와 러시아 양국과 전쟁을 치르기 위한 R계획을 준비하고 있었다. 러시아는 독일군이 서부전선으로 주력을 지향할 경우와 독일군의 주력이 동부로 지향될 경우를 가정하여 각 A계획과 G계획을 수립해 두고 있었다.

③ **독일의 계획 슐리펜 계획** 독일은 당시 참모총장이던 슐리펜(1891년 취임, Alfred Grap Von Schlieffen)이 프랑스와 러시아를 상대로 한 작전계획을 완성해 두고 있었다. 이 계획의 주안은 동원속도가 느린 러시아가(6~8주 소요 예상) 동원되기 전에 먼저 프랑스를 섬멸(6주 이내)하고, 그 이후 동부로 병력을 이동하여 러시아를 격파하는 것이었다.

이러한 계획이 수립된 배경에는 노·불 동맹이 체결되어 당시 독일은 프랑스 및 러시아와 양면전쟁을 치러야만 하는 국제적·지리적 상황에 처해 있었고, 군사력과 자원이 부족한 독일로서는 각개격파와 단기전이 필수적으로 요구되었기 때문이다. 따라서 유럽 대륙에 잘 발달된 철로를 이용한 신속한 기동으로 양면의 적을 각개격파하면서 승리를 쟁취해 내고자 했다.

프랑스와의 단기결전을 위해서 독일은 8개 군중 7개 군을 서부의 프랑스 국경에 배치하고, 1개 군(제8군)은 동부의 러시아군을 대비하기로 했다. 서부 전선의 기동계획은 지리적 여건을 고려하여 메츠(Metz)를 축으로 기동이 제한되는 중부지역의 아르덴느 삼림지역은 회피하고 북방[리에즈(Liege)→브르쉘 (Brussels)→아미앙(Amines)]에서 파리(Paris)서남방으로 우회기동 프랑스군을 포위하려는 계획이었다.

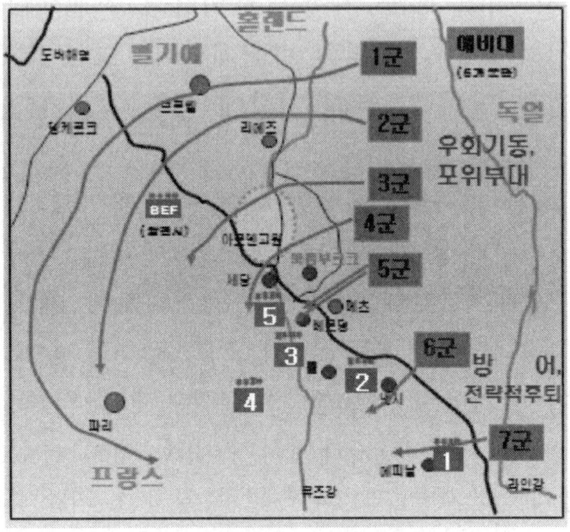

〈슐리펜 계획〉

반면 메츠 남방은 지리적으로 비좁고 험할 뿐만 아니라 프랑스군이 알사스·로렌 지방을 공격하기 위해 대거 포진하고 있어, 전략적 방어나 후퇴로 프랑스군을 유인하여 좌익과 배후의 포위가 이루어지면 알사스-로렌 지방이나 스위스와의 비좁은 국경지대에서 격멸하려 했다.

이때 전투력 배비는 메츠 북방에는 5개 군(35개 군단)과 6개의 예비군단을 배비했다. 이중 맨 북방의 제1, 2군은 해머 해드(Hammer Head)부대 역할로 최정예부대로 편성했고, 6개 예비군단은 병참선 확보와 요새지대 공격임무를 부여하여 기동속도를 보장하려했다. 반면 메츠 남방에는 2개 군(5개 군단)을 배치할 계획이었다. 따라서 메츠를 회전축으로 한 북측과 남측의 전투력 비율이 7:1에 이르는 실로 대담한 계획이었다. 그러나 슐리펜은 신병으로 참모총장직을 사임했고 '전쟁은 반듯이 일어날 것이며, 우익을 강화하라'는 유언을 남겼다.

몰트게의 수정 신임 소(小)몰드케(Helmuth Von Moltke)는 1911년 슐리펜의 작전계획을 변경했다. 몰트케는 슐리펜 계획의 기본 골격은 유지하되 메츠 이남의 남방에 북방의 병력을 증강하여 반격임무를 부여했다. 또한 북방 일부를 동부전선으로 전용하여 동부를 보강하려 했다. 변경 사유는 중립국인 네덜란드를 공격 시 영국의 참전을 불러올 것을 염두에 둔 조치였다. 하지만 이 판단은 집중과 공격기세 유지의 유리점을 버리고 좌우익을 동시에 배비한 것으로써 슐리펜 계획의 '계산된 모험의 장점'을 둔화시켰다. 병력 비율이 메츠를 축으로 북과 남군의 비율이 3:1로 축소되면서 공세적 상황이 축소되었다.

그 결과 북쪽의 우익 6개 예비군단이 남부 좌익으로 전환되어 8월 20일 역습에 전용됨으로써 북쪽 우익의 기동부대는 진출속도가 지연되었다. 또한 제1

군이 네덜란드를 피해 남쪽으로 기동함으로써 2개 군(제1, 2군 15개 군단 및 5개 기병사단)이 좁은 리에즈의 협곡을 통과하게 되어 기동속도가 둔화되었다. 그리고 동부전선에 전용되었던 2개 군단은 러시아군의 동원속도가 예상외로 빨라서 서부전선과 동부전선의 어느 전투에도 참여하지 못하고 유병화 되었다.

나. 전쟁의 경과

전쟁은 1914년 8월 3일 독일군[12])이 벨기에를 침공하면서 시작되었다. 독일은 먼저 서부전선에서 프랑스[13])군을 격파하고 동부의 러시아를 대적할 계획이었다. 전쟁 초반은 독일군이 유리했다. 침공을 받은 영·프군은 효과적으로 대응하지 못했고, 우왕좌왕하는 사이 독일은 벨기에 국경까지 도달했다. 하지만 독일군은 마른강(Marne)에서 원하지 않던 교착상태에 빠져 지구전으로 전환되었다. 이때 영국군과 프랑스군은 독일의 공격에 대비할 수 있는 시간적 여유를 확보할 수 있었다. 결국 독일군은 앤강 너머로 후퇴해야만 했다.

반면 동부전선에서는 힌덴부르크(Paul von Hindenburk)의 독일군이 탄넨베르그에서 러시아군을 괴멸시켰다. 러시아가 전투준비가 부족한 상태에서 독일군과 전투에 임하게 된 것이다. 그러나 소련군의 희생으로 독일군을 동부로 끌어낼 수 있었고 서부의 프랑스가 무너지는 것을 막을 수 있었다.

러시아군은 오스트리아 공격에 있어서는 성공적이었다. 1914년 9월 갈리키아(Galicia) 지방을 점령하여 오스트리아군 10만명을 포로로 획득했다. 하지만 독일의 힌덴부르크와 마케첸(A.V. Mackensen)의 부대가 투입되면서 전세는 역전되었다. 1915년 5월에서 9월 사이에 러시아군은 갈리키아와 폴란드에서 패배하여 120만명이 살상되었고, 100만명이 포로가 되는 대 참사를 겪게 된다. 1915년 말 이전 독일은 발칸을 점령하고 터키와 직접 연결되었으며, 이는 결과적으로 지중해의 영국군을 위협하기에 이르렀다. 1915년에는 다다넬스 전역이 처칠의 지휘아래 진행되

12) 독일은 징병제도는 다른 유럽국가와 동일하게 징병제도를 시행현역, 예비역, 후비역으로 구성되어있었으며 총 8개 군 200만명을 보유하고 있었다. 1개 사단은 2개의 보병여단과 1개의 포병여단으로 구성되어 있고, 이를 공병, 통신, 의부, 보급 등의 파견대가 지원했다. 보병여단은 3개 보병대대로 이루어진 2개 보병연대와 57미리 직사포 54문, 105미리 곡사포 18문의 포병연대로 구성되었다. 군단은 2개 사단과 직할부대가 일반적 편성으로 병력은 42,500명 이었다.

13) 프랑스군은 20세 이상을 징집하여 총 병력 165만명에 이르렀고 병종도 독일군과 동일하게 현역, 예비역, 후비역으로 편성되어 있었다. 프랑스군은 독일군에 비해 편제와 장비가 열세하였다. 하지만 상당수의 장교들은 식민지 전쟁에서 경험을 쌓았고 병사들도 전술적으로 우수했다. 프랑스 군은 경포병 분야에서 우수하여 현대포병의 모형이 되었다. 전통적으로 기동과 공격력에 신념을 가지고 있어 기관총의 운용이나 야전축성, 방어편성 등에서 취약점을 노출했다.

었다. 이는 러시아가 터키 견제를 영국에 요청하여 영국과 프랑스가 터키를 공격한 것이었다. 원정은 실패로 끝났다.

1916년 2월부터 독일군은 베르덩 지역에서 지구전 타개를 위한 총력전을 전개했지만 빼땡 장군의 프랑스군이 완강히 저항하여 실패했고, 오히려 7월 11일부터 솜므(somme)에서 연합군의 공격을 받았다. 서부전선에서 지구전이 진행될 때 동부전선에서 독일군은 폴란드를 장악했다.

영국으로부터 해안 봉쇄를 당한 독일은 미국으로부터 영국으로 가는 원조를 차단하기 위해 무제한 대잠수함작전으로 전환하였으며 이는 상당한 성과를 거두었다. 하지만 독일의 잠수함(U-boat)이 일반 여객선을 공격하면서 많은 미국인들이 사망(1915, 영국 여객선 루시타니아 호)하자 미국의 여론은 참전으로 기울게 되었다(미국 참전, 1917. 4). 미군의 참전으로 연합군의 분위기는 고무되었다.

1917년 러시아는 혁명이 일어나면서 전선에서 이탈했다(1918. 2. 3, 브레스트-리토프스크 조약). 동부전선이 여유로워진 독일군은 서부지역에 집중할 수 있게 되어 미군이 도착이전 전쟁을 종료지기 위해 1918년 7월에서 8월 간 최후 5차의 공세를 가했다. 하지만 독일의 공세는 참호 앞에 역부족이었다. 미군이 유럽의 전장에 본격적으로 투입되면서 독일은 이를 막아낼 만한 여력이 남아있지 않았다. 독일은 이내 패퇴의 길로 접어들었다. 독일 측에 가담하고 있던 불가리아가 먼저 항복(9월)하고 터키가 휴전(10월) 했다. 이어 오스트리아-합스부르크(Habsburb)왕가가 항복(11월)했으며 독일의 남부전선은 무너졌다. 독일결국 키일(Kiel)항에서 수병들이 반란(11월 3일)을 일으키면서 코너에 몰린 독일이 1918년 11월 11일 연합군과 휴전조약에 서명했다.

※ 주요 전역과 전투

- □ 탄넨베르그 전투(1914. 8. 20~30) : 독일 대 러시아
- □ 마른 전역(1914. 9. 8~9. 12) : 독일 대 프랑스·영국
- □ 다다넬스 전역(1915. 8. 20~30) : 터키 대 영연방·프랑스
- □ 베르덩 전투(1916. 2. 21~12. 18) : 독일 대 영국·프랑스
- □ 솜므 전투(1916. 7. 1~11. 25) : 독일 대 프랑스·영국
- □ 독일군 5대 공세(1918. 3. 21~7. 15) : 독일 대 연합국
- □ 연합군 반격(1918. 7. 18~11. 11) : 독일 대 연합국

4. 주요 전역과 전투

가. 국경선 전투

독일군은 1914년 8월 3일 몰트게에 의해 수정된 슐리펜 계획에 의해 제1, 2, 3군은 벨기에로 진격했고(리에즈 요새), 제4군은 룩셈부르크를 점령했다. 또한 제5군은 프랑스의 벨당 요새를 공격했으며, 제6, 7군은 전략적 방어를 실시했다. 하지만 독일 제1, 2, 3군의 진격은 좁고도 강력한 리에즈 요새에서 벨기에군의 강력한 저항14)으로 10일간 지체되었다.

남방의 프랑스 제1, 2군이 14일부터 죠프르의 제17계획에 의거 알자스-로렌 지방에서 공격을 개시했다. 작전상 후퇴하고 있는 독일 제6, 7군은 좌익의 6개 군단이 전용되자 20일부터 반격을 개시했다. 결국 프랑스 제1, 2군은 25일부터는 방어로 전환하여 낭시(Nancy) 요새 지대로 원위치 하고 말았다.

이때 독일 북방 제4, 5군은 진격 중 아르덴느 고원에서 조우(8. 22)한 프랑스군 제3, 4군을, 독일군 제2, 3군은 프랑스 제5군을 쌍브르(Sambre)강변에서, 독일군 제1군은 영국 원정군(B · E · F)을 르 · 까토(Le Cateau) 전투에서 격파(8. 22 ~26)하고 파리 방향인 서남방향으로 진격했다. 하지만 진출하는 부대들을 종적인 상황은 물론이고 횡적인 연결 상태가 매우 불안정했다. 이유는 당시의 통신체계가 유선체계로 부대가 이격되면서 제대로 유선이 연결되지 않아 오보와 미보고가 난무하는 상황이었다(무선전화는 1916년 이후 상용화 되며, 대전 말기 프랑스가 선구로 항공기에도 무선전화를 설치).

이와 같이 서부서전 전황이 독일군에게 유리하게 전개되자 독일 수뇌부는 나무르 요새를 함락(8 · 25)함과 동시 서부전선에서 2개 군단(제11군단, 근위 예비군단, 기병 제8사단)을 동부전선으로 전용하는 계획을 시행하게 된다. 결국 몰트게는 우익군의 파리 우회기동을 포기하고 새로운 방향으로 공격할 것을 명했다(9월 4일).

즉 파리 동북부에서 제1군은 와즈(Oise)강과 마르느(Marne)강 사이에서, 제2군은 마르느강과 세느(Seine)강 사이에서 마르느강을 도하하지 말고 독일군의 우단을 엄호하도록 했다. 그리고 제4, 5, 6, 7군에게는 계속 공격[제6군과 제7군은 낭시에서 계속 공격, 제4군과 제5군은 제6, 7군과 협동하여 벨당 요새와 비트리 · 르 · 프랑스와(Vitry-Le-Francois)시 사이에서 동남방으로 진격, 제3군은 중앙전선을 분단하기 위해 정남방으로 진출]을 명했다. 또한 제

14) 네델란드를 통과하지 않고 벨기에로 진격하려면 리에즈 요새를 통과해야만 했고, 리에즈 요새는 뮤즈강이 흐르는 견고한 요새였다. 독일군은 6개의 보병여단으로 구성된 특수임무부대와 420미리 중포를 동원하여 공격하였고, 벨기에는 레망장군의 6개 사단이 방어하였다. 루덴돌프 장군이 현 장지휘하여 8월 16일 탈취했다.

3군에게는 중앙전선을 분리할 목적으로 정남방으로 진출할 것을 명하였다.

그러나 이 수정 계획은 많은 문제점을 안고 있었다. 우선 제1군 대부분의 부대들이 이미 마르느강을 건너 퇴각하는 프랑스 제5군을 추격하고 있었다. 따라서 이 명령이 성립될 수가 없었다. 더욱이 제1군 사령관 클루크 장군은 파리에서 신편중인 프랑스 제6군에 대한 정보가 없었고, 공격하는 선두부대를 이유 없이 중지시킬 수 없다하여 9월 5일까지도 진격을 멈추지 않았다. 여기에 더하여 크루크는 안트워프(Antwerp)에 벨기에군 잔여부대를 감시하기 위해 1개 군단을 추가로 차출하여 파견하였다. 이러한 조치들은 결국 독일 우익군이 파리 서방으로 우회하여 진출하기에는 터무니없이 부족한 전력을 만들어 놓고 말았다.

나. 마른 전역

○ 시 기 : 1914. 9. 3~9. 18
○ 장 소 : 프랑스 마른 강 일대
○ 교전국(지휘관) : 연합군(조르프) / 독일(몰트케, 크르크)
○ 병 력 : 연합군 107만명 / 독일 150만명
○ 결 과 : 연합군 승리
○ 분 석
- 전투력 집중(연합국 집중, 독일 분산)
- 적극적인 공세 행동(영국군과 프랑스 제5군)
- 전장 관찰과 협조

배 경 한편 프랑스는 독일군의 북서부로의 우회와 더불어 알사스·로렌에서 패퇴하자, 최초 계획의 오판을 인정하고 신속하게 수도 파리 방어를 위한 대책에 착수했다. 우선 프랑스군의 우익에서 차출 가능한 부대는 모두 차출하여 좌익을 보강하였다. 이어 파리에서 제6군을 신편해서 9월 3일부터는 파리 북방으로 진출시켜 독일군의 우회기동을 대비하려 했다. 그리고 좌익군은 솜므-벨당선으로 철수하여 역습을 준비하였다. 또한 이 와중에도 부적당한 지휘관들은 면직시키고 젊고 유능한 인물들로 일대 쇄신을 단행하였다. 이때 최고의 수확은 빼땡(Henri P. Petain) 장군이었다.

죠르프 장군은 마르느선에서 총반격 명령을 하달했다. 제6군은 마르느강 북방을 향하여 6일 새벽 올크(Ourcq)강을 도하하고, 영국원정군과 제5군은 몽리랠시(Montmirail)를 향해 북상하며, 제9군은 북방, 제3, 4군은 서북방을 공격하며 제1,

2군은 낭시 부근의 방어진지를 고수하도록 명했다.

경 과 9월 6일에는 조프르의 반격명령에 의거 올크강 일대로 진출 중이던 프랑스 제6군과 남진 중인 독일군의 제4예비군단(그로나우)이 발시(Barcy)부근에서 조우하였다. 이 사실을 확인한 제1군사령관 크루크는 우측방 제4예비군단을 구출하기 위해 최소한의 병력인 2개 군단을 마른강 너머로 다시 북상시켜 우익을 보호하면서 주력은 프랑스와 영국군을 추격했다. 하지만 7일에는 마르느강 북방의 프랑스 제6군에 대한 정보를 획득하고 프랑스 제6군을 격파하기 위해 자신의 제1군을 프랑스 제6군 전면에 집결시켰다. 이 기동결과 독일 제1, 2군(뷰로우) 간에는 약 40km 간격이 발생했고, 2개 기병사단만으로 방어했다.

이 간격을 간파한 영국원정군이 10:1의 우세한 병력으로 북상하여 독일 제1군 배후로 진출했고, 프랑스 제5군은 독일 제2군 우익을 포위하면서 반격을 개시했다. 독일 제2군이 철수하자 독일 제1군과 제2군은 전선이 절단될 위기에 봉착했다[인접 전선에서는 신편 된 프랑스 제9군(포쉬)도 독일 제3군의 우익 및 제2군 좌익군의 돌파를 저지].

간격을 엄호하는 기병사단장이 제2군사령관에게 보내는 전신을 포착하여 독일군의 우익의 상황을 인지한 몰트게는 정보참모 헨취(Hentsch) 중령을 전선(제2군 사령부)에 급파하여 상황을 파악하여 조치토록 했다. 헨취 중령은 독일군이 전투력이 약화되었을 뿐만 아니라 프랑스군이 독일군 제1·2군의 간격으로 진출 했다는 사실을 확인하고 독일군의 우익 붕괴를 방지하기 위해서는 철수하는 것이 최선의 방

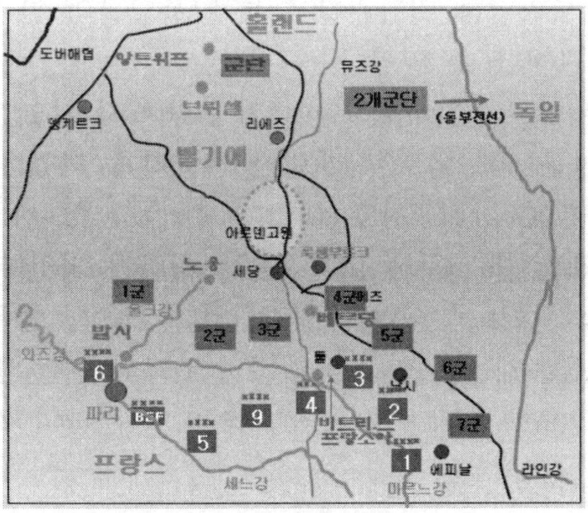

〈마른 전역〉

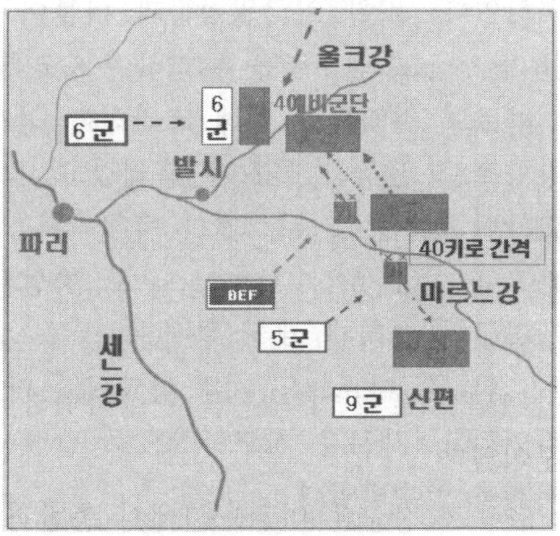

〈발시 조우전〉

안이라고 판단했다. 그는 단거리 철수에 대해 부여받은 직권으로 제2군사령관의 마르느강 북방으로의 후퇴를 묵인하였다. 그리고 80km를 서북쪽으로 이동 제1군 사령부에 도착하여서도 후방으로 철수를 명했다.

헨취 중령의 보고를 받은 몰트케는 9월 10일 개전 이래 최초로 전선을 시찰하고, 독일군 우익의 전군에 대해 노용-벨당 선(에느강 선)으로 철수할 것을 명했다. 독일군은 9월 9~14일 예정된 에느강 선에서 철수 프랑스군의 추격을 저지함으로써 마르느 전역은 종료되었다. 하지만 이 철수가 이후의 전쟁 전개에서 독일군을 나락으로 몰고 갈 것이라고는 누구도 생각하지 못했다.

결과 및 전훈 마르느 전역에서 독일군이 실패한 이유는 우선 슐리펜의 계획에 반하여 주공인 우익의 전투력을 약화시킨데 있었다. 결국 기동 간에 독일군은 병력 부족으로 인하여 제1군과 제2군 사이에 80km이상의 간격이 발생했고 이 간격으로 영·프 연합군이 진출하자 포위를 염려하여 철수하지 않을 수 없었던 것이다. 또한 제1군과 제2군간 협조결여와 몰트케의 부대 지휘력 부족(정보 판단 및 유통, 참모의 잘못된 기용 등)을 들 수 있다. 마지막으로 독일군 제1군의 기동이 그렇게 비관적이지 만은 아니었는데도 불구하고 자포자기해 버리는 과오를 범했다. 헨취 중령은 이 상황을 너무 비관적으로 판단했다.

한편 프랑스군의 승리는 리에즈 요새에서 초기 독일군의 강력한 공격을 병력을 절약해 가며 10일간 막아냄으로써 가능했다. 프랑스군 지휘부는 최초의 패배를 인정하고 제6군을 신속히 창설하여 독일군을 공격하는 공세적 기질을 유감없이 발휘하였다. 또한 영국원정군과 더불어 주도면밀한 전장관찰을 통해 독일군의 간격을 탐지하고 전투력을 투입하여 승리를 달성할 수 있었다.

마르느 전역으로 인해 교착전이 전개됨으로 해서 독일군이 가장 원하지 않았던 방향으로 전쟁의 물꼬가 흘러갔고, 독일군 최초의 전략개념이 흔들리게 되었다. 교착된 전선은 스위스에서 북해까지 약 1,000km의 참호선(스위스 국경 눌하우스-아르덴느 삼림지대-벨기에 니우포트)으로 형성되었고, 독일군은 소모전을 수행하게 되었다. 독일군의 슐리펜 계획 무산은 프랑스군의 마르느 승리로 연결되었다. 프랑스군은 이 전투를 '마르느의 기적'이라 부른다. 몰트케는 독일군의 철수가 완료되던 날 경질되었고, 새로운 참모총장으로 팔켄하인(Erich Von Falkenhyn) 장군이 독일군의 지휘권을 인수받았다.

다. 탄넨베르크 전투

○ 시 기 : 1914. 8. 17~9. 2
○ 장 소 : 독일 졸다우(탄넨베르크)
○ 교전국 : 러시아(삼소노프, 레넨캄프) / 독일(힌덴부르크, 루덴돌프)
○ 병 력 : 러시아 21만명 / 독일 15만명
○ 결 과 : 독일 승리
○ 분 석
- 내선의 이점을 이용한 신속한 기동과 전투력 집중
- 지휘관 참모의 역량과 인간관계의 중요성
- 우수한 장비체계
- 공세적 기질
- 기동(수송력)의 중요성

배 경 독일군은 서부전선에서 마른 전역을 수행하면서 동부전선에서는 러시아군과 대치하고 있었다. 독일군은 러시아군의 동원속도를 6주로 계산하며 제8군(4개 반의 군단에 한 개 기병사단 규모)을 배치해 두고 서부전선이 완료될 때까지 러시아군의 진격을 저지, 지연시킬 임무를 부여했다. 이에 제8군사령관 프리트비츠(Prittwitz)는 러시아군의 주력을 안트라프강으로 유인하여 기습공격으로 격멸할 구상이었다. 프리트비츠는 소련군이 상호지원을 할 수 없음을 파악하고 제8군의 대부분을 마주리안호수 위쪽의 굼빈넨에 배치하고 러시아군을 유인하려했다.

하지만 러시아군은 예상외로 신속한 동원을 완료(2주 소요)하고, 서부집단군(찌린스키)의 2개 군(9개 군단과 7개 기병사단)을 동프로이센 국경에 집결시켰다. 러시아 서부집단군은 제1군(레넨캄프)으로 하여금 우익에서 독일군의 동북방을 견제하면서 고착시키고, 제2군(삼소노프)은 남방으로 우회하여 북상함으로써 독일군의 병참선을 차단하고 배후를 공격하려는 계획이었다. 그러나 러시아군은 독일군에 대한 프랑스의 동시공세 요청에 따라 제대로 된 편성을 하지 못하고 국경선을 넘었다(제1군 8월 15일, 제2군 8월 20일).

동프로이센 지역은 호수 지대로 공자에게 불리하였으며, 실재로 공격하는 러시아 제1군과 제2군은 남쪽과 북쪽에서 동프로이센으로 진출하여 64km나 이격된 간격을 형성되어 있었다. 서전은 마주리안호수 일대의 슈탈로폰넨(Stalluponen)과 굼빈넨(Cumbinnen)에서 있었다. 1914년 8월 17일 레렌캄프군(Rennenkampf))의 제1군단이 슈탈로포넨을 공격했으나 독일 제8군 예하의 폰 프랑스와(Von Francious) 장군이 지휘하는 1군단이 이를 격파하고 러시아의 재차 공격에 대비하여 굼비넨으로 철수했다.

이 전투는 독일군이 러시아군을 패퇴시켰기 때문에 전술적으로는 성공했다. 하지만 전략적으로는 군사령관 프리트비츠의 유인작전에 위배되었다. 20일에는 러시아 제1군 주력이 굼비넨에 도착하자 독일 제1군단이 야간에 기습공격을 가했다. 공격을 받은 러시아 제2군단은 굼빈넨 외곽에서 참호를 파고 방어하고 있어, 독일 제1군단은 더 이상 공격할 수 없었다. 이때 독일 제17군단이 러시아 제3군단을 공격했다. 하지만 정찰 없이 이루어진 공격으로 독일 제17군단은 러시아 제3군단에게 격퇴 당했다. 독일 제1예비군단도 전진 중인 러시아 제4군단을 공격했으나 성공하지 못해 독일군은 굼비넨에서 위기를 맞고 있었다.

독일 군사령관 프리트비츠(Prittwitz)는 러시아의 삼소노프(Samsonov)군이 프러시아 국경을 넘어 남방으로 깊숙이 우회를 시작하자 전의를 상실하고 비스툴라(Vistula)강으로 철수를 건의했다. 그러자 몰트게는 프리트비츠를 대신하여 제8군 사령관을 예비역으로 있던 67세의 노장 힌덴부르크(Hindenburg) 장군으로 교체했고, 참모장도 리에즈 요새의 수훈자인 루덴돌프(Ledendorf)로 교체했다.

경 과 신 사령관과 참모장이 부임도 하기 전에 러시아 전문가이기도 한 독일군 제8군 작전참모 호프만(Hoffmann) 중령은 러시아 제2군이 독일군의 후방인 비스툴라강에 독일군보다 120km나 더 가까이 있는 상황을 주목하고(독일군이 비스툴라선으로 철수할 경우 러시아 제2군과 충돌 예상) 대담하게 삼소노프군을 격멸할 기동계획을 수립하여 8월 20일 저녁 예하부대에 하달해 실행하도록 했다.

이 기동계획은 제1기병사단은 현 위치인 서쪽에서 러시아 제1군을 기만하도록 했고, 러시아 제1군 정면에 위치한 제1군단과 제3예비사단은 철도수송을 통해 제20군단 우측으로 이동시키도록 했다. 중간에 위치한 제17군단과 제1예비군단은 서서히 서측으로 철수하면서 독일군의 추격이 없을 경우 남방으로 방향을 전환 러시아 제2군을 격멸하도록 했다. 이때 독일군 우측의 제20군단은 최대한 러시아 제2군과 접전을 회피하도록 했다.

신참모장 루덴돌프도 전황을 검토하면서 호프만 중령이 수립한 내용과 거의 동일한 내용의 작전계획을 수립하여 8월 22일 각 군단에 하달했다. 그리고 24일 신임 힌덴부르크 사령관을 만나 제8군사령부가 있는 마리엔부르크(Marienburg)에 도착했다. 신 지휘부가 도착하였을 때는 이미 그들이 작성한 명령보다 먼저 호프만 중령이 기획하여 하달한 계획에 의하여 부대가 작전을 수행하고 있었다.

반면 러시아군은 상황을 오판하고 있었다. 러시아 제1군사령관 레넨캄프는 슈탈로폰넨과 굼빈넨 정면의 독일군이 철수하는 것으로 판단하고 3일간 기동을 중지했다. 그리고 집단군 사령관인 질린스키(Jilinsky)에게 독일군 철수 상황을 보고했다. 호기로 판단한 질린스키는 독일군의 퇴로를 차단하기 위해 준비가 덜 된 제2군을 무리하게 기동시켰다. 러시아 제2군은 동원도 채 완료되지 않은 부대를 8월의 작열하는 뙤약볕아래 쉬지 않고 8~9일 동안 행군시킴으로 해서 수송과 병참조직이 무너져 가고 있었다. 이들은 경계나 정찰도 없이 철수하는 적을 뒤쫓는 다는 막연한 생각을 가지고 전진만을 강요당하고 있었다. 더욱이 이러한 러시아군의 기동상황은 암호전신과 암호번역에 익숙하지 못하고 장비가 부족하여 작전상황을

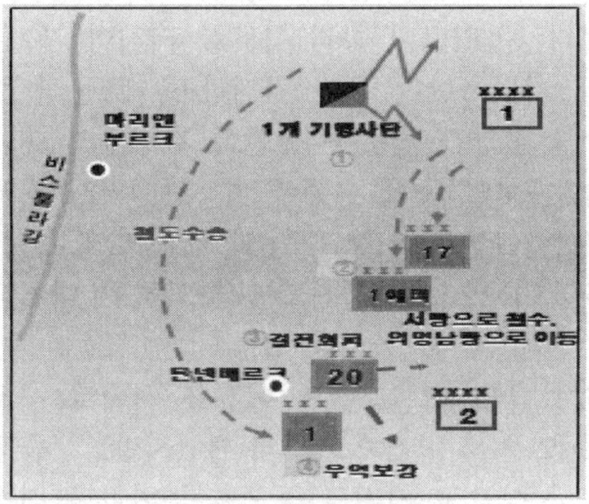

〈호프만의 기동계획〉

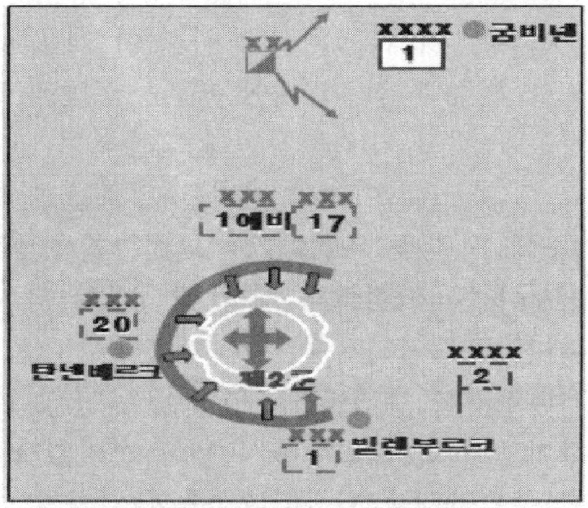

〈포위된 러시아 제2군〉

암호문이 아닌 평문으로 발송함으로써 모든 러시아군의 기동 상황이 독일군에게 감청되었다. 전투종료 후 독일군은 '러시아의 모든 기동계획을 알고 싸웠다'는 말이 나올 정도였다. 또한 러시아 제1군과 제2군은 64km의 간격을 두고 상호 지원거리 밖에서 있어 협동작전을 수행할 수 없었다.

힌덴부르크 장군은 결단을 내려 독일 제17군단과 제1예비 군단에 대해서도 남방으로 기동하여 러시아 제2군의 북측방을 포위하도록 명했다. 독일 제1군단(프랑소와)이 남방으로 돌아 러시아군의 후방을 포위하기 시작했고, 1개 사단은 완전히 러시아군의 후방을 차단해 버렸다. 독일군 제20군단은 러시아 제2군의 정면에서 공격하기 시작했다. 하지만 러시아군은 독일군의 포위를 파악하지 못하고 중앙군(제13, 15군단)으로 하여금 독일 제20군단을 공격하는 등 전방에만 집착했다.

포위된 러시아군은 포위망 탈출을 시도했지만 역부족 이었다. 위기에 몰린 삼소노프는 러·일 전쟁 당시부터 숙명의 앙숙(기병사단장인 두 사람은 요양전투에서 상호 지원문제로 인하여 봉천역에서 서로 멱살을 잡고 싸웠다.)인 제1군 사령관 레넨캄프에게 구원

을 요청했다. 하지만 레렌캄프는 자신들도 포위될 수 있는 위험이 있다하여 거절하고 말았다. 이리하여 독일군은 러시아군 제2군을 완전 포위하고 31일까지 섬멸하였다. 삼소노프는 충격에 자결하였다. 이 전투 이후 남은 러시아 제1군과 독일군은 9월 7일부터 마주리안호수 일대에서 전투를 진행하였으며, 러시아군은 궤멸적인 피해를 입고 국경선 밖으로 철수하고 말았다.

결과 및 전훈 현대판 칸네 전투로 알려진 탄넨베르크 전투는 독일군이 러시아군 4개 군단 반 이상을 섬멸시키는 전사에 길이 남을 경이적인 전투를 전개했다. 특히 독일군 참모부 장교의 우수성과 러시아군 지휘관의 함량미달의 우둔함(지휘부의 인간관계, 삼소노프 권총자살, 찌린스키/레넨캄프 군적 박탈)이 명확하게 비견되는 전투였다.

전투는 거의 모든 전쟁 원칙이 적용되었다. 독일군이 공격 목표를 러시아 제2군으로 선정한 점, 러시아 제1군 정면에 1개 기병사단만 두어 견제하고 제8군의 주력을 러시아 제2군 정면에 집중하여 과감한 절약과 집중을 실현한 지휘관의 대담성, 310km나 이격된 거리를 철로를 이용하여 6일 동안 수송한 기동력, 러시아 제2군에 삼면을 포위하고 실시한 기습작전, 힌덴부르크 장군 등의 작전지역 연구, 러시아 군 지휘관에 제한 사전 분석과 무선도청으로 작전기도를 파악하여 대처하는 정보의 원칙 등이 망라되었다.

독일군이 승리할 수 있었던 원인은 무엇보다도 내선작전의 이점을 최대로 이용하여 탁월한 기동력을 운용한 것이었다. 독일은 전략적으로는 수세였지만, 전술적으로는 공세를 취하였다. 특히 일치된 군사사상으로 지휘관 참모가 동일한 작전개념을 공유한 점과 적의 작전 기도를 사전에 파악하고 공세적으로 움직여다는 점, 지휘관의 대담하고도 확실한 실천력 등에서 승리할 수 있었다. 독일군의 대단위 섬멸전이 가능했던 이유는 동프러시아 지역이 만주리안 호수와 늪과 삼림으로 형성되어 있어 러시아군의 기동공간이 축소되었고, 협조를 단절시키는 효과를 주었기 때문이다. 힌덴부르크 장군은 수차례의 지형답사를 통해서 전장 터를 완전히 숙지하고 있었다.

이에 비해 러시아군은 독일군의 집중을 간파하지 못하고, 제1, 2군이 서로 협조하지 아니하면서 각개 격파되었다. 또한 정찰과 경계의 미실시, 암호장비의 미사용, 보급 및 수송지원 등의 미흡, 지휘관들의 지휘 통솔력 부족에서 오는 상황판단의 착오 등은 러시아군 패배의 원인이 될 수 있다. 이 전투에서 러시아군은 포로 9만명을 포함하여 12만 5천명이 손실을 입었고, 독일군은 1만 5천명 이내에서 인명손실이 발생했다. 탄넨베르크 전투의 승리자인 힌덴부르크와 루덴도르프는 국민적 영웅으로 추앙받게 되었지만 독일군은 서부의 마른 전역에서의 실패하면서 장기전으로 들어서게 된다.

라. 다다넬스(Daradanelles) 전역

○ 시 기 : 1915. 2.~1915. 8.
○ 장 소 : 다다넬스 해엽 일대(터키)
○ 교전국 : 영국/프랑스/호주/뉴질랜드(로베크, 해밀턴) / 터키(독일군 산데스)
○ 병 력 : 최대 4개 군단 규모 / 터키 최대 40개 사단(1개 사단 9천명)
○ 결 과 : 터키 승리
○ 분 석
- 육군과 해군의 합동작전의 중요성
- 현대 상륙작전의 연구 계기

배 경 제1차 세계대전이 발발했을 시 터키는 중립국을 표방하고 있었다. 하지만 독일이 먼저 터키를 동맹국으로 끌어들였고, 터키군의 현대화를 위해 군사고문관으로 산데스(Sanders) 장군 등 70여 명을 파견하여 터키군을 4개 군 40개 사단으로 신속히 개편하였다.

터키는 독일과 비밀조약을 체결하고(1914. 8) 함대를 이용하여 흑해 연안의 러시아 공업도시인 오뎃사(Odessa)를 포격했다(1914. 10). 이로 인해 터키는 세계대전에 참여하게 되었고, 러시아는 1915년 1월 동맹국인 영국에 터키에 대한 견제작전을 요구하기에 이르렀다.

경 과 영국군은 러시아의 요구에 따라 다다넬스 전역에서 상륙작전을 전개하였다. 다다넬스는 아시아와 유럽을 잇는 요충지이자 지중해와 흑해를 잇는 해협으로 러시아의 진출로였다. 당시 이 지역은 터키가 통제하고 있었다.

영국군은 단독 및 안작군(Anzac ; 호주, 뉴질렌드군)과 연합하여 수차례의 상륙작전을 전개하였다. 첫 전역은 1915년 2월 19일 해군은 카튼(Carden) 제독이 지상군은 로베크(Robeck) 장군이 지휘하여 다다넬스 해협의 지중해 입구에서 시작되었다. 터키군은 사전에 다다넬스해엽에 대한 요새진지와 수뢰대(水雷帶), 대잠수함망(大潛水艦網)을 준비하고 소수의 기동타격부대 등을 운용하여 영국 해군의 공격을 효과적으로 저지하였다. 영국군의 지상군은 해군의 패배로 같이 철수하고 말았다.

해군 단독공격에 실패한 영국군은 해군과 육군의 합동작전을 계획하였다. 터키군도 영국의 상륙작전 기도가 탐지되자 산데스 장군(독일군)을 제5군 사령관으로 임명하였고 전투준비에 박차를 가했다. 산데스는 상륙 예상지역은 장애물을 구축하고 소규모의 병력으로 기동방어 전략을 채택하였다.

영국군은 4월 3일 77척의 함정을 이용하여 이집트를 출발했다. 4월 25일부터는 양동작전을 전개하면서 연합군과 함께 전면공격을 개시하였다. 하지만 병력을 축차적으로 투입하여 영국군은 또 다시 상륙이 돈좌되면서 많은 피해를 입었다. 5월에 이르러 독일군의 잠수함이 출현하자 영국의 함포지원 세력들은 복귀하였다.

다다넬스 전역에서 두 번의 공격이 실패로 돌아가면서 당시 영국의 해군장관이던 처칠(Winston Leonard Spencer Churchill)이 사임하고(이후 처칠은 백의종군하여 제1차 세계대전의 유럽 전선에서 소령으로 활약하고, 제2차 세계대전 기에 영국의 수상에 오른다.) 영국과 프랑스의 새로운 지원부대가 도착하여 2차 상륙작전을 전개되었다.

이번 상륙은 다다넬스해협의 북쪽인 유럽지역에서 실시되었다. 공격은 양측면에 조공이 배치하고 중앙에는 주공으로 안작군단을 운용하는 계획이었다. 8월 6일 05시 30분 공격을 개시한 조공인 영국 제8군단과 프랑스군단이 8일까지 터키군을 고착하고, 슈브라(Suvla)만에서도 조공인 제9군단이 상륙용 단정의 시초인 철갑발동선을 이용하여 상륙했다. 하지만 정작 주공인 안작군단은 상륙에 실패하여 합동군은 결국 철수하고 말았다. 이 당시 영국은 터키 공략을 위한 방편으로 터키 지배하에 있는 아라비아인들(베트윈족)을 이용하기 위해 로렌스를 파견하여 터키군을 공격하면서 아카바만(Gulf of Aqaba)과 시리아의 수도인 다마스쿠스(Damascus)를 점령(1918. 9) 했다.[15)]

결 과 이 전역에서 양 측은 각각 25만명 이상의 사상자가 발생했다. 영국군은 해군과 육군이 합동으로 실시하는 상륙작전에 대한 경험이 없어 작전에 많은 차질을 빚었다. 하지만 이 상륙작전은 차후 상륙작전에 필요한 상륙용 단정과 함포지원, 추진보급 등 다양한 합동작전 교리들이 정립되는 계기가 되었다.

---

15) 영국은 1918년 수에즈 운하를 둘러싸고 영국과 터키가 대치하고 있을 때 영국은 아랍의 참전 및 지원을 요구하기 위해 정보국 소속의 로렌스(T.E. Lawrence)를 파견하여 아랍인과 함께 터기와 싸웠다. 로렌스는 제국주의 입장보다는 아랍의 입장에서 활동했다. 아랍을 통치하는 제국주의 입장이 정리되자 1919년 파라 평화회담에서 아랍복장을 하고 아랍의 독립을 위해 노력했고, 사병으로 강등되었다.
로렌스의 활약상은 영화 아라비아의 로렌스에 잘 그려져 있다.

마. 진지전

① 베르당 전투

○ 시 기 : 1916. 2. 21~12. 9 ○ 장 소 : 프랑스(베르당) ○ 교전국 : 프랑스(빼댕) / 독일(팔켄하인) ○ 병 력 : 개전 당시 프랑스 3만명 / 독일 15만명 ○ 결 과 : 프랑스 승리 ○ 분 석 • 지휘관 전투의지와 사기 • 집중의 원칙 • 국민의 단합된 국난극복 의지 ※ 방어제일주의 사상 만연

배 경 전쟁이 개시된 이후 1915년 말까지 전선은 교착상태에 빠져있었다. 이때 서부전선에서 연합국측은 참호선 돌파와 우회의 방법 중 돌파를 대안으로 강구하고, 1914년 말 프랑스군이 상파뉴(Champagne, 프랑스군 240,000명 손실), 1915년 3월 10일에는 영국군이 뉘브 샤펠(Neuve Chapelle)를 공격하였으나 막대한 피해만 내고 실패하고 말았다. 독일군 또한 벨기에의 이프르에서(1915. 4. 22)에서 독가스를 사용하였으나, 투입할 예비대가 부족하여 성과를 얻지 못하는 등 별다른 진전 없이 양측에서는 피해만 늘어가고 있었다. 1915년에는 연합군의 노용(Noyon, 145,000명 손실) 돌파구에 대한 협격이 있었으나 실패했다. 당시 철조망과 기관총, 축성 및 지원포로 보강된 방어진지를 돌파한다는 것은 공자에게는 불가항력이었다.

이러한 서부전선[서부 ; 스위스 국경~북해, 동부 ; 리가(Riga)~체르노비쯔(Zernowitz)]의 교착전에서 전반적인 상황은 독일군에게 유리했다. 하지만 다방면 전투 상태의 자원이 부족한 독일군은 불안을 느꼈고, 먼저 강수를 두었다. 독일군 참모총장 팔켄하인(Erich Falkenhayn)은 이러한 상황의 타개책으로 연합군에게 섬멸적 타격을 가하기 위해 서부전선의 베르당(Verdun)을 결전장으로 선택했다.

장소 선정 이유는 동부 전선의 러시아에 대한 공격은 해빙기인 5월 이후에나 가능하고, 이태리 등의 전선은 공격할 가치가 떨어진다고 판단했기 때문이다. 또한 북프랑드르 지방은 소택지가 많아 공격에 제한을 받았고, 남프랑드르 지방은 30개 사단 이상이 소요될 것으로 판단되어 작전 자체가 어려운 상황이었다. 특히 베르당을 점령한다면 프랑스군을 좌·우익으로 양분할 수 있고, 파리로 향하는 통로를 개방시킬 수 있었다. 또한 성공하지 못하더라도 심리적 패배감에 프랑스는 전의를 상실하고 단독강화에 응할 수 있는 가능성이 있는 전략적 요충지로 판단했다.

베르당은 강력한 요새 진지였다. 또한 베르당 서쪽의 뮤즈강은 1.6km의 강폭과 함께 강우기(1~3월)에 범람하여 기동에 장애를 주고 있었다. 그러나 프랑스군은 이미 리에즈나 나무르 등의 요새에서 패배하여 요새 방어에 대한 자신감이 많이 사라져버린 상태였다. 더욱이 요새에 배치된 인원과 중포 등은 이미 야전군에게 재배치하여 놓은 상태였다. 베르당 요새의 새로운 지휘관으로 임명된 헤르 장군 역시 프랑스군의 빈약한 방어태세에 불안감을 느끼기는 마찬가지였다. 설상가상으로 프랑스군은 독일군의 공격방향을 샹파뉴로 판단하고 있었고, 공격 시기도 지면이 굳어지는 5월 이후로 판단하고 있었다. 연합군은 샹틸리(Chantilly)에서 개최된 신년도 전략회의(1915. 12)에서 솜므 공세를 계획했으나 솜므에 대한 공격권은 독일 팔켄하인에게 선제권을 내주고 말았다.

경 과 독일군은 베르당으로 향하는 도로와 철도망을 신설 및 확장하고, 샹파뉴와 아르투아(Artois)에서 양공하여 프랑스군의 주의를 혼란시킨 후 약 13km 전선에 걸쳐 3개 군단(제7예비, 3, 18군단)과 포 1,400문을 집결하여 공격했다. 최초 2월 12일 공격 예정일 이었으나 계속되는 폭우로 인하여 2월 21일 새벽부터 12시간 동안 매시간 10만발의 공격준비사격을 실시했다. 프랑스군은 죠르프의 명에 따라 결사적으로 방어했다. 고전한 독일군은 공중지원 하에 공격을 개시한 후 4일이 지나서야 겨우 6km를 전진할 수 있었고, 24일까지 프랑스의 제1, 2방어선 보루를 돌파했다.

독일군은 25일 베르당 전방 최종 거점인 두우몽(Douaumont)보루를 함락시켰다. 베르당 전방 최종 거점인 두우몽 요새가 피탈됨으로 해서 베르당과 파리 사이가 개방되었다. 프랑스군은 최대의 위기에 봉착했다. 이에 프랑스는 2월 25일 노장(60세) 빼땡 장군에게 베르당 방어임무를 부여하였다. 빼땡 장군은 방어지역을 4개 지역으로 구분 듀센(Duchene), 발포리(Balfouries), 귀요마(Guillaumat) 및 바즐레르(Bazelair)에게 지휘권을 분담 시켰다.

〈베르당 요새〉

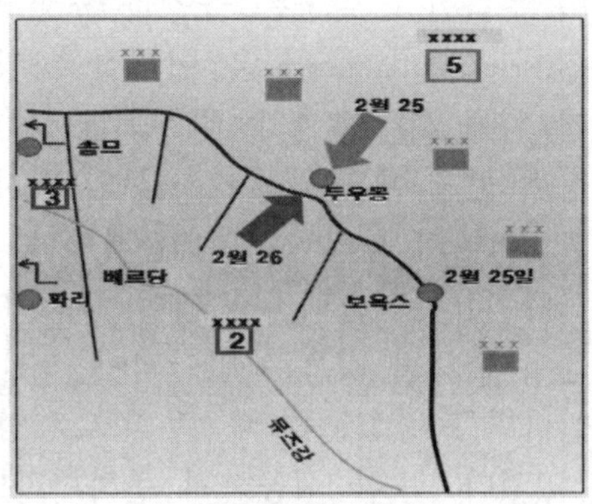

〈베르당 전투〉

2월 26일 발포리 장군은 두우몽 보루를 향해 '죽음의 골짜기'로 사단을 진격시켜 보루를 탈환하면서 전세 역전의 기회를 잡았다. 반면 독일군의 예봉은 꺾였다. 빼땡 장군은 보루를 개수하면서 14일분의 식량을 지급하고 최후의 1인까지 방어지역을 사수하도록 했다. 그리고 5개 지원 군단을 확보하고 수많은 의용군과 시민이 참가하여 병참선 확보를 위한 도로망을 신설하였다(200명의 장교와 3만 명의 병력 동원, 3,900대의 차량).

독일군은 솜무 지역에서 기습, 수적 우세, 화력 우세 등이 사라져버려 공세 계속 여부를 저울질했다. 팔켄하인은 공격을 중지한다면 수많은 병력손실의 무용화, 공격준비에 들인 막대한 노력의 포기, 타 지역 공세를 위해서는 6개월 이상의 준비 필요, 러시아군의 회복될 것으로 판단했다. 따라서 비록 전략적 가치는 상실되었다 하더라도 베르당의 승패가 양군의 사기에 미치는 영향은 매우 클 것으로 판단하고 공격을 재개했다.

3월 6일 독일군은 공격을 재개하였다. 대대적인 전투가 대포·화염방사기(최초 등장)·질식가스·기관총 등이 동원되어 '사자의 구릉'(Le Mort Homme), 보옥스(Fort de Vaux), 두우몽(Douaumont) 등지에서 반복되었다. 결국 독일군 힌덴부르크 장군이 신 참모총장으로 취임하면서 공격은 중지되었다(7월 19일).

이후 독일군은 연합군의 솜므 공세에 따라 병력을 전용하고 수세로 전환하였다. 프랑스군은 8월~10월, 11월~이듬해 여름까지 2단계에 걸쳐 공세를 가하여 원래의 전선을 회복하였고, 전투는 여름까지도 지속되었다. 프랑스는 이 전투를 '베르당의 기적' 이라 부르며, 빼땡 장군은 국민적 영웅으로 추앙되었다. 하지만 이 베르당의 승리는 새옹지마(塞翁之馬)였다. 프랑스는 이 전투의 교훈으로 마지노선을 만들었고, 제2차 세계대전이 발발하면서 독일군의 우회기동에 의해 쓰라린 패배를 당하고 만다.

결과 및 전훈 이 전투는 군인들만의 전투가 아닌 양국 국민간의 자존심 싸움으로 제1차 세계대전의 분수령이 된 전투였다. 베르당 전투에서 프랑스군의 사상자는 54만 2천명, 독일군의 사상자는 43만 4천명으로 단일 전투로는 매우 큰 피해를 입었다. 베르당 전투는 두우몽과 보옥스 등의 사전 준비된 방어진지가 승리의 밑바탕이 되었다. 따라서 방어 제일주의 사상이 자리 잡게 되는 계기가 되었다. 전투의 승인은 지휘관들의 강력한 의지와 적시 적절한 조치였다.

특히 단기간의 집중적인 공격 준비사격이 기습달성에 효율적이라는 사실과 방어의지가 최후의 승리를 달성하는 원동력이라는 사실을 확인하고 차후 전투에 반영하게 되었다. 또한 화염방사기의 최초 사용 등은 무기체계가 급격하게 변화하고 있음을 보여주고 있다.

② 솜므 전투[16)]

○ 시 기 : 1914. 7. 1~11. 18 ○ 장 소 : 프랑스(솜므) ○ 교전국 : 프랑스, 영국 등 연합국(헤이그, 조프르) / 독일(칼비츠, 벨로우) ○ 병 력 : 영국 13(51)개 사단, 프랑스 11(48)개 사단 / 독일 10(50)개 사단 ○ 결 과 : 교착전 지속 ○ 분 석 • 보·포 협동작전의 중요성 ※ 전차의 등장 • 예비대 확보와 투입시기의 적절성

배 경 연합국은 1915년 12월 프랑스 참모본부회의에서 이태리 및 동부전선에서 공세를 결의 했으나 독일군의 베르당 공세로 인하여 다음 해 하계에 공세를 취하게 되었다. 프랑스 조프르 장군은 솜므 공세의 목적을 슐리펜 계획을 역이용하여 독일군이 베르당에 주력하고 있을 때 독일군의 우익을 돌파 우회기동 함으로써 독일군의 베르당에 대한 압력을 제거하고, 파리에서 80km 거리에 형성된 노용 돌출부를 제거하는데 두었다.

솜므 지역은 비교적 넓은 지역으로 기복이 심하며 촌락, 운하 및 습지 등이 산재해 공자에게 불리한 지형이었다. 하지만 이 지역을 공세지역으로 선정한 이유는 독일군의 측방 병참선이 근접해 있어 차단이 용이했고, 영·프 양군의 접촉지점이어서 연합작전이 용이하며 그간 중요한 전투가 없었던 곳이므로 기습이 가능하다는 판단에서였다.

공세계획은 주공은 영국 제4군(Rawlinson)이 담당하되, 마리쿠르(Maricourt)와 샤르(Sarre)간으로 돌파 후 동남방으로 계속 공격하도록 했다. 베르당 전투에서 많은 예비대를 소모한 프랑스군에 조공 임무를 부여하고, 프랑스 제6군(Fayolle)과 영국 제3군이 주공(영국군 제4군)이 되어 남과 북에서 공격하여 돌파구를 확대하고, 돌파구 내로 예비대를 진입시켜 깡브래(Cambrai)와 두애(Douai)를 점령하는 것이었다. 이를 위해 3개 선의 철도망과 도로망을 신설하고 29km의 전선에 1,500문의 화포와 포탄을 준비했다. 반면 독일군 팔켄하인 장군은 영국군이 솜므강 훨씬 북방에서 6월초에 공격하리라 예상하고 있었다.

경 과 전투는 5차에 걸쳐 연합군의 공격과 독일군의 방어로 이루어 졌다. 영·프 양군은 6월 21일부터 공격준비사격을(공격개시일 6. 29) 실시했으나, 공격 당일 날은

16) 노병천, 〈도해 세계전사〉, 연경 문화사, 2001, pp.187~190

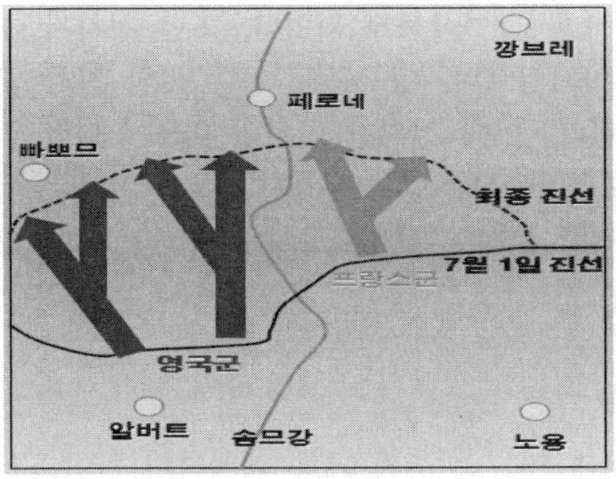

〈솜므 전투 공격방향〉

악천후로 이하여 공격개시일을 7월 1일로 수정했다. 공격 개시부터 40kg의 장비를 갖춘 영국 보병이 지원포병의 이동탄막을 따르지 못하자, 탄막이 지나간 뒤 독일보병과 기관총 사수들이 전열을 재정비하고 공격하였다. 따라서 주력은 완전히 독일군에게 패퇴하였으며, 프리쿠르(Fricourt) 북방에서는 첫 날 58,000여명의 사상자가 발생했다. 다만 조공인 프랑스군이 독일군 전선을 9.6km를 돌파(포로 6천명 획득)했을 뿐이다. 심각한 피해를 본 연합군은 2주 후 제한된 공세를 취했다. 이 동안 독일군은 베르당으로부터 54개 대대를 전용하여 솜므지역 전력 보강을 완료했다.

연합군의 2차 공세는 7월 14일 시작되었다. 공세는 영국군 6개 사단이 투입되어 바쟝탱 르 프티(Bazentain le Petit)와 델빌르(Delville) 숲 사이에서 야간공격으로 진행되어 독일군 제2전선을 돌파하려 하였다. 하지만 이번에는 영국군이 방어선을 돌파하려는 순간 전과확대를 위한 예비대의 투입이 지연되어, 측방방호를 위한 병력이 부족으로 다음날 독일군 역습으로 격퇴당하고 말았다. 연합군의 2차 공세 후 소강상태를 이용하여 신임 독일군 참모총장인 힌덴부르크 장군은 솜므에 병력을 증강시키고, 1.8km의 종심을 갖는 종심방어전술을 시도하였다.

제3차 연합군의 공세는 9월 15일 개시되었다. 이 전투에 영국군이 처음으로 전차를 투입 모르발과 르샤르 사이 독일군 방어선 돌파를 시도하였다. 전장에는 59대의 전차(실제 전투는 9대 참가)가 동원되어 독일군의 심리적 마비는 달성했다. 하지만 아직은 기계적 결함과 전술부재 등으로 인해 독일군 진지 돌파에는 실패했다. 연합군은 9월 25일(우기)과, 11월 13일 공격(기상악화로 공격 중지)했으나 작전은 성과 없이 종료되었다.

결과 및 전훈 이 전투에서 연합군은 수치상으로 겨우 12km를 전진했다. 기간 내 사상자는 프랑스군이 19만 5천명, 영국군이 42만명, 독일군 65만명의 손실을 입었다. 최초의 영·연합작전으로 인해 연합군은 베르당에 가해지는 독일군의 압력을 분산시킬 수 있었고, 서부전선에서 1917년부터는 서서히 주도권을 확보할 수 있었다.

솜므 전투는 연합군의 공격 실패로 보·전 협동공격의 중요성이 대두되는 계기가 되었고, 예비대 투입은 적절한 시기가 중요함을 인식하게 되었다. 또한 전차가 처음으로 전선에 모습을 드러내 전투에 투입되었으며, 영국군은 1917. 6월 전차 군단을 창설(Royal Tank Corps) 하기에 이르렀다. 이때 전격전 이론의 비조(鼻祖)인 풀러(J.F·C·Fuller) 중령이 참모장이었다. 또한 베르당 전투에서와 같이 방어하는 독일군이 패하지 않음으로써 베르당에 이어 방어 제일주의 사상이 고조되었으며, 방어에 있어서도 종심방어 개념이 등장했다.

바. 러시아의 전선이탈과 미국의 참전

① **러시아의 전선이탈** 러시아는 개전 이래 1917년 까지 계속 패배하며 약 1,500만명이 투입되어 380만명 이상이 희생되었다. 국민들은 황제 차르를 신임하지 않았다. 1917년 3월 12일 노동자·병사 등 좌익대표들이 소비에트를 결성, 황제 니콜라이 2세를 폐위시켜 노마로프 왕조(Romanov dynasty, 1613~1917)를 멸망시키고, 1917년 4월 멘세비키(Mensheviki)파의 케렌스키(Kerensky)를 수상으로 하는 임시정부를 수립하였다.

카렌스키는 장교의 과반수를 파면하고 훈련을 중지했다. 군 자체적으로도 혁명사상이 만연하여 군무이탈 등 군기문란으로 오합지졸화 되었다. 독일은 러시아의 국내 상황을 지켜보면서 단독강화를 확신하고 공격을 보류하고 있었다.

커렌스키 정부는 연합군의 압력에 못 이겨 참모총장 브루실로프로 하여금 연합군의 하계 공세계획에 따라 남부전선에서 공세(케렌스키 공세 : 7. 1~7. 19)를 펼쳤으나 패배[신 돌파전술을 사용한 독일군에게 리가(Riga) 피탈 및 페트로그라드 피탈 위험]하면서 러시아군은 와해되었다. 결국 러시아에서는 11월 6일에는 과격한 볼셰비키(Bolshevik)파의 혁명으로 소비에트 러시아(소련)가 수립되었다.

레닌·트로츠키 볼셰비키파는 제1차 세계대전을 제국주의 침략전쟁으로 단정, 무배상·무합병 및 민족자결주의를 기초로 하는 평화안을 제안했다. 연합국이 외면하자 독일에 단독강화를 요구했다. 독일 또한 강화원칙을 거부하고 발트해 연안을 석권하며 수도로 육박해 들어갔다. 이에 러시아는 독일과 브레스트·리토브스크(Brest·Litovsk) 조약을 체결(1918. 3. 3)하면서 국토의 약 327만㎢를 상실했다. 독일군은 이제 연합군의 포위작전의 효과를 희석시키면서 자원을 확보할 수 있는 여유를 확보했다. 독일은 점령지역의 안정을 꾀하면서 나머지 정예부대를 서부전선으로 전용했다

② **미국의 참전** 미국은 개전 이래 중립을 선포하고, 1915년 가을부터는 연합국

차관 23억 달러와 독일군 공채 2,700만 달러를 매입하는 등 해양의 자유이동을 주장하면서 활발한 무역으로 경제발전을 구가하고 있었다. 독일은 연합군의 해상봉쇄에 맞서 영국 근해 전역을 해전구역으로 규정하고 무제한 잠수함전을 선언했다. 이에 따라 점차 격침되는 선박도 증가했으며, 영국은 식량 사정이 악화되고 물가가 폭등하였다.

심정적으로 연합국, 특히 영국을 동정하고 있던 미국에게 참전의 결정적인 계기는 1915년 2월 4일의 영국 여객선 루시티니아호, 1916년 3월 24일 영국의 무장상선(武裝商船) 서섹스호가 독일 잠수함에 격침되면서 다수의 미국 시민이 익사한 사건이었다. 독일은 미국의 분위기를 읽고 중립국 선박은 공격하지 않겠다고 약속했으나, 다시 무제한 잠수함전을 재개(1917. 1. 30)했고, 지역도 대서양·북해·지중해까지 확대하였다. 여기에 기름을 부은 것이 영국 해군에 의해 해독된 독일 외상 치머만의 암호전문이었다. 이는 미국이 대전에 참여하면 독일과 멕시코가 동맹하고, 멕시코가 미국에 선전포고하여 텍사스, 뉴멕시코, 애리조나 주를 병합하라는 내용이었다. 윌슨(Wilson) 대통령은 대독 선전포고(1917. 4. 6)를 단행했고, 세계 패권을 향한 거보를 내딛었다. 하지만 미국은 전쟁준비가 미흡하여 먼저 1개 사단만을 파견(원정군 사령관 퍼싱) 하였다.

사. 독일군의 5차 공세(루덴도르프 공세)

개 요 대전이 종반으로 치닫고 있던 1,918년 초기의 상황은 연합군과 동맹국이 공히 수세적 입장이었지만 전반적인 전황으로는 연합군이 불리했다. 프랑스군은 사기 회복이 부진했고, 영국군은 이프르 전투(1917년) 전투에서 손실을 입고 더 이상의 병력 증강이 어려운 상태였다. 미국 또한 참전 1년이 되었지만 1,918년 3월까지 6개 사단만을 지원하고 있었고 아직 전투력을 발휘하기에는 부족했다. 독일 또한 무제한 잠수함 작전도 큰 성과를 달성하지 못하고 있었고(미군은 호송함대제를 채택하여 손실이 급속히 감소), 경제는 파탄상태였다. 이때 미국의 윌슨 대통령이 평화조약 14개 조항을 발표(1,918, 1, 8. 의회에 통보하는 14개조의 휴전 조건)했으나, 독일은 자신들의 점령지역을 다시 반환한다는 조건이어서 거부하고 다시 전 전선에서 공세를 계획하였다.

루덴돌프는 독일의 자원을 고려 국지적인 공세를 계획하면서, 리가와 이탈리아의 카포레토 전투에서 사용한 후티어 전술로 승부를 낼 수 있을 것으로 판단했다. 공세 시기는 미군이 대거 투입되기 전인 3월로 결정되었으며, 공격 장소는 전략적으로 가치가 있으면서도 지형적으로 공격하기가 용이한 솜므 지역을 선택했다. 특히 솜므 지역은 영·프 양군을 분리할 수 있을 뿐만 아니라 영국군을 해안으로 밀어내 궤멸시킬 수 있는 지역이었다. 또한 방어가 소홀한 점도 고려 대상이었다.

작전계획은 제18군(Hutier ; 25개 사단), 제2군(Marwitz ; 21개 사단) 및 제17군(Below ; 25개 사단)의 3개 군으로 동시에 아라 동남부에서 라페르(La Fére) 북방까지 영국군 전선을 돌파하는 계획이었다(기습달성을 위해 7일 간의 야간행군). 작전에 참가한 3명의 군 사령관은 이미 후티어 전술로 명성을 날리고 있던 장군들이었다.

경 과 ① **1차 공세** 독일군의 공세는 총 5차에 걸쳐 실시되었다. 먼저 제1차 공세는 솜므 지역에서 실시되었다. 3월 21일 04 : 40분 9천문의 화포가 일제히 1시간 반 동안 영국군 진지를 타격 후, 3개 군이 일제히 공격 22일 돌파에 성공하면서 1914년 이후 처음으로 전선의 교착상태를 벗어나게 되었다. 루덴돌프는 후티어의 전과를 더욱 확대시키기 위해 주력을 좌익의 돌출부에 투입하자 영국군은 가용병력을 총동원하여 돌출부에 배치하고, 뻬땡 장군에게 지원을 요청했다. 하지만 뻬땡은 축차적인 지원에 그치고 파리 방어에 주력, 오히려 솜므강 남쪽에 새로운 방어선을 구축 하였다. 하지만 3월 26일 아미앙(Amiens)이 위기에 처하자 연합군은 지휘의 통일(프, 영, 미군)을 기하기 위해 연합군사령관으로 포쉬(Foch) 장군을 임명했다. 그러나 독일 제18군 사령관 후티어 장군은 몽티디르(Montdidier)를 점령(3. 27)하고 영 · 프 군을 단절시키는 데 성공하였다.

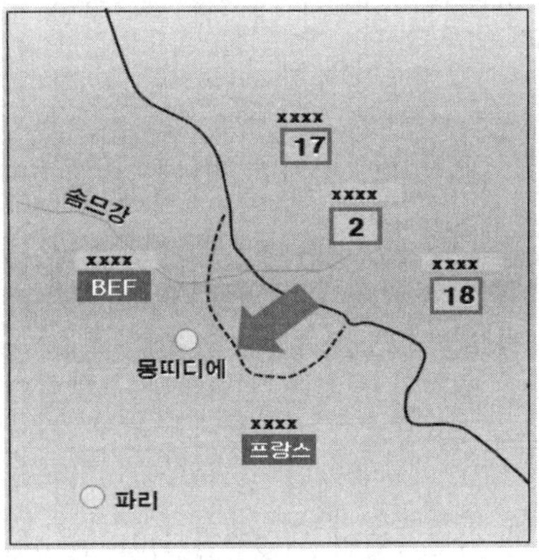

〈독일군의 1차 공세〉

하지만 독일군은 계속된 공격에 피로해지고, 기동로 파괴와 화력과 병참지원이 부진하여 진출이 더디어 졌다. 더욱이 영국 항공기의 치열한 포격과 함께 영국군 방어력이 증대되어 독일군은 약 62km 전진(4. 4)한 후 진출이 중지되어 다시 교착상태에 빠졌다. 이때 독일군은 7만명의 포로와 1,100문의 화포를 노획하고 영·불군의 절단 달성했으나 쌍방이 20만명 이상의 인원 손실을 입었기 때문에 독일군은 비록 전술적으로는 승리했어도 전략적으로는 실패(연합군 괴멸 목표 미달성)하였다.

② **2차 공세** 독일군은 4월 9일 솜므 공세로 인해 비교적 약화된 플랑드르(Flanders) 지방으로 제6, 4군을 투입하여 또 다시 영국군을 공격하는 2차 공세를 단행했다. 이번에도 후티어 전술을 사용한 독일군은 4월 12일 리(Lys)강에 육박했고, 영국군은 최후의 1인까지 결사적으로 방어하여 지역을 사수하였다. 영국군이 위기에 몰리자 헤이그 장군은 포쉬 장군에게 지원을 요청하였으나 포쉬 장군은 영국군의 방어력을 믿으며 예비 병력은 공세를 위해 절약한다는 이유로 거부했다. 치열한 전투 속에 독일군은 점차 전투력이 약화되면서 4월 29일 전투가 중지되었다. 이 전투로 영국군은 약 30만명, 독일군은 35만명의 피해를 입었다. 독일군은 또 다시 전술적으로는 승리했지만 전략적으로는 패배(영국군 방어력 유지)했다.

③ **3차 공세** 2차의 전투에서 전술적 승리에 만족한 루덴도르프 장군은 또 한 번의 작전을 기획했다. 이번에는 에는 지역이었다. 에느 지역에 조공(파리를 위협하는 듯 기만하여 연합군 예비대를 남쪽으로 유인하는 임무 부여)을 배치하고 플랑드르 지방에 주공을 투입하여 영국군을 섬멸할 계획이었다. 에느 지역은 방어에 천연적인 이점을 제공하고 있는 지역이었다. 지세가 험준할 뿐만이 아니라 전면에 앨리트강이 흐르고 있어서 오히려 프랑스군의 방어준비와 경비가 허술한 점을 역이용하려 한 계획이었다.

독일군 제1, 7군의 조공 11개 사단이 투입되었고, 후방에 30개 사단의 예비대가 집결했다. 5월 27일 01:00시 공격준비사격 후 03 : 40부터 진격을 개시했다. 공격 첫날 14km 폭의 전선에서 진격하여 저녁까지 약 20km를 진격하며 전쟁 이래 가장 큰 돌파구를 형성하였다. 조공부대의 예상하지 않은 진출속도에 고무된 루덴돌프는 기본계획을 변경하여 조공을 주공으로 전환시켜 계속 전진시킴으로써 공격 기세를 유지하고자 했다. 전진하는 독일군은 5월 30일 파리에서 60km 이격된 마르느강에 도달하였다.

연합군은 처음에는 당황했으나 곧이어 예비대를 철도를 이용하여 수송하여 완강히 저항했다. 특히 미 제3사단이 샤토 티에리(Chateau Thierry)에서 역습으로 독일군을 저지(6. 1~3)하였고, 미 제2사단은 벨로숲을 재탈환(6. 6)했다. 이는 제1차 세계대전에서 미군의 최초작전이었다. 독일군은 기존과 마찬가지로 돌파구에 투입할 예비대가 없어 공격은 또 다시 중지되고 말았다. 작전을 지속하면서 연합군은 80만명, 독일군은 이보다 적은 50만명의 인원 손실을 입었다. 하지만 연합군은 미군이 계속 증원되면서 사기가 앙양되었지만, 독일군은 계속적으로 전략적 패배를 당하고 있었다. 더욱이 연합군은 이제 독일군의 기습 전술인 후티어의 공격전술에 대응할 수 있는 종심방어 전술로 대응하기 시작하여 한계에 부딪히기 시작했다.

④ **4차 공세** 독일군이 전술적 승리를 달성하여 획득한 지역은 전술적으로 가치가 없었고, 전선이 연장되어 그렇지 않아도 부족한 병력 수요만 증가시킬 뿐이었다. 따라서 루덴돌프는 점령지역에서 철수하려 했으나 이는 사기문제와 직결되어 실행하지 못하고 있었다. 결국 루덴돌프는 돌출부를 확대하여 파리를 위협하고 플랑드르 지방의 연합군 예비대를 흡수하기위해 노용-몽티디르 지역에 대한 제4차 공세를 결심했다.

6월 9일 독일군 제18군은 노용-몽티디르 간, 제7군은 소아송 서남방으로 공격을 개시했다. 하지만 독일군은 계속되는 작전으로 사기가 저하되어 탈영병이 속출했고, 연합군은 이들로부터 독일군의 공격 장소와 시간을 정확하게 파악, 독일군의 공격준비사격보다 10분 앞당겨 공격준비 파괴사격 단행하였다. 먼저 공격받고 공격을 개시한 독일군은 11일까지 약 14km 전진했으나, 프랑스군의 종심방어전선을 끝내 돌파하지 못했고, 프·미군의 반격에 수세로 전환했다. 12일부터 재개된 제7군의 공격도 성과가 없었다. 때마침 세계적으로 유행한 악성 인플루엔자가 양 측에 만연하여 전선은 다시 6월 중순 이후 다시 소강상태로 접어들었고 독일군의 공세는 중단되었다

⑤ **5차 공세** 루덴돌프는 플랑드르 지역의 영국군에게 일격을 가해 최종적인 승리를 달성하기 위한 제5차 공세를 가했다. 독일군은 7월 15일 랭(Reims) 양측을 공격하여 플랑드르의 영국군을 끌어들인 다음 플랑드르 지역으로 주공을 지향하려 했다. 하지만 독일군은 항공정찰로 공격 기도가 이미 드러났고, 연합군의 종심방어전술을 돌파할 수도 없었다. 이틀 후 공격을 중지되었고 공세종말점에 이른 독일군은 수세로 전환했다.

결과 및 전훈 독일군의 5대공세 이후 연합군은 서부전선 주도권을 장악하고 대규모 반격작전을 전개할 수 있게 되었다. 이 전투에서 독일군의 전술적 승리 요인은 루덴돌프의 군사적 천재성과 더불어 새로운 후티어 전술을 사용하면서 기습적인 공격이 가능했기 때문이었다. 또한 독일군이 전략적으로 패배할 수뿐이 없었던 이유는 예비대, 수송력, 화력 등이 돌파구를 확장한 공격력을 뒷받침하지 못했기 때문이었다. 일례로 독일군이 돌파에 성공한 후 도보로 전진하면, 연합군은 병력

과 군수품을 철도로 수송하여 약 1주일 후에는 역습하곤 했다. 도보 대 철도의 기동력 대결이었던 것이다.

연합군은 이때 후티어의 공격전술에 대항하는 꾸로의 종심방어전술을 이용하여 효과적으로 독일군의 공격을 과적으로 막아낼 수 있었다. 또한 단기적으로 패퇴하더라도 철도 수송을 통한 집중으로 1주일 이내 강력한 역습을 개시했다. 이로써 연합국은 연속적인 전술적 패배에도 불구하고 전략적으로 승리하고 있었다. 더욱이 미군의 참전과 더불어 프・영・미군의 연합작전을 효과적으로 수행하기 시작했다.

아. 연합국의 반격

개 요 독일군의 5차 공세를 효과적으로 저지한 연합군은 7월 17일부터 공세로 전환했다. 공세는 2단계의 작전으로 먼저 에느-마르느, 아미앙, 쌩・미이엘(St. Mihiel) 등의 3개의 돌출부를 제거하여 횡으로 연결되는 철도망을 확보하고자 하는 1단계 작전과 올로이예(Aulnoye)와 메찌에로(Mezieres)로 진격하여 독일군의 전략 철도망과 도로망을 차단하여 전쟁을 종결짓고자 하는 2단계 작전으로 준비되었다. 이는 독일군이 재편성할 수 있는 여유를 박탈하기위한 조치였다. 특히 1단계 작전에서 에느-마르느 지역을 공격하고 바로 이어 쌩・미이엘 지역을 공격함으로써 독일군의 자원을 소모시키고자 하는 마비전략을 계획하였다. 이러한 연합군의 기습적인 공격에 재편성을 마치지 못한 독일군은 경악했고 마지막 남은 전력을 투입했다.

경 과 ① **1단계 작전** 연합군의 공세는 7월 18일 에느-마르느 지역에서 기습공격으로 시작되었다. 연합군은 주공 프랑스 제10군(Mangin, 미 제1, 2사단 포함)은 동북방향으로 진격하고, 조공 프랑스 제6(Degeutte)・9(Mitry)・5군(Berthelot)이 각각 에느-마르느 돌출부 서・남・동에서 스와송 방향으로 공격하고, 프랑스 제4군(Degoutte)은 랭 동부에서 독일군을 견제하였다.

특히 프랑스 제10군은 350대의 전차를 투입했고, 제6군도 수천명의 포로를 획득하면서 8월 6일에는 베스르강선에 도달하여 에느-마르느 돌출부를 완전히 제거하였다(파리-베르당 철도망 확보). 이때 독일군은 전의를 상실한 채 7월 19일 밤부터 장비와 물자 회수에 주력하면서 마르느 교두보에서 지연작전을 수행하면서 철수하기 시작했다.

영국의 헤이그 장군은 8월 8일 04 : 20부터 제4(Rawlinson)・1군(Debeney)과 신형 위페트(Wippet)를 포함한 400대의 전차로 아미앙 지역에 공격준비사격도 없이 깡부레 방향으로 기습적인 보전 협동공격 개시했다.

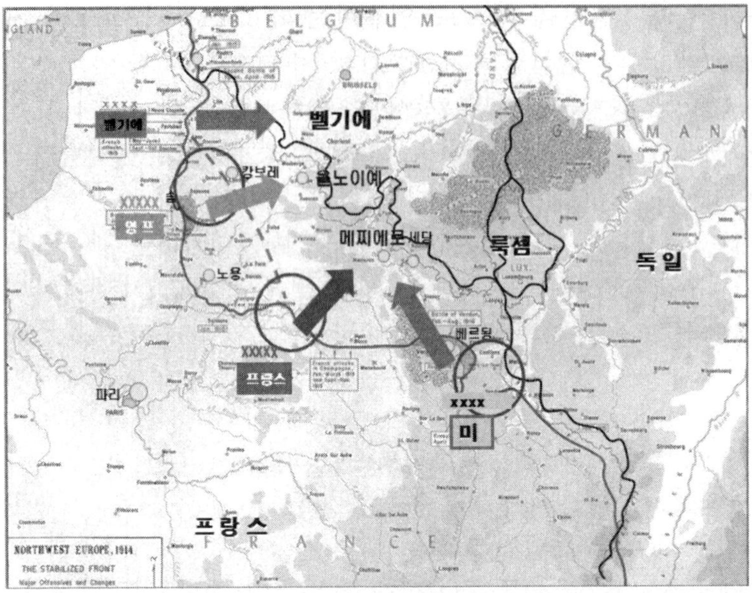

〈연합군의 2단계 반격작전〉

이날 전투에서는 하루에 1만 5천명의 독일군 포로를 획득하고(이를 두고 루덴 돌프는 '독일군의 암흑의 날이라 칭함), 파리-아미앙 간의 철도를 확보했다. 독일군은 아미앙에 대한 공격을 예상하지 못했기 때문에 피해가 컸다. 독일군은 연합군의 공격보다도 자국 내의 항명사건과 사기저하에 크게 당황하면서 1915년의 전선까지, 8월 말에는 지그프리드 선까지 철수하면서 루덴돌프는 사임했다.

미군 원정군 사령관 퍼싱 장군은 화포·항공기 및 전차와 3개 보병사단을 프랑스군으로부터 지원받아 8월 10일 제1군사령부 설치하고 공격했다. 생 미이엘 지역은 양측에 중요한 전략적 요충지로 독일군은 이를 완전히 요새화하고 저항하였으나 결국 병력이 부족 점차 철수하고 있었다. 미 제1군은 9월 12일 01:00시 공격준비사격 후에 3천문의 포와 1,500대 이상의 혼합(미국, 프랑스, 영국, 이탈리아, 포르투갈 등)공군 지원 하에 공격을 개시한 후 36시간 만에 목표인 생 미이엘 돌출부를 완전히 제거했다(파리-낭시 철도 확보). 이때 1만 5천명의 포로와 257문의 화포를 획득했고, 미군도 독립작전을 최초로 수행하면서 대부대 작전을 전개할 수 있는 역량을 확보하게 되었다.

② **2단계 작전** 연합군은 이제 독일군에 최후의 일격을 가해 전쟁을 종료하기위한 2단계 작전을 개시했다. 2단계 작전은 무엇보다도 독일군의 조직적인 철수를 거부하는데 중점을 두었다. 포쉬 장군은 전황으로 보아 1918년 내에 독일군은 와해될 것으로 예상하면서, 독일군이 철도를 이용 독일로 철수하여 저항할 것이라고 판단하고 있었다.

독일군의 조직적 철수를 저지할 수 있는 방안으로 독일군의 주 철수 및 수송통로를 조기에 마비시키는 방안을 강구했다. 독일군이 철수 시 이용할 콜로뉴(Cologene)-모부지-올노이에에 이르는 철도, 마인츠(Mainz)-라인강-스트라스부르크(Strasburg)에 이르는 철도, 전선을 횡으로 연결하는 겡(Ghent)-몽(Mons)~모부지-올노이예-메치에레-메쯔의 간선철도(지선과 연결되어 전쟁에 중요한 역할 수행) 등이었다. 따라서 이 교통망의 주요 교차점(올노이예와 메치에레)을 선점한다면 독일군의 철도수송은 마비가 된다. 포쉬는 이 두 도시로 공격목표를 선정하고, 전략적인 양익 돌파를 계획했다. 먼저 올노이예 공격에는 영국군이 주공, 벨기에군이 좌측에서 임무를 수행하도록 했고, 메치에레 공격에는 미군이 주공, 프랑스의 파이올르 집단군이 미군의 좌익을 엄호하도록 했다.

메치에레 전투 메치에레를 점령하기 위해 퍼싱 장군은 참모인 마셜(Marshall) 대령에게 계획을 수립하도록 하여 뮤즈강과 아르곤느(Argonne) 삼림지대 일대에 4천문의 포와 190대의 전차, 약 820대의 항공기 집결 등 약 60만명의 대군을 집결시켰다. 미군은 9월 26일 기습공격을 개시했다. 독일군은 3개의 방어선을 설치하고 가용한 전 병력을 투입하여 방어전을 수행했으나 수일 만에 제2 주방어선을 피탈 당했다.

하지만 이 지역은 산림과 계곡의 심한 기복으로 형성된 천연장애물이 발달한 지역이었고, 미군이 전투경험이 부족하여 10월말까지 아르곤느 일대에서 전투를 지속하다가, 11월 7일에야 세당(Sedan)시를 바라볼 수 있는 고지를 점령했다. 미군은 이 전투에 20만명을 투입 12만명 이상의 사상자가 발생했다. 9월 27일 공격을 개시한 영국군도 11월 5일 최종목표인 올노이예를 탈취하여 독일군의 메치에레-세당 간의 철도사용을 완전히 거부하였다.

〈지그프리트를 돌파하는 미 M5A1 전차〉

올노이예 전투 헤이그의 영국군은 당시 가장 강력한 저항선인 지그프리드라인(West Wall, Siegfried)에 강력한 공격준비사격 실시 후 9월 27일 공격을 개시하여 10월 5일 돌파, 11월 11일 몽(Mong)을 점령하였다. 독일군은 저항능력 상실하면서 와해되었다.

결과 및 전훈 이어 포쉬는 메쯔 남방의 로렌 지방에 대한 공격을 계획했으나 휴전으로 인하여 취소되었다. 휴전은 1918년 11월 11일 23:00부로 콩피에뉴 부근의 포쉬 장군 이동사령부에서 조인되어(연합군 측 포쉬 장군, 독일 측 엘츠벨게르) 4년 넘게 진행된 전쟁은 종료되었다. 연합국의 반격전에서는 전쟁원칙 중 연합작전에 최고의 덕목인 지휘의 통일로부터 공세, 목표, 집중, 기동 등 전 요소가 적용되었다.

5. 결과

독일군은 장기 지구전을 수행하면서 전력의 한계를 드러내며 미국에 평화회의를 제의했으나 거부되고, 절망적인 지상군을 대신해 해군을 이용한 대 역습을 계획했다. 2개 순양함대가 도버해협과 영국 본토에 있는 영국 해군을 기습하여 영국의 해군 세력을 유인한 후 이를 잠수함으로 약화시키고 결전을 시도하려 했다. 하지만 패배의식에 사로잡힌 해군 병사들은 키일 항을 중심으로 폭동을 일으켰고, 염전사상으로 물든 국민들이 호응하면서 빌헬름 2세는 홀렌드로 도망하고 바이마르(Weimar) 공화국이 수립되었다.

결국 독일은 연합국의 휴전안을 받아들였고, 대전은 1948년 11월 11일 종료되었다. 휴전안의 주요 군사적 사항은 연합국에게 독일군의 전 잠수함 인도, 전함 16척과 순양함 8척 및 구축함 50척을 연합국 및 중립국에 억류, 소련과의 조약 파기, 라인강 좌안으로 철수하며 6마일의 비군사지대를 설정할 것 등이었다. 하지만 베르사이유(Versailles) 조약으로 알려진 전면적인 강화협정(1919. 6. 28)은 강요된 평화로써 제2차 세계대전의 불씨가 되고 말았다.

제1차 세계대전에서 군사적 자질이 우수한 독일군이 패한 원인은 자국의 제한된 자원을 고려 반듯이 단기결전을 시도해야 했으나 장기 지구전을 수행했던 점과, 믿을만한 동맹군을 확보하지 못하고(오스트리아, 터키, 불가리아 등) 오히려 동맹군(이탈리아)이 이탈하였고, 미국의 참전을 유발시켜 대적한 것이었다. 또한 연합국의 해안봉쇄에 따른 경제고립으로 염전사상이 만연해 있었다.

제1차 세계대전의 전쟁사적 특징으로 먼저 전 국민과 자원이 동원된 문자 그대로의 총력전쟁을 보여주었다. 이는 정치 전략과 군사 전략이 상호 접근하게 되는 계기가 되기도 했다. 또한 병참지원 문제의 중요성이 증대되고, 산업생산량이 승패를 자우하게 되었다. 이로 인해 무기 및 장비가 우수한 군대가 전쟁에서 승리할 수 있었다. 전술은 후티어의 공격전술(전격전의 원조)과 꾸로의 종심방어이론이 발전되었고, 화염방사기, 독가스, 전차, 항공기, 곡사포, 잠수함 등과 같은 무기가 개발되어 살상력과 파괴력을 한 층 증대되었다.

대전으로 국제정치판도는 요동쳤다. 파리강화회의에 따라 국제연맹이 탄생했다. 국가별로는 미국은 막강한 자원을 바탕으로 국제무대의 중심에 자리 잡았고, 러시아는 공산주의 정권을 잉태하며 베르사이유 체제에서 배제되면서 서유럽에서 격리되었다(소련). 오스트리아·헝가리 제국이 멸하고 헝가리, 유고, 체고 등이 탄생했고, 필란드와 발트 3국이 독립했다. 오스만 제국은 국토 일부를 상실하면서 터키로, 일본은 경제적 이득을 차지하며 세계무대에 등장했다.

제3절 제2차 세계대전

1. 시대적 배경과 대전의 원인
2. 대전의 특성
3. 대전의 경과
4. 유럽 지역 전황
5. 태평양 전쟁

1. 시대적 배경과 대전의 원인

제2차 세계대전은 제1차 세계대전이 종료되고 난 약 20년 후인 1939년부터 1945년까지 7년간 연합국과 군국주의 국가들이 연합하여 지구상의 60여 개국이 참전한 가운데 진행된 인류사 최대의 전쟁이었다.[17] 다수의 국가가 전쟁에 참여하고 지역이 광범위 한 만큼 전쟁도 두 개의 축으로 나누어 진행되었다. 유럽지역(지중해 지역 포함)에서는 제1차 세계대전의 주역인 연합국(영국, 소련, 미국, 프랑스)과 추축국(樞軸國, Axis Powers : 독일·이탈리아)[18] 위주로 전쟁이 진행되었고(1939. 9. 1~1945. 5. 8), 아시아·태평양 지역에서는 중·일 전쟁(1937. 7. 7~1945. 8. 15)과 더불어 연합국대 일본의 태평양 전쟁(1941. 12. 7~1945. 8. 15)이 진행되었다.

가. 베르사유 조약과 국제연맹

제1차 세계대전이 종료되면서 오스트리아-헝거리 제국이 해체되고 러시아가 공산화되었다. 미국 윌슨(Wilson, Tjomas Woodrow) 대통령의 민족자결주의에 따라 중동과 아시아에서는 민족운동이 고양되었으나 전승국 영국과 프랑스는 제국주의 행태를 버리지 않고 있었다. 더욱이 대공항이 도래하여(1929) 경제가 무너지면서 민족주의와 더불어 공산주의가 발흥하고, 나치즘(Nazism) 및 파시즘(Fascism)과 군국주의 등의 전체주의[19] 사상이 만연했다. 소련은 전후처리 과정에서 배제되었고, 공산주의를 경계하는 서유럽으로부터 격리되었다.

---

17) 한 편에선 1937년 7월 7일 일본제국의 종화민국 침략, 1939년 3월 독일군의 프라하 진주 등을 개전일로 설정하기도 한다.
18) 독일과 이탈리아 간의 일련의 협정을 통해 시작되었고, 1936년 10월 25일에는 로마와 베를린을 연결하는 '추축'이 선언되었다
19) 개인의 모든 측면을 정부의 권위에 종속시킨 정부 형태

① **베르사유 조약**(Treaty of Versailles) **체제** 제1차 세계대전이 종료되면서 연합국과 독일은 꽁삐에뉴(Compiègne) 숲에서 독일이 '무조건 항복'하는 휴전(1918. 11. 21)을 조인했고, 1년 후 베르사유궁에서 베르사유 조약(파리강화회의)을 체결(1919. 6. 28)했다. 강화회담에는 관련 32개국이 모두 참가하였으나 외교적 관례에 어긋나게 패전 4국(독일, 오스트리아, 터키, 불가리아)은 참석이 허용되지 않았다.

제2차 세계대전은 독일에 대한 가혹한 제제에서 불거졌다. 독일은 영토가 축소되었고, 엄격한 군비제한과 더불어 막대한 배상금을 지불하며 경제가 피폐해져 갔다. 알자스-로렌 지방은 프랑스, 오이펜(Eupen)과 말메디(Malmedy)는 벨기에에 반환했다. 자르(Saar)와 단치히(Danzig) 시는 국제연맹의 직접관리 하에 두었다. 국경 지역의 라인란트 지방은 비무장지대로 설정되었고(라인강 서안지역 50km를 비무장지대로 하여 연합국이 15년간 관리), 비스툴라강을 연한 동프로이센 지방은 회랑(廻廊)을 설정하여 폴란드가 관할하도록 함으로써 독일을 양분했고, 발트해로 향하는 통로는 차단되었다. 중국과 태평양 상의 독일 식민지는 일본과 영국이 분할했고, 아프리카의 서남지역의 식민지는 영국, 프랑스에는 카메룬(Kameroon)을 할양했다. 이로써 독일은 영토와 인구의의 1/6을 상실했고, 국토는 연합국에 의하여 사면이 포위되는 형국이 되었다.

연합국은 독일의 전쟁능력을 말살하기 위해 철저한 군비제한을 가했다. 우선 일반참모부[20]와 징병제를 폐지하고 육군은 10만명(보병 7개, 기병 3개 사단)으로 한정했으며, 군사훈련은 금지되었다. 군용 항공기와 잠수함, 전차는 보유 자체가 금지되었고, 전함 및 구축함은 각 6척, 수뢰정은 12척으로 제한되었다.

여기에다 가혹한 경제제제가 가해졌다. 연합국은 독일에게 전쟁 배상금으로 1,320억 금화마르크(1923년 독일 GNP의 3배)를 부과하여 연간 20억 마르크씩 66년 동안 배상하도록 했다. 이는 실현 불가능한 방안으로 연합국이 '독일의 경제재건을 불가능하게 한다.'는 조치로 여겨졌다. 전승국인 이탈리아와 일본마저도 강화내용의 수정을 요구하였다. 이러한 베르사유 조약을 두고 연합군 사령관 포쉬(Foch)장군은 "이것은 평화가 아니고, 20년간의 휴전에 불과하다."라고 강요된 평화에 대해 비판하며 또 다른 전쟁을 예견했다.

---

20) 프러시아의 프레드릭 대왕의 기동전 수행을 위한 병참 참모제도에서 시작되었다. 참모요원에 선발되면 일반 과목(어학, 철학, 역사, 수학, 자연과학)을 3년간 수료하고 3년간 군사지도부 근무 후 다양한 병과 근무 및 외국파견근무(무관제도 효시)를 실시했다. 독일의 일반 참모본부(Genman General Staff) 에서는 샤른 소르스트, 그나이제나우, 클라우제비츠, 대 몰트게, 슐리펜, 힌덴부르크, 루덴돌프, 제특 등 걸출한 인물이 많이 배출되었다. 히틀러의 단독작전이후 프러시아 전통의 독일군 참모본부는 종말을 고했다.(자료 노병천, 도해세계전사)

② **국제연맹**(League of Nations)**의 탄생** 윌슨 대통령의 제안으로 베르사유 조약에 따라 국제연맹(國際聯盟, 1920. 1. 10 효력 발생)이 창설되었다. 그러나 국제연맹은 출범 시부터 발의국인 미국이 자국의 고립주의 정책에 따라 참여하지 않았고, 주요 참전국인 독일과 러시아는 가입도 하지 않는 등 여러 모로 문제를 안고 있었다. 무엇보다도 국제연맹은 운용할 무력이 없어 침략자에 대한 처벌이 우려스러운 조직이었다. 국제연맹은 일본의 만주침략(1931. 9) 및 이탈리아의 에티오피아 침공(1935. 12) 그리고 독일의 베르사유 체제 파괴를 수수방관하며 유명무실한 기구로 전락하고 말았다. 국제연맹의 여러 기관 중에서 그나마 국제사법재판소가 1921년 창설되어 소국들의 분쟁조정에 기여하였다.

나. 전후 열강의 상황

① **프랑스** 독일의 부흥을 가장 꺼리는 프랑스는 제1차 세계대전 후 이득을 취한 독일 인접의 유고, 체코, 루마니아, 폴란드 등과 군사동맹을 결성했다. 하지만 이 동맹은 군소 국가들의 동맹이었다. 각국의 이해상충으로 큰 영향력을 발휘할 수 없었다. 그러자 프랑스는 독일의 1923년 배상금 지연을 구실로 독일의 루르(loure) 지방을 점령했다. 이는 자국의 배상문제와 연계되어있는 미국의 중제와 자본으로 독일의 경제가 재건되면서 해결되었다.[21)]

1925년 1월에는 독일·프랑스·벨기에·영국·이탈리아가 서유럽의 평화를 상호 보장한 제1차 세계대전 후 가장 주목할 만한 로카르노 조약(Treaty of Locarno)이 체결되었다. 하지만 이는 독일이 연합국의 의혹을 벗어나기 위한 전략의 일환이었다. 독일은 베르사유 조약체제에 의한 독일 서부 국경지대의 현상유지와 불가침 준수, 라인란트(Rheinland) 지방의 영구 비무장화, 독일·프랑스·벨기에와의 상호불가침 등을 내용으로 하는 집단안전보장조약(독·영·프·이탈리아·벨기에)에 서명했다. 이에 따라 독일은 국제연맹에 가입(1926, 연합국 군사위원 철수)하면서 비약적인 경제발전을 이룩하게 되었다.

하지만 프랑스는 독일의 잠재적 위협을 평가하고 독·프 국경선을 따라 강력한 방어선인 마지노 요새(Maginot, 육군 장관 마지노의 이름)를 구축(1927년 이후)하기 시작했다. 1930년대 후반에는 이탈리아와의 국경에도 요새를 구축하였다.

② **영국과 미국** 제1차 세계대전이 종식되자 영국은 돌연 독일과 친선관계를 유지하고자 했다. 이는 유럽 대륙의 세력균형을 유지하려는 영국의 대륙관에서 비

21) 미국의 자본으로 루르 지방을 재건하여 경제를 부흥시켜 프랑스에 배상하고, 프랑스는 그 자금으로 미국에 전쟁 채권을 갚아 나갔다.

릇된 것으로 어느 강대한 한 국가의 출현을 원하고 있지 않았기 때문이었다. 따라서 영국은 독일을 지원하는 정책을 추진하면서 해·공군 위주의 군사력 건설을 해나갔다. 유럽으로부터 멀리 떨어져 고립주의를 표방하는 미국도 영국의 정책을 지원하게 되었으며, 대전후 자국의 국방력을 축소하는 정책을 추진했다. 이는 독일의 재 부흥을 가져오는 결과로 이어졌다.

③ **이탈리아와 스페인** 이탈리아는 제1차 세계대전시 연합국으로 선회하였으나 전후 처리에서 별다른 이득을 얻지는 못했다. 이탈리아는 공산주의와 투쟁하는 가운데 무솔리니(Mussolini)의 파시즘 정권이 등장했다. 독일과 일본이 국제연맹에서 탈퇴(1935)하고 독일이 베르사유 조약을 파기해도 국제연맹이 제재를 가하지 못하자, 이디오피를 침략하고 신로마제국 성립을 선포했다. 이후 이탈리아는 스페인 내전 문제로 영국, 프랑스와는 소원하게 되었고, 독일과는 급속도로 가까워져 독일과 베를린-로마 추축국 조약을 성립시켰다(1936. 10. 25).

스페인은 세계 공황으로 국내정세가 혼미하여 공화정부가 탄생하였으나, 푸랑코(Franco) 장군이 반란(1936. 7. 18)을 일으켜 내전이 발생했다. 전쟁의 확대를 우려한 프랑스와 영국은 유화정책을 추진하는 가운데 독일과 이탈리아는 반란군을 지원했고, 소련은 정부군을 지원했다. 따라서 스페인 내전은 열강의 무기와 전략의 각축장으로 변모하여 제2차 세계대전의 사전 시험장이 되었다.

④ **소련** 제1차 세계대전으로 만신창이가 된 소련은 스탈린이 집권(1926)한 이후 군사대국으로 변모하기 시작했다.[22] 국내 정세가 안정되면서 소련은 공산주의 혁명을 세계 도처에 전파하기 시작했고, 서남부유럽에서는 공산주의에 대한 거부 반응을 나타냈다. 이러한 과정에서 나찌즘과 파시즘이 득세하였다. 또한 소련은 독일과 상호 불가침조약을 체결(1939)하고, 폴란드에서 쌍방의 권익을 인정하며 제3국과 전쟁 시 상호 중립을 존중하기로 했다.

⑤ **동아시아** 군국주의(독점자본주의)화된 일본은 이미 1910년 한반도를 병탄하고 만주를 침략했다. 제1차 세계대전에 명목상 참여했던 일본은 독일 통제의 산둥반도와 마샬군도, 마리아나군도 등을 위임통치 받았다. 일본은 1929년의 세계대공항에 편승하여 유조구사건(柳條溝事件)을 계기로 만주사변(1931)을 일으켜 괴뢰국인 만주국을 세웠다. 또 노구교사건(盧溝橋事件)으로 중·일 전쟁(1937. 7. 7)

22) 러시아는 1408년에는 모스크바 공국, 1721년부터는 러시아 제국, 1917년 혁명이후 소비에트 사회주의 공화국, 1991년에는 공화국이 분리 러시아가 되었다.

을 발발시켜 중국 본토의 주요 도시를 점령하였다.

일본은 국제연맹을 탈퇴하며 독일과 방공(防共)협정(1936. 11)을 맺었다. 그리고 일본은 프랑스가 무너지자 프랑스의 비시(Vichy France)정부[23]통제하의 프랑스령 인도차이나를 침공하였다. 이러한 일본의 일련의 사건들로 인해 미국은 일본을 의심하기 시작했고 일본 경제에 타격을 줄 수 있는 주요 공업 원자재와 무기를 제작할 수 있는 전략물자인 석유와 비금속 재료의 대일 수출을 금지하는 경제제재 조치를 취했다. 독일과 마찬가지로 자원이 빈약한 일본은 미국의 금수조치에 반발하기 시작했다.

다. 독일의 재군비와 히틀러의 등장

① **젝트의 재군비** 베르사유 조약으로 인하여 피폐해진 독일은 재군비를 준비했다. 젝트(Seeckt)는 1920년 참모총장으로 임명되자 재군비업무를 추진하여 와해된 독일군을 재건하기 시작했다. 하지만 재군비가 연합국의 감시로 제약을 받자 로카르노 조약을 체결하였다(1925. 10). 독일은 조약체결 다음 해인 1926년 국제연맹에 가입하여 평화무드를 조성함으로써 연합국의 독일 재군비 감시단 관리원들이 철수하게 되었다(1927. 1).

비밀 재군비의 주안은 엄격한 제약 아래서도 독일군을 우수한 근대군으로 육성하는 것으로, 전통적인 군국주의 사상을 존속시키면서 유사시 확장 가능한 기구의 완성이었다. 이러한 젝트의 비밀 재군비계획의 성공은 독일군 재무장의 토대가 되었으며, 히틀러(Hitler)는 이 군사력을 사용하였다.

독일은 비밀 재군비를 추진하면서 참모본부를 존속하여 총참모부의 기능을 각 정부 부처에 이관하여 수행하고, 제한된 수의 국민방위군을 상위직책을 수행할 수 있는 간부화 된 정예군으로 육성했다. 전략, 전술 면에 있어서도 신전략과 전술을 개발하여 공격위주의 기동전략을 채택하였다. 이를 위해 협동작전 가능성(차량화/항공기 가능성 시험, 1924년), 전차부대의 전술적 운용(구데리안 Guderian, 1924) 등을 시험하였다. 또한 산업체를 전시전환이 가능토록 조정하여 동원체제를 완비했다. 기술 분야는 민간 위탁을 강화하고, 전차는 모형을 제작하여 훈련하는 등 부단한 노력을 강구했다.

독일군은 젝트의 "전쟁에서의 승리는 질적으로 우수하고 고도의 기동성을 갖

23) 제2차 세계 대전 중에 나치 독일의 점령 하에 있던 북부를 제외한 남부 프랑스를 1940년부터 1944년까지 통치한 정권이다. 제1차 세계대전 당시 프랑스의 영웅이었던 빼땡 원수가 통치한 나치 독일의 괴뢰 국가였다.

춘 정예군이 공격을 취할 때 얻어질 수 있으며, 적의 섬멸보다는 마비(痲痺)가 효과적이다." 라는 군사사상에 따라 준비했다. 여기서 등장하는 '고도의 기동성'이나 '공격', '마비' 등은 전격전(電擊戰, Blitzkrieg)의 기본원리가 되었다.

② **히틀러의 등장** 전후 배상금에다가 세계적인 경제공항의 여파로 독일 경제도 파탄에 직면했다. 독일 국민들은 정부에 불만을 가지게 되었으며, 대 독일제국 건설을 실현할 수 있는 강력한 정부를 원하게 있었다. 이때 히틀러가 등장했다. 히틀러는 독일의 재건과 영광을 슬로건으로 하여 나치당(국민 사회당)을 제1당으로 부상시키고 수상에 취임(1933. 1) 했다. 힌덴부르크 장군 사망(34. 8. 2)이후에는 정권을 장악하여 국가 원수인 총통에 취임(1934)했다.

히틀러는 바이마르 공화국(제1차 세계대전 후 1918년 혁명으로 1919년부터 1933년 히틀러 정권의 등장으로 소멸)을 해체하고 제3국을(나폴레옹에 의해 패망한 신성로마제국과 바이마르제국을 계승하는 제국) 출현시켰다. 히틀러는 우선 연합국에 베르사유 조약의 군사조항이 부당하다는 이유를 들어 폐기를 주장하고, 국제연맹과 군축회의에서 탈퇴(1933. 10)하면서 배상금 지급을 거부하였다. 그리고 안으로는 공공사업과 재무장을 추진하면서 독일경제를 회복시켰다. 실업자는 줄고 독일 경제는 회생하기 시작했다.

〈히틀러〉

동부 유럽에서는 프랑스 세력을 축출하기 위해 폴란드와 10년 불가침 조약(1934. 1)을 맺어 독일군 증강 시간을 확보했다. 이어 자르탄전지방을 국민투표로 독일에 귀속시켰다.

이어 히틀러는 로카르노 조약을 파기하고(1936. 3. 7), 베르사이유 조약에 의하여 중립지역이 된 라인란트 지방(독일 라인강 서쪽 지역)에 군대를 주둔시켰다. 급기야 폴란드와의 '불가침 조약'을 파기(1939)하고, 소련과 독·소 불가침 조약을 체결(1939. 8)하여 동부전선에서 소련군의 위협을 제거했다. 이어 히틀러는 기계화된 정예부대와 막강한 공군을 기반으로 오스트리아를 합병했고(1938. 3), 체코슬로바키아의 쥬데텐란트를 합병했다(1938. 8). 연합국이 이러한 독일의 행동에 제동을 걸지 못한 것은 또 한 번의 전쟁을 치를 용기와 자원이 없었기 때문이며, 미국도 고립주의 정책을 추진하고 있었기 때문이었다.

2. 대전의 특성

가. 성격

제2차 세계대전은 전 국민과 자원이 전쟁에 참여한 인류사 최대의 총력전이었다.[24] 특히 제1차 대전과 달리 동원을 통제할 기구가 만들어져 조직적인 시스템 하에서 동원업무의 총괄 역할을 수행해 내었다.

전쟁의 규모도 범세계적이고 무제한적인 특징을 지지고 있다. 산업능력이 확충되어 물자의 지원여부가 전쟁의 승패를 좌우하게 되었다. 많은 전투에서 승리하여도 적국도 동원시스템이 갖추어져 있어 자원이 지속적으로 동원되어 승리가 보장되지 않았다.

또한 과학기술이 급속도로 발전하여 새로운 무기들이 속속 개발되었고, 공중과 바다, 지상 등에서 3차원의 입체전이 수행되었다. 이에 따라 현재의 육·해·공군이 완전히 독립하여 운용되게 되었다. 상륙작전과 공정작전이 빈번하게 실시됨으로 해서 이들에 대한 교리가 정립되는 계기가 되었다.

전쟁 규모가 합동작전과 더불어 연합작전으로 진행됨에 따라 전력을 효율적으로 조합하여 운용할 지휘기구가 필요했다. 연합국은 연합참모부와 합동참모부를 편성하고 지휘체계를 유지하며 효과적으로 대응했다. 반면 독일과 일본은 통합작전에 대한 준비결여(일본)와 통수권자의 지나친 간섭(히틀러)으로 지휘체계 구성이 늦추어져 전쟁 수행에 지장을 받았다.

혁신적인 기술의 개발에 따라 공중전, 상륙작전, 공정작전, 전자전, 신개념의 해상작전 등 입체적인 작전이 진행되었다. 여기에다 포병의 발전으로 인하여 화력의 지원과 기동력의 발달로 기동속도가 더욱 빨라지게 되었다. 독일군은 전장의 흐름을 신속하게 간파하고 화력, 기동, 기습이 융합된 전격전을 전개했다.

또한 제2차 세계대전은 민주주의, 공산주의, 전체주의 등의 다양한 이대올르기가 전쟁을 지배하는 초유의 전쟁이 되었고, '무조건 항복'과 '전범(戰犯)'의 개념이 도입되어 전범자는 처형하는 관례를 남겼다. 전쟁의 성격은 제국주의 전쟁(영·독 전쟁, 태평양 전쟁) 조국방위전쟁(독·소 전쟁), 반제국주의적 민족해방전쟁(중·일 전쟁) 등 다양한 성격을 띠고 있다. 제2차 세계대전에서도 뛰어난 명장들이 많이 배출되었으나 천재성은 대전의 기간 중 일시적이었다. 전쟁은 이제 한두 명의 천재에 좌우되지 않는 시스템의 시대로 완전히 돌입했다.

---

24) 동원병력 1억 천만명, 전사자 2천만명, 부상자 3,500만명, 민간인 희생자 2,500만명으로, 제1차대전보다 동원병력 2배, 전사자 5배, 민간인희생자 50배, 전비 6배 증가

나. 무기

제2차 세계대전 때는 제1차 세계대전에 비해 혁신적인 무기들이 등장했다. 특히 제1차 세계대전에서 얻은 교훈은 새로운 무기발전의 자양분이 되었다. 제1차 세계대전의 참호전을 극복하기 위한 다양한 종류와 정교한 무기체계들이 등장하였다. 또한 제1차 대전에 선보인 전차와 비행기가 제2차 세계대전의 전장을 주름잡으며 현대전의 총아로 떠올랐다. 이에 따라 대응 무기체계들도 속속 개발되었다.

① **소총** 대전 초기에는 독일의 마우저 Kar98k, 소련의 모신-나강, 영국의 리엔필드, 프랑스의 베르티, 영국의 스프링필드 같은 소총들이 사용되었다.

〈M1카빈반자동소총(위), STG자동소총(하)〉

이들 소총은 제1차 세계대전시보다 사거리와 정확성이 한층 증대되었다. 하지만 노리쇠를 수동으로 작동해서 탄약을 장전해야함으로 해서 사격속도는 느렸다.

대전이 진행되면서 가스작동식이 등장하여 사격 시마다 가스가 자동으로 노리쇠를 후퇴시켜 탄약을 장전시키는 자동장전식 소총으로 탈바꿈하였다. 대표적인 자동소총으로는 미국의 부라우닝 자동소총(BAR)과 독일의 슈트름게베르 44(STG44) 등이다. 또한 반자동소총인 미국의 M1계열(제1차 세계대전에서부터 한국전쟁 시 까지 미군의 주요 개인화기로 사용)이 생산되었다. 이러한 과정을 거치면서 소총은 성능은 현대와 유사한 수준으로 발전되었다.

현대에 이르러 소총은 자유진영과 공산진영으로 나누어 발전하였다. 자유진영에서는 미국의 M16 소총이, 공산진영에서는 AK(아카보)-47이 대표적인 개인화기이다. 미군은 월남전에서 M16소총에 대한 시험을 거쳐 1969년부터 M16을 보병 표준화기로 선정하였고, 현재는 M16A1을 개량한 M16A2를 운용 중에 있다. AK는 간단한 조작과 조준이 용이한 특성을 가지고 있으며 제3세계 국가를 중심으로 사용되며, 가장 많이 생산된 소총으로 알려져 있다.

② **기관총** 제1차 세계대전에서 참호전을 경험해본 지휘관들은 철조망과 참호 극복 시 보병을 엄호할 수 있는 수단으로 기관총을 주목했다. 기존의 맥심과 비

커스 같은 기관총은 그 하중으로 인하여 기동성이 떨어졌고 경량화 된 기관총이 요구되었다. 독일의 MG42나 미국의 켈리버 등이 이때 등장한 기관총이다. 이 기관총들은 파괴력이 일부 증강되었지만 여전히 밀폐된 공간이나 협소한 진지 등에서는 효과적으로 사용이 제한되었다.

이러한 필요에 따라 기관단총이 등장했다. 기관단총은 소총의 개머리판을 제거한 형태로 권총탄을 사용하여 경량화 시켰다. 이 기관단총은 사격이 용이해 주로 공격 시 사용되었다. 대표적인 기관단총으로는 독일의 MP40, 미국의 톰슨, 소련의 PPSH41 등이 있다.

③ **전차**[25] 전차는 고착된 전장에 기동력을 부여했다. 제2차 세계대전 초기 까지는 영국이나 프랑스의 전차가 우수했지만 양국은 전차 개발에 소홀히 한 반면 독일과 소련은 지속적으로 전차를 개발하고 운용했다. 특히 전차의 운용 면에 있어서 제1차 세계대전의 패인을 분석하는 가운데 독일군 장교들은 제2차 세계대전에서 전차를 이용한 전격전을 수행하는 개가를 올렸다.

제2차 세계대전 초기 전차는 연합군이 4,204대, 독일군은 2,439대였다. 전차의 성능 또한 영국의 마틸다나 프랑스의 소뮤아 전차가 독일의 1·2·3호 전차보다 우수했다. 하지만 영국과 프랑스 지휘관들은 전차를 움직이는 화포 정도로 인식한 반면 독일군은 전차의 기동력과 충격력에 주목했다. 이런 발상의 차이는 제1차 세계대전에서 독일군이 4년간 뚫지 못했던 서부전선을 제2차 세계대전에서는 단 6주 만에 무너뜨리는 결과를 낳았다. 또한 구데리안(H. W Guderian)은 전차의 협동성 발휘를 위해 전차에 무전기를 장착했다.

〈6호 전차 티거〉 〈T34 전차〉 〈M4 셔먼 전차〉

제2차 세계대전이 진행되면서 전차의 기술적 측면에 있어서도 획기적인 발전을 추구하기 시작했다. 제2차 세계대전에서 독일과 소련의 전차경쟁도 전차의 발전에 크게 기여했다. 초기 동부전선에서의 전차전은 독일이 압승을 거두었다. 그러나 소련의 T-34(76mm주포, 최초의 경사장갑, 53km/h)전차가 투입되면서

25) 정명복, 〈쉽고 재미있는 생생 무기와 전쟁이야기〉, pp.239~257

전세는 역전되었다. 이에 대응하여 독일은 당시 전차로는 가장 좋은 성능을 가진 5호 전차 판터(Panther)와 6호 전차 티거(Tiger, 88mm주포, 110mm 장갑)를 생산해 내었다.

이후 전차는 크게 경전차(미국의 M3 슈트어트, 독일의 1, 2호 전차), 중전차(T-34, 판터와 티거, M4 셔먼전차), 구축전차, 자주포(야포를 자주화한 화포), 반궤도 차량(무한궤도나 바퀴를 장착하여 병력·물자 수송이나 야포 견인) 등으로 세분화되어 발전했다. 대전 종전 후에는 미국과 소련을 중심으로 전차의 발전이 이루어졌다.

④ **항공기**[26] 인간이 하늘을 나는 것은 인류의 오랜 꿈이었다. 1903년 미국의 자전거 사업자 라이트 형제가 세계 최초의 동력 비행기인 플라이어(Flyer)를 타고 동력으로 12초 동안 하늘을 날았다.[27] 항공기는 이미 제1차 세계대전에 개발이 되어 전장에 투입되었다. 초기의 항공기는 정찰이나 포병의 탄착확인 등 비교적 단순한 임무를 부여받아 수행하였다. 이후 항공기에 소총이나 기관총, 무선전화를 장착하는 기술이 발전함에 따라 공격무기로 진화하기 시작하여 제1차 세계대전 말기에는 전차를 선도하여 폭격임무도 수행하였다.

〈수투카〉

〈공수부대〉

그러나 항공기가 전장의 주역으로 등장한 것은 제2차 세계대전부터이다. 항공기는 단순한 정찰임무에서 벗어나 적을 공격하는 강력한 무기로 재탄생하게 된다. 항공기는 항공기간의 전투(전투기)는 물론이고 적의 지상 전력을 공격하는 전술폭격과 적의 후방을 공격하는 전략폭격(폭격기)으로 임무가 구별된다. 전술폭격을 실전에 도입한 것은 독일군이었다. 독일군 수투카(Stuka) 급강하폭격기(Dive Bomber)는 연합군의 주요 거점과 전력을 맹폭했다.

---

26) 항공기무기체계는 일반 목적기, 특수 목적기, 회전익기, 무인항공기로 분류되며 일반 목적기는 다시 전투 항공기(전투기, 폭격기, 공격기), 정찰 항공기류, 소송항공기류, 해상초계기류, 급유항공기류, 훈련항공기류, 예인항공기류(대공사격용)로 분류한다.

27) 반면 미 정부의 지원 아래 스미스 소니언 연구소에서 제작한 그레이트 에어드롬기는 7일전인 1903년 12월 10일 시험비행 중 포토맥강으로 추락하여 실패했다.

이에 비해 연합군 항공기들은 독일군의 후방을 폭격하는 전략폭격을 주로 시도하였다. 항공기가 대형화되어 신속한 수송과 함께 전장의 물류를 확산시켰을 뿐만 아니라 공정작전이나 공수투하 등의 새로운 전술 영역을 개척했다.

⑤ **항공모함** 제2차 세계대전 초기부터 항공기는 육상의 표적뿐만이 아니라 해상의 군함을 공격하는 최상의 무기로 평가되기 시작했다. 하지만 항공기는 항속거리와 장착무기의 중량에 제한을 받는다. 이를 극복하기 위해 탄생한 것이 항공모함(Carrier)이었다. 기존 전함의 전력 및 속도와 기동성 그리고 화력을 겸비한 항공기의 결합으로 항공모함이 탄생했다. 이러한 첫 시도는 일본 제1항공함대의 진주만 기습이었다.

항공모함은 영국에서 1921년 순양함을 개조하여 처음 만든 이후, 군축조약으로 전함이 제한을 받자 본격적으로 개발되었다. 제2차 세계대전을 기점으로 한 항공모함의 출현은 기존의 해전 판도를 완전히 뒤바꿔 놓았다. 해전에서 함포간의 사격은 더 이상 효율적이지 못했다. 해상의 전투에서 어뢰를 장착한 뇌격기들은 전함을 상대로 우위를 입증했다. 특히 제2차 세계대전에서 상륙작전이 지속적으로 실시됨에 따라 제해권 확보가 관건이 되었고, 이를 위해 항공기가 활약해야 했다. 함대는 항모를 중심으로 편성되었으며, 여기에는 순양함, 구축함, 잠수함 등이 편성되어 해전과 항공지원 임무를 수행한다.[28)]

⑥ **레이다와 감시장비** 레이다(Radar)는 'Radio'에서 기원했다. 레이더는 전파의 반사 및 산란특성을 이용하여 목표로 하는 물체의 방위와 거리를 결정해서 목표물의 위치에 관한 정보를 얻기 위한 각종 장치를 총칭한다.

이러한 기술은 영국에서 1925년 최초로 실험되었고, 이후 영국과 미국이 함께 연구했다. 영국은 제2차 세계대전 시 전략폭격을 가하는 독일의 항공기를 레이다를 이용하여 식별했다. 이후 군사 전 분야에서 레이더가 이용되기 시작했다.

레이다의 뒤를 이어 레이다와 같은 원리인 야간감시 장비가 발전되었다. 광학장비의 일종인 야간감시 장비는 야간이나 어둠속에서 인체에서 발생되는 열이나 주변 환경과의 차이를 광학적으로 감지하여 영상으로 제공한다. 이러한 야간감시 장비는 포클랜드 전쟁에서 영국군이 사용하여 아르헨티나군을 패배시키는데 공헌하였다.

---

28) 미국 항모전단은 통상 항모 1척에 방공 순양함 2척, 방공 및 대잠 구축함 3척, 보급함 1~2척, 핵잠수함 1~3척으로 구성되며 필요에 따라 항모나 상륙함 추가된다.

다. 전격전(Blitzkrieg)

제2차 세계대전 초기 독일군에 의해 전격전이 수행되었다. 섬멸전이 적 부대에 대한 무자비한 파괴 및 살상이 목적이라면 전격전은 적 중추신경에 충격을 가하여 마비시킴으로써 전투의지를 말살 하려는 목적에서 시도된다. 전격전은 두에(Douhet) 및 미첼(Michell)의 항공전략 이론과, "전차를 공격무기로 사용하고 보병의 기동력을 향상시켜 군대 전반의 기동화"를 주장하는 풀러의 마비이론, "적의 저항이 없는 최소저항선과 적이 예상하지 못하는 최소예상선으로 종심 깊게 진출해야 한다."는 리델 하트의 간접접근전략에서 잉태되었다.

독일군은 여기에 제1차 세계대전의 루덴돌프 공세 시 후티어 공격전술이 예비대가 부족해 실패한 전사(戰史)의 교훈으로 기계화부대 및 보급지원부대 편성과 전차, 자주포 및 항공기를 통합한 전략으로 발전시켰다. 전격전은 3S, 즉 기동(Speed)과 화력(Superiority)의 우위를 달성, 적이 충분히 대비하기 전에 기습(Surprise)함으로 적의 중추신경을 타격하여 조직력을 와해시키고 무력화된 적을 포획하는 전술이었다. 구데리안은 제1차 세계대전의 패인을 분석하면서 전차 단일 전력만으로 공격하는 것은 취약(보병의 대전차화기, 참호안의 적군 소탕, 경계 등)하다는 것을 간파하고 항공기와 더불어 보병, 포병, 공병 그리고 통신을 기동력을 증강한 전차에 통합시킬 때 전차의 위력이 최대한 발휘된다는 확신을 갖고, 히틀러의 지원으로 1935년에 3개의 판저(panger)사단을 탄생시켰다.

전격전은 먼저 적 후방에 오열을 침투시켜 정보를 수집하고, 민심을 교란하여 전의 상실을 유도한다. 다음은 항공기습으로 적 공군을 지상에서 격파하여 제공권을 장악하고 적의 지휘 조직과 동원 체계를 와해시킨다. 동시에 적 후방에 공수부대가 낙하해 주요 군사시설, 교량, 거점 지대 등을 확보한다. 다음 단계는 지상군으로 기갑부대 위주로 공격부대를 편성하여 적의 취약지점을 기습 공격하여 돌파구를 형성하고, 적의 후방으로 진출하여 적을 양분시키면서 적 병력을 고립시킨다. 이때 공군은 기갑부대를 엄호하며 적의 기계화 부대나 포병을 집중 공격한다. 후속하는 차량화 보병은 적의 요새 및 예비대를 견제하며 포위된 적을 소탕한다. 전격전은 간격과 약점을 통해 적의 중추신경으로 번개(Blitzkrieg)와 같이 종심깊이 기동하여 적을 차단, 고립 및 재편성의 여유를 박탈하는 것으로 섬멸보다는 심리적 마비와 공황상태에 중점을 둔다.

이 전격전의 의미는 제2차 세계대전의 전략사상이 방어(섬멸전, 참호전, 진지전)에서 공세로 전환되었음을 보여준 것으로, 최소의 전투로 전략적 승리를 달성하는 현대전의 모델을 제시했다.

3. 대전의 경과

가. 유럽 전선

① **폴란드와 북구 침공** 독일은 소련과 상호불가침조약을 체결(1939)하고 1939년 9월 백색작전을 통해 폴란드를 소련과 동서에서 양분했다. 독일군은 전쟁이 개시되자 전격전으로 전광석화와 같이 폴란드로 진격하여 1개월여 만에 서부 폴란드를 점령하였다. 동부전선에서 병력을 절약한 독일은 이후 북대서양 방면으로 진출하여 덴마크(1940. 4)와 네덜란드를 점령하고, 노르웨이에 상륙(베저 작전) 전쟁에 필요한 철광석을 확보했다. 소련도 발트3국(에스토니아, 리트비아, 리투아니아)과 필란드를 점령했다.

② **파리 함락** 독일군은 프랑스의 방어선인 마지노선을 우회 벨기에와 네델란드를 점령한 후 벨기에의 아르덴느(Ardennes) 삼림으로 기동 프랑스 침공을 개시했다(1940. 5). 하지만 프랑스와 영국은 독일의 폴란드 침공 시부터 독일에 적극 대응하지 못했다. 결국 독일군은 플란더즈(Flanders)에서 영·프 연합군을 포위했다. 하지만 독일군이 파리로 방향을 전환하면서 덩케르크(Dunquerque) 항에 포위된 30여 만명의 영·프 연합군은 영국으로 해상철수를 단행할 수 있었다. 이때 영국군과 함께 철수한 프랑스군은 드골(De Gaulle)장군의 자유 프랑스군에 편성되어 독일과 전쟁을 수행했다. 파리가 함락(6. 14)된 후 남 프랑스에는 친(親)독일파인 앙리 페탱(Henri Pétain) 원수가 비시정부(Gouvernement de Vichy)를 수립했다. 이탈리아는 파리 함락 직전 대전에 참전했다.

③ **영국 상륙작전** 프랑스가 무너지자 유럽에서 독일에 저항할 세력은 영국뿐이었다. 독일은 이제 영국을 노렸다. 독일 공군사령관 괴링(Hermann Göring)은 공군력만으로 영국을 항복시킬 수 있다고 호언장담했다. 영국 상륙작전인 바다사자 작전(Operation Sea-Lion, 8. 10~10. 13)을 진행한 독일군은 쉴 사이 없이 항공기로 영국을 공습했다. 이는 최초의 대규모 항공전투이기도 했다.

하지만 영국은 레이더를 이용한 방공망과 스핏파이어와 허리케인 같은 항공기를 이용 독일 공군을 격퇴했다. 영국은 처칠수상 주도아래 전의를 불태우며 군수 생산력을 증가시켰다. 한편 독일은 수상함으로는 전력이 부족하자 제1차 세계대전과 유사하게 U보트 잠수함을 투입 연합국의 상선을 무차별 공격했다. 1940년 9월에는 독일·일본·이탈리아가 3국 동맹을 체결했다.

④ **아프리카 · 발칸 · 소련 전역** 1941년 봄 독일은 롬멜(Rommel)이 지휘하는 기계화군단을 아프리카에 파견했다. 또한 유고슬라비아와 그리스를 공격하고 발칸반도로 진출했다. 이는 이탈리아군이 아프리카와 발칸지역으로 진출했으나 각국의 저항으로 위기에 봉착하여 이를 타개하기 위한 조치였다.

1941년 독일은 군비확장이 요구되는 시점에서 소련의 자원을 탈취(식량과 석유)하기 위해 독 · 소 불가침 조약을 파기했다. 독일군은 6월 22일 약 300만명 이상의 병력으로 소련 침공(바바롯사 작전)을 개시했다. 소련군은 개전 초기에 독일의 전격전 앞에 우크라이나(10월)가 함락되면서 패주했다. 독일군은 파죽지세로 모스크바 인근까지 진격했다. 하지만 독일군은 보급력의 한계와 동계로 인해 방어로 전환해야만 했고, 소련군은 정비할 시간을 획득했다. 독일군은 1942년 코카서스(Caucase)와 카스피해 연안 석유자원 및 드네프르(Dnepr) 확보를 위해 볼가강 남부로 진격했다.

⑤ **미국의 참전** 미국은 제2차 세계대전이 발발하자 중립을 견지하였다. 미 의회의 무기 대여법(41. 3)은 독일을 자극했고, 미국 선박 로빈 무어호가 독일군 잠수함에 의해 침몰(41. 6)되었다. 일본군이 진주만을 기습(1941. 12. 8)하고, 독일·이탈리아가 대미 선전포고를 단행하면서 미국은 대전에 참여하였다.

⑥ **1942년** 북아프리카 전선에서는 롬멜 장군의 북아프리카군단이 부족한 병력과 병참에도 불구하고 선전했으나, 영국 공군과 함대의 활약으로 보급선이 끊겨 고전하고 있었다. 결국 영국 몽고메리(Montgomery) 장군은 튀니지의 엘-알라메인(El-Alamein) 전투에서 승리하고 독일군을 아프리카에서 축출시켰다. 이후 연합군은 시칠리(7월) 및 이탈리아 본토(9월)로 상륙 진격하기 시작했고, 무솔리니 정권은 붕괴되었다(로마 수복, 1944. 6). 한편 1942년 말 스탈린그라드전투에서 독일 제6군은 소련군의 천왕성작전으로 30만명이 포로가 되면서 괴멸되었다. 코카서스로 진격한 독일군도 카프카스(Kavkaz) 산맥에서 후퇴했다.

⑦ **1943년** 연합국의 막대한 전쟁물자 지원능력과 더불어 우랄산맥 동쪽으로 이전한 소련의 군수공장이 가동되면서 소련군의 전력이 보강되기 시작했다. 독일군은 1943년 7월 전세를 만회하기 위해 쿠르스크(Kursk)에서 대규모 공세를 펼쳤지만 막대한 전력을 소진하면서 패퇴했고, 주도권을 소련군에게 넘겨주었다. 또한 독일군은 소련군의 바그타리온작전으로 중부집단군이 괴멸되면서 동부전선에서도 패퇴했다. 1943년 11월 미 · 영 · 중의 수뇌부가 조선 등의 독립을 보장한다는 '카이로 선언(Cairo Declaration)'을 발표했다.

⑧ **노르망디 상륙** 1944년 미군과 영국군은 완강히 저항하는 독일군에 대해 아이젠하워 장군의 지휘아래 노르망디상륙작전(오버로드 작전)을 개시했다. 한편 독일군은 연합군의 상륙에 대비하여 대서양 해안을 따라 1942년부터 소위 '대서양 방벽'을 건설하고 있었다. 연합군은 노르망디로 상륙하여 8월 하순 파리를 점령하고 라인강으로 진격해 나갔다. 연합군이 보급상의 문제로 진출이 지연되면서, 독일군은 1944년 말 지그프리트(Siegfried) 라인으로 집결하여 다시 전투를 재개하며 로켓 포탄으로 영국을 공습했다. 독일군은 라인강 수비작전(벌지 전투)으로 전세의 재역전을 노렸으나 무위로 끝나면서 무너졌다.

⑨ **독일 패망** 1945년 연합군은 총공세를 가했다. 미 · 영 · 소 수뇌들은 얄타(Yalta)에서 회담을 갖고(1945. 2)독일의 무조건 항복을 재확인했고, 소련의 대일전 참전이 결정되었다. 연합군은 라인강을 도하 독일방면으로 동진했고, 소련군은 서진하여 양측은 4월 하순 토르가우(Torgau)에 있는 엘베강상의 교량에서 조우했다(엘베강의 조우). 소련군은 베를린을 점령(5월 1일)했고, 히틀러는 자결했다. 독일군 최고사령부는 연합군(5월 8일)과 소련군에 항복(5월 9일)했다.

나. 태평양 전쟁

일본은 만주를 침략(1931)하고 중·일 전쟁(1937)을 발발시켜 중국 본토로 진출하고 있었다. 일본은 소련과 중립조약을 체결하고 프랑스령 인도차이나를 점령(1941. 7. 29)한 후 미얀마와 남태평양으로 진출했다. 이에 따라 미국은 미 · 일통상조약을 파기(1939)하고 일본에 대한 석유 금수 조치와 철강 수출을 제한하고 있었다. 이때 일본은 대동아공영권(大東亞共榮圈)[29]을 주창했다.

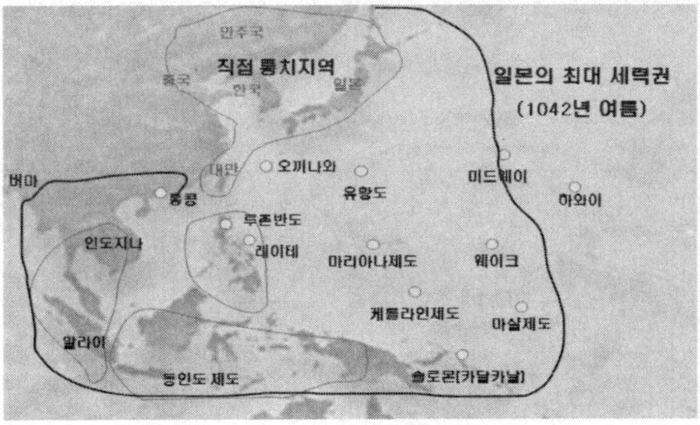

〈일본의 세력판도〉

① **진주만 기습** 1941년 12월 8일 일본은 미국 태평양 함대의 기항인 하와이의 진주만을 기습 태평양 함대를 공격하면서 미국과 영국에 선전포고를 단행했다. 11일에는 독일과 이탈리아도 미국에 선전포고함으로써 급기야 전쟁은 유럽과

29) 일제가 대륙을 침략하면서 구미로부터 동아시아를 해방한다고 내건 슬로건

미주 아시아 및 태평양의 범세계 지역으로 확대되었다. 일본은 미군의 태평양 함대가 파괴되어 미 해군이 힘을 쓰지 못하는 1942년 전반기까지 필리핀, 말레이시아, 솔로몬 제도 등 동남아시아 태평양상의 여러 섬들을 지배하에 두었다. 하지만 전력을 보강한 미국은 1942년 6월 미드웨이(Midway) 해전에서 일본 함대를 대파하며 승기를 잡고, 8월에는 과달카날(Guadalcanal)에 상륙하여 반격 태세를 갖추었다.

② **일본 항복** 미군은 태평양 상에서 맥아더(D. MacArthur)의 지휘하래 일본 본토를 향하여 진격해 나갔다. 미군은 사이판을 점령(1944. 6)했고, 필리핀에 상륙(45년 초)했다. 미·영·소 수뇌부는 베를린 인근 포츠담(Potsdam, 1945. 7, 17)에서 일본에 항복을 권고했다. 하지만 일본은 한반도의 제주도와 일본의 큐슈, 오키나와 등을 연결하는 최후의 방어선을 설정하고 항전을 준비했다. 미군은 B-29 폭격기를 이용 일본에 융단폭격을 시작했다. 일본은 히로시마(廣島, 1945. 8. 6)와 나가사키(長崎, 8. 9)에 원자탄이 떨어지자 무조건 항복했다(8. 15).

소련군은 원자탄이 떨어지는 8월 8일 일·소 불가침조약을 파기하고 만주로 진격했다. 소련군은 만주국을 멸망시키고 38도선 이북의 한반도에 진출했다. 태평양전쟁이 마무리됨으로써 7년간의 제2차 세계대전은 연합국의 승리로 마무리되었다. 한반도 38도선 이남은 미군이 소련군보다 약 20여 일 후 인천으로 상륙하여 접수하였다.

※ 주요 전역과 전투

- □ 폴란드 전역(1939. 9. 17~1939. 9. 28) : 독일, 소련 대 폴란드
- □ 프랑스 전역(1940. 5. 10~ 1940 6. 22) 독일 대 프랑스
- □ 소련 전역(1941. 6. 22~1945. 5. 9) : 독일 대 소련
- □ 미드웨이 해전(1942. 6. 4) : 미국 대 일본
- □ 북아프리카 엘 알라메인 전투(1942. 10. 23~43. 1. 23) : 영국 대 독일
- □ 노르망디 상륙작전(1944. 6. 6) : 연합군 대 독일
- □ 발지전투(1944. 12. 16~45. 1. 6) : 독일 대 영국, 프랑스
- □ 오끼나와 전역(1945. 3. 18~45. 1. 27) : 미국 대 일본

4. 유럽 지역 전황

가. 폴란드 전역

○ 시 기 : 1940. 5. 10~1940. 6. 22
○ 장 소 : 폴란드
○ 교전국 : 독일 / 폴란드. 소련 / 폴란드
○ 전 력 : 독일 6~70개 사단, 항공기 2,000대, 전차 2,000대 /
　　　　 폴란드 정규군 28만명, 예비군 250만명, 소련군 미확인
○ 결 과 : 독일 / 소련 승리
○ 분 석
- 현대군의 압도적 전투력 대 전근대군의 대결
- 전격전의 신 전술, 기습
- 공세우의 사상, 공군 운용

배 경 독일이 발트해의 항구도시 메멜(Memel)을 점령(1949. 4)하자 영국 수상 쳄버린(Neville Chamberlain)은 독일이 폴란드를 침공하면 군사적으로 개입 할 것이라 경고했다. 독일은 영·프군은 대응할 시간이 없을 것으로 보았고, 만약 군사행동이 있더라도 서부 방벽(Siegfrid)에서 격퇴할 수 있을 것으로 판단했다. 독일은 폴란드와 10년 불가침조약을 파기(1939. 4)하고 침공했다.

히틀러의 폴란드 침공은 정치적으로는 연합국의 단결상태를 시험해보는 것이었고, 경제적으로는 영국과 프랑스의 대독일 경제봉쇄를 타개할 목적이었다. 군사적으로는 그간 육성한 전투력을 시험해보는 것으로 독일군은 전통적인 내선의 이점을 이용하여 전격전을 이용하여 폴란드를 선제공격한다면 신속한 작전 종료가 가능하리라 판단하고 있었다. 독일은 이미 전쟁 전에 폴란드로 이어지는 완벽한 도로를 준비해 놓았을 만큼 철저한 준비로 전쟁에 임했다.

경 과 독일군의 폴란드 침공은 기계화 부대를 이용한 전격전에 의한 이중 포위계획이었다. 독일군은 2개 집단군 6개 군을 편성하여 1차로 바르샤바를 남북에서 폴란드군을 포위하여 서부 국경지대에 배치된 주력을 섬멸하고, 2차로 비스툴라강과 산(San)강 너머의 브레스트 리토부스크를 포위하여 완전 섬멸하는 계획을 수립했다.

이를 위해 발트해의 북부에는 제4군과 함께 구데리안의 기계화군을 배치하고

남부는 제8, 10, 14군, 본토와 절단된 동프러시아는 제3군을 배치했다. 중앙에는 국경수비대가 견제역할을 담당했고, 영·프군의 공격에 대비여 서부에도 20개 사단을 대비 시켰다.

반면 폴란드군은 국토의 전반적인 여건으로 보아서는 남북으로 잘 발달된 강을 이용하여 방어선을 편성하는 것이 유리하였으나 서부지역 국경 지역이 산업시절과 인구밀집 지역이어서 간과할 수 없었다. 폴란드군은 6개의 집단으로 편성하여 서부 국경선을 따라 일선형으로 병력을 배치했다. 이 계획은 서부의 배치된 전력으로 초전을 대비하고, 이후에는 동원 병력과 영·프군의 지원 병력으로 대처한다는 가정 하에 수립된 계획이었다.

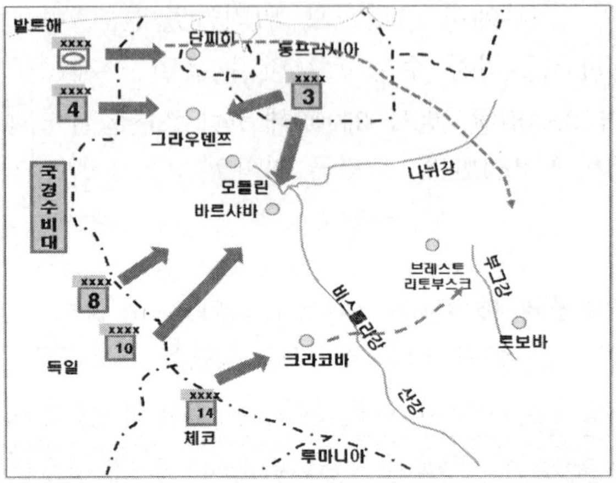

〈독일의 폴란드 침공〉

독일은 1939년 9월 1일 04 : 40분 독일군은 국경수비대로 하여금 폴란드군을 고착견제 하도록 하고, 남과 북의 양익 부대들은 공군의 지원 하에 번개와 같이 폴란드로 진격해 나가면서 이중 양익포위망을 형성했다.

이미 침투한 제5열은 항공기를 유도하여 지휘체제를 마비시켰고, 폴란드의 비행장은 개전과 동시 파괴되었다. 북방에서 공격하는 구데리안기갑군 예하의 제19기갑군단과 제2군단은 9월 5일 폴란드 회랑지대를 절단하고 비스툴라강을 도하했다. 제3군은 폴란드군의 강력한 저항을 받았으나 9월 3일 이후 나뉘강 일대까지 진출했다. 남방의 제8, 10, 14군도 순조롭게 진출하여 비스툴라강 서안에 도달했다.

9월 6일부터 14일까지는 전과확대를 시작하여 폴란드의 주력군을 포위하면서 바르샤바로 진격하기 시작했다. 독일군은 발달된 도로를 따라 기계화부대가 고속으로 진출할 수 있었다. 반면 아직도 전 근대군 수준을 벗어나지 못한 폴란드군은 속수무책이었다. 독일 제10군은 9월 9일 바르샤바를 공격하기 시작했고(기계화부대 단독공격은 실패), 제14군은 12일 산강 이동으로 폴란드군을 구축했다. 제8군은 공격간 9월 11일 폴란드군에 역습을 받아 많은 손실을 입고 후퇴했다. 이때 제10군에서 차량화 사단이 로르방면으로 전용되었으며 항공전력이 지원되었다. 이러한 조치로 인해 제8군은 14일부터 공세로 전환하였다. 제4군과 3군이 계속해서 바르샤바를 향해 남진하는 가운데 9월 14일 바르샤바가 포위되었다. 폴란드는 남부의 르보바로 천도했고, 부그-산강 선에 신방어선을 형성하였다. 이를 차단하기 위해 구데리안의 기갑부대가 신속히 남하하였다. 폴란드군은 독일군에 의해 퇴로가 차단되어 와해 직전에 처해 있었다.

이때 독일군의 진출에 당황한 스탈린은 소련군도 폴란드로 진격하도록 명하였다. 이에 따라 9월 17일 부터는 소련군도 동부에서 폴란드로 밀려들었다. 폴란드군은 양면의 강적을 만나 사면초과에 빠졌다. 임시 수도 르보바가 독일군 제10군에 의해서 피탈되고, 모들린과 바르샤바도 독일군 제8군에 의해 9월 26일 점령되면서 폴란드는 항복했다. 이로써 독일군은 폴란드의 서부를 점령했고, 소련군은 폴란드의 동부를 장악했다.

결과 및 교훈 독일군과 소련군은 영·프군의 군사행동 이전에 폴란드 전역을 완료했다. 이후 독일군은 덴마크와 노르웨이를 점령했고(1940, 4), 소련은 발트 3국(에스토니아, 라트비아, 리투아니아)과 필란드(1940)·루마니아를 점령했다. 폴란드 전역은 전격전에 의한 기동과 속도 그리고 기습의 승리였다.

독일이 승리할 수 있었던 이유는 병력의 수나 질 그리고 사기나 장비, 지휘 등에서 폴란드군에 비해 월등했기 때문이며, 제5열을 활용한 타격으로 초전에 적의 지휘통제시설을 정확히 파괴할 수 있었기 때문에 가능했다. 독일군은 그동안 갈고 닦았던 전격전을 제대로 활용했다. 이로써 독일군은 공세우위 사상에 대한 자신감을 확신할 수 있었다. 독일군은 전격전을 통해 군사적으로 준비된 방어선보다는 공격이 우월하다는 것을 증명해 보였고, 공군 운용에 대한 실마리(전략공군과 전술공군의 구분)를 제공하였다. 전격전은 이 전역을 통해 더욱 정교하게 보완되어(공격이 전장의 주역으로 등장, 공군과 기갑부대 간의 합동, 기갑부대는 도시나 요새진지를 위회해야 함) 다음 전쟁을 준비하게 되었다.

기습당한 폴란드군은 외부 지원은 고사하고 준비된 예비대를 동원할 시간도 얻지 못하고 무너졌다. 폴란드군은 전근대적인 군대로 전격전에 의해 초전에 지휘체계가 마비되어 계획된 동원을 수행할 수 없었고, 국토의 지리적 불리점으로 인하여 붕괴되었다.

폴란드 전역은 단지 35일간 이었지만 폴란드군 약 100만명(포로 45만명)과 독일군도 약 4만 5천명의 인원손실이 발생했다.

나. 프랑스 전역

○ 시 기 : 1940. 5. 10~1940. 6. 22
○ 장 소 : 베네룩스, 프랑스
○ 교전국 : 추축국(독일, 이탈리아) / 연합국(영국 / 프랑스 등)
○ 전 력 : 추축국 173개 사단, 전차 2,445대, 전투기 5,638대 /
연합국 133개 사단, 전차 3,384대, 전투기 1,400대
○ 결 과 : 추축국(독일) 승리
○ 분 석
- 기습, 전투력 집중, 기동
- 공정부대와 제5열, 우세한 항공력
- 방어위주 사상과 전차의 분산운용

개 요 독일은 필란드 전역 후 소련을 공격하기 위에 영·프에 화의를 요청했지만 거절당했다. 이에 히틀러는 소련으로부터 공격받기 전에 먼저 프랑스를 점령, 영국과 화의할 계획으로 아르덴느를 기동하는 침공계획을 수립했다.

독일군은 2단계의 공격계획을 수립했다. 제1단계에서는 조공인 B집단군(복크)이 네덜란드 · 벨기에를 공격하고, C집단군(렙)이 마지노선 정면에서 프랑스군 주력을 견제하며, A집단군(룬드쉬테트)은 주공으로 뮤즈강을 도하하여 대서양 방향으로 진출하여 솜므강 이북의 연합군을 차단 · 포위하고 B집단군과 협격하려는 계획이었다. 제2단계에서는 B집단군이 솜므강 하류에서 파리 서남방으로 진격하고, A집단군이 파리 동부를 돌파하여 프랑스군을 마지노선 배후로 포착하여 C집단군과 협격, 이를 섬멸하도록 하는 계획하였다.

독일군 수뇌부는 주공의 기동로를 결정하면서 마지노요새 일대와 네덜란드 및 화란 지역은 별도로 하고, 리에즈를 중심으로 북방과 남방에서 주공이 공격할 수 있을 것으로 판단했다. 이때 독일군은 A집단군 참모장 만슈타인의 강력한 건의에 의거 주공은 제1차 세계대전시 슐리펜 계획과 방향(리에즈 북방, 황색계획)이 다른 아르덴느(Ardennes, 룩셈부르크와 벨기에의 동남단) 삼림지대를 돌파하기로 결정했다. 아르덴느 삼림지대는 비록 뮤즈강이 흐르고 삼림이 기동에 제한을 주지만 연합군 배치가 약한 것으로 파악되었으며, 일단 돌파한다면 영 · 프군을 조기에 분리시키면서 괴멸시킬 수 있다고 판단했다.[30]

30) 만쉬타인은 리에즈 북방 지역으로의 공격은 이미 연합군에 간파당하고 있기 때문에 기습을 달성할 수 없고, 연합군을 섬멸할 수 없을뿐더러 더 강력한 영국군과 조우할 수 있다고 판단했다.

당시 프랑스는 마지노(Maginot) 요새[31]를 건설하고 방어사상에 젖어 있었다. 더욱이 벨기에와 네덜란드가 중립을 고수하여 연합국의 방어계획은 프랑스만을 방어하는 계획에 국한되었다. 전쟁직전 연합군은 수정된 D계획[32]에 의거 영국·벨기에·프랑스군이 통합된 방어계획을 수립했다. 연합군은 이 계획에 의거 프랑스 제7군을 네덜란드로 진출시켜 독일군의 측면을 위협하기 위해 프랑스 제7군이 부레타(Breda)로 이동하면서 전쟁이 발발되었다.

경 과 제1단계 작전은 조공인 B집단군 예하 제18군이 5월 9일 자정 네덜란드 비행장을 공격하여 5일 만에 점령했다. 벨기에 지역은 제6군이 5월 10일 04시 벨기에 비행장을 공습하면서 시작되었다. 에벤 에마엘(Ebin Emale)요새에 공수부대 80명을 낙하시켜 요새의 1,200명을 항복시키고 엘베르운하 교량을 확보하여 기갑부대를

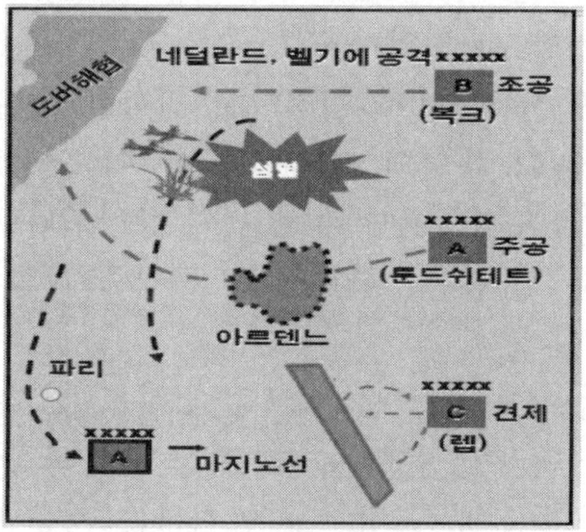

〈독일군 기동계획〉

〈연합군의 뎅케르크 철수〉

진출시켜 14일 네덜란드 정복을 완료했다. 이리하여 연합군은 제1차 방어선인 딜(Dely)강에서의 방어계획이 무산되었고, 프랑스군은 에스코강상으로 철수하여 방어

---

31) 방어사상에 입각하여 1930~1934까지 구축된 마지노요새는 스위스 국경에서부터 네델란드 국경에 이르는 190km의 난공불락의 요새로 콘크리트와 강철 구조물로 설치되었다. 프랑스는 드골이 방어위주 사상을 거부하면서 기갑부대를 창설하자고 주장하였으나 받아들여지지 않았다.

32) 전쟁 발발 전 프랑스는 3개의 방어계획을 발전시키고 있었다. 먼저 E계획은 독일이 마지노선 정면공격을 회피할 것으로 판단하여 연합군이 벨기에와 네덜란드에서 방어하는 것으로 계획했다. 하지만 벨기에와 네덜란드가 중립을 고수하여 연합군은 프랑스만을 방어하는 계획을 발전시켰다. 다음 D계획은 주방어선을 앙트워프-나무르를 연하는 선으로 추진하고(Dyle Nine) 벨기에군은 와브르. 와브르와 나무르간은 프랑스 제1기갑군, 프랑스 제9군은 나무르와 세당간, 제2군은 세당과 마지노선을 방어하되, 제7군을 연합군 좌후방에 연합군 예비로 위치하도록 했다. 마지막으로 독일의 공격이 임박해서는 D계획을 일부 변경한 브레다 변경 안을 수립하여 독일군의 측면을 공격하도록 하기위해 제7군이 브레다로 진출하는 중에 독일군의 공격을 받았다(노병천, 세계도해전사).

선을 편성했다.

한편 아르덴느 삼림지역의 독일군 주공인 A집단군(룬드쉬테트)은 울창한 삼림을 극복했다. 구데리안의 기갑군단이 최선봉에서 프랑스군을 격파하고 5월 13일 세당 부근에서 뮤즈(Muse)강을 도하했다. 독일군의 뮤즈강 도하는 5-6일 걸릴 것으로 판단되었으나 구데리안은 14일 새벽 전 군단을 하루 만에 도하시켰다.

프랑스는 드골장군이 신편된 제4기갑사단으로 17일과 19일 반격하였으나 성공하지 못했다. 독일 기갑군단의 신속한 전진은 급강하 폭격기의 사전 폭격과 자주포의 지원으로 가능했다. 구데리안은 신속히 해안 방향으로 전진하여 21에는 아브빌(Abbevile)을 점령하고 23에는 볼로뉴(Boulogene)를 점령하여 연합군은 전투 개시 10일 만에 남북으로 분리되고 말았다. 이때 연합군 338,226명(영국군 22만명, 프랑스군 11만명)이 서북부 유일한 보급항구인 뎅케르크로 집결하였다. 독일군은 파리와 뎅케르크(Dunkirk)중에서 대용목표를 선정할 수 있었다.

그런데 히틀러는 5월 24일 뎅케르크항구 전방 16km 지점까지 진출한 독일 지상군에게 돌연 3일간 공격하지 말라는 명령이 하달되었다.[33] 이 사이 연합군은 해상철수 작전(다이나모작전)을 완료 지을 수 있었다. 이때 수천 점의 중장비와 전투 물자들이 폭파되거나 방기되었다. 28일에는 벨기에가 항복했고, 공격중지 명령이 해제된 6월 4일 독일군은 뎅케르크를 점령했다.

제2단계 작전은 6월 5일 개시되었다. 독일 B집단군은 솜므강 남부로 진격하여 세느강 일대로 진출했다. 6월 9일에는 A집단군도 랑스(Reims) 부근에서 프랑스군을 돌파하고 전진했다. 6월 10일 이탈리아가 남부 프랑스를 공격하는 가운데 문자 그대로 사방에서 적을 맞이한 프랑스는 14일 파리가 함락되고, 17일에는 A집단군 구데리안 기갑부대가 스위스 국경에 도달하였다. 구데리안군은 프랑스군을 마지노선으로 몰아붙이고 독일 영토에서 공격하는 C집단군과 협격하여 마지노선을 붕괴시켰다. 이로써 프랑스 주력군 50개 사단(약 50만명)은 독일군 17개 사단에 견제당하며 결정적인 전투에도 참여하지 못하고 포위당하여 항복하고 말았다. 프랑스는 빼땡을 수반으로 6월 25일 독일과 휴전(제1차 세계대전시 독일이 항복했던 꽁삐에뉴숲의 열차 안)하고 비시정부를 구성했다. 이로써 독일은 전투를 개시한지 6주 만에 전역을 완료하였다.

---

33) 히틀러의 공격중지 결심은 공군 사령관 괴링의 '공군력만으로도 연합군을 궤멸 시킬 수 있다.'는 과장과 차후작전을 위해 기갑부대를 확보하기 위해서였다. 여기다 영국과의 강화회담을 위한 정치적 의도가 있었다는 연구가 있다.

결과 및 교훈 이 전투에서 연합군은 전사 및 실종 19만 2천여명, 포로 20만명의 손실을 입었고, 독일군은 15만 7천명의 손실을 입었다. 프랑스군은 마지노선을 과신한 나머지 방어위주의 소극적 전략으로 일관하다가 패배를 당했다. 연합군의 협조체제도 제대로 가동되지 않았으며 전술적으로는 전차에 대한 이해가 부족했다. 프랑스군은 전차를 단순 보병지원용으로만 운용하여 단지 화력으로 운용하였던 것이다.

이에 비해 독일은 우수한 전쟁계획과 전격전을 통한 기습과 전투력 집중의 달성, 공정부대(에벤 에마엘 요새)를 효과적으로 운용하였다. 여기에 공중지원의 우세와 제5열의 활동도 중요한 역할을 담당했다. 지상작전의 원칙으로는 정보, 목표, 기습, 기동, 공세, 집중, 경계, 창의 등의 원칙을 준용 승리할 수 있었다.

하지만 독일은 1단계 작전간 덩케르크에서 예상치 않은 공격중지로 인하여 연합군의 영국으로의 해상철수를 허용하게 되었다. 이 연합전력은 이후 독일군에 대항할 수 있는 자산이 되어 독일군 차후 전략에 차질을 빚게 되었다.

다. 소련 전역

○ 시 기 : 1941. 6. 22～1945. 5. 7
○ 장 소 : 소련
○ 교전국 : 독일 / 소련
○ 전 력(초기) : 162개 사단(기갑 19, 기계화 12, 루마니아 14개 사단)
300만명) / 300만명 배치, 동원가능 예비 병력 1,200만명
○ 결 과 : 소련 승리
○ 분 석
- 목표의 원칙 위배
- 소련의 자원과 자연환경 경시
- 최고 지도자의 군사권에 대한 간섭

배 경 독일군은 프랑스 전역을 완료 후 영국에 화의를 제안했으나 거절당하자 대영국 작전(바다사자 작전, 1940. 8. 10 ~ 10. 31)에 돌입하였다. 독일 공군은 제공권을 장악하고 항공기로 영국의 해안 도시들을 공습했으나 오히려 영국 공군에 압도당했다. 이는 레이더라는 신무기와 더불어 영국 공군의 스피트파이어(Spitfire)기가 독일 공군의 메서쉬미트(Messerschmidt-109)기 보다 우수했기 때문이었다. 더욱이 독일은 공격 목표를 비행장보다는 인구가 밀집한 도시나 선단 위주로 선정하

는 과오를 범하면서 오히려 영국 국민의 전의를 고양시키는 결과를 초래했다.

독일의 서부전선 승리에 위협을 느낀 소련이 1940년 6월 루마니아의 베사라비아(Bessarabia) 및 부코비나(Bucovina : 독일의 발칸 진출로)를 점령하자 독일도 루마니아로 진출했다. 이때 이탈리아가 그리스를 침공(1940. 10)했으나 오히려 격퇴(11월)당했다. 이에 독일은 이탈리아를 지원하고, 영국군을 견제하기 위해 발칸반도로 진출하여 불가리아(1941. 2)와 유고슬라비아(1941. 3)에 진주하고, 그리스를 점령(1941. 4. 23)하였다.

히틀러의 소련 침공 목적은 군사와 경제적 목적 두 가지였다. 이미 1939년 8월 소련과 불가침조약을 체결하여 유럽의 북부 및 서부 전역을 완료한 히틀러는 영국과의 전면 대결을 앞두고 양면전쟁을 피하기 위해 우선 소련을 굴복시켜야만 했다. 더욱이 소련의 전력이 급상승하고 있는 가운데 이를 신속히 제압할 필요를 느꼈다. 여기다 소련 지상군을 소멸시킨다면 독일군은 해군력 증강에 전념하면서 영국과의 협상도 이끌어 낼 수 있을 것이라 기대했다. 당시 독일군 판단으로는 소련군 제압에 8-10주 정도가 소요될 것으로 판단되었다. 이 정도의 속전속결작전이라면 서부(영국) 위협은 없을 것으로 판단했다.

또한 독일은 전쟁 수행과 국가발전을 위해 자원이 부족하여 '우크라이나의 곡물, 우랄 산맥 일대의 지하자원, 코카서스 지역의 석유 등 풍부한 소련의 자원을 탈취하려는 계산을 하고 있었다. 따라서 히틀러의 소련 전역은 연합국의 봉쇄에 대비하기 위해 전략적 차원에서 출발한 것이었다. 여기에 소련 침공은 사상적으로 나치즘(Nazism)과 볼세비즘(Bolshevism)의 대립이기도 했다.

경 과[34] **① 독일의 침공 계획과 소련의 전쟁 준비** 히틀러는 1940년 12월 28일 2단계로 구성된 소련 침공계획인 바바롯사(Barbarossa)계획[35]을 하달했다. 1단계는 국경지역(이전 폴란드와 소련의 국경 지역)에 배치되어 있는 소련군을 기갑부대로 포위하여 섬멸하는 것이었다. 2단계는 점령지역을 확대하여 볼가강 하구 → 카찬(Kazan) → 아창겔(Archangel) 선까지 진출하여 소련 공군의 위협을 제거하고, 필요시 우랄(Ural) 공업지대를 폭격 무용화시키는 계획이었다.

하지만 목표를 선정하면서 히틀러는 공산주의의 요람이자 공업지대인 북부의 레린그라드(현재의 상트페테르부르크)와 곡창지대인 남부의 우크라이나를 원했고, 군부에서는

34) 노병천, 〈도해 세계전사〉, 연경 문화사, 2001, pp. 313~342
최용성, 〈신편 세계전쟁사〉, 2009. pp. 360~375

35) 바바로사는 '붉은 수염'이라는 뜻으로 12세기의 독일 왕 프리드리히(Frederick) Ⅰ세로부터 유래하였다.

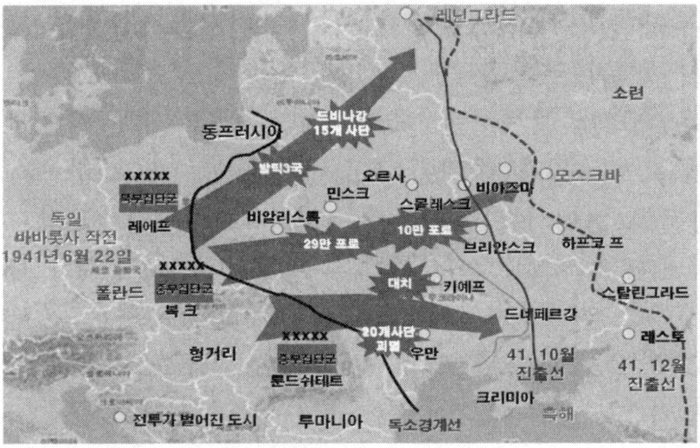

〈소련전역의 전기 전투〉

소련군 주력을 격파하기 위해 중부의 모스크바로 진출할 것을 주장했다. 이러한 논의 속에 독일군은 주요 목표만을 정한 채 주공을 확정하지 못하고 공격을 개시했으며, 주공은 1단계 작전 종료 후 결정하기로 했다. 소련의 스탈린(Joseph Stalin)은 히틀러와 불가침조약을 체결했으나 곧 히틀러의 야심을 알아차리고 일·소 불가침 조약(1941, 4)을 체결하여 시베리아의 병력을 절약하며 대독 전쟁에 전념할 수 있었다. 소련은 전통적으로 광대한 영토를 바탕으로 "공간을 주고, 시간을 얻는다."는 기동방어와 초토전략을 채택하고 있었다.

소련 적군(赤軍)은 1918년 창설된 이래 징병제를 채택하고 있었다. 또한 스탈린의 경제개발계획에 따라 군수산업이 발달하여 장비는 기계화되어 가고 있었다. 소련은 인원과 자원 면에서는 결코 만만치 않은 상태였으나(보병사단 203개, 기계화 및 기갑사단 46개, 예비군 1,200백만명, 전차 2,000대, 항공기 7,500대) 그 질은 군부 숙청(1937)으로 매우 약화된 상태였다. 지리적으로 소련 영토내의 도로와 철도는 열악했고, 돈강, 도네츠강, 볼가강 등과 많은 소택지가 기동을 제한했다. 더욱이 툰드라의 동계 기온은 영하 수십 도를 밑돌았고 봄과 가을에는 진흙탕으로 변하였다. 따라서 고래로 소련으로 들어가 동계에 승리한 군사작전은 없었다.

② **전기 전투** 독일군의 전력은 기갑사단 19개, 기계화사단 12개를 포함한 총 148개 사단, 전차 3,350대, 항공기 2,500대, 포 7,000문 이었다. 육군의 공격제대는 3개 집단군으로 8개 군과 4개 기갑군으로 편성했다. 1단계작전 간 기동계획은 룬드쉬데트의 남부집단군(4개 군, 1개 기갑군)이 프리페트 소택지와 흑해 사이에 배치된 소련군을 포위섬멸하기 위해 키에프와 드니에페르강을 경유하는 우크라이나 방면으로 진격하고, 복크의 중앙집단군(2개 군, 2개 기갑군)은 나폴레옹의 원정로인 바르샤바 - 민스크 - 스몰렌스크 통로를 따라 모스크바를 목표로 진격하도록 했다. 이때 남방과 북방의 기갑부대는 드니페르강(Dnieper) 상류에서 합류하여 모스크바를 포위하도록 계획되었다. 레에프의 북부집단군(2개 군,

1개 기갑군)은 동프로이센으로부터 진격하여 발트해 지역의 소련서북전선군을 고착·섬멸함과 동시 레닌그라드를 목표로 두었다.

이에 비해 소련군의 전력은 203개 보병사단, 46개 기갑 및 기계화 여단에 예비 병력으로 1,200만명 이상을 동원할 수 있었고, 전차 2,000대와 항공기 7,500대를 보유하고 있어 양적인 면에서는 독일군을 능가하고 있었다. 국경지대에는 제1방어선(폴란드 지역 - 베사라비아 - 발틱 제국의 서쪽 국경선)을 구축하고, 제2방어선에 강력한 기동예비대를 편성했다. 제1방어선은 프리페트 남쪽의 서남전선군(부데니 원수, 69개 사단), 소택지 북쪽에서 리투아니아 국경지대까지의 서부전선군(티모셍코 원수, 47개 사단), 발틱 제국 안의 서북전선군(르로쉴로프 원수, 32개 사단)은 300만명을 배치하고, 이외 지역에도 100여만명이 배치되었다.

〈진격하는 구데리안 기갑부대〉

독일군은 1941년 6일 22일 3,200km의 전 전선에서 동부로의 공격을 개시(D-day는 5월 15일 이었으나 발칸전역으로 인해 1개월 지연) 3개 방향으로 진출했다. 초기 전투에서 독일군은 세밀하고도 우수한 계획과 전술 그리고 기동력으로 성공을 거두었다. 이는 프랑스 침공에서 기갑부대의 집중 운용을 통한 기동전과 포위 섬멸전에서 얻은 교훈이었다.

독일군은 침공 간 작전지역의 특징과 소련군의 배치상태를 고려하여 전격전의 새로운 형태인 '쐐기와 함정(Keil unt Kessel)전술'을 창안하여 적용했다. 이는 소련군을 전선에서 조기에 포착·섬멸하기 위한 것으로 퇴로를 차단하고 측면에서 공격하는 전술이었다. 중앙은 조공인 보병이, 좌우 측방에 강력한 기동력을 발휘할 수 있는 기계화 부대가 주공으로 배치되었다. 조공인 보병이 견제를 실시하고, 양측의 주공은 첨단에 위치한 보병이 돌파구를 형성하면, 기계화 부대가 신속하게 침투하여 포위망을 형성하고, 후속하던 차량화 보병이 기갑부대의 측방을 엄호함과 아울러 포위망을 형성, 중앙의 견제부대와 협격하는 양익 포위전술이었다.

남부집단군은 순조롭게 진출했으며, 우만(Uman) 부근에서 소련군을 격파했다. 하지만 소련군 주력은 드네프르강을 건너 철수해 버렸다. 독일군은 소련군 포착에 실패했고, 소련군은 키에프(Kiev)에서 독일군을 저지하기 시작했다. 중부집단군은 비알리스톡(Bialystok)과 민스크(Minsk, 7. 10, 포로 29만명 획득) 포위전, 스몰렌스크 포위전(Smolensk, 7. 16, 포로 10만명 획득)을 전개하며 신속한 진격으로 모스크바 서남쪽 200km까지 육박했으나 병참은 이를 따르지 못하고 있는 실정이었다. 또한 남부의 키예프가 돌출되어 더 이상의 진출에 위험이 따르는 상황이었다. 독일군은 그간의 진격으로 인해 부대재편이 필요하여 9월 초순까지 6주 동안은 진출을 중지하였다. 이는 히틀러가 양 측방군에 전력을 지원하도록 했기 때문이기도 했다. 북부집단군은 소택지 및 살림지대의 자연장애물과 소련군의 강력한 전항을 물리치고 국경선을 돌파하여 드비나강 일대에서는 소련군 15개 사단을 격파하여 레닌그라드 일대에 도달하였으나 소련군의 필사적인 저항으로 인하여 레닌그라드 일대에서 1941년 9월부터 30개월 동안 치열한 공방전을 치르게 된다. 이 10주간의 국경지대 전투를 통해 독일군은 국경선을 넘어 소련의 내륙으로 진출하는 데는 성공했으나 독일군 주력 포착에는 실패했다. 이 초기 전투에서 독일군은 45만명, 소련군은 100만명의 병력손실을 입었다.

키예프 포위전(남부 집단군) 키예프에 대한 공격전 독일군 지휘부에서는 소련군을 모스크바의 볼가강 일대에서 포착하여 격멸할 수 있다고 판단하고 모스크바 진격을 원하는 반면 히틀러는 우크라이나의 자원을 원하고 있었다. 결국 히틀러의 키예프 공격명령(1941. 8. 21)이 하달되어 부대 재편성(중부집단군에서 구데리안의 제2기갑군과 바이크 지휘하의 제2군을 남부 집단군으로, 호즈가 지휘하는 제3기갑군을 북부 집단군으로 전환)이 이루어졌다.

이로 인해 1개 군만을 보유한 중앙 집단군은 6주간 정군(停軍)하였으며, 기갑 및 보병 각 1개 군을 지원 받아 전력을 강화한 남부집단군은 키예프를 포위하면서 소련의 서남집단군을 공격했다. 8월 25일 중앙 집단군에서 이동한 구데리안 기갑군이 남하하고 남부집단군에서 출발한 제1기갑군이 북상하여 루브니(Lubny)에서 합류하여 키예프를 포위하기 시작했다. 중부집단군의 제2군과 남부집단군의 제6, 17군이 견제 및 엄호를 하는 가운데 9월 19일 키예프가 함락되고, 소련군은 26일 항복했다.

이 전투에서 독일군은 소련군 포로 66만 5천명과 전차 890대를 획득하였다. 8월말까지 전투로 소련군은 약 100만명의 인원 손실을 입었으나 주력은 전투력을 보존할 수 있었다. 특히 독일 중부군의 주력인 기갑부대가 키예프로 전용되는 기간을 이용하여 모스크바의 방어력을 강화하고, 주요 산업시설을 우랄(Ural)산맥 동부로 이동시켜 전쟁 지속능력을 향상시킬 수 있었다. 소련은 키예프를 희생하고 시간을 얻은 셈이다. 하지만 독일은 모스크바 점령과 소련군의 주력을 섬멸할 수 있는 기회를 상실하고 말았다. 전술적 승리를 얻으면서 전략적으로는 실패했다.

레닌그라드(상트페테르부르크) **전투** 독일 북부집단군은 1941년 9월 8일부터 1944년 1월 18일까지의 872일 동안 레닌그라드를 포위했다. 하지만 소련군은 1943년 1월 12일에 결사적인 반격작전(Iskra)을 감행했다. 1월 18일에는 육지의 고도가 되었던 레닌그라드로 이어지는 육상 루트를 확보하고 포위망을 풀었다. 이후 포격전이 전개되어 독일군은 1944년 1월 27일 레닌그라드 남부까지 밀려갔다. 이 전투에서 소련은 150만명의 군인과 시민이 희생되었다.

모스크바 포위전(중부 집단군) 키예프를 탈취한 독일군은 남부에서는 소련군의 저항이 없을 것으로 판단하고 중부집단군을 강화(2군은 키에프에서 원복, 북부집단군에서 제4기갑군 지원)하여 1941년 10월 2일부터 모스크바를 공격하기 시작했다. 초기 2주간은 브리얀스크(Bryansk)와 비아즈마(Vyzma)에서 승리했다(포로 66만 3천명 획득). 그러나 병참선이 신장되고 기온이 갑자기 하강하기 시작하자 전장의 수뇌부는 히틀러에게 철수를 건의했다. 이때 기갑부대의 전투력은 최초의 1/2 수준이었다. 하지만 히틀러는 혹한이 오기 전에 모스크바를 공격하도록 독전하였다. 반면 소련군은 독일군이 남부로 지향하는 사이 전투력을 보강하였다.

〈지쳐버린 독일군〉

독일군은 11월 15일부터 모스크바 포위를 위한 타이픈(Teifun) 작전을 개시했다. 중앙집단군은 모스크바를 목표로, 예하의 제4군이 정면으로 공격하고 지원받은 제4기갑군과 제3기갑군은 북쪽에서, 제2기 갑군은 남쪽에서 공격하여 모스크바를 확보하려 했다. 이때 독일군은 신전술로 특수임무부대(장갑차, 대전차포, 자주고사포 등)를 편성하여 공격했고, 제4군은 모스크바 최종 방어선인 나라(Nara)강선에 진출하고 모스크바 40km까지 육박했다. 하지만 가을비가 며칠 내리더니 갑자기 기온이 영하로 급강하자 동계전투준비가 되지 않은(부동액, 동계복장) 독일군은 얼어붙기 시작했다. 결국 독일군의 전진은 나라 선에서 중지 되었고, 철수를 결심하게 되었다.

소련군은 12월 16일 모스크바 방어전 지휘관으로 군사천재라 불리는 게오르기 쥬코프(Zhukov) 원수를 임명했다. 쥬코프는 모스크바 방어를 위해 모자이스크 방어선을 구축하여 독일군의 공세를 막아내기 시작했다. 남녀노소를 불문하고 모든 시민이 방어진지 편성에 동원되었고, 시베리아에서도 증원군이 도착했다. 소련군은 모스크바가 실함될 위기에 처해있던 그 순간에도 반격을 위해 1백만명 이상을 예비로 보유하고 있었으며, 12월 5일을 기해 100개 사단이 전면 반격에 나섰다.

이 반격으로 개전 후 처음으로 독일군은 패퇴했으며, 남북에서 모스크바를 공격하고 있던 독일군은 붕괴되기 시작했다. 철수를 단행한 독일군은 1942년 2월 중순에 최초 출발점으로 복귀했다. 이로써 모스크바 포위전은 소련군의 승리로 끝났다. 모스크바전투에서 소련군은 500만명에 이르는 인적 피해를 입었으며, 철광과 망간 등 전쟁자원이 생산되는 지역에 대한 막대한 물적 피해를 입었다. 독일군도 157만명 이상의 인명피해를 입었다.

히틀러의 하계공세 스탈린그라드(볼고그라드) 전투 히틀러는 1942년 5월 소련군이 전년도 패배이후 전투력을 만회하기 전에 동부전선의 주도권을 확보하고자 또 다른 공세를 계획했다. 이 작전은 서부전선에서 연합군의 반격이전에 종결될 것으로 판단했다. 독일군은 남부의 유전지대인 코카서스(Caucasus)와 볼가(Volga)강 하류 공업도시이로 전략적 요충지이자 스탈린의 이름을 붙인 도시로 쌍방의 사기에 큰 영향을 미치는 지역인 스탈린그라드(Stalingrad) 방면에 주력을 배치했다.

독일군은 이 공격에 앞서 소련군의 하르코프 공세를 제6군과 제1군이 협공하여 차단하고, 소련군 24만명을 포로로 획득했다. 히틀러는 이 공세를 발판으로 하계공세에 돌입했다. 스탈린그라드를 점령하기 위한 전투는 6월 28일 시작되었다. 기간 중 히틀러는 남부집단군을 해체하여 A집단군(리스트)과 B집단군(복크해임, 비이크스 임명)을 편성했다. 양 집단군은 협동으로 우선 돈(Don)강과 도네츠(Donets) 계곡을 점령하고 코카서스와 스탈린그라드를 점령할 계획이었다. 그러나 히틀러는 제1기갑군이 남쪽 코카서스 지역의 로스트프(Rostov)에서 고전하자 7월 13일 계획을 변경하여 B집단군은 스탈린그라드, A집단군은 코카서스 지역을 각각 공격하도록 명했다.

이에 따라 독일군의 목표가 분리되면서 A집단군과 B집단군의 사이에 간격이 발생하여 돈 만곡부에 포위되었던 소련군은 간격을 이용하여 탈출할 수 있었다. 또한 히틀러는 B집단군의 4기갑군을 A집단군으로 전환했다. 그럼에도 불구하고 B집단군은 8월 23일 제6군이 스탈린그라드 북방 볼가(Volga)강에 도달했다.

한편 A집단군은 8월 23일 로스토프 점령과 더불어 카스피해 전방 100km까지 육박해 들어갔다. 히틀러는 또 다시 전선의 군사작전에 관여했다. 히틀러는 스탈린그라드 전방에서 진격이 늦어진다는 이유로 A집단군에서 제4기갑군을 차출하여 스탈린그라드 방면으로 투입하였다. 이어 A집단군 예비대인 제11군까지 스탈린그라드로 이동하도록 명했다(반대하던 할더와 A집단군 사령관 리스트 해임). 이후 A집단군은 유전지대(마이코프)를 점령하였지만 소련군의 조직적인 방해(초토화 작전)와 험준한 산악으로 인해 유류를 확보하지 못하고 일부가 카스피해에 도달하면서 모즈도크(Mozdok)일대에서 정지했다.

스탈린그라드로 진격 중 B집단군은 제4기갑군단까지 차출 당하고 유류난에 시달렸지만 8월 23일 제6군이 스탈린그라드 북방의 볼가강 부근에 도달했다. 특히 복귀한 제4기갑군은 스탈린그라드 40km 전방까지 진출했다. 스탈린은 주코프를 사령관으로 하여 '스탈린그라드 전선부대'를 창설하고 역량을 집중하여 방어하고 있었다. 하지만 독일군은 폭이 넓은 볼가강으로 인해 포위기동이 불가하여 비효과적인 정면공격만을 계속하면서 전투력을 과도하게 소모시키고 있었으나(단선 철도로 병참까지 악화) 히틀러는 B집단군 예하의 제6군(파울루수)에게 현 위치에서 공격하도록 직접 명했다. 시가전은 9월말부터 시작되었다.

소련의 대반격 소련군 최고사령부 주코프장군은 대반격을 시도했다. 스탈린그라드 시내 일대에 있는 독일군 제6군과 제4기갑군을 포위하기 위해 양 측방에서 공격하는 전략이었다. 소련군은 스탈린그라드 주위에 집결한 4개 전선군으로 11월 9일 반격을 개시했다. 서북방에서는 돈 집단군과 서남 전선군이 독일군을 포위했고, 남쪽에서는 스탈린그라드집단군이 남방으로 포위하기 시작했다. 소련군은 전략적으로 소규모 부대로 분산하여 독일군과 근접전을 시도(독일군의 공지합동 및 보전협동 공격에 대비)하는 동시에 반격을 위해 스탈린그라드 수비부대는 최소한의 부대로 독일군을 흡수하면서 강력한 예비대를 돈강 만곡부를 연하여 스탈린그라드 양 측방에 집결시켰다. 11월 22일에는 스탈린그라드 전선부대 2개 기동부대가 스탈린그라드 시 남쪽에 있는 카라치(Kalach)독일군 진지를 돌파하여 22일 남쪽에서 서남 전선군과 연결하였다.

독일 제6군의 고립 이때 독일군은 기동력 있는 제4기갑군은 대부분 포위망을 탈출했지만 기동력이 빈약한 파울루스의 제6군과 과반수의 제4기갑군은 스탈린그라드 시내 일대에 완전 고립되어 포위되고 말았다. 포위된 인원은 280,000만명에 이르렀다. 히틀러는 공중수송을 약속하고 현 진지 고수를 명하여 탈출 기회를 상실했다(히틀러의 볼가강에 대한 집착, 독일 제6군 1일 보급 소요량 750톤이나 독일 공군 보급 능력은 1일 70톤으로 실현 불가능한 계획임).

한편 레닌그라드 방면에 위치한 돈 집단군(만슈타인을 사령관으로 신편)은 히틀러의 명에 따라 파울루스의 제6군을 구출하려 3개 기갑사단을 재편성 스탈린그라드 56km까지 진격하였으나(파울루스는 만수타인의 탈출 권유 거부) 소련군의 저항으로 실패했다. 이후 소련군 주력이 도네츠 분지로 향하면서 코카서스 지방에서 작전 중인 독일 A집단군마저 차단될 수 있는 상황에 처했다.

히틀러는 A집단군에게 현 위치 고수를 명했다가 제6군에 이어 또 다시 포위될 것을 우려하여 1943년 1월 2일 철수를 허락했다. 하지만 포위된 제6군이 끈질기게 소련군을 끌어들여 코카서스에서 철수로가 차단될 수 있었던 A집단군은 무사히 로스토프로 철수할 수 있었다. 또한 돈 집단군이 용전분투하여 로스토프를 확보하여 A집단군의 철수를 보장했다.

고립된 파울루스의 제6군은 약 2개월 동안 필요한 보급량을 공중지원 받다가 1월 24일 부터는 이마저도 중단되었다. 결국 수차례의 항복을 거부한 제6군 22개 사단은 70여 일간의 전투를 종료하고 1943년 2월 2일 항복했다[36](투항 당시 인원 91,000명, 전후 독일로 송환된 인원 6,000명).

소련 전역의 분기점이 된 스탈린그라드 전투는 처절하게 진행되었다. 양 국의 병사들은 근접하여 상호 지근거리에서 얼굴을 마주치며 백병전으로 전투했다. 이 전투로 시가전이 발전하게 되는 계기가 되기도 했다. 전투는 결국 인원과 물량이 앞선 소련이 승리했다. 최근의 연구 성과에 의하면 이 전투로 양측에서 단일 전투로는 사상 최대인 250만명의 인원이 전사한 것으로 밝혀졌다.

③ **후기 전투** 1943년 7월 5일에는 소련 전역에서 독일군의 최후의 대규모 공세인 크르스쿠(Kursk) 전투(8,400대의 전차가 투입되어 사상 최대의 전차전)가 진행되었다. 이 전투이후 소련군의 대반격이 실시되었다. 소련군은 레닌그라드, 우크라이나, 필란드, 백러시아, 발칸, 발틱 등에서 독일군을 계속적으로 격멸시켰다. 결국 베를린까지 밀린 독일군은 소련군에 항복했다.

결과 및 교훈 전기 전투에서 독일군의 패인은 국경선에서 소련군의 주력을 포착하지 못하고 전열을 가담을 시간을 허용했기 때문이다. 이는 독일의 병참문제와 관련된 것으로 차량이 부족하여 전차를 보병이 후속할 수 없었고, 충분한 전투 물자와 장비를 전투지역에 지원할 능력이 없었기 때문이다. 또한 히틀러가 군사에 관여하여 빈번히 목표를 변경하여 독일군의 중심을 흐린 점과 과도하게 넓은 지역을 공격한 점과 무모한 지역 고수 등이 패인이었다.

또한 독일군이 목표의 원칙을 위배(세 개의 지리적으로 이격된 목표)한 것과 소련군의

36) 히틀러는 파울루스를 원수로 진급시키고 최후의 항전을 요구하였다.

능력을 과소평가하고 단기작전(할더는 동부전선에서 제한작전으로 안정시킨 후 전력을 보강하여 공격하고자 했으나 히틀러는 단기전 고수)에 임한 자칭 군사천재인 히틀러의 교병필패(驕兵必敗)였다. 또한 지형 및 기후 등에 대한 부정확한 정보는 동계작전에 대한 준비를 소홀하게 했다

소련은 초전의 패배에도 불구하고 대전을 승리로 장식했다. 이는 소련 국민들의 혼연일체로 뭉친 애국심의 발로였다. 또한 소련의 영웅 주코프 장군의 창의적인 전술적용(소수의 부대로 독일군 흡수 고착과 절대적인 전투력으로 역습)과 탁월한 지휘력이 승리의 원동력이 되었다.

전반적으로 소련의 국력과 생산력도 독일을 압도했다. 소련의 경제는 공업화로 인해 전쟁지속능력이 향상되었고, 정치적 요인으로 소련은 전체주의 국가로 무진장한 인력 동원이 가능했다. 또한 점령 주민에 대한 독일군의 처우가 민족주의를 촉발시켜 소련 농민의 빨지산(Partisan) 활동을 촉발시켰다. 여기에다 외교적으로는 소련과 일본의 유착을 막아내지 못해 소련의 서부전선 전력이 증강되었다.

라. 북아프리카 전역

개 요 북아프리카 전역은 1940년 9월 13일부터 1943년 5월 13일까지 북아프리카 사막(이집트, 리비아, 알제리, 모로코, 튀니지 등)에서 전개되었다. 대전 초기에는 유럽과 지리적으로 이격된 북아프리카와 중동에 대해서 연합국과 동맹국 모두 관심이 소홀했다. 하지만 전쟁이 진행되면서 아프리카와 중동에 대한 전략적 가치가 주목받기 시작했다. 지중해의 항로와 스에즈 운하뿐만이 아니라 유전지대(코카서스, 이란, 이라크)를 통제할 수 있는 지역으로 육로로 아프리카와 아시아 및 유럽이 연결되면서 유럽의 전장과 연결되어 독일의 배후를 위협할 수 있는 지역 있었다. 거기다가 터키를 비롯한 중동 제국가의 향방을 가늠할 수 있었다. 전역이 진행된 북아프리카(트리폴리-알렉산드리아 1,400마일)의 지리적 여건은 북쪽은 지중해로 남쪽은 광대한 사막으로 가로막혀 있었다. 다만 중간 중간에 항구가 발달해 있었고 도로망은 항구와 항구를 동서로 연결하는 형태로 신장

〈아프리카 전역〉

되어 있었다. 그래서 전투는 도로를 중심으로 보급에 필요한 항구를 얻기 위한 기갑부대 전투위주로 진행되었으며, 병참 여부가 전투의 향배를 갈랐다.

북아프리카는 프랑스가 항복하면서 영국이 홀로 남아 있었다. 하지만 영국도 본토 방어에 급급하여 카이로에 위치한 중동사령부 예하에 10만명의 병력만이 있었으며, 이집트에는 겨우 두개 사단만이 배치되어있었다. 영국은 1940년 8월 처칠의 전략적 선견으로 1개 기갑사단을 이집트에 파견했다.

독일이 소련 침공에 전념하고 있을 때, 이탈리아가 북아프리카로 진출했다. 이탈리아군은 리비아로부터 이집트 방향으로 공격했다(1940. 8). 이후 그라찌아니(Graziani)가 지휘하는 제10군 5개 사단이 리비아로부터 이집트를 공격(9. 13)하여 70마일 이격된 시디 바라니(Sidi Barani)를 점령했다(9. 16). 하지만 이탈리아군은 기동력 부족과 보급 미비로 더 이상 진격하지 못하고 영국군에 막혀 3개월간 소강상태를 유지했다.

소강상태 중 추가적으로 기갑 1개 사단을 지원받은 영국군 총사령관 웨벨(Wavell) 대장은 반격을 개시하여(12. 9), 시디 바라니를 다시 탈환(12. 10)하고, 살룸(Sallum, 12. 16), 바르디아(Bardia, 1941. 1. 4), 베다폼(Bedda Fromm, 1. 27)을 점령하여 퇴로가 차단당한 이탈리아군의 항복(2. 7)을 받았다. 영국군도 소말리랜드의 위협과 독일군의 발칸 침공에 따라 4만명의 병력이 그리스로 방면으로 차출되어 방어로 전환하고 있었다.

롬멜의 등장 영국의 반격으로 곤경에 빠진 이탈리아는 동맹국 독일에 지원을 요청했고, 히틀러는 당시 명망이 높던 롬멜(프랑스 침공시 제7기갑사단 지휘)장군을 지휘관으로 임명하여 2개 기갑사단으로 북아프리카 군단(DAK)을 창설 파견했다(각각 1941년 3월과 5월 도착 예정). 본대보다 먼저 도착(1941. 2. 11)한 롬멜은 영국군이 방어에 전념하고 있는 것을 간파하고, 부족하지만 현재까지 도착한 병력으로 과감한 공격을 가하기로 결정했다. 더욱이 연합군이 독일의 유일한 보급항인 트리폴리를 공격한다거나(독일의 보급선은 이탈리아와 리비아를 잇고 있었으나 이탈리아 하단 몰타 섬에 위치한 연합군의 해·공력에 의해 차단) 독일군 증원이전에 공격해 온다면 큰 문제였다.

따라서 롬멜군은 엘 아게일라선(El Ageila) 전면의 영국군을 기습공격(3. 22)했다. 영국군은 의외로 쉽게 무너졌다. 전기를 포착한 롬멜은 맹렬한 추격을 실시하여 영국군 재편성 시간을 박탈하고 벵가지(Benghazi, 4. 3)를 점령하고 토부룩(Tobruk)을 포위(4. 11)하면서 전 리비아를 장악했다. 이제 영국은 스웨즈 운하에 대한 위협을 느끼게 되었다.

① **토부룩 전투** 웨이블은 토부록 사수를 결심하고 호주 제9사단과 제18여단에게

방어 임무를 부여했다. 이 부대들은 5월 4일 까지 롬멜군의 3차례의 공세를 막아내며 육상을 차단하고 해상으로부터 군수지원을 받으며 7개월간 지탱해 내었다. 이때 영국군은 이집트 국경에 방어선을 설치하고 독일군을 저지할 수 있었다.

웨이블은 토부룩을 구하기 위해 준비가 부족한 휘하의 영국군으로 하여금 독일군 남측면을 우회공격(6. 11)시켰다. 하지만 롬멜은 소규모 부대를 이용하여 영국군을 사전 은폐된 대전차포 진지로 유인한 다음 잠복한 기갑부대가 퇴로를 차단하여 격멸시켰다. 이때 롬멜은 대공포(88밀리)를 대전차포로 활용하여 큰 성과를 거두었다.

새로이 중동지구 영국군 사령관으로 오친렉(Auchinleck) 장군이 부임하고, 기존 서부사막군이 제8군(1개 기갑사단, 3개 기갑여단, 6개 보병사단 규모 예비 전력으로 1000대의 항공기, 500대의 전차 보유)으로 신편되어 사령관으로 커닝헴(Alan Cunningham)중장이 부임하였다. 오친렉은 토부룩을 구출하고 서쪽으로 진격하여 씨레나이카를 점령하고자 했다.

전력을 강화한 영국군은 토부룩 구출을 위한 '쿠르세이더(Crusader) 작전'을 개시했으나(41. 11, 18) 오히려 전력이 약한 롬멜군(독일군 1개, 이탈리아군 2개 기갑사단의 탱크 390대, 보병 약 12만명)의 대전차포에 큰 손실을 입고 연결 작전에 실패(11. 24)하고 말았다. 이때 항공기와 탱크는 영국이 우세했으나 전차포와 방공포에서는 독일이 압도적으로 우세했다. 여기다 롬멜이 이끄는 아프리카군단의 전차병의 숙련도와 사기는 매우 높았다. 오친렉은 컨닝햄을 해임하고 리치(Neil M. Ritchie) 소장을 제8군사령관으로 임명했다. 독일군은 보급선박을 격침되면서 심각한 보급난에 휩싸이게 되었다. 리치는 이러한 독일군을 재공격(12. 5)하여 7개월 만에 토부룩을 구출하고 전 씨레나이카를 다시 장악했다(12. 24).

롬멜군은 전투력 열세와 병참선 악화(연합군의 독일군 보급선박 공격)로 엘 아게일라선으로 철수(12. 31)했다. 하지만 롬멜은 영국군의 방심을 노렸다. 롬멜은 승리감에 도취된 영국군을 기습공격(1942. 1. 21)하여, 벵가지의 영국군 보급기지를 탈취했다. 롬멜은 원수로 승진하고, 영국군은 가잘라(Gazala)로 철수했다.

② **가잘라-비르 하케임 전투** 영국군은 가잘라-비르 하케임(Bir Hacheim)에 이르는 64km의 방어선을 장애물을 설치(약 50만 개의 지뢰매설)하고 전력을 보강하기 시작했다(약 4개월). 벵가지 전투이후 원수로 승진한 롬멜은 시간이 독일편이 아님을 알고 영국군의 남측 면을 우회하여 영국군 기갑부대를 격파하여 토부룩을

재 탈취하려 했다. 아프리카군단은 5월 27일 해안과 중앙에서 각각 이탈리아 제21, 10군단이 견제하는 가운데 롬멜군은 우회기동 하여 영국군의 좌익으로(비르 하케임 좌익) 진출했다.

영국군도 이를 예측하고 있어 3일간 치열한 전차전이 전개되었다. 롬멜군은 사막공군의 폭격과 연료소모 과다로 병참 사정이 악화되어가자. 롬멜은 철수를 결심했다. 그런데 롬멜의 88미리 대전차포의 지원을 받아가며 철수하던 독일 제10군단이 지뢰지대에 2개소의 통로를 개척하였다. 롬멜은 가마솥 모양의 돌출부 지역을 통하여 일부 보급을 받으면서 전투를 지속할 수 있었다.

결국 롬멜군은 돌출부 비르 하케임(Bir Hacheim)에서 자유프랑스군 제1여단의 방어선을 붕괴시켰다(06, 11). 롬멜은 재빨리 교두보로 전진해 갔다. 이때부터 새로운 전차전이 나이츠 브리지(Knights Bridge)에서 전개되었고, 영국군은 나이츠 브리지를 경유 65대의 전차만이 엘 아뎀 방향으로 철수했다(6. 13).

독일군은 전과확대를 통하여 이전 확보에 실패한 토부룩 마저 점령(6. 21)하며 막대한 전투물자를 확보할 수 있었다. 독일군은 영국군의 소규모 저항을 물리치고 이집트 국경을 돌파 엘 알라메인(El Alamein, 6. 30) 전방까지 도달하였다. 영국군은 사막공군과 뉴질랜드사단이 도착하여 보급난에 시달리는 독일군의 진격을 중지시킬 수 있었다. 하지만 다시 수에즈 운하가 위협받았다.

영국군의 패인은 가마솥 돌출부에서 전투력을 집중하지 않고 축차공격으로 일관했으며, 전차는 보병의 엄호 없이 기동하여 대전차포에 대량 패배를 입었기 때문이었다. 전투의 승리로 기갑전의 천재임을 과시한 롬멜 이었지만 보급선이 끊겨 날로 전력이 강화되는 영국군에 열세에 놓이게 되었다. 따라서 사막의 여우 롬멜(Erwin Rommel)은 "훈장보다 한 방울의 기름을!"이라고 외쳤다.

③ **엘 알라메인전투**[37] 1942년 여름 연합군은 전반적으로 밀리고 있었다. 소련에서 독일군은 하계공세로 코카서스로 진격하고 있었고, 태평양에서는 일본군이 필리핀, 말라야, 동인도제도 등을 점령하고 있었다. 북아프리카에서는 롬멜이 활약하고 있었다. 이러한 상황에서 루즈벨트와 처칠은 워싱턴에서 회담을 열고 서부유럽에 대한 상륙(Round up 작전)을 연기하는 대신, 북아프리카에 가을에 상륙(Torch 작전)하고, 영국 제8군을 강화하여 독일군이 수에즈 운하로 진출하는 것을 저지하는데 합의했다.

37) 육군사관학교, 〈세계전쟁사〉, 2001, 봉명, pp.419～415

이 전략에 따라 영국군은 중동지역 사령관을 알렉산더(Harold. Alxander)대장, 제8군사령관을 몽고메리(Bernard L. Montgomery)중장을 각각 임명했다. 새로 부임한 몽고메리는 부대 재정비와 훈련을 통하여 전투력 회복과 사기 진작을 꾀했다. 또한 사막공군과 제8공군사령부를 지리적으로 동일지역에 위치시켜 원활한 공지작전을 수행할 수 있도록 했다. 그리고 롬멜의 전술에 대응하기 위하여 기갑예비군단을 편성하고 지휘관들의 지휘통솔력 향상에 노력하였다.

롬멜군은 엘 알라메인 지근거리에 도착(1942. 6. 30)하였으나 장거리 추격의 피로와 신장된 병참선, 사막공군의 폭격, 보급의 저하로 고통을 겪고 있었다. 또다시 시간이 자신의 편이 아님을 판단한 롬멜이 영국군 공격을 계획했다. 영국군은 알라메인 지역에서 롬멜이 반듯이 공격해 올 지역으로 판단되는 알람할파 능선(Alam Halfa Ridge)에 전차 2개 여단과 보병 1개 사단 그리고 대전차포를 이용하여 강력한 요새지를 구축하여 놓았다.

롬멜군은 8월 31일 공격하기 시작했다. 이때 롬멜군은 병력 96,000명에 전차 600대였으며, 몽고메리군 병력은 15만명에 전차 1,114대였다. 롬멜은 나이츠브리지에서와 같이 영국군 방어선 남방으로 우회했다. 그러나 몽고메리는 영국군을 진내에 머무르게 하고 독일군을 공격하지 않도록 했다. 독일군은 3일간이나 알람 할파를 공격했으나 대전차포와 사막공군으로 피해를 입고 병참선마저 차단될 위험에 빠지자 신속히 철수하였다. 롬멜의 유인 전술에 여러 번 당한 것을 기억한 몽고메리는 뒤쫓지 않았다.

〈영국군 마틸다 전차부대〉

반격에 나선 몽고메리는 조공인 제13군단이 남방에서 독일 21기갑사단을 견제하고 주공인 제30군단이 북방에서(제10 기갑군단이 지원) 독일 15기갑사단을 정면공격하도록 했다. 제10군단은 주공을 후속하도록 했다. 전투 수행방법으로 1단계는 돌입 단계로 보병이 적진에 돌입하고, 2단계는 혼전단계로 적을 소모시키는 혼전을 치르며, 3단계는 최후의 돌파단계로 적을 돌파하도록 했다.

몽고메리의 기습은 10월 23일 09:40분에 시작되었다. 이때 롬멜은 건강상태로 인해 비엔나 부근에서 휴양 중이었다. 몽고메리는 기습은 시간, 장소, 규모에 있어 완벽했다. 독일군은 주공의 방향을 3일이 지나도 식별하지 못했다. 항공·포병·전차의 지원 하에 영국군 보병이 독일군 진지를 돌파하여 돌파구 내로 영국 기갑부대가 쇄도하기 시작했다. 10월 25일 롬멜이 전선에 도착했으나 전세 만회는 불가능했다.

롬멜군은 철수(11. 4)를 개시했고 영국군은 항공기로 공격했다. 이 와중에도 롬멜군은 백전노장답게 제대를 유지하며 질서정연한 철수를 하였다. 하지만 이탈리아군은 무너졌다. 롬멜군은 12월 23일 엘 아게일라에 도착하여 3주간 휴식 후 다시 부에라트(Buerat)선까지 철수했고 1943년 1월 23일에는 트리폴리를 영국군이 장악했다. 엘 알라메인 전투의 패배로 인해 롬멜군의 무적신화는 깨졌다. 엘 알라메인 전투는 스탈린그라드전투 및 태평양의 미드웨이 해전과 함께 제2차 세계대전의 승패를 전환시키는 분기점이 되었다.

④ **토치(Torch)작전** 토치작전은 스탈린그라드에서 주코프이 대반격이 시작될 즈음이다. 역사상 최초로 연합군사령부(Alled Force Headquaters)가 구성되었다. 미군의 아이젠하워(Eisenhower) 중장을 사령관으로 하여 함선 258척과 3개의 특수임무부대(병력 9만 7천)가 편성되었다. 그 목적은 지중해의 병참선 확보와 소련전선의 독일군 압력을 분산하고, 다카르(Dakar, 세네갈 수도)에 있는 독일군 U-boat 기지를 제거하기 위해서였다. 이를 위해 동진으로 동부의 몽고메리와 협격하여 중앙의 동맹군을 격멸하는 전략을 수립하였다. D-day는 1942년 11월 8일이었다. 상륙군은 북서 아프리카의 카사블랑카(서부특수임무부대), 오랑(중앙특수임무부대), 알지에(동부특수임무부대)에 상륙하여 3일 만에 북아프리카 대부분을 장악하고 작전을 종결지었다.

토치작전은 미군 주도로 미·영 혼성부대가 단일 지휘체제 하에 수행된 상륙작전이었다. 이 상륙작전에서는 지휘 및 노력의 통일이 잘 이루어져 이후 시행되는 통합 및 상륙작전의 선구가 되었다. 또한 미국이 대전에 참여함으로써 전쟁의 승패를 전환시킬 수 있었다. 이 작전으로 연합군은 지중해상의 지배권을 장악하고, 이탈리아 반도로 상륙할 수 있는 기지를 획득하게 되었으며, 추축국에 대한 전략적 포위를 달성할 수 있었다.

마. 노르망디(Normandy) 상륙작전

개 요 1943년 하계에 실시하기로 했던 유럽대륙 상륙계획은 토치작전으로 연기되었다. 제3차 워싱턴회담(43. 5)에서 서유럽 상륙작전은 암호명 '오버로드(Overlord) 작전'으로 변경되었고, 계획수립을 위해 참모본부(COSSAC, 런던)가 편성되었다. 연합국은 효율적인 전쟁을 위해서 참모본부를 연합원정군총사령부(SHAEF, Supreme Headquaters Allied Expeditionary Forces)로 개편하고 미국의 아이젠하워(Dwight David Eisenhower) 대장을 총사령관으로 임명했다.

상륙지역은 ① 네덜란드, 벨기에 해안 ② 빠 뜨 까레(Pas de Calais) ③ 세느강 하구 ④ 노르망디 ⑤ 브레타뉴 반도 ⑥ 비스케이 만 등 6개 지역이 고려되었으나 최종적으로 노르망디 해안으로 결정되었다. 노르망디는 공중엄호가 가능하고 특히 강풍을 차단할 수 있으며, 해안 지대에 대부대 수용이 가능하며 독일군 방어태세도 비교적 미약한 점이 고려되었다. 남부 프랑스에는 견제 상륙이 계획되었다. 당시 연합군 전력은 SHAEF 예하에 제21집단군, 연합원정공군, 연합원정해군이 편성되었고, 미 전략공군과 영 폭격기사령부를 아이젠아워 장군이 직접 통제했다. 작전에 참가하는 병력은 총 2,876,000명, 항공기 12,000대, 함선, 5,300척 규모였다.

독일군은 서부전선 총사령부(룬드쉬테트 원수)예하에 B집단군(롬멜, 서부유럽 해안 담당), 프랑스 주둔 G집단군(블라스코비쯔, 남부프랑스) 등 총 58개 사단(기갑:10, 보병:17, 대공방어 및 교육사단:31)이 있었다. 하지만 독일군은 경험이 부족했고, 방어선은 신장배치 되어 있었다. 이를 보완할 기동예비대도 절대적으로 부족했다.

방어계획 수립에 있어 룬드쉬테트와 롬멜은 상반된 견해를 가지고 있었다. 룬드쉬테트는 연합군이 강력하게 무장하고 상륙할 것이기 때문에 최초의 상륙은 허용하고 이후 교두보 확보단계에서 기동예비로 역습하여 퇴각시키고자 했고, 오히려 기동전의 대가인 롬멜은 제공권이 확보되지 않은 상황으로 예비대 기동이 불가함으로 연합군을 최초 상륙단계에서부터 저지해야 한다고 주장했다. 결정권자 히틀러는 최종적으로 롬멜 안을 수용하여 대서양 해안을 요새화하여 약 4,000km의 '대서양 방벽(Atlantic Wall)'을 구축하고 있었다.

연합군의 상륙작전은 5단계로 구분되었다. 제1단계는 예비단계로 전략폭격과 더불어 상륙 지역을 기만하고, 제2단계는 준비단계로 폭격으로 적의 이동을 저지하고 상륙 해안을 고립 시키도록 했다. 제3단계는 공격단계로 상륙지역에 전술폭격 및 함포사격을 실시하고 H-6시부터 3개 공수사단을 투하하여 양 측방을 방호하고 노르망디 해안에 7개 사단을 상륙시키며, 빠 뜨 까레에서 양동작전을 실시한다. 제4단계는 교두보 확대 단계로 셸브르항을 점령하고 생로·까엥 선까지 진출하고, 마지막 제5단계는 근거지 확보단계로 세느·르아르강 선까지 진출하며, 병력 및 물자 집결에 필요한 공간을 확보하는(D+90일 종료) 계획이었다.

경 과 상륙작전에 영향을 미치는 요소인 간·만조의 차와 조류 그리고 전력증강을 위해 D-day는 6월 6일로 확정되었다. 하지만 6월 5일은 폭풍우가 몰아쳐 연기냐(연기한다면 한 달 이후 가능)? 강행이냐? 의 선택을 해야만 했다. 아이젠아워 장군은 상륙작전 실행으로 결심했고, 오히려 기습달성이 가능했다.

1944년 6월 5일부터 셸브르-세느 간의 주요 타격지점과 상륙장소 기만을 위해 영국 중폭격기 1,133대가 포탄을 쏟아 부었다. 6월 6일 01:00에는 공정부대들이 투입되었다. 미 제82공정사단이 메르테르강 교량을 선점하여 셸브르항 공격에 대비했다. 미 제101공정사단은 유타 해안에 대한 독일군의 공격저지 및 제4사단 엄호를 위해, 영국군 제6공정사단은 오르느(Orne)강 교량을 선점 상륙군의 좌익 엄호를 위해 투입되었다.

상륙은 미군 제4사단이 유타해안에 상륙(06:30)하여 교두보룰 확보(09:30)했고, 제1사단은 오마하해안에 상륙 시 주변에서 훈련 중이던 독일군의 반격으로 야간에 교두보를 확보(3,600명 사상)했다. 영국군은 07:20에 경미한 저항을 받으며 골드, 쥬노, 스오드 해안에 상륙해 당일 교두보을 확보했다. 6월 27에는 셸브르항을 점령하고, 7월 18일에는 생로를 점령했다. 7월 24일에는 쌩로-까엥을 점령하고 교두보 확보단계를 완료했다. 이어 내륙으로의 돌파구를 확장하기 시작했다. 또한 같은 날 대서양상에서는 미 제7군 예하 제6군단이 남프랑스(칸느와 울롱 사이) 안빌(Anvil)에 상륙하여 노르망디 방면으로 독일군이 전용되는 것을 견제했다(상륙부대는 리용을 확보하고, 9월 11일 아이젠하워군과 연결).

〈노르망디 상륙작전〉

상륙작전을 성공적으로 수행한 연합군은 내륙으로 진격했다. 반면 독일군은 내부적으로 흔들리고 있었다. 급기야 7월 20에는 히틀러 암살 미수사건이 발생했고, 히틀러는 군사작전을 독단으로 처리하기 시작했다. 연합군은 7월 25일부터 융단포격으로 시작되는 '코브라 작전'을 통해 그랑비일(Granvilles)과 아브랑쉬(Avranches)를 점령하여 브레타뉴 반도로 향하는 통로를 개척하고 센강과 파리방면으로 진출할 수 있게 되었다. 패튼은 8월 8일에 '럭키 스트라이크'작전을 통해 르·망(Le Mans)을 점령했고, 팔레에즈(Falaise)-아르장땅(Argentan)에서 승리하며 계획보다 10일 빠른 8월 25일 04:00 파리를 해방시키면서 오버로드 작전을 성공적으로 마무리 지었다.

결 과 독일군이 연합군의 상륙작전을 거부하지 못한 이유는 상륙작전을 예상하고 있었지만 연합군의 압도적인 전투력 때문이었다. 당시 독일군은 상륙지역 오판으로 인해 즉각적인 예비대 투입 및 타 지역에서의 병력 집중이 이루어지지 못했다(독일군은 상륙 6주 후까지도 깔레를 주공지역으로 오판). 또한 독일군은 작전간 제공·제해권을 상실(연합군은 미군과 영국의 폭격기가 주·야간 공히 1000여대가 폭격하여 독일군을 마비시켰고, 독일군의 U-보트도 연합해군과 태풍 등으로 무력화)하였으며, 전략 예비대가 절대적으로 부족(주공판단 후에도 투입 불가)했다.

반면 연합군은 공수부대를 독일군 후방 지역으로 직접 투입하여 신속한 연결 작전이 이루어지지 못해 피해가 심했다. 기갑부대는 상륙초기의 다소의 피해에도 불구하고 상륙군에게 결정적인 힘을 부여했다. 전쟁원칙에서는 목표, 정보, 공세, 기습(악천후를 이용한 상륙일자 선택과 양공작전), 창의(오마하 해안의 인조부두(Mulberry), 통일(연합군은 아이젠하워를 사령관으로 하여 단일 지휘체제 유지) 등의 원칙이 절적하게 적용되었다.

바. 서부방벽으로 진출

연합군은 오버로드 작전이 완료되면 세느강 선에서 정군하여 전투력을 보충할 계획이었으나 예상외로 진출이 순조롭게 진행되자 독일 국경으로 계속 공격했다. 연합군의 주공은 제21집단군(이전의 제1군과 3군으로 신편된 제2집단군)을 주공으로 하여 아르덴느 북쪽 통로를 이용 아미엥-몽(Mongs)-리에즈를 거쳐 독일의 루르(Ruhr) 지방으로 진출하도록 했다.

공격은 8월 26일 시작되어 9월 14일 경에는 거의 모든 전선에서 독일의 국경선인 서부방벽에 도달했다. 이때까지 독일군은 120만명의 손실을 입었다. 하지만 독일은 아직도 산업생산이 활발하게 이루어지고 있었으며, 1,000만명이 넘는 병력을 동원할 수 있는 여력이 있었다. 더욱이 1936년 히틀러가 라인란트에 주둔한 이후 3년여에 걸쳐 서부방벽(West Wall; Siegfried Line)이 구축되어 있었다. 이는 프랑스의 마지노선과 같은 개념으로 스위스로부터 네덜란드와의 국경까지 종심 3마일로 방카와 대전차 장애물로 보강되어 있었다.

사. 독일의 패망

① **마켓-가든 작전** 연합군은 거칠게 독일군을 서부방벽으로 몰아냈다. 하지만 연합군은 보급이 지연되면서 난관에 봉착했다. 아이젠하워 장군은 보급난을 해소하기 위해 앙트워프항(벨기에, 9, 4일 해방)을 개소하고, 서부방벽 돌파가 비교적 용이한 북방으로 우회하여 공격하려 계획했다. 이 계획에는 독일군 V계열 기지를 제거한다는 목표도 고려요소로 작용되었다.

먼저 몽고메리 장군이 라인강 대안의 교두보 확보작전에 나섰다. 이는 3개의 공수사단이 사전 공수낙하로 전진로 상의 교량을 선점하는 '마켓(Market) 작전'과 확보한 교량을 통해 영국 제2군이 신속히 전진하여 북상하는 가든(Garden) 작전으로 대별되어 계획되었다. 만약 이 작전이 성공한다면 몽고메리 장군은 독일의 서부방벽을 우회하여 전투력이 미약한 평원으로 기동하여 독일의 루르 공업지대를 북방으로부터 포위하여 공격할 수 있었다. 이는 독일 만슈타인의 프랑스 공격을 역이용하여 적용하는 계획이기도 했다.

9월 17일 14:00 공격이 개시되었다. 제1공수군 예하의 미 제101공정사단(아인트 호펜, 우덴, 그라브)과 82공정사단(니메겐)은 기습적인 공수투하로 교량 점거에 성공하고 영 제2군과 연결되었으나, 영 제1공정사단은 목표인 아른헴(Arnhem)에서 너무 멀리 이격되고 분산되어서 당시 그 지역에서 재편성 중이던 독일 제9SS기갑군단에 의해 궤멸 당하고 말았다. 또한 연결에 성공한 영 제2군마저도 니멘겐(Nijmegen)에서 독일군의 강력한 저항으로 지연되면서 결국 아른헴에서 저지당했다. 이로써 제2차 세계대전 최대의 공수작전은 실패로 끝나고 말았다. 65마일이 넓은 회랑에 수많은 하천과 교량을 경보병만으로 고수한다는 것은 애시 당초 실현 가능성이 높지 않은 작전이었다. 더욱이 계속적인 일기불순과 제9SS기갑군단의 출현은 마켓-가든 작전을 실패로 만들었다.

연합군은 이제 센강으로부터 서부방벽으로의 진행하던 3개월간의 추격 작전을 중지하고 10월부터 정군하면서 교착전에 돌입하였다. 또한 같은 시기 동부전선(폴란드 동부)에서도 소련군에 의해 진행된 바그라티온 작전도 끝나가던 시기로 짧은 소강상태가 유지되었다.

② **벌지(Bulge)전투-독일군 아르덴느 공세** 벌지 전투는 서부전선에서 독일군 최후의 대반격에 붙인 이름이다. 벌지(Bulge)는 '주머니'라는 뜻으로 독일군의 진격에 따라 전선이 주머니처럼 돌출된 것에서 유래했다. 이 아르덴느에 대한 공격은 동부전선(비스툴라강 선)과 이탈리아 전선(고딕 선)이 교착된 상황에서 독일군 입장에서는 전 역량을 집중시킨 최후의 반격이었다. 이 계획은 군 수뇌부의 룬

드슈테트와 발터 모델이 반대했으나 히틀러가 주장 실행되었다.

독일군은 아르덴느 방면에서 앙트워프로 직행하는 공격 계획을 수립했다(작전명 '라인을 수호하라'). 이는 바스토뉴(Bastogne)-브뤼셀-앙트워프를 잇는 선 이북의 연합군을 차단하고 섬멸하여 일거에 전세를 역전시키기 위한 것이었다.

연합군은 라이강 하류 지역과 자르 지역을 공격하려 했기 때문에 아르덴느 지역은 전력 배치가 경미했고(몬샤우-트리에르의 75마일 내 미군 제1군 예하 4개 사단만 배치 간파), 독일군 집결 시에도 양익에서 연합군에 의한 피해는 최소화 할 수 있는 지역이었다. 지형은 험하나 기갑전 수행이 가능했고, 무성한 삼림과 기복으로 인해 은폐가 가능한 지역으로 이미 대전 초기에 경험한 통로였다.

독일군은 11월 중순 아이펠(Eifel) 살림지역에 2개 기갑군과 2개 군으로 편성된 총 25개 사단을 집결시켰다. 여기에는 독일 신예의 티거2 전차도 포함되었다. 독일군은 연합공군의 효과를 감소시키기 위해 일기가 불순한 12월 16일을 공격개시일로 선정했다. 주공인 제6기갑군(리에즈 서남방-뮤즈강-앙트워프)은 아이젠보른(Eisenborn)능선의 미 제5군단 저항으로 진격이 부진했다. 오히려 조공인 제5기갑군(주공의 좌익엄호-나무르-브랏셀)이 미 제8군단을 격파하고 서쪽으로 진출하고 있었다. 돌연 기습으로 허를 찔린 미들턴(Middleton) 장군의 미국 제8군은 완강하게 저항했으나 여단, 연대, 대대 등 고급 부대장의 전사 및 부상이 속출하여 괴멸당하거나, 포위되는 위급한 상황이 계속 전개 되었다. 하지만 히틀러는 예비인 제2SS기갑군단을 진출이 더딘 주공에 투입했다.

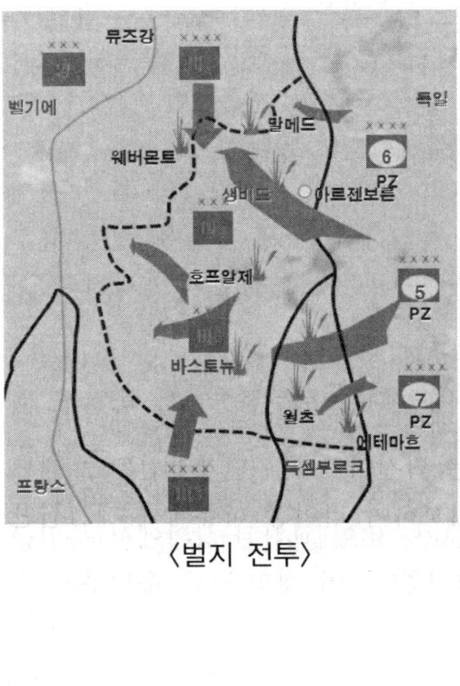

〈벌지 전투〉

연합군은 16일 오후에야 독일군의 대규모 공격으로 판단하고, 세에프 예하의 유일한 예비대인 제18공수군단(Ridgway, 돌출부 양 측면에 투입하여 확대 저지)과 패튼군을 투입했다(현위위치에서 북방으로 진격 돌출부의 남측방 공격 임무). 미 제1군과 제9군은 북쪽에 고립되어 몽모메리 통제 하에 돌출부 봉쇄임무를 부여했다. 이에 따라 전 전선에서 전투가 계속되었고, 특히 생 비드(St. Vith)와 바스토뉴에서 격렬한 전투가 진행되었다. 독일군은 쌩 비트의 격전으로 인하여 타임 테이블이 어긋나기 시작했다. 또한 독일군은 안정적인 보급을 받기 위해서 7갈래의 길이 교차하는 바스토뉴를 꼭 점령해야 했고, 미군은 반드시 방어해야 했다. 결국 미 101 공정사단이 최악의 상황에서도 포기하지 않고 부족한 보급품과 탄약을 가지고 최후까지 분투했다.

독일군은 바스토뉴의 중요성을 감안 모델원수가 직접 제1SS기갑사단을 이끌고 제2기갑사단과 함께 바스토뉴를 공격했다. 연합군은 패튼 제3군 예하의 제8군단과 제4기갑사단을 바스토뉴 동북방으로 진출시켰으며, 제4기갑사단이 제101공정사단과 연결(12. 26)하였다. 따라서 바스토뉴공방전이 치열(12월 31일 17회의 독일군 공격)히 전개되었으나 미군은 바스토뉴를 끝까지 사수할 수 있었다.

독일군은 21일에야 생 비드를 점령했으나 계획은 이미 어긋났다. 23일부터는 날씨가 안정되어 5,000대 이상의 연합군 항공기가 출격하면서 독일군의 진격은 부진했고, 전선이 연결되지 않아 선두 진출부대는 포위되거나 격멸되었다. 룬드쉬테트는 공격을 실패로 판단하고 히틀러에게 철수를 건의했으나 묵살되었다. 오히려 히틀러는 돌출부 유지를 위해 바스토뉴 공격을 명했다.

히틀러는 1월 8일에야 전면적인 철수 명령을 하달했다. 독일군은 1월 16일까지 바스토뉴 동쪽으로 철수하고, 소련군의 동계공세로 동부전선이 위급하여 제6기갑군을 동부로 이동하였다. 1945년 1월 3일 남쪽에서는 바스토뉴에서 미 제3군이 북진하고 북쪽에서는 핫지스의 제1군이 남진하여 1월 16일 호파리제에서 합류함으로써 돌출부를 완전히 제거하였다. 미군은 1월 말까지 독일군의 반격이 개시되기 이전의 전선까지 도달했다.

히틀러가 독일의 마지막 운명을 걸었던 최후의 대공세는 실패로 귀결되었다. 아르덴느 반격전으로 인해 연합군의 공세는 약 6주간 지연되었으며, 연합군은 76,980명의 인원 손실을 입었다. 하지만 독일군은 예비대가 완전히 소진되고 사상자 7만명, 포로 5만명, 전차 600대, 항공기 1,600대의 손실을 입었다. 독일군의 패인은 절대적인 전투력 부족(제공권 상실, 신병과 미숙련 기술병, 보급품 부족)과 마지막 남은 예비대인 제2SS기갑군 투입 예비대 투입 과오에 따른 것이었다.

③ **라인란트 작전-루르 포위전**[38] 라인강 서안에서 주도권을 잡은 연합군은 라인강을 도하 독일의 공업지대인 루르지방을 포위하기 위한 4단계의 라인란트(Rhineland) 작전을 수립했다. 제1단계는 몽고메리의 제21집단군 예하 캐나다 제1군과 미 제9군이 뫼르스(Mors)에서 합류하는 작전이었다. 2단계작전은 브레드리 제12집단군 예하 미 제1군이 로어댐을 확보하여 라이강 하류에서 제21집단

38) 노병천, 〈도해 세계전사〉, 2001, pp.410~415

군의 작전을 용이하게 하고, 이때 미 제3군은 신속히 아이펠 삼림을 통과하여 라이강에 도달하는 계획이었다. 제3단계작전은 라인강 하류에서 작전이 벌어지는 말미에 제6집단군이 로레인(Rorraine)지방의 서부방벽을 넘어 팔라티나테(Palatinate) 지방으로 진출하는 것이었다. 마지막 제4단계는 연합군이 라인강선에 도달하는 시점에 몽고메리군은 라인강을 도하하여 루르지방을 북부지역으로부터 포위하는 계획이었다.

연합군 공격은 1945년 2월 8일 시작되었다. 그러나 독일군이 로어댐을 폭파하는 바람에 이를 극복하는 나관에 봉착하여 3월 2일에야 뒤셀돌프(Dusseldorf) 서안에 도달했다. 3월 7일 오후부터는 레마겐에서 철교를 확보하여 2개 대대 규모의 TF를 교량을 통하여 도하시켰다. 패튼 제3군이 3월 22일 라인강을 도하한 것을 비롯 대부분의 연합군은 3월 20일을 전후 라인강을 도하했다.

도하를 완료한 제21집단군은 루르지방을 북으로부터 포위하려는 최초 계획을 변경 미제9군과 제1군을 남북에서 독일군을 압박하여 립쉬타트(Lippstadt)에서 합류하면서 독일군을 포위하려 했다. 남과 북의 연합군 부대는 4월 14일 하겐(hagen)에서 합류함으로써 루르포위전은 종료되었다(4월 18일). 독일군은 라인란트작전으로 25만명, 루르 포위전으로 33만명의 인원손실을 입었다. 미 제1군은 마그데부르크(Magdeub, 4. 12)와 라이프찌히(Leipzig, 4. 18)를 점령했다.

연합군은 4월 중순에 엘베강에 도달하여 소련군과 조우했다(엘베강의 조우). 엘베강선에서 미군은 베를린으로 향하지 않고 티로 지방으로 향했다. 4월 24일부터 소련군이 베를린을 완전 포위하고 10여 일간 전투를 진행하면서 히틀러는 자결했고(4. 30), 베를린 수비대가 항복했다(5. 2). 미 제6군은 4월 29일 전투에서 독일군 90만명 이상을 포로로 획득했다. 히틀러의 후임이 된 되니쯔(Donitz) 제독이 무조건 항복(5. 7)했고, 연합군은 5월 8일을 전승기념일(V-E ; Victory in Europe Day)로 선포했다.

아. 독일군의 패인

독일의 패인은 우선 자원이 부족한 점을 들 수가 있다. 독일은 지휘관과 병사들의 훈련과 질이 높고 정밀기계 등 산업 전반에서 우수한 능력을 보유하고 있었지만 원료의 부족으로 장기 지구전에 취약했다. 히틀러가 소련을 침공을 단행한 이유가 바로 여기에 있었다. 거기다 독일은 지리적으로 내선에 위치한 이점을 살리지 못하고 동시에 다면에서의 전투를 진행하여 패배를 자초하고 말았다.

둘째, 독일의 전략개념이 근시안적이었다. 독일은 전쟁에서 전투 그 자체에만 집착해 전투에서는 승리했다. 하지만 종합적인 전략적 사고가 부족했다. 독일은 일본이 태평양전쟁을 일으켜 미국이 참전하는 것을 지켜봐야만 했고, 소련과 일본이 상호 불가침 조약을 체결하는 것을 막지 못하고 수수방관했다. 각 전역에 있어 독일은 전술적 타격이나 목표는 성공했지만, 전략적 폭격이나 운용은 미흡했다.

셋째, 전쟁지휘체계에 있어서 연합국은 연합참모본부[39](C.C.C)와 같은 전쟁지도 기구를 설립하고 세계전략을 논의하면서, 육·해·공군을 망라한 통합지휘체계를 확립하여 연합작전을 성공적으로 수행했다. 반면 독일은 일반참모부와 같은 기구가 있었으나 히틀러의 지나친 전쟁 간섭과 독단으로 인하여 군사지도부가 그 기능을 제대로 발휘하지 못했다. 최고 지도부는 전략을 수립하기보다는 지엽적인 전술과 같은 하위 수준의 구조적 업무에만 전념하는 현상을 초래했다.

넷째, 독일은 전 세계의 인민을 적으로 만들었다. 특히 점령지에서 독일군의 가혹한 행위와 유태인 학살 등은 반인류적 행위로 점철되었다. 이러한 독일의 행태에 대해 세계의 모든 사람들은 독일을 반인륜적 국가로 각인시켰고, 히틀러를 침략자로 낙인찍게 했다.

39) 연합참모본부(CCCz ; Combined Chiefs Of Staff) : 영·미의 국가원수와 3군 총장, 기타 연합국의 대표자로 구성되어 통합작전의 전략을 수립하고, 이에 따른 지휘관을 선정하며, 각국의 전쟁 책임과 권한을 규정하는 역할을 수행

5. 태평양 전쟁

가. 동아시아의 전운

일본이 만주를 영향권에 넣는 동안(1931년, 만주사변) 중국은 군벌이 난립하여 내분이 발생했고, 장제스(蔣介石)가 통제하는 국민당은 북벌을 단행했다. 이때 북방군벌 장학량(張學良)의 시안사건(1936, 12, 산시성 시안에서 공산군을 토벌 중인 장쉐량 군을 독전하기 위해 난징에서 온 장제스를 장쉐량이 구금하여 공산당을 인정하고 공동으로 항일투쟁 할 것을 요구)으로 내전을 종식시키고 제2차 국공합작을 이끌어 냈다.

1937년 일본은 중일전쟁을 발발시켰다. 당시 일본군의 전력은 근대화된 30만명의 정규군과 일본군 장교가 지휘하는 만주 몽고인 부대 15만명에 예비군 수백만명이 있었다. 중국에는 장제스군(200만명, 무장병력 10만명)이 있었으나 해·공군력은 전무했다. 전쟁은 8월에 시작되어 일본군의 주공은 만주국에서 남서방으로, 조공은 상해에서 양면작전을 전개했다. 남북에서 협격한 일본군은 시저우(徐州. 1938. 4. 7)와 상하이(上海)를 점령한 이후, 당시 중화민국의 수도였던 난징(南京, 12. 13)마저 점령했다. 하지만 중화민국(중국)도 수도를 한코우(漢口), 충칭(重庆) 등으로 이전하면서 영국령 버마와 연결되는 루트로 미국과 영국의 무기지원을 받으며 게릴라전으로 대항했다.

일본군은 1938년 말까지 중국의 주요 지역을 석권했지만 6년 이상 지속되는 장기전에 봉착하기 시작했다. 일본은 자원부족이 심각해졌고, 설상가상으로 미국은 해외에 주둔 일본군의 철수를 요구하기 시작했다. 일본이 이를 받아들이진 않자 미국은 미일통상조약을 파기(1939)하고, 일본에 대한 석유·철광 등 전략물자 수출을 중단했다. 그러자 일본은 대동아공영권(大東亞共榮圈)을 내세우면서 인도차이나 점령(프랑스, 1941. 7. 29)을 비롯하여 홍콩(영국 령), 싱가포르(영국 령), 인도네시아(네덜란드 령), 필리핀(미국 령) 등을 점령했다. 이러한 일본의 행보에 따라 미국, 영국, 중국, 네덜란드는 경제봉쇄망을 구성(1941. 8 .1, ABCD 봉쇄망)하고 일본을 압박했다. 또한 미국은 자국 내 일본 자산 동결, 일본 선박의 파나마 운하 통과 거부 등으로 일본의 군사행동을 위축시키고자 했다

당시 일본은 도조 히데키(東條英機)를 수상으로 한 군부 내각이 들어서(1941. 10. 18) 있었으며, 남방 자원지대를 확보하며 필요시 미국과의 전쟁도 불사한다는 정책을 추진하고 있었다. 이러한 정책은 곧바로 선전포고 없는 진주만 공격(1941. 12)으로 이어졌다. 이로 인해 일본은 4년 8개월의 태평양전쟁을 치르게 되었고, 기존의 중국과 더불어 양면 전쟁을 치러야 하는 상황에 직면했다.

나. 일본의 전쟁지도와 계획

일본의 전쟁지도체제는 청·일 전쟁 이후로 정무와 완전히 구별되어 육·해군의 참모총장이나 군령부 총장이 천황의 재가를 받아 전쟁을 지도하고 있었다. 이후 일본은 정무와 군무로 이원화된 국정을 통합하기 위해 '대본영 정부연락회의'를 설치했다. 대본영은 연합국의 경제봉쇄에 맞서 남방자원을 확보하기 위해서는 미국과의 전쟁도 불사해야 한다는 결론을 내렸다. 하지만 일본군 일부 수뇌부들은 애초부터 미국과 일본은 산업생산력에서 비교가 되지 않기 때문에 장기전으로 가면 반드시 패한다는 것을 명확히 인식하고 있었다.

다만 미국은 유럽 우선 정책에 따라서 독일이 선전하고 있는 유럽 전쟁에 집중하리라 판단했고, 2개의 전쟁을 치르기에는 장시간이 소요될 것으로 판단했다. 따라서 단기결전을 통해 미국에 치명타를 가하고 서부 태평양 지역을 점령한 뒤 요새화 시킨다면, 독일과의 전쟁이 급한 미국은 휴전 협상을 통해 서태평양에서 일본의 세력을 인정해 줄 것이라 판단했다. 일본은 이를 위한 전략으로 독일·이탈리아와 동맹관계를 수립(40. 9)한데 이어 소련과도 5년간의 중립조약을 체결(41. 4)하고 북방의 위협을 제거하였다.

일본은 독일군이 아프리카와 유럽전선에서 선전하고 있는 1941년 말을 최적의 전쟁시점으로 판단했다. 당시 일본은 중일전쟁으로 실전경험을 쌓은 340만명의 정규군과 300만명의 예비군, 그리고 7,500대의 항공기와 230척의 함선을 보유하고 있었다. 일본은 이미 중앙 태평양의 제 군도(팔라우, 캐롤라인, 마리아나, 마샬 등)를 위임통치하고 있었기 때문에 제 방면에 대한 작전수행이 용이했다.

일본은 전쟁의 목표를 한정하여 극동에서 신속히 미·영·불의 근거지를 제거한 다음 장제스군을 굴복시키고, 동맹국과 연합하여 영국을 굴복시키며 미국의 전쟁의지를 말살하려는 제한적인 3단계의 전쟁계획[40]을 수립했다.

제1단계는 전략적 공세단계로 미 태평양 함대를 무력화하고, 고립된 연합군을 격멸, 동남아시아의 자원지대를 확보한다. 그리고 그 외곽지대를 점령한다.

제2단계는 주변방어선 강화단계로 1단계에서 점령한 쿠릴열도, 웨이크 섬, 마샬 군도, 길버트 군도, 비스마르크 군도, 북부 뉴기니아, 티모르 섬, 자바, 수마트라, 말라야, 미얀마 등지를 연하는 요새화된 외곽 방어선을 구축한다.

제3단계는 제한된 지구전으로 주변방어선을 돌파하는 여하한 공세도 저지 격멸하고 장기 지구전을 수행한다.

---

40) 최용성, 〈신편 세계전쟁사〉, p.282

다. 진주만 기습

① **일본의 공격준비** 하와이의 진주만은 미 태평양함대의 사령부가 위치한 곳으로 미군은 여기서 언제든지 태평양을 향하여 작전을 전개할 수 있어 남방작전을 준비하는 일본군에게는 눈에 가시였다. 따라서 일본군은 이 태평양함대를 무력화시켜야만 남방에서 행동의 자유를 확보할 수 있었다.

일본군의 공격준비는 치밀하게 진행되었다. 일본 연합함대 사령관 야마모토(山本五十六)는 사전 미군의 훈련계획과 함대의 제원을 파악하고 함선의 집결시기를 파악했다. 그리고 하와이와 지형과 유사한 가고시마(鹿兒島)에서 훈련했다. 인도차이나 말라야 해역에서의 기동훈련으로 진주만으로의 기동을 은폐하고, 항로는 보안을 위해 원거리(3,500마일)인 북태평양 항로를 선택했다.

연합함대는 나구모(南雲) 중장이 지휘했고, 6척의 항공모함으로 전함 2척, 중순양함 2척, 경순양함 2척, 구축함 9척, 잠수함 3척 그리고 유조선 등으로 편성되었다. 작전명 "Z"로 명명된 이 계획은 함대가 1941년 11월 26일 히도갑부(單冠灣)를 출항하면서 개시되었다.

② **하와이의 방어태세** 반면 미군의 방어태세는 허술했다. 평시 하와이의 미 해군세력은 킴벨(Kimmel)제독 지휘 하에 항공모함 3척, 전함 9척, 중순양함 2척, 경순양함 18척, 구축함 54척, 잠수함 22척, 항공기 574대를 비롯하여 육군은 약 6만 여명이 상주하고 있었다. 하지만 육군과 해군 지휘관들은 하와이 방어를 위한 통합된 방어체계를 구축하지 않고 있었다. 해군은 오아후(Oahu)도 해역 700마일에 대한 대공초계, 육군은 해안 20마일에 대한 대공 경계를 책임지고 있었지만 북방항로에 대한 경계가 부실했다. 더욱이 육군에서 운용하는 9대의 레이더는 고장과 운용인원 부족으로 일본군을 탐지하지 못했다.

지상군 지휘관은 대일전쟁 임박 경보를 하달 받았음에도 일본인 폭동을 진압하기 위해 대공포를 집결시켰고, 해군은 휴일을 맞아 장병들을 외출시켰다. 지리적으로도 진주만은 함정들이 입구를 빠져나가는데 시간이 지체되는 지형이었다. 따라서 킴벨 제독은 어뢰 방어망을 설치하면 해협의 통로가 좁아 함선의 이동에 제한을 줄 것으로 판단하여 이를 설치하지 않아서 일본군의 잠수함과 어뢰공격에 무방비로 노출되었다.

③ **일본군의 기습** 기습은 성공적이었다. 심지어 일본 연합함대의 승조원들조차 하와이 공격을 몰랐다. 연합함대는 12월 7일 06:00 일요일(현지시간) 하와이 북

방 320km 지점에서 진주만을 향하여 제1제파 뇌격기(어뢰로 함선을 공격하는 해군 공격기) 183대를 발진시켰다. 뇌격기대는 07:40 오하우 서단에서 제대별로 분진하여 한가히 정박 중인 미 함대들을 공격하고 08:25분 종료했다. 곧이어 제2제파 급강하 폭격기와 수평 폭격기 171대가 오아후 동쪽으로 돌아들어가 08:55분부터 09:45분까지 맹폭을 가했다.

〈하와이 전경〉

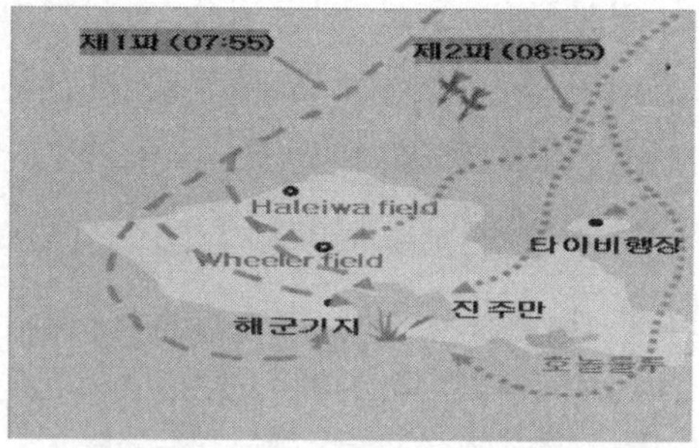

〈탑재기의 오아후도 공격도〉

두 차례의 공격으로 미국 전함 7척을 포함한 18척의 함선이 침몰 또는 대파되었다. 지상에 있던 항공기 394대도 대부분이 손실되었고, 해군 3,500여명이 살상을 입었다. 반면 일본군은 29대의 항공기와 5척의 소형잠수함 및 1척의 대형잠수함만이 침몰하는 미미한 피해를 입었다. 다만 미군이 다행인 것은 3척의 미 항공모함 들이 타 지역에서 임무를 수행하고 있어 무사했고, 정비시설들이 피해를 입지 않은 것이었다. 세계 최초의 도양기습을 성공시킨 일본군은 해양의 자유를 얻어 원하던 남방으로의 진출을 모색할 수 있게 되었다. 하지만 이는 태평양전쟁의 서전에 불과했다.

라. 필리핀 전역

개 요 필리핀 전역은 진주만 공격과 동시 시작되어(1941, 12, 8) 다음 해 초반(4. 9)까지 진행되었다. 당시 필리핀은 미·서(美西)전쟁(1898)이후 미국이 통치하고 있었다. 미국은 필리핀 독립(1946년 예정)을 앞두고 맥아더(Dougls MacArthur)를 현역으로 재소집하여 군사고문단장으로 임명하고 군사력을 건설하고 있었다. 미국은 대일관계가 악화되면서 필리핀에 미군 병력 13,500명과 필리핀 방위군을 포함한 13만명의 미극동지상군 사령부(USAFFE)를 창설했다. 항공기는 142대가 가용했고, 12월 중으로 미군 2만명과 전차 등이 증원될 예정이었다.

필리핀은 지정학적으로 남중국해 일대의 해로를 통제하면서 중국, 인도차이나, 말레이 등을 통제할 수 있는 전략적 요충지였다. 필리핀은 북쪽의 루존(Luzon)도와 남쪽의 민다나오(Mindanao)도를 주축으로 7,000여 개의 섬으로 형성된 도서 국가로 루존도만 미군이 배치되어 있었다. 맥아더는 루존도에서 방어하다가 필요시 바탄(Bataan)반도로 철수하면서 지연전을 전개하도록 계획했다. 이후 미군은 최후까지 마닐라 만을 확보하여 증원군의 상륙발판을 마련하고 반격한다는 계획(레인보우 작전)을 수립하고 있었다.

반면 일본군은 우선 제공권을 장악한 다음 웨이크와 괌섬을 점령하여 하와이로부터 필리핀으로 향하는 보급선을 차단하여 고립시키기로 했다. 또한 필리핀 전역의 기만을 위해 조공이 먼저 루존도의 남북에서 상륙하고, 주공은 동서에 상륙하는 계획을 수립했다.

작전경과 일본군은 미군의 증원보다 빠른 12월 8일 루존도를 공습했다. 육군은 흠마(本間) 중장이 지휘하는 제14군 예하 2개 사단과 1개 여단이었다. 해군의 제3함대 및 제2함대의 일부 그리고 대만에 기지를 둔 제5항공집단(항공기 500여대)이 참가했다. 일본은 계획대로 루존도의 남(12. 10)과 북(12. 12) 그리고 동(12. 24)과 서(12. 23)에서 상륙했다. 일본군은 비행장을 건설함과 동시에 주공은 마닐라를 향하여 진격했다.

〈바탄반도로 밀려드는 일본군〉

맥아더는 계획대로 5개의 저지선에서 지연전을 수행하며 바탄반도로 철수했다. 일본군 주력은 마닐라로 진격했고, 미군은 팜파강(Pampanga)을 건너(1942. 1. 2) 바탄반도에 도착했다. 일본군은 마닐라를 점령하였지만 미군의 주력을 포착하여 격멸하는 데는 실패했다. 이때 일군은 승리를 확신하고 주력 제48사단을 자바 방면으로 전환하여 오히려 병력이 열세하게 되었다. 일본군은 잔여 병력으로 1월 9일부터 미군의 주진지 돌파를 시도했으나 미군의 저항으로 실패하고 장기 포위전에 돌입했다.

이에 따라 일본에서는 병력을 증원하기 시작했다. 일본군은 병력 3만명과 포, 항공기, 전차를 지원받아 3월 말일부터 총 공세를 개시했다. 미군은 끈질긴 저항을 계속하였으나 식량이 바닥났고, 일본군은 미군의 최후의 방어선을 돌파(4. 9)했다. 맥아더 후임인 웨인라이트 장군은 코레히돌 섬에서 계속 저항하다가 5월 6일 미군 5만 4천명과 함께 항복했다. 이전 서남태평양 지역 사령관으로 임명된 맥아더는 3월 11일 "나는 다시 돌아온다."는 말을 남기고 필리핀을 탈출하여 호주로 향했다.

결 과 일본군은 목표 선정과 상황 오판으로 전술적으로는 성공했으나 전략적으로는 실패했다. 자원이 부족한 일본은 필리핀 전역으로 인하여 인적·물적·시간적인 손실이 심대해져 차후작전에 차질을 빚게 되었다. 반면 연합군은 5개월이라는 귀중한 반격 시간을 확보할 수 있었다.

마. 남방작전

일본군은 남방작전의 최종 목표인 동인도제도에 대해 1942년 1월부터 침공 준비를 시작하여 2월 네덜란드령 동인도제도(인도네시아, 네덜란드군 8만 5천명)를 공격하기 시작했다. 일본 해군은 연합군 함대를 자바 해역에서 격파(2. 27)하고 상륙하였다. 일본군은 수적으로는 열세하였으나 지속적인 공격으로 네덜란드군을 격파하고 항복을 받았다(3. 9). 이때 일본군은 와조전술(蛙跳戰術 ; Frog Jumping Tactics)을 사용했다. 이는 섬들로 이루어진 도서작전에서 기지를 건설할 섬들만 점령하고 그 밖의 섬은 건너뛰거나 우회하는 전술이었다. 이는 적의 강점을 점령하면 약한 지역은 저절로 제압이 가능하다는 이론에서 출발한 것이었다.

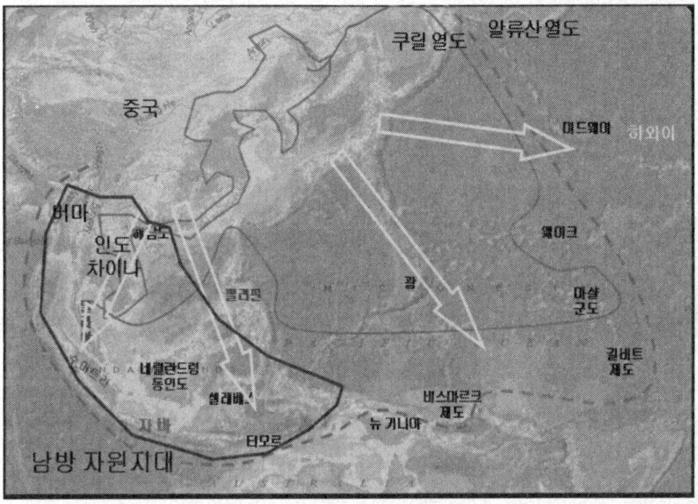

〈일본군의 진출〉

바. 연합군의 반격

① **미드웨이(Mid way) 해전** 미군은 시간이 지나면서 전력을 차츰 회복해 나갔다. 할제이(Halsey)제독의 기동함대가 수시로 일본군 주변방어선을 공격하기 시작했으며, 1942년 4월 18일에는 항공모함 호넷(Honet)호에서 출격한 두우리틀(Doolittle) 중령의 B-25 폭격전대(16대)가 도쿄를 폭격 후 중국기지로 귀환했다. 수도까지 피습당한 야마모도 연합함대 사령관은 주변방어선을 확대할 필요를 느꼈고, 이 과정에서 미드웨이를 확보할 계획을 수립하게 되었다. 일본군이 미드웨이를 장악하게 된다면 본토의 안전을 보장하고, 미 태평양함대의 결전을

유인하여 조기 종전이 가능하다고 판단했기 때문이다.

일본 연합함대는 주공으로 미드웨이를 공격하고, 조공은 알류산(Aleution) 열도로 기동하는 양동공격("M1 계획")을 수립했다. 야마모토 사령관은 산호해 해전으로 미드웨이 방면은 미군의 전투력이 미미할 것으로 판단했다. 연합함대의 선두에는 잠수함이 미군의 항모를 탐색하고, 항공함대[지휘 나구모 중장, 항모 4척(아까기, 가가, 소류, 히류 함재기 250대)]와 200마일 후방에 주력함대, 후미에는 수송선(상륙군 5,000명)이 전열을 형성하고 항진하도록 했다.

하지만 일본 연합함대의 이동과 작전계획은 미군의 암호해독[41]으로 간파 당하고 있었다. 일본의 작전계획을 꿰뚫고 있는 니미츠(Nimitz) 제독은 미군의 해군세력[항모 3(엔터프라이즈, 호오넷, 요크타운) 함재기 225기, 순양함 8, 잠수함 25, 구축함 14]을 산호해 부근의 미드웨이에 집결시켰다.

진주만을 기습한지 6개월이 지난 6월 3일 일본 연합함대는 짙은 안개로 인해 함대 간 상호 위치가 확인되지 않자 호출 무전을 했고, 이때 무선망을 감청한 미군은 미드웨이에서 대피했다. 6월 4일 미드웨이 서북방에 위치한 항모에서 이륙한 함재기 제1 공격대(108대)가 미드웨이 기지를 공습했으나 허사였다. 이때 제2 공격대는 항모에서 폭탄을 장착하고 있었다. 장착이 완료될 무렵 미 항공모함을 발견했다는 연락을 받고 함재기들은 다시 어뢰로 교체하면서 출격 준비를 하고 있었다. 이때 미군기들이 엄습했다. 함재기와 함께 항모3척(아까기, 가가, 소류)이 대파되면서 잠수함의 어뢰 공격에 침몰했다(6. 5).

〈공격받는 요크타운호〉

이후 히류 항모에서 출격한 함대기가 요크타운호를 대파시켰으나 히류 항모도 역시 미군의 엔터프라이즈호에서 발진한 항공기에 의해 침몰되었다.

일본은 초전의 승리 후 자만과 통신보안의 미 준수, 정보전의 미흡 등으로 허를 찔리고 말았다. 일본은 미드웨이 공략이 실패한 후 전 함대를 철수시켰

41) 1942년 4월, 일본 해군의 암호 체계인 JN-25를 해독하고 있던 하와이 주둔 미국 해군 정보부의 암호 해독반은 AF라는 문자가 일본 무선에 자주 나타난다는 사실에 주목했다. AH는 진주만을 뜻했었다. 암호 해독반의 지휘관이었던 조제프 로슈포르(Joseph Rochefort) 중령은 AF를 미드웨이 섬이라고 생각했다.
로슈포르 중령은 니미츠 제독에게 일본군의 침공이 임박했다는 것과 AF가 자주 언급된다는 점, 그리고 AF가 미드웨이 섬일 것이라는 보고를 한 후, 미드웨이 섬의 담수 시설이 고장 났다는 내용의 미끼 전문을 하와이로 평문 송신하자고 건의했다. 이틀 후, 일본군 암호 중 "AF에 물 부족"이라는 내용이 해독되었다.

다. 이로써 일본의 태평양 동쪽으로의 확대 의지는 꺾였고, 조기종전 전략은 좌절 되었다. 일본은 항모 4척을 비롯한 우수한 조종사 대부분을 잃었다. 이로 인해 미드웨이 해전은 태평양전쟁 승패의 전환점이 되었다. 이후 일본군은 과달카날(Guadalcanal)섬을 중심으로 하는 소모전에 빠지게 된다.

특히 진주만에 이어 항공모함의 함재기를 이용한 전투가 진행되었다. 이는 앞으로의 행상전투의 양상을 보여주는 것으로 이전의 거함거포의 전함위주 해전에서 이제는 해상에서도 공중 전력이 격돌하는 양상을 보여주고 있다.

② **과달카날 격전** 일본군은 미드웨이 해전에서 패배하자 MO작전을 계속하기 위해 과달카날섬에 비행장을 건설(1942. 7. 6)하기 시작했다. 과달카날에 비행장이 건설되면 아크 라인이 위협받는다. 따라서 미 해병 제1사단이 과달카날에 기습상륙(8월 7일)하여 툴라기 및 과달카날 비행장(핸더슨 비행장)을 점령했다. 8월 8일에는 일본 해군이 과달카날 인근 사보 해역에서 미 해군의 중순양함 4척을 격침(사보도 해전)시켜 미 해군이 철수하고, 해병대는 고립되었다.

이때 급파된 일본군의 이치기(一木)부대 1,000여명이 상륙하여 미군을 공격하다가 전멸(8. 17)당했다. 이후 일본군의 가와구치(川口) 소장 부대 6,000여명이 핸더슨 비행장까지 돌입했으나 미 해병대는 이를 방어해 냈다(9. 12~14). 미 함대도 에스페란스(Esprance)곶에 정박 중인 일본 함대를 기습하여 격파(10. 11)했다. 햐쿠다케(百武)가 지휘하는 제17군이 미 해병대에 정면공격을 시도(10. 24~26) 했으나 미군은 비행장을 고수했다(10. 24).

10월 26일 산타크루즈 앞바다에서 다시 맞붙은 미군과 일본 해군은 상호 큰 피해를 입었다. 미군은 호넷호가 침몰되었고, 엔터프라이즈호가 대파되었으며, 일본군도 항모 사라토가호가 대파되었다. 이 해전으로 일본 함대는 퇴각했고, 과달카날에 있는 일본 지상군은 보급선이 무너졌다.

보급에 한계를 느낀 일본군이 제해권을 장악하기 위한 마지막 공세(11. 12~15)에서 미군의 승리함으로써 미군은 과달카날 일대의 제해·제공권을 완전히 장악하게 되었고, 아크 라인을 유지할 수 있게 되었다. 과달카날 해전은 미드웨이 해전과 더불어 미 해군이 반격의 계기를 갖추는 전환점이 되었다. 이후 미군은 과달카날에 43. 1월 초까지 제14군단 약 6만명의 병력을 집결하여 대공세를 취했고, 일본군도 2월 초에 1,2000~14,000명의 병력을 철수시켰다.

③ **솔로몬(Solomon) 소모전** 미드웨이와 과달카날해전에서 승리한 미군은 1943년 1월부터 공세로 전환했다. 이어 필리핀 상륙을 위해 서남태평양 지역 일본군의 최대의 전진기지인 라바울(Rabaul, 뉴브리튼 섬)을 맥아더가 육·해군을 통합 공격했다. 라바울에는 일본군 제8방면군이 창설되어 예하 제17군을 부인(Buin)에 배치하고 솔로몬을 방어하고 있었다.

미군은 렌도바(Rendova, 6. 30)와 문다(Munda, 8 .5)를 차례로 점령하고, 콜롬방가라(Kolombangara)를 우회하여 벨라 라벨라(Vella Lavella)에 상륙(8. 15)했다. 1944년 3월 중순 바이 패스전술(By Pass Tactics)을 사용하여 라바울을 고립시켰고, 모로타이(Morotai)에 상륙(9. 15)하여 상륙을 위한 교두보를 확보했다. 솔로몬 격전으로 일본군은 항공기 7,600대가 파괴되어 심각한 타격을 입었다. 이때 미군은 바이패스 전술로 적의 강력한 저항 거점은 회피하고, 방어가 약하고 항구나 기지 건설에 적합한 지역을 점령했다. 그리고 강력한 진지는 해·공군력으로 무력화 하였다.

④ **마리아나 전역** 마리아나 제도는 필리핀의 우측에 위치하여 사이판과 괌 등을 포함하고 있는 중앙태평양상의 요충지였다. 일본은 이를 실함한다면 일본 열도로부터 남방자원지대로 연결되는 병참선이 차단되고는 것은 물론이고 중앙태평양상의 최대기지인 트럭(Truk)도가 무용지물화 될 수 있는 지역이었다. 반면 미군이 이를 확보한다면 일본 본토를 직접공격(B-29)할 수 있는 전략기지로서의 역할을 수행할 수 있는 유용한 지역이었다.

일본의 연합함대 사령관 고가(高賀)제독은 마리아나 제도 – 캐롤라인 제도 – 뉴기니를 연결하는 선에서 미군을 저지하고 격멸한다는 '아호(ア號)작전'을 수립하고 작전수행을 위해 항모중심의 기동함대를 편성했다. 하지만 니미츠제독 지휘아래 미 해병 제5군단이 사이판(Saipan)에 기습상륙(6. 15)했다. 또 일본군 제1기동함대(오자와 제독)와 미군의 제5함대가 해전을 전개(6. 19)하여 일군군 기동함대가 궤멸되었다(항모 3척, 항공기 400대). 일본군이 패한 이유는 조종사의 기량 미숙과 미군이 레이더로 일본군 비행기를 미리 탐지했기 때문이다. 미군은 이때 고립된 사이판의 일본군을 격멸(7. 9)하고, 괌(7. 21) 및 티니안(7. 24)에 각각 상륙하였다. 이로써 미군은 남태평양의 일본군을 본토와 분리시켰고, 맥아더의 필리핀 상륙을 측면지원 할 수 있게 되었다.

마리아나 전역에서 일본군은 함대의 전력 차가 2:1로 불리하자 미 함재기의 최대 출격 거리인 450km(日本機 출격거리 640km) 밖에서 출격하여 미군의 항모를 공습하려 하였다. 하지만 미군은 일본 항공기를 항모로부터 50km정도 거리에서 요격(邀擊)하는 공중전을 전개하는 전술로 대응했다.

사. 일본의 패망

중앙 태평양의 주도권을 상실한 일본은 필리핀 - 대만 - 일본 본토 - 쿠릴열도를 연하는 절대방위선을 설정하고 미군의 공격지점에 신속히 집중 대응한다는 첩호(捷號) 작전계획을 수립하였다. 1944년 10월 25일 필리핀의 레이테만에 미군이 상륙(44. 10. 20)하자 이를 저지하려는 일본 연합함대와 미 함대들 간 하루 동안 4회의 해전이 발생하여 일본 연합함대는 완전히 재기불능의 상태에 빠져들고 말았다. 루존 지구에서 야마시다(山下)의 병력과 맥아더의 제1 및 14군단과 제11공수사단이에 7개월간(45. 1. 9~8. 15) 실시된 필리핀 쟁탈전이 발생하여 일본군 45만명이 살상되었다. 이로써 일본은 필리핀을 상실했다.

① **유황도(이오지마) 전투** 유황도는 일본 본토에서 남쪽으로 1,150km 떨어져 있는 조그만 섬이다. 하지만 미군 입장에서 일본 본토에 이르는 접근로로 일본 본토 폭격 엄호 및 본토 폭격 후 귀환기의 불시착 기지로 활용되고 있는 전략적 가치가 있는 섬이었다. 따라서 일본은 이곳에 구리바야시(栗林)중장이 지휘하는 제109사단을 배치하고 섬 전체를 유개 동굴진지화하고 거미줄처럼 연결시켜 놓았다. 또한 비행장을 건설하여 보급품을 지원받고 있었다.

미군은 유황도를 6개월간의 포격으로 초토화 시킨 후 1945년 2월 19일, 미 해병 제4, 5사단이 섬의 남단에 상륙하였다. 최초 상륙을 허용한 일군은 미군의 재편성 이전(상륙 약 2시간 후)에 역습을 감행하여, 1시간 만에 상륙부대의 40%에 해당하는 인원에 피해를 입혔다. 하지만 미군은 계속 공격 3월 16일 일군의 조직적 저항을 종식시켰다. 이때 일본군은 옥쇄작전으로 임했으며, 이를 극복하고 승리한 민군의 쓰리바찌산 정상의 성조기 게양 장면은 미 해병대의 불굴의 정신을 대표하게 되었다. 이 전투로 미군은 24,891명이 손실을 입었고, 일본군은 23,000명 중 포로 216명을 제외한 전 인원이 전사하여 옥쇄(玉碎)[42] 전술의 전형을 보여주었다. 미군은 이후 B-29 2,351대가 유황도에 불시착했다.

〈이오지마의 성조기〉

42) 옥쇄(玉碎 ; 만세돌격) : 최후의 순간에 부상자마저 부축하여 함성을 지르면서 적진에 돌입. 이는 일종의 자살행위로서 포로가 되기보다는 자살하겠다는 신념으로 감행했으며, 옥처럼 아름답게 부서진다는 뜻으로, 공명(公明)이나 충절을 위하여 깨끗하게 죽음을 이르는 말이다.

② **오끼나와(Okinawa) 전투** 오끼나와는 일본 본토작전을 위한 발판을 제공 할 뿐만 아니라 대규모 해·공군 기지 건설이 가능한 전략 요충지로 큐슈(九州) 남방 560km에 위치한 유구(琉球)열도 중 가장 크고 평탄한 섬이었다. 일본군은 우시지마(牛島) 중장 지휘 하에 제32군 약 10만명이 포진했고, 항공기 2,000~3,000대의 지원 가능했다. 일본군은 미군의 상륙을 허용하되 특공작전으로 미군 지원함대를 격퇴하여 고립된 미군을 격멸하는 계획을 수립했다. 오끼나와 전투는 맥아더군이 루손섬에 묶여 있었으므로, 니미츠군(17만 2천명, 지원군 11만 5천명)이 단독으로 진행했다. 미군은 3월 18일부터 대만의 일본군 기지를 맹폭 후 게라마도(3. 26) 및 세이세도(3. 31)를 점령하고, 양동작전을 전개하며 가네다만(4. 1)에 상륙했다. 미군이 북부 오끼나와를 점령(4. 19)하고 남부 오끼나와의 마치나도(4. 19~24) 및 수리선(5. 4~31)을 점령한 이후 일본군의 동굴진지 저항으로 장기간의 소탕전이 전개되었다. 일본군은 집단자살극은 6월 24일 종료되었다.

〈오끼나와 가네다만〉

이 전투로 일본군은 사망 10만명, 포로 7,400명, 항공기 8,000대의 손실을 입었고, 미군은 전상 49,000명, 항공기 762대, 함선 36척 피침 및 368척이 대파되어 태평양전쟁 중 단일전투로는 최대손실을 기록했다. 일본은 전함 야마토(大化)를 포함한 주력함이 격침당해 연합함대의 기능을 완전히 상실 했으며, 미군은 일본 본토를 공격할 수 있는 기지를 획득했다.

일본군은 전쟁말기 패색이 짙어 가면서 동양적 가치관(大和魂)에 따라 가미카제(神風)[43] 특공대를 조직하여 운용했다. 이는 폭격기 전면에 폭약을 장착하고 편도 연료만 충전한 채 출격하여 적함(특히 항모 갑판)에 충돌하는 것으로(레이테 해전에서 최초 시도), 오끼나와 전투에서 절정에 달해 연합군에 피해를 입혔다.

③ **일본의 항복** 일본열도 가까이 전략 기지를 확보한 미군은 일본 본토에 대한 대대적인 전략 폭격을 시작했다. 이로 인해 민간이 26만명이 사망하고 41만 2천 여명이 부상당했다. 하지만 일본은 결전계획을 수립하고 전의를 다지고 있

43) 가미가제(新風)의 역사적인 유래는 1281년 여·몽(麗蒙) 연합군이 일본을 정벌할 때 태풍으로 중단되었는데 일본사람들은 이 태풍을 가미가제라 하여 일본을 수호한다고 믿고 있었다.

었다. 이에 따라 맥아더와 니미츠는 대규모 일보 본토 상륙계획을 수립했다. 이 작전으로 미군은 100만명의 손실을 예상하고 있었다.

미국은 이때 뉴멕시코 주의 알라모고도(Alamogordo)에서 원자폭탄 실험에 성공하여 무기로 상륙작전에 예상되는 인명을 대치하고자 했다. 그래서 연합군은 1945년 7월 26일 포츠담(Potzdom) 선언을 발표하고, 일본에 무조건 항복을 요구했다. 하지만 일본은 이를 거부했다. 결국 미국은 8월 6일 히로시마와 8월 8일에 나가사키 각각 원자탄을 투하하여 도시를 송두리째 파괴하였다. 소련군도 얄타회담에 따라 8월 9일 만주로 진격하기 시작했다. 일본 천황은 포츠담 선언을 받아들이고, 1945년 8월 15일 무조건 항복을 선언했다.

아. 일본의 패인

일본의 패인은 우선 자원이 부족한 국가가 단기결전의 전략에서 벗어나 장기전의 양면전을 치르게 된 것이었다. 전쟁이 지속되면서 일본은 미국의 압도적인 자원과 산업생산량을 극복할 수 없었다. 이것이 일본군 패배의 가장 큰 원인이라 할 수 있다.

둘째로, 일본군은 미군과 달리 육·해·공군을 통합 지휘할 전쟁지도부가 없었다. 일본은 대본영을 조직하여 전쟁을 지도했으나 이는 정무에 가까웠고, 각 군별로 별도의 작전을 전개하였으며 통합작전은 이루어지지 않았다.

셋째로, 일본군은 경직된 군 구조체계와 더불어 무모한 전투행위를 반복하였다. 일본군은 상급자의 의견에는 순종하는 반면, 실패에서 교훈을 찾는 노력이나 창의적인 전투를 진행하고자하는 노력은 부족했다. 반면에 결정권자의 독단에 의한 무모한 전투행위가 계속됨으로 해서 피해가 가중되었고 결국 패전의 멍에를 뒤집어 쓰게 되었다.

다섯째로 일본군은 목표의 원칙을 위배했다. 일본군의 목표는 미군이었다. 그렇지만 일본군은 목표를 비껴난 서남태평양상을 목표로 전쟁을 수행함으로 싸 초전의 전투력 우위를 상실당하고 미군에 역전 당하였다. 일본은 전쟁 초기에만 미군을 목표로 했을 뿐, 이후 서남 태평양상에서는 미군의 전투력을 회생시킬 수 있는 시간과 여건을 부여하고 말았다.

여섯째로, 일본군은 과학적이며 논리적인 전쟁지휘와 체계가 아닌 전근대적인 수법에 의한 전쟁을 지도하였다. 신풍(神風), 천우신조, 백병전 사상 등이 풍미하는 등 전 근대적인 요소(정신력)가 군 내부에 깊숙이 자리 잡고 있었다. 이는 고도의 산업화로 과학전을 수행하는 미군과는 차원이 다른 문제였다.

6. 결과

제2차 세계 대전은 인류 역사상 가장 많은 인명피해와 재산피해를 남긴 가장 파괴적인 전쟁이었다. 참담한 전쟁을 연이어 경험한 인류는 이제 진정한 평화를 희구하게 되었으며, 이로서 국제연합(國際聯合, UN)이 탄생하게 되었다. 국제연합은 무엇보다도 무력을 동원할 수 있는 기구였다.

제2차 세계대전은 국가별 동원기구를 창설하여 전 국민이 전쟁에 참여했던 총력전이었으며, 산업능력의 확충과 과학기술이 전쟁의 승패를 좌우하였다. 따라서 미국의 막강한 산업능력과 지리적 이점을 활용한 연합국에 대한 계속적인 물자지원은 단기결전을 지향한 동맹국의 전략을 무력화시킬 수 있었다.

또한 연합국의 균형 있는 통합지휘체계 발휘는 전쟁규모의 확대에 따라 연합참모부와 합동참모부가 조직되어 통합전력을 최대로 발휘하여 그렇지 목한 일본과 독일을 패배시켰다. 목표·집중·기동·정보·경계등 여러 전쟁원칙을 적용하여 연합국과 동맹 측(연합군 측에 비해 등한시)의 적용 상태를 비교해보면 전쟁원칙의 적용이 전쟁의 승패를 결정한다는 교훈을 얻을 수 있다.

무기와 전술에 있어서는 핵무기가 출현하여 전쟁양상의 일대 변혁을 예고하였다. 제1차 세계대전에서 선보인 전차와 항공기가 본격적으로 전장에서 주요 무기로 등장하여 전쟁의 승패를 결정하였고, 3차원의 입체전을 수행하게 되었다. 급격한 기술의 발전에 따라 레이더, 소나, 항공모함, 세열탄, 무반동총, 대전차포 등 새로운 무기체계가 등장하였다. 전술에서는 전격전이 출현했다.

전쟁이 국가 총력전으로 전환되면서 수단과 방법이 무제한 적으로 적용되었지만 핵무기가 개발되고 사용됨으로 해서 전쟁 양상은 변모하기 시작했다. 이에 따라 전쟁양상은 제한전쟁(制限戰爭)의 시대로 전환되게 되었다. 이러한 냉전(cold war, 冷戰)으로 인해 핵무기를 소지한 강대국 간에는 전쟁을 자제하면서 비핵보유국을 내세워 대리전쟁을 유도하여 자신들이 원하는 목적을 달성하려는 전략을 취하기 시작했다.

문화사적으로 제국주의가 붕괴되면서 식민지 시대가 종말을 고하고, 공산주의 혁명운동과 민족운동을 강화시켜 많은 약소국가들이 미·소의 비호아래 신생국가로 탄생하게 되었다. 또한 서유럽은 미국으로 정치·경제측면에서 헤게모니(hegemony)를 넘겨주었다. 소련은 대전 전 붕괴의 예상을 뒤엎고 건재했으며, 전후 미국과 소련에 의해 민주주의와 사회주의체제가 블록을 형성하게 되었다. 인류는 한동안 사상적이나 경제적으로 양분되는 시대를 보내게 된다.

제5장

한국 전쟁[1)]

제1절 전쟁의 성격
제2절 전쟁의 원인과 한국군의 대비태세
제3절 북한군의 남침과 지연전
제4절 인천상륙작전과 북진작전
제5절 중국군의 개입과 유엔군의 재 반격
제6절 전선의 교착과 휴전

남침하는 북한군 전차(좌상)
압록강을 넘는 중국군(좌하)

인천상륙작전(우상)
진지전(우하)

1) 강경표 외, 〈한권으로 읽는 6·25전쟁사〉, 2011, 진영사

제1절 전쟁의 성격

한국 전쟁은 제2차 세계대전이 봉합되고 난 5년 후 처음 발생한 국제전쟁 이었다. 발생 지역도 유럽과는 다소 생경한 극동지역이었다. 전쟁은 당시의 냉전체제 하에서 민족문제와 이념이 뒤섞여 발생한 것으로 즉각적인 유엔군의 참전을 불러왔다. 이러한 한국 전쟁을 군사적으로 정의한다는 것은 상당히 난해한 문제이다. 왜냐하면 한국 전쟁은 세계대전 이후 현대사의 중요한 정치적 논리가 중층적으로 깔려있을 뿐만 아니라 당사자인 남·북한을 포함하여 많은 국가들이 참여한 전쟁으로 어느 측면에서 볼 것인가? 에 따라 다양한 해석이 가능하기 때문이다.

한국 전쟁이 지니는 성격을 전쟁의 분류법으로 다음과 같이 분류할 수 있다. 우선 전쟁의 목적측면에서 볼 때는 전형적인 이념전쟁이라 할 수 있다. 제2차 세계대전이 진행되면서부터 이미 민주주의와 사회주의의 이념에 따른 골이 생성되었다. 세계대전이 종료되면서 깊어지기 시작한 이념대결은 결국 이념대립의 최첨단 지역인 한반도에서 발톱을 드러냈다. 한국전쟁은 이념 종주국을 자처하는 국가들의 개입과 지원으로 발생하고 확대되어 장기화 되었던 전쟁이었다.

한국 전쟁은 최초 시발은 소련과 중국의 지원에 힘입은 북한이 남한을 침략하면서 시작되었다. 하지만 전쟁이 진행되면서 유엔 16개국과 중국 등이 참여함으로 해서 '동아시아의 세계 전쟁'으로 확대되었다. 한국 전쟁은 분명 한반도라고 하는 좁은 지역에서만 실시되었다. 하지만 전쟁에 참가한 국가들을 보면 가히 세계전쟁이라 할 수도 있을 것이다. 따라서 한국 전쟁은 국제적 입장에서는 국지전이라 할 수 있고, 한국의 입장에서 보면 전면전이라 할 수 있다.

다음은 전쟁의 참여 정도로 구분하여 보았을 때, 참전국들의 입장에서는 한국 전쟁은 분명히 한반도와 그 해역 및 공역에 한정되어 진행되었다. 또한 전쟁은 참전국간에 구지 승패를 가리려고 하지 않았던 제한전쟁이었다. 미국과 소련이 전면전만은 피하려고 노력했던 부분이 이를 잘 설명한다. 하지만 전쟁 당사자인 한국의 입장에서 보면, 국가의 존망이 걸린 전쟁으로 자국의 자원을 무제한적으로 쏟아 부었던 총력전이었다. 또한 한국 전쟁은 현대에 치러졌기 때문에 현대전이라 할 수 있지만 사용된 무기들은 재래식 무기를 사용했으며 핵무기는 사용되지 않았다. 이러한 점을 주목하면 한국전쟁은 재래식 전쟁의 범주에 포함시킬 수 있다.

제2절 전쟁의 원인과 한국군의 대비태세

1. 광복 전 · 후의 한반도

가. 해방 전의 한반도

19세기의 한반도는 쇄국정책의 추진과 더불어 세계사의 흐름에서 일탈하면서 근대제국주의 국가들의 이권다툼의 각축장이 되었다. 이 과정에서 조선은 일본에 의해 침탈당하면서(1876, 병자수호조약), 경술국치(1910)로 일본의 식민지가 되고 말았다. 반면 한민족은 3·1운동을 계기로 중국 상해에 대한민국 임시정부를 수립(1919. 4), 한층 조직적이고도 통일성을 기한 독립운동을 전개하였다.

제2차 세계대전 말기에 이르러 세계대전 종전처리와 새로운 세계질서의 개편을 위해 미국의 루스벨트(Franklin D. Roosevelt) 대통령, 영국의 처칠(Winston S. Churchill) 수상, 중화민국의 장개석(蔣介石) 총통 등이 이집트의 카이로에서 전후처리에 관한 회담(카이로 회담, 1943. 11. 22~26)을 개최하였다. 이 회담에서 일본 점령지 처리에 관하여 논의하면서 한반도는 "적절한 절차를 거쳐 독립을 보장 한다.(... in due course Korea shall become free and independent ... .)"라고 하여 국제적으로 처음 한반도의 독립이 언급되었으나, 여기에는 적절한 절차 즉 신탁통치를 통한다는 단서가 내포되어 있었다. 바로이어 테헤란에서 개최된 회담(테헤란 회담, 1943. 11. 28~12. 1)에서는 스탈린(Joseph V. Stalin)이 참석하여 루스벨트의 한반도 신탁통치 안에 동의하였다. 따라서 전승국인 미국, 소련, 영국, 중국 등 연합국 지도자들이 모두 한반도 문제에 공동의 인식을 하게 되었으며, 이후 신탁통치는 한국문제 처리의 기본 전제가 되었다.

연합국의 승리가 기정사실화 되면서 흑해 연안 크림 반도에 있는 얄타에서 비공개로 개최된 회담(얄타회담, 1945. 2. 4~11)에서는 소련이 대일전에 참여하고 대신 러·일전쟁(1904)에서 잃은 만주 일대의 이권을 보장해주기로 합의했다. 그리하여 소련은

〈미 · 소군의 한반도 진출〉

히로시마와 나가사키에 원자탄이 떨어지는(1945년 8월 6일, 9일) 절묘한 시점인 8월 8일(8월 9일 00:00) 만주 국경을 넘어 대일전에 참가했다.

이때 미국이 제2차 세계대전 종전을 대비 일본의 항복절차와 연합국 지휘관 지정, 한반도를 포함한 일본의 점령지를 접수하기 위한 계획을 조치한 것이 연합국의 '일반명령 제1호'[2]이다. 미국은 일반 명령 제1호에 포함할 미군과 소련군의 점령지역 구분선을 한반도 상의 위도 38도선으로 확정하고 소련의 동의를 얻었다.

나. 남 · 북 정권수립

대전종료 직전 대일전에 참전한 소련군은 쾌속 질주했다. 소련은 선전포고 이후 제1극동전선사령부 소속 제25군 사령부(대장 치스차코프, Ivan M. Chistiakov)를 주축으로 8월 9일 15시 함북 경흥을 점령하고, 8월 12일에는 웅기, 8월 13일에는 청진에 상륙했다. 소련군은 약 15만명의 육군과 해군을 진출로 북한에 신속하게 진주시키면서 8월 24일 소련군 선발대가 평양을 점령하고, 평남 도청에 치스차코프 대장을 사령관으로 하는 군정(軍政)사령부를 설치하였다. 38도선에 이른 소련군은 즉각 경계초소를 설치하고 남·북한 간의 모든 교통과 체신 왕래를 차단했다. 소련은 군정하에서 각 도·시·군에 위수사령부를 설치하였고, 5도행정국을 설치(1945. 11. 19) 김일성을 북조선 공산당 책임비서로 임명(1945. 12. 27)하여 일사불란한 군정 체제를 완비해 나갔다.

이와 대조적으로 남한지역은 미국의 일반명령 제1호 하달이 지연되어 미군은 9월 4일부터 인천을 통해 진주하기 시작했다. 미군은 오키나와에 주둔하고 있던 제24군단(중장 하지 John R. Hodge, 제7 · 40 · 96보병사단) 8만명으로, 10월 16일까지 남한에 전개를 완료했다. 미국의 군정 정책은 소련과 달리 최초부터 부재했고, 민주주의 기본개념에 따라 좌·우익을 포함한 모든 정파의 정치활동

2) 미국 3부정책조정위원회(State-War-Navy Coordinating Committee : SWNCC)에서 본 스틸 대령과 딘 러스크 대령이 1945년 8월 10일과 11일 북한에 소련군이 진주하는 가운데 미군은 1,000km 남쪽 오키나와에 있다는 사실을 고려하면서, 한반도의 소비에트화를 방지하기 위해 38도선을 분할선으로 설정하고, 13일 트루먼의 승인을 받아 맥아더 원수에게 일반명령 제1호로 하달했다.

을 보장하는 반면, 대한민국 임시정부와 광복군은 부정되었다. 당시 미국의 대 한반도 정책은 군정을 통한 신탁통치를 실시하고 조선인 스스로의 통치능력을 기른 다음 독립 국가를 보장한다는 수순이었다. 따라서 김구를 비롯한 임시정부 인사와 광복군은 개인 자격으로 입국해야만 했다.

제2차 세계대전 종전 후 제반문제 처리를 위해 1945년 12월 27일 모스크바에서 개최된 미 · 영 · 소 3개국 외상회담에서 한반도의 '5년간 신탁통치'가 합의되었다. 이어 모스크바 외상회담의 사후문제 처리를 위하여 미 · 소 공동위원회가 설치되었으며, 제1차 미 · 소 공동위원회가(1946. 3. 20)와 제2차 공동위원회(1947. 5. 21)가 합의점을 찾지 못하고 결렬되었다.

한반도 문제가 해결의 실마리를 보이지 않자 미국은 한반도 정권수립 문제를 유엔에 상정했다. 유엔은 한국문제를 처리하기 위해 한국임시위원단(UNTCOK)을 설치하고 남·북 총선거를 실시하고자 했다. 하지만 선거에서 불리하다고 판단한 공산권의 반대로 북한에는 입국하지 못했다. 결국 남한지역(4 · 3사건으로 제주도 제외)만 자유 총선거를 실시하고(1948. 5. 10), 결과에 따라 1948년 8월 15일 '대한민국 정부'가 수립 되었다. 북한에서도 자체적인 정권수립을 준비하여 흑백선거를 통해 1948년 9 월 9일 '조선민주주의 인민공화국'이라는 정권을 탄생시켰다. 이로써 한반도는 해방과 동시 강대국의 전후처리에 따라 설치된 38도선을 기준으로 양 지역에 이질적인 정권이 수립되었다.

2. 전쟁의 출발점

가. 전쟁의 원인

전쟁의 기원을 둘러싼 논쟁은 그간 전통주의 학파(전쟁의 원인을 소련과 스탈린의 세계 공산화 정책에서 찾음)와 수정주의 학파(전쟁의 원인을 미국의 제국주의 정책에 둠)로 구분되어 진행되어 왔었다. 이후 일단의 학자들은 전쟁의 원인을 한반도 내부에서 찾는 시도를 진행하였으며, 이러한 이론의 대표자가 한국 전쟁의 대표적 연구서인 『한국전쟁의 기원 Ⅰ(1981), Ⅱ(1990). The Origins of the Korean War vol. Ⅰ, Ⅱ』 이라는 책을 쓴 브루스 커밍스(Bruce Cumings) 교수이다.[3)]

커밍스는 한국 전쟁의 책임을 미국의 무지(친일파 등용, 기득권층 옹호 등)와 남침유인설로 돌리고 있다. 그는 "한국전쟁 발발에는 미국과 한국도 큰 책임이 있다" 고 했다. 하지만 그의 논점들은 러시아가 소련의 '한국관련 비밀문서'[4)]들을 공개함으로 해서 무너져 버리고 말았다. 한국 전쟁은 스탈린이 김일성을 사주하여 일으킨 전쟁이라는 정황이 소련의 비밀문서에 정확히 기록되어 있기 때문이다.

① **국제적 원인** 먼저 국제적 관점에서 전쟁의 원인은 당시 미·소의 대결, 미국의 대한반도 전략부재, 종 · 소의 세계 공산화 등 대략 세 가지로 구분하여 볼 수 있다. 먼저 소련의 팽창주의 정책과 미국의 봉쇄정책 간의 대결 문제다. 제2차 세계대전 종전 후 소련은 팽창주의(膨脹主義, expansionism) 정책을 추진했고, 미국은 이를 저지하기 위한 봉쇄정책(封鎖政策, containment policy)을 추진하면서 상호대립을 격화시키고 있었다. 소련은 동유럽 및 발칸반도에서 '철의 장막(Iron Curtain)'을 치며 동구제국을 위성국화 했다. 이에 맞선 미국은 '트루먼 독트린(1947. 3. 12)'[5)]과 '마샬 정책(1948년~1951년 추진)'을 추진했다. 소련이 동유럽에 '코민포름'을 형성하며 베를린 봉쇄정책(1948. 2)을 단행하자, 미국은 '북대서양조약기구(NATO. 1949. 4)'를 결성했다. 그러나 그간의 힘의 균형이 한반도에서 일시에 무너지면서 그간 축척된 미 · 소간의 에너지가 한반도에서 만큼은 '열전'으로 분출했다.

---

3) 커밍스는 시카고대학교 석좌교수이다. 책은 '누가 먼저 총을 쏘았는가?'를 찾지 말라고 강조하고 있다. 1980년대 운동권의 필독 서적이 되었으며 소모적인 이념논쟁을 부추겼던 서적이다.

4) 구소련이 해체되는 과정에서 공개되었으며, 보리스 옐친(Boris Nikolayevich Yeltsin) 러시아 대통령이 김영삼 대통령에게 전달한 문서는 외교통상부에 보관중이다.

5) 1947년 3월 미국 대통령 트루먼(Harry Shippe Truman)의 미국 외교정책에 관한 원칙으로 공산주의 세력 확대를 방지하기 위해 여러 나라에 대하여 군사적 · 경제적 원조를 제공한다는 것이었다. 마샬정책은 제2차 세계대전 때 황폐해진 유럽 국가의 재건을 지원하는 정책이다.

〈전략 방위선(에치슨 라인)〉

다음은 미국의 '한반도의 전략적 가치 경시와 정책부재였다. 미 국무부장관 애치슨(Acheson D. Gooderham)은 미국의 극동방위선에서 일본 열도까지 만을 미국의 전략방위선으로 포함하고, 한반도와 대만을 제외시켜 발표했다(전 미국 신문기자 협회 강연, 1950. 1. 12). 이러한 결정을 하게 된 미국의 속사정은 제2차 세계대전이 종료되면서 전략공군 위주의 대량보복전략을 수립하여 지상군을 1,200만 명에서 146만 명으로 대폭 감축하고, 마샬 정책 추진으로 인한 경제적 부담과 더불어 국력과 자원 면에서 한국의 전략적 가치를 낮게 평가한데서 원인을 찾을 수 있다.

마지막으로 소련과 중국의 세계 공산화 정책이다. 소련은 제2차 세계대전 종료 직후 동구제국을 위성국화 하고, 1948년부터 전략의 축을 유럽에서부터 아시아로 전환하는 정책을 수립, 아시아의 신생 독립국을 대상으로 공산화 정책을 추진하였다. 특히 소련은 한반도를 위성국화 함으로써 미군을 축출하고 극동지역에서 부동항의 전진 기지를 확보하며, 대미 일변도의 일본에 대한 직·간접적 영향력을 행사하고자 하였다. 또한 당시 공산주의 국가로 태동하기 시작한 중국이 티토의 유고와 같이 미국으로 기울어지는 것을 방지하고 중공을 소련의 영향권 하에 묶어 두기 위한 방편이기도 했다. 더욱이 중국과의 새로운 관계가 진행(1950. 2, 신 중·소 동맹 체결)됨으로써 얄타회담에서 얻은 만주일대의 이익이 붕괴되어 신전략지역이 필요했다.

이에 비해 중국은 이미 국 · 공 내전 간 북한으로부터 군사적 협조를 받아 센양(瀋陽) 전투를 승리로 이끌었을 뿐만 아니라 전투 간 피난처로 북한을 이용하였고, 북한의 물자를 지원받기도 하였다. 또한 1946년 말과 1947년 초부터 한국 전쟁 직전까지 약 5만명의 조선의용군을 중국군에 편입 내전에 참전 시켰다. 중국의 대북한 지원은 역사적으로는 중화관(中華觀)이 작용하였고, 지리적으로 인접한 순치보거(脣齒輔車)의 지정학적 관계가 고려되었다. 중국은 이미 장제스와의 문제로 형성된 미국과 적대관계에서 현실적으로 한반도 장악이 필요하다고 판단했다.

② **국내 요인** 한국 전쟁의 국내 요인으로 볼 수 있는 것은 크게 김일성의 무력통일 노력과 남·북한간의 군사력 불균형 그리고 정치적 혼란과 경제문제 등을 들 수 있다. 김일성은 정권을 장악한 후 내부적으로는 체제를 공고히 하면서 군대를 양성하고 전쟁물자와 장비를 준비해 나갔다. 김일성은 수차례 소련을 방문 남침에 대한 지원과 승인을 요구했고, 스탈린은 그때마다 남침에 대한 비전과 전략을 제시했다.

때를 기다리라던 스탈린은 미군이 철수하자, 김일성의 무력전쟁을 승인했다. 당시 세계적인 냉전의 균형추는 상호 견제 가능한 군사력이었는데 한반도에서는 이 균형추가 붕괴되어 있었다. 개전 직전 양군의 전투력을 비교해 보면 병력 수에서 한국군은 약 10만명, 북한군은 약 20만명으로 북한군이 2 : 1의 비율로 앞섰다. 장비 면에서도 한국군은 전차를 한 대도 보유하지 못하고 있는데 반해, 소련제 전차(T-34)를 242대나 보유하고 있었다. 한국군이 당시 북한군 전차를 파괴할 수 있는 무기체계를 전혀 보유하지 못한 비대칭 상황을 고려한다면 전투력 비교 자체가 무의미하다고 할 수 있다.

정치의 혼란도 극에 달했다. 북한 지역은 소련의 지원 아래 공산당이 정권을 잡고 일사 분란한 통제가 이루어졌다. 하지만 남한은 서구 민주주의의 영향으로 정당이 난립하였고, 집권당은 강력한 리더십을 발휘하지 못하였다.

경제면에 있어서 해방 당시 대부분의 산업시설이 북한에 산재해 있었지만 분단과 더불어 교류는 단절되었다. 더욱이 북한지역 주민들의 월남으로 남한의 인구 부양능력은 한계에 다다랐고, 전력과 생필품 부족이 만연하여 인플레가 극에 달했다. 이러한 사회불안은 국가 존립과 안정에 부정적 요소로 작용되었고 좌익세력이 준동할 수 있는 원인의 하나가 되었다.

이와 같이 한국 전쟁은 국제적인 정치상황과 국내의 정치, 경제, 군사적인 불안이 결합되어 발생한 전쟁으로 볼 수 있다. 일본 학계에서는 일찍이 한국전쟁을 '국제적 내전(International Civil War)'이라 규정했다. 한국 전쟁은 당시의 국내문제가 전쟁으로 비화되었고, 미국 등의 개입으로 국제적인 전쟁으로 확대된 것이라 보는 견해로 탁월한 식견이라 아니할 수 없다.

나. 남침여건 조성과 한국군 대비태세

① **남침여건 조성** 김일성은 1946년 1차 모스크바 방문에 이어, 1949년 3월 2차로 모스크바를 방문하여 스탈린에게 최초로 무력 통일안을 제기했다. 하지만 스탈린은 "북한이 군사적으로 남한보다 절대 우위에 있어야 하는 점과 만약 전쟁이 발발하면 미군이 개입할 것"임을 언급하면서 상황이 변하지 않는 한 전쟁은 불가하다고 언급했다. 그러나 1949년 미군이 한반도에서 철수하고, 1950년 초 한반도가 미국의 극동방위선에서 제외되면서 상황이 급변했다. 스탈린은 전쟁을 결심했다.

스탈린은 1949년 12월 16일부터 모스크바를 방문한 마오쩌둥(毛澤東)과 국제정세를 협의한 후, 김일성에게 남침에 대한 전향적인 전문을 발송했다(1950. 1. 30). 김일성은 1950년 3월 3일 3번째로 스탈린을 극비 방문하여 남침에 대한 스탈린의 결심을 받아냈다. 이때 스탈린은 김일성에게 '위장 남침 전략과 옹진반도 타격에 이은 전격전'을 강조했다. 그리고 한반도의 무력통일은 중국의 지원이 필수적임을 피력하고, 김일성에게 마오쩌뚱과의 협의를 사주했다. 김일성은 즉시 베이징의 마오쩌둥을 방문(1950. 5. 15)했다. 마오쩌뚱은 중국이 타이완(臺灣)을 해방하기도 전에 한반도에서 전쟁을 한다는 것이 못마땅했으나, 소련이 공군 1개 사단을 지원하고, 미군이 참전할 경우 소련이 만주에서 미군과 싸울 것임을 확인하고 나서, "미군이 한반도에 참전하면 병력을 파견하여 필요한 지원을 제공 하겠다."는 내키지 않은 동의를 하였다. 이에 따라 북한 정권은 국제적으로 전쟁의 역량을 성숙시키면서, 내부적으로는 1949년 초부터 총동원령을 발동하여 군 병력충원제도를 지원제에서 징병제로 변경하고 전시 동원 체제를 갖추기 시작했다.

② **한국군의 대비태세** 한국군은 북한군이 1950년 공격하리라는 육군 정보국의 '1949년 말 종합 정보 보고'에 따라 38도선 경비부대들은 5월 초 기본계획 위주로 지역방어 개념의 부대별 방어계획을 작성하였다.

하지만 정부와 군 수뇌부의 제 조치들은 모순되기 그지없었다. 우선 정치권은 전혀 실현가능성이 없는 북진설을 연이어 발표했다. 한편 군은 전쟁 직전 대규모 군 고위급 인사단행, 전방 부대교대뿐만이 아니라 6월 23일부로 군사 대비태세를 해제하여 전쟁발발 시 영내의 가용인원은 부대별로 1/2내지 2/3수준이었다.

제3절 북한군의 남침과 지연전

1. 북한군의 남침과 초기전투

가. 전쟁 직전의 국지도발

전쟁직전 국지도발이 지속적으로 발생하고 있었다. 우선 38도선 자체가 전술적인 상황을 고려함이 없이 선정된 일직선상의 위도선이었다. 따라서 북한군과 한국군이 38도선 경비를 인수한 이후부터 지형의 이점을 확보하기 위한 무력충돌이 수시로 발생하곤 했다. 급기야 1949년 8월 4일과 10월 14일에는 개성일대에서 두 개 연대 이상의 병력이 동원된 전투가 발생하였다. '육탄 10용사의 전투'[6](1949. 5. 4)로 알려진 송악산 전투도 이즈음 발생한 전투였다. 이러한 국지도발은 대체로 전쟁 직전까지 지속되었다.

또한 전략적 차원의 제2전선 형성을 위한 인민유격대가 남파되어(1949. 7), 전쟁 직전인 1950년 3월까지 지리산, 오대산 및 태백산 일원의 산악지역에서 준동했다. 이 시기에 북한에서 남한으로 침투한 유격대원의 수는 총 10회에 걸쳐 모두 2,400여명으로 약 2,000여명이 생포되거나 사살 되었다. 한국군은 공비들을 소탕하기 위해 3개 사단규모 이상의 병력과 경찰을 동원하여 소탕작전을 전개하였다. 이러한 북한군의 전략은 전쟁이전 한국군 전투력을 분산시키는 효과를 달성했다.

당시 한국군의 지휘체계와 기강 또한 문제점을 노출하고 있었다. 한국군 내부에 공산 지하조직의 침투로 하극상 사건이 자주 발생했고, 2개 대대는 아예 건제 단위로 월북하기도 했다. 여·순 지역에서는 군사반란이 발생하였고, 대대적인 숙군의 결과 1949년 7월 당시 장병의 약 5%인 4,749명이 처벌을 받았다.

6) 1949년 5월 3일 북한군 기습으로 한국군 제1사단 11연대가 송악산 북방에서 반격했다.

나. 선제타격계획 및 한국군의 대비

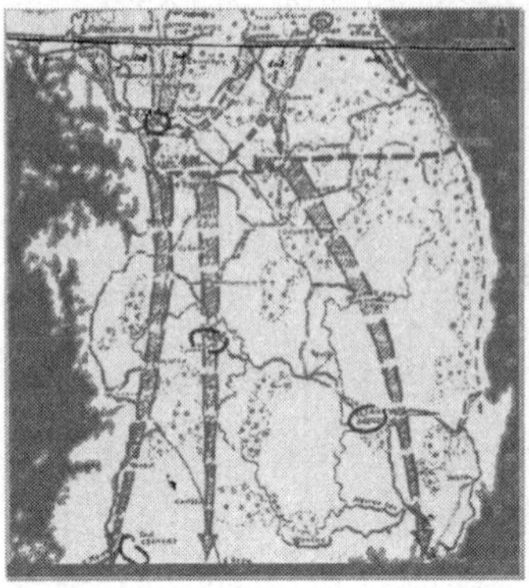

〈선제타격계획 자료 : 국방부 군사편찬연구소〉

소련에서 3차 회담을 마치고 복귀한 김일성은 남침계획을 즉시 수립하도록 지시하여, 북한군 총참모장 강건과 소련이 북한에 파견한 제2차 세계대전의 영웅 바실리예프(A. B Vassyliev) 군사고문단장이 공동으로 '선제타격계획'을 작성, 5월 29일 완성했다. 이 선제타격계획은 6월 16일 스티코프를 통해 스탈린의 승인을 받아 D-day를 6월 25일로 확정지었다 이 선제타격계획의 작전기간은 1개월이었고, 3단계로 작성되었다. 전투편성은 육군 10개 사단을 2개 군단으로 편조, 제1군단에는 제1·3·4·6사단 및 제105전차여단, 제2군단에는 제2·5·12·15사단, 모터 싸이클연대, 제766부대 및 549부대로 공격제대를 구성했다. 국방부 군사편찬위원회에서 재구성한 3단계 작전계획을 보면 제1단계 작전은 전선을 돌파, 한강이북의 한국군을 포위·섬멸하기 위해 주공인 제1군단이 서울 북방에서 서울을 공격하고, 조공인 제2군단으로 하여금 춘천을 돌파 후 일부 병력을 서울·수원 방향으로 진출시켜 한국군의 주력을 포위·섬멸하며, 제2단계 작전은 전과확대 및 예비대 섬멸단계로 군산-대구-포항을 연하는 선을 점령하며, 제3단계 작전은 잔적을 소탕하며 목포-여수-부산을 연하는 선까지 진출하는 계획이었다. 이를 위해 민족보위성은 6월 22일 공격명령인 '전투명령 제1호'를 하달했다.

구 분	북한군	한국군	비율
병 력	198,380명	105,752	2:1
전 차	242대	·	·
야포 (박격포)	652문 (1,467)	91문 (960)	6:1
항공기	211대 : 전투기	22대 : 훈련기	10:1
함 정	30척	28척	

〈남·북한군 군사력 비교〉

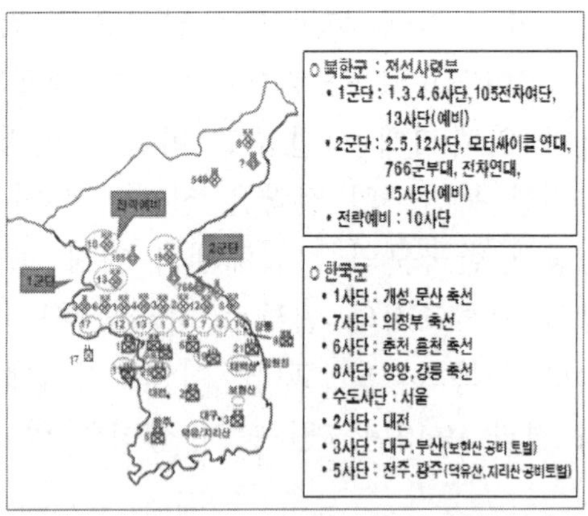

〈한국전쟁 직전 남·북한군배치상황〉

이에 비하여 한국군은 전쟁 직전 38도선 경비임무를 4개 사단과 1개 독립연대에 부여하여, 서부지역인 옹진반도에 제17연대, 개성 및 문산 지역에 제1사단, 동두천 · 포천 의정부 축선에 제7사단, 춘천·홍천 축선에 제6사단, 동해안 축선에 제8사단을 배치하고 있었다. 후방에는 서울 수색에 수도경비사령부를 비롯해 대전 및 청주에 제2사단, 대구 및 부산에 제3사단, 전주 및 광주에 제5사단을 배치 공비토벌작전을 수행하고 있었다. 이들 후방사단들은 평시에는 육군 예비대로 있다가 전시에는 전방사단의 증원과 역습을 실시하는 임무를 부여받고 있었다.

한국군은 방어 중점을 북한군의 주공이 지향될 의정부지구에 두고 있었다. 그리고 군을 전방의 제1선 부대와 후방의 예비대 등 2개의 방어 제대로 구분하고, 38도선에서부터 단계적 전투를 수행하도록 했다. 38도선을 담당하는 경계부대는 '경계진지 전투지대(1차 방어선)'에서 적을 최대한 지연하며, 다음으로는 '주저항선 전투지대(2차 방어선)'에서 적의 주력을 격멸하도록 했고, 그 다음은 '최후저항선 전투지대(3차 방어선)'에서 적을 격멸하는 3단계의 축차적인 방어계획을 수립하였다. 특히 최후저항선은 반드시 확보해야 할 최후저지선으로 필요시에는 후방의 전 가용요소를 통합하여 역습을 실시한다는 계획이었다. 후방부대에게는 위기 시에 서울지역으로 이동 전방 부대를 증원하도록 하였다.

전투력은 전쟁 발발당시 북한군이 적대적으로 우세했다는 것을 알 수 있다. 병력에 있어 북한군은 198,380명으로 한국군 병력 105,752명에 비해 약 2:1로 우세했다. 장비에 있어 북한군은 한국군에 한 대도 없는 T-34 전차를 242대, SU-76 자주포를 176대나 보유하고 있었다. 화포는 북한군에 소련제 82/122mm 박격포, 76.2/122mm 평사포/곡사포, 45mm 대전차포가 편제되어 있었다. 항공기에 있어서도 한국군이 연습기 22대를 보유하고 있는 것에 비해 북한군은 전투기를 170대나 보유하고 있었다.

다. 초기 전투

북한군은 1950년 6월 25일 일요일 새벽 04:00를 전후로 서해안의 옹진반도로부터 동해안의 강릉지역까지 전 38도선 상에서 일제히 공격준비사격을 실시한 후 기습적으로 남침을 개시했다. 또한 사전에 해상으로 유격부대를 침투시켜 전후방 배합전술을 구사하며, 우세한 공군과 지상 전력으로 한국군을 공격하기 시작했다.

북한군 주공인 제1군단은(옹진반도-포천, 제1제대 : 제1 · 3 · 4 · 6사단과 제3경비여단. 제2제대 : 제13사단. 후속 제105전차여단) 서울에 이르는 단거리 접근로인 동두천 · 포천-의

정부-서울 축선으로 주공을 지향하고, 조공은 서부지역인 옹진 축선과 개성·문산 축선으로 진출했다. 북한군 조공인 제2군단은 춘천·홍천 축선(포천-동해안, 제1제대: 제2·12사단, 제2제대: 제15사단, 후속 제603모터사이클연대)과 동해안 축선(제1제대 제1경비여단, 제2제대 제5사단)으로 진출했으며, 제549독립연대와 766유격대를 정동진 및 임원진 일대에 상륙하여 교란활동을 시도했다. 해군은 전쟁초기 옹진반도에서 제17연대의 철수를 지원했고, 백두산(PC 701)함은 600여명의 비정규전부대가 승선한 북한 수송선을 부산 앞 바다에서 격침시켜 북한군의 제2전선 형성 기도를 좌절시켰다.

<table>
<tr><th colspan="2">구 분(축선)</th><th>개성-김포반도
-영등포</th><th>문산-서울</th><th>동두천/포천-
의정부-서울</th><th>춘천/홍천-
서울 동남방</th><th>동해안</th></tr>
<tr><td colspan="2">북한군</td><td>제6사단
전차1개
대대</td><td>제1사단
203전차
연대(-1)</td><td>제4사단
(전차대대배속)
제3사단
105전차여단
(-2)
제13사단</td><td>제2사단
제12사단
제15사단
603모터
싸이클연대</td><td>제5사단
제1경비
여단</td></tr>
<tr><td rowspan="2">한
국
군</td><td>최초
배치</td><td>없음</td><td>제1사단</td><td>제7사단(-1)</td><td>제6사단</td><td>제8사단</td></tr>
<tr><td>추가
증원
(25~
27일)</td><td>김포 방어사
(정보학교 등)</td><td>수도사단
제3연대
등
14개 대대</td><td>수도사단
제18연대 등
27개 대대</td><td></td><td></td></tr>
</table>

〈개전 당시 축선별 전투력 비교 자료 : 국방부군사편찬연구소〉

미국이 6월 27일 한반도에 해 · 공군 지원을 결정함에 따라 미 극동사령부는 북위 37도 이북은 미 해 · 공군이 그 이남은 한국군이 담당했다. 공군은 전쟁이 시작되자 연습용 항공기 18대를 이용 남침하는 북한군에 도수로 폭탄을 투하하다가, 7월 2일 일본에서 미군의 F-51 무스탕 전폭기 10대를 인수하여 근접항공지원임무를 수행하였다. 이후 한반도의 제공권은 미 극동공군 예하 제5공군이 장악했다.

한국 전쟁 초기 지상전투는 서부지역 전투(옹진반도, 동두천 · 포천-의정부 축선) 중·동부지역 전투(화천-양구 축선, 동해안 축선), 서울지역 전투 등으로 구분하여 전투상황을 살펴볼 수 있다.

① **옹진반도 전투** 한국군 독립 제17연대(연대장, 대령 백인엽)는 한반도 서북지역인 옹진에서 약 45km의 광정면을 담당하고 있었다. 북한군은 기존의 제38경비 3여단에 전차로 증강된 제6사단 14연대를 증원하여 공격해 왔다. 제17연대는 2개 대대 전방, 1개 대대를 예비로 하여 두락산-412고지-까치산을 연해 배치하고 있었고, 제7포병대대의 직접지원을 받고 있었다.

04:00, 2개 연대 규모의 북한군 기습은 좌측에 배치된 제1대대 지역에서 먼저 시작되었다. 제1대대는 전투가 개시됨과 동시에 대대장이 전사하며 06:00경 돌파되었다. 연대장은 즉시 예비 제2대대를 역습에 투입 09시에 목표인 사동 및 자동 일대로 기동했다. 하지만 제2대대의 역습과는 반대로 오히려 우측의 제3대대가 11:00 적의 강력한 보·전 협동공격으로 석교리-치마 선을 돌파당했다. 이어서 13:00에는 북한군 제6사단 1연대가 전방대대 전투지경선의 국도를 따라 진출하여 연대 주방어지역이 동서로 양분되었고, 17:00 경에는 옹진과 강령마저 피탈 되었다. 연대는 전방대대가 무너지자 철수가 가능한 항구 방향으로 지연전을 전개하면서 계획된 해상철수를 단행했다.

② **개성·문선 축선 전투** 개성-문산을 거쳐 서울에 이르는 축선에는 한국군 제1사단(사단장, 대령 백선엽)이 청단으로부터 고랑포까지 약 94km의 정면을 담당하고 있었다. 사단의 방어 편성으로 좌로는 제12연대(개성 일대), 우로는 제13연대(3고랑포 일대), 예비 제11연대는 수색에 집결하여 있었다. 투입된 북한군은 제1군단의 조공으로 제203 전차연대(-1)의 지원을 받는 제1사단과 6사단(-1)이었다. 전투지역은 서울의 서쪽 관문인 개성, 문산, 파평산, 금촌, 봉일천 일대였으며 4일간 격전을 치렀다.

첫날인 25일, 경계진지에 배치된 개성에 있는 한국군 제12연대와 적성 방향의 제13연대 3대대는 북한군의 기습공격을 받고 각개격파 되었다. 한국군 제12연대는 북한군 제6사단(-1)에게 당일 5시간 만에 개성을 피탈 당했다. 개성에서 분산하여 퇴각한 제12연대는 김포반도로 도강했고, 일부는 문산 방향으로 철수하였다. 북한군 제6사단도 제12연대를 추격하여 김포반도와 강화도로 도하를 서둘렀다.

우측의 제13연대 3대대도 후방에서 북한군 전차가 진출하자 북한군을 지연시키면서 임진강 방향으로 철수했다. 또한 북한군 제1사단은 한국군 제1사단과 제7사단의 전투지경선을 따라 임진강 상류 가여울 지역에서 도하하여 적성 방면으로 공격하고, 일부는 임진강 북안의 한국군 진지를 공격하며 퇴로를 위협하였다.

전투 2일차인 26일, 제1사단은 2차 방어선(주 방어선)인 임진강 차안의 파평산을 등지고 서울로 이어지는 도로를 통제하는 방어진지를 편성했다. 하지만 2차 방어선마저 위협받자 26일 19:00에 3차 방어선인 봉일천 및 금촌 일대로 철수했다. 전투 3일차인 27일, 북한군 제1사단과 제6사단 일부는 1번 도로와 307번 도로를 중심으로 전개하여 공격했으며, 최후저항선이 무너져 봉일천 차안으로 물러났다. 서울이 피탈된 날인 28일 우측 제7사단의 철수로 인하여 측방이 노출되고 한강 인도교가 폭파되어 철수로마저 차단되자, 이산포와 행주나루에서 한강 이남으로 도하했다. 도하를 완료한 약 5,000여 명의 제1사단 병력은 시흥에서 재집결, 육군 예비임무를 수행했다.

③ **동두천·포천–의정부 전투** 이 전투는 한국군 제7사단(–1)이 방어 중점지역으로 선정한 서울 북방 동두천과 포천도로 축선(47km의 정면)에서 북한군 제105전차 여단(–2)의 지원을 받는 제1군단의 주공인 제3·4사단과 6월 25일부터 26일까지 2일간 치른 전투이다. 제7사단(사단장, 준장 유재흥)은 좌측 동두천 정면에 제1연대, 우측인 포천 정면에 제9연대를 배치하고 있었다. 하지만 교대하여 북상하기로 한 예비 연대인 제25연대는 아직도 온양에 있었다. 북한군 제1군단은 제3사단을 운천–포천 방향, 제4사단을 연천–동두천 방향에 각각 투입시켰다.

이 축선의 전투는 2단계로 구분할 수 있다. 제1단계는 경계진지전투로부터 동두천과 포천이 함락되는 당일 전투이고, 제2단계는 한국군의 동두천과 포천 역습이 실패하면서 의정부가 피탈되는 26일의 전투상황이다. 제7사단장은 북한군의 공격이 개시되자 경계진지에 배치된 2개 대대로 하여금 북한군을 지연시키도록 하고, 2개 연대의 주력으로 2차 방어선(주저항선)에 배치하고자 했다.

전차대대를 배속 받은 북한군 제4사단은 최초 전곡–초성리 방향으로 주공인 제16연대를, 동이리(전곡 서쪽 6km) 통로(적암–봉암리) 방향에 조공인 제18연대를 투입하여 25일 22:00경 동두천에 진입했고, 한국군은 덕정으로 철수해야 했다. 우측 양문리–포천 방향의 제9연대는 전차의 지원 아래 공격하는 북한군 제3사단의 공격을 선방했으나 탄약 부족으로 철수하면서 11:00경에 포천을 피탈 당했다.

이렇게 개전 초일에 서울의 북쪽 관문인 동두천과 포천을 피탈당하고 의정부가 붕괴 위협에 놓이게 되었다. 위기에 처한 육군본부는 서울의 수도사단, 대구의 3사단, 광주의 5사단 그리고 육군 직할부대 등을 전선으로 이동시켜 수도 서울의 위기를 타개하고자 했다. 하지만 이들은 도착한 순서에 의한 임시 편제로 후속부대와 연결 없이 투입되었으며, 투입 간 횡적 연결은 물론 종적 간에도 지휘계통이 확립되지 않아 전투력이 제대로 발휘되지 못했다.

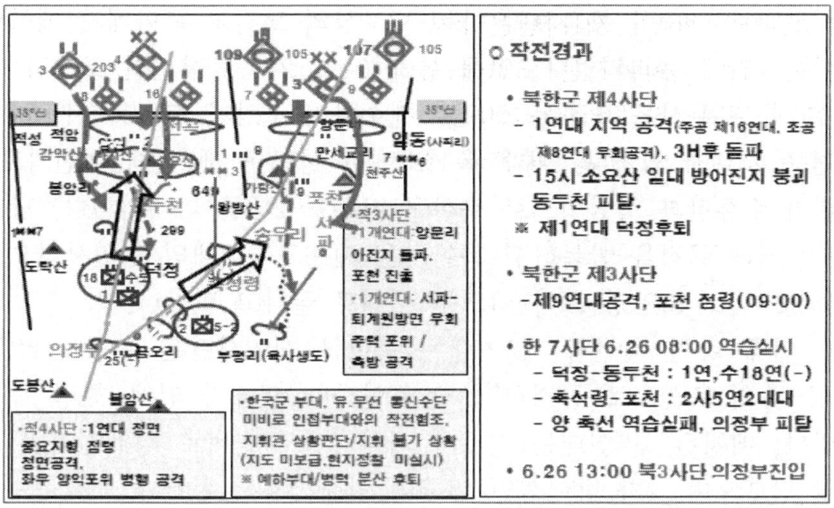

〈동두천 · 포천–의정부지구 전투 상황도〉

이러한 상황에서 채병덕 참모총장은 의정부 고수결의를 굳히고, 제7사단장과 제2사단장(이형근 준장)에게 수도사단 제18연대 및 제7사단 1연대와 제2사단 5연대 2대대를 투입하여 동두천과 포천을 역습하도록 명하였다. 먼저 2사단 5연대가 26일 03:00 포천지역으로 역습을 개시하였으나 저지부대가 저지할 틈도 없이 축석령으로 향하던 중 북한군과 조우하여 포천 역습은 실패로 끝났다. 반면 제7사단 1연대는 6월 26일 08:00 3번 도로를 따라 역습을 개시 10:00에 동두천을 통과 소요산까지 진출할 수 있었다. 그러나 북한군 제3사단이 6월 26일 13:00경에 의정부에 돌입했다. 이에 따라 역포위된 한국군 역습부대는 남으로 탈출해야 했다.

④ **춘천 홍천지구 전투** 6월 25일부터 28일까지 중동부전선의 화천–춘천 축선과 인제 · 홍천 축선에서 한국군 제6사단과 북한군 제2군단의 2 · 12사단 및 제5사단 연대, 제603모터싸이클 연대와의 방어전투를 지칭한다. 춘천·인제지역을 담당하는 한국군 제6사단은 좌측의 사직리로부터 우측의 진흑동까지 산악지형 84km를 담당하고 있었다. 제6사단은 춘천 북방에 제7연대, 홍천 북방에 제2연대를 각각 배치하고 예비 제19연대는 원주에 있었다. 춘천은 교통의 요지로 돌파된다면 한국군이 동서로 양분될 수 있는 전략적 요충지였다. 제6사단장 김종오 대령은 전쟁 직전 북한군의 도발을 예측하고 대비태세를 유지하고 있었다.

개전 당일 화천–춘천 축선의 경계지역 전투에서 한국군 제7연대가 북한군 기계화 부대가 반드시 통과해야 하는 도로상의 모진교 폭파에 실패하면서 경계 진지는 순식간에 붕괴되었다. 연대는 09:00에 2차 방어선인 소양강 북안의 역골-164고지-우두산을 연하는 선으로 철수하여 소양강 도하를 시도하는 북한군과 격전을 치르게 되었다. 이때 옥산포에서 한국군 제7연대 대전차포 중대 심일 소위가 수류탄과 화염병으로 북한군 자주포 2대를 파괴하였다. 당일 춘천을 점령하기 위해 공격을 반복하던 북한군은 제16포병대대의 정밀사격으로 인하여 대량피해를 입고 소양강 도하 기도는 무위로 끝나고 말았다.

한편, 인제-홍천 축선의 제2연대는 북한군 제12사단은 주공인 32연대가 양구-신남-홍천 축선으로 공격하고, 조공인 제30연대가 인제-현리 축선으로 공격해 왔다. 배치된 제2연대는 전투가 개시되면서 곧바로 경계진지인 1차방어선을 피탈 당했으며, 2차 방어선인 어론리 일대까지 철수했다.

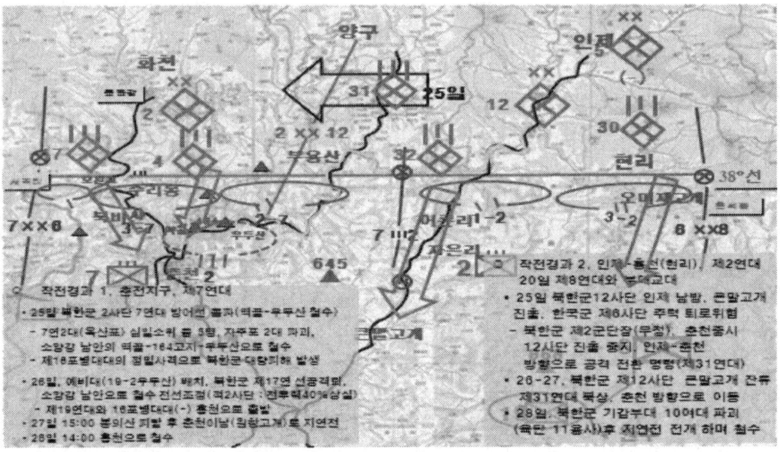

〈춘천지구 전투상황도〉

26일 아침 춘천지역에는 예비 연대인 제19연대 2대대가 원주에서 이동하여 우두산 일대에 배치되었고, 제7연대 1대대는 북한군 제17연대를 선공하여 궤멸 상태로 몰아넣었다. 연대는 26일 밤 전선을 축소하기 위해 모든 부대를 소양강 남안 3차방어선으로 조정하여 재배치하였다. 인제-홍천 축선의 한국군 제2연대는 26일 06:00 어론리에서 2개 대대로 반격을 감행했지만 실패하고 말고개(홍천 북방 14㎞)에 새로운 방어진지를 구축하였다.

이즈음 공격하는 북한군에 커다란 전술적 변화가 일어났다. 개전 초일 춘천 지역의 제2사단이 큰 피해를 입고 공격이 돈좌되자, 제2군단장 김광협은 북한군의 작전목적 충족을 위해 인제-홍천 축선에서 공격하는 제12사단 31연대를 급히 춘천방향으로 전환시켰다. 하지만 제31연대는 통신문제로 춘천지역 공격에 합류하지 못하고 유병화 되었다.

27일 05:00부터 춘천에서는 북한군의 대규모 공세가 시작되었다. 제7연대는 결국 15:00경 춘천 시내에 위치한 봉의산을 피탈 당하고, 원창고개 방향으로 철수하였다. 한편 제2연대는 27일 이후 홍천 인근의 말고개 일대에서 북한군 장갑차와 육탄전을 치르고 있었다. 27일 육본과 연결되어 상황을 파악한 사단장은 28일 14:00경부터 제7연대는 춘천-홍천 간 도로를 따라, 제2연대는 29일 말고개에서 홍천 방향으로 견제가 유지된 통제된 지연전을 전개하도록 했다.

이 춘천·홍천 전투는 한국전쟁 서막에 한국군이 거둔 최초의 전술적 승리로 전략적 의미를 가진 승리였다. 만약 이 전투가 북한군의 의도대로 진행되었다면, 한강 이북에서 한국군 유생역량을 포위·섬멸시키고 한강방어선 전투 자체를 불가능하게 만들었을 것이다. 물론 미군이 한반도에 투입되는 시간도 얻지 못했다. 이 전투는 서전에 한국을 구한 전투가 되었다.

⑤ **동해안 축선 전투** 양양에서 강릉에 이르는 지역을 담당하고 있던 한국군 제8사단(사단장, 대령 이성가)은 좌측의 진흑동에서 동해안의 기사문리에 이르기까지 약 26km의 비교적 좁은 정면을 담당하고 있었다. 하지만 사단은 2개 연대 편제로 삼척에 제21연대가 주둔하고 있어 제10연대(-1)가 단독으로 책임지역을 방어하고 있는 셈이었다. 그것도 제8사단은 오대산과 계방산 공비소탕을 위해 양 연대에서 1개 대대씩을 차출하고 있어 당장 전투에 투입 가능한 전력은 연대 당 2개 대대인 4개 대대였다.

북한군은 제38경비 1여단과 5사단 제10연대를 1제대로 편성하고, 제5사단(-)를 제2제대로 편성하였다. 그리고 해안을 통하여 제945육전대 및 제766부대를 정동진·임원진으로 상륙시켜 동해안 축선 전·후방에서 배합전을 수행했다. 38도선 고수방어를 계획했던 제8사단은 북한군의 공격으로 전방의 제10연대는 이렇다 할 전투도 못해보고 당일 아침 경계진지가 무너졌다. 사단장은 삼척의 제21연대를 강릉으로 북상시켜 제10연대와 통합하고, 육본의 명에 따라 제천으로 철수했다.

⑥ **서울방어 전투** 6월 26일 13:00에 의정부가 피탈되면서 시작된 서울 최후저지선인 창동·미아리 지역의 전투를 지칭한다. 의정부가 피탈되자 군 수뇌부는

'서울 고수'의 방침을 확정하고, 유재흥 제7사단장을 '의정부지구전투사령관'으로 임명했다. 의정부지구전투사령부는 제7사단, 제2사단, 제3사단 등의 잔여병력 총 6개 대대를 편성하여 배치하였다. 이로써 한국군은 개전 이래 처음으로 협조된 저지진지를 편성하기 시작했다.

하지만 진지를 채 편성하기도 전인 27일 10:00경 북한군 전차와 자주포 40여 대가 진지를 유린하여 창동에서 분산하여 미아리 일대로 철수했다. 이무렵 미아리-회기동 선에서는 미아리지구전투사령관 겸 제5사단장인 이응준 소장이 철수병력을 통제 방어진지를 편성하고 있었다. 이응준 소장과 유재흥 준장의 지휘아래 철수한 제2 · 5 · 7사단 약 3.000여명으로 서울방어를 위한 최후방어선이 27일 오후까지 정릉-미아리-청량리를 연하는 선에 형성되었다.

밤이 되자 폭우 중 전차로 증강된 북한군 제3·4사단이 전차로 수유리 방향에서 미아리 쪽으로 공격해 왔다. 한국군은 간신히 1차 공세를 막아냈지만, 24:00부터 실시된 북한군의 2차 공세에는 무너졌다. 북한군 전차 2대가 기습적으로 28일 01:00 경 미아리 고개를 통과 서울 시내로 진출, 한국군의 수도 서울 최후방어선을 붕괴시킨 것이다. 분산된 병력들은 시가전을 전개하면서 한강으로 몰려들었다.

한편 28일 02:00경 북한군 전차가 서울에 진입했다는 보고를 받은 채병덕 참모총장은 서울 사수를 포기하고, 북한군의 더 이상의 진출을 막기 위해 한강교 폭파를 명하였다. 하지만 한강교 조기 폭파는 아직 철수하지 않은 한강 이북의 한국군과 서울 시민에게 치명적 피해를 가져왔다. 서울을 점령한 북한군은 부대 재정비와 전투력을 보강하며 28일부터 7월 3일까지 6일간 서울에서 지체했다.

마. 초기작전 분석

전쟁 초기 북한군은 성공적으로 기습작전으로 주도권을 잡고 전장을 지배했다. 북한군의 제1단계작전은 완벽한 기습으로 한국군의 주력을 한강 이북에서 일부 격멸하였다. 하지만 북한군 제2군단의 춘천·홍천 축선에서의 전술적 실패가 전략적 실패로 이어졌다. 제1군단과 2군단과의 협조된 공격이 무산되어 한국군은 괴멸을 면할 수 있었다. 무엇보다 북한군의 가장 큰 오판은 스탈린과 김일성이 '한반도 전쟁에 미군이 참여하지 않을 것'이라고 판단한 것이었다.

북한군은 집중의 원칙에 맞게 전차는 주공 지역인 동두천·포천-의정부 축선에 집중 배비하여 운용했다. 기동면에 있어서는 속전속결(速戰速決) 전략을 추진하였다. 그러나 북한군 주공이 의정부를 6월 26일 13:00 점령하고도 미아리고개를 넘어 서울까지 채 20km가 넘지 않는 거리를 전진하는데 장장 36시간을 소모하여 전과확대의 기회를 상실하였다. 지휘통제의 역량 부족으로 고급제대인 총참모부와 제1·2공격집단 간 유기적인 협조체제가 이루어지지 않았다.

전술면에 있어서 북한군은 압도적으로 우세한 전투력을 바탕으로 정면 돌파를 시도하면서도 한편으로는 넓은 공간을 활용한 적절한 우회기동으로 한국군의 측후방 방어진지를 공격했다. 이를 일점양면전술(一點兩面戰術)이라 한다. 북한군은 보·전·포병의 협조된 공격을 효율적으로 수행했고 배합전술도 구사했다.

한국군의 초전 패퇴는 우선 북한군의 기습이 완벽했기 때문이었다. 이는 한국군의 정보력의 한계를 여실히 드러내는 사항이기도 했다. 두 번째 이유는 북한군에 비해 현저하게 열세한 전투력 때문이었다. 특히 북한군 전차를 제압할 수 있는 무기체계가 전무했고, 북한군 도하에 대한 거부대책이 전무했다. 세 번째 이유로는 한국군 지휘부의 적절한 판단과 조치의 부재를 들 수 있다. 한국군 지휘부는 전략이나 작전술 구사능력이 부족하여 초기 전투 내내 주먹구구식의 전술적 대응에만 급급하였다. 네 번째로는 방어계획과 지형상의 문제점을 들 수 있다. 방어계획상의 맹점으로 북한군의 주공으로 파악된 지역에 오히려 예비대를 비워두는가 하면 가용한 포병을 추가 할당하는 등의 적극적인 방책을 강구하지도 않았다. 또한 서울이 북한군 공격개시선으로부터 너무 가까이 위치하고 있었다. 마지막으로 북한군의 배합전과 유격전으로 인해 전국에 산재된 한국군은 전투력을 집중할 수 없었다.

2. 지연작전의 전개와 유엔군의 참전

가. 지연작전 개관

한강 도하를 준비하는 북한군 제1군단은 예하 제3·4 및 제105전차사단(서울 점령 후 사단으로 승격)으로 하여금 한강 도하를 명하고 아울러 김포반도에서는 제6사단으로 하여금 김포-영등포 축선으로 도하공격토록 했다. 한강방어선을 돌파한 북한군은 공격의 주도권을 장악하고 공격속도를 증가하여 7월 26일 경에는 영동-상주-함창-예천-안동을 연하는 선 남쪽까지 진출하였으며, 북한군 제6사단은 호남지역으로 우회하여 한반도 서남방(마산)에 출몰 유엔군을 경악하게 했다.

북한군은 미군 참전이전에 남한 전 지역을 석권한다는 전략 하에 한강 도강 이후 서부, 중앙, 동해안의 3개 축선에서 압박을 가해왔다. 서부전선에는 서울을 탈취했던 제1군단의 3·4사단과 105전차사단 및 제6사단을, 중부전선에는 제2군단의 2, 1, 12사단을(진출이 지연되자 제8, 15, 13사단 추가 투입) 그리고 동해안 축선에서는 기존의 제5사단을 계속 공격시켰다.

북한군은 초전의 전술적 승리이후 남쪽으로 추격전을 전개하며 정면공격과 더불어 넓은 기동공간을 이용한 침투와 일점양면전술의 포위전술을 사용했다. 하지만 화력과 기동력이 우세한 미군이 투입됨에 따라 야간전투 위주 작전을 전개했다. 북한군은 한국군과 미군을 낙동강까지 밀어내며 대륙(중국)에서나 구사할 만한 우회전을 한반도 서남부지역에서 제6사단을 통하여 선보이는 등 공격 기세를 유지하고 있었다. 하지만 북한군은 제공권과 제해권을 상실하고, 남으로 내려가면 내려갈수록 병참선이 신장되는 취약점이 가중되었다.

전선이 와해된 채 한강을 도하한 한국군은 '시흥지구전투사령부'를 창설하여 한강을 이용한 방어선을 구축하고 지연전을 시도했다. 한국군은 결사적인 방어로 한강 방어선을 6일 동안 지탱하고, 7월 3일 방어선이 돌파되면서 수원을 경유 평택으로 철수했다. 이 기간에 김포반도에서는 김포지구전투사령부가 창설되어 북한군 제6사단과 전투를 진행하였고, 중·동부전선에서도 한국군 제6사단과 8사단이 충주-제천 선으로 철수하였다. 동해안 축선에서는 제3사단 23연대가 울진으로 진출하여 북한군 제5사단의 남진에 대비했다.

트루먼 정부는 북한의 남침을 불법으로 규정하고 즉각적이고도 단호한 군사적 조치를 강구하기 시작했다. 미국은 6월 27일 먼저 해·공군 투입을 결정했고, 29일은 지상군 투입을 결정했다. 7월 1일 일본으로부터 부산에 선발대가 도착했고, 곧이어 미국 주도하의 유엔군 사령부가 창설되었다. 미군의 투입으로 기사회생한

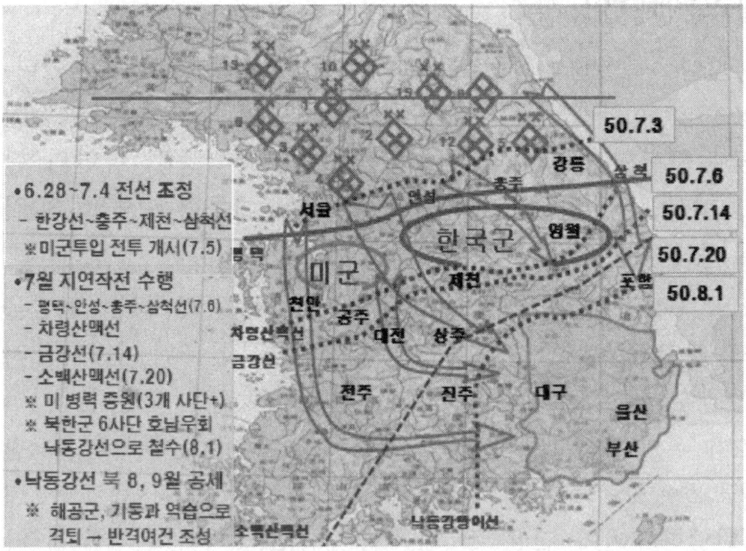

〈지연전 전개 상황〉

한국군은 초전의 패배를 딛고, 지연전을 수행하며 신속히 2개 군단 5개 사단의 편제로 전환되었다. 유엔군 사령부는 대구에 위치하고 있었으며, 지휘권의 단일화를 위하여 한국군의 작전 지휘권은 7월 14일 유엔에 이관되었다.

미군이 전투에 투입되면서 한·미 양군은 평택-제천-울진을 연하는 선에서 연합전선을 구축, 미군은 서부전선에서 한국군은 중·동부전선을 담당했다. 연합군은 방어력 발휘가 양호한 한반도의 동서의 지형을 이용한 저지선을 형성하여 북한군의 진출을 저지시킬 계획이었다. 그러나 서부지역에 투입된 미군 1개 사단은 전투력 열세를 극복하지 못하고 스미스 특수임무대대가 7월 5일 죽미령 전투에서 무너진 이후 금강선 그리고 대전지구 전투(20일) 등에서 계속하여 패배하며 경부축선으로 북한군 진출을 허용하고 말았다. 이에 비하여 신속히 개전 이전의 전투력을 회복한 한국군은 중·동부 전선에서 미군이 담당한 서부전선과 보조를 맞춰 지연전을 수행하며 동락리, 화령장 등에서 호기를 포착한 공세행동으로 북한군의 진출을 저지하며 선전했다.

한·미 연합군은 지연전 초기에 북한군의 야간전투와 전술에 적응하지 못하고 많은 피해를 입었다. 하지만 지연전을 수행하면서 우수한 화력과 기동력을 바탕으로 적을 유인하고, 전투력을 보존하면서 위기를 극복해 나가기 시작했다. 그러나 투입되는 미군의 전투력은 생각보다 미약했다. 이는 전투력이 절대적으로 부족했기 때문이었다. 그 대가는 낙동강 방어선으로의 패퇴(8. 1)였다.

미군과 한국군은 당초 지연전 목표대로 공간을 양보하면서 미군의 증원시간을 획득했고, 북한군을 최후의 보루까지 끌어들였다. 전쟁사학가들은 한강 방어선부터 낙동강 방어선이 설치되는 이때의 상황을 '북한군 진출속도와 미군 증원시간 간의 속도대결'이었다고 평가한다.

나. 유엔군의 참전과 한국군 재편성

① **미군의 참전과 유엔군 창설** 북한군의 공격이 시작되자 미국은 즉각 대응했다. 6월 27일 11:00(뉴욕, 26일 21:00)에 소집된 제2차 안보회의에서 미 해·공군 참전이 우선 결정되었고, 극동군사령관 맥아더 원수는 6월 28일 영등포 방면의 한강 방어선을 시찰하고 지상군 투입을 건의했다. 투르만 대통령은 6월 30일 03:00 이를 전격적으로 승인했다.

한편 유엔은 6월 26일 04:00(뉴욕, 25일 14:00) 안전보장이사회에서, 소련을 제외[7]한 영국, 프랑스, 인도 등이 참석, 미국이 제출한 '북한군의 침략 중지 및 38도선 이북으로의 철수'를 요구하는 결의안이 만장일치로 채택했다. 이어 6월 28일(뉴욕 27일) 제2차 유엔안전보장이사회에서는 표결을 통하여 북한을 '침략자'로 규정하고 회원국들에게 '남한을 지원하여 무력공격을 격퇴할 것을 권고'하는 결의안이 채택되었다. 이와 같은 두 차례의 안전보장이사회 결정에 따라 유엔 회원국들은 '무력으로 침략자인 북한을 응징할 수 있고, 유엔군을 창설할 수 있는 국제법적 정당성'을 부여받게 되었다.

그리하여 7월 1일에는 미국 정부 주도하에 유엔군 사령부를 창설하고 유엔 회원국이 무력지원을 하자는 '통합군 사령부 설치에 대한 결의안'이 영국과 프랑스에 의해 공동으로 제출되어 7월 7일 채택됨으로써, 역사상 초유로 유엔군(United Nation Command)이 탄생하였다. 미국은 7월 10일 일본에 주둔중인 극동군사령관 맥아더 원수를 유엔군 사령관으로 임명했다.

② **연합전선의 형성** 지상군 투입을 요청했던 맥아더 원수는 6월 29일 미국의 지상군 투입이 승인되자 주일 미군을 우선 투입했다. 한강 방어선 전투를 진행하고 있을 때 인 7월 1일에 미 제24사단의 선발대가 부산에 도착했다. 맥아더 원수는 미 제24사단 사단장 딘(William F. Dean) 소장을 주한 미군 총사령관으로, 처치 준장을 부사령관으로 임명하였다. 7월 1일 선발대인 스미스 특수임무부대(제24사단 21연대 1대대, Task Force Smith)가 부산공항에 도착하고 있을 때, 정일권 참모총장과 처치준장은 대전의 미 극동사령부 전방지휘소에서 회담을 갖고 있었다. 양 대표는 연합작전을 위한 작전지역 분담, 한국군의 재정비, 한국군 탄약 및 장비의 긴급 지원, 미 공군의 지원확대, 장차작전의 구상 등에 관하여

7) 소련의 불참은 안전보장이사회에 '장제스의 타이완을 제외하고 마오쩌둥의 중공을 가입시키자'는 소련의 제안이 받아들여지지 않자, 미국과 유엔의 권위를 떨어트리기 위해 불참하였다는 설과 중공의 안전보장이사회 가입을 지연시키기 위해 전략적으로 불참하였다는 설 등이 있다.

광범위한 토의를 하면서, 전선의 서쪽에 전개한 미 지상군은 경부 축선의 서부 전선을 담당하고 그 우측의 한국군은 동해안까지 담당하기로 했다. 그리고 최초의 방어선은 남한에서 동서의 폭이 가장 좁은 평택-안성-충주-울진선(37도선)으로 선정하였다. 이 합의에 따라 그간의 한국군 단독작전은 7월 4일 스미스부대의 배치부터 한·미 연합작전으로 전환되었고 한국군은 전력을 재정비할 수 있게 되었다.

미군은 제24사단(제19, 21, 34연대)이 도착한 이후 7월 31일까지 제25사단(제24, 27, 35연대)과 제1기병사단(제5, 7, 8연대)이 한반도에 도착했다. 유엔군 사령부는 7월 24일 창설되었다. 전쟁이 진행되면서 영국, 프랑스, 터키, 오스트레일리아, 필리핀 등 16개국에서는 전투 병력을 파병했다. 유엔 해군에는 미국, 영국, 호주, 프랑스, 네덜란드, 캐나다, 뉴질랜드 등이 참가했으며, 유엔 공군에는 미국, 영국, 캐나다, 호주 등에서 참전하였다.

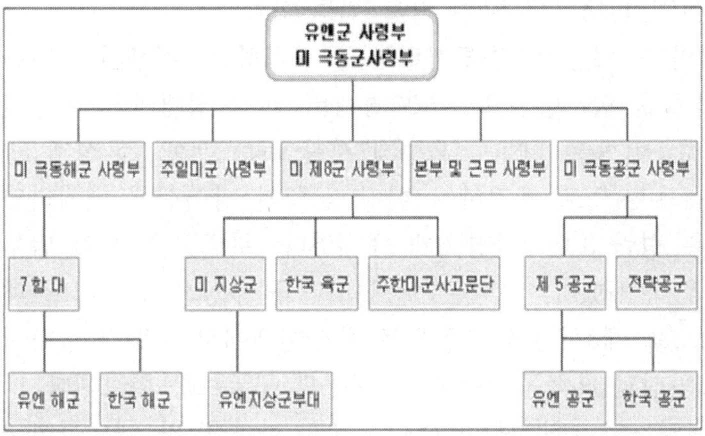

〈유엔군 사령부의 지휘체계 자료 : 국방군사연구소, 채한국 외〉

③ **한국군의 재편성** 참모총장 정일권 소장은 일선의 부대들이 초전에 와해되고, 인원을 포함한 장비와 물자가 현저하게 부족하여 전투력 발휘에 제한을 받게 되자, 군 조직의 통합과 개편을 결심하고 있었다.

육본은 평택으로 철수한 시흥지구전투사령부를 모체로 7월 5일부로 제1군단 사령부(사령관, 소장 김홍일)를 창설하였다. 창설 방법은 전투력이 미약한 연대 및 사단을 다른 건실한 사단 및 연대에 통합하는 방식으로 미군과 전선 조정을 하는 과정에서, 기존의 6개 사단(수도, 제1, 제2, 제3, 제5, 제7사단)을 통합하여 3개 사단(수도, 제1, 제2사단)으로 재편성하였다.

한편, 중동부전선의 한국군 제6, 8사단이 전투가 진행되면서 이화령-조령선으로 멀어지자 통신장비가 미비하여 이들 부대에 대한 통제가 어려워지면서 북한군 제2군단의 주력이 이 지역을 지향함에 따라 새로운 군단 창설의 필요성이 대두되었다. 이에 따라 육본은 7월 15일 함창에서 제2군단(사령관, 준장 유재흥)을 창설하였다. 예하 부대로는 지휘통제 여건을 고려하여 7월 24일 최종적으로 제1사단과 제8사단이 편성되었다. 한국군의 작전지속지원을 위한 미군의 보급품이 7월 초순부터 지원되어 20일부터는 일부 전선에 보급이 개시되었다.

다. 주요 전투

① **한강방어선 전투** 북한군 제105전차사단 및 제3·4사단과 이를 저지하려는 한국군 시흥지구전투사령부 예하 혼성사단 간의 전투로, 북한군을 한수 이북에 6일간이나 묶어둔 한국 전쟁사에서 대단히 의미 있는 전투였다.

육본은 서울이 피탈되자마자 '시흥지구전투사령부'를 설치하고, 김홍일 소장을 사령관으로 임명했다. 장병들을 임시방편으로 500명 단위의 '혼성대대'로 편성한 후 '혼성수도사단(여의도를 포함한 영등포 방면), 혼성제7사단(노량진 방면), 혼성제2(신사리 방면)·3·5사단'(전방부대 보강)으로 재편하여 한강 남쪽의 방어선에 배치하였다. 이때 배치된 병력은 총 병력 3,000여명 6개 대대였다. 북한군은 29일 밤부터 정찰대를 투입 탐색전을 전개했다. 북한군은 제4사단을 주공으로 여의도 대안을 통하여 영등포 방면으로, 제3사단을 조공으로 용산일대에서 노량진 방향으로 도하를 시도하여 29일 밤섬과 흑석동 차안에 중대규모 공두보를 확보했다.

일진일퇴를 하던 도하 5일차인 7월 3일 04:00, 철로 복구를 완료한 북한군은 전차 4대를 우선 도강시켰다. 이후 열차를 이용 전차와 병력을 축차적으로 도강시키면서 영등포와 노량진 일대를 석권하기 시작하였다. 영등포 정면의 혼성제8연대는 전차가 진출하고, 설상가상으로 김포 방면의 북한군 제6사단이 오류동 쪽으로 들이닥쳐 연대의 배후를 교란함으로써 전·후방에서 북한군의 공격을 받게 되어 전선을 포기하고 철수하지 않을 수 없었다. 이 상황을 예의 주시하던 시흥지구전투사령관 김홍일 소장은 계획된 철수명령을 하달했고, 나머지 부대들도 분산되어 안양과 과천으로 철수하였다. 7월 4일 육군본부는 평택으로 이동했다.

한국군 부대들은 임시 편제된 상황 하에서도 사력을 다하여 6월 28일부터 전차가 도강한 7월 3일까지 목표한 3일을 넘어 6일간이나 한강방어선을 지탱하였다. 한강방어전에서 수훈갑은 탁월한 전쟁지휘 능력을 갖춘 김홍일 사령관과 한강이라는 자연장애물 그리고 미군의 시기적절한 공중지원이었다. 이로써 한국군은 미군 참전의 시간을 획득할 수 있었고, 지연작전을 통해 전략적 후퇴를 단행할 수 있는 여건을 마련하게 되었다.

② **죽미령 전투** 한국전쟁에 미군의 최초 투입된 전투로 스미스 특임부대가 오산 북방 죽미령에서 7월 5일 오전 북한군 제105전차사단 및 제4사단과 벌인 전투였다. 결과는 완패였다. 맥아더 원수는 최초 일본에서 미 제24사단에게는 출동명령을, 제1기병사단에게는 상륙작전 준비명령을 하달했었다. 이에 워커 장군은 딘 소장에게 대대규모의 특수임무부대를 편성하도록 하였다. 딘 소장은 제21연대 1대대장에게 명령을 하달하면서, 한반도에 이미 파견된 처치 준장의 지휘를 받도록 조치하였다.

스미스 중령(Charles B. Smith)은 대대 편성을 보강 7월 1일 항공기로 일본을 출발 14:00 어간에 부산에 도착하였다. 그리고 열차편으로 대전에 2일에 도착했고, 7월 3일 평택 및 안성 일대에 진지를 편성했다. 하지만 북한군에 대한 구체적인 정보 없이 처치 준장으로부터 가능한 북쪽으로 이동하여 북한군의 공격을 저지하라는 명령을 받고, 7월 5일 03:00경 오산 북방의 죽미령에서 1번 국도를 중심으로 52포병대대와 함께 진지를 편성하였다. 이는 서부지역을 담당한 미 제24사단장이 주방어선을 평택-안성 선으로 선정 제34연대를 배치하고, 엄호 및 전초부대 임무를 수행하는 스미스 부대는 그 북쪽인 오산 북방 죽미령에 배치되는 개념이었다.

하지만 스미스 부대는 죽미령에 도착하여 진지를 편성할 겨를도 없이 당일 아침인 5일 07:30분경부터 북한군 제4사단 및 105전차사단과 접촉하였다. 스미스 특임부대는 선두에 선 북한군 전차에 75mm 무반동총을 발사하였으나 파괴되지 않고 계속 전진하자, 105미리 곡사포로 직접 조준하여 두 대를 파괴시켰다. 그러나 30여 대의 전차는 계속 전진하며 지휘소와 포병진지 간에 설치된 유선을 절단시켜 포병화력 마저도 무력화되었다. 전차가 한바탕 진지를 휘젓고 오산 방향으로 내려가자, 이내 양 측면을 통하여 진입한 북한군 도보부대가 방어진지를 유린하기 시작했다. 결국 스미스부대는 7시간 만에 붕괴되었고, 전사자와 부상자들에게 군의관과 군목만 남겨둔 채 안성으로 철수했다. 역부족이었다.

첫 전투에서 스미스 특임부대는 부대원 440명 중 150여명이 전사하거나 행방불명되었다. 포병대대 역시 화포를 모두 잃었고, 150명 중 31명이 전사 내지 실종되는 참패를 당했다.

③ **대전지역 전투** 북한군 제1군단은 공격 기세를 유지 제4사단은 공주 방향, 제3사단은 대평리 방향, 제2사단은 청주에서 각각 대전 방향으로 기동하는 작전계

획을 수립하여 미 제24사단을 대전에서 포위·격멸하려 하였다.

〈대전지역 전투 상황도〉

금강방어선이 무너진 후 딘 소장은 대전에 위치하고 있던 제34연대에게 대전방어의 임무를 부여하고, 제21연대는 대전 동측방 마달령에 배치 북한군의 우회공격에 대비하고, 전투력이 급감한 제19연대는 영동으로 이동시켰다. 사단 수색 중대는 대전 남쪽 금산에서 적정을 수집했다. 제34연대는 대전 외곽 갑천을 연하여 부대를 배치했으나 정면은 10km가 넘었다.

한편 북한군은 대전 정면과 측면에서 공격함과 아울러 논산-대전 방향으로 공격하고 있는 제4사단에서 1개 연대를 차출하여 금산 및 옥천 방향으로 침투기동 시켜 대전 후방의 도로를 차단했다. 북한군의 공격은 7월 19일 아침부터 야크기 6대의 공중 포격과 함께 시작되어 하루 종일 계속되었다. 전차의 위력 앞에 방어선 여러 곳이 무너질 위기에 처하자 사단장은 직접 초도 보급된 3.5인치 로켓반을 이끌고 전차를 파괴시켰다. 대전 후방을 차단하는 임무를 띤 북한군 제4사단 연대는 보문산 남쪽으로 기동하여 금산과 옥천으로 이어지는 대전 터널을 차단하였다. 또 다시 전방은 북한군이 압박하고 후방이 차단되는 악순환이 반복되었다. 지휘통신망이 마비된 사단(-2)은 모든 중장비를 폐기하고 소부대 단위로 분산하여 산악을 이용 금산 및 옥천 방향으로 철수하였다. 이리하여 중부지역의 전략적 요충지 대전은 7월 20일 부로 북한군의 수중에 떨어졌다. 이 전투로 미 제24사단은 2,000여명의 인원과 65%이상의 장비 손실을 입었다. 더욱이 전투를 지휘했던 사단장은 전북 진안에서 주민의 밀고로 북한군에 포로가 되었다.

전과 면에서 제24사단은 워커중장이 요구한 2일 이상 북한군을 지연시켜 미 제1기병 사단이 영동에 투입되어 저지진지를 편성할 시간을 획득하였으며, 초도 보급된 대전차 화기인 3.5인치 로켓포는 장병들에게 자신감을 불어넣었다.

라. 지연작전 분석

한국군은 한강방어선에서 와해된 부대를 수습하여 북한군의 도강을 6일간 이나 저지했다. 이는 한국군 재편성과 미군의 투입 시간을 확보하는 대단히 중요한 전투였다. 한강방어선에서 북한군 전차의 도강이후 7월 4일에는 수원까지 물러났다. 이후 미군이 전선에 투입되어 한·미 연합전선을 형성할 수 있었다.

북한군은 초전의 전술적 승리이후 남쪽으로 추격전을 전개하며 전과를 확대하려 했다. 전선에서는 정면공격과 더불어 기동공간을 이용한 침투와 일점양면전술의 포위전술을 사용하였고, 화력과 기동력이 우세한 미군이 투입됨에 따라 야간전투 위주 작전을 전개했다. 이때 북한군이 적용한 우회기동은 소수의 부대로 지연전을 수행하는 한 · 미연합군에게는 매우 위협적이었다. 전방을 잘 방어해도 후방으로 침투한 부대에 의해 포위되기가 일수였다. 한 · 미 연합군은 지연전 초기에 북한군의 야간전투와 전술에 적응하지 못하고 많은 피해를 입었다. 하지만 지연전을 수행하면서 우수한 화력과 기동력을 바탕으로 적을 유인하고, 전투력을 보존하면서 위기를 극복해 나가기 시작했다.

또한 북한군은 제공권과 제해권을 상실하고, 남으로 내려가면 내려갈수록 병참선이 신장되는 취약점이 가중되었다. 북한군의 전쟁지도부는 단기결전의 전쟁지도에 맞춰 부산으로의 진출을 독려했지만, 전선뿐만이 아니라 후방의 병참계통 피해 또한 막심해져 갔다. 시간이 흐르면 흐를수록 -전선이 신장되면 신장될수록- 북한군과 미군을 포함한 한국군과의 전투력의 격차는 오히려 반비례로 변해갔다.

한국군은 초전의 실패에도 불구하고 한강방어선 전투이후 전열의 정비와 미군의 투입으로 전투력을 재정비하면서 축차진지상의 지연전을 수행할 수 있었다. 하지만 투입되는 미군의 전투력은 생각보다 미약했다. 이는 전투력이 절대적으로 부족했기 때문이며, 축차적 투입에 기인하는 것이었다. 그 대가는 낙동강 방어선으로의 패퇴였다.

지연전 기간 내내 북한군의 진출 속도와 미군의 증원 속도 경쟁이 치열하게 전개되었다. 미군과 한국군은 당초의 지연전 목표대로 공간을 양보하면서 미군의 증원시간을 획득하였다. 하지만 북한군은 전투력을 유지한 집중과 공격기세유지 그리고 대륙에서나 구사할 만한 우회전을 한반도 서남부지역에서 선보이며 한국군과 미군을 낙동강까지 밀어냈다. 한·미 연합군은 최후의 보루까지 물러났다. 하지만 이제는 더 이상 물러설 수 없는 벼랑의 일전을 치러야만했다.

3. 낙동강 방어선 전투

가. 낙동강 방어선

지연작전을 수행하던 한·미 연합군은 7월말 전 전선에서 위기를 맞이했다. 중부전선에서는 북한군 제1, 13, 15사단이 문경과 함창, 상주 방면으로, 제8, 12사단은 풍기, 영주를 거쳐 안동 방향으로, 제2, 3사단은 충풍령을 넘어 김천 외곽으로 진출했다. 동해안에서는 제5사단이 영덕을 위협하고 있었고, 서남부지역에서는 제4사단이 고령까지 진출했고, 제6사단의 진출은 파악조차 되지 않았다. 북한군의 25일 경 진출선은 순천-거창-상주-영덕을 잇는 선으로 한·미연합군에게 위협적이었다.

위기에 접한 미 제8군은 7월 24일 김천, 군위 등에서 전투력 복원 중이던 미 제24사단에 부산에 동일 상륙한 미 제29연대를 배속시켜 진주-김천 간을 점령하도록 했다. 반면 북한군은 29일 미 제29연대가 방어하는 진주를 공격했다. 미군은 30일 미 제8군 예비인 제27연대와 31일 상륙예정인 미 제5연대 전투단을 마산 정면에 증원하기로 하였다.[8) 그러나 31일 06시 진주가 먼저 피탈되었다. 이에 미 제8군사령부는 '마산 방어가 운명을 좌우한다.'고 판단하고 마산 축선의 사태를 수습하고자 했다.

이에 따라 제8군사령관 워커 장군은 8월 1일에 모든 부대를 낙동강 차안과 그 연결선으로 철수하도록 했다. 이는 낙동강 방어선으로 '부산 교두보(Pusan Perimeter)' 또는 워커장군이 선정하여 '워커라인(Walker Line)'으로 불린다. 낙동강 방어선은 남해안의 마산으로부터 북으로 낙동강을 따라 대구 서북방의 낙동리까지 약 160km에 이르며, 여기서 다시 우측으로 청송을 거쳐 동해안 영덕까지 약 80km를 산악으로 연하는 총 길이 240km에 이르렀다. 이 때 낙동리로부터 동해안 영덕까지 120km를 한국군이 담당하였는데 이 방어선은 Y선으로 철수하면서 한국군 담당구역이 80km로 축소조정 되었다. 이로써 방어선은 총 200km가 되었다. 낙동강의 서쪽방면은 낙동강 자체가 천연적인 방어력을 제공해 주고 있었고, 북쪽방면은 횡격실 산악지대로 방어에 유리했다. 특히 낙동강 내부로는 내선작전 수행에 유리한 철로와 도로망이 종적, 횡적으로 잘 발달되어 있었다. 8월 1일 소백산맥 일대 미군과 한국군은 명에 의거, 8월 4일 경 낙동강 방어선 점령을 완료했다.

8) 일본 육전사보급회, 〈한국전쟁〉 2권, 명성출판사, 1987, p.44

나. 창과 방패의 대결

① **개 요** 제8군 지휘부는 미군에게는 한반도의 서부지역으로 평지인 마산-낙동리 간을 할당하여 미군 3개 사단(남으로부터 미 제25, 24사단, 제1기병사단 순)을 배치했다. 반면 산악지역인 동북쪽의 낙동리-청송-영덕 간은 한국군 5개 사단(동으로부터 제1, 제6, 제8, 수도, 제3사단 순)을 배치했다. 낙동강 방어선에서 미 제8군사령관 워커장군의 작전개념은 전형적인 '기동과 역습'이었다. 적절한 예비대를 보유하였다가 돌파된 지역에 포병과 항공기로 무력화하면서, 발달된 기동로를 통해 예비대를 즉각 투입함으로써 국부적인 전투력의 우세를 달성 실지를 회복하는 것이었다.

한·미 연합군은 낙동강 방어선으로 철수함에 따라 전선이 축소되었다. 하지만 지역 할당 간 기동력과 화력이 미약한 한국군에게 산악지역으로 형성된 넓은 책임지역을 부여한 것은 문제가 있었다. 이에 따라 제8군사령부는 8월 11일부로 한국군 5개 사단의 책임지역을 왜관-다부동-신령-기계-포항을 연하는 선(Y선)으로 축소 조정, 전체적으로 방어선을 축소하였다.

이때 한·미 연합군은 미 제5전투여단(7월 31일), 제1해병 임시여단(8월 2일)과 미 제2사단 제9연대와 23연대(7월 31일에서 8월 5일) 등이 미 본토와 하와이로부터 도착하여 총 9개 사단(미군 4, 한국군 5)과 1개 여단 14만여 명의 병력과 300여 대의 전차(최초로 제89전차대대 M4A3 50대 한국 도착, 제 25사단 배속), 약 430문의 야포를 보유하게 되었다. 이에 따라 8월 3일 정일권 총참모총장은 북한군보다 미군과 한국군의 전력이 우위에 있음을 공식발표하고 장병들의 사기를 진작시켰다. 이때 육군본부와 미 제8군사령부는 대구에서 부대를 지휘하고 있었다.

② **북한군의 8월 공세** 한국군과 미군을 추격한 북한군은 8월 1일 현재 전선사령부(사령관, 김책)는 수안보, 제1군단 사령부(군단장 김웅)는 김천, 제2군단 사령부(군단장, 김무정)는 안동에 위치하고 있었다.[9] 전방 부대는 진주-김천-안동-영덕을 연결하는 선으로 진출하고 있었다. 북한군 지휘부는 낙동강 방어선 외곽선에 1개 전차사단으로 증강된 10개 사단을 집결시키는 한편, 예비 사단인 제10사단을 남진시키면서 제7·9사단도 서울에 집결시켜 남하를 준비하고 있었다.

이때 북한군은 한국군과 유엔군을 추격하며 지리적으로는 비록 한반도의 약 90%선을 점령하였지만, 제공권과 제해권을 완전히 상실한 가운데 병참선이 과

9) 국방부 정훈국, 〈한국동란 1년지〉, 1951, pp.60~62

도하게 신장되어있었다. 당시 북한군은 약 7만여 이었고, 전차, 야포 및 박격포 대부분이 파괴되어 전투력이 50~60%선으로 공세종말점에 다다라 있었다. 북한군은 이러한 여건 하에서도 8월과 9월 두 차례의 총 공세를 단행하게 된다.

8월 공세 간 북한군은 대구방면으로 주공을 지향하면서 '4개의 공격방향'[10]으로 공격했다. 공격방향은 ① 경부도로를 따라 대구로 공격 ② 동해안 도로를 따라 포항-경주방향으로 공격 ③ 유엔군의 병참선을 차단하기 위해 창녕 서쪽의 낙동강 돌출부 공격 ④ 남해안을 따라 마산-부산방면 공격 등이었다.

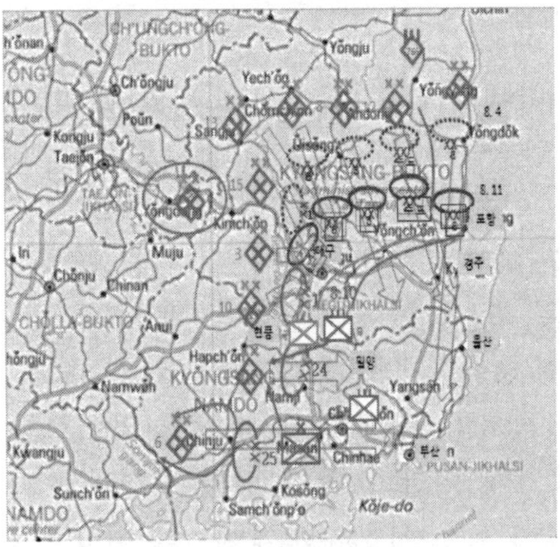

〈낙동강 방어선(8월 공세)〉

이 시기의 북한군의 주공격 목표는 지역은 대구였고 부대는 한국군이었다. 북한군은 대구 공격에 5개 사단(다부동-대구 축선의 제15·13 사단, 기타 지역에서 제10·3·1사단), 한국군 지역에 총 7개 사단(제5·12·8·1·13·15 사단, 제3사단)을 집중시켰다. 하지만 북한군은 동일한 대구를 목표로 공격하면서 제1·2군단이 상호 협조하지 않았다. 미군은 북한군의 공격에 낙동강을 장애물로 이용하면서, 화력과 기동을 이용 역습으로 저지했다. 이와는 달리 한국군은 북한군의 공세가 시작되자 곳곳에서 방어선이 돌파되면서 위기 국면이 조성되었다. 이유는 한국군 보다 2개 사단이 많은 7개 사단이 한국군 지역에 투입 되어 전투력이 미약한 한국군으로서는 물론 버겁기도 하였거니와(한국군 사단 평균 30km, 미군 사단 평균 45km), 지역 자체가 산악지형에 광정면 이었다.

미 제8군사령부는 마산 지역의 위기를 수습하고자 미 제25사단을 주축으로 킨 특수임무부대를 편성하였다. 킨TF(Kean task force)는 북한군 제6사단을 역공격하여 진주-사천 일대까지 방어선을 확장하는 것이었으나 실패하였고, 대구 축선의 위기가 고조되면서 해체되었다. 영산 정면에서는 북한군 제4사단이 낙동강에 수중보를 설치하여 일시 미 제24사단 책임지역인 영산 일대를 장악하여 밀양 일대까지 위협을 받았다. 이 지역은 미 제8군의 예비대가 곧 바로 투입되어 위기를 해소하였다. 왜관의 미 제1기병사단 지역으로는 북한군 제3사단

10) 정명복, 〈잊을 수 없는 생생 6·25전쟁사〉, 집문당, p.154

이 공격해 왔으나 곧 이를 격퇴시켰다. 북한군 제3사단은 이후 한국군 제1사단이 위치한 다부동 지역으로 공격을 전환하였다.

8월 5일 수도사단이 북한군 기습으로 의성 방향으로 철수하자. 정면의 북한군 제12사단이 비학산을 경유 기계 북쪽으로 진출하여 한국군 수도사단과 제3사단의 측방을 위협하면서 부산 방향으로 진출하여 유엔군과 한국군의 방어선을 2개로 분리될 형세였다. 또한 제3사단은 장사동에 고립되어 해상철수를 단행했고 포항이 실함되었다. 육본은 제17연대를 급거 포항으로 이동시키고, 신편된 제25연대를 포함한 '포항지구전투사령부'를 창설하여 북한군의 첨단을 저지하고 수도사단을 투입시켜(제18연대, 기갑연대) 역공격했다.

다부동 지구에서는 한국군 제1사단이 Y선으로 철수하기 위해 도로를 따라 이동하는 동안 북한군 제15사단 일부가 먼저 산악을 이용 Y선을 점령하여 대구에 위기가 찾아오기도 하였다. 하지만 한국군 제1사단은 미 제27연대, 제23연대, 한국군 제8사단 제10연대를 등을 증원받아 최초로 한·미 연합작전을 수행하면서 북한군 제13사단, 제15사단을 격퇴하고 Y선을 확보했다.

③ **북한군의 9월 공세** 북한군은 한국군과 유엔군이 낙동강 방어선을 구축하고 전투에 돌입할 때부터 전력이 급감하고 있었다. 하지만 북한군 전선사령부는 새로운 작전준비기간을 설정하고 9월 공세를 준비했다. 북한군은 총력전을 각오하고 예비인 제7 · 9(-) · 10사단 등 3개 사단을 새로 투입하면서, 소련으로부터 지원된 전차로 신편한 제16 · 17기갑여단(T-34전자 편제)을 미군의 폭격을 피해 야간열차를 이용하여 전선에 투입시켰다.[11)]

9월 공세 간 북한군의 작전 방침은 두 개의 타격집단으로 구분하여 '낙동강에 집결된 한국군과 유엔군을 대구와 영천일대에서 포위소멸하고, 부산을 점령한다'는 것이었다. 이와 같은 방침에 따라 서남부지역의 제1군단이 8월 31일 23:00 먼저 공격하며, 동북부지역의 제2군단은 제105전차여단(-), 제17기갑여단(전차 34대)를 배속하면서 이보다 늦은 9월 2일 18:00 공격하는 기만전술을 수립했다.[12)]

이를 위해 북한군은 제1군단은 6개 사단, 제2군단은 7개 사단으로 편성하고, 이들을 다시 5개 공격집단으로 나누어 대구, 영천, 경주, 창녕, 마산 정면에서 동시다발적인 돌파를 시도했다. 이와 같이 북한군이 전 전선에서 돌파를 시도

11) 채한국 외 1명, 〈한국전쟁 상〉, 국방연구소, pp.283~285
12) 최용성, 〈간략한 6 · 25전쟁사〉, 2009, p75

하는 것은 전차 공격력의 한계, 포위의 불가, 집결시 유엔군의 대량 폭격 예상 등 전장 상황을 반영한 궁여지책이었다.

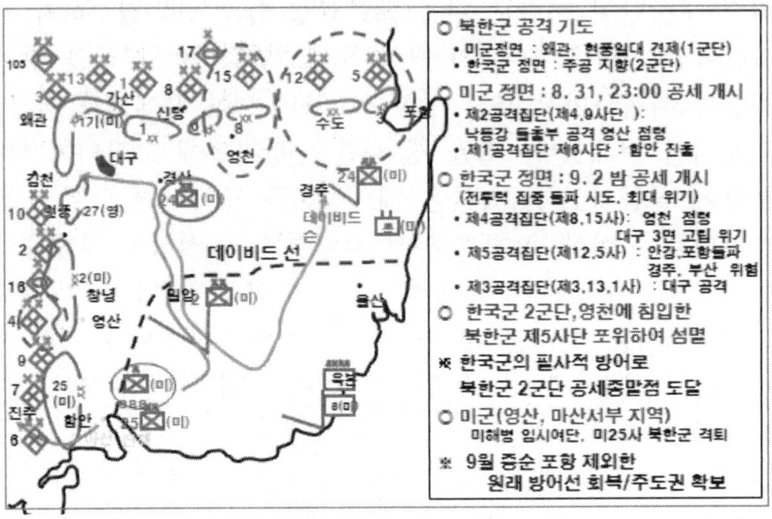

〈낙동강 방어선 전투(9월 공세)〉

9월 공세 전 쌍방 전투력을 단순 비교 했을 시, 미군은 8월 16일 현재 전차 부대가 6개 대대 500여대로 북한군에 비해 5:1의 비율로, 병력은 176,000명대 98,000명으로 2:1의 비율로 각각 우세했다.[13] 더군다나 유엔군은 완전한 제공권과 제해권을 확보하여 월등한 전투력을 유지하고 있었다. 따라서 미 제1기병사단이 한국군 제1사단으로부터 다부동을 인계받을 수 있는 여력이 있었던 것이다. 하지만 이때 까지만 해도 전장의 주도권은 여전히 공자에게 있었다.

공세 첫날, 마산 정면에서 공격을 개시한 북한군 제1공격집단(제6, 7사단)은 미 제25사단을 돌파하여 함안까지 진출했고, 영산 및 창녕 일대를 공격한 북한군 제2공격집단(제2, 4, 9사단)은 미 제2사단을 창녕과 영산 지역으로 양분시켰다. 그러자 미 제8군사령부는 예비대를 영산에 즉각 투입했다.

하지만 이러한 조치는 바로 북한군이 학수고대하던 것이었다. 북한군 전선사령부는 9월 2일부터 북한군 제2군단을 왜관-다부동 지역과 신령-영천지역, 안강-포항 지역으로 투입하여 집중적인 공격을 감행하였다. 다부동에 투입된 미 제1기병사단은 북한군 제3공격집단(제3, 13, 1사단)의 공격으로 불과 3일 만에 다부동을 내어 주고 4km 후방으로 철수했다. 미 제8군사령부는 한때 데이비드슨 선으로 철수를 검토했으나 당시 계획하고 있던 인천상륙작전을 위해 더 이상의

13) 채한국 외 2명, 〈한국전쟁 상〉, p.344

철수는 용납될 수 없었다. 결국 9월 12일 북한군의 공세능력은 한계에 다다랐고, 미 제1기병사단은 대구 10km 전방에서 북한군의 공격을 돈좌시켰다.

다부동 돌파와 더불어 북한군 제4공격집단(제8, 15사단)이 신령, 안강, 영천지역으로 공격을 개시하면서 동북부의 낙동강 방어선에 다시 한 번 위기가 고조되었다. 특히 북한군 제15사단은 한국군 제1군단과 제2군단의 간격을 이용하여 후방으로 침투하여 영천을 점령하였다. 한국군의 중·동부 전선이 순식간에 양단될 위기에 처하고 말았다. 하지만 제15사단을 측면에서 지원할 북한군 제8사단이 한국군에게 격퇴당하며, 북한군 제15사단이 한국군에 의해 역 포위되는 상황으로 반전되었다. 한국군은 9월 8일 영천을 탈환함과 동시에 북한군 제15사단을 9월 10일 완전히 섬멸하고 북한군의 9월 공세를 종결지었다.

낙동강 방어선 상에서 쌍방은 8월과 9월 두 달 동안 치열한 전투를 전개했다. 북한군은 낙동강 방어선 에 이르러서도 외선작전의 이점을 이용 수차례에 걸쳐 부산 교두보의 존립 자체를 위협했다. 하지만 병참선의 신장과 해·공의 취약은 곧바로 전투력을 공세종말점에 이르게 했다. 반면 한국군 및 유엔군은 수세적인 방어와 지연전으로 일관하다 낙동강 방어선에서 처음으로 협조된 방어로 전환, 내선작전의 이점을 이용 과감한 공세행동을 통하여 전장의 주도권을 회복하였다. 낙동강방어선은 한반도의 마지막 보루로써의 역할과 함께, 인천상륙작전 성공의 디딤돌이 되었다. 낙동강 방어선 전투의 성공요인은 우선 연합국의 우세한 해·공군력을 들 수 있다. 다음으로 꼽을 수 있는 것은 미 제8군사령관 워커장군의 뛰어난 전술 식견이었다. 그의 공세적인 기질은 낙동강이라는 천연장애물을 내선작전의 이점과 결합시켜 '기동과 역습'이라는 전략으로 전사에 길이 남을 명장면들을 드라마틱하게 연출해 내었던 것이다.

다. 주요 전투

① **다부동 전투** 유엔군이 낙동강 방어선을 형성한 직후부터 반격으로 전환되기 이전까지 한국군 제1사단이 미 제27연대 등과 함께 대구 북방의 다부동 일대에서 북한군 제2군단(제3사단. 제13사단, 제15사단)의 8월 공세를 저지하고, 곧이어 진지를 인계받은 미 제1기병사단이 다부동과 자천, 도덕산 일대에서 23일 동안 북한군(제13사단, 제3사단)의 9월 공세를 저지하며 대구를 사수한 전투를 지칭한다. 당시 한국군 제1사단은 8월 5일부터 왜관-낙동리를 연하는 선에서 낙동강을 도하하여 공격하는 북한군 3개 사단은(제3, 13, 15사단)의 공세를 저지하고 있었다.

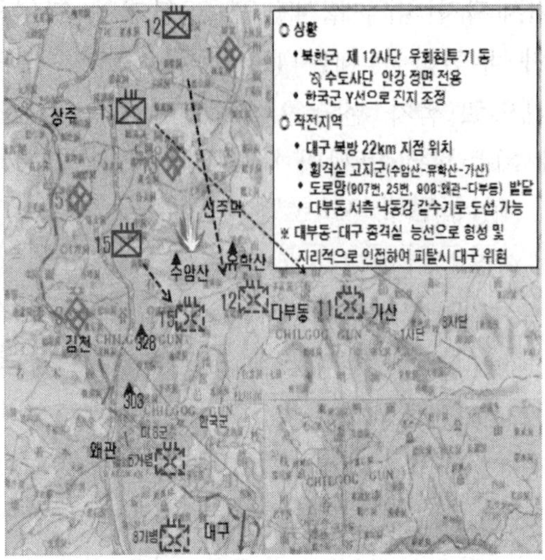

〈다부동 전투 상황도 1〉

〈다부동 전투 상황도 2〉

하지만 제1사단 우측에 배치된 한국군 4개 사단이 북한군의 압력에 밀려 앞서 언급했던 Y선으로 철수했다. 이때 제1사단은 왜관 북방의 328고지로부터 270고지-수암산-유학산-신주막을 연하는 20km를 연하는 방어선을 부여받았다.

다부동은 대구 북방에서 횡격실 능선과 가산(902고지), 팔공산(1192고지) 등에서 발달한 고지군 들로 둘러싸인 방어에 유리한 지역으로, 대구의 북쪽 관문이었다. 하지만 북한군은 한국군 제1사단이 전방에서 철수하여 배치 선에 도착하기도 전에 Y선인 328고지와 유학산, 674고지 등을 미리 점령하여 버렸다. 8월 14일에는 북한군 제3사단이 낙동강을 도하하여 제1사단 서측의 제15연대가 위치한 328고지 일대를 공격하여 14:00경 피탈되었고, 중앙의 제12연대 지역은 북한군 제15사단이 이미 선점한 상태였으며, 북한군 제13사단이 다부동의 신주막 674 고지를 선점하여 다부동 피탈 위기가 감돌았다.

북한군은 14일 전술적으로 유리한 호기를 포착하자, 왜관 북방에서 4개 사단이 집결하여 도하 준비를 서둘렀다. 이에 제8군사령부에서는 유엔군 사령부에 다부동의 압박을 해소하기 위한 방안으로 융단폭격을 실시했다. 융단폭격에도 불구하고 당일 가산으로 침투하려던 북한군이 741고지에서 다부동 서측 466고지를 공격함으로써 한국군 제1사단은 "피탈이냐, 사수냐?"의 갈림길에 봉착했다. 이때 미 제8군은 17일 제8군 예비인 미 제25사단의 27연대를 투입했다. 그럼에도 불구하고 8월 18일 새벽에는 가산에 침투한 북한군 포탄이 대구에 떨어져, 정부가 긴급히 부산으로 이동하는 등 대구 피탈의 위기감이 고조되었다.

미 제8군사령부는 북한군의 압력이 거세지자 미 제2사단의 23연대와 한국군 제8사단 제10연대를 다부동 지역에 추가 투입하여 제1사단의 종심과 우측면을 보강했다. 이와 같은 대규모의 병력 투입으로 점차 전황은 호전되어 갔다. 그러던 북한군은 8월 21일 저녁 돌연 전차와 자주포를 앞세워 다부동 계곡으로 공세를 가해왔다. 다부동 고지에서는 한국군 제1사단이 북한군 보병과 격돌하고, 계곡에서는 미 제27보병연대가 북한군 전차와 전차전(Bowling Alley)을 전개했다.

23일 한국군 제1사단은 혁혁한 전과를 올렸다. 제12연대가 그동안 8차례의 공격 끝에 최초의 야간 기습을 통해 유학산을 탈환했으며, 제1사단은 북한군 제1사단 1연대가 제8사단 10연대가 방어하고 있는 741고지를 점령하고 가산으로 침투하여 제11연대 지휘소와 미군 포병진지를 공격하자 미 제27연대와 연합으로 신주막을 점령하고, 가산일대로 침투한 북한군을 격퇴하고 741고지를 탈환하였다. 이는 실로 미군이 투입한 이래 최초의 한·미 연합작전으로 그 의미가 컸다.

이후 전선은 안정을 되찾고, 곧이어 미 제27연대는 증원임무가 해제되어 마산으로 원대복귀 했다. 승리를 거둔 제1사단은 8월 말 다부동 지역을 미 제1기병사단에게 인계하고 팔공산 북쪽으로 이동하였다. 이 지역을 담당하게 된 미 제1기병사단은 이후 9월 북한군의 공세를 받아 또 한 차례의 불꽃 튀는 공방전이 전개했다.

② **영천지구 전투** 북한군의 제4공격집단인 제2군단 예하의 제8·15사단과 한국군 제1군단 예하 제6사단 및 제2군단 제8사단 간의 전투로, 9월 5일부터 13일까지 실시되었다. 영천은 철도가 동서로 통과하고 있는 지역으로 만약 피탈된다면 한국군의 병참선이 동서로 차단되고, 한국군 제1군단과 제2군단이 양분될 수 있는 전략적 요충지였다. 당시 한국군 제8사단은 오른쪽 운주산에 배치된 수도사단과 협조된 방어를 하고 있었다. 9월 3일 북한군 제12사단의 운주산 지역 공격으로 수도사단이 철수를 단행하면서 제8사단 오른쪽에는 약 14㎞의 간격이 발생했다.

북한군 제2군단장은 동락리, 화령장, 다부동 등에서 연전연패한 제15사단장 박성철을 책임을 물어 조광열로 교체하면서 공격의 고삐를 바싹 당기도 있었다. 결국 제15사단은 9월 5일 01:00 한국군이 배치되지 않은 간격을 이용 영천을 탈취했다. 이제 북한군은 영천에서 대구나 경주 방향으로 진출을 선택할 수 있었다.

낙동강 방어선상 최대의 균열이 발생하자 각 제대의 지휘부는 결단을 내려야만 했다. 육본은 제1군단과 제2군단의 전투지경선상에서 돌파됨에 따라 우선 제1군단 소속의 제8사단을 제2군단으로 지휘계통을 전환했고, 제2군단장은 당면 위기를 극복하기 위해 전방상황이 위급함에도 불구하고 예하의 제1·6사단에서 1개 연대씩을 차출 하여 제1사단 11연대와 제6사단 19연대가 영천에 급파되었다.

선택자인 북한군은 결국 경주방면으로 방향을 틀었다. 하지만 북한군 후방에 고립되어 있던 제8사단 21연대는 영천 북방에서 견부를 확보하고 돌파구 확장을 저지하고 있었다. 제8사단 좌측에 있던 제6사단도 북한군 제8사단의 집요한 공격을 막아내고 있었다. 상황이 이렇게 변모하자 북한군 제2군단장은 '영천을 점령한 북한군 제15사단의 우측면이 노출되고 있는 것은 북한군 제8사단의 신령 돌파가 늦어지는 데 원인이 있다'고 하면서 북한군 제8사단의 신령 돌파를 독전하였다. 그러나 한국군 제6사단은 북한군 제8사단의 공격을 끝까지 잘 막아냈다.

결국은 국면이 전환되었다. 북한군 제15사단은 영천에서 포위되었고, 한국군은 제8사단과 신편 된 제7사단을 투입하여 9월 8일 오후 영천을 탈환했다. 그리고 이틀 후 후퇴하는 북한군 제15사단을 추격하여 섬멸하고 방어선을 설치하였다. 결과적으로 한국군은 이 영천 전투에서 북한군 제15사단을 궤멸시키면서 북한군 9월 공세의 실마리를 잘라버리고 수세에서 공세로 전환하는 계기가 되었다.

제4절 인천상륙작전과 북진작전

1. 인천상륙작전
2. 수도서울 탈환작전
3. 낙동강선 반격작전
4. 북진작전

1. 인천상륙작전

가. 상륙작전 계획

맥아더 원수는 한강방어선 시찰시부터 “상륙작전으로 측방에서 병참선을 타격하여 전세를 역전시킬 곳은 바로 인천이다.”라고 생각하고 계획을 수립했었다. 이 최초의 인천상륙작전 계획이 ‘블루하트(Blue Heart)’계획이었다. 그러나 지연전을 수행하면서 때를 기다리던 상륙작전은 드디어 낙동강 교두보에서 북한군이 저지되자 좀 더 확대된 규모로 결실을 보게 되었다.

7월 초 맥아더 원수는 다시 상륙작전을 추진했다. 제1안은 인천상륙(100-B계획), 제2안은 군산상륙(100-C계획), 제3안은 주문진상륙(100-D계획)으로 기획의 핵심은 ‘Where(어느 지역으로 상륙하느냐?)’였다. 맥아더는 최초 구상처럼 인천으로 상륙하는 100-B안을 선택했고, 이는 7월 23일 ‘크로마이트(Chromite) 계획’으로 구체화되었다.

하지만 해군 측과 미 합참은 반대했다. 대체적인 반대이유는 첫째 인천은 부산으로부터 240㎞나 멀리 이격되어 상륙군과 낙동강방어선이 각개격파 될 우려가 있고, 둘째 인천 앞바다 조수 간만의 차가 9m나 되어 함정이 갯벌에 노출될 위험이 상존하며, 셋째 낙동강에서 해병여단을 차출 시 방어선 유지 자체가 어려우며, 제7사단 차출 또한 일본 방어에 공백을 발생시킬 것이며, 넷째 인천항은 지리적인 장애물이 산적한 지역이며, 다섯째로는 상륙용 선박이 부족하다는 것이었다. 그러나 맥아더 원수는 인천은 군사적 가치는 물론 정치적 의미에서도 가장 값어치 있는 지역으로, 바로 이와 같은 반대이유 때문에 기습을 달성할 수 있다고 주장하여 자기 자장을 관철시켰으며, D-day는 9월 15일로 확정되었다.

상륙작전을 실시할 부대는 극동군 제7함대를 주축으로 한 제7합동기동함대를 편성하면서 시작되었다. 우선 제7합동기동함대 사령관은 스트러블(Arthur D. Struble) 해군 중장으로 임명하고, 상륙군인 미 제10군단을 신편하여 극동군사령부 참모장인 알몬드(Edward M. Almond) 육군 소장을 군단장으로 임명하였다. 신편 미 제10군단에 예하에는 미 제1해병사단(사단장, 소장 Oliver p.Smith)과 한국군 제1해병연대(연대장, 대령 신현준), 미 제7사단(사단장, 소장 David G. Barr)과 한국군 제17연대(연대장, 대령 백인엽)였고, 여기에 미 제2 특수공병여단 등을 포함하면 상륙에 동원되는 인원은 총 7만 5천명이며, 함정은 모두 261척이었다. 한국군 해병연대 중 제3대대는 상륙돌격부대인 제5해병연대 예비대대, 한국군 해병연대(-1)는 미 해병사단의 예비 부대가 되었으며, 제17보병연대는 미 제7사단에 배속되었다.

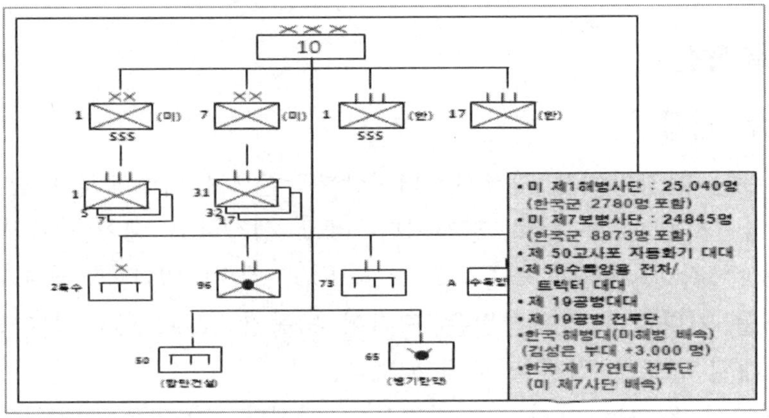

〈상륙군(미 제10군단) 전투편성표 자료 : 채한국 외 2인, 국방군사연구소〉

나. 상륙작전 경과

① 준비 공격 상륙작전 준비는 치밀하게 진행되었다. 상륙작전에서 생명이라 할 수 있는 기만대책의 핵심은 상륙작전 그 자체보다 "언제, 어디서"였다. 상륙지역 기만으로 서해의 평양으로부터 군산과 동해의 영덕, 주문진 등을 선정하여 항공기 및 함포에 의한 포격과 함께 9월 12일에는 군산, 14일에는 영덕에 실제로 상륙부대가 상륙하는 양동상륙작전을 전개하였다.

한편 상륙지역에 대한 정보수집 활동도 실시되었다. 이는 상륙군에게 북한군 부대배치와 상륙 지형에 대한 정확한 정보를 제공하기 위한 것으로, 클라크(Eugene F. Clark) 대위가 지휘하는 정찰대가 9월 1일부로 인천항 부근의 영흥도에서 북한군의 부대 배치 및 기뢰 부설여부, 상륙지역의 지형 등의 정보를 수집하였다. 그리고 상륙 당일에는 팔미도 등대를 점화하여 상륙군을 인도했다.

9월 13일부터는 항공기와 함포를 동원하여 인천항으로 향하는 철도와 주요 도로는 물론 인천항 반경 50㎞이내의 교량, 터널 등 대기동 표적에 대한 포격을 촘촘하게 실시하여 북한군이 상륙작전을 인지하더라도 이미 대응할 수 없는 시간이었다.

② **해상기동 및 해두보 확보** 상륙당시 월미도에 북한군 제226독립육전연대 제33대대의 400여 명이 제918해포연대 예하부대와 경계 중이었고, 제9사단 87연대도 8월 12일부터 인천지역 방어임무를 수행하고 있었다.

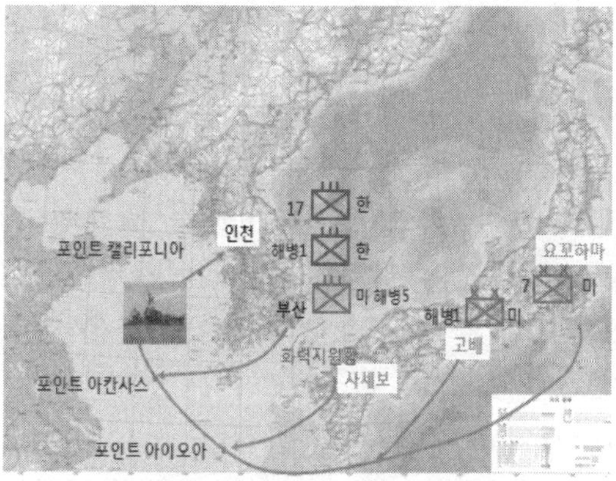

〈상륙군 해상기동 계획
자료 : 채한국 외 2인, 국방군사연구소 재구성〉

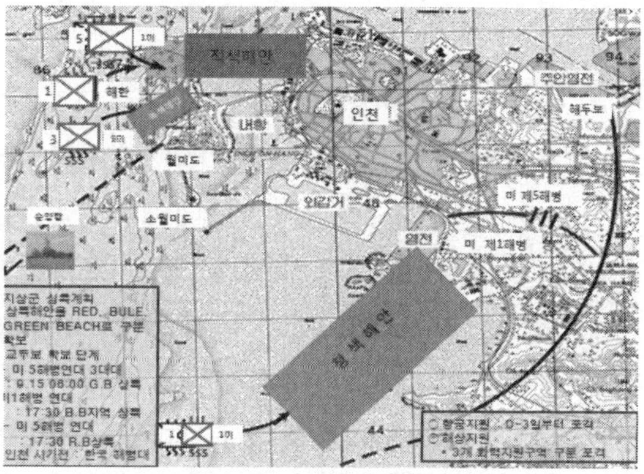

〈상륙계획 자료 : 국방일보 재구성〉

상륙군이 탑승한 261척의 수송선단은 일본과 부산에서 각각 출발했다. 한국군 제1해병연대와 제17연대, 미 제5해병연대는 부산에서, 미 제1해병사단(-)은 고베에서, 미 제7사단은 요코하마에서(각각 9월 11일), 수송선단과 화력 지원함 그리고 지휘함은 요코하마에서 각각 출발하여 9월 14일 서해의 덕적도(Point California)에 집결한 후 인천으로 기동했다.

상륙작전은 인천지역의 지형적 특성에 따라 2단계로 구분하여 실시되었다. 첫 단계는 인천항 바로 앞에 있는 월미도를 점령하는 단계이며, 두 번째 단계는 월미도로부터 해두보(海頭步)로 선정된 인천 시가지를 확보하는 단계였다. 9월 15일 02:00 상륙작전 명령이 하달되자 선두 함정이 비어수로를 따라 인천항으로 돌진하고, 월미도의 등대가 함대를 유도했다. 05:00 상륙작전에 참가한 함정들이 월미도를 포위하고, 함재기 및 순양함과 구축함에서 월미도를 포격하기 시작했다. 06:33에 미 제1해병사단 5연대 3대대가 탑승한 17척의 함정(LSVP)과 전차를 적재한 함정(LSV)이 월미도에 도착하였다. 상륙돌격부대는 저항하는 약 400여 명을 근접전을 통하여 제압하며 08:00에 월미도를 점령했다.

이로써 1단계 작전은 완료되었으나 썰물이 시작되면서 함정들은 외해로 물러났다. 월미도 상륙 부대는 고립되었고, 함재기들이 북한군 증원을 차단했다. 2단계 작전은 16:45에 시작된 만조와 함께 다시 개시하여 다음날 새벽까지 진행되었다. 상륙 엄호포격과 함께 해두보를 확보하기 위한 주 상륙군이 월미도를 뒤로하고 인천항을 향하여 돌격했다. 미 제5해병연대는 적색해안, 제1해병연대는 청색해안에 17:30을 넘기면서 상륙했다. 이들은 곧바로 해두보 선으로 진격하여 돌격부대 상륙 24시간 만에 상륙 목표인 해두보를 확보했다.

다. 상륙작전 성공요인과 의의

성공확률 1/5,000의 '세기의 도박'이라 불린 인천상륙작전은 성공했다. 도박이 과학으로 승화될 수 있었던 데에는 몇 가지 이유가 있었다. 그 첫째는 완벽한 기습이었다. 무엇보다도 북한군의 의표(意表)를 찔렀다. 지리적인 불리함을 역이용하고, 다양한 기만대책으로 북한군의 오판을 유도한 것이 주효했다. 유엔군은 상륙작전의 필수요소인 완벽한 제해·제공권 확보와 전투력의 집중 그리고 절약한 전투력으로 상륙지역에서 북한군보다 상대적으로 우세한 전투력을 발휘할 수 있었다.

상륙작전 파급효과가 전 한반도에 밀어닥쳤다. 낙동강 방어선의 북한군은 기습을 허용 병참선뿐만이 아니라 퇴로마저 차단되어, 그야말로 '죽느냐 튀느냐'의 상황으로 전투의지는 완전히 말살되었다. 인천상륙작전은 그간의 수세 위주의 전쟁 분위기를 180도 전환하여 이제 유엔군이 전장의 주도권을 잡고 공세로 전환할 수 있게 되었다. 북한군은 전쟁 의지와 전투력이 완전히 붕괴되어 외부의 도움 없이는 재기할 수 없는 상황에 다다랐다.

2. 수도 서울 탈환작전

가. 한강으로 진출

수도 서울 탈환작전은 상륙군이 9월 18일 인천에서 한강으로 진출하여 9월 28일 서울 탈환까지 실시한 작전이다. 상륙군이 한강방면으로 진출하자 북한군은 제107연대와 제18사단 병력들을 김포-부평 선 일대에 집결시켰다. 상륙군 미 제1해병사단은 서울 서쪽방향으로 진격하고, 미 제7사단은 서울 남쪽에서 북한군의 증원차단과 더불어 퇴로를 차단하면서 북상하는 미 제8군과 연결하는 것이었다.

미 제1해병사단에게는 중간 목표로 김포비행장과 영등포 확보가 임무로 주어졌다. 미 제1해병사단은 9월 16일 한강으로 진출하면서 경인 국도를 기준으로 북쪽 지역은 제5해병연대, 남측은 제1해병연대에게 책임구역을 부여했다. 제5해병연대 목표는 김포공항이었고, 제1해병연대의 목표는 영등포였다. 제5해병연대는 부평지역에서 북한군과 소규모 접전을 실시한 후, 18일에는 김포비행장을 완전히 장악했고, 19일에는 김포반도의 서북부를 완전히 장악했다. 미 제1해병연대는 9월 17일 영등포를 목표로 경인 국도를 따라 한강을 향해 진출해 나갔다. 19일에는 영등포 바로 서측인 안양천(당시 갈천) 일대까지 진출했다. 미 제7사단은 제1해병연대의 우측에서 공격하고 있었다. 제32연대는 17일 상륙과 동시에 제1해병연대 우측을 인수받았고, 미 제7사단(-)과 한국군 제17연대도 19일에는 전선에 도착하여 공격작전에 합류했다. 제일 늦게 하선한 미 제31연대는 수원을 향하여 진격했다.

나. 서울 탈환

상륙군의 서울탈환계획은 서울 서측에서 한강을 도하 서울을 탈환하면서, 남쪽으로는 미 제8군과 연결하면서 북한군의 퇴로를 차단하는 것이었다. 제5해병연대에게는 한강도하를, 제1해병연대는 영등포 방면으로 계속 진출을 명하였다. 제5해병연대는 행주나루에서 21일 주간 강습도하로 한강을 도하 덕양산(행주산성지)을 탈환하고, 미 제1해병연대는 22일 영등포를 수복했다. 서울 남측방의 미 제7사단은 9월 20일 인천-안양 간 도로를 중심으로 작전에 돌입, 미 제31연대는 9월 22일 수원비행장을 확보했고, 제32연대는 영등포 탈환 후 한강 남안으로 진출했다.

미 제5해병연대와 한국군 해병 제1대대는 9월 21일 서울 서북쪽 외곽까지 진출했다. 당시 북한군은 서울 서북방에 위치한 안산(296고지) 일대 능선과 의령터널 고지(105고지)-와우산(105고지)-노고산(105고지)의 세 개의 105고지 군을 연한 지역에 약 5,000여 명의 병력을 배치하여 결사항전을 준비했다. 미 제5해병연대와 한국군

〈연희고지의 해병대원〉

〈서울 환도식〉

제1해병대대는 22일 07:00에 북한군이 방어 중인 연희고지 일대(56고지, 현 연세대 부근)를 공격했지만, 저항에 부딪혀 탈취에 실패하고, 이틀 후인 24일 오후 항공기의 근접지원과 함께 연희고지를 재공격하여 탈환했다. 이후 노고산과 터널고지도 탈취하여, 북한군의 서울 방어선을 완전히 붕괴시켰다. 이때 미 제1해병연대도 한강을 도하하여 마포방향으로 진출했다.

미 제10군단장 알몬드(Edward Mallory) 소장은 서울 탈환일이 계획했던 9월 25일보다 지연되자, 9월 25일부터 미 제7사단 32연대와 한국군 제17연대를 신사리에서 도하시켜 추가로 서울 남부를 장악하기 시작했다. 미 제1해병연대도 25일부터는 서울 서측방서 진공작전을 전개했다. 9월 26일에는 미 대사관이 탈환되었고, 미 해병대는 바로이어 중앙청으로 진격했다. 한국 해병대는 27일 15시 08분 중앙청에 태극기를 게양했다. 서울시내에서 시가전을 전개하던 북한군은 27일부터 서울에서 철수하기 시작하더니 곧 자취를 감추었다. 28일 서울을 완전히 수복하고, 다음 날인 29일 12:00 서울수복을 기념한 환도식(還都式)이 중앙청에서 이승만 대통령과 맥아더 등이 참석한 가운데 개최되었다. 이는 인천상륙작전 이후 12일, 서울 피탈이후로는 3개월만이었다.

3. 낙동강선 반격작전

가. 반격작전 준비

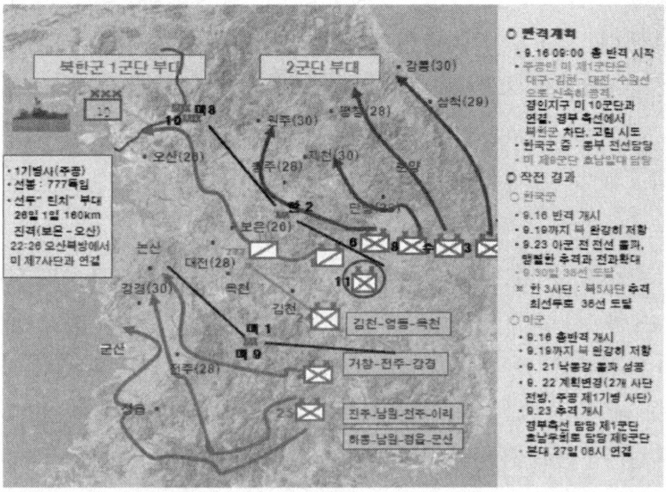

〈반격작전 상황도 자료 : 채한국 외 2인, 국방군사연구소, 재구성〉

낙동강선 반격작전은 미 제10군단의 인천상륙작전과 함께 미 제8군과 한국군이 낙동강 방어선 상에서 9월 16일부터 개시한 돌파작전으로 38도선으로 북한군을 추격한 작전이다. 반격작전이 개시될 당시 북한군 전선사령부는 김천에 있었고, 병력은 7만여명, 장비는 50% 수준으로 판단되었다. 반면 유엔군과 한국군은 4개 군단에 10개 사단 1개 여단으로 증강되어 북한군에 비해 병력은 15만 7천여 명(한국군 7만 2천, 유엔군 8만 4천)으로 2배, 화력은 6배 이상 앞섰다.

미 제8군의 전투편성은 제1군단에 미 제1기병사단(미 제5연대 전투단 배속), 미 제24사단(영 제27여단 배속), 한국군 제1사단, 신편 되는 미 제9군단에는 미 제2사단, 미 제25사단, 한국군 제1군단에는 수도사단과 제3사단, 한국군 제2군단에는 제6사단과 제8사단이 각각 편성되었다. 미 제8군의 진격작전 개념은 '현 접촉선을 공격개시선으로 하여 9월 16일 09:00 주공을 대구-김천-대전-수원으로 공격 축선을 지향, 공세이전으로 북한군을 격멸하고 상륙군인 미 제10군단과 연결'하는 것이었다. 반격작전은 4개의 방향과 공격집단을 형성하여 실시되었다.

① 대구-대전-수원을 잇는 경부 축선으로 미 제1군단이 담당

② 낙동강선의 중동부 축선은 한국군 제2군단이 담당

③ 낙동강선의 동부 축선은 한국군 1군단이 담당

④ 서남부지역은 새로 창설되는 미 제9군단이 담당

주공 방향은 미 제8군이 미 제10군단과 연결할 수 있는 최단거리 접근로 이며, 기계화 부대 진출에 유리하고 보급지원의 용이성과 북한군 부대를 손쉽게 포위할 수 있다는 점 등을 고려 경부 축선을 주공 방향으로 선정하였다. 하지만 선정된 경부 축선은 북한군의 주타격 방향으로 북한군의 전투지경선과 배치가 약한 측익을 공격하며, 주공의 전투력이 저하되면 바로 초월공격 하도록 했다.

나. 낙동강선 돌파 및 추격 작전

낙동강선 반격작전은 9월 16일 계획대로 실시되었다. 초기 작전에는 악천후로 인한 공중지원이 제한되었고, 상륙작전 소식 자체가 차단되어 낙동강의 북한군들은 이를 알지 못하고 전투에 임했다. 주공인 미 제1기병사단과 제5연대전투단이 중앙에서 왜관 대안의 교두보를 확보하기 시작했다. 이를 위해 미 제24사단이 왜관 하류에서, 한국군 제1사단이 왜관 상류에서 각각 조공으로 도하작전을 실시하고, 도하 후에는 미 제24사단이 제1기병사단을 초월하여 김천을 경유 대전으로 공격할 계획이었다.

계속되는 노력에도 불구하고 북으로 통로개척이 지연되자, 워커장군과 맥아더장군은 군산 상륙'을 언급했다. 이러한 상황에서 한국군 제1사단은 9월 18일 다부동 동쪽인 가산 산성 우측 북한군 방어진지 후방 깊숙이 침투하여 왜관-다부동 선의 북한군 제1, 3, 13 사단을 혼란에 빠트렸다. 9월 20일에는 미 제1기병사단이 왜관을 탈환했고, 21일에는 다부동에서 미 제1기병사단과 한국군 제1사단이 북한군 제3사단을 격파했고, 미 제25사단은 진주까지 진출했다.

미 제8군과 한국군의 낙동강 상에서의 반격작전은 작전이 개시되고 일주일이 지난 9월 23일, 드디어 낙동강을 돌파하면서 추격 작전을 전개할 수 있었다. 그러나 주공인 미 제24사단의 진출이 지연되어 워커 장군은 제24사단과 제1기병사단을 병행공격 하도록 계획을 변경하였다.(미 제24사단은 대구-김천-대전 방향, 미 제1기병사단은 다부동-보은-청주-수원 방향) 미 제1군단의 주력은 왜관에서 경부도로를 따라 진격하였으며, 그 선두 부대인 제1기병사단의 777TF(미 제7기병연대 주축, 지휘관 중령 해리스, 선도는 7연대 3대대인 Lynch부대 담당)는 낙동리-상주-청주-천안으로 진격하여 3일 만인 9월 26일 22시 26분, 오산 북방에서 인천상륙 부대인 미 제7사단 31연대와 연결에 성공했다.

미 제1군단과 제9군단은 서남부지역인 대전(미 제24사단, 28일), 논산(미 제2사단. 30일)을 탈환했다. 대구 북방의 한국군 제1사단은 북한군 제1사단을 돌파하고 잔적을 소탕하면서 미 제1기병사단을 후속 10월 11일 고랑포에 당도하였다. 신령지구의 한국군 제2군단의 6사단은 함창-문경-충주를 거쳐 원주를 탈환하고(30일), 영천의 제8사단은 제천을 탈환했다(30일). 한국군 제1군단의 수도사단은 청송-영월-평창을 거쳐 9월 30일 38도선 일대에 도달했고, 제3사단은 북한군 제5사단을 추격하여 동해안 도로를 따라 제일 먼저 38도선에 도달하였다.

공격 일변도의 북한군은 낙동강 전선이 차단되는 그 순간에도 무감각하게 대처했다. 철수하던 북한군은 금강-소백산 선에서 저지선을 형성하고자 했으나, 유엔군과 한국군의 추격속도에 제압되어 무위로 끝나고 말았다. 더욱이 북한군은 전략예비대를 보유하지 못하고 있었다. 반격작전으로 북한군 전선사령부는 철의 삼각지대로 퇴각했고, 제1군단 사령부는 조치원에서 해체되어 지휘부는 태백산맥으로 잠입하였다. 낙동강전선에 투입되었던 북한군 13개 사단은 완전히 괴멸되었으며, 북한군 2만 3,500여명이 투항하거나 포로로 잡혔다. 약 2만 5천명에서 3만명은 북으로 도주한 것으로 추산된다.[14)]

반격작전은 인천상륙작전과 더불어 속도 면에서 돋보이는 작전이었다. 사전 치밀한 작전계획의 수립, 절대적으로 우세한 제공권과 제해권, 지상전에서의 미군의 우수한 기동력, 한국군의 투혼 등 제 요소가 결합된 성공적인 작전이었다.[15)] 반격작전은 전쟁원칙 측면에서 완벽한 승리였다. 우선 서울이라는 적절한 목표를 선정하여 확보하였다. 과감한 공세행동과 전투력의 집중으로 전장의 주도권을 확보하였다. 해상과 육상의 기동으로 북한군을 압도하였다. 새로운 군단의 창설(미 제9군단)과 군단장 교체 등 지휘의 통일도 달성했다. 하지만 '옥의 티'는 있는 법이다. 지나친 진출 속도는 결국 문제를 야기했다. 뒤처진 패잔병들이 오히려 지휘체계를 회복 추격부대의 후방을 공격했고, 패잔병들은 태백산맥과 지리산 등에 잠입하여 게릴라 활동으로 제2전선을 구축했다.

14) 국방부군사편찬연구소, 〈6 · 25전쟁사 6, 인천상륙작전과 반격작전〉, 2009, p.330
15) 국방부군사편찬연구소, 〈6 · 25전쟁사 6, 인천상륙작전과 반격작전〉, 2009, pp.330~332

4. 북진작전

가. 북진논란

유엔군이 38도선 상으로 진출하자, 38도선 돌파여부가 세기의 관심사로 떠올랐다. 유엔군은 서울을 탈환한 다음 날인 9월 29일 돌연 38도선 상에서 '진격 중지' 지시를 하달하여 진격을 멈추고 대기상태가 되었다. 이에 대한민국 국민들은 물론이고 이승만 대통령도 북진통일을 강력히 주장했다.

38도선 돌파문제는 미 행정부 내에서도 지연전을 전개하던 7월부터 검토 하고 있던 사항으로, '돌파'나 '정지'를 주장하는 측 모두에게 명분은 있었다. 하지만 이미 해·공군은 38도선 이북에서 작전 중이었다. 결국 미국은 소련과 중국이 한반도 전쟁에 개입 시기를 상실한 것으로 판단하고 북진을 확정지었다.

이에 앞서 트루먼 대통령은 9월 11일 "중국과 소련이 개입할 염려가 없는 경우에 지상 작전을 북한지역으로 확대한다."는 합참의 방침을 승인했었다. 그리고 유엔군 사령관에게 차후작전 준비를 위한 시간을 부여하기 위해 9월 15일과 27일에 '38도선 돌파 및 군사작전 지침'을 극비리에 하달했었다. 내용은 유엔군의 38도선 돌파와 38도선 이북의 북한 지역에 대한 군사작전을 승인하면서, 작전 목적을 '인민군 격멸'이라는 군사목적에 한정하였다. 또한 유엔군은 중·소 국경에는 접근하지 않도록 하여 소련 및 중공과는 충돌을 방지하려 하였으며, '소련과 중공이 전쟁에 참여하면 지상 작전은 중단한다.'는 가이드라인을 포함하고 있었다.

대륙은 북한군의 패퇴와 더불어 한국전쟁에 관심을 보이기 시작했다. 대만 문제에 전념하고 있던 중국은 한반도 문제를 빌미로 중국 대표단의 유엔 참석을 요구했다. 그러면서 군사적으로는 대만과의 일전을 준비하고 있던 린뱌오(林彪)휘하의 제4야전군 19개 사단 25만명을 8월 중순부터 요동으로 집결시켰다. 저우언라이(主恩來)는 미군이 38도선을 돌파하는 것을 좌시하지 않을 것이다."라고 경고하였다. 소련도 한반도의 전황이 불리하게 진행되자 안전보장이사회에 말리크(Yakov A. Malik) 대사를 복귀시키면서 내전을 언급하며 전쟁이 더 오래 지속된다면, 전쟁이 불가피하게 확대될 것임을 경고했다.

북한군 최고사령부는 38도선 일대에서 방어선을 구축하기 위해 서부(민족보위상 최용건, 배천-개성-고랑포-사미천 선, 가용부대 : 북한군 제19, 제27, 제17기갑사단)와 동부(부수상 김책, 사미천-동해안 선, 가용부대 : 북한군 제5, 제12, 제15사단, 후방부대)로 구분하여 방어선을 형성하여 유엔군과 한국군의 북진을 저지하면서, 패잔병들의 철수를 엄호하기 위한 적극적인 방어를 기도했다.[16] 그러나 당시 북한군은 보급단절, 사기저하, 병력부족으로 38도선 방어가 불가능한 것으로 판단되었다.

나. 38도선 돌파 작전

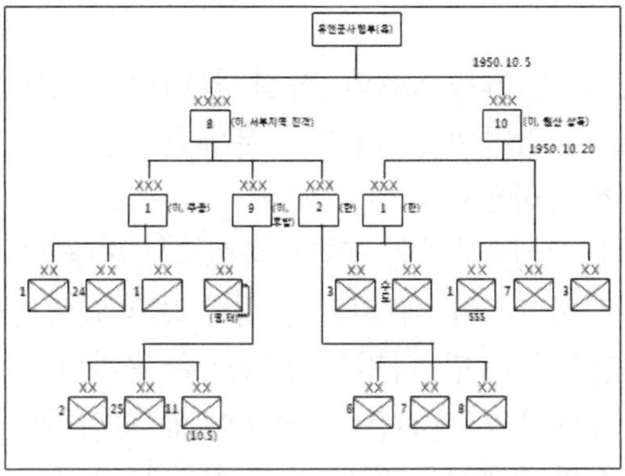

〈38도선 돌파시 유엔군 전투편성표
자료 : 채한국 외 2인, 국방군사연구소, 재구성〉

〈38도선을 돌파를 기념하는 제3사단〉

① **한국군** 한국군이 정지하자 이승만 대통령은 정일권 총참모총장 등 군 수뇌부를 불러 한국군 단독으로 38도선을 넘어 북진하라고 명령하였다. 이에 정일권 총참모총장은 군사상의 지휘체계도 유지하면서 대통령이 부여한 임무를 수행하기 위한 묘안을 짜냈다. 그는 38도선에 도달하여 있는 한국군 제1군단장 김백일 준장에게 미리 한국군이 북진 시 피해를 줄 수 있는 지역을 확인하였다. 그리고 워커 미 제8군사령관을 면담하면서 동해안의 일부 고지(하조대)로부터 총격을 받아 피해를 입고 있으니 이를 점령하게 해달라고 하여 워커장군의 승낙 받았다. 그리고 9월 30일 동해안의 제3사단을 방문하여 현장을 확인하고 현지에서 북진을 명하였다. 이렇게 제3사단 제23연대(연대장, 대령 김종순)가 10월 1일 05:00에 인구리에서 출발하여 양양을 목표로 진격 38도선을 돌파했다.[17)]

중부전선에서의 돌파작전은 한국군 제2군단이 담당하였다. 육군본부 작전명령 제205호에 의거 제2군단 제6사단(10월 3일, 춘천북방 모진교 남단)은 화천-회양-지경리(원산 외곽)로, 제8사단(10월 7일, 동두천 북방 초성리)은 철원-평강-용지원리(신고산 북쪽)로, 제7사단(10월 8일, 포천북방 양문리)은 제6사단과 협조하여 금화 점령 후 예비로 전환했다. 각 부대들은 8일 어간에 38도선을 돌파하고 진격했으며, 제6사단은 화천(8일)·금화(10일)를, 제8사단은 연천(9일)·철원(10일)을 탈환했고, 제7사단은 금화 부근(10일)에 진출했다. 이후 제2군단은 계속하여 북한군을

16) 합동참모본부, 한국전사, pp.48~50
17) 38도선 돌파일인 10월 1일은 국군의 날로 지정되었다.

추격하여, 일부 부대는 평양으로, 일부 부대는 평양을 우회하여 계속 북진작전을 진행하였다.

② **유엔군** 유엔군은 '9 · 27 훈령'으로 38도선 이북으로의 작전 확대를 승인받았다. 유엔군 사령관 맥아더는 북진계획을 수립하여 10월 2일 유엔군 산하 전 부대에게 작전명령 제2호로 다음과 같이 하달하였다.

㉮ 미 제8군은 주공으로 38도선을 돌파 개성-사리원-평양 축선으로 진격한다.

㉯ 미 제10군단은 '원산 상륙작전'을 실시하여, 미 제7사단은 평양 방향으로 공격하여 제8군과 연결하고, 해병 제1사단은 한 · 만 국경선 방향으로 공격한다.

㉰ 정주-군우리-영원-함흥-흥남선 이북지역 작전은 한국군에게 일임한다.

이 맥아더의 북진계획은 중국군이 참전하지 않는 것과 동계이전에 작전이 종료될 것을 가정한 것이었다. 명령의 골자는 미 제8군을 주공으로 평양 축선으로 진출하고, 미 제10군단은 독자적인 상륙작전으로 원산에 상륙한 후 북진한계선(일명 맥아더 라인, 압록강으로부터 90~170km 남쪽)까지 진출하며, 그 이북의 중 · 소 국경지역에 대한 작전은 한국군에 일임한다는 요지이다. 하지만 이 북진계획은 미 제8군사령관 워커의 견해와는 상이한 것이었다. 워커 장군은 미 제8군이 미 제10군단을 통제하여 작전을 실시하는 '지휘의 통일'을 원했지만 무위로 끝났다.

명령을 수령한 미 제8군은 10월 3일 북진명령을 하달하였다. 주공 군단은 미 제1군단이었다. 미 제1군단은 주공을 미 제1기병사단으로 금천-사리원-평양 축선을 따라 공격하게하고, 조공으로 좌측은 미 제24사단이 연안-해주 방향으로, 우측에는 한국군 제1사단이 토산-신계-수안 방향으로 공격하게 했다. 한국군 제2군단은 의정부-춘천지역에, 제1군단은 주문진 일대에 집결하여 북진작전을 준비하였고, 미 제9군단은 부산-서울간의 병참선을 경계하도록 하였다. 그리하여 미 제8군은 미 제10군단으로부터 10월 2일에서 7일 사이에 경인지역의 지역 방위책임을 인수하고, 8일 38도선에 전개하여 9일 북진을 개시했다.

③ **38도선 돌파** 군사적 입장에서 보았을 때 유엔군의 38도선 돌파 작전은 정치적 정당성을 확보하기 위해 10여 일의 시간을 허비하여 북한군에게 재편성 및 북으로 철수할 수 있는 시간적 여유를 마련해 준 것이었다. 특히 정치적 제약이 없는 한국군마저 38도선 상에서 대기한 것은 북한군과 이후 한반도 진출을 노리고 있는 중국군에게는 천금과 같은 시간이었다. 이러한 지체는 서울에서 6일을 지체한 북한군만큼이나 차후 작전을 진행하는데 따른 전략적인 타격을 입었다.

〈유엔군 북진계획〉

반면 조국 통일의 열망과 투지에 불타는 한국군 제1군단은 자체적으로 북한군을 공격하여 동해안을 따라 쉼 없이 전진했다. 그리고 공격을 개시한지 10여 일만에 상륙작전을 진행하는 미군보다 먼저 원산을 탈환하였다. 한국군 제1군단 진출속도는 사기와 공격기세의 중요성을 다시 한 번 증명했다.

다. 청천강선 확보

① **원산 탈환** 한국군 제1군단이 동해안 축선에서 38도선을 돌파 진군했다. 제3사단 23연대는 10월 1일 14:00에 양양에 입성했다. 같은 시간에 수도사단도 제18연대가 선도하는 가운데 양양에 입성하였다. 양양을 수복하자 육군본부는 10월 5일 제1군단에게는 원산을, 제2군단에게는 금화, 철원, 평강 일대 점령을 명하였다. 원산은 북한 동부의 정치, 경제, 교통의 중심지로 동해안 최대의 항구였다. 따라서 북한군은 제249여단으로 원산방어사령부를 편성하며, 패잔병들을 규합하여 전차로 증강된 약 2만명으로 방어준비를 하고 있었다.

〈북진작전 경과〉

〈한국군 제1군단 원산입성〉

한국군 제1군단은 38도선을 돌파한 이래 패잔병을 소탕하면서 하루 26㎞의 속도로 쾌속 진출하고 있었다. 원산 공격은 10월 10일 새벽에 시작되었다. 김백일 제1군단장은 원산탈환을 위해 우선 원산 시가지를 감싸는 고지군을 탈환하고자, 좌일선의 수도사단은 시가지 중심부 서측방의 여왕산을, 우일선의 제3사단에게는 시가지 동측변 고지군을 목표로 부여 공격을 개시하였다. 양 사단 공히 13:30 원산시내로 돌입하였다. 원산 탈환의 공로로 이승만 대통령은 원산을 직접 방문하고 제1군단 전 병사를 1계급 특진시켰다.

② **평양 탈환** 미 제1군단은 10월 8일에 임진강을 건너 개성까지 진출했다. 10월 9일 09:00에는 기존의 38도선을 넘어 북한군 제43사단의 저항을 물리치고 예성강을 도하, 북한군 제19·27 사단이 배치된 금천지역을 공격하기 시작했다. 금천은 평양방어의 관문이었다. 북한군의 저항은 그야말로 필사적으로 진출은 10월 11일까지도 지지부진하고 있었다.

그러자 미 제1기병사단의 작전목적을 북한군 격멸에서 지역목표인 방어진지 후방의 한포리로 변경하여 제7기병 연대(3대대)가 주·야간 행군으로 한포리를 선점하여 북한군 2개 사단의 퇴로를 차단하였다. 그리고 제1·8기병연대를 좌우로 우회시켜 10월 12일에는 2중 포위를 달성했다. 하지만 정면 압박부대와 포위부대의 템포 적용에 실패하여 포위망이 형성되기 전에 포위된 부대 일부가 이탈한 것은 오점이었다. 금천 수복 후 곧이어 평양을 탈환하기 위한 북진작전이 개시되었다.

평양은 지형적으로 하폭 400~500m의 대동강을 중심으로 두 개의 지역으로 나뉘어져 있다. 평양을 탈환하는 대열에는 미 제1군단 제1기병사단과 미 제24사단, 한국군 제1사단 그리고 한국군 제2군단(제6·8사단) 등이 참가했다. 미 제8군으로부터 평양 탈환의 임무를 부여받은 미 제1군단장 밀번 소장은 미 제1기병사단을 주공, 미 제24사단을 조공, 한국군 제1사단은 후방작전의 임무를 부여했다. 그러자 한국군 제1사단장 백선엽 준장은 군단장에게 평양 공격의 기회를 달라고 요청하였다. 이에 밀번 소장은 제24사단과 임무를 교대하여 제1사단을 조공으로 임무를 변경하였다. 하지만 한국군 제1사단은 미 제1기병사단보다 이틀 늦은 10월 11일에야 38도선에 다다랐고, 미군에 비하여 기동력이 현저히 미약하여 진출이 지연되었다. 이에 사단장은 미 포병사령관 조언에 따라 미군의 전차를 지원받아 일종의 TF를 구성 진출속도를 증강시켰다.

이때 주공인 제1기병사단은 금천전투 이후 사리원-황주-평양 남측 흑교리를 경유 19일 대동강 변에 도달했다. 미 제1기병보다 중서부의 험로를 걷는 한국군 제1사단도 수안-평양 동남쪽 지동리를 경유 대동강 변에 19일 아침 도달했다. 각 부대 및 제대별로 평양탈환에 대한 경쟁이 치열하게 전개되었다. 기계화 부대인 미 제1기병사단이 평양을 먼저 점령할 가능성이 커지자, 이승만 대통령은 정일권 총장에게 평양만큼은 한국군이 먼저 점령해야 한다고 강조했다.

멸악산맥 일대의 평양방어선이 붕괴되자 북한군은 대동강 및 동평양 일대에 3중의 견고한 진지를 구축하고 완강하게 저항하는 가운데, 평양 탈환작전이 전개되었다. 결국 한국군 제1사단 12연대가 19일 11:00경 북한군의 세 번째 방어망을 뚫고 동평양의 대동교 인근의 선교리 로터리에 진출하면서 평양에 입성한 최초의 부대가 되었다. 곧이어 미 제1기병사단과 한국군 제7사단도 대열에 합류했다.

하지만 평양탈환 작전은 정치, 심리적 위안을 제외하고 군사적으로는 그리 성공적이지 못한 작전이었다. 우선 북한의 수도를 점령하고도 북한의 전쟁지도부를 와해시키지 못했다. 한국군과 유엔군의 수뇌부는 추격 작전의 속도와 포위에는 무관심했다. 평양이라는 지역목표보다는 북한군 격멸이 효과적 일수 있었다.

③ **숙천 · 순천의 공수작전** 미 제1군단이 평양을 탈환하면서 북한군의 퇴로를 차단하고 북한의 고위 관리들을 포획하며, 유엔군 포로를 구출하기 위해 실시된 작전이었다. 여기에 투입된 병력은 미 제8군의 제187공수연대 전투단(연대장, 대령 Frank S. Bowen) 4,220명으로, 10월 20일 12:00 C-119 및 C-54 수송기 113대에 분승하여 김포에서 이륙, 평양북방 56㎞지점에 위치한 숙천(주 투하지역)과 그 동쪽으로 17km 떨어진 순천에 투하되었다. 성과는 북한군 철수를 엄호하던 제239연대 소속 일부 병력을 격멸한 것과 유엔군 포로 일부를 구출한 것이 전부였다. 하지만 북한군에게는 심리적으로는 큰 위압감을 주었다. 이후 한국군 제2군단의 6사단, 한국군 제8사단, 미 제1군단 소속의 한국군 제1사단, 미 제24사단 순으로 청천강 선으로 진출했다.

④ **원산 상륙작전** 맥아더 원수는 한국 전쟁에서 또 한 번의 상륙작전을 연출하고자 했다. 그리하여 미 제8군이 평양을 점령하고, 미 제10군단이 해상에서 원산을 점령하여 동서로 연결하여 북한군의 퇴로를 차단한다는 계획으로 원산 상륙을 계획하였다. 당시 맥아더의 상륙작전 계획에 대한 위험성에 대해서는 워

커의 구상과 비견되면서 공론이 형성되었으나, 아무도 이견을 제안하지는 못했다.

미 해병사단은 10월 16일 인천에서 승선하여 원산을 향하여 출항했고, 미 제7사단은 열차편으로 부산으로 이동한 후 부산에서 승선하고, 10월 17일 출정하여 19일 원산 앞바다에 도착했다. 그러나 한국군 제1군단은 동해안 축선에서 10월 1일 진격을 개시하여 10월 10일 원산을 먼저 탈환한 상태였다. 한국군의 원산 탈환으로 인하여 계획된 상륙작전은 행정적 상륙으로 전환되었다. 또한 원산 앞바다의 기뢰제거 작전에 많은 시간을 허비해야만 했다. 소해작전을 진행하면서는 일부 함정이 파손되는 피해를 입기도 했다. 10월 19일 원산 해역에 도착한 미 제1해병사단은 소해작전이 종료된 26일부터 시작하여 28일까지 상륙을 완료했다. 미 제7사단은 기뢰제거 작업 내내 부산에서 출항하여 10일간 바다에 떠 있다가, 10월 29일부터 이미 탈환한 함경남도 이원에 행정적으로 상륙하여 혜산진으로 향했다.

상륙군인 미 제10군단은 북진작전의 귀중한 시간에 기뢰를 제거하는 시간까지 합하여 약 20일 이상을 원산 앞바다의 함상에서 보내야만 했다. 원산 상륙작전은 단순한 전술적 실수가 아니라 중국군의 개입과 연계된 전략적 실패를 초래했다.

라. 압록강 · 두만강으로 진격

① **진출한계선 북상 조정** 북진작전이 한창 진행되고 있던 10월 15일 미국의 트루먼 대통령과 맥아더 원수가 태평양의 웨이크(Wake) 섬에서 전략회의를 가졌다. 여기서 맥아더는 승리를 낙관하며, “추수감사절 안에 북한군의 공식적인 저항을 종식시킬 수 있다.”고 보고하였다. 중국군의 개입 가능성에 대해서는 “거의 없다. 중국군은 효과적인 개입시기를 놓쳤다.”라고 트루먼 대통령에게 보고했다. 회담의 결과는 미국 정책에 그대로 반영되어 이후 유엔군의 추가 파병과 보급품의 선적에 제한을 받았다. 이는 이후 유엔군의 북진작전에 지대한 영향을 미쳤다.

맥아더는 17일 미 제8군이 평양 부근까지 진격했을 때, 한국군을 제외한 유엔군의 진출한계선을 9 · 27훈령에 따른 기존의 맥아더 라인(정주-영원-함흥)에서 ‘신 맥아더 라인(한반도 서해안의 선천으로부터 회목동-고인동-평원-성진을 연하는 선)’으로 북상 조정하여 유엔군 작전명령 제4호로 하달하였다. 신 맥아더 라인으로부터 한·만 국경선까지는 대체로 48~64㎞를 남겨두고 있었다. 이 조치는 소련과 대결을 피하려는 미 합참과 갈등을 빚었다. 이즈음 한국군 제3군단이 10월 16일 창설되어 제5사단, 제11사단을 예하부대로 서울, 춘천, 양구, 인제지구에서 공비소탕 임무를 수행하며 북진작전을 지원했다.

② **한·만 국경선으로 추격** 평양을 우회한 한국군 제2군단 부대들은 10월 21일 퇴각하는 북한군을 뒤로하고 진격하였다. 맥아더는 늦어도 추수감사절(11월 23일)까지는 전쟁이 종료될 수 있다고 판단했다. 그리고 소련과 중국군의 개입징후가 없자, 24일부 '전 병력을 투입하여 최단 시간 내 한·만 국경선까지 진격하라'는 총 추격명령을 하달했다.

유엔군의 압록강과 두만강으로의 진격작전은 크게 낭림산맥을 기준하여 미 제8군의 서부지역과 미 제10군단의 동부지역 작전으로 구분되었다. 서부의 미 제8군 워커 장군은 미 제1군단장 밀번 소장에게 한국군 제7사단을 배속하면서(23일) 가능하면 국경선지대의 작전을 한국군에게 맡길 것을 지시하였다. 이에 따라 한국군 제2군단인 제6사단이 초산, 제8사단이 만포진과 중강진을 목표로 하여 진격하였다. 동부의 미 제10군단장 알몬드 소장도 한국군 제1군단은 동해안 및 무산 도로를 따라 국경선을 점령하고, 미 해병사단은 장진호 부근으로 진출하여 강계 공격을 준비하고, 미 제7사단은 백두산 남쪽으로 진출하도록 했다.

유엔군은 진격작전을 전개한 끝에 10월 26일경에는 박천-태천-운산-온정-희천-이원을 연하는 선까지 진출하였다. 반면 중국군이 아직 모습을 나타내지 않은 서해안 방면에서는 미 제24사단과 영연방 제27여단이 신의주 남쪽 30km 지점인 정거동까지 진출하고 있었다. 제6사단 7연대는 청천강에서 북한군의 노획차량으로 차량화 하여 큰 저항 없이 10월 26일 14:15에 압록강 변 초산에 당도했다. 초산에 도착한 장병들은 통일을 향한 벅찬 가슴을 안고서, 수통에 압록수를 담았다. 그러나 한반도에 진입한 중국군은 내륙 깊숙이 들어와 진격하는 한국군 및 유엔군의 철수로를 차단하기 위한 은밀한 기동을 실시 중이었다. 다만 한국군 제6사단 7연대는 중국군과 진격로가 엇갈려 압록강까지 진격할 수 있었던 것이다.

추수감사절 공세 다음 날인 10월 25일 서부지역에서 전혀 예측하지 않은 상황이 전개되었다. 이것이 중국군이 한반도에 투입되어 처음으로 실시한 이른바 '제1차 공세'였던 것이다. 그러나 아직도 승리감에 도취되어 있던 유엔군 사령부는 오히려 계속 공격을 명하였다. 결국 운산지역에서 한국군 제1사단이 중국군으로부터 공격을 받아 철수하기 시작했고, 온정리의 한국군 제6사단 2연대는 와해되어 버렸다. 또한 초산으로 진격했던 제6사단 7연대는 27일 철수명령을 받고 적진에 고립되고 말았다. 중국군의 출현으로 미 제8군 전체가 붕괴될 수 있는 상황이 전개되자, 전방 진출부대의 퇴로 차단을 염려하여 후방으로의 철수를 명했다.

〈북진작전 경과 II〉

미국의 안보회의에서는 중공의 참전을 확인하고 전면전을 회피한다는 기존의 입장을 재확인하면서, 한·만 국경으로 진격작전을 중지하고 방어태세로 전환하도록 했다. 하지만 유엔군 사령관 맥아더 원수는 공산주의자들에 대한 유화정책을 경계하고 단호한 공세적 입장을 견지했다.

유엔군은 중국군의 참전사실을 인정하면서 중국군이 조직적인 공격력을 갖추기 전에 전쟁을 종결짓고자 했다. 맥아더 원수는 "이번 작전이 마지막이 될 것이며, 10일 이내에 전쟁을 종결짓고 크리스마스 이전까지는 고향으로 돌아갈 수 있을 것이다."라고 유엔군을 향하여 훈시했다. 이에 따른 유엔군과 한국군의 마지막 북진작전인 '크리스마스 공세'가 11월 24일 단행되었다.

마. 북진작전 분석

먼저 28도선 돌파와 공격기세유지 문제이다. 이 문제는 정략적인 문제와 얽혀 있기는 하지만 군사적인 측면에서는 너무도 큰 과오였다. 이미 인천상륙작전 이후에 서울탈환에서도 비교적 많은 시간이 소요되었었다. 더욱이 한국군이 동부에서 10월 1일 38도선을 넘어 북진을 개시했는데도 유엔군은 10월 9일에서야 38도선을 넘었다. 이는 공자 스스로 공격기세의 페이스를 포기한 상황이었다.

둘째로 지휘의 일원화다. 미 제8군과 제10군단은 낭림산맥을 기준하여 좌우로 나뉘어 별도의 부대로 작전을 수행하였다. 동일한 전구에서 이원화된 지휘는 경쟁심리를 부추기고 적절한 협조를 전해하였다. 또한 제10군단은 상륙작전을 시행하다가 20여 일 동안 바다에서 유병화 되었다. 이에 따라 제10군단이 서쪽의 미 제8군과 간격이 확대되었다. 중국군은 낭림산맥에 형성된 공간을 활용하여 한국군 및 유엔군의 배후를 공격하거나 철수로를 차단했다.

셋째로 공격 시 목표선정 문제다. 최초 38도선 돌파 단계인 금천전투에서 적절한 지역목표 선정으로 북한군 2개 사단을 효과적으로 포위하여 격멸하는 사례를 볼 수 있었다. 그러나 평양 탈환 작전에서는 평양이라는 지역목표에 고착되어, 미 제1군단 부대뿐만이 아니라 한국군 제2군단 부대들까지 평양이라는 지역목표에 집중함으로 해서 북한군 부대는 퇴각할 수 있는 시간을 확보할 수 있었다.

넷째로 북으로 진격 시 전선에만 급급하여 후방의 패잔병 처리에 관심을 갖지 못했다. 결국 패잔병들은 산악으로 들어가 유격활동을 전개하면서 제2전선을 형성함으로 해서 이후 한국군 및 유엔군이 지불하게 될 피해와 대가는 엄청났다.

마지막으로 정보의 문제이다. 유엔군 사령부는 적정 파악이 부진한 가운데 전쟁이 조기에 종료될 것이라는 안이한 판단을 했다. 간과할 수 없는 것은 중국군의 전쟁 개입과 한반도 진입을 파악하지 못한 맥아더 정보라인의 무능함이었다. 맥아더는 군신(軍神)이지만, 정보의 맹신(盲神)이기도 하였다.

제5절 중국군의 개입과 유엔군의 재 반격

1. 중국군 참전과 제1차 공세

가. 참전 경위

중국은 대륙 통일 과업을 진행 중이던 1949년 이전까지는 한반도 내부 문제에 관심을 보이지 않았다. 중국은 전쟁이 발발할 당시만 해도 타이완(臺灣) 합병 준비에 박차를 가하고 있었다. 하지만 전쟁 발발 직후 미국이 타이완 해협에 미 제7함대를 파견하자, 중국은 이에 대한 비난을 하면서부터 반응을 보이기 시작했다. 미군이 한반도에 상륙하고 난 7월 15일부터 중남군 지역의 제50군, 타이완 공격을 준비했던 제9병단, 산시(陝西)의 제19병단 등을 동북지방으로 이동시키고, 동북에서 모집한 인원을 더하여 총 25만 여명의 '둥베이 변방군(東北邊防軍)'을 편성하고 있었다.

반격을 당한 김일성은 스탈린과 마오쩌둥에게 지원 요청을 했다. 스탈린은 "소련군의 직접 참전이 제한되기 때문에 중국군이 의용군의 형태로 참전하는 것이 바람직할 것"이라는 내용을 마오쩌둥에게 전달했다. 중국은 마오쩌둥이 정치적 직권으로 파병을 결정했다. 사실 중국은 전쟁이전부터 여러 경로를 통하여 '미군이 38도선을 넘으면 한반도의 전쟁에 개입 하겠다'는 의사를 미국에 전달했다. 그러나 미국은 이를 무시하고, 38도선을 넘었으며, '전쟁을 중국으로 확대하지 않을 것과 중국의 안전을 보장한다.'고 밝혔다. 마오쩌둥 또한 미국의 이런 발언을 믿지 않았고, 미국이 중국을 침략할 것이라는 '미국 위기설'을 조장했다. 결국 중국의 참전은 중·미 상호간에 통보 내용을 제각기 주관적으로 해석, 의사를 왜곡한 결과였다.

나. 중국군의 전개

중국군은 유엔군의 북진작전이 진행되고 있을 때, 압록강을 걸어서 도강하기 시작했다. 중국군은 ① 안동(安東 1965년 이전, 현재는 丹東)-신의주 ② 청성진(淸城津)-삭주 ③ 지안(輯安)-만포진 ④ 임강(臨江)-중강진 등 중국의 동북지역으로부터 한반도에 이르는 4개의 통로를 이용했다. 선두 부대인 제4야전군 예하 제13병단 12개 사단(약 18만 명)이 10월 19일 야간에 지안(輯安)에서 압록강을 도강하였고, 10월 20일에는 펑더화이가 신의주를 거쳐 대유동에 동북변방군사령부를 개소하였다. 10월 26일에는 중국군 2차 부대인 6개 사단(8만명)이 안동-신의주 통로를 이용 도강하여, 총병력 18개 사단 26만 여명이 한반도에 전개하였다. 11월 초순에는 제3야전군 예하 제9병단 3개 군 12개 사단(약 12만명)이 동북지역에서 임강-중강진 통로로 압록강을 넘었다. 중국군들은 압록강을 도강하여 일몰과 함께 행동하고 새벽 4시면 이동을 중지하고 5시까지 모든 행동을 은폐하였다. 이러한 방법으로 중국군은 미군의 공중 관측에 발견되지 않고, 하루에 7-8시간의 야간행군으로 산악지형을 이용 한반도 내륙으로 진출할 수 있었다.

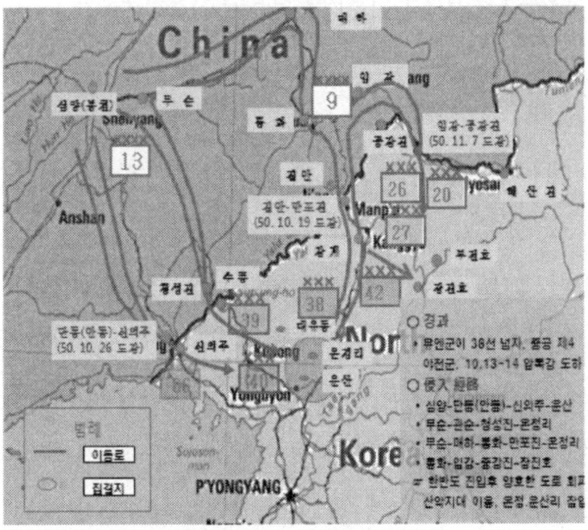

〈중국군 이동경로〉

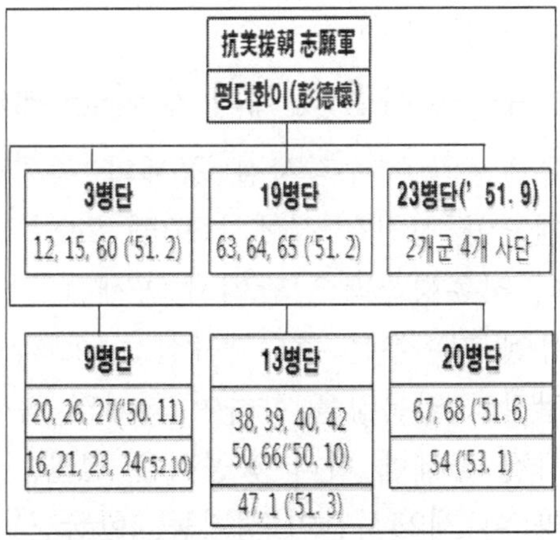

〈중국군 부대별 출병 일정〉

다. 중국군 전략

중국 전쟁지도부는 유엔군이 평양-원산 선을 점령하고 진격을 멈출 것으로 판단했다. 그래서 최초 전략적 방어에 치중하다가 소련으로부터 무기를 지원받은 후 공세로 전환하는 전략이었다. 따라서 중국군은 원산-평양 이북 산악지역에 근거지를 마련하고 덕천, 영원선 남쪽에 2~3개의 방어선을 구축한다는 계획을 수립하고 있었다. 그러나 유엔군의 진출속도가 워낙 빨라 한반도에 진입하자마자 공세로 전략을 전환하지 않을 수 없었다. 중국군은 전쟁기간 중 전투를 성격에 따라 전략적 반격(1950년 10월 25일부터 1951년 6월 10일까지 다섯 차례의 전역)과 전략적 방어(1951년 6월 11일부터 1953년 7월 27일 진지전 위주의 방어전 전개)의 두 단계로 구분했다. 기간내 지속적으로 전투는 지속되었으나 중국군은 크게 총 7차례 공세를 가했다.

지원군 사령관 펑더화이는 마오쩌둥의 군사사상을 반영하여 한반도의 지형에 적합한 전술로 전환하여 적용하였다. '진지전(지역방어)과 운동전(기동방어)의 배합전'을 수행하면서, 전술적 상황에 따라 역습, 매복, 기습으로 유생역량을 소멸하였다. 중국군은 미군에 비해 상대적으로 화력과 기동력이 미약한 한국군의 방어지역을 먼저 공격하여 포위·소멸하여 분리시킨 후 미군의 측방을 노출시켜 그 퇴로를 차단·포위하고 미군을 소멸시켰다.[18] 특히 제1차와 제2차 전역(공세)에서는 '유엔군을 깊숙이 유인하여 섬멸한다(誘敵深入)'는 전술을 사용하였다. 이와 더불어 중국군은 우리가 잘 알고 있는 인해전술과 함께 미군의 막강한 화력과 공군기를 피해 야간 공격을 위주로 했고, 역으로 한국군과 유엔군에 밀착하여 화력을 피하기도 하였다. 또한 장비의 기동이 취약한 산악지대 위주로 방어진지를 구축하였다.

라. 추수감사절 공세와 중국군 제1차 공세

유엔군의 추수감사절 공세와 중국군의 제1차 공세는 하루 차이로 진행되었다. 유엔군이 청천강 선에서 10월 24일 한·만 국경을 향하여 진격하자 중국군이 25일부터 적유령산맥 남단에서 공세를 가해 11월 5일까지 쌍방의 공방이 진행되었다.

유엔 지휘부는 추수감사절(11. 23)까지는 전쟁을 끝낼 수 있을 것이라고 판단하고, 두만강과 압록강을 향하여 최대의 속도로 진출하도록 명했었다(10. 24). 이러한 추수감사절 공세에 따라 총공격을 감행, 서부전선에서는 청천강을 도하 영연방 제27연대와 미 제24사단이 정거동, 한국군 제2군단이 운산, 온정리까지(제6사단 7연대는 초산), 동부전선에서는 10월 26일 원산에 상륙한 제1해병사단이 장진호, 미 제7사단은 혜산진, 한국군 수도사단은 청진 방향으로 각각 진격해 나갔다.

중국군은 유엔군이 아직 중국군의 참전사실을 인지하지 못하고 분산된 채 전진하여, 미 제8군과 제10군단 전선이 서로 연결되지 않은 점과 서부전선의 한국군 3개 사단이 지나치게 돌출되어 있다는 점을 간파하고 있었다. 작전 목표를 낭림산맥 일대를 이용 한국군과 유엔군을 청천강 이남으로 축출하는데 두었다.

18) 정명복, 〈잊을 수 없는 생생 6·25전쟁사〉, 집문당, pp.226~227

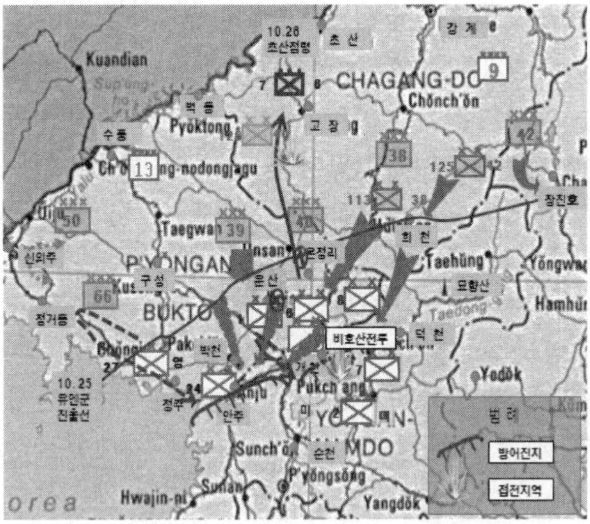

〈중국군 제1차 공세 상황도〉

마오쩌둥은 10월 21일 "중요 지역에 매복하여 공격부대를 기습하되 화력이 미약한 한국군 제2군단(제6·7·8사단)을 먼저 기습한 후에 미·영군을 공격하라"고 전선의 사령관에게 지시하였다.[19] 이리하여 시작된 것이 중국군의 제1차 공세이다.

중국군은 10월 25일, 지금까지 압록강을 도강한 6개 군 중에서 5개 군(38군, 40군, 39군, 66군, 50군)을 서부전선으로 투입하여 적유령산맥 남단에서 서남쪽의 운산-희천 방향으로 공격했고, 42군은 장진호 북쪽에서 남쪽으로 전개했다.

25일 운산에서 한국군 제1사단 15연대와 12연대가 북진하던 중 중국군 제40군 예하부대 매복지역으로 진입하여 중국군과 첫 전투가 실시되었다. 증원된 미 제1기병사단장은 한국군 제1사단의 중국군 배치 사실에 관한 포로 심문 결과를 무시하면서 제8기병연대를 무리하게 초월 공격시켜 이 또한 포위되고 말았다.

25일 제6사단(사단장, 준장 김종오) 선봉부대인 제2연대도 온정리에서 중국군 제40군단 제118사단의 매복에 걸려 가까스로 포위망을 탈출했으며, 초산까지 진출한(26일 14시 15분) 제7연대는 퇴로가 차단되었다. 또 한국군 제8사단(사단장, 준장 이성가) 16연대 마저 포위되어, 한국군 제6·8사단 4개 연대가 와해되어 버리는 사태가 발생했다.[20] 동부전선에서도 한국군 제3연대가 황초령에서 중국군 제42군 124군과 조우하여 접전이 발생, 11월 13일까지 전투가 계속되었다.

유엔군은 미 제1기병사단이 패퇴하고 중국군의 압력이 거세지자, 인천상륙작전 40일만인 11월 3일 청천강으로 철수를 명했다. 중국군 제38군과 제40군 및 제39군은 미 제8군의 우측인 한국군 제2군단 지역을 돌파하여 청천강을 따라 안주 방향으로 진출하기 시작했다. 이는 한국군 돌파이후 유엔군의 후방 차단을 기도하는 수순이었다. 그리고 11월 4일에는 요충지인 개천 탈취를 시도했다. 만약 중국군이 개천에서 순천이나 신안주로 진출한다면, 미 제1군단은 궤멸될 수도 있었다.

19) 합동참모본부, 위의 책, pp.466~479
20) 김성우 외 1명, 위의 책, p.218

상황이 이렇게 급박하게 전개되자 미 제1군단은 군단 예비인 한국군 제7사단을 비호산에 투입했다. 비호산은 개천-순천, 개천-덕천을 연결하는 도로를 통제할 수 있는 요충지로 미 제8군의 운명을 결정지을 수 있는 지역이었다. 제7사단은 비호산에서 중국군 제40군을 다행히 저지했고, 미 제1군단은 철수할 수 있었다. 공격하던 중국군이 11월 7일 돌연 접촉을 단절한 채 잠적했다. 동부전선의 중국군은 서부전선 공세 시 그 측방보호가 임무였기 때문에 강한 압박은 없었다.

이런 중국군의 제1차 공세는 유엔군의 추수감사절 공세를 실패로 돌아가게 함과 동시에 맥아더의 북진을 멈추게 했다. 한국군 제6사단과 미 제8기병연대 등은 부대가 와해되는 피해를 입었다. 중국군은 유엔군을 저지했고, 후속증원부대의 전개시간을 획득했다. 중국군도 한국군 3개 사단에 대하여 섬멸적 타격을 기대했지만 미군의 화력과 자체 보급의 미흡으로 더 이상 큰 전과를 거둘 수는 없었다.

하지만 유엔군은 아직까지도 중국군의 실체를 제대로 꿰뚫어 보지 못하고 있었다. 중국군이 개입한지 일주일이 지난 11월 2일 유엔군사령부는 한국에 침입한 중국군을 약 6만 여명(실제 병력 150,000명)으로 파악하고, 이들은 수풍발전소를 경계하던 경계부대라는 분석을 내놓았다.

2. 크리스마스 공세와 중국군 제2차 공세

가. 크리스마스 공세

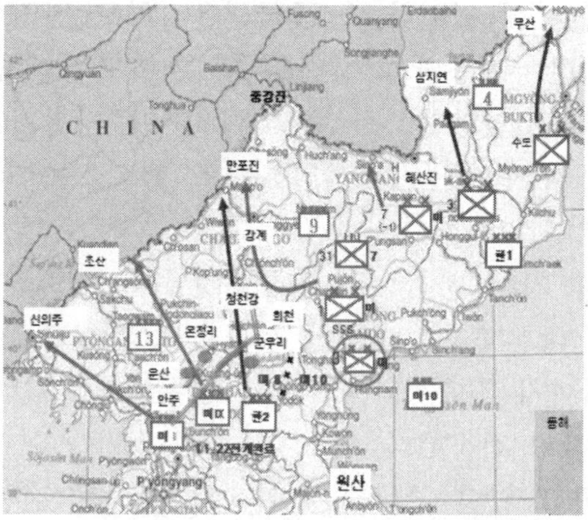

〈유엔군의 크리스마스 공세 상황도〉

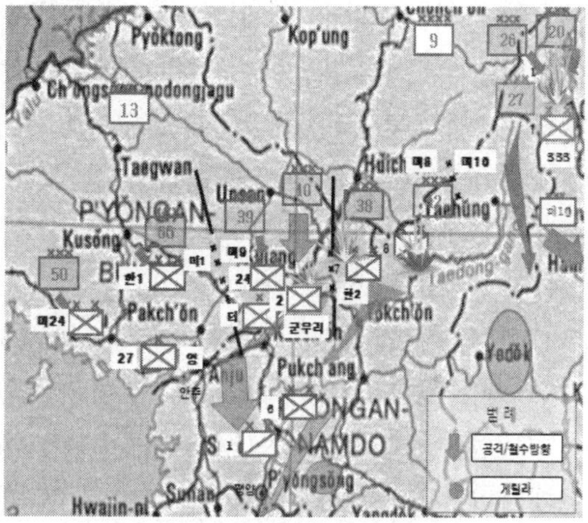

〈중국군 제2차 공세 상황도〉

크리스마스 공세와 중국군의 제2차 공세는 유엔군이 11월 24일 청천강 상에서 다시 총공세를 단행하면서 중국군이 다음 날 공세를 가해 서부 전선의 청천강 일대와 동부의 장진호 및 함흥 일대에서 12월 24일까지 벌어진 공방전이다.

중국군의 제1차 공세를 치른 맥아더 장군은 소수의 중국군이 참전한 것으로 판단하고, 중국군이 조직적인 전력을 갖추기 전에 전쟁을 종결짓겠다는 구상을 했다. 그리하여 동부전선에 계획대로 1개 군단을 상륙시키고, 서부전선에도 미 1개 군단을 추가 투입 11월 24일 총 공세를 단행하였다(작전 소요 예상기간 10일).

유엔군 사령부는 미 제8군의 북진과 함께 미 제10군단의 서진에 의하여 중국군을 포위하려는 계획이었다. 미 제8군은 3개 군단 병진으로 공격했다. 미 제1군단은 제일 서쪽에서 청천강에서 압록강 하류로(안주-신의주), 중앙은 소강상태를 이용 투입된 미 제9군단이 압록강 중류로(운산-초산 방향), 그 우측에서는 한국군 제2군단이 만포진(희천-만포진 방향)으로 각각 공격했다. 미 제10군단은 미 제1해병사단을 서진시켜 제8군과 연결한 후 만포진으로 공격하게 하고, 미 제7사단을 혜산진 및 압록강 방면으로, 한국군 제1군단을 만주와 소련 국경선으로 전출하도록 했다.

나. 중국군 2차 공세

중국군 또한 제1차 반격에서 자신감을 얻고 '반격을 통해 공세로 전환'하고자 했다. 이번 작전 목적은 청천강과 장진호 그리고 청진지역에서 유엔군을 섬멸한 후 제2전선 부대와 연계 38도선을 회복하는 데 있었다.[21] 중국군은 1차로 진입한 제13병단은 적유령산맥 남단, 2차로 진입한 제9병단은 장진호 및 개마고원 부근에서 전개하여 북진하는 유엔군을 기다리고 있었다. 서부의 제38군이 덕천지역 한국군 제7사단을, 제42군단이 한국군 제8사단을 우선 섬멸하기로 했고, 동부의 중국군은 미 제1해병사단을 유인하여 섬멸하기로 했다.

한국군 및 유엔군은 11월 24일 10:00를 기해 청천강을 도하, 첫날 8~15km를 전진했다. 공격 첫 날 정주(미 제24사단)와 태천(한국군 제1사단) 부근을 탈환했고, 한국군 제2군단(제7·8사단)은 덕천-영원 일대까지 진출했다. 곧이어 선두부대는 압록강 선으로 진출하고, 일부는 국경선을 향하여 진군했다.

그러나 공세 2일차인 11월 25일 은폐하고 있던 중국군은 일제히 공세로 전환, 또 다시 유엔군의 측방인 한국군 제2군단의 정면을 집중 공격했다. 26일 한국군 제2군단 제7사단이 덕천지역에서 중국군에게 순식간에 붕괴되었고, 중국군은 이어서 미 제8군의 우측 배후를 포위하기 시작했다. 중국군이 미 제8군의 측방으로 주공을 지향하여 청천강 이남으로 진출하자, 또 다시 미 제8군은 심각한 붕괴위기에 휩싸였다. 이에 미 제8군은 터키와 영연방 여단을 긴급 투입하여 청천강을 따라 군우리와 순천으로 진출하는 중국군을 저지하도록 했다. 한국군 제7사단이 덕천지역에서 무너지면서 터키 여단이 군우리 지역에 투입되어, 중국 38군과 조우 1/3이상 병력손실을 입었다. 또한 미 제8군을 최후까지 엄호하고 철수하던 미 제2사단이 군우리-순천 간에서 중국군 제43군에게 집중공격을 받아 궤멸되기 시작했다.

동부전선 또한 미 제1해병사단이 장진호일대에서 눈보라와 함께 중국군 제9병단에 포위되어 버렸다. 청진 일대의 한국군 제1군단과 미 제7사단 지역은 소규모 조우전 만 있었으나 전체적인 상황을 고려 급편방어로 전환하였다. 원산지역은 북한군 제2전선 부대들에 의하여 피탈되어 이제 동부지역은 육상 퇴로마저 차단되었다. 공세 중에 역공을 당한 유엔군과 한국군의 전반적인 상황은 섶을 메고 불에 뛰어드는 격이 되어 버렸다.

한편 맥아더는 중국군 개입을 워싱턴에 타전하고, 11월 28일 도쿄 유엔군 사령

---

21) 국방부 군사편찬연구소, 위의 책, 2010, p.395

부에서 긴급작전회의를 개회하여 미 제8군은 청천강 이남으로 철수를, 미 제10군단은 흥남일대로 집결하도록 명했다. 미 제8군은 12월 1일 숙천-순천을 연하는 선, 3일에는 평양 30km 북방인 순안-성천선, 4일에는 평양 방어선마저 포기해야 했다. 서부의 제8군은 12월 중순에 38도선까지 철수했고, 동부의 제10군단은 12월 14일부터 24일까지 해상을 통해 흥남에서 철수했다. 이 과정에서 미 제1해병사단은 장진호의 눈보라와 한파 속에서 중국군과 격전을 치르며 함흥으로 철수했다. 유엔군의 북진작전은 불과 2주 만에 38도선까지 250km를 후퇴하는 대 패배였다. 반면 중국군은 2단계 작전 목표였던 38도선으로 진출하는 성과를 달성했다. 하지만 중국군 역시 제9병단이 2~3개월 동안 전투력을 복원해야 할 만큼 막대한 피해를 입고 추격 작전의 한계를 드러냈다.

다. 새로운 정책과 전략

중국군의 공세로 전세는 또다시 역전되었다. 실로 쫓는 자와 쫓기는 자가 하루아침에 뒤바뀌었다. 맥아더는 유엔군 앞에 나타난 것이 30만명의 중국군이라는 현실을 인정하고, "우리는 전적으로 '새로운 전쟁'에 돌입하고 있다."고 당시의 상황을 표현하였다. 미 제8군은 중국군과의 접촉을 단절한 채 철수하였다. 미 제10군단은 중국군과 접촉을 유지하면서 흥남과 함흥의 항구지역으로 철수하였다.

철수가 진행되면서 맥아더 원수는 워싱턴과 합참에 만주 지역에 대한 폭격은 물론 중국의 해안을 봉쇄해줄 것과 타이완의 군대로 중국 본토 공격을 강력히 요청했다. 하지만 이 조치들은 받아들여지지 않았다. 트루먼 대통령은 중국 본토에 대한 공격은 서유럽이나 일본이 공산권의 위협에 노출될 수 있다고 반대했다. 한편 전쟁수행에 관한 국제적 논의가 진행되어 '전쟁의 확산을 방지하면서도 전쟁을 명예롭게 종식 시킨다'는 인식이 폭넓게 확산되었으며, 이는 12월 초순 미국의 트루먼 대통령과 영국의 애틀리(Clement R. Attle) 수상 간의 정상회담에서도 재확인 되었다. 영·미 양국은 정상회담에서 전쟁 이전의 38도선을 토대로 전투행위를 종결짓는데 합의했다. 이는 이전의 '군사적 대응'에서 '정치적 해결'이라는 새로운 방향으로 전환됨을 의미했고, 차후 유엔군 전쟁지도의 대원칙이 되었다.

3. 중국군 제3차 공세와 서울피탈

가. 다시 무너진 38도선

한국군과 유엔군이 평양을 내주고 철수작전을 전개함에 따라 12월 13일부터 전선은 다시 38도선을 연하여 형성되었다. 유엔군과 한국군은 북한군이 그랬듯이 내심 중국군이 38도선에서 멈추기를 바랐다. 마오쩌둥은 "중국군이 정지할 경우, 38도선이 고착화될 것이다."라는 정치적 견해와 함께 독전을 주문했다. 이에 따라 펑더화이는 즉각 공세준비에 착수하여 12월 31일을 공격개시일로 선정하고 우선 중국군과 북한군을 통합 지휘할 조·중 연합사령부를 설치하였다.

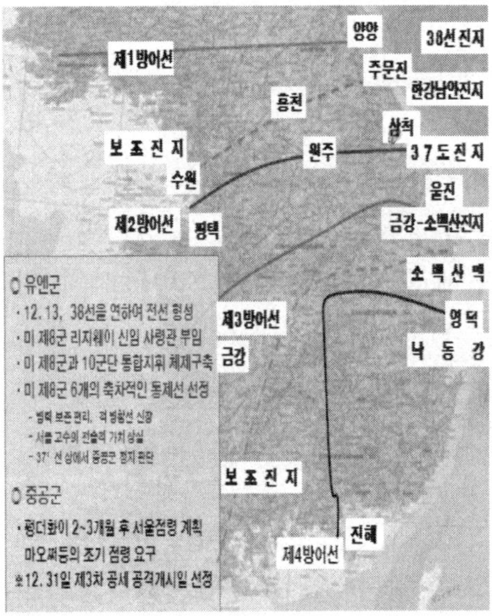

〈축차진지 편성〉

한편 38도선 남쪽으로 철수한 유엔군 각급 부대는 책임지역을 할당받아 전투준비를 하고는 있었지만 중국군의 공세에 대비한 특별한 비책은 없었다. 설상가상으로 미 제8군사령관 워커중장이 의정부에서 교통사고로 순직하는 불상사가 발생 하였다. 그의 후임으로는 리지웨이(Matthew B. Ridgway)중장이 임명되었으며, 유엔 지상군은 미 제8군이 미 제10군단을 통합 지휘하는 단일 지휘체제를 갖추었다. 신임 리지웨이 미 제8군 사령관은 현 38도선 진지로부터 수원-주문진, 평택-안성-삼척, 금강선, 소백산맥선, 낙동강선 등 6개의 축차적인 통제선을 선정하고 "축차진지 상에서 방어의 반복"이라는 개념을 정립했다. 그러면서 리지웨이장군은 이 방어선은 중국군에게 최대의 출혈을 강요하기 위한 '공세적 개념의 선'이란 점을 분명히 했지만 최후의 경우 한국정부와 군을 한반도 도서지역으로 철수시킬 계획이었다.

나. 서울 피탈과 1·4후퇴[22]

조·중 연합군은 1950년 세밑인 12월 31일 17:00 공격준비사격과 함께 전 전선에서 압도적인 병력으로 공격해 왔다. 조·중 연합군은 서울을 점령하기 위하여 총 9개 군단(13병단 6개 군, 북한군 3개 군단)을 투입했다. 주공 5개 군단(중국군 4개, 북한군 1개)은 서울을 목표로 공격하고, 조공을 2개 집단으로 편성하여 가평-서울 동측 방향으로는 중국군 2개 군단이, 홍천-원주 방향으로 북한군 2개 군단이 각각 공격했다. 더욱이 중동부 지역에서는 북한군이 사단 단위로 침투하였다. 서부에서는 임진강을 도강하여 약 20만명의 중국군이 서울 북방으로 쏟아져 들어왔으며, 이들은 문산 우측의 한국군 제1사단과 동두천의 한국군 제6사단을 집중 공격했다.

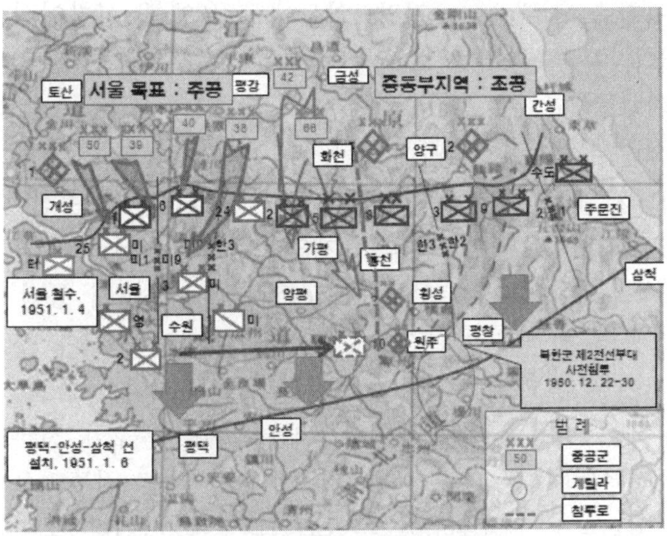

〈중국군 제3차 공세 상황도 자료 : 국방군사연구소(채한국 외 2인) 재정리〉

공세 하루가 지나 연도가 바뀐 1951년 1월 1일 오전, 미 제8군사령관 리지웨이 장군은 돌파구가 형성된 한국군 제1·6사단의 전선을 방문하여 전투상황을 확인했다. 리지웨이장군은 중동부에서 한국군 제3군단 또한 집중 공격을 받고 있는 상황(홍천 1월 4일 피탈)까지를 종합적으로 고려하여, 한국군과 유엔군이 현 전선에서 계속 머뭇거린다면 중국군의 제1·2차 공세처럼 포위될 것으로 판단하고 1월 3일 오후 전 전선에서 평택-안성을 연하는 계획된 선으로 철수할 것을 명하였다.

1월 4일 오전까지 한강 이북의 모든 부대들은 한강에 임시로 설치된 부교를 통해 철수 하였다. 수도 서울을 또 한 번 포기해야 했다. 이 후퇴가 바로 1·4후퇴로, 당일 13시 마지막 부대가 통과하고 임시 교량은 폐쇄되었다. 서울에서 철수한 한국군과 유엔군은 1월 6일, 평택-안성을 연결하는 방어선을 점령했다. 그러나 막상 중국군의 추격은 없었다. 중국군의 공격 목표는 부대격멸이 아닌 '서울 점령'이었다.

22) 김행복 외 1명, 〈알아봅시다! 6·25전쟁사 제2권, 북한군 남침부터 중국군 개입까지〉, 국방부 군사편찬연구소, 2008, p.133~135

다. 북한군 제2전선 형성과 원주지구 전투

중공군의 공세가 시작될 때 태백산맥을 따라 북쪽으로 도주하거나 산악으로 잠적한 북한군 패잔병들 가운데 중부 산악지대에 집결한 약 1~2만명은 지휘체계가 유지되어 전투력을 발휘할 수 있었다. 제2전선 부대들은 마오쩌둥의 전략 방침에 따라 제2전선 형성으로 유엔군의 후방지역 교란 및 증원부대 차단 그리고 공세작전으로 전환 시 전선부대와의 배합전을 수행했다.

이에 따라 북진작전이 한창 진행 중일 때 미 제8군은 후방경비를 위해 제9군단(지휘소 : 대전)을 운용해야만 했고, 청천강 선에서 38도선으로 철수 시에는 경계를 위해 대규모 부대를(미 제183공정연대 및 한국군 제2, 5사단) 투입해야만 했다. 제2전선 일부 부대는 중국군 향도(嚮導) 역할을 수행했고, 평양-원산에서 유엔군 신방어선 형성을 저지하는데 큰 역할을 했다. 동부지역에서도 원산지역을 피탈당해 미 제10군단은 해상철수를 단행해야만 했다.

급기야는 북한군이 중국군 제3차 공세를 전후하여 중동부 전선을 통한 본격적인 후방침투 작전을 전개하여 제10사단 약 6,000명이 한국군과 유엔군에서 춘천-대구-원주를 잇는 요충지를 통제했다.[23] 그리고 중국군 제3차 공세 시 남으로 공격한 북한군 제3 및 제5군단과 남과 북에서 호응하여 '정규전과 비정규전이 통합'된 배합전을 구사했다. 이 배합전으로 한국군 제2군단이 원주 일대에서 조기에 무너지며 미 제8군의 우익을 노출시키는 결과를 초래 전선의 위기를 맞았다.

미 제8군사령관은 제10군단(미 제2, 7사단, 한국군 제2, 5, 8사단)에게 1월 2일 전투참가를 명하고 원주로 북상을 명하였다. 우선 군우리에서 패배한 이후 전투력을 회복중인 미 제2사단(사단장 소장, 로버트 B. 메크레어)이 투입되었다. 제2사단은 북한군 4개 사단과 전투 1월 11일 원주 남쪽의 247고지를 확보하고 원주를 탈환했다. 이 승리는 의기소침하던 전 유엔군과 한국군에게 새로운 희망을 전하는 메시지가 되었고, 와신상담하던 북한군에게는 사형선고와도 같은 결과였다. 조·중 연합군의 주도권은 완전히 중국군에 넘어갔다.

23) 육군대학, 〈6 · 25전쟁사〉, 1996, pp.142~144

4. 유엔군 제1차 반격

가. 풍전등화의 한반도

1·4후퇴로 밀려난 유엔군은 한반도로부터 '철군이냐, 아니면 확전이냐'하는 선택의 기로에 서게 되었다. 유엔은 유엔군과 한국군이 금강선까지 밀린다는 가정아래 유엔군의 철수와 더불어 한국정부의 망명을 심각하게 고려하고 있었다. 국제정치 상황은 영국을 중심으로 한 유럽이 중국과의 휴전회담을 모색하기 시작했다.

중국군 제3차 공세는 다행히 유엔군이 철수 마지노선으로 결정한 금강의 약 50km 북방인 37도선에 정지했다. 유엔군도 중국군에게 최대한의 출혈을 강요했고, 중국군의 보급 능력이 여전하다는 정보도 얻을 수 있었다. 이에 따라 한국 정부를 제주도로 이전하려 했던 계획은 안정을 되찾았다. 이제는 반격 차례였다.

나. 유엔군 1차 반격

① 반격준비 – '울프 하운드 작전(Operation Wolfhound)'[24] 1951년 1월 초 한국군과 유엔군의 방어선은 1월 11일 원주 회복과 더불어 어느 정도 안정을 회복하고 있었다. 하지만 중국군의 다음 공세가 1월 20일경으로 예상되면서 장병들은 '또 다시 후퇴해야 하지 않는가?'하는 불안의식에 사로잡혀 있었다.

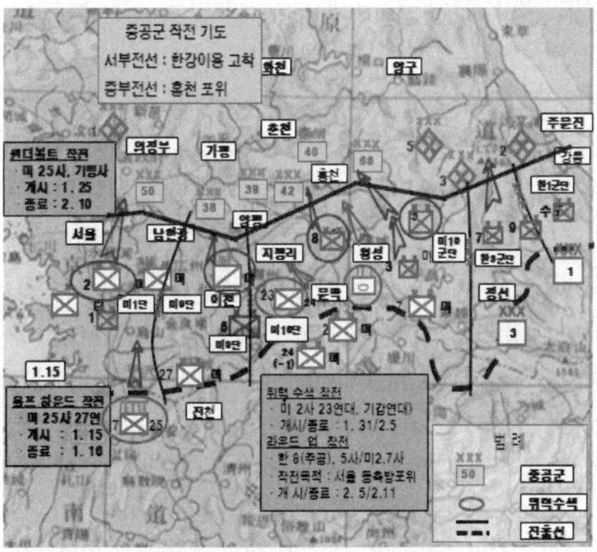

〈유엔군 제1차 반격 상황도〉

제8군사령관 리지웨이장군은 이러한 장병들의 사기를 고려 공세행동을 계획했다. 공세행동의 작전목적은 지역 확보 보다는 적 부대 격멸로 선정하여 조·중 연합군의 출혈을 강요하도록 했다. 군사령관의 작전의도에 따라 미 제1군단은 1월 15일 아침 예하 제25사단 27연대로 하여금 '울프 하운드'(부대명칭)작전명의 위력수색을 실시하였다. 제27연대는 항공기의 지원을 받으며 1번 도로를 중심으로 수원방향으로 진격하여 16일 아침에 수원

24) 정명복, 〈잊을 수 없는 생생 6·25전쟁사〉, 집문당, p.250

근처에서 중국군의 첫 저항을 받았다. 이에 미 제1군단은 제27연대 좌우측의 미 제3사단과 한국군 제1사단을 엄호부대로 운용했고, 제27연대는 항공기 공격을 요청하고 접촉 단절하여 복귀하였다.

② **반격실시-서부지역의 '썬더볼트 작전(Operation Thunderbolt)'** 울프 하운드 작전으로 중국군의 배치와(수원-이천을 연하는 선) 전력을 확인한 리지웨이 장군은 중국군의 보급사정이 여의치 않아 현 상태에서 공격할 수 없다는 것을 간파하고 한 단계 더 높은 단계의 위력수색인 '썬더볼트 작전' 즉 번개작전을 추진하였다. 서해안-오산-여주를 연하는 선의 서부지역에서 한강 이남까지 5개의 통제선을 설정하고(공격부대의 안전한 진출을 보장하기 위하여 군단 지역 전방에 8km 간격으로 설정), 미 제1군단과 제9군단이 각각 1개 사단을 전방에 내세워 통제선을 하나씩 하나씩 점령해 나가는 계획이었다. 전진하면서도 그간의 도로위주 작전을 지양하고 인접부대와 협조를 통해 조·중 연합군을 완전 섬멸하고, 통제선 통과 시마다 군단장의 승인을 받도록 하여, 매 공격 시마다 유엔군의 길목에서 매복하여 기습하던 공산군의 전술에 대비했으며, 필요하다면 군단장이 한국군 1개 연대를 추가로 투입할 수 있도록 했다.

미 제8군은 1월 25일 07:30에 미 제1군단 지역에서는 25사단이, 미 제9군단 지역에서는 제1기병사단이 선두에 위치하여 위력수색을 시작하였다. 썬더 볼트 작전은 전년도 11월 24일 크리스마스 공세 이래 유엔군이 처음으로 전개한 공세활동이었다. 진출은 비교적 순조로웠다. 1월 31일 안양-양평 선 이후부터 양 군단은 '주력을 전방으로 하여 적극적인 공세'로 전환하였다. 이 공세로 2월 10에 미 제3사단이 먼저 영등포-노량진 방향의 한강에 도착, 1·4후퇴 1개월 만에 다시 서울을 눈앞에 두었다. 서측 김포반도에 위치한 미 제25사단은 김포비행장 방향으로 계속 진출했고, 지역을 방어 중이던 북한군 제1군단은 한강을 넘어 퇴각했다.

③ **중·서부(서울 동측방) 포위- '라운드업 작전(Operation Round Up)'** 이제는 서울 차례였다. 리지웨이장군은 서울을 직접 공략하는 것 보다는 먼저 이 돌출된 중부전선을 북으로 양평-홍천을 연하는 선까지 북상시키고, 홍천 일대에서 중국군 주력을 포착·격멸하여 자연스럽게 서울의 동 측방을 원거리로부터 포위, 서울을 탈환하고자 했다.[25)]

25) 채한국 외 2인, 앞의 책, pp.376~387

한편 1951년 1월 말경 한국군과 연합군의 1차 반격에 직면한 펑더화이는 서부지역에서의 유엔군 공세는 한강을 이용하여 저지하면서, 중부전선에서는 병력을 집결시켜 유엔군과 한국군을 홍천 및 횡성일대에서 타격을 가하는 계획을 구상하고 있었다.

중부 지역에서 여주-평창 선을 점령하고 있던 미 제10군단의 공세는 서부지역의 공세 방법을 적용하여 1월 31일 미 제2사단 23연대 전투단(문막-지평리)과 기갑부대(원주-횡성)로 나누어 위력수색을 시작했다. 제10군단장은 제8군 사령관의 복안에 따라 홍천을 포위하여 공산군의 거점을 분쇄하고, 전선을 홍천-대관령-강릉으로 북상시켜 차후작전의 발판을 만들기 위해 한국군 제3군단과 협조하여 '적의 주력을 몰아서 섬멸한다.'는 라운드 업 작전을 구상했다.[26] 미 제10군단장 알몬드소장은 한국군 제8사단을 서측에서 주공, 한국군 제5사단을 동측에서 조공으로 홍천을 포위공격하며, 미 제2사단과 제7사단은 반격에 대비토록 했다.

홍천 포위공격은 2월 5일 아침 08:00에 시작되었다. 한국군 제8사단은 5번국도 상의 삼마치고개에서 중국군 198사단의 강력한 저항에 직면하여 2월 10일까지 진출하지 못했고, 동측의 한국군 제5사단도 북한군 제5군단 예하의 6사단의 저항을 받고 2월 10일까지 전과를 올리지 못했다. 그러나 동부전선의 한국군 제3·1군단은 2월 7일 창동리-대관령-강릉을 연하는 선에 진출하여 전술적 요충지인 동해안의 비행장과 항구, 대관령 등을 확보하였다.

1951년 1월말 반격작전에 나선 한국군과 유엔군은 썬더 볼트 작전과 라운드 업 작전을 통하여 2월 10일 경에는 전선을 남한강-횡성-강릉을 연하는 선으로 북으로 30~60km이상 밀어 올리면서 공세적인 분위기를 회복할 수 있었다. 반면 중국군은 보급제한으로 주춤해졌고, 북한군은 평창-영월-안동까지 침투해 있던 부대와 연결이 차단되고, 원주에서 주 전투력을 잃게 되어 위기를 맞이했다.

---

26) 최용성, 〈간략한 6 · 25전쟁사〉, 2009, pp.120~121

5. 중국군 제4차 공세와 유엔군 제2차 반격

가. 중국군 제4차 공세

1951년 2월에 들어서면서 전선에서는 중국군의 부대 재배치가 포착되었다. 특히 순천옛 전투력 복원을 완료한 제9병단이 춘천으로 남하했다. 중국군은 서부전선에서는 한강을 이용하여 유엔군의 전진을 저지시키면서, 중주력을 중부전선의 가평-홍천 일대로 집결시켜 양평-횡성(삼마치 고개) 일대 돌출부에서[27] 유엔군 1~2개 사단을 유인 섬멸하여 진출을 저지하기 위한 제4차 공세를 준비했다. 2월 11일 공격을 개시한 중국군은 서부전선은 제38군으로 수원을 공략하면서 견제하도록 하고, 중부전선에서는 중국군 2개 군과 북한군 2개 군단으로 한국군 제2군단을 공격하기 시작했다. 중국군은 여기서도 미군이 배치된 지평리보다 한국군이 배치된 횡성을 먼저 공격한 다음 지평리를 공격하여 전선을 원주-충주 방향의 내륙 종심으로 확대하려 했다.[28] 중국군은 횡성 정면에서 중국군 및 북한군 13개 사단으로 한국군 제8사단, 제3사단, 제5사단을 격파하고 횡성을 탈취한 후 원주 방향으로 진출했고, 북한군 제3군단은 제2전선부대와 배합전을 수행하며 한국군 제7사단, 제9사단을 격파한 후 평창으로 진출했다.

〈중국군 제4차 공세〉

횡성이 위험해지자 미 제8군은 2월 12일 오후에 지평리-원주를 연결하는 새로운 방어선을 선정하여 점령하도록 했다. 또한 돌파구 견부인 원주를 고수하면서 반격작전의 여건을 조성하기 위해 미 제2사단을 원주 돌파구 지역에 투입했다. 이때 한국군 제3사단을 추격한 중국군 제66군은 원주를 우회하여 제천으로 진출, 미 제10군단 배후를 차단하려 했다. 위기에 처한 유엔군은 대구에서 재편성 중인

27) 최용성, 〈잊을 수 없는 생생 6·25전쟁사〉, 집문당, pp.122~123
28) 한국전략문제 연구소,〈중국군의 6·25전쟁사(항미원조사)〉, 세경사, 1991, pp.96~117

미 제7사단을 영월 지역에, 철수한 한국군 제3사단, 제5사단, 제8사단 등은 돌파구 첨단, 한국군 제1·3군단도 전선을 조정하여 중국군 돌파구 확장을 저지했다.

한편 횡성 일대를 확보한 중국군의 공격 징후가 보이자 지평리를 담당하고 있던 미 제2사단 23연대는 철수를 준비했다. 하지만 리지웨이 사령관이 지평리를 확보하여 공세이전의 발판으로 삼고자 결심하고 고수방어 명령을 내리면서 연대는 즉시 방어준비에 착수하여 원형 방어진지를 편성했다. 중국군 제39군은 계획대로 13일 지평리 일대를 완전히 고립시키고 공격하기 시작했다. 중국군은 지평리를 공격하면 유엔군이 철수할 것으로 판단하고, 유엔군의 철수로를 미리 차단했다. 그러나 미 제2사단 23연대는 철수하지 않고 고수방어로서 중국군을 기다하고 있었다. 미군이 평소와 같이 철수하지 않자, 중국군은 계획을 바꿔 지평리로 공격해 왔다. 포위된 미 제23연대는 가용한 포병화력을 동원하여 공격하는 중국군을 강타했다. 중국군도 6개 연대 병력으로 진지를 포위하면서 화력을 집중시켰다. 15일에는 군단 예비인 미 제5기병연대가 중국군의 포위망을 뚫고 제23연대와 연결 작전을 성공적으로 마무리 지었다. 양평-원주-제천-평창에 이르는 돌파구도 미 제9군단(한국군 사단)이 저지시켜 중국군 제4차 공세는 2월 18일 기세가 꺾였다.

이로써 중국군의 4차 공세는 목표를 달성하지 못하고 종료되었다. 이 전투는 중국군의 인해전술에 대한 미군 화력의 우위를 증명했다. 지평리 고수방어 성공은 유엔군과 한국군에게 새로운 전투방향을 제시하는 계기가 되었다. 그간 패배만 당하던 유엔군에게는 1차 반격에 이어 중국군에게 거둔 최초의 방어전투 승리였다.

나. 유엔군 제2차 반격과 서울탈환

① 중국군 주력섬멸-킬러작전(Operation Killer) 지평리, 원주 일대에서 중국군의 4차 공세를 물리치고 승기를 잡은 리지웨이장군은 철수하는 조·중 연합군의 꼬리를 물고, 중국군에게 아예 새로운 공격을 준비할 시간을 주지 않으면서 비정상적으로 돌출된 제천-영월 지역의 중국군(제39, 40, 66군) 주력을 포착 섬멸하기 위해 즉각적인 반격작전을 시행했다(당시 전선 : 한강-양평(지평리)-원주-제천-영월-대관령을 이은 선).

이는 중국군 개입 이래 유엔군의 두 번째 반격작전으로 작전 목적이 공산군 주력을 섬멸하는 작전인 만큼 '킬러작전'이라 명명하고, 미 제9군단(원주-횡성 방향), 미 제10군단과 한국군 제3군단(제천-평창 방향)이 병진공격 하도록 했다.

유엔군과 한국군은 2월 21일 10:00부터 공격을 개시했다. 미 제9군단은 주공인 해병사단을 중심으로 4개 사단이 횡성을 향하여 병진공격을 감행하였고,

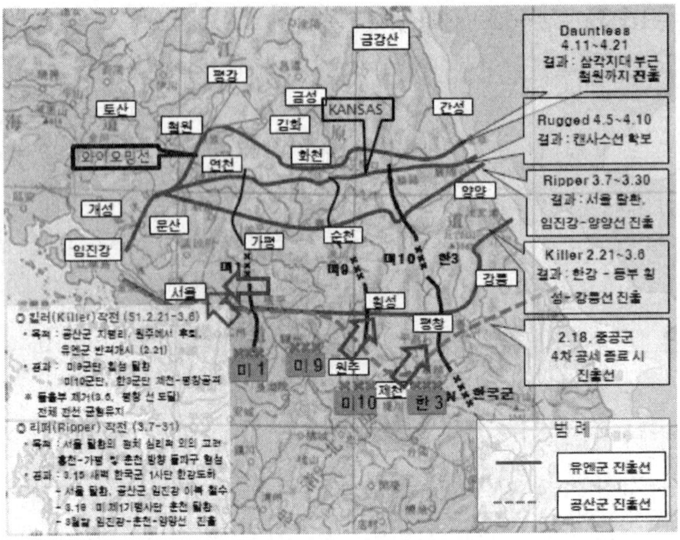

〈유엔군 제2차 반격〉

한국군 제3군단과 미 제10군단은 동부전선에서 북한군 유격대와 전투를 진행하였다. 기상과 지형을 극복하고 미 제9군단의 주공인 미 해병사단이 3월 4일 목표인 중부의 횡성을 탈환하였다. 미 제10군단과 한국군 제3군단도 산악을 이용하여 저항하는 북한군 제2전선 부대들과 폭설 속에서 치열한 교전을 벌여가며 3월 6일 목표인 강릉 선에 도달하여 제천일대의 비정상적인 돌출부를 북상시키며 전체적인 전선의 균형(횡성-강릉)을 유지하면서 킬러 작전은 성공적으로 종료되었다.

② **서울 재탈환-리퍼작전**(Operation Ripper) 제8군 사령부는 서울을 탈환하기 위해 'Ripper(리퍼)'을 수행하였다. 리퍼작전의 제8군 주공인 미 제9군단은 3월 7일 사단 병진으로 중국군의 방어진지를 공격한 후 용문산-홍천을 향해 진격하기 시작했다. 군단의 주공인 제1해병사단을 비롯한 각 부대는 신속한 전진을 감행 3월 14일 홍천 외곽까지 진출하고, 3월 15일에는 한국군 제1사단이 한강을 도하 서울을 재탈환하는데 성공했다. 서울 재탈환은 1·4후퇴 이후 70일만이었다.

6. 유엔군 38도선 재 돌파와 중국군 제5차 공세

가. 유엔군의 38도선 재 돌파[29]

유엔군과 한국군이 서부전선에서 서울을 재탈환하고 기존의 38도선 지역으로 진출해 나가자 38도선 돌파 문제가 재론되었다. 그러나 38도선 돌파는 1950년 당시의 돌파와는 차원이 다른 문제였다. 중국군은 평강-철원-김화로 연결되는 지점으로 집결하여 전투력을 회복하면서 차후 공세를 준비하고 있었다. 리지웨이장군은 38도선 확보를 위한 완충지대로 38도선 북쪽 캔사스 선을 확정하여, 전선이 38도선에서 최대 16km까지 북상되었다. 하지만 유엔군은 대한민국 정부와 국민의 희망과는 반대로 좀처럼 캔자스 선을 넘으려 하지 않았다. 자유진영에서는 켄사스 선을 미래의 휴전선으로 여기고 있었던 것이다.

캔사스 선을 확보한 유엔군과 한국군은 중국군이 집결하여 공세를 준비 중인 평강-철원-김화를 연결하는 철의 삼각지대를 공략할 필요를 느꼈다. 이 지역은 서울과 원산의 중간지대로 철도가 통과하는 교통의 요지였다. 이에 리지웨이장군은 캔자스선 북방 10～20km에 와이오밍(Operation Wyoming, 캔자스 선 북방으로 10～20Km를 연하는 선)선을 설정하고, 이를 확보하기 위한 '불굴작전(Operation Dauntless)'을 진행하였다. 불굴의 작전은 4월 11일부터 진행되어 철원에 이르렀으며, 4월 22일부터는 도처에서 조·중 연합군의 저항에 부딪혔다.

나. 맥아더 장군의 해임과 불승불패 전략

1951년 4월 11일 맥아더 원수 해임 사실이 느닷없이 발표되었다. 미 행정부 내의 대(對) 한반도 정책 과정에서 한반도에 완전한 군사적 승리를 원하는 '군인 맥아더'와 정치적 타협을 주장하는 '정치가 대통령' 사이의 의견 충돌이 원인이었다.[30] 이 문제는 한 · 미 연합국간의 갈등이기도 했다.

신임 유엔군 사령관은 제8군사령관인 리지웨이장군이 영전했고, 신임 제8군사령관에는 밴 플리트(James A. Van Fleet) 중장이 임명되었다. 맥아더와 달리 신임 유엔군사령관 리지웨이대장은 미 제8군 사령관으로 부임한 밴 플리트 중장에게 캔사스 선과 와이오밍 선을 넘어가는 작전은 모두 유엔군 사령관인 자신의 승인을 받도록 조치했다. 막대한 피해를 입고 있는 중국 또한 동병상련이었다. 그래서 미군은 중국군이 휴전회담에 나오도록 적당한 압력을 가하고, 중국군이 공격해 오면 퇴각시키는 정도의 전략, '이기지도 않고, 지지도 않는다.'는 "불승불패전략"이었다.

29) 최용성, 〈잊을 수 없는 생생 6 · 25전쟁사〉, 집문당, pp.126～127
30) 정명복, 〈잊을 수 없는 생생 6 · 25전쟁사〉, pp.262～263

다. 중국군 제5차 공세

유엔군은 서울을 재탈환 이후 와이오밍 선으로 진출하면서 완충지대를 확보할 시 중국군은 철의 삼각지대에서 전투력 복원하고 반격의 기회를 노리고 있었다. 이런 상황에서 시작된 중국군의 제5차 공세의 목적은 서울을 탈환하고 38도선 고정 하면서 정전회담의 주도권을 확보한다는 것이었다. 작전개념은 주공을 중서부전선(문산-춘천)에 지향하여 유엔군 2~3개 사단을 포위 섬멸하는 것이었다. 제19병단은 우측 포위부대로 정면의 한국군 제1사단과 영국군 제29여단을 돌파 후 2개 군은 포천 방향으로 진출 미 제24사단과 25사단의 좌측방 퇴로를 차단하고, 1개 군은 의정부 방면으로 진출하도록 했다. 또한 제3병단은 정면 압박 부대로서 미 제3사단, 미 제25사단을 고착하며, 제9병단은 좌측 포위부대로서 사창리의 한국군 제6사단을 돌파하여 2개 군은 포천 방향으로 진출하여 미 제24사단과 제25사단의 우측방 퇴로를 차단하는 것이었다. 조공(춘천-동해안)은 동부전선을 담당하고 기타 부대는 견제공격 하도록 했다.

중국군은 4월(4.22~30)말 중서부전선(문산-춘천)에 주력을 집중하여 공격해 왔다.

주공인 중국군 제19병단(9개 사단)이 개성-문산 축선에서 한국군 제1사단(문산일대)과 영국군 제29여단(설마리)을, 중국군 제3병단(9개 사단)은 연천-동두천 축선에서 미 제3사단과 터키 여단을, 중국군 제9병단(9개 사단)이 김화-포천 축선에서 광덕 산맥을 따라 미 제25사단과 제24사단을 공격하였다. 중동부 전선에서는 중국군 제13병단(6개 사단)이 화천-춘천 축선에서 한국군 제6사단과 미 제1해병사단을, 북한군 제3·5군단이 인제-신남 축선에서 한국군 제3군단을 각각 공격했다.[31)]

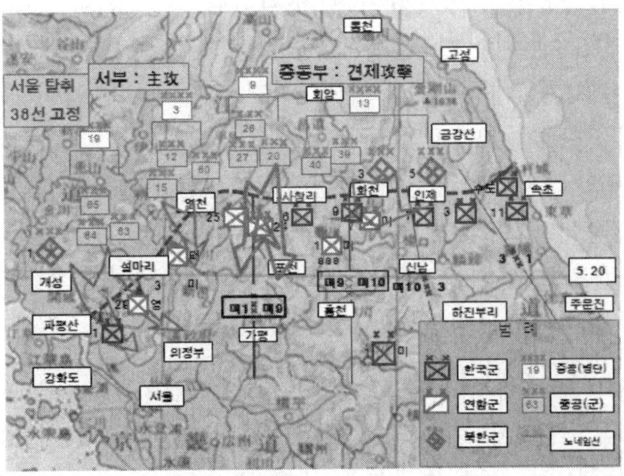

〈중국군 제5차 공세〉

중국군 제19병단의 공격은 한국군 제1사단(적성)과 영국군 제29여단(설마리)이 중국군의 포위돌파 기도를 좌절시켰다. 이때 영국 제29여단 글로스터셔(Gloucestershire) 대대가 벌인 설마리 전투는 한국 전쟁에서 고립방어의 대표적인 전례로 기록되고 있다. 이 전투로 인하여 미 제24, 25사단은 퇴로를 탈 수 있었다. 밴 플리트 장군은 미 제1군단과 제9군단장에게 캔사

31) 최용성, 〈간략한 6·25전쟁사〉, 2009, p.128

스선으로 철수하도록 명하였다. 중국군은 유엔군의 대규모 화력 집중과 근접 항공 지원으로 많은 피해를 입었으나, 3일에 걸쳐 그 선두 부대는 서울 북방 구파발에서 홍천에 이르는 선에 도달했다.

그러나 중부 지역에서는 한국군 제6사단이 사창리 전투에서 처참히 무너져 내렸다. 한국군 제6사단은 분산되어 철수했으며, 사창리에서 가평에 이르는 대규모 돌파구가 형성되어 춘천-가평이 일시에 실함되는 결과를 초래하였다. 이에 따라 미 제8군은 가평지역에 영국군 제28여단과 미 제5기병연대를 투입하였으나 4월 26일 결국 가평이 피탈되어 미 제9군단은 홍천강 이남으로 철수했다.[32]

중국군은 제5차 공세를 통하여 중부 지역에서 60km, 동부 지역에서 35km의 지역을 남하할 수 있었다. 하지만 유엔군은 중국군의 포위망에서 빠져나온 미 제24, 25사단이 전투력을 온전히 유지한 가운데 서울 북방에서 마석우리-대포리를 연하는 노 네임선(No-named defense line)을 형성하여 중국군을 저지함으로써 서울을 방어하며 중국군의 4월 공세를 저지할 수 있었다. 펑더화이는 4월 29일부터 중국군의 전진이 가로막히자 공세의 실패를 자인하고 방어로 전환했다.

7. 중국군 제6차 공세와 유엔군 제3차 반격

가. 제6차 공세

중국군의 제6차 공세는 실질적으로는 중국군의 마지막 공세였다. 1951년 5월 16일 중국군 및 북한군 전 부대와 유엔군 및 한국군 전 부대가 전 전선에서 격돌하여(주전장은 중동부 전선), 중동부 전선의 한국군 지역이 무너졌다가, 미 제3사단이 5월 22일 다시 운두령을 탈환하며 중국군의 공세를 격퇴하기까지의 전투를 말한다.

중국군은 당시 한국군 10개 사단 중 제1사단(미 1군단 배속, 서부지역), 제2, 6사단(미 제9군단 배속, 양평, 용문산 지역), 제8사단(후방지역 작전)을 제외한 6개 사단 제5, 7, 9, 3, 수도, 11사단 등이 홍천 북방 자은리로 부터 동해안 까지 배치되어 있는 것을 간파하고 이를 공격하려했다.[33] 중국군의 공세 개념은 '총 18개 사단을 동원, 동과 서에서 신남-현리 일대의 한국군 제5·7·9·3사단을 3중 양익포위로 격멸하다.'는 것이었다. 첫 포위망은 먼저 서측에서 중국군 제20군(3개 사단)이 미 제10군단 우측의 한국군 제7사단의 부평·달은리 간을 돌파하여 오마치(오미재)고개를

32) 주시후, 〈전쟁사〉, 위의 책, p.159

33) 한국전략문제연구소, 〈중국군의 한국전쟁사(항미원조사)〉, 세경사, 1991, pp.145~146

차단하는 것이었다. 동시에 동측에서는 북한군 제5군단이 가리봉(1519고지)일대의 한국군 제3사단을 돌파하여 오마치 방향으로 진출, 중국군 제20군과 연결 포위망에 들어간 한국군 7 · 9 · 3사단 유생역량을 소멸하려했다.

2중 포위망은 서측에서 중국군 제27군(3개 사단)이 신남 일대의 한국군 제5 · 7사단의 중앙을 돌파하여 오마치 고개 5km 후방에 위치한 침교를 확보하면서 포위망을 국축하려 했다. 그리고 동측에서는 북한군 제2군단(3개 사단)이 설악산 일대의 한국군 제3 · 1군단의 전투지경선 우측을 돌파하여 계방산-장평 일대를 점령한 후 서측의 제27군과 연결하여 1차포위망과 같이 철수하는 한국군 부대들을 섬멸하는 것이었다. 3중 포위망은 서측의 중국군 제12군(3개 사단)이 자은리 일대의 한국군 제5사단을 돌파하여 속사리 방향으로 공격하며, 동해안 방향에서는 북한군 제2군단의 1개 사단을 속사리 방향으로 진출시켜, 중국군 제12군단과 연결 남으로 퇴각하는 부대들을 포위하여 섬멸할 계획이었다.

① 중국군 공세[34] 중국군은 계획대로 5월 16일 16:00 2시간의 공격준비사격을 실시한 후 미 제10군단지역의 한국군 제7사단에 대한 공세부터 시작되었다. 제7사단은 중국군의 제1제파 공격은 선방하였으나, 곧 이은 제2, 제3제파 공격에 예비 연대까지 투입하며 고립되고 말았다. 이때 중국군은 한국군 제7사단 지역에 중국군 제20군과 27군 예하의 6개 사단을 집중투입하여 공격하였다.

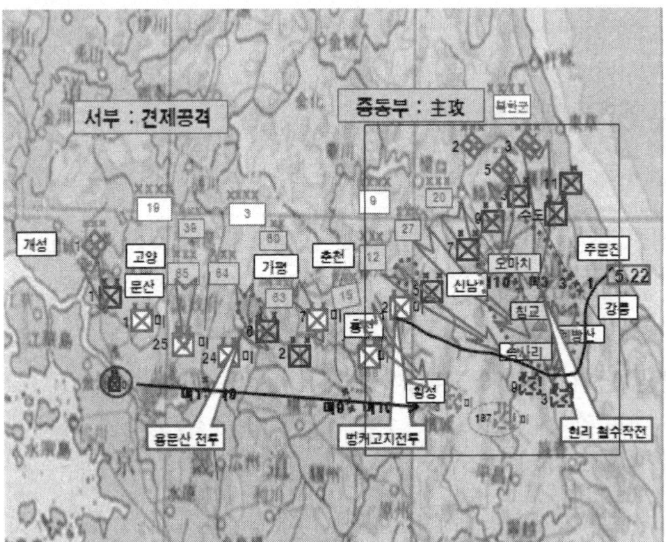

〈중국군 제6차 공세 상황도〉

중국군 선두부대인 제60사단 178연대 2대대 6중대는 계획대로 5월 17일 07:30경에 오마치 고개를 점령한데 이어 야간에는 사단 전 병력이 배치되었다. 이어 두 번째 포위지역인 침교 일대도 17일 오후에 중국군 제27군에 의해 점령되었다. 한국군 제3군단은 조 · 중 연합군의 서쪽 2중 포위망에 갇히게 되었고, 3중 포

34) 최용성, 〈간략한 6 · 25전쟁사〉, 2009, pp.130~134

위망이 기다리고 있었다. 하지만 3중 포위부대인 제12군은 자은리 일대에서 미 제2사단을 한국군 제5사단으로 오인 공격하여, 미군에 진출이 저지되었다. 이 때 발생한 전투가 벙커힐 전투다.

한편 동측에서도 포위망 형성을 위해 공격이 개시되었다. 북한군 제5군단은 한국군 제3군단 예하 우측부대인 제3사단을 돌파하기 위해 공격했으나, 제3사단이 이를 저지했다. 하지만 제3사단장은 5월 17일 오마치 고개가 차단되자 포위를 우려 전방 연대들을 철수시켰다. 이후 북한군 제5군단은 가리봉(1519고지)과 운리산(755고지)까지 진출했으나 중국군 제20군과 연결하는데 실패하여 방대산 후방 통로를 완벽히 차단하지 못했다. 2중, 3중의 포위망을 구축하려는 북한군 제2군단의 시도 또한 한계령과 설악산의 험준한 지형과 적설로 인하여 좌절되고 말았다.

결국 후속 부대인 북한군 제3군단도 우측 포위망인 동해안 쪽의 포위작전은 실패하고 말았다. 하지만 현리 일대는 약 70km에 이르는 돌파구가 형성되었다. 이러한 중국군의 공세에 한국군 제3군단 지휘부는 전혀 대처하지 못했다. 우선 중국군에 대한 정보가 부재했다. 제3군단 사령부는 중국군이 오마치 고개를 선점하자 상황을 오판하여 부대 통제력을 상실하고 말았다. 인접 제3사단의 상황을 인지한 제9사단 전방 연대들은 오전 중에 무작정 현리로 철수하여 집결하였다. 14:00에 군단장이 주관한 작전회의에 따라 양개 연대에서 1개 연대씩 차출하여 오마치 고개 돌파작전을 시도(21:00)하였으나 무위로 끝났다. 포위된 한국군 제3군단은 공황에 빠져들었고, 결국 군단은 와해되었다. 모든 장병은 장비를 버리고 방대산을 넘어 삼삼오오 포위망을 뚫고 탈출하기 시작했다. 5월 27일 까지 최종적으로 수습된 것은 군단의 40%의 인원과 30%의 장비정도 뿐이었다,

중국군은 공세 4일째가 되면서 벌써 보급제한으로 인한 공격 기세 둔화 징조를 보이기 시작했다. 장평 일대에 새로 투입된 미 제3사단은 중국군의 전력을 탐지한 후 중국군 주력이 집결된 운두령 일대를 공격, 5월 22일 18:00경 운두령을 탈환하였다. 이제는 속사리 일대로 진출한 중국군의 병참선이 차단되었다. 중국군 또한 병참선과 퇴로가 차단되자 무기력하게 무너지기 시작했다. 미 제3사단의 운두령 전투는 중국군의 제6차 공세를 마감하게하고 유엔군이 반격작전으로 전환하는 계기를 만들었다. 이 반격작전이 유엔군의 마지막 공세인 제3차 공세이다.

현리 전투는 한국군이 한국 전쟁사에서 가장 비극적인 참패를 기록한 전투이

다. 그 원인은 무엇보다도 전투의지 박약과 지휘관의 책임의식 부족을 들 수 있으며, 그 다음으로는 전투지경선의 잘못된 선정, 인접 부대와의 협조체제 미흡, 중요 지형의 통제대책 미강구, 적전술 이해 부족 등을 꼽을 수 있다. 결국 밴플리트 장군은 현리 전투의 패인을 물어 한국군 제3군단을 5월 26일 부로 해체하고, 제9사단을 미 제10군단에, 제3사단을 한국군 제1군단에 배속 전환하였다.

나. 유엔군 제3차 반격

유엔군은 운두령에서 반격의 실마리를 잡자 즉시 반격으로 전환했다. 유엔군과 한국군은 5월 20일 부터 중서부지역에서 제3차 반격을 개시하여 25일 서부지역에서는 임진강까지 중부지역에서는 춘천까지 도달했다.

미 제10군단장은 이전 한국군 제3군단 지역으로 진출한 중국군의 퇴각 징후를 포착하자, 5월 23일부터 신속히 공격을 개시하여 미 제1해병사단을 철정으로부터 양구, 미 제2사단은 한계리에서 인제 방향으로 공격하여 중국군의 철수로를 차단하려했다. 그리고 운두령을 점령했던 미 제3사단으로 하여금 운두령에서 현리 방향으로 공격하여 지대내의 중국군을 포위하기 시작했다. 하지만 양구-인제 선의 퇴로차단이 지연되어 공산군의 탈출을 허용하고 말았다.

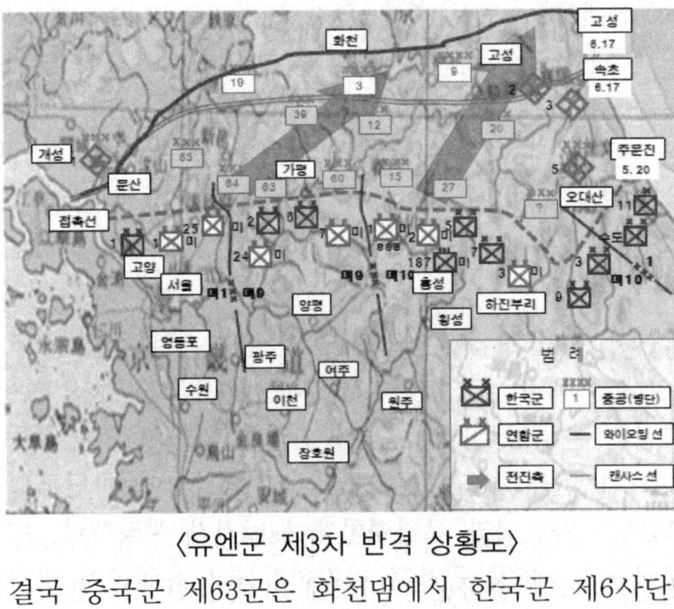

〈유엔군 제3차 반격 상황도〉

용문산 지역 한국군 제6사단장은 공세이전의 시기가 왔다고 판단하고, 주저항선의 양개 연대를 군단장(제9군단장, 소장 Hoge)의 승인을 받아 5월 20일 05:00 중국군을 추격하기 시작했다. 이 때 중국군 제63군의 북쪽 퇴로에는 화천저수지가 있었다. 이를 확인한 한국군이 화천댐 일대의 퇴로를 차단하고 공격하자, 중국군은 무리를 지어 투항했다. 결국 중국군 제63군은 화천댐에서 한국군 제6사단에 의하여 완전히 괴멸되었다. 이 화천댐 전투는 한국전쟁에서 한국군과 유엔군을 통틀어 사단급 부대가 단일 전투에서 거둔 최대의 승리였다.

한국군 제1군단도 5월 25일까지 하진부리, 대관령 등에서 중국군을 격파하고, 약 40km를 북진하여 향로봉 산맥을 따라 전선을 형성할 수 있었다. 이로서 중국군은 자신들의 제5차 전역 제2계단 작전과 유엔군의 제3차 반격으로 참전 이래 가장 패배의 처참함을 맛보아야 했다. 반면 유엔군은 차후 휴전선으로 생각하는 캔자스 선을 다시 확보할 수 있었다. 뿐만 아니라 '쐐기를 박는다.'는 뜻의 '파일드라이버(Operation Piledriver)' 작전을 통하여 '와이오밍선'을 확보하는 전과를 달성했다. 그러나 유엔군은 우세한 전력을 이용한 더 이상의 전진은 없었다.

8. 전훈 분석

중국군의 한반도 전쟁 개입은 전쟁의 흐름을 바꾸었다. 한 국민에게는 통일의 기회를 앗아가 버렸고, 유엔군에게는 다 잡은 승리를 날려버리게 했다. 기간 중 미국은 중국의 군사적 능력이 빈약함을 들어 중국은 전쟁에 참여하지 않을 것으로 판단했다. 하지만 중국군은 미군의 의표를 찔렀다. 중국군으로부터 일격을 받은 서부의 미 제8군은 접적단절을 통한 철수로, 동쪽의 미 제10군단은 흥남에서 해로를 통하여 철수해야 했다. 유엔군과 한국군은 진출한 것보다 더 빨리 37도선까지 뒷걸음 쳤다. 철수 간 그나마 다행스러운 것은 미 제8군과 미 제10군단이 나름대로 전투력을 보존하면서 철수할 수 있었던 것이었다.

중국군의 전략과 전술은 대륙에서 얻은 경험을 바탕으로 한반도 지형에 맞게 변형하여 적용하였다. 중국군은 대륙의 기동전을 버리고, 기동전과 진지전을 배합하여 수행한다는 방침을 확정하고 상황에 따라 작전형태를 역습·매복·기습 등으로 시의 적절하게 바꿔 구사하며, 한국군과 유엔군 부대들을 소멸시켰다. 특히 전 부대에 가하는 압력보다는 전투력을 집중, 1~2개의 연대나 사단을 섬멸하는 마오쩌둥의 전형적인 전술을 사용했다. 중국군은 유엔군이 예상하지 못하는 재래식 전술을 사용하며, 초전에 큰 성과를 거두었다. 중국군의 전술은 첫째로 유엔군의 강점을 피하고 약점을 공격하며, 둘째로 야간공격을 선호하여 부족한 화력의 취약점을 보강하려 했다. 셋째로 정면공격과 더불어 후방에도 침투 부대나 제2전선 부대를 활용 동시 전투를 강요하며, 넷째로 포위 후에 방어진지에 돌파하여 각개 격파하는 일점양면전술을 주로 사용하였다. 또한 중국군은 미군에 비하여 취약한 한국군을 먼저 포위하여 돌파한 다음 측면으로 미군을 공격했다.

이상과 같은 중국군의 전술은 유엔군에 비하여 화력과 기동의 열세와 보급의 제한을 극복하기 위한 전술이었으나, 연합군은 전쟁 초기에 이러한 중국군의 전술을 제대로 이해하지 못했다. 하지만 연합군은 몇 번의 시행착오를 겪고 나서 중국군 전술을 깨트릴 수 있었다. 조·중 연합군 또한 제5차 공세 이후에는 '병력이 아무리 우세하더라도 화력이 우세하지 못하면 전투에서 승리할 수 없다'는 점을 인식하게 되었다. 전쟁이 진행되면서 중국과 미국은 휴전을 위한 준비가 되어 가고 있었다.

제6절 전선의 고착과 휴전

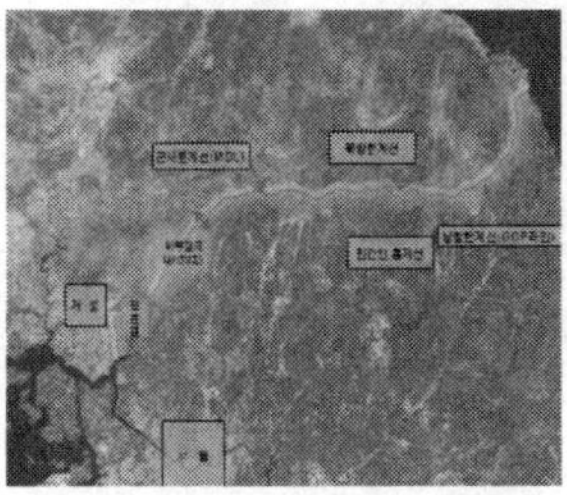

1. 휴전 회담

가. 배경

전쟁 1년이 지난 '51년 6월 양측은 38도선 부근의 임진강 하구로부터 연천-철원-서화-간성을 연하여 전쟁전과 엇비슷한 선에서 접촉하고 있었다. 양측은 중국군 제6차 공세 간 최대의 격전을 치렀으며, 최대의 인명 피해가 발생했다. 결국 1951년 6월을 즈음하여 평화에 의한 해결 방안을 모색하기 시작하였다. 미국은 이미 교착전(膠着戰, 1951. 2~휴전)이후부터 휴전 전략을 추진하고 있었다.

중국은 산악지대를 이용하여 미국과 전쟁을 지속할 수 있다고는 판단했으나, 계속적인 전쟁은 국가이익에도 부합하지 않는 것으로 판단했다. 북한도 내심 속내는 똑같았다. 전쟁의 조정자인 소련 또한 이전투구의 모습을 즐겨볼 상황만은 아니었다. 공산권 조·중·소 대표는 1951년 6월 13일 모스크바에서 회담을 갖고, '38도선의 경계선을 복구하는 조건부 휴전이 유익하다.'라는 결론을 도출했다.

나. 회담의제 선정

이러한 국제정세 하에서 정전을 위한 미·소 막후 접촉이 시작되었다. 1951년 6월 23일 유엔 주재 소련대사 말리크(Yakov A. Malik)가 유엔에서 휴전을 공식 제의하였다. 이에 미국은 한반도의 리지웨이 유엔군 사령관으로 하여금 공산권과 정전협상을 위한 접촉을 지시하여 전쟁은 새로운 국면으로 접어들고 있었다. 쌍방은 막후교섭을 통해 7월 8일 예비회담과 본 회담을 7월 10일 오전 11시 개성에서 개최하기로 합의했다. 하지만 회담에 임하는 양측의 전략적 목표는 극명하게 달랐다.

〈정전협정 체결직전 판문점
(논밭안의 천막이 회담장)〉

〈정전협상 소위원회 양측대표〉

유엔군 측의 협상 목표는 먼저 정전을 하고, 유엔 기구를 통하여 통일 민주국가를 수립하는데 있었다. 반면 공산군 측은 전선의 교착을 이용하여 공군과 지상군의 전력을 보강하고 공세이전을 준비하는 시간을 획득하는 데 두고 있었다.

따라서 회담장의 분위기는 또 다른 전쟁 터였다. 유엔군 측에서는 '협상의제 채택, 군사분계선 설정, 휴전 및 감시 방법 및 그 기구의 설치 그리고 전쟁포로에 관한 것 등' 전쟁을 종식하기 위해 당장 필요한 군사적인 실무사항을 먼저 해결하고자 했다. 유엔군은 협상이 1개월이면 종료될 것으로 보고 아예 1개월간 전투중지 명령을 하달해 놓은 상태였다. 하지만 공산군 측은 '쌍방이 적대 행위를 즉각 중지하고 38도선을 군사분계선으로 설정하는 문제와 한반도로부터 외국군의 철수 문제가 우선적으로 토의되어야 한다."고 정치적인 사항을 내걸고 나왔다. 팽팽한 줄다리기 속에 7월 26일 5개의 토의 의제가 확정되었다.

① 제1항 : 협상의제 채택
② 제2항 : 군사분계선 설정
③ 제3항 : 휴전 감시 방법 및 그 기구의 설치
④ 제4항 : 포로 교환에 관한 협정
⑤ 제5항 : 쌍방의 당사국 정부에 대한 건의사항

다. 군사 분계선 확정

두 번째 현안인 군사 분계선 설정 문제는 정전 회담의 가장 첨예한 문제로 유엔군 측의 '현 접촉선 안'과 공산군 측의 '38도선 안'이 대립되었다. 공산군 측의 전쟁이전의 '38도선 안'에 대하여 유엔군 측은 적어도 네 번이나 넘나든 38도선은 현 시점에서는 군사 분계선으로 적합하지 않다고 맞섰다. 공산군 측은 전력 회복을 목적으로 회담을 질질 끌다가 8월 23일 일방적인 회담 불참을 선언했다.

유엔군 측은 공산군 측의 의도적인 지연 전략에 제한목표 공격이라는 강수로 맞섰다. 이때 공세 행동을 취한 곳이 바로 단장의 능선, 피의 능선, 해안 분지 등이었다. 위기를 느낀 공산군 측은 두 달을 견디지 못하고 10월 25일 회담장으로 복귀했다. 유엔군 측이 회담장소(개성) 변경을 요구하여 회담장소가 당시의 접촉선인 판문점으로 변경되었다. 공산군 측은 유엔이 판문점 바로 뒤쪽의 개성을 공격하지는 못하리라는 판단에 따라 판문점을 선택했다.[35)]

군사 분계선 설정문제는 '현 접촉선' 방향으로 가닥이 잡혀나갔다. 이제는 개성을 두고 양측이 공방을 펼쳤다. 한국군의 입장에서 개성은 결코 양보할 수 없는 지역이었다. 한국전쟁 이전에 남한의 영토였고, 서울과 인접하여 군사적 측면에서 결코 양보할 수 없는 지역이었다. 반면 공산군 측 입장에선 "전쟁에서 지지 않았다."는 증거로 최소한도로 전쟁이전에 남한 땅인 개성만큼은 확보해야 했다. 우여곡절 끝에 유엔군 측이 개성을 양보하고, '현재의 접촉선을 변경함 없이 군사분계선으로 한다.'는 내용에 상호 합의했다.

그러나 또 문제가 발생하였다. '현재의 접촉선'이라는 시점이 언제인가 하는 것이었다. 결국 유엔군은 세계 여론을 고려하여 협상의 조기타결을 위해 '현 접촉선을 잠정 군사 분계선으로 설정하되, 협정이 1개월 이내에 조인되지 못하면 당시의 접촉선으로 한다는 안을 내놓았다. 그리하여 현재의 전선과 흡사한 군사 분계선이 확정되었고(1951. 11. 27), 쌍방은 군사 분계선으로부터 각각 2km 물러나 비무장 지대를 설치하기로 합의했다. 이로서 4개월에 걸친 군사분계선 설치에 관한 의제가 타결되었지만 1953년 7월 27일까지 회담과 전투는 계속 되었다.

2. 고지 쟁탈전

1951년 7월 10일부터 휴전회담이 진행되면서 유엔군과 공산군 양측은 휴전협정을 파국으로 몰고 갈 수도 있는 대규모 공세는 상호간 자제하면서도 휴전회담에 유리한 상황을 조성할 수 있는 제한적인 공격에 주력하는 전략을 추진하여 진행하고 있었다. 유엔군 측은 공산군 측이 회담을 거부하거나 쟁점에 대하여 억지를 부릴 때면 강력한 군사작전으로 압력을 가하는 것이 최선의 방법임을 잘 알고 있었다. 공산군 측 역시 휴전회담의 주도권을 잡기위해서 전력을 증강하여 빼앗긴 고지를 다시 탈환하면서 고지 쟁탈전을 격화시켰다.

---

35) 일본육전사보급회(이원복역), 〈한국전쟁(9권)〉, 명성출판사, pp.263~276

이때의 주전장은 와이오밍 선상으로 현재의 휴전선과 비슷하게 설정된 지대였다. 공산군은 화력으로는 유엔군을 당할 수가 없기 때문에 상대적으로 화력이 빈약한 중동부 산악지역에 집중하였다. 따라서 351고지, 해안분지(펀치 볼) 지역, 피의 능선, 단장의 능선, 수도고지, 저격능선, 백마고지 등 한국군 배치지역 위주로 치열한 전투가 전개되었다.

미 제8군은 1951년 8월 중순부터 동부지역의 해안분지 및 피의 능선 지역에서 하계공세를 개시하였다. 하지만 공산군의 강력한 저항에 직면하여 고전을 면치 못했다. 조그마한 고지 하나를 점령하는데 인원 손실이 수천에 달했고, 포탄 소모량은 수십만 발을 훌쩍 뛰어 넘었다. 고지 쟁탈전의 폐해를 직시한 미 제8군사령관 밴 플리트 장군은 고지 쟁탈전을 지양하도록 조치하고, 중동부전선에서 대규모의 공세작전을 준비하여 8월말 '맹조의 발톱작전(Operation Talon's)'을 기획하였지만, 유엔군 사령부는 휴전협정 결렬을 염려하여 대규모의 해군과 공군 작전은 취소시키고, 휴전회담에 전략적으로 필요한 지상 작전만을 승인하였다.[36)]

가. 도솔산 전투

도솔산 전투는 휴전회담을 앞두고 전략적 우위를 달성하기 위해 실시 전투로, 1951년 6월 4일부터 6월 20일 까지 한국군 제1해병연대가 양구에 있는 도솔산 일대에서 북한군 제5군단 예하의 제12사단 및 32사단과 24개의 고지를 탈취하기 위해 실시한 공격작전이다. 도솔산은 양구 지역의 전략적 요충지로, 목표인접 고지군들은 모두 1000m 이상의 표고를 기록하고 있었다. 도솔산 공격은 최초 미 해병대 제1사단 5연대가 담당하여 공격했다. 하지만 공격에서 500여 명의 사상자가 발생하자, 한국군 제1해병연대로 임무가 전환되었다.

6월 4일 공격에 들어가면서부터 해병대원은 도솔산의 고지군을 탈취하기 위한 일진일퇴의 공방전을 전개하기 시작했다. 하나의 고지를 탈취하면 북한군의 역습으로 빼앗아 가면 해병대는 빼앗긴 고지를 다시 빼앗기를 수십 번 반복했다. 공격을 개시한지 2주 만인 6월 19일 22번 째 고지인 도솔산을 점령하고 난공불락의 24개 전 고지를 확보하는데 성공했다. 이승만 대통령은 전사에 길이 빛날 승리를 달성한 해병부대를 방문하여 '無敵海兵(무적해병)'이라는 휘호를 하사했다.

---

36) 채한국 외 2명, 앞의 책, pp.108~111

나. 피의 능선 전투

피의 능선 전투는 1951년 7월 휴전회담이 결렬되면서 북한군을 회담장으로 끌어들이기 위해 유엔군이 전략적으로 양구 북방의 수리봉(983 고지)일대에서 실시한 공세행동이었다. 또한 전술적으로는 수리봉을 점령한 북한군이 이곳에서 유엔군의 후방까지 관측하면서 많은 제약을 주고 있었다. 따라서 아군의 안전을 위해서도 반드시 확보해야 할 지역이었다. 미 제2사단은 수리봉을 점령하라는 명령을 수령했다. 수리봉은 강력한 포격에도 견딜 수 있는 유개호가 구축되어 있었고, 산의 전면에는 수천 발의 지뢰가 매설되어 있어서 난공불락의 요새로 불리고 있었다.

미 제2사단장은 배속 받은 한국군 제5사단 36연대로 먼저 공격작전을 시작하였다. 하지만 연대는 투혼을 발휘 수리봉을 공격하여 확보했다. 그러나 북한군의 역습을 받아 전투력의 열세로 이내 피탈 당하고 말았다. 이렇게 되자 미 제2사단장은 한·미 연합작전을 구사하여 다시 공격을 개시하였다. 미 제2사단 제9연대가 증원되어 고지 우측에서, 고지 좌측에서는 한국군이 공격하여 9월 5일 2시경 983고지를 다시 점령하였다. 하지만 18일 간의 혈전 끝에 쌍방은 너무나 큰 손실을 입었다. 한국군은 2,772명, 미군은 1,700여 명의 사상자가 발생했고, 북한군은 15,000여명의 사상자가 발생 '피의 능선(Bloody Ridge)'이라는 닉네임으로 불렸다.

3. 협상과 갈등

가. 포로교환 협상과 반공포로 석방

정전협정은 군사분계선 설정문제가 마무리 되면서 이제 곧 타결될 것으로 보였다. 네 번째 의제가 '포로협상' 문제로 미국은 자유민주주의 국가로 제네바 협정[37] 조인국 이었고, 북한도 제네바 협약을 준수한다고 발표했기 때문에 문제가 없어 보였다. 문제는 전혀 엉뚱한 곳에서 발생했다. 전쟁 중 북한은 남한 주민 약 50만명을 강제 동원하여 전투원과 노무자로 활용했는데 이들 중 포로가 된 자는 송환을 거부했고, 심지어 중국군 중에는 국민당 포로들 까지 있었던 것이다.

귀환거부 포로문제가 제네바 협약문에 누락되어 있는 것은 내전의 문제점을 착

37) 전쟁으로 인한 희생자 보호를 위하여 1864~1949년 제네바에서 체결된 일련의 국제조약이다. '전지(戰地)에 있는 군대의 부상자 및 병자의 상태 개선에 관한 조약', '해상에 군대의 부상자·병자·난선자의 상태 개선에 관한 조약', '포로의 대우에 관한 조약', 전시의 민간인 보호에 관한 조약' 등 4개 조약으로 구성되어 있다. 일명 적십자 조약 이라고도 한다.

안하지 못한 결과였다. 유엔군은 억류하고 있는 공산포로가 공산군이 억류하고 있는 유엔군포로 수보다 월등히 많 자 동수교환을 제의했다.[38] 12월 11일 포로협상을 위한 '소위원회'가 개최되어, 공산군 측은 포로 전원을 교환할 것을 주장했고, 유엔군 측은 포로의 명단부터라도 교환하자고 제의하여 수용되었다.

이 과정에서 문제가 또 발생하였다. 상호 예상했던 포로의 숫자와 명단의 인원수가 현격하게 차이가 있었다.(유엔군 측은 실종자 미군 1만 5천명을 포함 약 10만명으로 추산하는 데 반해, 명부에는 10% 수준인 11,559명 이었다. 공산군 측은 실종자를 약 18만명으로 계산하고 있었는데, 유엔군은 약 13만 2천명을 통보했다.) 쌍방은 이의를 제기했다. 이에 공산군 측은 "포로 중에 북한군에 편입되기를 희망하는 자는 재교육해 편입시켰다."고 했고, 유엔군은 "무고한 민간인 3만 6천명과 추가적으로 확인되는 민간인은 되돌려 보내지 않겠다."고 통보했다. 포로협상은 합의점을 찾지 못한 채 지연되다가 3개월이 지난 1952년 2월 유엔군 측은 자유송환 원칙을 확정했다.

유엔군은 14만 명에 육박하는 공산군 포로를 수용하기 위해 1950년 10월부터 남해안의 거제도를 포로수용소로 선정하여 관리하고 있었다하지만 포로들의 숫자가 많아지면서 자체적으로 인민재판을 하는가 하면 북한의 지령을 받고 조직적인 행동을 하고, 급기야 도트(Dodd) 포로 수용소장을 감금하기에 이르렀다. 이때 수용소에서는 반공포로에 대한 린치가 가해지며 인공기가 걸리고 포로들은 무장을 하였다. 이에 후임 소장인 콜슨(Colson) 준장은 포로들을 무력으로 진압하여 친공 포로와 반공 포로로 구분하여 관리하였다.

〈공산군 포로수용소(남해안 거제도)〉

〈유엔군 포로수용소(압록강변 벽동)〉

이 포로 문제는 정전협상을 불과 1개월 여 남겨둔 1953년 6월 18일 또다시 불거졌다. 대한민국 국민의 의사와는 반대로 전 포로를 교환한다는 내용으로 6월 8

38) 정명복, 〈잊을 수 없는 생생 6·25전쟁사〉, p.287

일 포로송환 협정이 조인되고 말았다. 이에 이승만 대통령은 반공 포로 3만 5,698명 중 2만 7천명을 유엔군과 사전 협의 없이 한국군 헌병 경비대를 시켜 석방시켜 유엔군을 당혹하게 했다. 하지만 이승만 대통령의 단독 반공포로 석방 결정은 반공포로를 북한 측에 넘겨줄 수 없다는 지극히 인도적인 조치였으며, 휴전회담이 한국대표가 불참한 가운데 한국의 의사와 관계없이 마무리 단계에 접어들자 '통일의 꿈'이 멀어짐에 따른 '국민의 분노'를 대변한 것이라 봐야 할 것이다.

나. 백마고지 전투

백마고지 전투는 1952년도 중반 포로 협상 문제가 타결점을 찾지 못하면서 불거진 고지 쟁탈전의 일환으로 발발했다. 전투는 연천-철원 북방의 역곡천 일대에서 진행되었다. 백마고지로 알려진 395고지는 강원도 철원군 소재로 야산이지만 철의 삼각지를 감제할 수 있는 전술적으로 중요한 고지였다. 전투는 10월 6일부터 15일까지 한국군 제9사단(사단장, 대령 김종오)이 중국군 제38군의 10여 일간 공격을 격퇴한 전투로, 한국군의 전투능력과 투지를 유감없이 발휘한 전투였다.

백마고지는 이미 1951년 11월 3일 중국군 1개 대대 규모가 한국군 제9사단 29연대를 공격하여 이를 격퇴한 이후, 1952년 까지는 소강상태를 이루고 있었다. 1952년 다시 전투가 시작될 무렵에는 중국군은 마오쩌둥으로부터 '만세군'이란 칭호를 얻은 제38군이 교체투입 되었다. 중국군의 공격은 10월 6일 시작되었다. 아침부터 사단 전 지역에 포병사격을 가하고, 북쪽에 위치한 봉래호의 수문을 폭파하여 역곡천을 범람시켜 제9사단의 후방을 차단시켜 놓았다. '독안에 든 쥐 꼴'이 되었다고 판단한 중국군은 인해전술로 공격에 나섰다. 제9사단은 이때부터 10월 15일 까지 단독으로 제28, 29, 30연대를 교대로 투입해 가면서 치열한 공방전을 전개했다. 제9사단은 10일간 전투에서 고지를 두고 12번이나 쟁탈전을 반복했으며, 고지의 주인이 7번이나 바뀌는 혈전을 치러가면서 전투를 승리로 이끌었다.

전투결과 한국군에서 3천여 명의 사상자가 발생했고, 중국군은 1만4천여 명의 사상자가 발생했다. 전투에서 승리할 수 있었던 요인은 효과적인 보·전·포병 의 협동작전이었다. 또한 공군의 근접항공지원도 한 몫을 했고, 대량피해를 방지한 지휘관의 적시 적절한 지휘결심에 의한 부대교대와 사단 장병의 감투정신도 빛을 발했다. 이 전투에서 제30연대의 제1소대장 강승우 소위와 오규봉 하사, 안영권 하사 등이 중국군 특화점에 수류탄 다발을 안고 육탄으로 돌입하여 파괴했다.

다. 한 · 미 상호방위조약 및 한국군 증강

미국은 휴전회담을 반대하는 한국을 제외하고 공산국 측과 협의를 계속해 나갔다. 한국 정부와 국민은 한국이 아무리 휴전을 원하지 않는다 해도 이는 되돌릴 수 없는 대세라는 것을 알고 있었다. 당시 무쵸(John J. Muccio) 미국 대사로부터 '세계정세를 가장 잘 이해하고 있는 사람'이란 칭송을 들었던 이승만 대통령은 휴전을 찬성하되, 한국에 유리한 조건을 다는 현실적 전략으로 전환하였다.

이승만 대통령이 원하는 것은 '한 · 미 상호방위조약의 체결과 한국군 증강 및 미 해 · 공군에 의한 한국 해역과 공역 방위보장'이었다. 이러한 한국군 전력보강 계획은 이미 1951년부터 이미 진행되어 왔었다. 미 제8군사령관 밴 플리트 사령관이 한국군 증편 안을 지지하고, 1952년 5월 리지웨이 유엔군 사령관 후임으로 부임한 클라크(Mark W. Clark) 대장이 적극 추진함에 따라 탄력을 받고 추진되었다. 더욱이 아이젠하워 대통령의 대한 정책(對韓政策)에 힘입어 신속하게 추진되었다.

이에 따라 미국은 1953년 6월 25일 미 대통령 특사 로버트슨 국무부 차관보를 한국에 급파하여 이승만 대통령과 향후 한국방위에 대하여 협의하고, 한·미 방위조약 협정과 한국군 20개 사단 증편 안을 확정지었다. 이 과정에서 한국은 물론 유엔군의 정전협정을 인정하기로 했다. 결국 한국 전쟁이 종료된 세달 후인 1953년 10월 1일 한국과 미국은 상호 방위조약을 워싱턴에서 체결함으로 해서 국토방위에 이정표를 세웠다. 이때 체결된 한·미 상호방위조약은 현재의 한 · 미 연합방위체제의 골간이 되었다. 또한 한국군의 20개 사단 증편 안에 따라 1954년 까지 5개 군단 20개 사단으로 현 전투력의 근간이 되는 증편이 완료되었다.

라. 해 · 공군의 압박 작전

유엔과 대한민국의 해 · 공군은 휴전 협상 기간 중 지상뿐 아니라 북한지역의 군사시설은 물론 산업시설과 군사적으로 전용이나 활용될 수 있는 모든 것들에 대하여 지속적인 타격을 가하고 있었다. 이러한 타격 배경에는 공산군 측과 김일성에게 직 · 간접적인 타격을 가하면서도 휴전협상을 유도 하려는 목적이었다.

1951년 8월 18일부터 북한 내의 철도와 도로를 차단하였다. 1952년 6월에는 휴전회담을 조기에 완료하기 위하여 일종의 항공 압박 작전을 전개하였다. 23일 유엔 해·공 및 해병대 항공대의 합동작전으로 개전 이래 최대인 약 500여 대의 항공기가 동원되어 수풍, 장진, 부전 등의 수력 발전소를 파괴하여 북한 전력의 90% 이상을 차단시켰다. 또한 1952년 7월에는 북한에 대한 심리적 효과를 극대화하기 위하여 3차에 걸친 대대적인 평양 폭격을 실시하여 큰 성과를 거두었다. 이외에도 유엔 해·공군은 대규모 함포사격을 통하여 주요 군사 시설물과 보급 열차 등을 파괴하였다. 지상군의 전투가 고지전으로 접어들어 치열해짐에 따라 매월 평균 2천회 이상의 근접 항공지원을 실시하였다. 이와 같이 실시된 유엔 및 한국군의 해·공군 작전은 공산군 측을 심리적으로 압박하여 휴전회담 테이블에 조기에 복귀하게 하는 성과와 더불어 군사적인 측면에서도 막대한 성과를 거두었다.

4. 중국군 최후 공세

가. 정전 무렵 쌍방의 전력

1953년 들어 정전회담이 포로송환 문제로 진척이 없자, 쌍방은 정전결과를 지켜보면서 한편으로는 그간의 고지쟁탈전으로 인하여 조정된 전선을 정비하면서 보다 유리한 위치에서 종전을 대비하려는 전략을 취했다.

중국군은 기간 내 전력 강화에 박차를 강했다. 특히 1953년 3월까지 전투 물자를 확보하여 공세 역량을 한 층 높여놓았다. 그 결과 병력이 현저하게 증강되어 중국군이 135만명, 북한군 45만명으로 도합 180만명으로 확장되어 언제든지 유엔군과 한국군을 향하여 공세를 취할 수 있는 역량을 갖추게 되었다.

이에 비해 유엔군은 종전 전략에 따라 스스로 족쇄를 채우고 수세적 입장에 처해 있었다. 그러자 미 행정부는 교착 상태를 해결하기 위하여 핵무기 사용을 포함한 다양한 가능성 있는 방안을 검토하는 한편, 클라크 유엔군 사령관은 점점 증가하는 위협에 대처하기 위한 한국군 20개 사단 증편 안을 추진하고 있었다. 이에 따라 한국군 제3군단이 1953년 5월 1일 재창설되고, 곧이어 제26사단과 17사단이 창설되었다. 이리하여 한국군은 휴전이전까지 3개 군단 18개 사단을 보유하게 되었다.

나. 금성지구 전투

군사력에 대하여 어느 정도 자신감을 갖게 된 중국군은 1953년 3월부터 공세로 전환하여 서부 전선의 유엔군 전초진지에 대한 제한된 공격을 증가시키고 있었다. 공산군은 휴전을 앞둔 1953년 5월 13일부터 시작하여 7월 27일까지 세 번에 걸친 공세를 감행했는데, 이를 '중국군 최후 공세'라 한다. 이때의 금성지구 전투는 공산군이 전쟁에서 최종 승리했다는 과시의 필요성과 이승만 대통령의 반공포로를 석방에 대한 화풀이였다.

공격 지역은 주로 중·동부 전선의 한국군 제2군단과 미 제9·10군단에 집중되었다. 지역적으로는 금성 돌출부를 지향하였다. 당시 금성 돌출부는 중부전선의 화천 북방의 금성 쪽으로 불거진 부분으로, 폭 40km에 걸쳐 인접 전선보다 최대 10km 북으로 돌출 되어 있었다.[39)]

중국군은 전초전으로 제60군 제180사단이 5월 12일부터 한국군 제5사단 전초진지(689고지) 공격을 시작으로, 13일에는 정면의 전초를 공격해 왔다. 이 전투에서 한국군 제9사단과 수도사단은 많은 희생을 감수하면서 중국군 대부분의 공격을 격퇴하였으나, 제8사단의 전초는 피탈당하고 말았다.

다. 중국군 최후공세[40)]

중국군은 1953년 6월 10일 야간에 1개 군을 투입 한국군 제2군단의 제8사단(수도 고지)과 제5사단(949-883 고지) 지역을 9일간 집중 공격했다(6월 공세). 중국군은 전 전선에서 공세를 시작했으며, 투입규모는 중국군 6개 군과 북한군으로 1951년 춘계공세이후 최대 규모였다. 중국군 제20병단은 6월 10일에 북한강과 금성천의 합류 지점에 있는 한국군 제5사단과 제8사단의 주저항선을 향해 공격했다. 중국군은 야간공격과 인해전술을 구사했고 한국군은 북한강 남안까지 철수하여 방어선을 형성해야만 했다. 한국군 제2군단은 실지 회복을 위하여 역습을 계획했으나 역부족이었다. 중국군의 6월 공세로 미 제8군의 주저항선인 미주리선의 중앙 돌출부를 피탈당해, 정예사단으로 구성된 한국군 제2군단과 미 제8군의 체면이 심하게 구겨졌다. 6월 18일 부터는 유엔군 전폭기의 포격으로 중국군의 공격기세가 둔화되고 전전은 안정되었다. 중국군도 스스로의 공세에 만족해하며, 곧 이루어질 휴전협정을 기다리게 되었다.

그러나 상황은 예측과는 달랐다. 이승만 대통령이 6월 18일 전국의 반공 포로를 석방하여 버린 것이다. 이로 인해 조인 직전의 정전회담은 중단되었고, 전선은 태풍전야에 휩싸였다. 세계는 공산군을 주시했다. 조·중군은 정전협정 판 자체를 깰 의사는 보이지 않았으나 전선에서는 곧바로 새로운 공세 징후들이 속속 포착되었다. '6월에 얻은 승리가 전략적 가치를 잃어버렸다.'고 생각하고, 실추된 이미지를 회복하기 위해 화천 저수지 방향을 목표로 최종 공세를 준비했다.

39) 송요태 외 1명, 앞의 책, p.489
40) 정명복, 박사학위 논문, pp.297~301

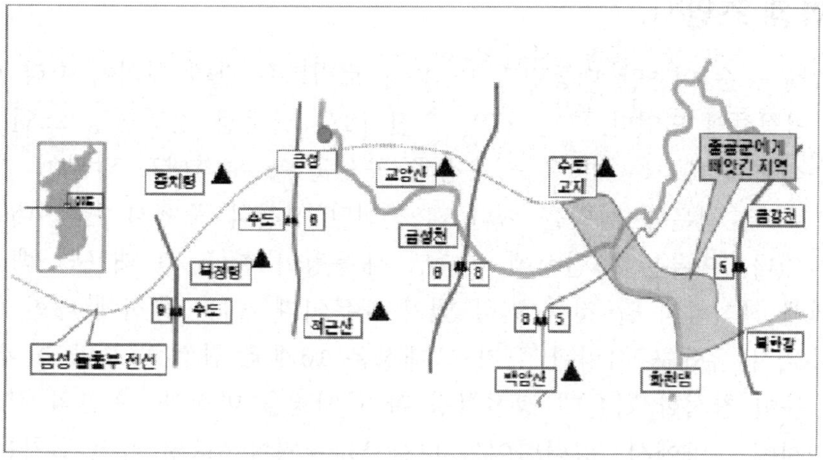

〈중국군 최후공세 6월 공세, 자료 : 중앙일보 2011년 2월 8일자 재구성〉

이를 간파한 유엔군 측에서는 일본에서 정비중인 제24사단과 제187공수여단을 한반도에 긴급 재배치하였다. 이는 휴전전의 최후 공세였다. 중국군 최후 공세 즉 제3계단 공세는 금성-김화를 연하는 선에서 중부전선 전역에 걸쳐 감행되었다. 이윽고 7월 13일 밤 중국군은 공격을 개시하였다(7월공세). 이번에는 6월 공세의 다섯 배나 되는 5개 군이 금성의 좌우측에서 양익포위로 한국군 제6사단과 제8사단 후방을 차단하여 포위했다. 이에 제8군사령관 테일러(Maxwel D. Taylor)대장은 방어선을 금성천 남단으로 조정하고, 한국군의 철수를 명령하였다.

한국군 제2군단은 부분적으로는 포위상태에 빠지거나 퇴로가 차단되었다. 미 제9군단과 제2군단은 적을 저지하면서 적근산과 백암산을 연하는 선으로 후퇴하여 새로운 방어선을 형성하였다. 파죽지세의 중국군도 7월 16일부터 공세가 둔화되면서 저지되기 시작하였다. 이 호기를 놓치지 않고 한국군 제2군단은 반격을 감행하여 다시 북한강과 금성천을 연하는 선까지 탈환하였다. 한국군은 계속 공격을 계획하였으나 휴전 문제를 고려한 미 제8군사령부의 공격중지 명령으로 실행되지 못하고, 현 접촉선으로 휴전선이 확정되고 말았다. 중국군은 최종 공세에서 31km의 정면에서 9km 남진을 이루어냈지만, 중국군은 약 6만 명의 사상자를 내는 막대한 피해를 입었다.

5. 휴전협정 조인

1953년 7월 중순 이승만 대통령과 미 특사 로버트슨 간의 협의에 따라 한국 정부도 정전을 인정하게 되었다. 7월 27일 오전 10시 판문점 정전협정 조인장에서 유엔군 측 수석대표 해리슨 미 육군 중장과 공산군 측 수석대표 남일이 한국어, 영문, 중문으로 된 전문에 서명을 했다. 휴전회담 당사국 중에서 한국 대표만 유일하게 빠져 있다. 이유는 조인식에 이승만 대통령이 한국 측 대표인 백선엽 육군 참모총장에게 참석하지 말 것을 언질 했기 때문이다. 이는 휴전에 대한 항의였다.

이날 13:00시 유엔군 사령관 클라크 대장은 16개국 참전 대표와 한국 대표 최덕신 소장 등이 참석한 가운데 정전협정 확인 서명을 마쳤다. 북한의 김일성은 이날 오후 10시에 평양에서, 펑더화이는 다음 날 서명함으로써 정전 절차는 모두 끝났다. 정전협정 조인 후 조문에 따라 지상에서의 전투는 중지되었으나 포격전은 계속되었다. 유엔의 폭격기들은 유엔 감시단이 임무수행 전까지 공산군의 제반 전투력을 약화시키기 위하여 북한의 전략 거점에 대한 포격을 계속 실시했다.

이로써 한반도에서의 전쟁은 1950년 6월 25일 미명에 시작되어, 3년 1개월 2일 만인 1953년 7월 27일 밤 22:00, 어둠속에서 포성을 멈추었다. 전쟁을 통해 어느 쪽에도 "승리나 평화는 없었다." 그러면서 전쟁은 현재도 진행형이다. 휴전은 다만 총성이 멈춘 상황으로 언제, 어디서 또 다시 적대 행위가 발생할 지는 그 누구도 예측하지 못하고 있는 상태가 지속되고 있다.

〈휴전협정서 서명식〉

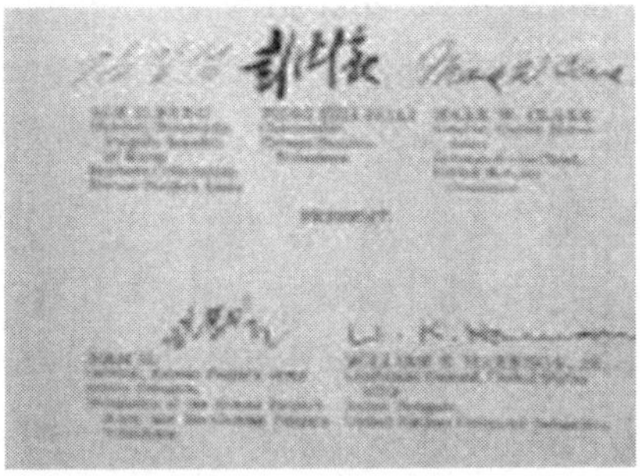

〈정전협정서(대한민국 미서명)〉

6. 전쟁의 결과

한국 전쟁은 제2차 세계대전이후 인류 현대사의 흐름을 결정짓는 시금석(試金石)이 되었을 뿐만 아니라 그 당시와 동일하게 분단된 한반도는 지금도 평화를 위협하는 지구상의 가장 위험한 화약고 중의 한 곳으로 남아있다.

전쟁 중 발생한 인명 손실이 군인은 유엔군 포함 77만 6천 여명(유엔군 154,881명)이나 되었고, 북한군도 중국군 포함 180만 여명(중국군 약 백만명)이 되는 것으로 추정된다. 뿐만 아니라 민간인의 피해는 남한에서 약 100만명, 북한에서도 약 200만명으로 총 300만명 이상이 피해를 입었다. 이는 남북한 총인구의 10%에 해당하는 숫자이다. 또한 320만명의 피난민, 30만명의 전쟁미망인, 10만명의 전쟁고아 등이 발생했다. 여기다가 재산피해는 320억 달러에 이른 것으로 파악되어 사회기반을 뿌리 채 뒤 흔들었다. 신생국가로서 국가통합과 경제발전에 한창 경주해야 할 입장에서 너무도 큰 타격이었던 것이다.[41]

한국 전쟁은 한반도의 주역인 남한과 북한의 한민족은 물론이고, 자유민주주의를 신봉하는 자본주의의 대표주자 미국과 공산주의의 쌍두마차인 소련·중국의 한판 대결장이었다. 한국 전쟁은 당사자인 한국과 북한뿐만이 아니라 유엔 통제 하에 6대주 16개국이 참전하였고, 거기다 공식적 참전을 부인하는 소련과 일본까지 더하면 참전국은 더 늘어난다.[42] 유엔군 참전은 유엔이라는 국제조직과 국제 연맹과 달리 무력동원 수단이 있었기에 가능한 일이었다. 유엔은 창설 최초로 회원국들의 무력을 동원하여 대한민국에 파견함으로써 그 위상을 평가받았다. 이는 최근 유엔이 집단안보 원칙을 준용하여 분쟁지역에 개입하는 선례가 되었다.[43].

한국 전쟁을 이념 측면에서 보았을 때 인류 역사발전의 과정에서 파생된 모순을 그 정치·경제논리의 첨단지역인 한반도에서 해결하려 했던 것이다. 한국 전쟁으로 인해 사회주의와 민주주의의 양 정치체제는 극한 대립을 추구하게 되어 냉전이 절정을 이루게 되었다.

미국은 정치적으로는 승리하지 못했지만 경제적 이득과 함께 세계 리더로 자리매김했다. 미국은 전쟁이후 서구 제국을 아우르며 자타가 공인하는 자유민주주의

41) 국방군사연구소, 〈6·25전쟁피해 통계집〉, 1996.
42) 소련은 공식적으로 전쟁에 참여하지 않았다고 부인하지만 공군 위주로 전쟁에 직접 참여하였다. 미국도 이를 인지하였으나 국민들의 불안을 고려 공식적으로 발표하지는 않았다.
43) 다수의 국가가 그 상호간에 전쟁 기타 무력행사를 금지하고, 이에 위반하여 전쟁 혹은 기타 무력행사를 행하는 국가에 대하여 나머지 모든 국가가 나서서 집단적으로 격퇴, 진압하는 것을 의미한다.

수호자로서 우뚝 설수 있었다. 중국은 한국 전쟁에서 패배한 북한군의 바통을 이어받았다. 중국은 한국 전쟁에서 미국과 대적한 관계로 향후 20년 동안 국제무대 진출에 제동이 걸려 숙원이던 유엔 가입이 오랫동안 차단되었다. 또한 전쟁에서 많은 군비와 인적자원의 손실로 국가 경제 개발에 지장을 초래했고[44], 중국 나름의 통일인 대만 통합의 꿈을 접어야만 했다. 그렇지만 중국은 전쟁 참여 대가로 소련의 군사 장비를 지원받고, 선진 강군인 미군과 전쟁을 치르면서 현대 군으로 거듭나는 계기가 되었다.[45] 또한 강대국 미국과의 전쟁을 통하여 단숨에 아시아와 제3세계 국가의 리더가 되었다. 소련은 전쟁의 배후 조정자이면서도 전쟁에 적극 가담하지 않았다. 결국 전쟁이후 중국과 관계가 불편해 지면서 급기야 중·소 분쟁을 치르게 되었고, 북한과도 소원해 지는 결과를 초래했다. 전쟁의 최대 수혜자는 아이러니하게도 한반도 인접 일본과 타이완, 그리고 동유럽의 유고였다.

그렇다면 전쟁 당사자들인 남과 북은 어떠한가? 북한은 전쟁을 통하여 '모든 반대파와 정적을 일소하고 안정적으로 헤게모니를 장악한 김일성 정권은 승리했고, 헐벗고 굶주린 인민은 패배했다.'고 할 수 있으며, 그 결과가 오늘날의 북한 인민의 대 참상과 3대 세습체제로 귀결된다. 전쟁으로 모든 것이 잿더미로 변해버린 남한은 '미국의 방위보장을 제외한 모든 것을 잃었다.'라고 할 수 있다. 월남한 사람들과 농촌인구가 도시로 유입되어 도시화가 진행되면서 의식주 해결을 위한 경공업 위주의 소비재 산업구조로 경제구조가 발전되었다. 전쟁이후에도 북으로부터의 재 남침을 한미연합으로 방위 하면서 국민들이 피땀 흘려 노력한 결과 무역 1조 달러를 달성하며(2011, 세계 9번 째) 자유 민주주의 국가의 일원으로 성장했다.

44) 1951년 군비지출은 국가 재정의 48%를 차지했으며, 그 중 1/3은 항미원조전쟁에 직접 사용되었다. 중공은 1951년 11월부터 스스로 북한에 지원중인 지원군 26만 명을 감축하는 계획을 실행하였다(徐焰-吳小京 저, 앞의 책, 2005, p.105).

45) 徐焰-吳小京, 앞의 책, 2005, p.147~251. 마오쩌둥은 "항미원조전쟁은 대학교다. 우리는 거기서 연습을 하고 있으며 이 연습은 어느 군사학교보다 좋다. 전 육군이 모두 한 번씩 돌아가며 훈련을 해 볼 것이다." 라고 1952년 8월 4일 당위원에서 연설하였다.

제6장

최근 전쟁

스텔스기(상좌)
무인정찰기(하좌)

토마호크 미사일(상우)
9·11테러(하우)

제1절 변화하는 세계

1941년 미·영 정상의 공동선언과 같은 해 12월 26개 연합국이 발표한 공동선언(대서양 헌장)의 연장선에서 전후의 세계질서를 조직하기위해 미·영·중·소의 주도아래 국제연합(United Nations)이 샌프란시스코에서 조직되었다(1945. 6). 국제연합은 군사적 카드를 포함한 평화시스템을 유지하면서 독일과 일본의 패전국은 제외하고, 미국·소련·영국·중국·프랑스가 안전보장이사국이라 하여 국제연합의 의사결정권을 독점하였다. 국제연합은 이전 세계대전의 원인이 보호무역에 있었던 만큼 금 본위제에 종말을 고하고 세계 금의 80%를 점하고 있던 달러의 위력을 바탕으로 국제통화를 유지하면서 자유무역을 추진하였다(1944년 IMF 및 IBRD 창설).[1)]

하지만 국제연합은 곧 미·소의 대결장으로 변모하고 말았다. 소련은 1944년 독일군을 추격하여 동유럽으로 진격했다. 소련은 당초 존립자체가 위험한 것으로 판단되었으나 공업이 발전하면서 주변 동유럽 국가들에 대한 공산주의 이념을 확대시켰다. 위기의식을 느낀 자본주의 미국은 1947년 3월의 트루먼 독트린과 6월의 마셜 플랜(유럽의 경제부흥 원조계획)과 같은 대소 봉쇄정책을 취했다. 동서의 긴장이 고조되는 가운데 1948년 6월 소련이 서독에서 서베를린에 이르는 모든 통로를 11개월 동안이나 차단했다. 이에 자유진영은 북대서양 조약기구(1949. 4, NATO)를 창설하고 공산권에 대한 수출을 통제하였다.

이에 대응하여 소련은 1949년 코메콘(동유럽 경제상호원조회의)를 설립했다. 이후 소련은 1949년 9월 원자탄 실험에 성공했고, 중국이 공산화 되었다. 이어 한국전쟁(1950~1953)이 발발하고, 수소폭탄이 개발되면서 양 진영은 불신으로 점철되었다. 1955년에는 공산권도 바르샤바 조약기구(WTO)를 설립하여 나토에 대항하였다. 1962년에는 소련의 쿠바 미사일 기지 설치와 그 철수를 요구하는 미국의 해상봉쇄(쿠바 위기)는 핵전쟁 발발의 위협까지 치달았다(동서대립). 하지만 제2차 세계대전 이래 50년간 지속되던 냉전은 1991년 소련이 붕괴하면서 끝났다. 그 대신 강대국을 대리한 비교적 소규모 대리전쟁이 세계 여러 지역에서 발생했다(한국 전쟁, 월남 전쟁).

---

1) 미국은 1948년 자유무역을 확대하기 위해 국제무역기구 ITO 결성을 주장하였지만 다른 국가에서 동의하지 않았다. 이후 제네바에서 관세 및 무역협정에 관한 일반협정인 GATT가 23개국에 의해 체결되었고, 이는 1995년 81개 지역과 국가가 참여한 세계무역기구인 WTO로 전환되어 국제연합의 한 기관이 되어 무역을 관장하고 있다.

20세기는 한마디로 19세기에 만들어진 세계 질서가 붕괴되는 시기였다. 제2차 세계대전 후 공산혁명이 확산되고, 1950~1960년대 사이에 대부분의 식민지가 정치적으로 해방되었다. 1955년에는 인도네시아 반둥에서 아시아·아프리카의 29개국 대표가 모여 적극적 중립을 표방하며 제3세계가 출현하였다. 하지만 아프리카와 아시아의 많은 국가들이 왜곡된 경제구조를 바로잡고 자립경제를 확립하는 것은 어려운 일이었다. 구미 각국과의 빈부의 격차는 더욱 벌어지고 민주화는 늦어져갔다(남북문제). 일부 식민 국가들은 제국주의의 미련 때문에(베트남 전쟁) 계속 전쟁을 치러야 했고, 제국주의가 그려놓은 함정에 빠져(중동 전쟁) 혼란의 시대를 맞이하기도 했다.

식민지 독립과 함께 20세기 후반에는 민족 분쟁의 시대(중동 전쟁, 코소보 전쟁, 아프리카 지역)이기도 했다. 독립을 달성한 이후 각국에서는 유럽의 시스템을 도입하게 되었고 여러 지역에서는 민족적, 지역적 분쟁이 빈번하게 발생하였다. 또한 20세기 후반으로 치달으면서 소련이 붕괴되자 세계는 다시 과도기적인 체제를 맞이했다. 냉전이 사라진 자리는 민족과 자원 그리고 종교(아프가니스탄 전쟁) 등의 문제가 대두되기 시작했다.

20세기 후반은 제2차 세계대전 후 미국의 압도적인 생산력과 금융력, 군사력을 바탕으로 한 '팍스 아메리카나'의 시대였다. 그러나 60년대를 정점으로 1980년대가 되자, 미국·유럽·일본을 정점을 하는 다극화(팍스 유니버시티)의 시대로 이행하였다. 이러한 조류에서 1980년대 이후 자유무역지대, 공동시장, 경제통화동맹, FTA 등에 의한 지역통합이 진행되고 있다.

문화사 측면에 있어 20세기 후반에는 컴퓨터의 보급과 정보혁명으로 불리는 통신기술, 매스매디어의 혁명적인 발전에 힘입어 위성 TV나 인터넷 등 다양한 네트워크를 사용함에 따라 지구의 사회 구조가 글로벌화 되었다. 또한 무한정한 것으로 알고 있던 자원이 유한하다는 것을 알게 된 이후 세계는 자원전쟁의 시대에 돌입(걸프 및 이라크 전쟁)하였다.

현대의 세계는 전자통신 및 원자물리학을 비롯한 다양한 분야에서 최첨단의 정밀기술과 능력을 확장하고 있다. 이러한 과학기술을 기반으로 소련은 1957년 10월 4일 우주선을 발사하여 우주개발경쟁의 첫 발을 장식했다. 이후 인류는 달을 방문했고, 더 먼 우주의 천체를 관측하는 경이로운 기록을 세웠다. 또한 심해 깊은 곳까지 가서 과학실험을 하고 있다. 또한 사이버라는 또 하나의 가상의 세계를 창조하여 인간의 활동영역을 확대시켜 나갔다. 반면 증가하는 인구와 유한한 자원, 환경, 부의 불균형 및 노동문제 등은 현시대의 인류가 시급히 해결해야 할 문제로 대두되고 있다.

제2절 최근 전쟁의 특성

1945년 이후 발생한 최근의 전쟁은 총력전이나 섬멸전에서 벗어나 신 제한전(制限戰 limited war) 양상으로의 방향전환이 이루어졌다. 전쟁은 무기의 사용과 지역적으로도 한정된 전쟁이 진행되었다. 이러한 전쟁양상은 한국전쟁에서 명확하게 나타났다. 이는 가공할 핵무기의 파괴력으로부터 인류의 파멸을 막기 위해 핵무기의 사용을 제한하려는 전략이었다.

핵무기를 보유한 국가 간에는 상호 군비경쟁을 추구하면서도 직접적인 무력전쟁을 회피하는 냉전의 경향이 농후해 졌다. 이러한 냉전은 데당트(détente, 화해와 협력)로 화해 무드가 조성되기 전인 1980년대까지 지속되었다. 반면 핵무기 보유 국가들은 약소국가에 대하여 재래식 무기를 사용하여 직접전쟁을 수행함과 아울러 자신들을 대리하는 약소국을 내세워 전쟁을 유발시킴으로써 대리전(代理戰, proxy war)이라는 신종 전쟁양상이 등장하는 계기가 되었다.

또한 현대에 이르러 각국은 단독으로 전쟁을 수행하기보다는 이념이나 지역, 이익을 같이하는 국가들이 연합하여 안보체제를 형성하고 집단 방위체제를 유지하는 특성을 보이고 있다. 국가 내에서도 군대만 전쟁을 치르는 것이 아니고 국가의 전 유관기관이 통합하여 전쟁을 수행한다. 따라서 전쟁은 무력뿐만이 아닌 국가의 전 자원과 요소가 참여하며 다양한 방법으로 진행되었다.

전쟁의 공간도 확대되었다. 세계대전까지의 전장 영역은 지상, 해상(수중), 공중의 3차원 이었다. 그러나 급속한 과학기술의 진보에 따라 새로운 전쟁 영역이 개척되었다. 우주과학과 컴퓨터 기술의 발전으로 인해 오늘날의 전장영역은 지금껏 인류가 경험하지 못한 우주와 사이버 공간까지 확대되었다.

또한 현대전은 정보, 지휘통제, 타격 등의 분야에서 일대 혁신을 가져왔다. 이로 인해 정보의 획득단계에서부터 결심과 타격까지 이르는 전 과정이 유기체화되었다. 위성과 무인기 등에 의한 감시능력의 발전과 고도의 정밀타격 무기체계의 발전으로 근접지역 뿐만이 아니라 수천 km 이격된 적 종심에 위치한 다수의 표적에 대해서도 공자가 선정한 우선순위에 따라 실시간 타격하게 되었다. 이로 인해 비선형 분권화 작전으로 진행되는 양상을 보이고 있다.

최근의 전쟁은 C4I 체계[2]에 의해 네트워크로 연결된 통합된 화력전투가 전 전

---

2) 지휘(command) · 통제(control) · 통신(communication) · 컴퓨터(computer) · 정보(intelligence)의 영문 머리글자를 딴 용어로, '전술지휘자동화체계'라고도 한다. C4I는 이 5대 요소를 자동화해 전장(戰場)을 관측하면서 전력을 입체적으로 통합활용하여 전투를 진행하는 '통합전장관리체계'를 의미한다. 한국군은 육 · 해 · 공군이 각각 C4I를 구축하고 있으며, 한국형통제체계(KJCCS)에 통

장에서 동시에 이루어졌다. 이로 인해 각개 병사로부터 최고급 제대까지 실시간(Real Time) 정보가 유통되고, 다양한 공격수단에 의한 타격이 일반화 되었다. 이러한 첨단무기의 발전으로 인해 무차별적인 대량살상보복보다는 선정된 목표를 최대한 정확하게 타격하고 있다. 이와 같이 현대의 과학기술의 진보는 육·해·공·우주·사이버 공간상의 '다차원 실시간 전전장동시통합전투' 구현할 수 있도록 했다.

가. 무기[3)]

① **전차** 세계대전 후 전차의 주포가 90mm나 100mm의 강선포로 증강되었다. 이때 등장한 전차들이 1세대 전차로 불리는 미국의 M48, 소련의 T-55와 T-56로 사격통제장치에 광학식 조준경과 거리측정기를 탑재했다.

전차는 1970년대에 들어 105mm와 112mm로 확장된 주포를 탑재했고, 일부는 활강포(포신에 강선이 없어 폭발력이 증대되나 궤적변화에 변화가 일어날 수 있다)로 대치되기 시작했다. 전차들은 야시장비, 아날로그 탄도계산 컴퓨터, 거리측정기, 컴퓨터 사격통제장치 등이 탑재되었고, 폭발성 반응장갑(이중의 장갑사이에 폭발성 물질을 채워 피탄 시 포탄의 강도를 약화시킴)을 채택하여 방호력을 향상시켰다. 이러한 전차가 2세대 전차로 미국의 M60과 소련의 T-72, T-80 전차 등이다.

1980년대부터 개발된 제3세대 전차는 105~125mm 활강포를 주포로 탑재했으며, 복합장갑(이중의 장갑판에 복합소재를 넣어 방호력 보강) 등을 채택하여 생존성이 더욱 강화시켰다. 사격통제장치로는 열영상 조준경, 디지털 탄도계산 컴퓨터, 레이저 거리측정기를 비롯하여 동시에 다중의 표적과 교전할 수 있는 능력을 구비했다. 이러한 3세대 전차로는 미국의 M1A1, 러시아의 T-80u, 대한민국의 K1A1 전차 등이다. 이후 전차는 개발이 주춤하게 되고 국제분쟁의 수요에 따라 이 자리를 보병전투지원차량(IFV)이 발전하기 시작했다. 현재는 C4I 시스템과 차량정보시스템을 탑재한 3.5세대 전차가 운용 중에 있다.

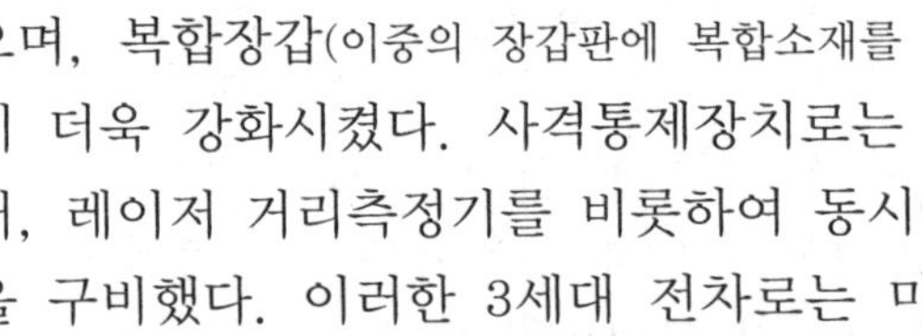

〈한국의 K1A1전차〉

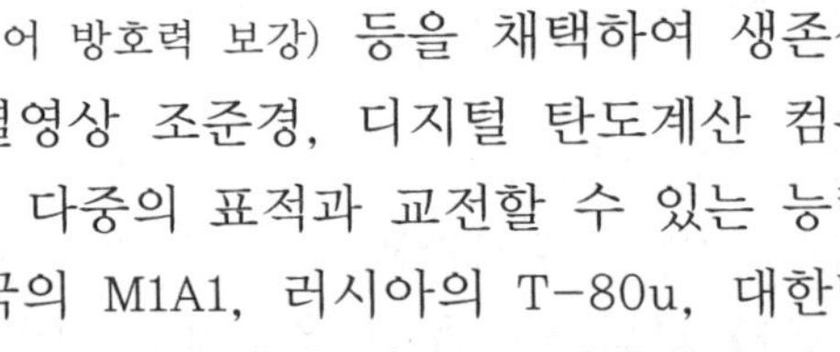

〈미국의 M1A2전차〉

합하고 있다.

3) 정명복, 〈쉽고 재미있는 생생 무기와 전쟁이야기〉, 2012. pp.242~336

② **핵무기** 제2차 세계대전 말기에 미국은 비밀리에 맨해튼 프로젝트를 수행하면서 원자폭탄을 개발했고(1945. 7. 15일 최초 실험), 이를 일본에 투하했다. 소련도 뒤질세라 1949년 9월 원자탄을 개발하였다. 양국의 핵무기 개발 경쟁이 치열하게 진행되면서 수소폭탄이 개발되었다.

기술의 진보에 따라 핵무기가 소형화 되자 핵무기 투하 방법도 이전의 폭격기에서 1957년부터는 대륙간탄도미사일[4](ICBM, Inter-continetal Ballistic Missile)로 전환되었다. 방공망의 발전으로 대륙간탄도미사일의 요격이 가능해 지자 다탄두 개별목표 재돌입미사일(MIRV, 미사일이 발사된 후 탄두가 분리되어 다수의 목표물 공격)이 개발되어 요격을 피하게 되었다. 또 잠수함에서 발사되는 탄도 핵미사일(SLBM)을 개발하여 은밀하게 공격할 수 있는 능력을 보유하기에 이르렀다.

핵폭탄이 적으로부터 위협을 받자 핵 기지는 지하격납고로 옮겨져 안정성을 높였다. 또한 전략미사일을 방어하기위한 수단으로 미국은 1983년 전략방위구상(SDI, Strategic Defense Initiative)을 발표하고 탄도미사일방어체계[5](BMD, Ballistic Missile Defence)를 설치하여 탄도미사일을 요격하는 프로젝트를 준비했다.

또한 이러한 강력한 전략무기를 전술적으로 사용하는 방법이 구상되었다. 이 전술핵은 방사능을 최소화하고 폭발력과 핵폭풍 능력만 극대화 시킨 것으로 전투기, 미사일, 야포 등에서 발사하도록 고안되었다. 하지만 전술핵도 파괴력이 엄청나 3평방킬로미터의 면적을 단 한발로 초토화(155mm 야포로는 2, 250발 이상 발사해야 50% 전투력 상실) 시킬 수 있는 능력을 보유하고 있다. 또한 전자기펄스로 상대편 전자기기를 무력화 할 수 있는 전술핵도 개발되어 있다.

③ **항공전력** 제1차 세계대전 말기에 개발되어 제2차 세계대전에서 본격적으로 활동한 항공기는 미국과 소련에 의해 지속적인 기술적 발전을 이루었다. 제2차 세계대전 말기 독일에서 처음으로 프로펠러가 아닌 Me-262라는 1세대의 제트엔진 비행기를 개발했다. 제트엔진은 항공기 운용에 새로운 지평을 열었다. 제트엔진은 속도가 소리보다 빠르며 연료를 효율적으로 이용할 수 있었다. 전차의 앞선 기술을 차지한 것과 같이 독일의 제트엔진 기술을 접수한 미국과 소련은 한국전에서 P-80(미국은 한국전쟁에서 P-80을 F-80으로 바꾸어 참전)과 P-86 세이버 그리고 Mig-15기를 내세워 공중전을 전개했다.

---

4) 대륙 간 탄도 미사일은 핵을 장착하고 대기권 밖을 돌파하여 다시 대기권으로 진입하여 목표물을 타격하는 미사일로 고정식과 이동식 발사대 또는 잠수함에서 발사한다.
5) 탄도미사일 방어체계를 지상이나 우주에 설치하고 대륙간 탄도미사일을 요격하는 계획이다.

1950년대 중반에는 1.5세대 항공기인 미국의 F-86F전투기(적외선유도방식의 사인드 와이드 열추적 미사일 장착)와 소련의 Mig-17기가 등장하였다. 이후 레이더 사격통제와 초음속 비행이 가능한 2세대 전투기인 미국의 F-100과 소련의 Mig-21기가 등장했다.

〈F-22랩터〉

〈미그-35전투기〉

〈수직이착륙 공격기 해리어〉

월남전을 전후한 1960년대는 고성능 다목적 레이더, 중거리공대공 미사일, 공중급유를 통한 장거리 비행능력, 음속의 2배 속도 등의 성능을 갖춘 제3세대 항공기가 등장하였다. 이는 미국의 F-4팬텀과 소련의 Mig-23 등이 대표적인 항공기이다.

4세대 전투기는 아날로그 컴퓨터가 제어하는 고성능 레이더시스템과 디지털 기술을 접목한 것으로 현재도 사용 중에 있는 미국의 F-14·15·16·18과 러시아의 Su-27, Mig-29·35와 같은 전투기가 이에 해당한다. 4세대 기술에 능동전자주사식 레이더(다수표적 동시추적, 목표물 식별, 적기 레이더망 교란 레이더 장착)와 항공전자장비를 업그레이드하고 스텔스(stealth) 기능[6]을 보강한 것이 4.5세대 전투기이다. 5세대 전투기는 스텔스기능을 완벽하게 갖춘 전투기를 말한다. 대표적인 5세대 전투기로는 미국의 F-22 랩터와 F-35 라이트닝Ⅱ가 있다.

회전익 항공기인 최초의 헬리콥터(Helicopter)는 한국전쟁에서 부상자 수송 등의 전투지원용에 사용되었고, 베트남 전쟁에서 전투용 무기체계로 각광받기 시작했다. 헬기는 베트남 전쟁에서 밀림에서 전차보다 신속한 기동성을 선보였고 다양한 전술적 목적에 투입됨으로 해서 그 진가를 인정받았다.

헬기는 긴 체공시간과 저공비행으로 인해 피아식별이 가능하다는 장점으로 인해 곧 공격용 무기로 전환되었다. 처음에는 기관총과 대전차 로켓을 장착하였으나 AH-1S가 나오면서부터 근접지원공격을 하게 되었다. 대전차 미사일을 장착하고 적의 전차까지 파괴할 수 있어 헬기는 강력한 근접항공지원능력을 보

6) 적의 레이더, 적외선 탐지기, 음향탐지기 및 육안에 의한 탐지까지를 포함한 모든 탐지 기능에 형상·재료·도장(塗裝) 따위를 사용하여 탐지를 어렵게 하는 기술.

유하게 되었다(아파치 헬기는 대전차 공격용으로 특화). 최근에 개발된 AH-64 아파치 헬기는 스스로 표적을 탐지하고 추적하고 미사일을 제어하는 능력까지 보유하고 있다. 또한 일반적인 지원활동에도 운용이 가능하여 다양한 분야에서 운용되고 있다.

④ **유도 무기체계** 양차의 대전을 겪으면서 화력분야에 있어 효율성과 비군사적 살상에 대한 혐오는 정밀유도무기체계(Guided Weapon System)의 발전을 이끌어 냈다. 정밀유도무기는 발사된 후 전차장치로 유도되거나 스스로의 유도기능에 의해 공중 또는 수중의 비행로를 수정해 가면서 목표를 정확하게 타격하는 무기체계이다.

유도무기체계는 13세기 중국에서 시작된 것으로 알려졌다. 이는 유럽을 거쳐 제2차 세계대전에서 독일이 V-2 로켓을 제작하여 런던을 폭격함으로써 무기체계로 주목을 받기 시작했다.[7] 독일은 더 나아가 V-1이라는 펄스 제트엔진을 장착한 무인항공기를 개발했다. 독일은 이 두 가지 기술을 바탕으로 제2차 세계대전 말기에는 X-4라는 공대공 미사일을 개발하기도 했다.

대전이 종료되면서 경쟁적으로 정밀유도분야를 선도해 나갔다. 소련은 세계에서 최초로 1957년 8월 대륙 간 탄도미사일(ICBM: Intercontinental Ballistic Missile)을 발사했고, 미국도 이에 무인항공기와 개념이 동일한 순항미사일(Cruise Missile)을 개발하였다. 순항미사일은 입력된 데이터에 따라 비행경로를 지정해 주면 관성유도방식, GPS유도방식 등을 따라 레이더에 포착되지 않도록 지상에서 20~100m의 초 저공으로 비행으로 목표물을 타격하는 무기로 지상, 수중, 함상 공중 등에서 다양하게 발사할 수 있다. 최초의 정밀유도무기는 베트남전 말기의 페이브 웨이(Pave-Way)라 불리는 레이저 유도폭탄이었다.[8] 탄력을 받은 정밀유도무기(스마트 폭탄)는 군사무기 전 분야로 확대되었다.

또한 컴퓨터 기술의 발전으로 군사의 제 분야에 혁신을 몰고 오면서 무기체계는 통합되기 시작했다. 기존의 전장에서 수행되었던 인간의 감각과 판단은 컴퓨터, 통신, 첨단 기계들이 대신하게 되었다. 인류는 C4I의 지휘통신체계 발전으로 수만km 이격된 곳에서도 전장상황을 손바닥을 들여 보듯이 상세하게 파악하고 실시간에 대응할 수 있게 되었다.

7) V-2는 길이가 14m로 세계 최초의 장거리 대륙간탄도미사일의 효시가 되었다.
8) 미 공군은 탄호아(Thanh Hoa) 교량을 파괴를 위해 871차례나 기동했지만 실패했다. 그러나 페이브 웨이를 장착한 항공기는 14차 출격으로 성공했다.

〈공중조기경보통제기〉

〈토마호크 미사일〉

〈한국의 이지스함〉

이러한 C4I체계는 걸프 전쟁(1991)에서 그 효과를 유감없이 발휘했다. 걸프 전쟁은 방공망을 초토화시키면서 시작되었다. 이어 스텔스 폭격기(나이트 호크, F-117A)가 레이저로 유도되는 벙커버스터(GBU-28)로 방공지휘센터를 무용화 했고 전폭기가 스커드 미사일을 제거했다. 또한 발사된 일부 스커드 미사일은 탄도미사일 방어무기인 미군의 패트리어트 미사일에 요격 당했다. 이어 미군의 군함에서 발사된 토마호크 순항미사일(지형에 따른 자체 유도 방식으로 수천km를 순항)과 B-52의 전략폭격기에서 발사된 순항미사일이 주요 전략시설을 파괴했다. 이러한 일련의 작전은 하늘의 지휘소라 불리는 공중조기경보기(AWACS)에서 통제되었다. 이 공중통제기는 이라크 상공의 연합군 항공기 700여대를 일사분란하게 통제하여 작전기간 중 단 1대만이 추락하는 경이로운 결과를 이끌어 내었다.

나. 대량살상무기

① **핵 전략** 제2차 세계대전 말기에 핵무기가 등장했다. 이러한 핵무기체계의 비약적인 발전은 인류 과학기술의 발전에 따른 귀결이었다. 핵무기의 등장으로 인해 인류사에 발생했던 전쟁은 '재래식 전쟁(conventional war)'이라는 범주로 통합되고, 핵이 전력화 된 이후를 '핵전쟁 시대'로 부르게 되었다.

핵무기는 폭발력의 가공할 위력과 더불어 수백 년까지도 지속될 화학적 잔류 피해로 인해 승자와 패자가 모두 패자로 남게 되는 괴물 무기이다. 핵전쟁은 전쟁 당사국의 단순한 승패를 떠나 인접 국가는 물론이고, 전 인류의 대재앙으로 번질 수 있게 된다. 이는 전략적인 아닌 현실적인 무기로서의 핵이다.

핵무기를 독점하던 시절 미국은 최초 대량보복전략(Massive Retaliation)[9]을 채택했다. 하지만 소련의 핵능력이 증대되면서 1962년 쿠바 미사일 사태[10]가 발

9) 미국이 1950년대 말 핵무기의 독점이 끝나면서 수립한 전략이다. 미국이 적으로부터 본격적 공격을 받을 경우 압도적인 핵무기의 우위를 바탕으로 핵무기를 적재한 전략폭격기를 출격시켜 즉각 거대한 보복력으로 반격한다는 개념이다.

생하자 상호확증파괴(MAD, Mutual Assured Destruction)전략[11])으로 전환하였다. 이로 인해 소련은 미국의 상호확증파괴전략에 대해 기습공격의 중요성을 강조하는 선제예방전략으로 대응하였고, 미국은 다시 이 전략의 취약점을 보완해 전면전쟁을 하지 않으면서도 전쟁목적을 최대한 달성할 수 있는 유연반응전략[12])(strategy of flexible response)으로 전환하였다.

미·소 양국은 극한의 상호대립 속에서도 전략무기제한협정(1969, SALT Ⅰ, Strategic Arms Limitation Talks Ⅰ)을 체결해 나갔다. 전략무기제한협정은 2차 협정(1979. 6. 18)까지 체결되었다. 양국은 핵무기 보유 수량을 ICBM 1618기, SLBM(submarine-launched ballistic missile) 950기로 각각 축소하기로 합의했다.

② **WMD 확산방지노력** 여기에 더하여 세계는 대량살상무기(WMD ; weapons of mass destruction)의 사용금지를 공식화 하였다. 대량살상무기는 무차별적인 파괴력과 살상력을 가지고 단시간에 많은 사람을 희생시키며 사용된 이후에도 질병과 환경을 파괴하는 등 인류에 지속적인 피해를 입힐 수 있다. 이러한 대량살상무기로는 앞에서 언급한 핵무기와 중·장거리미사일, 생·화학무기 등을 포함한다.

국제사회는 핵확산금지조약(NPT), 생물학금지조약(BWC), 화학무기금지조약(CWC) 등을 통해 대량살상무기의 사용은 물론 개발을 엄격히 금지하고 있다. 미국은 이라크의 WMD개발을 의심하고 이라크 전쟁을 일으키기도 했다.

---

10) 1962년 10월 22일부터 11월 2일의 11일 동안 소련의 중거리 핵미사일을 쿠바에 배치하려는 시도를 둘러싸고 미국과 소련이 대치하여 핵전쟁 직전까지 갔던 국제적 핵 위기 상황

11) 적이 핵 공격을 가할 경우 적의 공격 미사일 등이 도달하기 전에 또는 도달한 후 가능한 보복력을 이용해 상대편도 전멸시키는 보복 핵 전략

12) 핵무기로 모든 전쟁의 발생을 억제할 수 없으며, 국지전쟁에서 함부로 핵무기를 사용하기도 어려우므로, 군사력 전반에 걸쳐 준비를 갖추어 어떠한 규모의 전쟁도 억제해야 한다는 전략

제3절 베트남(Viet Nam, 越南) 전쟁

1. 역사적 배경

베트남은 인도차이나 반도의 우측에 위치하여 태평양과 접해 있고 북으로는 중국, 서로는 라오스 및 캄보디아 등과 인접하여 있다. 인도차이나반도는 농·수산물이 풍부한 지역으로 유럽에서 아시아로 진출하는 길목에 위치해 있어 역사적으로 중국과 유럽의 침략을 비교적 많이 받았다.

베트남은 기원전 690년에 이미 베트남 북부에 반랑(文郎)이라 불리는 국가가 존재하고 있었다. 하지만 중국 광동일대의 한(漢)족인 남월(南越)이 남하하여 베트남의 북부지역을 합병하면서 흡수되었다(기원전 179). 이후 베트남인들은 한족과의 투쟁을 전개하여 민족적 정체성을 확립하면서 독립을 쟁취하였다. 1225년 수립된 쩐(陳) 왕조는 원(元) 제국의 침략을 3차례나 받았으나 이를 격퇴했고, 명(明)이 침략하여(1407) 20년 동안 지배를 받기도 했다.

이때도 베트남인들은 굴하지 않고 게릴라전으로 투쟁하여 명을 축출하고 독립을 쟁취(1428)했다. 1802년에는 베트남의 마지막 왕조인 응웬(阮)왕조[13]가 베트남에 진출하고 있던 프랑스 가톨릭의 도움을 받아 건국되었다. 이에 따라 프랑스와 베트남 간에는 우호적인 분위기가 성숙되어 있었다.

이 시기 유럽 제국들은 동양으로 진출하면서 인도지나반도 일대를 중간기착지로 활용하려 했다. 프랑스는 중국 침략의 발판으로 베트남을 이용하기 위해 가톨릭 탄압(가톨릭 신도가 증가)을 빌미로 베트남의 다낭(Da Namg)항 일대를 침략했다(1858. 9).

13) 응웬 왕조는 개국하면서 당시 동아시아의 특수한 정치역학으로 인하여 청(靑)에 남월(南越)이라는 국호를 사용할 수 있도록 요구하였으나 이전의 남월이 있던 관계로 월남(越南) 으로 국호가 변경되었다.

이후 프랑스는 청과의 전쟁을 통해 그간 종주국 행세를 해오던 청(靑)을 축출하고 베트남을 지배하게 되었다(청·프 전쟁, 1884~1885). 프랑스는 베트남을 세 개의 지역(북으로부터 동낀, 안남, 코친차이나)으로 구분하여 각 지역의 통치방식을 달리하며 민족을 분열시켜 통치했다. 프랑스는 곧이어 베트남, 캄보디아, 라오스를 아우르는 불령 인도차이나 연방을 구성하여(1893) 식민지 경략을 시작했다. 이런 연유로 제1차 세계대전이 발발했을 때 많은 베트남인들이 프랑스로 징집되어 유럽전선에 참전 했으며 여기서 사회주의 사상의 영향을 받기 시작했다.

제2차 세계대전이 격화되면서 당시 베트남을 통제하고 있던 프랑스의 비시 정부는 베트남을 일본에 넘겨주었다(1940. 8). 일본은 프랑스군을 무장해제 시키고 응웬 왕조를 괴뢰정부로 만들어 바오 다이(Bao Dai)를 통해 통치하면서 필요한 전쟁자원을 약탈했다.

한편 제1차 세계대전이후 유럽에서 공부한 학생들과 징집되어 파견되었던 젊은 이들이 자유주의와 공산주의 사상의 영향을 받고 귀국하였다. 호찌민(浩誌民)[14]도 그러한 젊은이 중의 하나였다. 민족주의 감정이 무르익으면서 제2차 세계대전 중 호찌민은 중국 유주에서 항불·항일의 통일전선인 '베트남독립동맹'인 베트민(越盟 ; Viet Minh, 1941. 9. 19)을 결성했다. 독일이 소련을 침공 했을 때 베트민은 연합국을 지지 하였다.

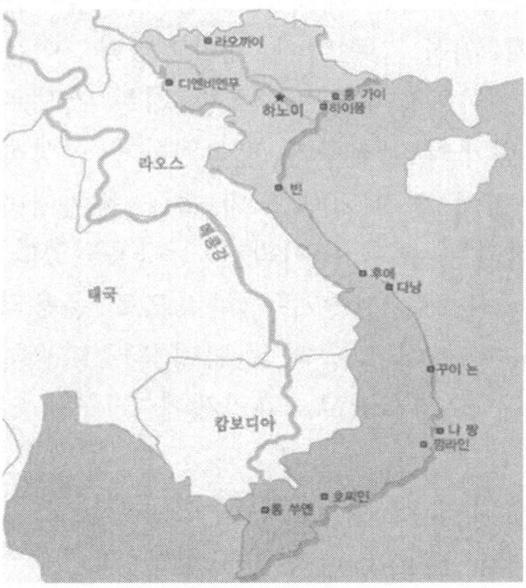

〈인도차이나 반도〉

베트민은 이후 공산주의 세력을 중심으로 혁명세력을 규합하여 외세(일본, 프랑스)의 인도차이나 점령에 대항하는 베트남 민주주의 운동의 핵심세력으로 부상했다. 1945년 5월경에는 북부 베트남 지역 6개 성을 장악 하였다. 베트민은 일본 패전(1945. 9) 이후에는 허울뿐인 황제 바오 다이를 퇴위시키고, '베트남 민주공화국'을 수립했다. 이때 호치민은 베트남 독립선언문을 발표하고 베트남민주공화국 수립을 선포했으며, 베트민은 베트남 북부와 남부에 대한 주도권을 행사하게 되었다.

14) 호찌민은 유교 교육을 받고 성장하여 프랑스에 유학했으며, 서구 여러 나라를 여행했다. 파리에서 사회주의 운동을 했으며, 1924년 중국의 광둥에서 '베트남청년혁명동지회'를 결성하고 모스크바로 망명했다. 1920년 홍콩에서 베트남공산당을 창건했고, 1941년 중국 연안에서 마오쩌둥 전략을 연구했다

2. 전쟁의 특성

베트남 전쟁은 전쟁 대상에 따라 성격이 세 단계로 변한다. 초기에는 제국주의 프랑스에 대한 반식민지 운동(민족해방전쟁)으로 출발했다. 하지만 한국전쟁과 더불어 미군이 베트남 전쟁에 개입하면서 이념전쟁(제한전)으로 변모했다. 또한 미군과 연합군이 철수함에 따라 베트남인 간의 순수한 내전(총력전) 성격인 통일전쟁으로 변모했다.

통일전쟁 수행 간 베트민군은 마오쩌둥의 혁명전쟁 이론과 수행방법을 받아들이고 정규전과 비정규전을 배합하여 신축성 있는 전략을 추진하였다. 비록 물자와 장비가 부족하고 열세했지만 장기 지구전 전략을 채택하여 대항하였다.

베트남 전쟁은 지리적 특성으로 인하여 정글 전투가 지속되었다. 기동과 관측이 제한되고, 현대전의 장비도 무용지물인 경우가 종종 있었다. 또한 고립작전의 빈도가 증가되기도 했다. 따라서 소부대 전투의 중요성이 증대되었고, 전투현장에서는 발달한 장비보다 전투원 개인의 담력과 용기가 더 빛을 발하기도 했다. 더욱이 베트공이 주민들 사이에 잠복해 있어 적이 보이지 않는 전쟁을 치렀다. 즉 '적이 있는 곳도 없고, 없는 곳도 없다'는 말처럼 전선 없는 전쟁이 내내 지속되었다.

무기 면에 있어서는 정규전보다는 비정규전용 장비와 무기들이 활발하게 개발되고 운용되었다. 무기는 정확성 보다는 넓은 지역에 대한 대량의 살상력을 높이는 방향으로 진화하였다. 우선 베트공을 살상하기 위한 집속탄이 개발되었다. 이는 모(母) 폭탄과 자(子) 폭탄으로 구성되어 있으며, 시한장치로 공중폭발 하는 것으로 모 폭탄이 공중에서 폭발하면서 자 폭탄 9~18만개의 강철구가 광범위하게 살상하는 무기로 게릴라전에서 큰 효과를 거두었다. 이어 섭씨 2000도의 불을 뿜어내며 주변을 연소시키고 주변의 산소를 연소시켜 버리는 슈퍼 네이팜탄도 사용되었다. 전장에서는 헬기가 탁월한 기동력을 선보이며 최초로 전술기동 목적으로 운용되었다. 또한 미군의 개인화기로 M-16이 등장하여 현대 소총의 전범이 되었다. 하지만 전장에는 고엽제(枯葉劑)가 살포되어 환경을 오염시켰고, 고엽제에 노출된 인원은 전쟁이후에도 후유증으로 고통을 받았다.

월남전은 지역적인 분쟁이나 전투에서는 전쟁의 승패 결정은 우수한 무기 및 장비와 함께 무엇보다도 '싸워 이기겠다.'는 필승의 신념이 더욱 중요함을 보여주었다. 또한 전쟁은 전장의 군인들만 치르는 것이 아니라는 것을 증명했다. 보도 매체를 통해 월남전의 진행 상황을 속속들이 파악하고 있던 미국인들은 전쟁에 대한 거부반응을 나타내었다. 이는 미군의 베트남 철수로 이어졌다. 이로써 현대 전쟁은 국민을 상대로 한 이해와 홍보가 무엇보다도 중요함을 인식하게 되었다.

3. 전쟁 경과

가. 프랑스와의 전쟁[15](식민지 전쟁, 1945. 9~1954. 7)

제2차 세계대전이 종료되기 직전 연합국은 포츠담 회담을 통해 베트남에 주둔 중인 일본군을 무장해제 시키기 위해 북위 16도선을 경계로 북쪽에는 중국군 남쪽에는 영국군이 진주하기로 결정했다. 하지만 프랑스는 베트남 남부에 진주하는 영국군에 프랑스군을 포함시켜 다시 베트남에 다시 상륙했다.

이때 베트남 전 지역은 이미 민족주의 세력이 제거된 베트민이 장악하고 있었다. 베트민과 프랑스와의 1년여에 걸친 협상이 무위로 끝나면서 베트민군이 1946년 12월 19일 프랑스군을 선제 기습공격 했다. 이로부터 1954년 5월 7일 디엔비엔푸에서 승리하기까지 프랑스와의 전쟁은 8년 이상을 지속되었다. 당시 공산주의 세력이 주도하는 조직으로 성장한 베트민은 정규군 6만명과 준군사부대 10만명 수준이었다. 군사작전의 주도적 역할은 국방상 보 구엔 지압(Vo Nguyen Giap)이 담당하고 있었다.

군사적 한계에 부딪힌 프랑스군은 호치민 정부를 대신하여 정부를 수립하고 이들로 하여금 호치민과 싸우게 하기 위해 응웬 왕조의 마지막 황제였던 바오 다이(Bao Dai)를 앞세워 민주주의를 표방하는 새로운 베트남 정부를 수립(1949. 3)하고 자신들의 제국주의 전쟁을 이념전쟁으로 몰고 갔다.

반면 호치민은 1949년 개국한 중국으로부터 1950년 1월 28일 베트남민주공화국이란 승인을 받고 군사원조를 지원받기 시작했다. 이때 프랑스군은 1946년부터 미군의 지원을 받아 7만명 이상이 전투를 진행하고 있었고, 1951년도부터 편성된 베트남군도 30만명 이상으로 성장해 있었다. 반면 베트민군은 1951년부터 중국과 소련으로부터 군사지원을 받기 시작했다. 베트민군은 정규군과 지방군, 그리고 민병대로 조직을 개편하면서 전력을 증강해 나갔다.

유리한 상황을 인식한 베트민은 다시 전면 반격에 나섰다(1953. 11~1954. 5). 베트민군은 프랑스군 주력을 하노이 서북부의 디엔비엔푸(Dien Bien Phu) 요새에서 프랑스군을 패배시켰다. 이에 따라 프랑스는 1954년 7월 20일 제네바에서 호찌민측과 평화협정을 체결했다. 베트남은 북위 17도선을 경계로 북쪽은 베트민이 통치하고, 그 남쪽은 프랑스가 세운 바오 다이가 통치하되 2년 후인 1956년 7월까지 남·북 총선거를 통하여 통일정부를 구성하기로 협의했다.

---

15) 유제현, 〈월남전쟁〉, 도서출판 한원, 1992. pp.43~71
김종옥, 〈승리의 교훈, 베트남 전쟁〉, 국방부 군사편찬연구소

나. 미국과의 전쟁[16)](이념 전쟁, 1954. 8~1973. 1)

① **미국의 개입** 루스벨트(Franklin Roosevelt) 후임으로 트루먼(Harry Shippe Truman) 대통령이 당선되어 일본군과 교전중인 프랑스군을 중국 윈난(雲南)에 있는 미 공군이 지원하도록 하면서 미군이 베트남전에 개입했다. 중국은 1950년 1월 18일, 소련은 같은 달 30일 각각 호찌민의 베트민 정부를 승인했다.

베트민 정부가 공산주의 주도국에 의해 승인되자 그간 프랑스의 제국주의적 행동에 반대 입장을 취하던 미국은 이제 프랑스를 옹호하지 않을 수 없게 되었다. 미국은 호찌민 정부를 공산정부로 규정하고, 프랑스가 내세운 바오 다이 정부를 베트남의 정부로 승인했다. 그런데 1950년 6월 같은 아시아권의 한반도에서 대한민국이 공산권의 공격을 받았다. 미국은 아시아의 여러 지역에서 동시다발로 민주주의가 위협을 받고 있는 것으로 판단하고 베트남에서 공산당과 싸우는 프랑스군을 적극 지원하기 시작했다.

그러나 프랑스군의 전황은 점점 악화되어 가고 있었다. 프랑스군은 결국 1954년 5월 7일 디엔비엔푸 전투에서 베트민군에게 항복하고 말았다. 이후 제네바 평화협정이 조인되었지만 프랑스는 제네바 약속을 저버리고 철군(1956. 4)해 버렸다. 당시 미국은 베트남의 공산화를 방지하지 못한다면 도미노 이론(domino theory)[17)]에 따라 아시아의 신생국들이 차례로 공산주의화 될 것으로 판단하고 있었다. 따라서 미국정부는 베트남 지역에서 공산세력을 봉쇄한다는 명분으로 월남전에 참전하게 되었다. 미국은 제네바 협정에 명기된 베트남 총선거를 부정하고 전쟁에 직접 개입하기 시작했다.

② **베트남의 혼란** 남베트남의 바오 다이는 제네바 협정이 체결되기 직전인 1954년 7월 7일 반 프랑스 성향의 응오 디엔 지엠(Ngo Dihn Diem)을 수상으로 임명했다. 응오 디엔 지엠은 미국의 지원을 받아 1955년 10월 26일 '베트남공화국(Republic of Vietnam)'을 수립하고 자신이 초대 대통령에 취임하였다.

북베트남은 제네바 협정을 준수하라고 요구했지만 국제사회는 냉담했다. 남베트남의 지엠 정부도 국민들로부터 적극적인 지지를 받지 못했다. 프랑스 협력 전력에다 족벌 정치체제의 부정부패가 만연하고 있었기 때문이었다. 주민들의 의사가 반영되지 않고 추진했던 토지개혁과 정착촌 건설 또한 반발을 가져오고 말았다.

16) 김종옥, 〈승리의 교훈, 베트남 전쟁〉
17) 어떤 지역의 한 나라가 공산화되면 인접 나라들도 차례로 공산화된다는 이론

사회적 불만이 가중되는 가운데 남부의 공산주의자들은 그들이 장악하고 있는 지역에서 국가에 준하는 행정체제를 구축해 나가기 시작했다. 이들은 지역별로 자위대를 만들었는데 이것이 바로 베트공(VC : Viet Cong, 越共)으로 발전되었다. 더 나아가 지엠의 반대 세력들은 남베트남에서 임시정부 수준의 '민족해방전선(NLF ; Nation Liberation Front)'을 결성하였다. 민족해방전선은 남베트남 정부의 공격과 색출로 인해 고사 직전에 이르자 북베트남에 지원을 요청했다. 북베트남은 1959년 9월부터 '호지명 루트'라 불리는 캄보디아와 라오스 국경의 비밀통로와 해상을 통해 군수물자와 필요한 인원을 지원하기 시작했다.

③ **미국의 개입확대** 1961년 신임 케네디 대통령은 1962년 2월에 '군사원조사령부(MAC-V)'를 설치하고 베트남에서 군사작전을 전개하기 시작했다. 특히 1963년부터는 전략촌(Strategic Hamlet) 계획을 시행하여 베트공의 온상이 되고 있는 분산된 마을을 요새화된 대형 마을로 모아 베트공으로부터 이격시키는 정착촌 정책을 시행했다. 하지만 주민들의 의사가 반영되지 않아 주민들의 반발을 불러오고 말았다.

이때 남베트남의 군사력은 미군의 지원에 힘입어 정규군 육·해·공군과 해병대를 창설하고(육군은 15만명 4개 군단 10개 사단), 민병대도 별도로 조직하여 운용하고 있었다. 1963년 북베트남의 하노이 정부는 정부군의 남부침투와 미군에 대한 직접공격으로 남부의 전쟁에 개입하기로 했다. '호찌민 통로'와 해상보급로를 따라 수많은 장비와 인원들이 남으로 이동되었다. 미국 또한 북베트남에 대한 군사작전을 강화했으며 1963년 5월 우방 25국에게 '베트남 지원'을 요청하였다. 하지만 미군의 계속되는 전력 증강에도 불구하고 남베트남 상황은 악화되어 갔고 전략촌은 와해 위기에 처해있었다.

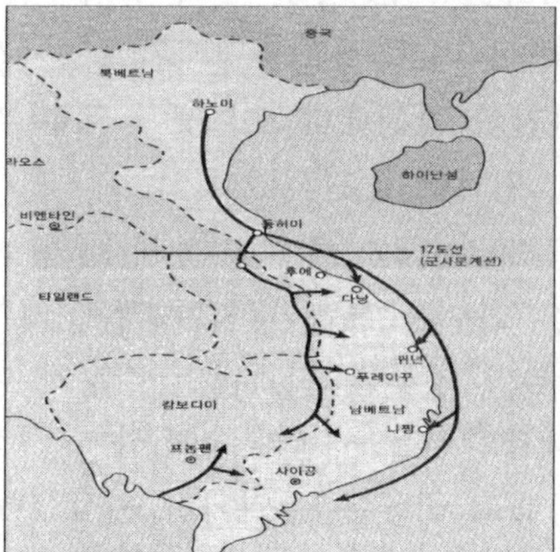

〈호찌민 루트와 해상보급로〉

1964년 8월에는 통킹만 사건[18]이 발생했다. 이를 기회로 미군은 북베트남의 하이퐁(Hai Phong) 해군기지를 공격하면서 미국은 베트남 전쟁에 직접적인 군사력을 투입하여 개입하게 되었다. 이제 베트남 전쟁은 미국과 북

18) 1964년 8월 2일 통킹 만의 공해상에서 순찰 중이던 미 구축함 매독스호가 북베트남 어뢰정의 공격을 받았다. 공격받은 매독스함을 호위하기 위해 구축함 또 한척이 파견되었는데 추가로 북베트남 함정의 공격을 받았다. 이는 미군의 조작설로 알려져 있기도 하다.

베트남간의 전쟁으로 변모하게 되었다. 통킹만 사건이후 미국은 북베트남이 미 공군의 폭격으로 항복하거나 협상을 해 올 것으로 판단하고 있었다. 그러나 결과는 그 반대였다. 베트공은 동시다발적으로 미군을 공격하기 시작했으며, 그 피해는 심각한 수준이었다. 결국 미군은 1965년 3월부터 2개 대대의 해병대 파병을 시작으로 지상군 파병을 시작하였다.

④ **북베트남군의 뗏(Tet ; 節) 공세**[19] 미군이 증강되면서 북베트남군과 NLF군은 위기에 봉착하기 시작했다. 위기감에 휩싸인 북베트남과 NLF군은 상황을 타개하기 위해 1968년 1월 31일부터 '뗏 공세'를 감행하였다. 뗏은 음력 1월 1일로 베트남 최대의 명절이다. 전통적으로 전쟁도 1주일 정도 쉬는 관례가 있어 미군과 남베트남군은 휴가를 즐겼으나, 북베트남군과 NLF은 주요 도시에 대한 대대적인 공세를 가하기 시작했다. 북베트남군 6~8만명이 동원되어 사이공을 위시한 남베트남 내 41개 도시를 공격했다. 이중 북부의 고대 도시 후에시와 사이공에 대한 공세는 매우 집요하게 진행되었다. 후에의 경우 1월 31일 북베트남군의 공격으로 시가지가 함락 되었고, 사이공도 시내 중심 지역까지 북베트남군이 진입했다. 특히 결사대 19명이 미 대사관을 4시간 동안 점거하여 미국 국민에게 큰 심리적 충격을 준 사건이 발생했다. 이 뗏 공세는 베트남전 사상 가장 치열했던 전투 중의 하나로 2월말에 중단되었다.

〈불타는 북베트남군 기지〉

뗏 공세는 시가전이었기 때문에 전투 장면이 최초로 TV화면을 통해 미국 내 각 가정의 안방까지 방송되었는데, 미 국민들은 화면을 통해 달리 자국 군대가 우위에 있지 않고 미군이 지원하는 남쪽의 베트남 정부가 민주적인 정부가 아니라는 것을 확인하게 되었다. 미 국민들은 베트남전을 새롭게 인식하기 시작했다. 반전의 열기가 미국 대륙을 뒤덮기 시작했고 국론은 분열되기 시작했다. 이로 인해 미국의 존슨 대통령은 베트남 정책을 새롭게 검토하고 전쟁을 축소하는 정책을 추진하기 시작했다.

⑤ **미국의 평화협상 제의** 반전여론에 따라 미국은 1968년 3월 31일 군사적 승리 달성을 포기하면서 북폭을 중지하는 조건으로 평화협상을 제안했다. 이에 따라

19) 국방부, 〈파월한국군전사(4)〉, 전사편찬위원회, 1972, pp.15~34

1968년 5월 13일 회담이 열렸으나 북베트남이 폭격의 완전중지를 요구하여 협상은 결렬되고 전투는 지상전이 가열되는 양상으로 전개되었다.

1969년 당선된 닉슨(Richard M. Nixon) 대통령은 미군이 패배하지 않았다는 인상을 유지하면서 베트남으로부터 철수하는 정책을 추진하였다. 이를 위해 미국은 우선 남베트남 정부군의 전력을 대폭 강화시킬 필요를 느끼게 되었다. 이는 베트남전쟁의 성격이 이전의 '미국의 전쟁(이념전쟁)'에서 '베트남의 전쟁(민족 통일전쟁)'으로 전환됨을 의미하는 것이었다. 이 결과 1968년 말 54만명이던 미군은 1972년까지 단계적으로 철수하여 2만 9천명까지 축소된 반면, 1967년 기준 63만명이던 남베트남군은 1970년도부터 100만명을 상회하게 되었다.

⑥ **북베트남의 춘계공세와 평화협정 체결** 1969년 1월 25일부터 NLF를 평화협상 당사자로 포함시키자는 북베트남의 요구를 받아들여 사이공 정부를 포함하는 4자회담이 열렸으나 진전은 없었다. 1969년에는 닉슨의 안보담당 보좌관인 키신저(Henary A. Kissinger)와 하노이 정부가 비밀회담도 개최되었지만, 양측의 상이한 입장 차를 좁히지 못하고 중단되었다.

북베트남은 해결책을 무력에서 찾고자 했다. 북베트남은 1972년 3월 12개 사단을 투입하여 춘계공세를 감행했다. 미군은 즉각 하노이를 폭격했다. 이는 당시 닉슨 대통령의 긴장완화 정책에 따라 중국과 소련을 방문하여 이들 국가와의 교감이 있었기 때문에 가능했다.

1972년 7월 파리 평화회담에서 북베트남은 '평화협정 발효시점을 기준하여 NLF의 지배지역을 인정받고, 티에우 정부의 존속을 인정한다.'고 하였다. 티에우 대통령은 반발했지만 미국은 다량의 군사원조를 약속했고, 트집 잡는 북베트남도 북폭으로 위협했다. 결국 1973년 1월 28일 미국, 남베트남, 북베트남, NLF 간 평화협정에 조인되었다. 이로 인해 10년 가까이 진행된 북베트남과 미국사이의 전쟁은 종료되었으며, 미군과 한국군을 비롯한 연합군은 1973년 3월 6일까지 철수했다.

다. 베트남 내전(통일전쟁, 1973. 2~1975. 4)

평화협정 체결로 미군 등 연합국이 철수하자 남베트남은 스스로 나라를 지켜야 했다. 당시 남베트남의 군사력은 미국의 지원에 힘입어 세계 4위의 규모를 유지하고 있었다. 하지만 월등한 군사력도 싸울 의지가 없는 남베트남군에게는 무용지물이었다.

국민들 또한 부정부패와 매관매직에 빠져있는 정부를 외면했다. 더욱이 그간 미군이 뿌려온 달러에 의존하던 남베트남은 미군의 철수로 경제가 급강하기 시작하여 국민들은 불평불만에 휩싸였다. 미국 의회는 1973년에 대통령의 권한을 축소하여 미군의 베트남전 개입자체를 봉쇄해버렸고, 1974년 8월 미국의 마지막 후원자인 닉슨 대통령도 '워터 게이트(Water Gate)' 사건으로 도중하차하면서 남베트남은 완전히 고립되고 말았다.

1974년 12월 13일 드디어 북베트남은 공세를 개시하였다. 우선 사이공 북쪽 135km 지점의 푸옥롱(Phuoc Long) 성(省)을 점령하여 미군의 개입여부를 시험해 보았다. 여기서 미군이 개입하지 않으리라는 확신을 얻은 북베트남은 3월 10일 전략적 요충지인 부오마투옷(Buon Ma Thuot)을 기습적으로 점령하였다. 공격 후 남베트남의 제1, 2군단이 철수하자, 베트공들이 곳곳에서 남베트남군을 공격하여 남베트남군은 붕괴되고 말았다.

구 분		병 력 (명)	편제 및 장비
남베트남군	계	1,100,000	11개 보병사단, 공수사단, 해병사단, 전차600대, 장갑차1,200대, 항공기 1,270대, 헬기 500대, 함정 1,500척
	정규군	573,000	
	지방군, 민병대	527,000	
북베트남군	계	1,000,000	15개 보병사단, 전차 및 장갑차 600대, 항공기 342대
	정규군	470,000	
	베트공, 기타	530,000	

〈협정 체결 직후 남북베트남의 군사력 현황〉20)

이때 북베트남은 공격의 고삐를 늦추지 않고, 1975년 4월 2일부터는 사이공을 향해 남하하기 시작했다. 사이공은 대혼란에 빠져들었으며, 미군 비행기는 미국인과 남베트남의 주요 관리들을 철수시키기 시작했다. 상황이 타개할 수 없는 지경에 이르자 티에우 대통령은 사임했다. 북베트남의 17개 사단이 사이공을 공략했고, 철수해온 남베트남의 7개 사단이 4월 28일까지 사이공의 최후 방어선을 지탱했다.

4월 30일 미국의 철수를 확인한 북베트남군은 전차를 앞세우고 공격을 개시했으며 당시의 민(Mihn) 대통령은 4월 30일 무조건 항복을 선언했다. 이로써 1975년 10월 26일 지엠에 의하여 건국된 남베트남은 역사의 무대에서 사라졌으며, 1976년 북베트남이 주도하는 '베트남사회주의공화국(The Socialist Republic Vietnam)'에 흡수되어 통합 되었다. 이리하여 베트남은 프랑스와 일본, 미국 등의 외세를 배척하고 사회주의의 단일국가를 형성하게 되었다.

20) 최용성, 신편 세계전쟁의 이해, 585

4. 주요 전투

가. 디엔비엔푸 전투[21)]

○ 시 기 : 1954. 3. 13～5. 7
○ 장 소 : 하노이 서북방 300km의 디엔비엔푸
○ 교전국(지휘관) : 베트민(보 구엔 지압) / 프랑스(나바르)
○ 병 력 : 베트민 5만명 / 프랑스 16,200명, 해·공군 참가
○ 결 과 : 베트민 승리
○ 분 석
- 기습 및 전투력 집중
- 창의력 발휘, 주민과의 우호적 관계
- 교병필패(驕兵必敗)

개 요 일본군 항복이후 베트남 재 장악을 시도한 프랑스는 1950년 말까지 철수전의 대부분 지역을 되찾았다. 하지만 세력을 회복한 베트민군은 1950년 1월 총반격에 나섰다 베트민군은 1950년 12월까지는 동케 등을 장악하면서 북부 산악지대를 완전히 점령했다. 이후 베트민은 프랑스군을 정규전으로 공격했으나 계속 패배했다. 이때까지 프랑스군의 전사자는 1만 6천명에 달했다.

새로 임명된(1953. 5) 프랑스 사령관 나바르(Henri Eugence Navarre)장군은 시설의 수비를 위해 각 지역에 배치된 38만명의 프랑스군(외인부대 2만, 호치민군 25만명 포함)을 모아 공세적으로 운용할 계획을 수립했다. 이를 위해 이미 점령한 적강 삼각주 일대와 라오스 국경 근처의 디엔비엔푸를 점령하여 북부 산악지대에 위치한 북베트남군을 두개 방향에서 공격하여 분리하고 격멸하려 했다. 나바르 장군은 디엔비엔푸를 점령하여 베트민이 라오스로 가는 길목을 차단(이때 보응 엔 잡 장군이 이끄는 북베트남군은 라오스를 침공 남베트남으로 통하는 통로를 확보하려 했다.)하고 기동전을 수행할 때 기지로 사용할 계획을 세우고 있었다. 하지만 이 요새는 너무나 외진 곳이었기 때문에 비행기로만

〈디엔비엔푸 전투 현장, 자료 중앙일보〉

21) 최용호, 지평리 및 디엔비엔푸 전투의 승패요인 분석, 군사연구 제119집, 2003, 육군본부, pp. 327～349

병력과 물자의 수송이 가능했다.

반면 호찌민이 주도하는 북베트남은 3단계의 전략 즉 1단계 방어, 2단계 세력균형, 3단계 총반격의 단계에 따라 움직이고 있었다. 이때 호찌민 정부는 1950년 초를 계기로 2단계의 목적이 완수된 것으로 파악했다. 이는 국제적으로는 중화인민공화국의 승리로(1949. 10. 1) 공산권의 군사적 지원이 가능한 점과 반대로 프랑스군은 미국의 군사 원조에 상당 부분 의존하고 있었다는 점 그리고 국내적으로는 응우 옌 왕조의 마지막 황제인 바오 다이를 옹립한 사이공 정부의 괴뢰성에 주목하고 있었다.

경 과 디엔비엔푸는 남북 18km, 동서 6km의 산으로 둘러싸인 분지였다. 프랑스군은 1953 가을까지 44개 기동대대를 적강 삼각주 지역에 투입하여 공세를 취하고, 11월 20일 6천여명의 공수부대를 디엔비엔푸에 공수하여 요새진지를 구축하기 시작했다. 요새는 사주방어가 가능토록 49개 거점을 구축하고 몇 개의 거점을 묶어 내곽 방어진지를 구축했다.

나바르 장군은 호찌민 정부군 1개 사단 정도의 공격이 있을 것으로 예상했으며, 이 경우 프랑스군의 '우세한 화력과 공군력을 통해 충분히 승리할 수 있다'고 판단하고 있었다. 프랑스군은 1954년 3월까지 보병 17개 대대, 10개 독립중대, 3개 포대(105mm 28문, 155mm 4문, 75mm 12문), 공병 1개 대대, 전차 1개 중대, 1개 비행중대 등 1만 6천명의 병력으로 증강되었다.

이에 비해 베트민 보구 엔 지압의 계획은 프랑스군의 방어력이 미약하고, 정치·심리적으로 중요한 지역을 공격하여 프랑스군의 기동부대를 분산한 다음에 병참지원 거리가 먼 디엔비엔푸에 전투력을 집중하여 프랑스군을 패퇴시킨다는 전략을 수립했다. 베트민군은 포병 1개 사단을 포함된 4개 사단을 500km 이상의 도로행군을 통해 디엔비엔푸로 이동시켰다[(프랑스군의 항공기습으로 주간(30km/1일)보다 야간행군 (50km/1일)을 실시했다]. 갖은 난관을 극복하며 1953년 말까지 비엔비엔푸 일대에 병력이 집결되었다(1954. 3. 10일까지 105mm 20문, 대공 기관총 100정, 박격포와 각종 탄약을 이동시켜 공격 준비를 마쳤다). 이 과정은 처절했다.

베트민군은 비엔디엔푸 외부 산악 기지로부터 프랑스군 거점 약 200m 앞까지 수 백 미터의 땅굴과 참호를 굴착 하며 전진했으나 프랑스군은 이를 전혀 인지하지 못했다. 베트민 군의 공격은 1954. 3. 13일 야간에 개시되었다. 압도적인 병력과 화력지원으로 3월 18까지 3개의 방어진지를 점령하였고. 대공포를 점령진지로 옮겨 프랑스군의 공중보급과 항공지원을 무력화하면서 포격을 가했다. 3. 30일부터는 3개 보병사단 을 투입하여 제2차 총공세 실시하였다. 한 개의 거점을 놓고

〈교통호를 구축 중인 프랑스군〉

몇 번이나 주인이 바뀌는 치열한 공방전을 벌이면서 베트민군은 화포지원 하에 침투전술로 저항 거점을 차례로 점령해 나갔다.

베트민군의 대공화기에 프랑스군의 공군이 약화된다가 몬순계절이 닥쳐오자 포위망 안의 프랑스군은 보급품 공수가 어려워졌고, 포위망을 해소하고 활로를 개척하려는 노력은 번번이 실패하고 말았다. 식량과 탄약부족이 극에 달한 프랑스군의 저항은 차츰 무기력해져 갔다. 결국 기지 내 4개의 진지만이 남고 모두 피탈되었다. 5월 1일 제3단계 총공세를 가한 베트민 제308사단은 마침내 프랑스군의 마지막 진지를 점령하였다.

결 과 이로써 1946년에 시작된 베트민군과 프랑스군 간의 전쟁은 베트민군의 승리로 8년 만에 종결 되었다. 전투결과 스위스 제네바에서 인도차이나 문제에 대한 회담이 열려(1954. 5. 8), 프랑스는 라오스, 캄보디아의 독립을 보장하였다. 또한 베트남은 북위 17도선을 경계로 북쪽은 베트민군, 남쪽은 프랑스 군이 통치하되 2년 후인 1956년 7월까지 남·북 총선거를 실시하여 베트남의 통일된 정부를 수립한다는 합의가 조인되었다.

비엔디엔푸 전투로 프랑스군은 부상 2,300명, 포로 5,000명이 발생하고 6,000명이 전사했다. 베트민 군은 23,000명의 인원 손실을 입었다. 이 전투는 군사적으로는 단지 전술적인 승리에 불과했으나 그 파장은 프랑스군이 베트남에서 철수하는 역사적인 결과를 이끌어 냈다. 정치사적으로 제2차 세계대전 후 식민지체제를 유지하려 했던 프랑스에 대한 베트남 민족주의의 승리였다.

프랑스군의 패인은 요새지에 대한 자만심과 베트민 군 전력에 대한 과소평가에 있었다. 특히 기지 주변의 감제고지에 대한 경계대책 등 통제수단을 전혀 강구하지 않았다. 반면 베트민군은 과감히 전투력을 집중하여 프랑스군을 공격하였으며, 창의적인 전투방법(밀림을 통한 전투력 이동, 땅굴 굴토)을 동원하여 프랑스군을 기습하였다. 특히 현대전에서 중요한 요소로 등장하는 주민과의 관계(민군관계)가 원만하게 유지되어 승리할 수 있었다. 베트민군은 제국주의에 대항하여 조국의 독립을 쟁취하겠다는 신념에 불타 있었다.

나. 케산(Khe Sanh) 전투

○ 시 기 : 1968. 1. 20~4. 18
○ 장 소 : 베트남 라오스 국경 10km
○ 교전국 : 북베트남 / 미국
○ 전 력 : 베트민 2개 사단 규모 / 미국 미 제26해병연대 등 60,00여명
155 미리 6문 105미리 18문, 4.2인치 박격포 12문, 전차 6대
○ 결 과 : 미국 승리
○ 분 석
• 화력전투

배 경 케산 전투[22]는 미 해병대와 베트남군 유격대 등 6,000여 명이 화력지원을 받아가며 월맹군 2개 사단의 포위공격을 격퇴한 전투다. 케산 기지는 라오스 국경에서 동쪽으로 10km, 비무장지대(DMZ) 남쪽으로 약 25km 떨어진 지점에 위치하고 있었다. 이 전투는 전사상 단일 전투에서 가장 많은 화력이 사용된 전투 중의 하나로 알려져 있다. 북베트남군은 1968년 뗏 공세의 일환으로 미군이 점령하고 있던 케산 기지를 공격했다.

기지는 동서로 1,800m, 남북으로 800m에 달하는 높은 고원에 위치하여, 북베트남군의 활동을 감시하고 포병 지원에 매우 긴요한 기지였다. 하지만 높은 고원지대에 설치된 기지였다. 따라서 육상으로는 보급지원이 불가하고 기지 안에 설치된 1,200m 활주로를 이용한 공중보급만이 가능한 기지였다.

경 과 북베트남군은 뗏 공세가 시작되기 전에 이미 2개 사단을 이동시켜 기지 주변에 대한 압박을 강화하고 있었다. 이때 기지는 미 해병 제26연대가 주둔하면서 요새화되어 있었으며, 주변의 구릉에도 각 1개 중대씩 배치하여 전진방어를 하고 있었다. 기지 내 주요 화기로는 155미리 화포 6문과 105미리 화포 18문, 그리고 4.2인치 박격포 12문과 전차 6대 등이 배치되어있었다.

1월 20일 북베트남군은 먼저 881N고지를 습격했고, 다음 날에는 861고와 케산 기지에 포격을 가하기 시작했다. 이 포격으로 미군의 탄약고가 크게 폭발하였다. 이때부터 북베트남군과 미 해병대간에는 77일간의 대혈투가 전개되었다. 전투가 개시되면서 북베트남군의 강력한 공세 앞에 미군은 밀렸으며 당황하기 시작했다.

---

22) 케산은 월맹군의 은신처로 호치민 루트의 말단부 역할을 하고 있었다. 이 지역은 1967년 881n,881s 등을 점령하기 위한 고지 확보전이 발생했었다.

파월 미군사령관 웨스트모얼랜드(William C. Westmoreland) 장군은 케산 기지를 구출하기 위해 '나이아가라 작전'을 계획하였다. 이 작전은 미군의 압도적인 항공 전력을 이용하여 케산 기지 주변의 북베트남군을 무력화시키면서 이들의 공세를 저지하려는 작전이었다. 태국이나 괌에서 미 공군의 B-52폭격기 50~70여 대가 출격하였다. 또한 미 해병대를 직접지원 하는 미 제7공군의 근접지원항공기 70~90여 대가 출격했고, 남베트남의 항공기까지 출격하여 북베트남군을 맹폭했다. 항공기는 일주일 평균 300 쇼티가 출격하였고, 하루에 1,800톤의 포탄을 쏟아 부었다. 게다가 미군은 158,891발에 달하는 포병사격으로 북베트남군을 공격했다.

하지만 북베트남군은 미군의 맹렬한 공중과 포병화력에도 불구하고 땅으로 참호를 파면서 전진해 왔다. 결국은 케산 기지 내에 있는 활주로가 북베트남군의 사정거리에 들어갔고 수송기가 피격 당했다. 따라서 미군은 2월 13일부터는 수송기의 이착륙을 금지시키고 공중투하의 방법으로 보급을 해결했다. 이렇게 케산 기지가 북베트남군의 공격으로 함락위기에 다다르자 일각에서는 제2의 디엔비엔푸가 되지 않겠느냐는 우려가 나오기 시작했다. 급기야 미군은 북베트남군이 포위를 풀지 않을 경우 전술핵을 사용하겠다고 협박했다. 이에 북베트남군은 미군이 전술핵을 사용하지 않는다는 조건으로 포위망을 해제하고 철수 했다.

6. 한국군 파병[23)]

한국군의 베트남 지역에 대한 파병은 이승만 정부에서부터 거론되었으나 박정희 정부에서 실현되었다. 파병은 당시 박정희 대통령이 국가건설에 필요한 차관 확보와 더불어 미국과의 동맹관계를 굳건히 유지하여 북한의 남침위협에 대처하고자 하는 현실적인 이유로 미국에 먼저 파병을 제의했다. 하지만 미국 정부는 "베트남전에 한국군이 파견될 경우 북한군의 도발이 예상되고, 소련과 중국을 자극할 수 있다."는 이유로 한국군 파견을 거부하였다.

하지만 미국이 구상하고 있던 SEATO(동남아시아 조약기구)를 중심으로 하는 베트남 지원계획이 프랑스와 파키스탄의 반대로 실현이 불가능해 졌다. 이에 미국 존슨 정부는 1964년 5월 9일 한국 등 우방 25개국에 '베트남 지원요청' 서한을 발송했다. 한국은 미국과 남베트남정부의 요청에 의하여 1964년 9월 11일 제1차 파병을 시작으로 1967년까지 8년간 총 31만 2천 835명(최대 상주인원 5만명)을 파병하고, 1973년 철수했다. 물론 파병에 대한 부정적인 시각(용병)이나 반대도 있었지만 파병은 국익을 위한 선택이었다.

1차 파병은 후방지원업무를 담당하는 1개 이동외과병원과 태권도 교관단이 전부였다. 제2차 파병은 통킹만 사건(1964. 8. 2)으로 전쟁이 확대되면서 진행되었다. 미국은 존슨 대통령의 친서를 전달하며 공병과 수송, 정비 요원 등 약 1,000여명의 지원을 요청하였으나, 국방부는 자체 경계병 1개 대대를 추가하여 '한국군사원조단'을 편성하고 공병대대를 기간으로 2,000여명 규모의 병력을 1965년 3월 10일 파병했다. 이때의 한국군사원조단의 부대명이 '비둘기'부대였으며, 사이공 외곽 도로 등 각종 건설지원 임무를 수행하였다.

제3차 파병은 통킹만 사건이후 미 지상군이 파견되기 시작했다. 한·미 정상회담에서 파병문제가 타결되어, 맹호 부대인 수도사단(-)과 청룡부대인 제2해병여단이 파병부대로 결정되었다. 파병된 청룡부대는 1965년 10월 9일 깜란(Cam Ranh)에, 수도사단은 11월 1일까지 퀴년(Quy Nhon)에 상륙했고, 10월 20일에는 파병부대를 통합 지휘할 '주월 한국군사령부'가 창설되고 채명신 소장이 사령관으로 임명되었다.

제4차 파병은 1965년 7월 베트남 전쟁의 미국화가 선언되면서 또 다시 미국의 요청으로 백마부대인 제9사단이 파병되었다. 하지만 이번의 파병 과정은 미국과의 줄다리기가 진행되었다. 그간 미국이 약속한 한국군의 현대화가 예정대로 진행되지

23) 물어보세요! 베트남전쟁과 한국군, 최용호, 국방부 군사편찬연구소, 2005, pp.41~64

〈작전 중인 한국군〉

않자 한국이 제동을 걸게 된 것이다. 다급해진 미국은 결국 '브라운 각서(1966년 3월)'를 통해 한국군의 안보와 지원을 약속했다. 따라서 한국은 수도사단의 잔류 연대와 백마부대인 제9사단을 1966년 3월 20일 파병했다. 또한 주월 한국군의 작전지속지원을 위하여 제100 군수지원사령부(십자성 부대)를 창설하여 파병했다.

1966년에는 미국 존슨 대통령이 직접 한국을 방문 추가 파병을 요청하였다.

한국군은 1967년 해병 2,963명을 '병력 교대를 위한 파병'이라는 명분으로 추가 파병했다. 미국은 또 다시 파병을 요청했다. 한국군은 파병을 통하여 4회의 군단급 작전을 수행했고, 사단급 작전 26회, 연대급 작전 186회, 대대급 작전 955회 등 치열한 전투를 치렀다. 이 중 638고지(안케패스) 작전이 유명하다.

그런데 북한은 남한의 베트남 파병에 민감한 반응을 보였다. 남한에 대해 파견에 대한 경고를 하는가 하면, 호찌민에게 "북한도 병력을 파견하겠다."고 제의했다. 하지만 호찌민은 스스로의 힘으로 싸우겠다고 제의를 거절했다. 그러자 북한은 1966년부터 대남도발의 수위를 한 층 높이기 시작했다. 1968년 1월 21일 청와대를 31명의 무장간첩이 기습하고, 23일에는 동해상에서 미군의 푸에블로(Pueblo)호를 납치했다. 이 과정에서 미국은 자국의 함정납치에 따른 뒷수습에만 매달리자 대한민국은 미국의 방위공약에 회의를 품게 되었으며, 논의되던 추가파병 안은 중단되었다.

북베트남군의 뗏 공세이후 상황은 급변하였다. 미국은 닉슨 대통령이 당선되어 철군을 고려하고 있었다. 미군은 1969년 7월부터 철수하기 시작했지만 한국군은 철수하지 않았다. 이는 주한 미군의 철수문제와 연계되어 있는 문제였기 때문에 신중했던 것이다. 그러나 미국은 '주한 미군의 현상유지 정책'을 버리고 한국과 협의 없이 1970년 주한 미군 2개 사단 중 1개 사단 철수를 한국에 일방적으로 통보했다. 이에 따라 한국도 파월 부대를 1단계로 1971년 12월 4일부터 철수시켰다. 1973년 베트남 평화협정이 조인되자, 1973년 3월 23일까지 2단계로 모든 인원이 귀국하여 8년 6개월의 파병을 종료 지었다. 참전한 한국군 32만명 중 5,099명이 전사하고 11,232명이 부상했다. 한국은 베트남 파병에 따라 미국의 경제지원과 전쟁특수(약 50억 달러 추산)로 경제성장이 가속화 하고, 군사적으로도 한국군의 현대화와 귀중한 실전경험을 쌓았다.

제4절 중동(中東)전쟁

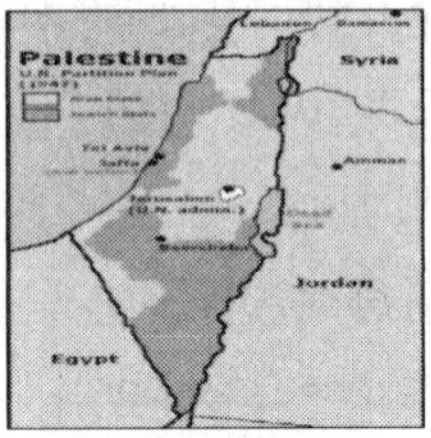

1. 역사적 배경과 전쟁원인

가. 유대와 아랍민족의 역사

중동은 역사 이전부터 인류 문명의 발상지로 분쟁이 끊이지 않았으며, 팔레스타인 지역은 지금도 '중동의 화약고'라 불리 우고 있다. 중동 전쟁의 주역인 이스라엘의 유대 민족과 제 아랍국가의 아랍민족은 동일한 셈족 계통으로 기원전 2,000년 경 메소포타미아의 수메르(Sumer)지역에서 이동하여 팔레스타인(Cannan)에 정착했다. 이후 유대민족은 이집트의 나일강 유역으로 이주하였으나 이집트의 노예로 전락했다. 유대인들은 모세(Mose)의 인도 하에 기원전 13세기 경 이집트를 벗어나 다시 이전의 가나인 땅인 팔레스타인(Palestine) 지역에 정착했다.

〈마사다 요새〉

이후 유대민족은 사울(Saul)에 의해 헤브라이(유다) 왕국을 건설하고(기원전 1020) 예루살렘을 수도로 정하였으며, 다윗(David)과 그의 아들 솔로몬(Solomon)왕에 이르러 전성기를 구가했다. 기원전 10세기 전후 이스라엘(기원전 933-722)과 유다(기원전 933-586)로 분리된 후 북쪽의 이스라엘은 아시리아에 멸망하고 남쪽의 유다는 신바빌로니아에 멸망했다. 바빌론 유수 후[24] 후 로마 제국이 침략(기원전 63)하여 유대인 헤롯(Herod)으로 하여금 유대인들을 위임통치 하였다. 하지만 유대인들은 민족적인 선민의식(選民意識)을 유지하고 로마의 통치에서 벗어나기 위한 투쟁을 지속 하였다. 로마는 유대인들의 저항이 본격화되자 군대를 파견하여 예루살렘을 점령하고(70) 솔로몬사원을 파괴했다. 유

24) 이때부터 히브리족을 유대 사람들이라는 뜻의 유대인으로 부르기 시작했다.

대인들은 저항하며 마사다(Masada)에서 최후의 항전(73)[25]을 시도했다.

로마는 유대 민족 말살정책을 추진했고, 이때 디아스포라[Diaspora ; 이산(離散)을 의미하는 그리스어로 팔레스타인을 떠나 거주하는 이산 유대인과 그 공동체를 의미]가 발생했다. 유대인들은 유럽과 아프리카 그리고 아시아로 분산되었으며, 상업과 금융업에 종사하며 게토(Ghetto)라는 공동체를 구성하고 생활했다. 십자군 전쟁 기에는 기독교인들이 탈환하여 이주하기도 했다. 이들은 다시 국가가 세워지는 1948년 5월 14일까지 근 1,900여 년의 유랑생활을 하면서 민족적 신념에 의한 민족적 정체성을 유지하며 생활하였다.

한편 로마 시대 이후 팔레스타인 지역은 다시 아랍인들이 정착했다. 이들은 부족단위의 생활을 하다가 610년 무하마드(Muhammad)에 의해 창시된 유일신인 알라(Allah)를 추앙하면서 종교적 일체감을 보이기 시작했다. 이 지역에는 셀주크와 이어 오스만 터키가 지배했고, 제1차 세계대전 이후부터 민족운동인 와하비(Wahhabi)[26] 운동을 전개하며 현재와 같은 아랍의 모습을 갖추어 나갔다.

나. 제국주의의 모순된 조치

흩어져 있던 유대인들은 18세기 후반부터 팔레스타인에 독립 국가를 세우려는 시온주의(Zionism) 운동을 벌이기 시작했다. 1,887년에는 전 세계 유대인 대표 197명이 스위스에서 회의를 갖고, 국가의 명칭과 국기를 채택하였다.

제1차 세계대전이 발발했을 때 팔레스타인은 이슬람 국가인 오스만 터키가 지배하고 있었다. 영국은 터키가 추축국에 가담하자 터키를 약화시키기 위해서 아랍인들과 비밀 협정인 '후세인-맥마흔 협정(Macmahon 각서, 1915)'[27]을 체결하고 터키를 공격하도록 했다. 그 대가는 터키 제국 내에서 아랍의 독립을 보장하는 것이었다. 하지만 영국은 세계대전의 전황이 바뀌어 러시아가 전선에서 이탈하자 전 세계 유대인들이 독일편으로 붙지 못하도록 팔레스타인에 유대인의 정착지를 만들겠다

25) 976명의 유대인 저항병들은 로마의 1만 5천명에게 마사다에서 포위되어 2명의 여자와 소수 어린이를 제외하고 모두 자결했다. 이스라엘은 장교와 사병의 마지막 교육 장소로 활용하고 있으며, 유네스코 세계문화유산으로 선정되었다.

26) 압둘 와하브(Muhammad ibn Abdul Wahab)가 1745년 창시하였다. 와하브의 종교적 이념이나 가르침을 따르는 이슬람 복고주의 운동이자 이슬람 부흥운동을 일컫는다. 이 운동은 정교일치(政敎一致)를 주장하는 사우디아라비아 왕국의 지배이념이자 건국이념이 되었다.

27) 후세인- 맥마흔 각서(1915. 10. 24) : 이집트 주재 영국 고등판무관 맥마흔이 "아랍국이 터키를 공격하면 터키제국 내의 아랍민족의 독립을 승인하겠다."는 서한을 아랍족장인 후세인에게 발송했다. 이에 따라 아랍인들은 로렌스 지도하에 시리아로 진격, 다마스쿠스를 함락시키며 터키를 공격했다. 이 상황은 영화 아라비아 로렌스에 잘 그려져 있다.

는 '밸푸어(Balfour) 선언(1917)'[28]을 했다.

그러면서도 영국과 프랑스는 두 개의 조약 중간에 '사이크스-피코 협정(Skyes-Picot Agreement)'이라는 비밀조약을 체결하여 영국은 팔레스타인과 바그다드를 프랑스는 시리아 해안지대와 그 북부를 점령하기로 했다. 이러한 열강의 행태는 양 민족 간의 분쟁의 원인이 되었다.

제1차 세계대전이 종료되면서 국제연맹은 이전 오스만 제국이 지배하던 지역에서 터키를 제외한 국가에 대하여 일시적으로 영국과 프랑스의 지배를 인정하면서, 밸푸어 선언을 받아들이게 되었다(1922. 7). 세계 각국의 유태인들은 속속 팔레스타인으로 이주하기 시작했고, 팔레스타인에는 다수의 무슬림과 소수의 유대인과 기독교인이 혼재하여 거주하게 되었다.

제2차 세계대전의 징후가 보이면서 영국은 또다시 중동의 지리적 위치와 석유자원에 주목하게 되었다. 영국은 유대인이 이 지역에 계속 유입된다면 자원 확보에 도움이 될 수 없다고 판단했다. 따라서 영국은 맥도널드(Macdonald) 백서를 발표(1939)하여 유태인들의 팔레스타인 유입과 토지매입을 제한했다.

다. 이스라엘의 독립

하지만 유태인들은 팔레스타인으로 계속 이주했다. 제2차 세계대전이 종료된 후인 1947년 영국은 식민지인 팔레스타인 문제를 국제연합에 상정(연방제 안과 2개국 분리 안)하여 '분리 안'[29]이 채택(1947. 11. 29)되기에 이르렀다. 분리 안이 채택된 다음 날인 30일 팔레스타인의 아랍인들은 유대인 거주지를 습격하였다. 이로써 팔레스타인 내전이 발생하였다. 그러나 유대인들은 이전부터 아랍과의 문제해결은 군사력 외에는 대안이 없다고 판단하고, 비밀리에 무기를 구입하고 자체 방위조직(하가나, Haganger ; 1920~1948)을 준비하고 있었다.

이스라엘은 아랍인들의 공격을 받았으나 하가나 조직을 활용 이들을 축출했다. 영국의 위임통치가 종료되기 하루 전날인 1948년 5월 14일 16:00에 독립을 선포하고 1,900여년 만에 국가를 다시 건국했다. 하지만 이스라엘이 건국한 땅에 정착하고 있던 아랍인들은 하루아침에 그 반대의 처지가 되었다.

---

28) 1917년 11월 2일 러시아 혁명 후 러시아가 대독전선에서 이탈하자 연합군은 유대인의 동맹국측 가담을 거부하기위해 영국 외상 밸푸어(Balfour)가 "팔레스타인에 유대 민족을 위한 민족적 안식처를 건설하는데 대하여 호의와 노력을 제공한다."고 선언 했다.

29) 예루살렘 지역은 국제관리 지역, 나머지는 유태 지역과 아랍 지역으로 분리하여 각각 독립시킨다는 내용이다.

2. 전쟁의 특성

중동전쟁은 현대전에 일어난 여타의 전쟁과 비교하여 몇 가지 특성을 지지고 있다. 역사적으로는 이미 고대 로마로부터 잉태된 전쟁이었으며, 헌팅턴 교수의 주장처럼 '문명 충돌'의 대명사가 된 종교와 문명 간의 전쟁이기도 했다. 또한 먼 옛날의 동족이었지만 대가 멀어진 민족전쟁이기도 했고, 지리적인 전략적 이점과 석유 자원을 선점하기 위한 강대국들의 추악성이 들어난 제국주의 전쟁(제2차 전쟁)과 대리전쟁(제4차 전쟁)의 성격을 포함하고 도 있다. 특히 이집트는 전쟁에는 패배했지만 제국주의 중동지배를 종식하게 만들었다. 중동전쟁을 그 전쟁 자체로 평가해 보면 다음과 같은 특성을 확인해 볼 수 있다.

첫째로 전쟁은 사막이라는 특수 환경에서 시작되었다. 사막이라는 자연 조건은 항공기의 중요성을 더욱 부각시켰다. 은폐 및 엄폐가 불가능한 사막지형에서 우수한 항공력은 곧 전력의 우세로 판가름 났다. 이미 제2차 세계대전부터 항공기의 중요성이 부각되었지만 중동전에서의 항공력은 전쟁의 향방을 가늠하는데 결정정인 요소로 작용했다. 이는 이후의 이라크 전쟁에서 또 다시 증명된다. 둘째로 중동전쟁은 내선의 이점을 극명하게 보여주었다. 이스라엘은 아랍에 의해 항상 포위된 상황에서 전쟁을 치렀다. 하지만 주변국들이 완벽한 연합작전을 구사하기 전에 내선에서 선재 공격함으로써 승리할 수 있었다. 셋째로 전쟁은 우수한 무기와 기술력이 전장을 지배했다. 진화하는 전장의 무기체계에 적응할 때는 승리했고, 자만하여 안주하면 패배하는 일련의 과정이 연속되었다. 이는 앞으로의 전쟁은 기술력이 지배할 것임을 명확히 제시해 주었다. 여기에 더하여 이스라엘군은 정신력이 최고의 무기임을 실증해 주었다. 넷째로 종심이 짧고 자원이 빈약한 국가는 적으로부터 제1격(first strike)을 피해야 승리할 수 있다는 교훈을 남겼다. 이스라엘은 자신들의 불리한 조건을 잘 인식하고 선공하여 아랍 군으로부터 제1격을 피하면서 승리를 달성했다. 이는 현대의 가공할만한 무기의 성능을 고려했을 시 시사하는 바가 크다. 제1격을 피하기 위해서는 정보의 중요성이 더욱 부각된다고 할 수 있다.

마지막으로 중동전쟁은 전술적인 면에서 이스라엘군의 기습, 전투력의 집중, 지휘관의 융통성 보장, 무자비한 추격 등을 통한 기동이 돋보인 전쟁이었다. 중동전쟁은 아랍과 유대민족 간 전쟁이었지만 그 파장은 전 인류에 미쳤다. 중동전쟁으로 아랍권은 아랍석유수출기구(OPEC)를 창설했고 '석유의 무기화'를 추진하게 되면서 세계 경제에 대한 영향력을 행사하기 시작했다.

3. 전쟁 경과

가. 1차 중동전쟁(팔레스타인 전쟁 / 이스라엘 독립 전쟁)

○ 시 기 : 1948. 5. 15～1949. 2. 24
○ 장 소 : 이스라엘
○ 교전국(지휘관) : 이스라엘(도리, 야딘) / 아랍 연맹군(파사, 후세니)
; 이집트, 시리아, 요르단, 레바논, 이라크, 사우디 아라비아
○ 병 력 : 이스라엘 2만명 / 아랍 연맹군 3만 5천명 ; 이집트(1만명), 이라크, 시리아, 요르단, 레바논, 사우디, 예멘 아랍 연맹군
○ 결 과 : 이스라엘 승리
○ 분 석
- 국민의 단결과 전투의지
- 내선작전의 이점을 활용한 기습과 전투력 집중

개 요 1차 중동전쟁은 이스라엘이 1948년 5월 14일 독립을 선포했을 때 아랍연맹이 신생 이스라엘을 공격하면서 시작 되었다. 전쟁은 독립 선포 다음 날인 15일부터 아랍군이 이스라엘을 공격했고, 크게 3회의 전투가 전개되었다.

군사력에 있어서는 이스라엘군이 열세했다. 이스라엘은 총 인구수 70만명에 병력은 2만명 수준 이었고, 항공기는 물론 전차도 전무했다. 심지어 개인화기는 3명당 1정 수준이었고, 전술부대는 겨우 중대급으로 편성되어 있었다.

반면 인구 3,200만명의 아랍은 이스라엘 북쪽의 레바논과, 동북쪽에 시리아, 남부의 이집트 그리고 동쪽에서 이라크와 요르단이 이스라엘 외선에서 3만명의 병력과 항공기 및 전차로 무장하고 포위했다. 그러나 아랍연맹은 상호 이해가 상충되고 있었고, 이스라엘군을 과소평가하고 있었다.

경 과[30] ① **제1차 전투** 전투는 1948년 5월 15일에 아랍 연맹군이 3면에서 이스라엘을 공격하면서 시작되었다. 전투력이 우세한 아랍군은 이스라엘 진지를 돌파하기 시작했다. 이스라엘군은 자위조직을 중심으로 분전했지만 중과부적이었다. 특히 이스라엘의 동쪽에 위치한 요르단의 아랍군단은 이스라엘을 남북으로 절단할 기세로 진격해 왔다. 이집트군은 두개 축선으로 이스라엘을 공격해 왔다. 이스라엘은 5월 26일에서야 국방군을 창설, 의용군을 모집하고 무기와 항공기 등을 구매하여

30) 김희상, 〈중동전쟁〉, 일신사, 1977, pp.59～69

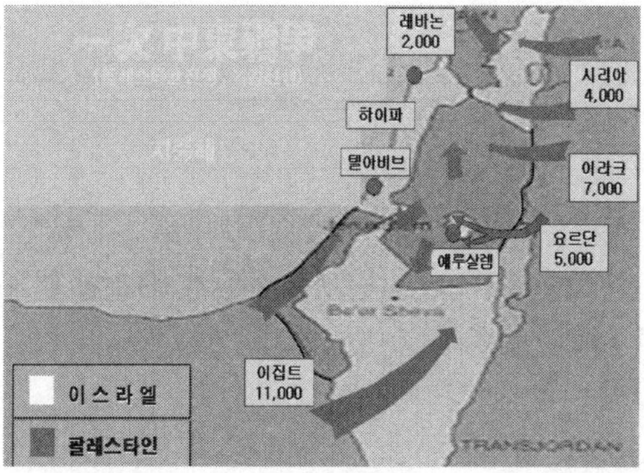

〈5월 15일부터 6월 10일까지 교전 현황〉

전세를 역전시키기 시작했다. 이스라엘은 곧 예루살렘으로 향하는 통로를 개척했다. 이때 양측이 유엔의 휴전안을 받아들여 6월 11일, 휴전이 성립되었다.

② **제2차 전투** 아랍 측에서 7월 8일 휴전 연장 안을 거부하면서 공격을 개시 18일까지 10일 간 전투가 진행되었다. 이때는 사우디아라비아도 가담하여 공격했다. 7월 8일 이집트군이 네게브(Negev)사막에서 이스라엘군을 공격하자, 이스라엘군도 반격에 나섰다. 이스라엘군은 이집트군을 돈좌시키고, 이어 북방의 아랍군을 격퇴시켰다. 아랍 측은 또 다시 유엔 휴전안을 받아들이고 18일부로 휴전했다. 이때 이스라엘은 갈릴리 남부지역 1,000㎢ 영토를 획득했다.

③ **제3차 전투** 제1차 중동전쟁의 최종작전으로 이스라엘군의 선공으로 10월 15일부터 시작되었다. 이때 이스라엘은 내선의 이점을 충분히 인식하고 속전속결로 전쟁을 종료하려 했다. 이스라엘은 우선 네게브사막에 위치한 이집트 공군기지를 공격하여 제공권을 장악했다. 지상군은 가자와 빌 아슬리에서 조공이 이집트군을 견제하는 가운데, 주공은 네게브 사막의 아부 아게일라(Abu Ageila)를 거쳐 엘 아리쉬(El Arish)까지 이집트군 1개 여단의 배후로 진출하여 병참선을 차단하고 7일 만에 승리했다. 이스라엘은 곧바로 갈릴리 지역으로 작전을 전환, 공군의 지원 하에 3일 만에 아랍군을 제압하고 작전을 종료했다. 이후 양측은 대치하다가 1949년 2월 24일 휴전 휴전하였다.

결 과 이스라엘은 불리한 여건에서 총력전을 전개했다. 이스라엘 국민과 지도자들은 단결했다. 군사적으로도 현격한 인구 차이에도 불구하고 전투현장에서는 항상 아랍군을 능가했다. 이스라엘군은 내선을 이용한 기습과 선제공격 집중 등 전쟁원칙을 충분히 활용한 것이다.

이스라엘은 전쟁을 통하여 가자지구 남부, 웨스트뱅크 서부(이스라엘 공동 점유), 레바논 남부 등에서 전쟁이전보다 더 넓은 영토(2만 662㎢)를 획득하면서 독립을 굳혔다. 이때 이스라엘이 점령한 지역의 아랍인 약 100만명은 아랍측이 통치하는 가자지구로 도피하면서 또 다른 디아스포라(Diaspora)가 발생했고(팔레스타인 해방기구 ; PLO 탄생), 과격단체인 하마스(Hamas)가 조직되었다.

나. 2차 중동전쟁(시나이-수에즈 전쟁)

○ 시 기 : 1956. 10. 29～1957. 11. 4
○ 장 소 : 시나이 반도 및 수에즈 운하 일대(이집트)
○ 교전국(지휘관) : 이스라엘(모세 다얀), 영국, 프랑스 / 이집트(나세르)
○ 병 력 : 이스라엘 17만, 영국 4만 5천명, 프랑스 3만 4천명, 전투기 110대 전차 400대 / 이집트 30만명 항공기 400, 전차 430대
○ 결 과 : 연합국 승리
○ 분 석
- 과감한 기습과 돌파
- 지휘관(자)의 솔선수범
- 국제 여론의 중요성

개 요 제2차 중동 전쟁은 수에즈 운하를 둘러싸고 이집트와 이스라엘·영국·프랑스 사이에 일어난 전쟁이다. 이집트의 나세르(Nasser)는 정권을 장악(1952. 7)하여 범아랍주의(Pan-Arabism)를 제창하면서, 아랍·아프리카·회교권 3세력 통합을 목표로 아프리카 각국의 독립운동을 지원하여 영국·프랑스와의 충돌이 불가피했다. 나세르는 1956년에는 스에즈 운하를 국유화하면서 운하의 대주주인 영국과 프랑스를 축출하였다.

또한 이스라엘에 증오심이 폭발하고 있던 아랍측은 이스라엘 상품의 물매운동과 더불어 스웨즈 운하와 아카바(AQaba)만 뿐만 아니라 이스라엘로 향하는 모든 선박의 통행을 금지 시켰다. 군사적으로도 이집트는 시리아 요르단군을 통합한 사령부를 설치하고 게리라 활동을 활발하게 진행했다. 이스라엘은 이집트의 군사력이 더 이상 강력해지기 전에 이를 분쇄야야 한다는 판단에 이르렀다. 결국 양 측은 군사적 해결방안을 모색, 제2차 중동전이 발발했다.

당시의 전투력은 제1차 중동전과는 사뭇 달랐다. 이집트의 군사력이 육군 8만명을 포함한 약 10만명으로 증강되었고, Mig-15기를 포함한 항공기 400여대를 비롯하여 전차 430대를 보유하고 있었다. 이스라엘도 이미 5만 5천의 상비군과 10만의 예비군, 전투기 110대와 전차 400여대를 포함하여 만만치 않는 전력을 보유하고 있었다. 이번에는 이스라엘이 선제공격을 감행했다. 이때 이집트는 거점방어 형태로 가자지구와 스에즈운하 일대에 집중 배치했다.

경 과 1956년 10월 29일 이스라엘군은 시나이반도의 국경을 넘어 이집트로 진격

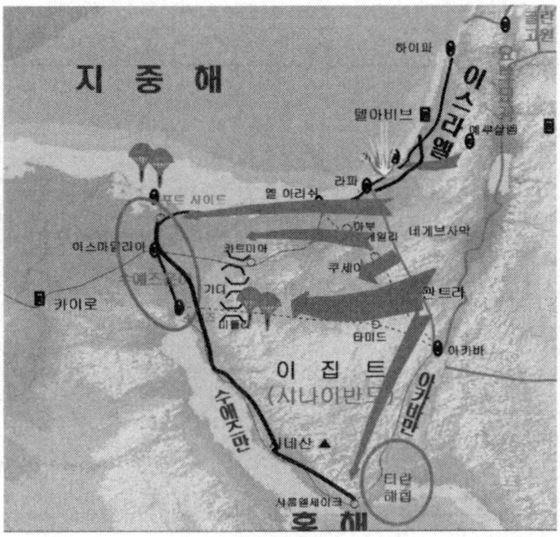

〈제2차 중동전쟁〉

하기 시작했다. 공격은 속전속결 전략으로 진행되었다. 먼저 공수부대가 수송기를 이용하여 시나이 반도 서쪽의 이집트 비행장 일대에 낙하되면서 시작되었다. 지상군도 쿠세이마(Quseima)와 관트로(Quntillo)에서 공격을 시작하여 이집트군을 양분하기 시작했다. 31일에는 아카바만의 나키브(Nakeb)에서 샤름 엘셰이크(Sharm El Sheikh)로 공격해 나갔으며, 아부아게일라와 움가다프(Um Gataf), 라파(Rafah), 가자 지역으로 공격이 개시되었다. 10월 31일에는 프랑스 군이 가자지구 일대(Gaza Strip)를 포격했으며, 이스라엘군은 11월 2일 가자지구를 점령했다. 11월 3일에는 최후의 목표인 샤름 엘 세이크에서 격전을 치르고 4일 밤 이를 점령했다. 이로써 이스라엘군은 전 시나이 반도를 석권했다. 11월 5일에는 영·프 연합 공수여단이 수에즈 운하의 관문인 포트사이드에 투하되어 스에즈운하의 30%이상을 점령했다. 전투과정에서 이스라엘군은 지휘관(자)의 모범과 솔선수범은 전쟁에서 승리할 수 있는 원동력이 되었다.

결 과 11월 2일 유엔의 휴전안이 마련되고 휴전에 대한 국제적 압박이 높아지자 영국과 프랑스는 휴전을 받아들였고, 11월 7일 전투는 중지되었다. 하지만 철군을 요구하는 미국과 소련을 중심으로 한 국제연합과 세계여론의 압력이 급증하자 승리한 3국은 정치적으로 곤경에 놓이게 되었다. 11월 14일 국제연합 총회에서 '국제연합 긴급군(UNEF)'의 파견을 내용으로 하는 정전 안이 채택되면서 영국과 프랑스군은 수에즈에서 철수하였다.

결국 영국과 프랑스는 전쟁에서는 승리했으나 결과적으로 스에즈운하를 잃게 되면서 인도차이나에 이어 중동에서도 제국주의 정책에 역사적 종말을 고하게 되었다. 이스라엘은 제국주의에 편승하여 전쟁을 일으켰다는 국제적인 비난에 시달리다가 1957년 3월 점령지에서 철수했다. 이때 이스라엘은 아카바 만에 대한 자유로운 통행권을 보장받았다. 반면 이집트는 전쟁에서는 패했으나 국제 여론에 힘입어 실지를 회복할 수 있었으며, 나세르는 수에즈 운하의 국유화를 달성하면서 아랍권에서 정치적 영향력을 확대 할 수 있게 되었다.

다. 3차 중동전쟁[31](6일 전쟁)

○ 시 기 : 1967. 6. 5~6. 10
○ 장 소 : 중동
○ 교전국(지휘관) : 이스라엘(라빈, 다얀) / 이집트, 요르단, 시리아, 이라크(알리 아머)
○ 전 력 : 이스라엘 27만 5천명, 항공기 270대, 전차 1,050대 / 아랍연맹(34만명, 항공기 558대, 전차 2,542대). 이집트 21만명, 전투기 431대, 전차 1,100대)
○ 결 과 : 이스라엘 승리
○ 분 석
- 선세 기습공격과 각개 격파
- 우세한 공군력 및 정보수집 능력

개 요 제2차 중동전쟁은 국제여론에 따라 봉합되었지만 계속 참패한 아랍권은 군비를 증강했고, 이스라엘 또한 미국과 정치·군사적인 관계를 유지했다. 제3차 중동전은 요르단강의 수로 변경문제로 불거졌다. 아랍측이 요르단강의 수로를 내륙으로 변경하는데 합의(1964. 1. 19)하고 공사를 진행하자 이스라엘군이 공사장을 공격(1966. 7)하면서 중동 지역의 긴장이 다시 시작되었다.

이어 제1차 중동전쟁의 정전협정에서 비무장지대로 설정된 골란고원 일대에서 경작하던 이스라엘 주민에 시리아군이 포격을 가하는 사건이 발생했다. 이로 인하여 양국 간 공중전이 발발 시리아 주력기인 미그-21기 6대가 격추되었다. 이때 소련은 이집트에 이스라엘군이 시리아 국경선에 병력을 배치하고 있다는 거짓 정보를 제공하면서 이집트의 개입을 촉구했다.

이집트군은 유엔군을 시나이 반도에서 철수시키고(67. 5. 18), 가자 지구와 샤름 엘 세이크(Sharm El Sheick)에 진주하며(5. 16), 이스라엘의 유일한 통로인 아카바(Akaba)만이 있는 티란(Tiran)해협을 봉쇄(5. 23)하기에 이르렀다. 여기다 아랍권은 그 간의 불식을 걷어내고 통일 아랍정부(5. 30)와 사령부를 결성했다.

경 과 아랍의 틈바구니에서 생존권을 확보하려는 이스라엘과 성전을 배경으로 실지회복을 외치는 아랍권의 상호 대결은 이스라엘의 선공으로 시작되었다. 이스라엘은 이미 제2차 중동전의 선제공격으로 국제적으로 지탄을 받은 적이 있으나 '출구가 봉쇄된 상황 하에서 앉아 기다리는 것은 곧 자멸이다.'라는 판단 하에 '선

31) 김희상, 〈중동전쟁〉, 육군본부

제공격 계획'을 실행에 옮겼다. 이스라엘군의 선제 공세전략은 국제 여론의 표적이 될 수 있는 만큼 단기간에 결정적 승리를 달성할 수 있어야 했다. 이스라엘은 내선에 위치한 이점을 이용 신속히 아랍 연합군을 각개격파 할 수 있도록 계획했다. 제1단계의 공중작전과 제2단계의 지상작전으로 하되 아랍군의 전력 중 가장 강력한 이집트 공군에 초점을 맞추었다.

반면 아랍권은 우세한 전투력과 지리적 이점을 고려 무력시위를 통해 이스라엘을 굴복시켜 양보를 얻어내려 하였으며, 군사작전은 차선책으로 고려하고 있었다. 따라서 아랍군은 만약 이스라엘이 공격해 온다면 '수세 후 공세 개념'으로 대항하는 전략을 수립하고 지뢰 지대와 지하벙커 등의 방어시설을 갖추었다. 아랍군은 제1단계로 이스라엘의 공격을 국경선에서 저지하고, 제2단계로 공중 우세권을 확보한 가운데 이스라엘을 3면에서 포위하고, 제3단계로 이스라엘로 진격하여 이스라엘 국가 자체를 소멸시키는 것이었다. 즉 아랍의 전략개념은 소모전에 의한 선 방어, 후 공격이었다.

① **공군작전**[32]은 1967년 6월 5일 07:45분 4대씩 편대를 이룬 이스라엘의 전투기들이 11개소의 이집트 비행장과 공군기를 기습적으로 파괴하기 위해 이륙하면서 시작되었다. 이스라엘의 공군기들은 23개소의 거미줄 같은 아랍의 레이다와 대공 화망을 피해 멀리 지중해로 우회하여 해수면위로 저고도 비행하여 목표물에 동시간대, 동시타격을 가했다. 이 시간은 주요 지휘관들의 출근시간이었다.

〈이스라엘군의 미라지 전투기〉

ㅇ 지상군

- 탈사단 : 공수 1개 여단, 기갑 2개 여단, TF 여단
- 샤론사단 : 공수 1개 여단, 기갑 1개 여단, 보병 2개 여단, 공병 1개 여단
- 요패 사단 : 기갑 2개 여단

〈이스라엘군 지상군 편성〉

이스라엘 공군은 2시간 50분 만에 이집트의 주요 비행장을 포함하여 MIG 21기 290대를 파괴해 버렸다. 당일 이스라엘 공군은 미그기를 포함한 410대의 비행기를 파괴했고, 작전기간 중 총 884대를 파괴(지상파괴 431대)했다. 이어 이슬라엘 공군은 다음 단계로 요르단, 시리아, 이라크, 레바논 등의 공군기지를

32) 노병천, 도해 세계전사, 2001, pp.568~569

공격하여 아랍군의 공군력을 무력화 시켰다. 이스라엘 공군은 이때 290대의 비행기를 여러 번 출격시켜(1일 출격 회수 평시 3~4회, 당시 7~10회) 가용 항공기를 최대한 활용했다. 이후 이스라엘 공군은 지상군을 근접지원했다.

② **지상군 작전 시나이 반도** 이스라엘군의 지상군 작전 개념은 우선 시나이 반도에 가용 전력을 집중하여 1단계 작전으로 북부 및 중앙 지역에 2개 사단을 투입시켜 이집트군의 제1방어선을 돌파하고, 제2단계작전에서는 1개 사단을 초월시켜 공격하며, 제3단계 작전은 지대 내 적을 격멸하는 것 이었다.

이집트군은 시나이(Sinai)반도에 3선으로 방어선을 구축하였다. 이집트군의 방어 편성은 경계부대를 배치하고 보병 및 기답부대로 제2방어지대를 운용하고, 후방에는 기갑부대를 예비로 배치하여 운용하는 지역방어와 선방어 개념이 포함된 방어를 하고 있었다.[33] 가자 지구, 라파 지구, 엘 아리쉬, 쿠세이마 등 경계지역, 경계지역으로부터 25km~30km 후방인 빌 하사나(Bir Hasana)와 제벨 리브니 일대에는 제2방어지대를 설치하고 제3 보병사단과 제40, 41 기갑여단을 배치했다. 그리고 후방에서 주요 도로를 통제할 수 있는 지역인 타마다(Tamada)를 연하는 선으로 예비대인 제4 기갑사단을 배치했다.

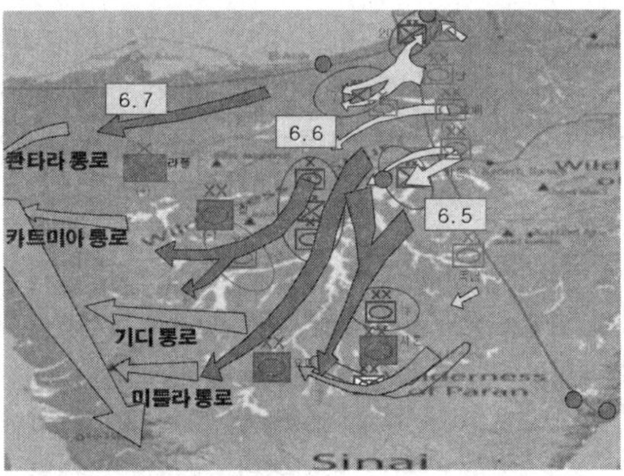

〈이스라엘군의 시나이반도 기동〉

지상군 작전은 공군 공격 한 시간 후인 6월 5일 08:45분 139마일의 시나이 반도 전 전선에 걸쳐 북, 중, 남부의 3 방향에서 동시 공격으로 시작되었다. 먼저 제1단계 작전은 남부 축선 쿤딜라에서 독립기갑여단이 견제공격을 하면서, 주공인 중앙 축선의 샤론(Sharon)사단과 조공인 북부 축선의 탈(Tal)사단이 이집트 제1방어선 진지를 공격하기 시작했다.[34]

탈 사단은 이집트군 제20사단과 제7사단의 배치 간격을 이용 공격하여 양 사단을 분리시키고, 공수 여단을 라파 남측으로 우회 기동시켜 이집트군의 포 진지와 예비대를 공격하여 6월 7일 10:00에 엘 아리쉬를 점령했다. 중앙 축선의 샤론 사단은 가장 강력한 움 카타프(Umm Gataf) 요새진지를 공격했다. 보병으로 증강된 전차 1개 대대로 특수임무부대를 편성 북쪽의 사막지대로 위회 기

33) 육군본부, 〈이스라엘 군사제도 시찰결과보고서〉, p.237
34) 유관종, 기갑부대 전격전의 역사적 배경, 〈군사연구〉제 89집, 1978. p120

동시켜 이집트군 제2사단의 지휘부를 무력화 시키고, 남쪽에서는 2개 공수대대로 하여금 이집트군의 포병진지를 무력화 했다. 이때 보병 여단은 정면 돌파와 교통호 측방을 이용한 공격을 강행했다. 샤론 사단은 움 카타푸 진지를 탈취하고 계획대로 요패(Yoffe) 사단을 초월시켰다. 이스라엘군은 하루 만에 이집트군의 전방 방어선을 돌파하고 40km를 진출하여 엘 아리쉬와 아부아게일라를 확보할 수 있었다.[35]

제 2단계 작전은 추격 및 포위 작전으로 작전 2일차부터 진행되었다. 지중해 연안의 탈 사단은 일부는 가자지구와 후방에 투입하고, 주력은 엘 아리쉬에서 진군하여 북부와 중앙축선으로 진출하여 빌라팜을 점령하면서 이집트 제7사단을 완전히 괴멸시켰다. 후방작전에 투입된 탈사단은 1개 공수여단과 함께 이집트 제20사단을 완전히 소탕하였다.

한편 샤론사단을 초월한 요패사단은 제벨브니를 향하여 진출하였고, 6월 8일 08:00에 미틀라 통로를 점령함으로써 이집트군의 퇴로를 차단하고 포위를 완료했다. 아카바만은 공수작전과 해상 기습으로 전투 없이 점령하였다. 또한 요패 사단은 아카바만에서 남쪽으로 진격하는 부대와 합류함으로써 시나이 반도를 포위하면서 봉쇄했다.

제3단계 작전은 수에즈운하를 확보하기 위한 작전으로 공격개시 4일째에 실시되었다. 8일 새벽 탈사단은 공수여단으로 하여금 카트미아 통로를 장악하여 스에즈운하 도하지점을 점령했고, 오후에는 수에즈운하에 도달하였다. 이스라엘군은 기갑부대로 교량과 도선장을 확보하여 이집트군의 증원과 철수를 차단하고 반도내의 이집트군을 소탕했다. 8일 저녁 나세르는 유엔의 휴전 요구를 수락했고, 이스라엘군은 작전 개시 4일 만에 시나이반도를 확보했다.

요르단 3면이 이스라엘에 둘러 싸여 있는 요르단은 6월 5일 10:00 예루살렘을 선제공격했다. 하지만 시나이 지역의 전황파악이 곤란하여 소규모 공세에 그치고 있었다. 이스라엘군은 최초 4개 여단과 지역 내의 민방위군으로 방어하다가 시나이 반도에서의 전황이 유리하게 전개되자, 계획된 1개 여단과 시리아 방면 2개 여단을 전용하여 총 7개 여단으로 예루살렘을 공격했다.

이스라엘군은 2개 공수대대와 전차가 동원된 시가전을 전개한 끝에 예루살렘을 점령(7일)했고, 다음날 요르단강까지 진격했다. 이로써 요르단강 서부지역(웨스트 뱅크)은 이스라엘이 점령하였다. 개전 3일 째인 6월 8일 14:00 휴전에 동의함으로써 요르단 지역 전투 역시 이스라엘 군의 승리로 종료되었다.

시리아(골란 고원) 시리아군은 총 7개 여단 중 6개 여단을 투입하여 전선을 강

35) 최용성, 신편 세계전쟁의 이해, 608~609

화하고 있었고, 이스라엘군은 시나이 반도와 요르단 방면의 전투로 인하여 3개 여단만을 배치하고 수세를 취하고 있었다. 하지만 양 전선에서 승리하자 8일부로 주력 4개 여단을 시리아 전선으로 전용하여 공격하기 시작했다.

다음날 9시 40분 이스라엘군은 강력한 공군지원과 함께 시리아군을 정면에서 공격하기 시작했다. 골란(Golan)고원은 지하화 된 거점과 각종 장애물로 보강되어 매우 강력한 방어력을 자랑하고 있었다. 하지만 이스라엘군은 시리아군의 방어진지를 돌파하기 시작하여 요충지인 쿠네트라(Kuneitra)를 점령했다. 수도인 다마스쿠스(Damascus)로 진격을 준비하던 6월 10일 휴전이 성립되었다.

결 과 이스라엘군은 전쟁 4일 만에 시나이반도와 웨스트 뱅크를 확보하고, 전쟁 6일 만에 골란고원을 확보했다. 이스라엘은 제3차 중동전을 통해 전쟁이전보다 3.5배 정도 확장된 영토를 확보하여 아랍의 공세에 대비할 수 있는 공간적 여유를 확보하게 되었다. 또한 이스라엘은 티란해협을 확보하여 아카만의 자유로운 통행을 보장받았고, 예루살렘을 장악하게 되었다. 이로써 이스라엘은 국가 이미지 제고와 더불어 전쟁으로 얻을 수 있는 것은 모두 얻었다. 심지어 노획한 800여대의 소련제 T54/55전차와 차량 등 20억 달러 상당의 장비와 보급품도 확보하여 중동의 군사 강국으로 부상하는 계기가 되었다.

전쟁에서 이스라엘군이 승리할 수 있었던 요인은 선제 기습공격에 의한 제공권 장악에 있었다. 이는 당시 지휘관들의 전술적 혜안과 더불어 조종사들의 우수성이 돋보였다. 목표(이집트군의 공군력)의 적절한 선정, 기갑부대를 이용한 기동력과 공격기세의 유지, 전투력 집중(최초 이집트 공습 시 전투기 12대를 제외한 전 공군력 이집트 방면 투입), 기습(이집트 군의 레이더를 회피하기 위해 지중해 방면으로 진출한 후 카이로 방향과 리비아 사막방향에서 이집트로 접근), 경계(1일 생존선 확보를 위한 10여 회의 진지변환), 통일(통합군 체제), 정보(이집트군의 출근 시간계산 및 공중 정찰 시간과 레이더 회피), 사기 등 완벽한 전쟁원칙 적용을 이루어 냈다. 이스라엘군은 사막에서 예하 지휘관에게 대폭적인 지휘권을 이양함으로 해서 예하 지휘관들의 재량권을 최대한 보장했다. 따라서 지휘관들은 전장에서 상급부대의 작전에 기여함으로 해서 '분권화 작전'이라는 용병술을 탄생시켰다.

이에 비해 아랍 연합군은 방대한 군사력에 비해 통일된 조직이 지휘하는 체제가 완비되지 않아 이스라엘군에게 각개 격파 당하고 말았다. 특히 아랍군은 누란의 위기에서 조국을 지키겠다는 투철한 애국심으로 전쟁에 임한 이스라엘군과 대비되게 아직도 전 근대적인 요소들이 잔재하고 있어 자체 내의 단합을 저해하고 말았다. 장교와 사병 간에는 전혀 일체감이 유지되지 않았으며 아직도 전근대적인 요소들이 군의 문화로 남아있었다.

라. 4차 중동전쟁(10월 전쟁 ; Yom Kippur War)

○ 시 기 : 1973. 10. 6~6. 24
○ 장 소 : 중동일대(시나이 반도, 골란고원)
○ 교전국(지휘관) : 이스라엘(다얀) / 이집트, 요르단, 시리아, 이라크
○ 전 력 : 이스라엘 9만 5천명, 항공기 488대, 전차 1,700대 / 아랍연맹(55만명, 항공기 1,240대, 전차 4,860대 ; 이집트 26만명, 항공기 620대. 전차 1,955 . 시리아 12만명 항공기 326대, 전차 1,300대. 이라크 9만, 항공기 224대, 전차 1,065대)
○ 결 과 : 이스라엘 승리
○ 분 석
- 기습 공격
- 공격기세 유지
- 우수한 정보력과 전투력 집중

개 요 제3차 중동전쟁으로 아랍권은 일대 충격을 받았다. 이집트는 수에즈운하를 연한 시나이반도를 이스라엘에 빼앗겼고, 시리아는 지형적으로 유리한 골란고원을 빼앗겼다. 요르단도 예루살렘을 비롯한 요르단강 서안을 실함하여 아랍권은 수도가 위협 받으면서 전략적으로 불리한 상태에 처해 있었다. 이러한 상황에서 아랍권은 패배감의 극복과 더불어 현 상태가 영구화 되는 것을 방지하기 위해 세계 여론을 등에 업고 군사적 노력을 강구하기 시작했다.

이집트는 나세르가 사망(1970. 9. 29)한 후 온건파인 사다트(Anwar Sadat)가 후임 대통령으로 취임했다. 사다트 대통령은 중동문제의 평화적 해결을 위해 미국과 협상했으나 결과는 시원스럽지 못했다. 결국 사다트는 미·소의 화해 분위기는 중동의 현 상태의 고착화를 가속화 시킬 것으로 판단하고 전쟁을 공포(1973. 3. 26)했다.

반면 이스라엘은 1970년대 초의 세계적인 해빙 무드 속에서 스스로 방위예산을 삼각하면서 바레브선의 요새 수와 병력을 제한했다. 또한 이스라엘은 선거기간(1973년 대통령 및 총리 선거)으로 국민들의 관심은 전선보다는 캠프를 향하고 있었다. 이스라엘군은 두 차례의 연이은 승리로 아랍의 공격에 대한 시간적 공간적 여유를 확보했으며, 아랍에 대한 군사적으로 과신을 가지게 되었다.

이때 이스라엘군은 전통적인 정보기구의 능력을 기반으로 기계화작전과 축성시설을 보강하고 대비하고 있었다. 제3차 전쟁이후 신형 전차와 자주포를 개발하고 미사일을 도입했다. 그리고 대대적으로 공군력 강화에 주력하여 군사적 우위를 점

하고 있었다. 또한 이집트군의 계속적인 포사격이 이어지자 당시 바레브 장군의 제안으로 수에즈운하와 골란고원에 바레브(Bar-Lev) 방어선[36]을 설치했다. 제4차 전쟁의 직접적 원인은 유엔의 휴전안이 양 측의 이해가 상반되어 받아들일 수 없었고 아랍권은 소련의 지원에 의해 제3차 전쟁 시 고갈된 전투력을 회복했기 때문이었다.[37]

전쟁 계획 이스라엘은 시나이반도에 정착촌을 건설하여 영유권을 영구히 하려 했다. 또한 우수한 정보망을 통해 이미 아랍 측의 공격을 간파하고 있었으나 또 다시 침략자의 낙인이 찍히는 것을 의식하고 있었다. 이스라엘은 제3차 중동전쟁에서 확보한 완충지대를 계속 유지하고, 불가 시에는 공자를 격퇴하는 것이었다. 이를 위해 '아랍 측의 공세행동을 억제하고, 전략적으로 그것이 실패하면 공격 한다'는 '수세 후 공세' 개념의 방어 전략을 수립했고,[38] 시나이반도 방어를 위해서는 바레브선을 기초한 기동방어를 채택했다.[39] 이스라엘은 골란고원과 시나이반도에 구축된 바레브 3선 방어진지에서 적을 저지하고 작전의 우선권은 약한 쪽인 시리아 방면에 두었다.

작전계획은 바레브 선에서 도하하는 이집트군을 최대한 저지하다가 후방의 기동예비대를 이용하여 반격하고 만약 불가 시에는 철수하여 미트라-기디-카트미아를 연하는 선에서 공격을 저지하며 동원 전력으로 공세이전을 한다는 것이었다. 하지만 이스라엘은 확장된 영토로 인하여 병참선이 신장되어 있었고, 총체적으로는 장기전에 불리한 여건이었다.

아랍측은 실지 회복을 위한 군사행동을 추진했다. 이스라엘의 강점인 기갑부대는 최대한 회피하되, 이스라엘의 역습을 유도하여 준비된 방공체계와 대전차 무기체계로 격파하려 했다. 이집트는 이스라엘의 전쟁수행 능력을 분석하여 이스라엘의 강점(항공력, 무기체계, 교육훈련, 미국의 즉각 개입)은 회피하고 약점(신장된 병참선, 경제와 인구의 취약성으로 인한 장기전, 종심의 빈약)을 최대로 이용하여 강대국 개입 시까지

---

36) 바레브선은 공군 출동을 위한 8분간의 경고 시간을 획득하기 위해 설치되었다. 15m 높이의 제방(9m 높이 화강암에 흙과 모래로 덮은 제방)을 쌓고 거기에 약 40여개의 콘크리트 벙커를 구축한 요새로 하나의 전초진지로 1개 여단규모 병력이 경계임무를 수행하며 주진지는 10~15km 후방에 위치하며, 4개의 주요 접근로 위주로 설치되었다.

37) 아랍측이 이스라엘을 인정하고 티란 해협에 대한 이스라엘의 자유 항해권을 보장하는 대신, 이스라엘은 점령지에서 철수하고 팔레스타인 난민문제를 공정하게 해결한다는 내용

38) Ammon Gurion, "Israeli Military Strategy up the Yom Kipper War", Air Univ, Review(Sep/Oct., 1982), p.56

39) 김희상, 〈중동전쟁〉, p.558

전쟁상태를 유지하려는 전략을 수립했다.[40)]

이집트는 이스라엘의 강점인 공군과 기갑부대를 제압하기 위해 SAM 체제의 방공망을 구축하고 대전차 무기체계(RPG-7, Sagga 등)를 완비했다. 특히 국방상 이스마일은 6일 전쟁에서 패배한 원인을 면밀하게 분석하여 병력의 질과 사기앙양, 단결 등을 최우선 과제로 삼아 강도 높은 훈련(도하, 요새 파괴, 대전차 방어, 야간훈련 등)을 계속하고 있었다.

이집트는 2년간 5회에 걸쳐 수에즈 서안지역에서 대규모 기동연습을 실시하면서 기동연습시마다 상당수의 전력을 남겨두고 철수하여 개전 당시에는 8개 사단의 병력과 1,000대 이상의 중장비를 배치했다. 또한 유대교와 이슬람교의 최대의 종교 축제일(욤 키푸르)[41)]에 동원이 오래 걸리는 점을 이용하여 이스라엘에 선제 기습공격을 가해 양면전과 소모전을 강요하려는 전략을 추진했다. 따라서 이집트 작전개념은 '공세 후 수세로의 전환'으로 시나이 반도를 회복하는 수준에서 전쟁을 마무리 하는 제한전을 선택했다.[42)]

작전계획은 3단계로 수립되었다. 1단계는 교두보 설치단계로 제2, 3군의 5개 보병사단이 일제히 도하하여 10~15km 종심의 교두보를 확보하여 공격해 오는 이스라엘 기갑부대를 저지, 격멸하는 것이었다. 제2단계는 기갑 및 기계화 부대들이 보병사단을 초월하여 미트라-기디 통로를 돌파 시나이 반도를 장악하는 것이었고, 제3단계는 시나이 반도에 강력한 방어선을 구축하는 것으로 보병부대들도 전방으로 추진하여 강력한 저항선을 형성하고 기갑 및 기계화 부대는 서쪽으로 철수하는 계획이었다.[43)]

경 과 ① **시나이 방면** 제4차 중동전쟁은 시나이반도와 골란고원에서 동시에 전개되었다. 이집트군이 1973년 10월 6일 14:00 2,000여문의 화포를 이용하여 공격준비사격을 실시하고, 항공기 220대를 동원하면서 시작되었다.[44)] 이집트군 특공대가 고속정을 이용 시나이운하를 도하, 바레브 방어진지의 이스라엘군을 공격했다. 이집트군은부교 11개를 30분 만에 설치하고, 문교를 설치했다. 바레브선의 모래방벽을 절단하여 전차 500여대와 샘 미사일을 10시간 만에 도하시켰다. 바레브선 절단은 개전 전날 수중 폭파조가 폭파장치를 해두고, 도하 후에는 수압기로 모

40) 김희상, 〈중동전쟁〉, pp.568~569
41) 유대인들이 죄를 속죄하기 위해 일체 노동을 하지 않고 식음과 여행 및 오락을 금지하는 날
42) Harkabi, op.cit., p.19
43) 최용성, 신편 세계전쟁의 이해, 518
44) 10월 6일은 달이 밝아 교량가설이 용이하며, 운하의 해류가 최저속도가 되는 날이다. 또한 회교도들의 종교적 성월인 라마단 월이었다.

래방벽을 쓸어내리면서 개척했다.

당시 바레브선 방어는 이스라엘군 제116여단 600여 명과 후방의 기갑여단 이 방어하고 있었다. 이스라엘군은 항공기를 이용하여 도하와 진격하는 이집트군을 저지하려 했지만 이집트군의 SAM 방공망에 이스라엘 항공기 50여 대가 격추되면서 실패하고 말았다. 이스라엘군은 바레브 진지 수비대를 주진지로 철수시키면서 6일 오후부터 700여대의 전차를 동원하여 이집트군과 대치했다. 하지만 북쪽에 투입된 가비사단은 이집트군의 대전차 화망에 걸려 많은 피해를 입었고, 남쪽으로 투입된 딘 여단도 많은 피해를 입었다. 중앙의 레세프 기갑여단은 이미 최초부터 피해를 입고 철수한 부대로 전투력 발휘가 제한 되었다. 이와 같이 이스라엘군이 괴멸직전에 있을 때인 7일 08:00 동원된 기갑부대들이 전선에 도착했다.

〈바레브 방어선을 넘는 이집트군〉

이집트군은 7일 오후에 종심 15~16km의 교두보를 확보하는데 성공했다. 8일 이스라엘군의 반격이 시작되었으나 이집트군에 패퇴 당했다. 그러나 이집트군은 공격 기세를 이용 공격하지 않고, 소모전을 강요하기 위해 방어로 전환했다. 이는 전술적으로는 이집트군의 방공망 안에서 작전을 하겠다는 계산이나 전장의 주도권을 포기하는 결과를 초래했다. 이 기간 이스라엘군은 예비군을 동원 전력을 보강하는 한편 더 위협적인 골란고원 방면에 주력을 투입했다. 또한 이집트군 후방에 특수부대를 투입하여 방공망과 포병진지를 파괴하면서 10여 일간 이집트군을 저지했다.

시리아 방면에 이스라엘군의 전투력이 집중되자, 시리아는 이집트에 공세를 주문했다.[45] 이집트군은 예비 2개 기갑사단을 운하 동쪽으로 이동시켰으나 미사일 방어망으로부터 보호받지 못하고 이스라엘군에 의해 저지되고 말았다.

이집트군이 주춤하는 사이 이스라엘 샤론사단은 16일 스에즈운하를 도하했다. 이스라엘군은 북진하여 이집트 카이로로 돌진하는 안과 남진하여 제3군을 차단하는 안중에서 제한전의 목표에 합당한 제3군을 차단하기 위해 주력을 남진시켰다. 18일 이집트군은 이스라엘군이 구축한 교두보를 분쇄하기 위해 남북 양면에서 역습을 시도했으나 실패했다. 24일 이스라엘군은 수에즈 운하 남쪽의 아다비아항으로 진출하여 이집트 제3군을 포위하고 휴전을 선언했다.

45) Walter Laquer, Confronation ; The Middle and World politics(Quadrangle, Tke New York Time Co. 1974), p.106.

② **시리아 방면** 1973년 10월 6일 14:00 시리아 항공기가 이스라엘을 공격하고, 이스라엘 국경선에 포탄이 작렬하기 시작했다. 이어 전차 900대의 지원을 받는 시리아 3개 보병사단(팔레스타인과 모로코군 포함)이 국경을 넘어 10km까지 진격했다. 최초에는 시리아군이 우세했다. 하지만 8일부터 공세로 전환한 이스라엘군은 시리아 전차를 파괴했고, 10일에는 최초의 공격선까지 도달했다. 이어 22일에는 헤롬산(다마스쿠스 전방 26km)을 점령하여 시리아의 수도인 다마스쿠스를 포격할 수 있는 지척까지 진출했으나 확전을 피하기 위해 정지했다.

결 과 제4차 중동전쟁은 성격상 민족적인 색채가 농후한 전쟁이었지만 그 내면은 미 · 소가 화해무드를 조성하면서도 양 민족을 내세워 수행한 대리전 성격의 전쟁이었다. 이스라엘은 17일간의 결전에서 승리함으로 해서 4번의 전쟁을 계속 승리했다. 아랍의 한 가지 위안은 그래도 초전에는 승리했다는 자부심을 가질 수 있다는 것이었다. 전쟁의 대가는 만만치 않았다. 아랍 측은 항공기 400여대와 전차 1,900대가 손실 되었고, 이스라엘군도 이집트의 방공망에 의해 항공기 100여대와 840대의 전차가 손실되었다.

전쟁의 원칙측면에서 이스라엘과 이집트는 적절한 목표를 선정하였다. 특히 전쟁 말미에 이스라엘군의 제3군 포위는 적절한 선정이었다. 이스라엘군이 카이로로 진격하였다면 장기전에 돌입하여 전쟁의 결과를 예측할 수 없게 할 수도 있었다. 또한 전쟁 말미에 이스라엘군은 이집트의 제2군과 3군의 공간을 기습적으로 돌파역도하에 성공했다. 이집트의 초반 공격은 전술적으로 선제공격이라 하더라도 전과를 확대하기 위한 후족조치가 뒤따르지 않으면 최초의 성공이 실기한다는 것을 보여주었다. 우수한 장비나 무기도 중요하지만 이를 효율적으로 운용할 인적 요소가 매우 중요함을 시사해 주고 있다. 또한 군수지원이 현대 전쟁에서 차지하는 비중을 잘 보여주었다.

정보 측면에서는 아랍군의 공격예측 등 정보활동이 효과적으로 이루어졌다. 공세 측면에서 이집트군은 교두보를 확보한 이후 공세를 취하지 않아 공격 기세를 상실했다. 이스라엘군은 전선의 상황에 따라 전투력을 전용하여 시나이 반도와 골란 고원의 전선에 전투력을 집중하여 승리할 수 있었고, 시나이반도에서는 이집트군의 간격(제2군과 제3군)에 샤론 사단과 아간, 마간 사단 등의 전투력을 집중 운용하여 돌파했다. 1974년 1월 17일 양국의 합의가 이루어졌다. 이에 따라 1월 23일부터 스에즈운하 서안의 이스라엘군이 동안으로 철수했다. 1978년에 이집트와 이스라엘 그리고 미국이 켐프데이비드 협정에 체결하고 이스라엘은 시나이 반도에서 점차적으로 철수했다.

제5절 걸프(Gulf)전쟁

1. 역사적 배경과 전쟁원인
2. 전쟁의 특성
3. 전쟁 경과

1. 역사적 배경과 전쟁원인

프전쟁은 이라크와 미국을 중심으로 한 다국 간의 전쟁이다. 전쟁이 발발한 중동지역[46]은 인류 문명의 발상지로 아시아, 아프리카, 유럽의 3대륙을 연결하는 전략적 요충지로서 고대로부터 동·서양 세력의 각축장이었다.

중동 분쟁은 이 지역의 지리적 가치와 더불어 자원이 밀접하게 관련되어 있다. 중동 지역은 걸프 전쟁이전까지 영국과 프랑스는 해상수송로의 거점 및 아시아·아프리카 진출의 교두보로, 소련은 남진정책의 거점으로, 이에 맞서는 미국은 봉쇄정책으로 가치 있는 지역이었다. 특히 중동은 세계 경제의 향방을 좌우할 수 있는 화학 에너지(석유)가 지구 전체 매장량의 70% 이상이 편중되어 있는 지역이다.

이런 연유로 고대에는 알렉산더의 침략을 받았고, 중세에는 십자군의 공격이 있었다. 근세에는 오스만 터키가 지배했고 양 차의 대전을 치르면서 제국주의 침략의 대상이 되었다. 세계대전 후 제국주의 정책에 따라 동부 지중해를 연한 지역에서는 이스라엘과 아랍 제국간의 전쟁(중동 전쟁)이 발생했고, 동남부지역인 아라비아반도 일대에서도 분쟁(걸프 전쟁, 이라크 전쟁)이 발생했다.

걸프 전쟁도 양차 세계대전을 거치면서 제국주의의 분할지배와 자국의 이익에 따른 국경선 책정에서 기원한다고 볼 수 있다. 걸프전 당사자인 이라크와 쿠웨이트는 원래 한 국가였다. 제1차 세계대전 후 오스만 터키가 멸망하면서 아랍 20여 개국이 독립할 때(1932) 이라크도 함께 독립했다. 이때 쿠웨이트는 당시 이라크의 한 주로 편입되어 있었지만 영국이 이라크를 신탁통치 하면서 쿠웨이트를 보호령(1889)으로 삼았다. 영국은 제2차 세계대전 후 아랍지역에서 철수하면서 자원의 보

46) 중동(中東, Middle East)은 동지중해부터 페르시아 만까지를 포함하는 지역으로 서아시아로 불리기도 한다. 넓게는 지중해의 이집트까지도 포함한다. 중동은 통상 근동이라는 용어와 동의어로 쓰인다.

고이자 군사적 요충지인 쿠웨이트를 이라크에서 분리하여 독립시켜 놓았다(1961).

제2차 세계대전 후 미·소의 대결은 지역분쟁을 어느 정도 통제할 수 있었다. 하지만 몰타 선언(1989. 12. 3)으로 중동 지역에서 소련의 영향력이 약화되자, 그간 쌓여있던 해묵은 지역적 문제들이 폭발하기 시작했다. 이전부터 이라크는 역사적 전통을 들어 쿠웨이트에 대한 영유권을 주장하기 시작했다.

특히 강경파인 후세인(Saddam Hussein)이 집권(1979)하면서부터 국가로서 쿠웨이트를 부정했다. 쿠웨이트가 위치한 페르시아 만은 유프라테스(Euphrates)와 티그리스(Tigris)강 하류로 이라크가 해양으로 진출할 수 있는 유일한 통로였다. 이라크는 통로가 협소해 해상운송에 제약을 받자 강 하구에 위치한 부비얀(Bubuyan)섬과 와르바(War Var)섬을 양도하거나 임차할 것을 요구하였다. 쿠웨이트 입장은 기타는 양보할 수 있으나(이란·이라크 전쟁 시 재정 지원액, 채권 포기 등) 영토 문제만큼은 불가함을 양국 회담(90. 7. 31)을 통해 표명했다.

당시 이라크는 이란과의 전쟁(1980. 9 ~ 1988. 8, 원인 : 민족, 종교, 영토 문제) 후 피폐해지고, 주변국에 1,000억 달러(쿠웨이트 약 300억 달러)에 달하는 외채를 지고 있었다. 또한 국가 재건과 함께 당시 100만 대군을 유지하는 데 막대한 자금이 소요되었다. 따라서 이라크는 이란의 '패권주의'에 대항해 전쟁을 했다고 주장하면서 주변국에 전비를 부담하도록 압력을 행사했다.

특히 쿠웨이트에게는 '전쟁기간 중 이라크 국경지대인 루마일라(Rumaila) 유전에서 석유를 채굴했다'하여 석유대금 24억 달러를 변상하고 유정을 포기할 것을 요구했다. 또한 '전쟁 중 석유를 증산하여 이라크에 피해를 끼쳤다' 하여 140억 달러 변상도 요구했다. 더 나아가 이라크는 OPEC 국가들에게 고유가를 주문했다.

후세인은 내부적으로 국민들의 쌓이는 불만을 애국심으로 포장 외부로 돌리면서 중동의 패자를 꿈꾸고 있었다. 더욱이 후세인은 쿠웨이트를 침공해도 미국과 소련이 섣불리 전쟁에 간섭하지 않을 것으로 판단했다. 후세인의 이러한 무모한 생각은 이란-이라크 전쟁에서 실전을 경험한 세계 4위의 강군을 보유하고 있었고, 아랍 동맹을 믿어 의심치 않았기 때문에 가능했다. 하지만 당시 세계정세는 소련이 퇴조함에 따라 세계 경찰국가가 된 미국은 '중동지역 세력 균형'과 '세계 경제의 안정 전략'을 추진하고 있었다.

2. 전쟁의 특성

걸프전쟁은 현대전의 집대성이었다. 현대 전쟁이 겪어야 하는 다양한 문제점과 특성을 잘 보여주었고, 앞으로의 전개방향에 대해서도 많은 것을 제시했다. 우선 걸프전은 미국 단독 의지에 따라 진행된 전쟁이었지만 전쟁에 파병하지 않은 국가들(독일, 일본, 한국 등)도 전비를 부담했다. 이는 세계의 헤게모니(hegemony)를 미국이 잡은 것을 의미하며, 세계질서의 단면이었다.

둘째로 네트워크 중심전(NEW, Network Centric Warfare)을 통한 현대의 정보기술을 활용하여 군사력 운용의 효율성을 극대화 했다. 다국적군은 전략정보뿐만 아니라 전술정보를 광범위하게 수집(인공위성, 무인정찰기, 인간정보)하여 활용했다. 반면 패자인 이라크는 다국적군의 의도와 주공을 판별하지 못했다.

셋째로 네트워크 중심전의 개념에서 현대의 초정밀무기들이 활약했다. 미군은 최첨단 무기들을 사용하며 유감없는 최첨단 전력을 선보였다. 레이더에 잡히지 않는 F-117A 스텔스기를 운용 이라크에 전략시설과 방공망을 무력화 시켰으며, 스마트(smart) 폭탄[47]으로 이라크 영토 깊숙한 표적들을 초토화했다. 또한 이라크의 미사일을 페트리어트 미사일로 요격시켜 버렸다. 이밖에도 AWACS 공중조기경보기, 토마호크 미사일 등 많은 첨단 장비들이 활약했다.

넷째로 해군과 공군의 중요성이 다시 한 번 대두되는 계기가 되었다. 해군은 전쟁 개시 전부터 호르무즈 해협을 봉쇄 이라크 경제의 숨통을 조였고, 미사일과 함포, 항공기로 작전을 선도했다. 공군은 초기에 이라크군의 지휘통제시설과 방공망을 무력화 시키고 제공권을 장악 지상전 승리의 토대를 쌓았다.

다섯째로 걸프전은 사막의 한 복판에서 치러진 전쟁으로 이에 따른 막대한 수송과 병참능력이 요구되는 전쟁이었다. 따라서 대륙 간 원거리 전력 투사와 장비이동에 따른 경제력과 동원능력이 없이는 불가능한 전쟁이었다. 결국 현대 전쟁은 국가의 경제력이 전쟁의 승패를 좌우한다는 교훈을 남겼다.

여섯째로 매스 미디어(mass media)의 발달로 인해 전쟁이 안방으로 들어오면서부터 대량피해는 국민들로부터 외면 받는 전쟁이 되었다. 따라서 걸프전은 전쟁피해를 최소화하기 위한 다양한 노력을 경주하여 소기의 목적을 달성했다. 이는 앞으로의 전쟁 양상에 대한 새로운 이정표라 할 수 있을 것이다.

---

47) 스마트 폭탄의 원조는 제2차 세계대전 시 독일군의 프리츠 X로 기존 자유 낙하식보다 80배의 정확성을 지니고 있었다. 독일군은 동맹군에서 이탈한 이탈리아 최대 전함 로마호를 무선 유도 프리츠 X로 35분 만에 침몰 (1943. 9. 9).시켰다,

3. 전쟁 경과

가. 이라크의 쿠웨이트 침공

이라크군은 외교적 압력을 가한 수주일 후인 1990년 7월 15일부터 기갑부대를 쿠웨이트 접경지역으로 이동시키기 시작했다. 쿠웨이트와 미국은 이를 단순 무력시위 정도로 판단했다. 그러나 탄약 수송부대가 전선으로 이동(8. 1)하는 것이 확인되면서 침공으로 판단했지만 이미 대응 시간을 상실하고 말았다.

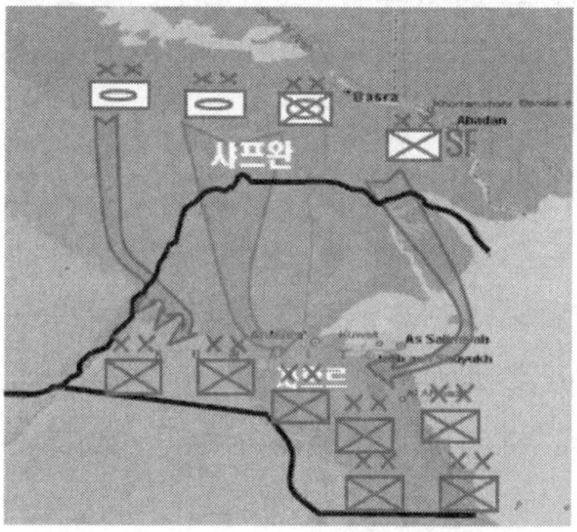

〈이라크군의 쿠웨이트 침공〉

이라크는 8월 2일 새벽 2시, 공화국 수비대를 기간으로 한 10만 병력으로 쿠웨이트를 침공하기 시작했다. 이라크가 내세운 대의명분은 본래 영토의 회복이었다. 이라크군 공격 제대는 2개 기갑사단과 1개 기계화 보병사단 그리고 1개 보병사단으로, 전차 570대, 야포 200문, SSM 2개 연대, 공격헬기 50대 등의 전력이었다. 기습을 당한 쿠웨이트군은 총 병력 2만명에 전차 275대, 항공기 36대가 고작이었다. 이라크군은 기계화 보병과 전차 1개 사단을 주공으로 중앙 축선인 샤프완 축선에 투입하여 다음 날 작전을 완료했다. 이라크군은 6일까지 사우디아라비아-쿠웨이트 국경선에 20만명의 병력을 배치하고 공격 태세를 갖추었다.

쿠웨이트군 4개 여단은 완전히 붕괴되었으며, 항공기 36대는 인접 사우디아라비아로 도피했다. 유엔 안전보장이사회에서는 이라크군의 즉각적인 철수를 요구했다(유엔 결의안 660호). 유엔은 더 나아가 '1991년 1월 15일까지 철수하지 않는다면 쿠웨이트로부터 이라크를 축출 하겠다.'고 경고했다(유엔 결의안 678호 ; 1990. 11. 29). 그러나 후세인은 쿠웨이트를 이라크의 19번째 주로 편입함을 선포했다. 미국의 부시(George herbert walker bush, 1989~1992년 재임) 대통령과 참모들은 중동사태를 제2의 베트남전쟁이 되지 않도록 해야 하며 미군을 대규모로 신속히 파견해야 한다는 데 의견을 모으고, 사우디아라비아로부터 미군 주둔 승인을 얻었다. 1990년 8월 6일 부시 대통령은 이라크군의 사우디아라비아 침공을 저지하기 위해 미군을 페르시아만에 파견한다고 발표하면서 각 국의 동참을 요청했다. 전쟁은 사우디아라비아의 침략을 방지하기 위한 사막의 방패작전과 이라크군 격멸을 위한 사막의 폭풍작전으로 구분되어 진행되었다.

나. 사막의 방패(Desert Shield)작전

사막의 방패작전은 이라크군의 쿠웨이트 침공이후 이라크군 11개 사단이 쿠웨이트-사우디아라비아 국경으로 집결함에 따라 미국을 위시한 다국적군[48]이 이라크의 사우디아라비아 침략을 방지하기위해 실시한 작전으로, 8월 7일부터 시작되었다.

사막의 방패 작전을 위해 미 제82공정사단 선발대 2,300명이 8월 8일과 9일 사우디아라비아에 제일 먼저 도착했다. 병력 증강이 계속적으로 이루어지면서 유엔은 이라크에 대하여 추가적인 경제제제조치(8. 25)와 무력사용을 승인했고, 미국은 걸프만을 봉쇄했다. 세계 37개국에서도 병력과 의료단을 파견했다. 또한 참전하지 않은 국가들은 이후 500억 달러 이상을 전쟁비용으로 제공했다.

사막의 방패작전은 다국적군이라는 생경한 조직체계하에서 미군 중부군사령부(사령관 노만 슈워츠코프 육군대장, Schwarzkopf)와 사우디군 통제 하에 있는 연합사령부가 협조하여(사우디군 중장 칼리드 빈 술탄, 왕자) 지휘했다. 다국적군의 임무는 이라크군의 사우디아라비아 침공 저지와 이라크군 손실의 극대화 그리고 쿠웨이트를 회복하기위한 충분한 군사력 준비 등 이었다. 이러한 국제 사회의 노력으로 1991년 11월말에는 40만명의 다국적군 병력과 장비가 걸프만 일대에 전개되어 이집트군의 군사행동을 제어할 수 있었다.

쿠웨이트를 점령한 이후 공격 기세를 보이던 이라크군은 9월 이후부터 사우디아라비아 침공을 단념하고 쿠웨이트 국경을 따라 방어용 축성장벽을 설치하는 등 다국적군의 공세에 대비하면서 수세로 전환하고 있는 것이 확인되었다.

다. 사막의 폭풍(Desert Storm) 작전

① **다국적군 공격계획** 사령관 슈워츠코프 장군은 10월부터 이라크군 격멸을 위한 본격적인 작전계획을 수립하면서 미군의 하이테크(hightech) 기술과 육·해·공의 통합전투력 발휘에 중점을 두고 있었다. 이 작전에서 다국적군의 전쟁 목적은 이라크 국가지도부의 전쟁지도능력을 무력화하고, 쿠웨이트 내의 이라크군을 축출하여 쿠웨이트를 해방하는 것이었다. 이를 위해 군사적으로는 이라크의 직접적 붕괴보다는 지역균형을 위하여 이라크군의 전쟁능력을 말살시키면서 핵 및 화학무기를 찾아 소멸시키는 것이었다.

48) 다국적군(Multi-national Force)은 국제안전보장이사회의 '헌장 제7장에 기초한 결의에 따라 국제연합의 강제조치로 파견된 국제연합 가입국의 연합군(주력은 미군)을 가리키는 것으로 중동전에서 등장했다.

또한 인명피해 최소화와 속전속결 전략이 반영되었으며, 전쟁 와중에 아랍과 이스라엘의 민족감정으로 인한 확전사태가 없도록 노력했다. 이를 위해 다국적군은 공군과 해군의 폭격으로 이라크의 전쟁 중심(국가 전쟁 지도부, 화생방전 능력, 항공기 및 방공시설 등)을 파괴하고, 그 다음 단계로 지상군 작전을 수행하여 쿠웨이트 내 이라크군을 격멸하는 계획을 수립했다. 아래의 표와 같은 4단계로 작전계획이 수립되었다.

단 계	작전 내용	공격 목표	작전 수행
1단계 (D~D+1)	이라크에 대한 전략항공 작전	화생방, 전쟁지휘체제, 방공관제 시설	전략공군
2단계 (D+1~D+9)	방공망 파괴, 제공권장악 항공작전	비행장, 방공체제 조기경보 레이더	공군작전
3단계 (D+10~D+37)	쿠웨이트 내 이라크군 고립화 작전	지상군 전투력, 병참선	공군작전
4단계 (D38+~D+42)	지상군 작전	쿠웨이트 내 이라크 지상군	지상작전

〈단계별 작전과 공격 목표[49]〉

작전계획은 제1~3단계는 해·공군에 의한 폭격작전으로 계획했고, 마지막 제4단계에 가서야 지상군이 투입되도록 함으로써 인명피해를 최소화하려 했다. 사막의 폭풍작전은 미군 중부군사령부[50]의 지휘를 받았다. 연합군[51]은 사우디 아라비아 정부 통제 하에 연합사령부를 구성 지휘하였으며, 미 중부군과의 협조는 협조/통신본부를 통해 이루어졌다.

쌍방 전투력은 아래의 표에서 보는 바와 같이 지상군 병력과 전차를 제외하고는 모든 면에서 수량적으로나 질적으로 다국적군이 단연 우세했다. 질적인 면에서는 전투력 비교 자체가 무의미 할 정도였다. 재래식 무기로 무장한 이라크군의 전력은 하이테크 신기술로 무장한 미군의 최신예 무기들과는 상대가 되지 않았다. 이 사실을 세상의 모든 사람은 다 알고 있었으나, 이라크의 후세인만은 미국과의 대결을 선택했다.

49) 육군사관학교 전사학과, 세계전쟁사, pp.534~537
50) 미 육군, 미 해병대. 미 해군, 미 공군과 영국군 등을 지휘했다.
51) 연합군은 사우디군, 이집트군, 프랑스군, 파키스탄군, 시리아군, 쿠웨이트군, 모로코군, 걸프군(아랍에미레이트 공화국, 오만, 카타르, 바레인) 등이 포함되었다.

구분		다국적군	이라크군
병 력		67만 명 (미 42만 / 다국적군 25만)	99만 명 (쿠웨이트 주둔 51만 명 / 예비 48만 명)
지상군 무기	전차	2.485대	4.000대
	장갑차	3.350대	2.500대
	야포	500대	443문
항공 무기	전투기	1.800대	550대
	헬기	1.657대	160대
기 타		공중 조기경보기 토마호크 미사일, 항모(6)	스커드 / 실크 웜 미사일 화학 무기, 대공포(6.000)

〈양 측의 전투력 비교〉

② **이라크군 방어계획** 이라크군은 다국적군의 공격에 대비하여 해안과 사우디아라비아와의 국경을 연하여 강력한 방어진지를 구축하기 시작했다. 많은 양의 지뢰를 국경을 연하여 매설하고 그 후방에는 철조망, 대전차호, 기름 교통호 등 다중의 장애물을 구축하여 다국적군의 진출을 저지하려 했다. 병력 배치는 제1선에는 보병을 배치하고, 제2선에는 기갑부대와 기계화 부대를 배치하였다. 그리고 제3선에는 정예 부대인 공화국 수비대를 배치했다. 이리하여 이라크는 제1, 2제대 25개 사단 36만명, 제3제대 예비 10개 사단 15만명의 병력을 사막의 폭풍작전 이전까지 전 전선에 배치 완료했다.

이라크군은 군사작전 외에도 다양한 방법으로 다국적군의 공격을 분쇄하려 했다. 우선 이란과의 국경회담을 통하여 이란 국경에서의 부담을 줄이고 절약된 병력은 전선으로 투입하였다. 또한 범 아랍주의를 일깨우기 위해 이스라엘에 스커드 미사일을 발사(1991. 1. 18~27일 간, 51발)했다. 하지만 이는 미국의 패트리어트 미사일로 요격되었고, 이스라엘의 참전은 자제되었다(미사일로 미사일을 요격하는 첫 전례). 특히 후세인은 다국적군이 공격할 경우 쿠웨이트 유전에 방화하겠다고 하여 세계인의 지탄을 받았다.

작전 실시 다국적군은 사막의 폭풍작전을 1991년 1월 17일 08:30(현지 시간 02:30)부터 계획된 4단계의 타임테이블에 맞춰 진행했다. 최초 작전은 다국적군의 해·공군 합동작전으로 38일 동안 이라크군의 방공망과 제공권을 무력화 시키는 단계였다. 다음은 2월 24일부터 제4단계 작전인 지상작전을 개시하여 28일 전투중지 명령이 하달될 때까지 작전은 총 43일간 진행되었다.

① **해 · 공군 작전**52) 해 · 공군 작전도 4단계로 구분해서 진행되었다. 1단계(1. 17 ~ 23)는 전장의 주도권과 이라크군의 전쟁수행능력을 마비시키기는 데 중점을 두었다. 다국적군은 해 · 공군 합동으로 크루즈 미사일과 스텔스 폭격기 등을 동원하여 계획된 표적을 정밀포격 했다. 이때 이라크의 전쟁지도체제와 지휘통제체제, 화생방시설, 공장시설이 무력화 되었다. 이러한 모습들은 미 방송국의 기자들이 바그다드에서 현장 중계함으로써 전쟁이 각 가정의 안방으로 중계되는 시대를 맞이하기도 했다.

제2단계(1. 24 ~ 26) 작전 에서는 쿠웨이트 전역 내 이라크 공군 및 지상 방공조직 제압 및 파괴단계로 비행장, 대공 미사일 체제, 조기경보 레이더 등 이라크의 방공망이 파괴되었다. 이로써 아라비아 상공의 제공권은 다국적군이 장악하게 되었으며, 이라크 공군의 주력기 140여대가 이란으로 도피했다.

제3단계(1. 27 ~2. 24) 작전은 쿠웨이트 전역 내의 이라크군을 고립시키기 위한 작전으로 이라크에서 쿠웨이트로 이어지는 병참선을 파괴하고 후방을 차단하는 등 장차 지상군 작전을 위한 포석으로 진행되었다. B-52에 의한 융단폭격으로 이라크군의 지하 격납고와 미사일 기지 등이 폭파되었고, 보급로와 군수기지, 전선의 지휘통제시설과 기계화 부대, 포병 등이 파괴되었다. 다국적공군은 제1단계작전에서 제3단계작전에 이르는 기간 동안 1일 2,000~3,000 쇼티의 출격을 단행함으로써 이라크군의 전투능력 박탈에 지대한 공헌을 했다.

제4단계(1. 24 ~ 2. 28)는 이라크 지상군에 대한 직접지원단계로 지상 작전을 공중에서 근접지원 했다.

② **지상군 작전** 지상군 작전은 2단계로 구분하여 진행되었다. 1단계는 부대이동 단계이고, 2단계는 작전 실시 단계였다. 먼저 1단계는 다국적군 공군이 공중포격을 한창 진행하고 있을 때인 1991년 1월 17일부터 시작되어 다음 달 16일까지 실시된 '헤일 메리(Hail Mary) 기동작전'이라 불리는 부대이동이었다. 이는 쿠웨이트 일대에 집결된 부대를 전투대형으로 전개하기 위해 이라크 국경을 따라 서쪽으로 2차선의 좁은 도로를 이동했다. 기동작전이 종료되었을 때, 사우디아라비아 중부의 라파(Rafhah)로부터

〈헤일 메리 기동작전〉

52) 육군사관학교 전사학과, 세계전쟁사, pp.536~537

페르시아만까지 이라크와 쿠웨이트 국경 480km를 따라 다국적군이 미18공정군단과 미7군단 그리고 아랍북부연합군과 미해병원정군, 아랍동부연합군 순으로 전개되었다.

이 작전은 사상 최대의 부대 이동작전으로 평가되는데 제18공정군단, 제7군단 등 20만명과 65,000대의 기갑 및 지원차량, 수천 톤의 장비, 60일 분의 군수품을 동시에 이동시켰다. 이동거리는 외선에 해당하는 제18공정군단이 400km, 내선인 제7군단이 240km나 되었다.

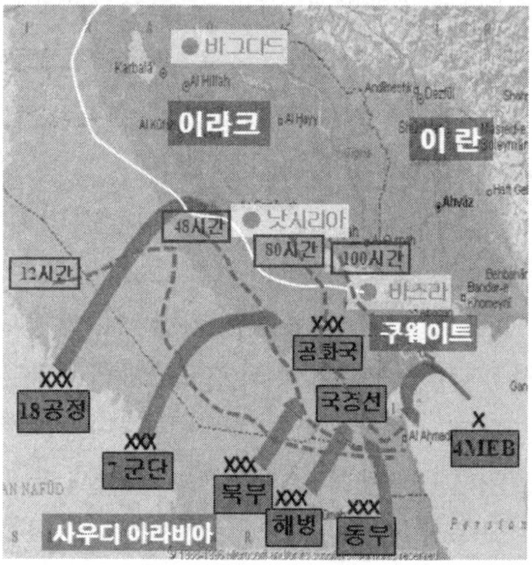

〈다국적군 기동계획〉

다국적군은 이러한 사상 최대의 이동작전을 위한 다양한 기만작전을 실시했다. 양동으로 걸프만 해상 항공모함에 많은 해병대 병력을 상주시켜 상륙작전을 연습하게하고, 양공으로 쿠웨이트와 사우디아라비아 국경일대에서 적극적인 정찰활동을 함으로써 이라크군을 기만했다. 따라서 다국적군은 방해없이 2월 16일까지 공격대형을 전개할 수 있었고, 이라크군은 다국적군의 기동을 파악하지 못했다.

다국적군은 우세한 공중 및 해상의 화력지원을 받으며 2개의 축선에서 전투를 개시했다. 먼저 기계화 및 기갑부대로 편성된 미군의 제18공정군단과 미 제7군단을 주공으로 공격선의 외곽에서 이라크 영토 깊숙이 종심으로 진격함과 아울러 대우회기동(나시리아-바스라-샤프완 비행장)으로 이라크군의 병참선을 차단하여 쿠웨이트 내의 이라크군을 포위하도록 했다. 또한 아랍연합군과 미 해병원정군은 조공으로 편성하여 쿠웨이트 국경일대에서 쿠웨이트로 정면 돌파하고 샤프완 비행장을 탈취하며(국경선-샤프완 비행장) 양동으로 상륙작전을 준비했다.

공격집단 편성은 미 제18공정군단은 미 제82, 101공정사단(공중강습), 미 제24기보사단, 제 3기갑연대, 프랑스 제 6경기갑사단, 제 18항공대 및 제 18군단 포병대로 편성되었고, 미 제7기갑군단은 미 제1전차사단, 미제1(-) · 3 기갑사단, 미 제2기갑연대, 미 제1기계화보병사단, 영 제1기갑사단, 제11항공대 및 군단포병대로 구성되었다. 조공 집단은 미 해병원정군단(미 제1 · 2해병사단)과 아랍합동군(사우디, 쿠웨이트, 이집트, 시리아)으로 편성되었다. 양공집단으로 미 해병대 7만명이 편성되어 쿠웨이트 해안과 부비얀섬을 양공했다.

이때 쿠웨이트 내에서는 이라크군 43개 사단 50만명이 전개되어 있었다. 하지만 이들은 38일간 다국적군의 집중적인 공중포격으로 인하여 보급선이 차단되었고, 자체 전투력도 50%이하로 감소되어 있어 사기가 저하된 상태였다.

지상군 작전의 2단계는 1991년 2월 24일 04:00에 개시되었다. G-1일(23일, 지상작전 전일)에는 이미 미 제 101공정사단 3여단이 헬기를 이용하여 이라크 영내 70마일 지점까지 공수되어 다국적군 진출 시 보급로와 측방을 엄호했다. 이는 역사상 가장 큰 규모의 공정작전으로 기록되었다. G일(24일, 초일) 조공은 국경선 일대에서 쿠웨이트로 바로 진격해 나갔고, 주공은 유프라테스 강변의 나시리아(Nasiriya)로 진출하기 시작했다. 주공 진출로 전방으로는 미 제101공정사단 1여단이 헬기로 공중기동하며 '코브라 전방작전기지(FOB Cobra)'를 설치하고 고속으로 전진하는 기갑부대의 적시적인 군수지원을 담당했다. 또한 다국적군은 공격을 개시하면서 해병대를 이용하여 상륙작전으로 이라크군을 기만했다. 여기에다 제 1기병사단은 이라크군이 다국적군의 주공을 와디알 바틴 방향으로 오인하도록 제한적인 양공작전을 실시하였다.

G+1일(25일) 주공인 외선의 미 제1공정사단은 공중강습작전으로 유프라테스강 일대를 차단 보급로를 확보했다. 미 제 7군단은 쿠웨이트 서북부에서 방향을 전환하여 이라크군과 교전을 시작하면서 쿠웨이트 내의 이라크군을 포위하기 시작했다. 조공부대들은 쿠웨이트 시내 10마일 직전까지 접근해 들어가고 있었다. 다국적군은 쿠웨이트 해안의 지뢰를 제거하면서 상륙작전이 유효한 것으로 오판하도록 유도했다.

G+2일(26일)차부터 주공은 이라크군 수비대 부대들을 격멸했다. 제 24보병사단과 제 3기갑연대는 이라크 영토내로 깊숙이 진출한 후 이라크 군의 퇴로를 차단하기 위해 바스라로 방향을 전환하였다. 이로써 이라크군은 양분되면서 쿠웨이트 내의 이라크군은 포위되었다. 조공인 미 해병원정군단은 쿠웨이트시 외곽(국제공항)일대에서 전투를 전개하고 있었다.

G+3일(27일)차에는 동부에서 공격하던 아랍연합군과 미 해병사단이 쿠웨이트시를 탈환했고, 주력 기동군단은 이라크 공화국 수비대를 격멸하기 시작했다. 동측으로 방향을 전환하여 공격을 진행하던 기동군단은 조공 부대들과 연결작전을 완료하고 이라크군을 협공했다. 다국적군은 아라크군을 추격하여 43개 사단을 무장해제 시켰다. 지상작전이 성공적으로 진행되면서 부시 대통령은 지상작전이 개시 된지 100시간 만에 전투중지 명령을 하달했다. 이로써 사막에서의 43일 간의 작전은 종료되었다.

결 과 전쟁이 종료되고 이라크의 후세인은 평화유지군 창설과 쿠웨이트에 대한 배상, 이라크 내의 화생방 무기 및 탄도 미사일의 파괴 등의 유엔 결의안을 받아들였다(1991. 4. 10). 쌍방의 전쟁피해는 극과 극을 달리는 결과였다.

구분	전사	부상	전차	야포	장갑차	헬기	전투기
이라크군	100,000 명	300,000 명	3,700대	2,600문	2,400대	7대	103대
다국적군	225 명	1,297 명	8대	·	·	·	39대

〈쌍방의 전쟁피해 현황〉

전쟁에서 다국적군의 승리 요인은 다음과 같이 정리할 수 있다.

첫째 : 다국적군의 철저한 전쟁준비였다. 전쟁이전 이미 60일 이상의 전쟁소요 물자와 장비를 현지에 공수하여 준비된 상태에서 전쟁을 수행했고, 작전상황에 따른 전방 병참기지를 설치함으로써 효과적인 병참지원 체제를 유지했다. 또한 사막과 더위에 적합한 장비를 사전 준비하여 이라크군을 압도했다.

둘째 : 다국적군은 사막작전에 최대의 효과를 거둘 수 있는 조기경보 통제기, 미사일을 비롯한 최신예 정밀무기와 전자유도장비들을 운용함으로써 조기에 이라크군을 강타하고 전장의 주도권을 행사할 수 있었다.

셋째 : 다국적군은 육·해·공군의 전력을 집중할 수 있는 합동 및 통합작전 능력과 전술교리를 정립하고 통합지휘를 달성 승리할 수 있었다.

넷째 : 다국적군은 작전을 단계화하여 먼저 해·공군으로 이라크군을 무력화 시킨 뒤 지상 전력을 투입하여 피해를 최소화 할 수 있었다.

다섯째 : 인적 구성이 장교와 부사관 위주로 편성된 전문 직업군인으로 첨단무기 운용에 적합한 강군을 보유하고 있었다.

다국적군은 전쟁원칙을 준수한 작전계획을 실행했다. 무인정찰기를 비롯한 각종 최신 장비를 활용하여 정보를 획득하고, 이라크군 격멸이라는 적절한 목표를 선정했다. 또한 작전 단계 단계마다 시간상 또는 전략과 전술에 의한 기만과 기습을 달성했다. 여기에다 기계화 부대에 의한 기동과 전투력 집중, 창의 등의 전쟁원칙이 빈틈없이 적용되었다.

이라크군은 미국의 참전을 오판하는 만회할 수 없는 전략적 과오로부터 명분 없는 전쟁으로 국제적 고립 자초, 아랍 세계의 분열, 제공권과 지휘통제체계 조기 붕괴, 장비의 낙후, 지휘관의 현대전에 대한 이해 부족과 융통성 결여, 최고 지도자의 독단과 경제적 난관 등의 요인으로 패배했다.

제6절 아프가니스탄 전쟁

1. 역사적 배경과 전쟁원인

아프가니스탄은 남아시아와 중앙아시아에 걸쳐 있는 대륙 국가이다. 아프가니스탄은 파미르고원 일대의 산악지형으로 서쪽은 이란, 동쪽은 중국, 남쪽은 파키스탄, 북쪽은 예전의 소련으로 독립한 제 국가들과 국경을 접하고 있다. 석유와 천연가스 등의 지하자원도 상당량 매장되어 있는 것으로 알려져 있다.

아프가니스탄 지역은 인류의 유구한 역사와 더불어 수많은 민족이 흥망성쇠를 거듭하면서 인류 문명사에 지대한 공헌(비단길, 조로아스터교 발상지)을 한 지역이다. 특히 지리적 요충지로 인해 이 지역을 차지하기 위한 강대국들의 격돌이 끊이지 않고 발생해 왔다. 동과 서에서 앞선 문명들의 충돌이 아프가니스탄을 중심으로 교차했고 근대이후에는 대륙세력(러시아)과 해양세력(영국)이 충돌하였다.

이 지역은 고대 메디아 제국으로부터 시작하여 기원전 6세기에는 페르시아 제국, 기원전 4세기에는 알렉산더의 침략, 그 후로는 인도 마우리아 왕조(불교와 힌두교 번성 시기)의 지배를 받았다. 특히 헬레니즘 국가인 그리스-박트리아 왕국이 건국(기원전 180년 전후)되어 인도 문화와 그리스 문화를 융합한 독특한 문화를 창출하면서 번영하다가 이란계 민족인 월씨족(月氏族)에게 멸망했다.

이후 18세기 초 페르시아가 인도 세력을 축출할 때 개국(1747)한 두라니 제이 오늘날의 아프가니스탄의 시발점으로 보고 있다. 두라니의 수도는 칸다하르(Kandahar)였으며 이후 지금의 수도인 카불(Kabul)로 천도했다. 19세기 말에 이르러서는 영국령 인도 제국과 러시아 제국이 충돌하는 가운데 아프가니스탄은 양국사이에서 완충 지역으로서의 역할을 담당하기도 했다.

아프가니스탄은 근세이후 현대에 이르기까지 당대의 초강대국들인 영국, 소련, 미국과 차례로 전쟁을 치렀다. 아프가니스탄은 영국의 제국주의적 영향력을 축출

〈아프가니스탄 영토〉

하기 전까지 영국과 3차례나 전쟁을 치렀다. 1차 전쟁(1839~1842년), 2차 전쟁(1878년~1880년), 3차 전쟁(1919년)이 그것이다. 아프가니스탄은 3차의 전쟁을 통해 영국으로부터 영토와 자치를 얻어내면서 대영제국의 간판을 내리게 했다.

아프가니스탄은 1919년 영국으로부터 완전한 독립을 쟁취하고 아마눌라가 왕위에 오르면서 개국되었다. 하지만 아프가니스탄은 바로 내전에 휩싸였다. 내전 상태에서 1970년대 말부터 친소 정권이 쿠데타(1973)로 정권을 잡았다. 이때 아프가니스탄 정국이 혼란하자 소련은 정권 수호를 빌미로 아프가니스탄을 침공했다(1979). 소련군은 아프가니스탄의 끈질긴 저항을 받다가 1988년 물러났다. 이는 소련이 해체되는 시기이기도 하다.

1996년 내전에서 승리하고 정권을 잡은 탈레반[53]은 지나친 이슬람 원리주의[54]에 의한 폭압정치로 일관했다. 또한 탈레반에 저항하는 무자헤딘(mujahidin)[55]과 군벌들 간에 내전이 발생해 수백만 명의 국민이 사망했다. 전쟁 직전인 2001년 8월 미국과 탈레반 정권은 석유와 가스 파이프라인 건설에 관하여 회담을 개최했기도 했다. 하지만 탈레반 정권은 9·11테러[56]의 배후인 오사마 빈 라덴(Osama Bin Laden)을 비호하여 미국과 전쟁을 치르게 된다.

53) 1994년 아프가니스탄 남부 칸다하르 주(州)에서 결성된 무장 이슬람 정치단체로서 1996년부터 2001년까지 아프가니스탄을 지배했다.

54) 서구 열강이 중근동에 진출한 이후 전통 이슬람이 외압에 적절히 대응하지 못하고 내부적으로 부패·무능하여 이슬람 세계의 파탄이 도래했다는 데 대한 반동으로 나타났다. 이슬람 교리를 정치·사회 질서의 기본으로 삼아 이슬람교의 원점으로 돌아갈 것을 주장하는 이슬람화 운동을 말한다. 이슬람근본주의, 이슬람주의, 이슬람개혁운동, 이슬람정통주의라고도 한다.

55) 아랍어로 '성스러운 이슬람 전사'라는 의미로 이슬람국가의 반정부 단체나 무장 게릴라를 지칭한다. 소련의 아프가니스탄 침공 이후 반정부 활동으로 알려졌다.

56) 2001년 9월 11일 미국의 세계무역센터 쌍둥이빌딩이 괴한에게 납치된 여객기 2대와 연속 충돌하면서 건물이 모두 무너져 내리고, 약 5,000여명의 희생자가 발생한 사건으로 이 테러의 주역은 오사마 빈 라덴으로 밝혀졌다.

2. 전쟁의 특성

아프가니스탄은 근세에 들어 군사적으로 최강국인 영국, 소련, 미국 등과 차례로 전쟁을 치렀다. 전쟁의 특징과 양상도 대상에 따라 변모해 나갔다. 성격상 영국과는 반제국주의에 따른 해방전쟁이었고, 비교적 최근에 치른 소련과의 전쟁은 이데올로기가 포함된 제국주의전쟁이었다. 이에 비해 미국과의 전쟁은 21세기에 새롭게 등장한 '테러와의 전쟁'이라는 다소 생경한 전쟁이었다.

전쟁 양상에 있어서도 여타 다른 지역에서 볼 수 없었던 특이한 형태로 진행되었다. 이를 소련과 미국이 치른 전쟁에서 확인해보면 소련과 미국은 전선 없는 전쟁(Non Liner Battlefield)을 치렀다. 이는 미군이 베트남 전쟁에서 일부 경험한 전쟁으로 게릴라전을 의미한다. 나폴레옹 이래 발전되어왔던 작전술과 전술이라는 개념이 무용화되었다. 걸프전에서 진행되었던 최첨단 장비를 이용한 하이테크 전쟁이 인조폭발물에 의한 테러와 기습으로 공격하는 게릴라와의 전쟁으로 변모했다. 이 테러와의 전쟁 방식은 앞으로의 전쟁 양상에 많은 영향을 줄 것으로 보인다. 따라서 전쟁을 9·11테러 이전과 이후의 전쟁으로 구분하는 경향이 있다.

이러한 전쟁에 처음 접한 소련군은 결국 무자헤딘의 집요함에 모든 것을 포기하고 떠났다. 소련군은 휴대용 대공무기가 무자헤딘에 보급되어 회전익 항공기가 격추되면서 전장에서 기동이 마비되었다. 이는 대공무기에 대한 회전익 항공기의 생존성 보장을 요구하게 되었다. 미군은 탈레반과 알카에다조직을 주적으로 분리하여 작전 목표를 수립하고 최첨단 신무기를 사용하며 전쟁을 수행해 나갔다. 미군은 C4ISR+PGM 전력 및 정밀 타격체계를 결합한 복합전력체계[57]를 운용하여 게릴라전과 장기전을 수행하고자 하는 탈레반과 알카에다의 전략에 맞섰다. 이 과정에서 미군은 땅속을 파고드는 신형 폭탄들을 사용하여 지하를 공격함으로써 효과를 거두었다. 민사작전으로 탈레반과 국민을 분리시키기고, 범 아랍주의의 확산을 방지하기 위한 심리전과 인도주의적 구호작전을 병행했다. 반면 탈레반과 알카에다 조직은 미국과의 전투에서 급조폭발물[58]을 제작하여 게릴라를 이용한 테러작전에 할용하고 있다.

57) 복합타격체계(C4ISR+PGMS) ; 지휘·통제·통신·컴퓨터·정보·감시·정찰·정밀유도무기체계를 말한다. 즉 전장감시체계 와 지휘통제체계 및 정밀 타격수단이 연동된 복합체계이다.

58) 급조폭발물(IED ; Improvised Exprovised Device)은 불발탄이나 포탄에서 신관을 제거한 일종의 시한폭탄이다. 현재는 자살테러용으로 많이 제조되고 있으며, 장갑 차량 공격도 가능하다.

3. 전쟁 경과

가. 소련과의 전쟁[59)]

배 경 소련은 1978년 아프가니스탄과 조약을 맺고 정부군을 지원하기 위해 군사고문단을 파견했다. 또한 민간인 전문가들도 파견하여 경제와 교육 분야까지 지원하고 있었다. 그러나 이러한 소련의 지원은 이슬람 인들의 종교관을 무시하는 처사로 간주되었고(여성 교육 등), 소련에 대항하는 원인이 되었다. 급기야 아프가니스탄 인들은 소련군을 공격했다.

소련은 이 사태에 직접 개입하여 해결하기로 결정하고, 1979년 12월 25일 아프가니스탄을 전면 공격했다. 소련군 최 정예부대인 제105친위공정사단이 약 60여대의 대형 수송기로 수도 카불에 공수되어 작전을 개시하였고, 경전차와 장갑차도 투입되어 친 소련 정부를 구성하고자 했다.

이렇게 시작된 소련·아프가니스탄 전쟁은 9년간 진행되었으며 대략 3기로 구분한다. 1기는 1980∼1982년까지의 소련군의 증강과 반정부세력의 위기가 조성된 시기이며, 2기는 1983∼1985년까지 쌍방의 격전기간이었다. 3기는 1986∼1989년까지로 소련군의 퇴조와 정부군의 증강, 그리고 종전으로 이어지는 시기로 기간 중 약 10만명의 소련군이 동원되었다.

단계별 전쟁 양상 1기는 소련이 우수한 전력으로 무자헤딘을 제압해 나가는 단계였다. 그러자 미국, 중국 등은 무자헤딘에게 군수장비를 제공하기 시작했다. 제3국이 간접적으로 개입하면서 전쟁은 국제전 양상을 띠기 시작했다. 무자헤딘은 조직이 통일되어 있지 않아 오히려 생존성을 높일 수 있었다.

2기는 전쟁이 가장 치열하게 전개된 시기였다. 이러한 상황이 전개되게 된 이유는 미군의 무기가 파기스탄을 경유하여 무자헤딘에게 지급되어 무자헤딘이 공세로 전환했기 때문이었다. 특히 파벌이 다른 게릴라 집단이 각지에서 동시에 대규모 공세를 감행했고 야포와 로켓포, 다련장 로켓포 등을 사용하여 공격함에 따라서 소련군과 정부군은 수세적인 작전을 전개해야만 했다. 반면 소련군은 수송력이 턱없이 부족하여 작전활동에 많은 제약을 받았다.

3기는 무자헤딘이 스팅거 미사일을 보유함으로써 전쟁 양상이 새롭게 변모하기 시작했다. 소련군과 정부군의 항공기는 그간 매년 50여대가 격추되었으나 1986년 한 해만 200여대가 격추되었다. 소련군은 공중기동에 제한을 받게 되었고, 염전사상에

---

59) 아프가니스탄 분쟁사, 육군 군사연구소, 2011, pp.191∼232

〈철군하는 소련군〉

물들기 시작했다. 소련군 진주이후 최대 2백만명의 아프가니스탄 주민들이 살상되고, 5백여만명이 넘는 사람들이 조국을 등지고 파키스탄, 이란 등으로 떠났다. 따라서 국제 사회의 압력은 갈수록 거세어 졌다.

그간 소련도 연간 60~80달러의 전쟁비용과 1,500여명의 사상자를 내고 있었다. 이에 따라 고르바초프(Mikhail Gorbachev) 대통령 또한 철수하기를 바랐다. 결국 유엔의 중재 하에 1989년 봄을 최종 기한으로 철수를 결정했다. 하지만 소련군은 베트남 전쟁에서 미군이 그랬던 것처럼 철수 할 때 정부군에게 많은 장비를 제공하여 정부군의 전력을 대폭 증강시켰다. 하지만 이는 큰 효과를 발휘하지는 못했다. 정부군 나지불라(Najibullah) 정권은 제대로 된 전투한 번 못해보고 무너졌고, 전쟁은 막을 내렸다. 하지만 아프가니스탄은 다시 내전의 수렁 속으로 빠져들었다. 탈레반이 정치·종교 세력으로 성장하여 결국 1996년에 카불을 장악했다. 2000년 말 탈레반은 국토의 95%를 장악하고 있었다.

교 훈 소련 제40군은 아프가니스탄에서 항공기의 지원까지 받으면서도 아프가니스탄 통제에 실패하며 철수하고 말았다. 소련군은 자신들의 점령지역에서는 통제가 가능했으나 아프가니스탄의 모든 지역을 점령하고 통제할 수는 없었다. 소련군의 패배 원인은 다음과 같이 정리할 수 있다. 첫째, 파키스탄과 이란 국경 봉쇄가 사실상 불가능하여 무자헤딘에게 이르는 외부의 보급선을 차단할 수 없었다. 둘째, 소련에 부정적인 국제 여론과 더불어 내부적으로 대규모 부대에 대한 군수보급 능력이 떨어져 추가로 부대를 파견할 수 없었다. 셋째, 아프가니스탄의 종교적 신념과 소련의 공산주의는 생리적으로 일체화 될 수 없는 것이었다. 공산주의 이념은 종교인 이슬람을 공격하는 것이었고, 이에 따라 아프가니스탄인들은 소련군을 공격했다. 넷째, 소련은 아프가니스탄(인)을 존중하지 않았다. 소련은 아프가니스탄인 전위대를 한 번 이용하고 버리기 일 수였고, 살상 수단으로만 여겼다. 마지막으로 소련군은 최소한의 희생자 발생도 감수하기를 주저하여 근접전투 대신 대량 화력공격만을 선호했다.

나. 미국과의 전쟁(아프가니스탄 전쟁)

배 경 새 천년이 시작된 2001년 9월 11일 백주에 미국의 수도 워싱턴에 있는 세계무역센터(WTC)와 펜타곤(미 국방성)에 민간 항공기가 돌진하는 초유의 사태가 발생했다. 이 전대미문의 항공기 추돌로 인해 뉴욕 도심 한복판에 있던 110층의 쌍둥이 초고층 빌딩인 세계무역센터(World Trade Center, WTC)가 붕괴되었다. 이때 시민 3,225명이 사망하고 210억 달러에 달하는 재산피해도 났다.

공격받은 미국은 깊은 충격과 공포에 휩싸였으며, 알 카에다(Al-Qaeda)[60]는 테러의 진정한 목적을 달성했다. 이는 미국 역사 이래 처음으로 본토가 공격받는 순간이었다. 이 테러는 소련이 붕괴된 이후 세계 경찰국가로 위상을 자리 잡고 있던 미국의 자존심을 여지없이 무너트렸을 뿐만 아니라 21세기의 새로운 전쟁형태를 알리는 신호탄이 되었다.

9·11 테러 배후에는 오사마 빈 라덴이 지도하는 알카에다 조직이 관련되어 있었다. 알 카에다는 이미 1998년의 케냐와 탄자니아 미 대사관 공격에 가담하여 많은 인명피해를 낸 경력이 이었다. 미국의 부시 대통령은 9월 12일 테러 공격을 '21세기의 첫 전쟁'으로 간주하고 보복공격을 천명했다. 특히 "테러리스트를 비호하고 있는 세력은 그들과 운명을 같이 할 것"이라 경고했다.

그런데 아프가니스탄의 탈레반 정권은 미국의 빈 라덴에 대한 인도와 조직 소탕 요구에도 불구하고 자국 내에서 빈 라덴과 알카에다 조직을 보호하고 나섰다. 이는 탈레반 정권이 알 카에다에게 불법 마약거래를 위한 시설을 제공해 주는 대신에 그들로부터 정권유지를 위한 경제적 지원을 받고 있었기 때문이었다. 탈레반 정권은 알 카에다가 9·11테러를 감행한 명확한 증거가 없는 상태[61]에서 미국이 이슬람권 전체와의 대결로 비화될 수도 있는 전쟁을 쉽게 추진하지는 못할 것으로 예측하고 있었다.

---

60) 알 케에다는 오사마 빈 라덴을 지도자로 하는 무슬림에 의한 국제 무장 세력이다. 이슬람 원리주의 계통으로 반미, 반유대주의를 표방한다. 알 카에다는 소련의 아프가니스탄 침공에 대항한 이슬람 의용군(무자헤딘)이 연대하여 발전했다. 걸프 전쟁을 계기로 미군이 사우디아라비아에 있는 이슬람교의 2대 성지 메카와 메디나에 상주한 것이 이들을 자극하게 되었다. 이런 연유로 미국에 대한 무자 헤딘의 의식이 결합되어 반미 투쟁으로 발전하였다. 이 조직은 탈레반 정권이 전복되면서 큰 타격을 입었다.

오사마 빈 라덴은 사우디아라비아에서 태어나 이스람 원리주의에 심취했으며 1982년 아프가니스탄에 자신의 전투 캠프 6개소를 건설했다. 그는 2011년 5월 1일(미국 현지시간)에 미군의 '제로니모 작전'을 통해서 파키스탄에서에서 미국 해군(네이비 실)에 의해 사살되었다.

61) 9·11 테러 당시 비행기를 납치한 19명의 테러범 가운데 아프가니스탄인은 한 명도 없었으며, 아프가니스탄에서 살지도 않았고(함부르크 거주), 아무도 아프가니스탄에서 훈련받지도 않았다(미국 플로리다와 미네소타에서 훈련).

또한 탈레반 정권은 이스라엘과 팔레스타인 분쟁에서 야기된 이슬람의 미국에 대한 적대감을 이용하여 9·11 테러를 미국과 이슬람 간의 전쟁으로 전환시킨다면 승산이 있다고 판단했다. 탈레반은 이 전쟁을 미국과 유대인들을 상대로 벌인 지하드(Jihad, 성전)로 포장한다면, 미국이 구사할 수 있는 전략은 상당히 제한되는 반면, 이슬람권의 단결로 탈레반 정부는 전폭적인 지지를 이끌어 낼 수 있다고 보았다. 만약 전쟁이 발생하더라도 소련과 벌인 전쟁과 같이 산악지역에서 장기적인 게릴라전을 전개한다면 '미국은 제풀에 지칠 것'이라는 군사적 자신감도 있었다.

나. 경 과[62)]

9 · 11 테러 이후 미국은 아프가니스탄 내 알 카이다 테러범 훈련소를 제거하기 위한 군사 작전인 '항구적 자유(Enduring Freedom) 작전'을 개시했다. 미국은 전략 목표를 '탈레반 정권 축출', '빈 라덴의 알카에다 조직 제거'로 선정했다. 이를 위해 국제적인 협력 하에 모든 수단을 동원하였다. 미국이 테러의 무법성과 대테러 전쟁의 정당성을 확보해 나가는 가운데, 유엔 안전보장이사회는 2001년 12월 20일 북대서양조약기구(나토) 군대로 구성된 국제 안보 지원군(ISAF, International Security Assistance Force) 창설을 승인했다. 미 중부군사령부 지휘 하에 각 군 구성군 사령부를 구성 했다. 전력은 중동과 남부유럽의 기존 배치 전력과 증원전력, 영국, 프랑스 등의 다국적군 그리고 아프가니스탄의 북부동맹 전력으로 구성했다. ISAF의 전력은 아프가니스탄 군을 압도하는 것으로 미군의 주요 전력은 제82공정사단, 제101공수사단, 제10산악사단, 제1보병사단 등이 포함되었다.

군사작전은 4단계로 나뉘어 진행되었다. 첫 단계는 군사작전 이전의 여건조성단계, 둘째 단계는 항공전력 및 특수부대 중심으로 북부동맹군을 지원하는 초기작전 단계, 셋째 단계는 지상군을 투입하여 탈레반의 저항 기지를 탈환하는 결정적 단계, 넷째 단계는 잔적 소탕 및 빈 라덴을 체포하고 과도정부를 지원하는 안정화 단계로 구분하여 추진하였다.

① **제1단계 여건조성단계** 군사협력 및 군사력 전개에 주안을 둔 작전과 예비군 동원, 항모 전투단 추가 전개, 특수부대 작전(CIA 및 특수부대 투입), 심리전 수행 등의 작전이 전개되었다. 한편으로는 현대판 십자군 전쟁으로 오인되지 않도록 다양한 언론 플레이와 더불어 국제적으로 대테러에 대한 공감대를 형성하고 아프가니스탄 주변국에 대한 협조를 통해 차후작전을 준비했다. 이에 따라 사우

62) 아프가니스탄 분쟁사, 육군 군사연구소, 2011, pp.233~290

다. 쿠웨이트, 터키, 우즈베키스탄, 이집트, 영국령 디에고가르시아 등과 협조하면서 항공모함에 전력이 주둔하면서 전개되었다.

② **제2단계 초기작전** 특수부대에 주안을 둔 작전과 폭격기와 순항 미사일에 의한 공중 폭격위주 항공작전, 북부 동맹군의 작전지원, 빈 라덴 색출과 정보 획득을 위한 소수 정예부대 투입 등이 전개되었다. 특히 작전은 주요 도시 및 거점에서 탈레반의 지도부를 색출하는 데 주안을 두고 실시되었으며, CIA가 북부 동맹군의 지상전투를 지원하였다.

2001년 10월 7일 미군과 영국군은 공중포격으로 아프가니스탄 공격을 개시했다. 미군은 21일부터 카불 북쪽에 있는 탈레반 전선에 레이저나 위성으로 유도되는 스마트 폭탄과 벙커 버스터 탄을 사용했으나 큰효과를 발휘하지는 못했다. 그러자 미군은 데이지 폭탄이나 신형 열압기 폭탄[63]을 사용하였다.

〈관측하는 미군〉

이때 북부 동맹군은 카불로 향하는 쇼말리(Shomale) 평원에서 신속하게 진출하고 있었다. 많은 탈레반들이 전선에서 이탈하고 투항하면서 탈레반의 전선은 전반적으로 붕괴되어 가고 있었다. 북부 동맹군은 이때 카불 북쪽 2마일 지점에서 정지하겠다고 미국에 통보하고 나서는 돌연 11월 13일 시민의 환호 속에 카불로 행진해 버렸다. 이로써 지상군 작전을 하기도 전인 공중 공격 2개월 만에 탈레반의 수도는 함락되고 말았다. 하지만 알 카에다는 지속적으로 테러공격을 감행하고 있었다.

아프간 지도자 회의는 12월 본에서 하미드 카르자이(Hamid Karzai)를 임시정부 수반으로 임명하였다. 미국이 북부동맹과 비슷한 남부동맹의 구성을 준비하고 있을 때 탈레반은 칸다하르를 포기했다.

③ **제3단계 결정적 작전** 본격적인 작전이 실시된 단계로 항공작전과 더불어 지상작전으로 알카에다 및 탈레반을 무력화 시키는 단계였다. 지상군은 칸다하르 지역을 거점으로 최후로 저항하던 탈레반 군을 소탕한 '칸다하르 작전', 토라보

63) 땅속을 파고 들어가 사방 수 km 일대에 강력한 열파를 일으켜 장비를 녹여버린다. 최근에는 극초단파를 발사하여 지하의 컴퓨터 시스템을 마비시키는 E-폭탄이 등장했다.

라에 집결된 탈레반 및 알카에다를 공격한 '토라보라 작전', 동부 산악지역에서 지상군 최대 작전으로 미군과 동맹군 및 북부 동맹군의 연합작전인 '아나콘다 작전' 파키스탄 접경지역에서의 '파키스탄 접경지역 작전', 카불과 바그람간 산악지대에서 미군과 호주군이 실시한 '코헤사피 작전', 동부 산악지역의 '알라모스위핑 작전' 등이 실시되었다.

④ **제4단계 안정 작전** 2002년 과도정부가 들어선 이후 8개월 동안 지방 재건단을 설치하고 지원에 역점을 두고었다. 미국 부시 대통령도 2002년 아프가니스탄에서 테러와의 전쟁이 종료되었음을 선언했다. 하지만 2003년 이라크전쟁으로 말미암아 이라크에서 미군 병력이 감소하자 탈레반은 다시 세력을 확산하기 시작했다. 여기에 아프가니스탄 정부의 무능으로 사태는 악화되어 갔다. 미군은 특수부대 전진 기지를 설치하여 소탕작전을 실시했다. 이 시기 주요 작전으로는 '레드 윙 작전', '마운트 트러스트 작전' 그리고 2007년 1월 13일까지 '산악 분노 작전' 등이 전개 되었다.

〈폭탄 테러〉

다. 이후의 상황

2007년부터 아프가니스탄에서 탈레반의 활동이 증가하자 미국은 파병 기간 연장에다가 심지어 군대 증파까지 고려하게 되었다. 2008년 2월에는 칸다하르에서 탈레반이 군중 80여 명을 대상으로 한 자살 폭탄테러가 발생하면서 격렬한 전투가 계속되었다. 2009년 12월 1일, 버락 오바마(Barack Obama) 미국 대통령은 미군 30,000명 병력을 추가 파병하여 미군의 지원을 확대하겠다고 발표하기에 이르렀다. 국제사회는 탈레반을 여러 경로를 통하여 회유하기도 했다. 이 과정에서 전쟁의 배후자인 빈 라덴은 파키스탄에서 미군에 의하여 2011년 사살되었다. 현재 아프가니스탄에는 일부 미군과 더불어 ISAF군이 주둔하고 있으며, 주둔군은 2014년 7월 완전 철수하는 것으로 계획되어있다. 이러한 상황에서 향후 아프가니스탄의 전황은 탈레반의 저항과 미국을 위시한 ISAF의 대응 그리고 아프간 인들의 선택 여하에 달려있으며, 정국 안정은 좀 더 시간이 소요될 것으로 보인다.

제7장

다가오는 전쟁

제1절 새로운 패러다임
제2절 무기 체계

미 육군 미래 전투체계(좌상)
차세대 자주포(좌하)

견마 로봇(우상)
미래 추진시스템(우하)

제1절 새로운 패러다임

1. 네트워크 중심전 및 효과중심작전[64)]

1990년대 이후에 전개된 걸프 전쟁(1991), 코소보 전쟁(1999), 아프가니스탄 전쟁(2001), 이라크 전쟁(2003) 등의 사례는 전쟁 수행방식이 "신속하고도 결정적이며, 핵심표적에 대한 동시 공격적 성격"으로 전환되고 보여주었다. 전쟁기간 중 미국을 비롯한 군사강국들은 최신의 전자 장비를 활용하여 적시적소에 전장정보를 실시간으로 제공하여 정보의 우위를 달성하고, 신속한 결심으로 정밀유도무기체계를 이용 목표를 복합적으로 타격하여 전투의 흐름을 효과적으로 연결하는 '네트워크 중심전[65)](NWC ; Network centric warfare)'을 수행했다.

네트워크 중심전 개념은 1970년대 말 미 해군에서 함정의 의사소통을 위한 연구에서 시작되어, 1998년 미 해군 연구소의 잡지에 그 용어가 처음 등장하면서 주목받기 시작했다. 이러한 전장 환경의 급속한 변화는 정보, 감시, 정찰(Intelligence, Surveillance and Reconnaissance) 즉 ISR 체계와 C4(Command, Control, Communications, Computers), 정밀유도무기 관련기술의 발전으로 가능했다.

현재 미군은 2020년까지 네트워크 중심전 및 효과기반작전(EBO, Effects-Based Operations)이라는 개념을 가지고 군 조직 및 전술 교리 체계를 바꾸어 나가고 있다. 미군은 걸프 전쟁부터 시작하여 이라크 전쟁까지 이라크의 전쟁수행체계의 핵심적인 부분을 집중적으로 타격함으로 해서 전쟁수행체계를 무력화시킨 '효과기반작전을 수행하였다.[66)]

사실 미군의 이라크전과 아프간전은 아직 실험 단계의 네트워크 중심전이 수행된 것으로 보아야 할 것이다. 따라서 다가오는 전쟁은 대부분의 나라들이 발전한 정보기술력과 정밀무기를 바탕으로 네트워크 중심전을 적용한 전쟁을 본격적으로 시행할 것으로 보인다.

---

64) 박휘락, 〈전쟁, 전략, 군사입문〉, 법문사

65) 전투 공간의 모든 정보를 장악 이를 효과적으로 연계하여 전투력으로 전환시킨다. 네트워크 중심전(NCW)은 정보 우위에 의한 작전 개념으로써 탐지체계, 결정권자, 타격체계를 모두 네트워크로 연동하여 전장 인식 및 공유, 지휘 속도 향상, 작전 템포 증가, 치명성 증대, 생존성 및 동시 통합 능력 향상을 도모한다.

66) 미 공군에서 개발 걸프전에서 도입되었다. 이라크 전쟁에서 본격적으로 적용된 미군의 현대전법이다. 효과기반작전은 군사작전을 수행함에 있어서 특정한 표적을 공격하여 파괴하는 것이 아니라 그 표적을 공격하여 달성하고자 하는 효과에 초점을 맞추는 둠으로써 동일한 효과를 거둘 수 있는 다른 표적을 선정하거나 요망되는 효과에 가장 근접한 공격수단을 선택하는 것이다.

2. 4세대 전쟁[67)]

린드(William S. Lind)[68)]는 전쟁 양상을 사회발전 추세에 따라 4개의 세대로 구분하였다. 제1세대 전쟁은 인류가 고대부터 시작하여 근대 민족국가 탄생한 이후인 19세기 중반까지 전개되었으며, 전쟁은 선(線)과 선(線)이 만나 충돌하는 총력전(Total War)의 형태를 띠었다. 전장은 화력이 미약하여 횡대와 종대의 밀집대형이 주류를 이루었으며, '통제'와 '질서'라는 개념이 지배했다.[69)]

제2세대 전쟁은 19세기 후반부터 과학기술의 발전하면서 시작되었다. 전쟁은 선을 무너뜨리기 위한 물량전으로 산업생산량의 차이가 전쟁 승패의 관건이었다. 기관총의 등장과 화력과 기동이 전술의 중요한 요소로 작용하면서 전쟁의 승패를 갈랐다. 이에 따라 지휘관은 화력과 기동, 전차와 보병 등을 통합하여 전투력 발휘를 극대화하려 했다.

제3세대 전쟁은 선과 전·후방이 사라지면서 화력과 기습, 기동에 의한 전격전으로 대표되는 기동전으로 수행되었다. 이는 적의 후방으로 기동하여 적을 심리적·물리적으로 마비시킴으로써 적의 저항의지를 박탈하는 형태로 적을 파괴하는 것이 아니라 적을 우회하여 심리적 마비를 달성하여 붕괴시키는 것이었다. 따라서 기동과 시간이라는 요소가 중요한 비중을 차지하면서 비선형(非線型)의 전투형태를 이루기 시작했다. 기동전은 필연적으로 작전의 분권화와 더불어 결과가 중시되는 임무형 전술(Mission Tactics)이 요구되었다. 3세대 전쟁은 속도전, 마비전, 분권화 통제 등이 핵심이었다.

제4세대 전쟁은 21세기에 등장한 새로운 형태의 비정규전이나 비대칭 전쟁의 형태로 이해될 수 있다. 전쟁의 주체는 국가보다는 테러집단, 마약 등 범죄 집단, 체제 불평불만 집단 등 국제적으로 연계된 비 국가 행위자들이다.

제4세대 전쟁은 전투원과 비전투원, 군사시설과 비 군사시설의 구분이 모호하며, 전선 자체도 없다. 조기경보도 예방 및 억제대책도 어렵다. 무기는 수제 폭발물과 급조폭발물로부터 미사일과 화학무기 그리고 원자탄에 이르기까지 광범위하게 운용될 수 있는 개연성이 많아지고 있다. 전쟁은 오직 상대에 대한 최대의 인적·물적 피해, 공포와 충격 그리고 사회적 혼란을 가할 수 있는 사회 시스템이나 기반시설에 대한 공격과 수단 및 방법만이 강구될 뿐이며[70)], 인도주의라는 개념은 애초에 존재하지 않는다.

---

67) 육군본부, 〈군사연구〉 제125집, 2008, pp.108~137.
68) 미국의 군사평론가 William S. Lind가 1989년 처음 사용한 용어이다.
69) 이 시대의 전쟁을 프레드릭은 "완벽하게 돌아가는 기계"라고 표현했다.
70) 박용옥, 〈지식정보화시대의 4세대전쟁과 군사적 당면과제〉, 국방기술품질원, 국방품질 제21호, 2003, p15

〈2013년, 보스톤 마라톤 테러, 자료 AP〉

제4세대 전쟁의 전형은 2001년 9월 11일의 미 무역센터에 대한 공격(9 · 11테러)과 2013년 보스턴 마라톤 대회 도중에 전자밥통에 준비한 사제 폭탄이 터져 많은 사람들이 살상되는 사례에서 명확하게 확인할 수 있다. 이러한 4세대 전쟁으로 변화 배경을 서구 제국은 이슬람권에서 찾고 있다.[71]

제4세대 전쟁은 사실 무엇의 발명으로 하루아침에 나온 전쟁 방식이 아니며 오히려 역사적으로 오랜 전통을 지닌 전쟁수행방식의 하나로 볼 수 있다. 이는 고래로부터 힘이 약한 쪽이 강한 쪽을 상대할 때 의례 등장하는 전략이자 전술 이었다. 4세대 전쟁은 이러한 고전적 방법에다 지식정보화 사회의 최첨단 기술이 접목되었으며, 인터넷과 다양한 메스미디어를 활용 정보를 획득하고 심리전을 병행하며, 동일한 목적의 집단을 네트(net)화 하여 진행된다.

4세대 전쟁은 이미 이라크, 아프가니스탄 전쟁에서 시작되었다. 통신 기술의 발전으로 지휘통제의 제한이 감소하고, 과학기술이 발전되면서 문명의 이기를 손쉽게 이용할 수 있으며, 글로벌화 된 세계는 접근성이 더욱 용이해졌다. 이러한 상황은 4세대 전쟁이 발생할 수 있는 여건을 더욱 충족시켜 주고 있으며, 다가오는 전쟁에서 주류를 이룰 것으로 보인다.

71) 냉전 종식 후 이슬람권의 정체성 회복운동이 확산되고 있고, 기독교 문명권과 이슬람 문명권간의 역사적 반목(세뮤얼 헌팅턴, 『문명의 충돌』)이 전쟁을 초래했다고 일부에서 주장하고 있다.

제2절 무기체계

전쟁이 인류의 역사를 통해 전개되어 왔다면, 무기체계 역시 전쟁의 전개와 더불어 발전했다. 미래학자 앨빈 토플러(Alvin Toffler)는 이미 1990년대 말 그의 저서 『전쟁과 반전쟁 War and Anti-War』에서 미래전쟁의 양상은 한마디로 말해 '하이테크(high-tech) 전쟁이다.'라고 정의 했으며, 미래전의 형태는 '정보와 지식을 바탕으로 한 정보전 형태를 띨 것'이란 예견을 내놓았다. 더 나아가 미래의 전쟁은 인간이 피조해낸 로봇무기들이 인간을 대신하여 전쟁을 치르는 시대로 전환될 것이라 예측할 수 있다. 이를 두고 미국 양대 싱크 탱크 중의 하나인 브루킹스 연구소의 피터 W. 싱어(Peter W. Singer)는 자신의 저서 『하이테크 전쟁』에서 앞으로의 전쟁은 '로봇 전쟁'으로 전개될 것이라 주장했다.

〈감시 정찰 로봇〉

이미 걸프전에서부터 전장에 투입되기 시작한 로봇 무기들은 점차 그 발전의 추세가 가속화 되어 가고 있다. 견마로봇이나 감시경계 로봇, 폭발물 처리 로봇 등은 그간 인간의 완력으로 수행해왔던 무거운 하중의 군장 등을 대신 옮긴다거나 적진에 대한 정찰, 화력요청, 부상병 구조 등 인간이 수행하기에는 위험성이 내포된 작전활동을 수행하고 있다. 로봇 장비들은 적외선 카메라, 열 감지 센서, 화력 장비 등으로 장비하고 이전의 인간이 수행했던 것보다 더 효율적으로 임무를 수행하기도 한다. 따라서 앞으로는 공상영화에서 보던 바와 같이 사람보다는 로봇군단이 전장의 주역으로 활약할 날도 멀지 않았다.

〈파워슈트 헐크〉

이와 같은 개념의 장비가 이미 개발되었다. 미군은 전장에서 인간의 체력 소모를 줄이기 위해 헐크(HULC ; Human Universal Load Carrier)라는 파워슈트를 개발했다. 이 파워슈트를 이용하면 40kg이상의 군장을 어떤 지형에서든지 무리 없이 착용할 수 있게 한다. 한 발 더 나아가 총탄과 파편을 막을 수 있는 고대의 갑옷과 같은 슈트도 개발되고 있다. 따라서 고대로부터의 꿈인 전장에서 인간의 체력한계를 어느 정도 극복할 수 있게 된다.

전쟁은 또한 전장 구성원 모두가 정보를 공유하고 대응할 수 있는 네트워크 중심의 전쟁으로 변모해가고 있다. 미군은 이미 걸프 전쟁에서부터 '네트워크 중심전'을 수행했었다. GIG라는 정보 네트워크[72]에 전투기나 전차 또는 차량 등의 장비와

〈랜드워리어를 착용한 미군〉

전투원을 연동하여 운용하고 있으며, 현제는 각개 전투원까지 통합하는 단계에 이르렀다.

네트워크 중심전을 수행하는 미군은 2006년 이전 보병 개개인의 위치와 상황을 파악하기 위해 '랜드 워리어'라는 휴대용 디지털 군장을 보급하여 네트워크 안에서 정보유통과 의사소통이 가능하도록 하였으며, 지휘관이 전장상황을 효율적으로 파악하도록 했다.

〈MONAX 3G〉

전투원을 연동하여 운용하고 있으며, 현제는 각개 전투원까지 통합하는 단계에 이르렀다.

네트워크 중심전을 수행하는 미군은 2006년 이전 보병 개개인의 위치와 상황을 파악하기 위해 '랜드 워리어'라는 휴대용 디지털 군장을 보급하여 네트워크 안에서 정보유통과 의사소통이가능하도록 하였으며, 지휘관이 전장상황을 효율적으로 파악하도록 했다.

더 나아가 미 육군은 2003년부터 2015년을 목표로 FCS(Future Combat System)[73]라는 혁신적인 전투 시스템으로 미래의 전쟁 양상을 바꿀 준비를 하고 있다. FCS의 핵심은 무인항공기, 소형무인 지상차량, 스마트 지상센서를 통해 전장의 모든 정보를 파악하고 이 정보를 하나의 네트워크로 통합해 전투원 개개인까지 실시간 정보를 공유하도록 하는데 있다. 미군은 현재 유인 전투장갑차량, 무인로봇차량, 스마트 지상센서, 무인항공기, 소형무인지상차량, 이동식 무인미사일발사기 등이 유기적으로 결합될 수 있도록 연구 중에 있다.

걸프전과 이라크 전쟁을 통해 볼 때 C4ISR+PGM(정밀유도무기체계 PGM ; Precision Guided Missle)이라는 전투수행체계가 전장을 지배할 것이라는 점을 명확히 시사해 주고 있다. 전장감시와 지휘통제체계 및 타격수단이 연동된 정밀유도무기로 대표되는 미사일이 수천 km밖에서 발사되어 한 치의 오차도 없이 표적에 명중되는 상황은 기존의 전쟁 패러다임을 변화시켰다.[74] 이와 같은 효과적인 무기들은 더욱 개량되고 다듬어져 다가오는 전쟁에서는 주역을 담당할 것이다. 또한 미래의 전장은 현재의 무기보다 더 위력적이면서도 효율적인 첨단 기술로 접목된 무기들이 등장할 것으로 예측된다. 현재 개발이 진행되고 있는 대표적인 무기로는 미국에서 개발한 레일 건(Rail Gun)이 있다. 이는 자기력을 이용하여 마하 7의 속도로 비행

72) 이는 '전장의 SNS'로 네트워크 안에 있는 사람들은 서로 동일한 정보를 공유할 수 있다.
73) 인터넷 한국일보, 2009. 5. 13
74) 김재홍, 〈무기체계 입문〉, ㈜월드프린팅, 2008, pp419~420

하며 사정거리가 무려 160km나 된다. 이러한 운동에너지라면 그 파괴력은 엄청난 크기일 것이다.

인간 생명의 존중과 인권의 확대로 인하여 사람의 생명을 해치지 않으면서 상대의 시스템을 파괴할 수 있는 비살상 무기들도 개발되고 있다. 또한 사이버 부대의 양성을 통해 적의 전산망 공격하는 것은 물론이고, 전자파를 발사하여 상대의 전자기기나 지휘통제 망을 무용지물화 한다.

미군은 드론과 같은 무인항공기는 항공모함에서 이착륙이 가능함에 따라 공간의 구애를 받지 않고 전쟁을 수행할 수 있게 되었다. 미군은 여기서 더 나아가 무인항공기를 이용하여 적을 정찰하고 공격하는 단계를 넘어 이미 2010년대 초반에 조종사가 탑승하지 않은 F-16을 무인기로 운용하는 훈련비행을 마쳤다. 이 무인기의 명칭은 QF-16으로 항공모함 이착륙 훈련까지 성공적으로 마쳤고 다가오는 전쟁에서 핵심전력으로 자리매김 할 것으로 보인다. 이 외에도 군사강국을 중심으로 가공할 무기들이 현대전의 발전체계에 따라 개발되고 있으며 곧 실전에 사용될 시기를 저울질 하고 있다.

한국도 2012년 한국전기연구원(KERI)이 106개의 미래 국방과학기술을 선정 최종적으로 5개 기술 10여 종의 무기체계를 선정했다. 여기에는 비살상무기용 전자기파 기술, 미래함정용 초전도 기술, 전투로봇용 전동력기술, 미래 공격무기용 전자기장 기술, 에너지 보급용 전력 전송전지기술 등이 포함되어 있다.

이는 미래 무기체계의 발전 양상이 미국과 한국이 그 궤를 같이 하고 있음을 보여주는 것으로, 미래의 보편적인 전쟁무기로 자리매김할 것으로 보인다. 수십 년 이래 이러한 기술을 활용한 무기들이 전장을 지배하게 될 것으로 예측되고 있다. 이로 인한 미래의 전쟁은 그 본질에 있어서는 예전과 동일하겠지 만은 양상만큼은 지금과는 사뭇 다른 모습으로 전개될 것이 자명하다. 이러한 무기체계의 발전과정은 현재 진행형이다.

참고문헌

1. 세계 전쟁

가. 국내 문헌

국방부 군사편찬연구소, 최용호, 〈베트남전쟁과 한국군〉, 2004.

____________________, 〈민족전란사 8 고구려 대수·대당전쟁사〉, 1991.

____________________, 〈파월한국군전사(4)〉, 전사편찬위원회, 1972.

김종옥 번역, 〈승리의 교훈, 베트남 전쟁〉, 국방부 군사편찬연구소, 2012.

國防部 政訓局, 〈韓國動亂1年紙〉.

육군 군사연구소, 〈아프가니스탄 분쟁사〉, 2011.

_____________, 〈유럽의 30년 전쟁 1618~1648〉, 2011.

육군 교육사령부, 야전교범 〈지상작전〉, 1999.

_____________, 〈한국 군사사상 연구〉, 1992.

육군본부, 〈나폴레옹 전략〉, 1976.

_______, 교육참고, 〈작전술〉.

_______, 교육참고 〈100-20-1〉.

_______, 〈이스라엘 군사제도 시찰결과 보고서〉.

_______, 야전교범 〈지상군 기본교리〉, 2011.

_______, 〈육군발전사〉, 제2집.

_______, 〈전쟁과 지도〉, 1974.

_______, 〈전법사 제1권 고대 군사사(상), (하)〉, 2004.

_______, 〈중국 고대 전쟁사〉, 2010.

육군사관학교, 〈세계전쟁사〉, 2005. 황금알.

___________, 〈세계전쟁사〉, 2001, 봉명.

강경표, 〈주제가 있는 한국사〉, 2013, 진영사.

김용현외, 〈군사학 개론〉, 2011, 진영사.

김재홍, 〈무기체계 입문〉, 2008, (주)월드프린팅.

김홍, 〈임진왜란의 군사사적 연구〉, 경북대학교 박사학위 논문, 1992.

김희상, 〈중동전쟁〉, 일신사, 1977.

노병천, 〈도해 세계전사〉, 연경 문화사, 2001.

박용옥, 〈지식정보화시대의 4세대전쟁과 군사적 당면과제〉, 국방기술품질원, 국방품질 제21호, 2003.

박휘락, 〈전쟁, 전략, 군사 입문〉, 법문사, 2005.

배영수 외, 〈서양사 강의〉, 한울 아카데미, 2000.

손주영 편저, 〈강좌 전략론 Ⅲ: 전쟁론〉, 해군사관학교, 1996.

신채식, 〈동양사 개론〉, 삼영사, 2006.

안용현, 〈나폴레옹 대전략〉, 병학사, 1983.

오정석 역, 기다 히데도, 〈걸프전쟁〉, 연경문화사, 2002.

온창일, 〈전쟁론〉, 집문당, 2008.

올호노드 하인잔 샤달, 〈칭기스칸 전쟁술〉, 육군본부, 2009.

일월서각, 〈군사용어사전〉, 2012.

우학선, 편저 〈제1, 2차 세계대전〉, 명지출판사, 1982.

유관종, 기갑부대 전격전의 역사적 배경, 〈군사연구〉 제 89집, 1978.

유제현, 〈월남전쟁〉, 도서출판 한원, 1992.

정명복, 〈쉽고 재미있는 생생 무기와 전쟁 이야기〉, 집문당, 2012.

정토웅, 〈군사 연구방법론〉, 국방부 전사편찬위원회, 1991.

주시후, 〈전쟁사〉, ksi한국학술정보(주), 2007.

차하순, 〈서양사 총론〉, 1983.

최용성, 〈신편 세계전쟁사〉, ⫉sid, 2009.

______, 〈젊은이를 위한 전쟁의 이해〉, 양서각, 2005.

최용호, 〈물어보세요! 베트남전쟁과 한국군〉, 국방부 군사편찬연구소, 2005.

______, 지평리 및 디엔비엔푸 전투의 승패요인 분석, 〈군사연구 제119집〉, 육군본부, 2003.

홍휘식 역, 〈제4차 중동전쟁〉, 육군대학, 1975.

위키백과(한, 영문)

네이버 백과사전

두산백과

EnCyber

동아일보

조선일보

나. 국외 문헌(국내 번역)

미군 야전교범 100-1 〈The Army〉, 1983.
미작전요무령 미 야교 〈100-5〉, 육군대학, 1993.
올호노드 하인잔 샤달, 〈칭기스칸 전쟁술〉, 육군본부, 2009.

다. 외국 서적

Ammon Gurion, Israeli Military Strategy up the Yom Kipper War, Air Univ, Review(Sep/Oct, 1982).
Walter Laquer,〈Confronation ; The Middle and World politics (Quadrangle, The New York Time Co. 1974).

2. 한국 전쟁

가. 국내 문헌

국가보훈처, 〈6·25전쟁, 60주년 UN 참전 기념시설물 도감〉, 2010.
국방부 군사편찬연구소, 〈6·25전쟁사 1, 전쟁의 원인과 배경〉, 2004.
______________, 〈6·25전쟁사 2, 북한군의 전면남침과 초기전투〉, 2005.
______________, 〈6·25전쟁사 3, 한강선방어와 초기지연작전〉, 2004.
______________, 〈6·25전쟁사 4, 금강-소백산맥선 지연작전〉, 2004.
______________, 〈6·25전쟁사 5, 낙동강방어작전〉, 2008.
______________, 〈6·25전쟁사 6, 인천상륙작전과 반격작전〉, 2009.
______________, 〈6·25전쟁사 7, 중공군 참전과 유엔군의 철수〉, 2010.
______________, 〈6·25전쟁사 8, 중공군 총공세와 유엔군의 재반격〉, 2011.
______________, 〈6·25전쟁사 9, 휴전회담 개막과 고지 쟁탈전〉, 2012.
______________, 〈6·25전쟁사 10, 휴전회담 고착과 고지 쟁탈전 격화〉, 2012.
국방부 군사편찬연구소, 〈중국군의 한국전쟁사(1)〉, 2002.
국방부 전사편찬위원회(김종구), 〈금성전투〉, 1987.
국방부 전사편찬위원회, 〈청천강 전투〉, 1985.
국방부 전사편찬위원회(김기옥), 〈다부동 전투〉.
국방군사연구소, 〈한국전쟁피해 통계집〉, 1996.
__________, 〈중공군 압록강을 건너다〉, 1966.
육군3사관학교 충성대연구소(강경표외 2명), 〈1950년대 전쟁문학 속에 나타난 전장 리더십 연구〉, 2007.

육군대학교, 〈한국전쟁사〉, 1999.

육군본부, 〈육군발전사〉, 제2집.

________, 〈한국전쟁의 서부전선〉-유엔의 북진과 중공군의 초기공세-, 육군본부, 1955.

한국전략문제 연구소, 〈중공군의 한국전쟁사(항미원조사)〉, 세경사, 1991.

해병대 작전참모처 군사연구과, 〈해병대 60년 약사〉, 2009.

합동참모본부, 〈한국전사〉.

____________, 〈합동 · 연합작전 군사용어사전〉. 2004.

최용호, "한국전쟁시 김포반도 전투의 재평가", 〈군사연구 제18호〉, 육군본부, 2002.

________, "한국전쟁초기작전 연구", 〈군사연구 제 17호〉, 육군본부, 2001.

서울신문(1955년 5월 15일), 제5면, 〈스탈린과 북한대표단과의 담화기록〉.

김성우외 1명, 〈한국전쟁사〉, 진영사, 2001.

권양주, 〈북한군사의 이해〉, 2010, 한국국방연구원.

김철민, 〈한국전쟁과 동유럽〉, 아카넷, 2008.

김철범, 〈한국전쟁과 냉전〉, 평민사, 1991.

김행복, 〈알아봅시다! 6 · 25전쟁사 제2권 북한군 남침부처 중공군 개입까지〉, 국방부군사편찬연구소, 2008.

서상문, 〈알아봅시다! 6 · 25 전쟁사 제1권 배경과 원인〉, 2008, 국방부 군사편찬연구소.

______, 〈모택동과 6 · 25전쟁-파병결정과 개입동기-〉, 2006, 국방부 군사편찬 연구소.

양영조외 1명, 〈알아봅시다! 6 · 25전쟁사 제3권 고지쟁탈전과 휴전협정〉, 국방부 군사편찬연구소, 2005.

송요태외 1명, 〈6 · 25전쟁사〉, 선코퍼레이션, 2007.

장준익, 〈북한인민군대사〉, 한국발전연구원, 1991.

정명복, 〈잊을 수 없는 생생 6 · 25전쟁사〉, 집문당, 2011.

최용성, 〈간략한 6 · 25전쟁사〉, 양서각, 2009.

나. 국내외 문헌(국내 번역)

김광린 역, 〈소련의 자료로 본 한국전쟁의 전말〉, 도서출판 열림, 1998.

徐焰-吴小京저, 육군본부 역〈중공군의 한국전쟁 교훈, 原題 : 抗美援朝戰爭史書卷〉, 2005.

일본육전사보급회, 이원복 역, 〈한국전쟁(4권)〉, 명성출판사.

저자

☐ **강경표(姜京杓)**

- 전주대학교 대학원(한국사 전공)
- 박사과정
- 前, 육군3사관학교 전쟁사학과 학과장
- 現, 한국미래문제연구원 국방/군사연구위원
- 現, 대한군사교육학회 이사
- 現, 청암대학교 군사학 교수

논문 : 1950년대 전쟁문학 속에 나타난 전장 리더십 연구 등
저서 : 주제가 있는 한국사
軍 리더십 길라잡이, 한권으로 읽는 6·25전쟁사(공저)

☐ **김영택(金永澤)**

- 단국대학교 대학원(정책학 전공)
- 일본 외무성 연수 수료
- 前, 전국대학 군사학교수협의회 기획실장
- 現, 한국미래문제연구원 국방/군사연구위원
- 現, 민주평화통일자문위원(대통령 직속)
- 現, 국가기관 안보초빙교수, 일본관서지역(오사카) 민족교육 특별 초빙교수
- 現, 전남대학교 군사학교수

논문 : 21세기 동북아 안보환경에 관한 연구
세계전쟁사(중동전쟁을 중심으로)

☐ **남궁승필(南宮承泌)**

- 경기대대학원 졸업(정치학 박사)
- U.S Counterterrorism training School 연수
- 現, 아주대 장위국방연구소 연구위원
- 現, 전쟁과 평화연구소 연구위원
- 現, 우석대학교 대학원 국방정책학과 교수

논문 : 부대특성에 따른 軍 의료서비스 만족도 비교연구
軍 장병의 의사소통 만족도에 조직내 지지가 미치는 영향 등 다수
저서 : 軍 리더십 길라잡이, 한권으로 읽는 6·25전쟁사(공저)